COST &
MANAGEMENT
ACCOUNTING

알기 쉽게 배우는

원가관리회계

신영직 · 최웅용

정독
DEEP READING

머리말

오늘날 기업의 경영환경은 급격히 변화하고 있다. 글로벌화로 인해 기업들은 다양한 문화와 규제 환경에서 경쟁하고 협력해야 하며, 인공지능으로 대표되는 디지털 기술의 발전은 기업의 생산성과 효율성을 크게 향상시키고 있다. 또한, 환경, 사회, 지배구조(ESG)에 대한 관심이 점차 고조되면서 기업들은 지속 가능한 경영을 위해 노력하고 있다. 이러한 경영 전반의 패러다임 변화는 원가관리분야에도 큰 영향을 미치고 있다.

빠르게 변화하는 고객의 요구를 충족시키기 위해 맞춤형 제품과 서비스를 제공하고, 강화되는 각국의 규제와 법적 요구에 대응하기 위해, 현대의 기업들은 철저한 원가관리와 신속한 의사결정 및 보고를 가능하게 하는 관리 체계를 구축해야 한다. 이러한 상황은 기업들에게 새로운 도전이자 기회로 작용하며, 원가관리회계는 이 변화에 대응하기 위한 필수적인 도구로서의 역할을 수행하고 있다.

본 교재인 [알기 쉽게 배우는 원가관리회계]에서는 경영환경 패러다임의 급격한 변화에 대응하기 위해 전통적인 원가계산 이외에 관리적 의사결정에의 활용과 전략적 원가관리에 대한 내용을 모두 포함하였다. 더불어, 독자들이 원가관리회계를 체계적으로 이해하고 쉽게 응용할 수 있도록 다음 몇 가지 사항에 역점을 두어 준비하였다.

첫째, 본 교재는 4부, 총 17장으로 구성되어 있다. 1부와 2부에서는 기본적인 원가관리회계의 개념과 원가계산시스템을 학습하며, 3부에서는 원가에 대한 추정 및 이익 분석을 학습한다. 4부에서는 이를 바탕으로 한 의사결정 및 성과평가에 대한 내용을 다룬다. 본 교재는 원가관리회계의 모든 내용을 하나의 흐름으로 기술하여 체계적으로 수록함으로써 독자가 원가관리회계를 전반적으로 이해하는 데 도움을 주고자 하였다.

둘째, 본 교재의 각 장은 원가관리회계의 이론, 예제, 연습문제 순으로 구성되어 있다. 원가관리회계의 이론을 설명하는 부분에서는 그림, 표, 실생활 비유 등을 활용하여 학습 내용을 쉽게 이해할 수 있도록 하였다. 이러한 이해를 바탕으로 기본 원리를 확인할 수 있도록 개념적인 예제를 배열하였다. 마지막으로, 원가관리회계의 이론에 대한 응용력을 높이기 위해 필수적인 연습문제들을 엄선하여 수록하였다.

셋째, 본 교재는 원가관리회계의 중요한 최신 경향을 최대한 쉽게 소개하고자 하였다. 표준공정별원가계산, 활동기준원가관리와 ABC+표준원가차이분석, 공정별원가계산에서의 감손 및 공손회계, 전략적 관리회계에서의 수명주기원가계산, 품질원가 등 중요한 최신 주제들을 다루며, 관련된 기본내용과 그 확장을 독자들이 쉽게 이해할 수 있도록 노력하였다.

넷째, 본 교재는 세무사, 공인회계사, 공무원, 경영지도사, 감정평가사 등 다양한 전문 자격시험을 대비할 수 있도록 핵심적인 최신 기출문제들을 엄선하여 수록하였다. 각 장의 내용은 시험 출제 경향을 철저히 분석하여 필수적인 이론과 기법을 중점적으로 다루고 있다. 또한, 예제와 연습문제를 통해 실전 감각을 키울 수 있도록 구성하여, 독자들이 자신감을 가지고 시험에 임할 수 있도록 노력하였다.

본 교재의 저자 중 1인은 국내 대학에서 30여 년간 원가관리회계 분야의 강의와 연구, 세무사·공인회계사 등 전문자격시험의 출제위원으로 활동하였다. 다른 1인의 저자는 원가관리회계 이론의 개발지인 미국에서 원가관리회계 분야를 학습하였다. 본 교재를 집필하는 동안, 저자들은 그러한 자신들의 경험과 노하우를 교재에 최대한 반영하여 독자들의 이해를 돕기 위해 많은 노력을 기울였다.

원가관리회계를 공부할 때 당부하고 싶은 점은 눈으로 공부하지 말고 직접 풀어보라는 것이다. 직접 문제를 푸는 과정에서 여러 가지 난관에 부딪치게 될 것이며, 이때마다 본문의 내용을 다시 공부하여야만 내용을 완벽히 이해할 수 있다. 또한 연습문제의 해답을 먼저 참조하지 말고, 틀리더라도 직접 문제를 푼 후 해답과 비교하여야 한다. 본인의 답과 해답집의 해답이 다를 경우 어디에서 그 차이가 발생하였는가를 정리해두면 차후에 다시 공부할 때 매우 유용할 것이다.

하지만, 본 교재를 이용하여 강의하시거나 공부하는 과정에서 비판할 사항이나 미흡한 점, 혹은 궁금한 점이 있을 것으로 판단된다. 그럴 경우 언제든지 이메일로 의견을 주시기 바란다. 저자들은 그러한 독자들의 문의에 성실히 답변하고 추후 개정작업시 적극 반영할 것을 약속드린다.

마지막으로, 본 교재는 많은 분들의 도움으로 완성될 수 있었다. 첫 출판을 위해 적극적인 지원과 도움을 주신 도서출판 정독 김중용 대표님, 그리고 교재의 편집 및 디자인, 원고의 입력까지 꼼꼼히 살펴주신 심성보 이사님에게도 감사를 드린다.

2024년 7월 빛고을 용봉에서

차례

제 3 장 작업별원가계산

제 4 장 공정별원가계산

제 5 장 표준원가계산

제 6 장 활동기준원가계산

제 7 장 부문별 원가계산

제 8 장 결합원가계산

제 9 장 원가의 추정 및 학습효과

제10장 변동원가계산

제11장 원가-조업도-이익 분석

제12장 종합예산

제15장 책임회계와 성과평가

제16장 불확실성하에서 의사결정

제17장 전략적 관리회계

CHAPTER

01

원가관리회계

Cost and Management Accounting

학습목표

1. 원가라는 정보가 재무회계와 관리회계를 어떻게 지원하는지를 살펴본다.
2. 관리순환과정에서 회계정보의 역할을 이해한다.
3. 관리회계담당자의 역할로서 성적기록, 주의환기, 문제해결 기능을 구별한다.
4. 재무회계와 원가관리회계의 차이점을 살펴본다.

제1절 회계의 목적과 역할

회계는 거의 모든 조직에서 사용하는 주요한 정보시스템이다. 회계는 의사결정자에게 유용한 정보의 제공을 목적으로 하며, 구체적으로 다음 세 가지 목적으로 활용된다.

첫째, 내부경영자가 일상 영업활동을 계획·통제하고, 조직의 인원, 활동 등을 성과평가하기 위하여 내부보고 목적으로 회계정보를 활용한다.

둘째, 내부경영자가 설비투자, 제품의 가격결정, 이익 극대화 또는 원가 최소화를 위한 제품의 선택 등 특별의사결정을 위하여 회계정보를 활용하며, 아울러 조직 전체의 정책 및 장기적 계획을 수립하기 위하여 회계정보를 활용한다.

셋째, 조직의 외부 이해관계자인 투자자, 채권자 등에게 외부보고를 하기 위하여 회계정보를 활용한다.

위의 세 가지 목적 중 첫 번째와 두 번째 목적은 관리회계에서 다루며, 세 번째 목적은 재무회계에서 다룬다. **재무회계**(financial accounting)는 외부의사결정자와 관련된 회계분야인 반면에, **관리회계**(management accounting)는 내부의사결정자인 경영자가 조직의 목적을 달성하도록 정보를 인식, 측정, 분류, 해석, 전달하는 회계과정이다.

원가회계(cost accounting)는 조직이 자원들을 취득하고 소비하는 것과 관련한 재무적 및 비재무적 정보들을 측정, 분석, 보고한다. 예를 들면 제품원가계산은 재무회계의 재고자산 평가와 관련될 뿐만 아니라 관리회계의 의사결정에도 관련된다. 경영자가 관리적 의사결정을 하기 위해서는 기업 내부의 정보인 제품원가가 반드시 필요하다. 따라서 관리회계와 원가회계라는 용어를 구별하지 않고 혼용하기도 한다.

위의 목적을 달성하기 위하여 회계정보는 의사결정자로 하여금 다음 세 가지 사항에 관심을 갖도록 한다. 회계의 역할

① **성적기록**(score-keeping) : 자료의 수집과 관련되는 회계의 기능으로서, 내부 또는 외부 이해관계자가 조직의 경영성과 및 재무상태를 파악할 수 있도록 한다.
② **주의환기**(attention-directing) : 경영자로 하여금 조직의 애로사항, 비능률, 투자기회 등을 파악할 수 있도록 도와주는 정보의 보고 및 해석과 관련된 기능이다.

이는 보통 일상적 영업활동에 대하여 계획 또는 표준과 실제성과의 대비 및 차이의 원인분석을 통하여 이루어진다.

③ 문제해결(problem-solving) : 경영자가 장기적 계획을 수립하고 특별의사결정을 할 때 도와주는 회계의 기능이다. 여러 가지 행동대안의 결과를 계량화하여 그 중 최선의 선택을 하도록 한다.

이러한 회계의 기능은 서로 중복되기도 하므로, 특정 회계정보가 반드시 어떤 기능을 수행한다고 단언하기 힘들다. 특히 성적기록과 주의환기는 매우 밀접하게 관련된다. 동일한 회계정보가 경영자의 성적기록으로도 활용되며, 상위 경영자로 하여금 주의환기하도록 사용될 수 있다. 예컨대 사전에 설정된 예산 또는 표준과 실제성과를 대비하는 성과보고서를 작성한다고 가정하자. 이 성과보고서는 경영자의 실적을 알아보는데 도움이 될 뿐만 아니라, 동시에 예산 또는 표준과 실제성과와의 차이분석을 통하여 상위 경영자가 어떤 사항에 더 많은 관심을 기울여야 하는가를 보여준다.

회계정보의 역할

① 성적기록(score-keeping)
- 자료의 수집과 관련되는 회계의 기능
- 내외부 이해관계자가 조직의 경영성과 및 재무상태를 파악할 수 있도록 함.

② 주의환기(attention-directing)
- 경영자에게 이루어지는 정보의 보고 및 해석과 관련된 기능
- 계획 또는 표준과 실제성과의 대비 및 차이의 원인분석을 통하여 이루어짐.

③ 문제해결(problem-solving)
- 경영자의 특별의사결정을 도와주는 회계의 기능

제 2 절 관리순환과정 및 관리회계정보

관리순환과정(management process)은 조직의 궁극적 목적을 달성하기 위한 일련의 활동이다. 이러한 활동에는 계획, 조직 및 지휘, 통제, 의사결정 등이 포함된다. 이를 그림으로 나타내면 [그림 1-1]과 같다. 이들을 구체적으로 살펴보면 다음과 같다.

| 그림 1-1 | 관리순환과정

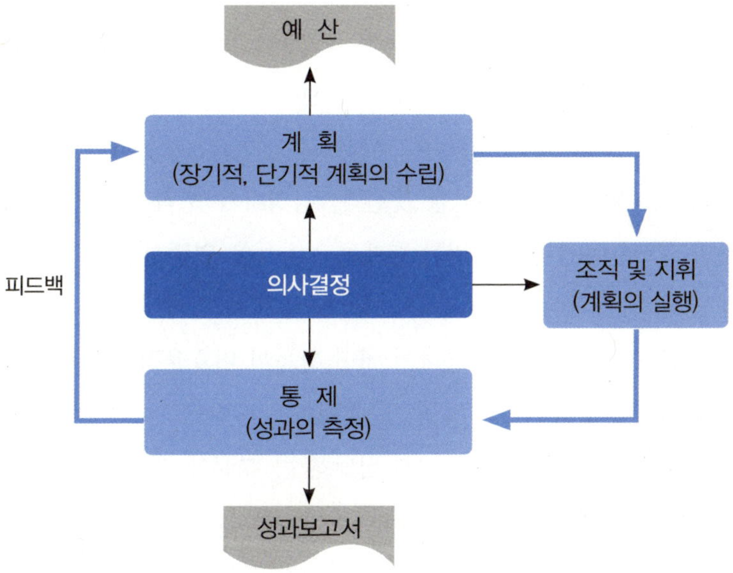

(1) 계획

계획(planning)이란 조직의 목적을 달성하기 위하여 여러 가지 조치를 개략적으로 설정하는 것이다. 이들 계획에는 장기적 계획과 단기적 계획이 포함된다. 장기적 계획은 **전략적 계획**(strategic planning)이라고도 하는데 여기에서는 ① 생산할 재화 또는 용역의 결정, ② 마케팅 및 생산전략의 결정 등이 이루어진다. 장기적 계획이 수립되면 이를 보다 구체화하여 단기적 계획을 수립한다. 이들 계획은 조직 전체에 전달되며, 계획은 계획의 실행 과정에서 조직의 모든 부문의 노력이 조직의 목적을 향하도록 조정하는 역할을 수행한다. 이러한 계획에 대한 가장 대표적인 관리기법은 **예산**(budget)이다.

(2) 조직 및 지휘

조직(organization)은 경영자가 계획을 가장 효율적으로 수행하기 위하여 인적·물적 자원을 어떻게 투입할 것인가를 결정하는 것이다. 한편 **지휘**(directing)란 경영자가 일상적 활동을 감독하고 조직의 기능이 순탄하게 가동하도록 하는 것이다.

(3) 통제

조직의 규모가 작거나 신생 조직일 경우에 통제수단으로 널리 활용되는 것은 인간의 관찰(personal observation)이다. 이러한 원시적 방법은 시간이 경과함에 따라 역사적 기록(historical records)으로 발전된다. 관리자들은 현재의 실적과 과거의 실적을 역사적 기록을 통해 대비해 봄으로써 잘잘못을 평가한다. 조직이 보다 성숙해지면 통제의 주요 수단으로 예산을 사용하게 된다.

통제(control)란 조직의 모든 활동이 계획대로 진행되는가를 확인하기 위하여 경영자가 취하는 여러 가지 조치들을 뜻한다. 경영자가 조직활동을 통제하기 위해서는 조직의 실제활동결과를 정리한 회계보고서 등을 면밀히 검토하고, 이들을 사전에 설정한 계획과 대비하여야 한다. 이러한 통제는 회계에서 **성과보고서**(performance report)로 표현된다. 이를 통하여 어떤 활동이 비효율적으로 수행되었는가와 어떤 활동을 지원해야 하는가를 알 수 있게 된다.

경영자는 예산과 실제성과의 차이가 상당히 큰 부문에 대해 집중적으로 통제한다. 이를 '**예외에 의한 관리**'(management by exception)라 한다. 예산과 실제성과의 차이가 크지 않은 부문은 정상적으로 가동 중이라고 간주한다.

(4) 피드백

피드백(환류, feedback)은 과거의 실적 분석을 통하여 미래의 실적을 향상시키기 위하여 체계적으로 여러 가지 방안을 강구하는 과정을 뜻한다. 이러한 피드백에는 ① 목표의 수정, ② 대체적 활동방안의 모색, ③ 의사결정 방법의 변경, ④ 작업 공정의 변경, ⑤ 급여시스템의 변경 등이 포함된다.

(5) 의사결정

의사결정(decision making)은 경영자가 여러 가지 대안 가운데 가장 합리적 대안을 선택하는 것이다. 의사결정은 독립된 경영순환과정이 아니며, 앞에서의 다른 기능들과 불가분의 관계를 지닌다. 계획, 조직 및 지휘, 통제의 기능은 모두 의사결정을 필요로 한다. 예컨대 전략적 계획을 설정하는 경우에도 여러 가지 전략 가운데 가장 합리적이라고 판단되는 전략을 선택한다.

모든 의사결정은 **정보**(information)를 바탕으로 이루어진다. 대부분의 경우 경영자가 선택하는 의사결정의 질은 회계정보 및 기타정보의 질에 따라 달라진다. 회계정보의 질이 높으면 이에 따라 경영자가 좋은 의사결정을 내릴 수 있으며, 반면에 회계정보의 질이 낮으면 나쁜 의사결정이 이루어질 가능성이 많게 된다.

제 3 절 회계담당자의 역할

1 조직의 구조

조직의 목적을 달성하기 위한 관리활동은 인간을 통하여 이루어진다. 기업의 전체적 관리는 최고경영자를 통하여 이루어지지만, 최고경영자 혼자서 모든 관리활동을 수행할 수 없기 때문에 관리책임의 분권화를 통하여 조직을 구성한다.

분권화(decentralization)란 하위경영자로 하여금 그에게 부여된 책임영역에 대해 의사결정을 내릴 수 있도록 의사결정권한을 위양하는 것이다. 최고경영자 혼자서 날마다 발생하는 수많은 복잡한 의사결정을 내리기에는 시간적 여유도 없을 뿐만 아니라 모든 것을 잘 알 수도 없다. 따라서 최고경영자는 판매, 생산, 인사, 재무 등과 관련된 의사결정권한을 각 중간경영자에게 위양하고, 중간경영자들은 다시 지역별 또는 세부 부문별 담당자들에게 의사결정권한을 위양한다. 이러한 분권화를 통하여 의사결정과 관련하여 가장 많은 정보를 접하는 하위경영자가 의사결정을 내리게 된다.

2 라인과 스태프

조직부문은 경영자의 권한에 따라 라인과 스태프로 구분한다.

(1) 라 인

라인(line)은 조직의 목적을 달성하기 위해 하위자에게 의사결정권한을 직접적으로 행사하는 부문이다. 제품의 생산 및 판매는 기업의 가장 기본적 활동이며, 기업의 사장, 판매담당부문, 생산담당부문 등이 라인에 해당한다.

(2) 스태프

스태프(staff)는 라인의 기능을 보조하는 부문이다. 생산 및 판매활동을 보조하기 위한 인사부문, 재무부문, 생산보조부문, 연구개발부서, 광고선전부서, 의료부서, 식당 등이 스태프에 해당한다. 예컨대 재료구매부서에서 재료를 구입하는 활동은 제품을 생산하기 위한 보조적 활동이며, 회계부서의 회계처리활동은 예산을 편성하거나, 차이분석, 가격결정, 특별의사결정에 유용한 회계정보를 타부문에 제공하는 보조적 활동이다.

(3) 라인과 스태프의 구분

라인과 스태프의 구분은 경영자의 책임 한도를 구분할 때 매우 중요하다. 스태프의 역할은 본질적으로 라인의 활동을 보조하는 데 있으므로 라인에 대한 직접적인 통제 권한을 갖지 않는다. 기업의 주요한 정책 설정 및 운영과 관련된 의사결정은 라인경영자에 의해 이루어지는 경우가 많으며, 이때 스태프는 라인의 의사결정에 필요한 자료와 정보를 제공하거나 최고경영자가 지시하는 기타 다른 임무를 수행한다.

3 회계담당자의 역할

정보는 조직을 운영하는 윤활유이며 그중 회계정보는 조직의 공식적 언어이다. 정보의 원활한 소통이 없이는 어떠한 조직도 무력할 수밖에 없다. 조직에서 필요한 정보의 대부분은 조직구조상의 커뮤니케이션 채널을 통하여 획득되고 전달된다. 즉, 조직의 공식적 채널을 통하여 조직의 정책, 시행지침이 하위자에게 전달되고, 애로사항이 검토되며, 각종 보고서가 전달된다.

경영자는 공식적 채널 이외에도 경제, 마케팅, 조직행동, 회계 등 해당 분야의 전문가를 통하여 필요한 정보를 얻게 된다. 예컨대 경제전문가는 미래의 경제 상황에 대한 정보를 제공하며, 마케팅전문가는 재화 및 용역의 효율적 판매 및 유통경로의 구축에 관한 정보를 제공하며, 조직행동전문가는 조직의 구축 및 기능 설정에 관한 정보를 제공한다.

회계담당자는 경영자의 관리기능인 계획, 조직 및 지휘, 통제, 의사결정에 필요한 정보를 제공한다. 회계담당자는 라인부서에 대해 직접적인 통제권을 갖지는 않지만, 기업의 주요 정보제공자로서 간접적인 통제권을 행사한다. 이러한 통제는 라인부서에서 의사결정을 내릴 때 필요한 정보를 회계담당자가 작성하여 전달하거나 해석함으로써 이루어진다. 회계담당자는 다른 사람들의 작업을 관찰하고, 예산, 제조원가보고서, 작업시간표, 성과보고서 등 각종 보고서의 작성을 지휘하며, 특별한 문제가 발생할 경우 최고경영자를 자문한다.

회계담당자는 배의 항해사로 비유할 수 있다. 항해사는 전문능력을 발휘하여 선장을 도와준다. 항해사 없는 배는 파도 속에 떠다니는 한 조각의 나뭇잎과 같으며 암초에 좌초되거나 목적지를 잃게 되는 위험에 직면한다. 항해사는 배가 어떻게 조정되어야 하는가에 대해 선장에게 정보를 제공함으로써 배가 무사히 목적지에 도달할 수 있게 한다.

제 4 절 재무회계와 관리회계의 비교

회계는 크게 재무회계와 관리회계로 대별한다. **재무회계**(financial accounting)는 투자자, 채권자 등 외부정보이용자를 위한 회계보고서의 작성을 강조하는 반면에, **관리회계**(management accounting)는 조직의 내부정보이용자를 위한 회계보고서의 작성을 강조한다.

역사적으로 볼 때, 재무회계는 회계의 가장 중요한 분야였다. 아직도 많은 조직에서 관리회계를 재무제표 작성과정의 부산물로 인식하는 경우가 많다. 그러나 최근에 관리회계가 비약적으로 발전하게 됨에 따라, 재무회계와 구별되는 전문 회계 분야로 인식되고 있다.

관리회계가 비약적으로 발전한 배경에는 생산공정의 자동화, 원가구조의 변화, 경쟁의 심화 등을 들 수 있다. 이러한 환경의 급격한 변화에 대해 조직이 능동적으로 대처하기 위해서는 조직의 효율적 관리가 매우 중요하게 되었다. 이러한 배경 이외에도 선형계획법, 확률이론, 의사결정이론, 통계적 분석방법 등이 관리회계에 도입됨으로써 관리회계는 비약적으로 발전하게 되었다.

❶ 재무회계와 관리회계의 차이점

재무회계와 관리회계는 정보의 이용자가 다르기 때문에, 이에 따라 여러 가지 관점에서 차이가 발생한다.

(1) 정보이용자

재무회계와 관리회계의 정보이용자(information user)가 서로 다르다. 재무회계는 투자자, 채권자를 비롯하여 노동조합, 국세청, 물가당국, 소비자단체, 경영자 등 불특정 다수인을 대상으로 한다.

반면에, 관리회계는 기업의 경영자, 대학의 총학장, 병원의 원장 등 조직의 내부 경영자를 대상으로 한다. 내부경영자는 일상 영업활동을 지휘하고, 특별의사결정을 내리기 위해 회계정보를 필요로 한다.

정보이용자가 서로 다름에 따라 회계처리원칙, 회계정보의 질적 속성 등이 모두 차이나게 된다.

(2) 회계원칙

재무회계와 관리회계의 회계처리원칙이 상이하다. 재무회계는 불특정 다수인을 대상으로 하기 때문에 특정 이용자에게 유리 또는 불리하게 회계처리해서는 안되며 따라서 일정한 회계처리원칙이 필요하다. 이를 '일반적으로 인정된 회계원칙'(generally accepted accounting principles : GAAP)이라 하며, 우리나라의 'K－IFRS(한국채택 국제회계기준)'가 이에 해당한다. 이 원칙에 따라 반드시 작성해야 하는 회계보고서를 '재무제표'라 하며, 이에는 재무상태표, 포괄손익계산서, 현금흐름표, 자본변동표, 주석 등이 있다.

반면에, 관리회계는 내부이용자만을 대상으로 하기 때문에 일정한 회계처리원칙이 필요하지 않다. 경영자는 내부적으로 활용할 정보의 형식, 내용 등에 대해 각자 나름대로 원칙을 설정한다. 예컨대 경영자가 건물을 처분하고자 할 경우, 경영자가 필요로 하는 주요 정보는 건물의 장부금액이 아닌 현재가치일 것이다. 또한 경영자가 유형자산을 구입할 경우, 기업의 순이익 정보보다는 현금흐름 정보가 더 유용할 것이다. 이와 같이 경영자의 의사결정 유형에 따라 정보의 형식, 내용을 얼마든지 다양하게 할 수 있다.

(3) 회계정보의 질적 속성

재무회계의 정보는 검증가능성을 매우 중시하는 반면에, 관리회계의 정보는 목적적합성을 강조한다. 여기에서 목적적합성(relevance)이란 해결해야 할 의사결정 문제에 대해 관리회계정보가 적절하여야 함을 뜻한다.

위에서 설명한 내용 이외에도 재무회계의 회계보고서는 1년 또는 분기별로 작성되는 반면에 관리회계의 회계보고서는 경영자가 필요로 할 때 작성된다. 또한 관리회계는 경제학, 행동과학, 통계학 등 인접학문의 영향을 많이 받으며, 비재무적 정보에도 많은 관심을 갖는다. 이상의 차이점을 정리하면 〈표 1 - 1〉과 같다.

| 표 1 - 1 | 재무회계와 관리회계의 비교

	재무회계	관리회계
• 정보이용자	불특정다수인(투자자, 채권자 등)	내부경영자
• 회계원칙	K - IFRS	특별한 원칙이 없음
• 회계의 질적 속성	검증가능성 강조	목적 적합성 강조
• 회계기간	1년 또는 분기	월별, 1년, 수년
• 인접학문과의 관계	인접학문과의 교류가 적음	인접학문과의 교류가 많음

2 재무회계와 관리회계의 유사점

재무회계와 관리회계는 많은 차이가 있음에도 불구하고 다음 두 가지 관점에서 유사하다.

첫째, 재무회계나 관리회계는 모두 공통된 회계정보시스템에 의존한다. 재무회계와 관리회계에 각각 상이한 회계정보시스템을 유지하는 것은 낭비이다. 관리회계에서는 재무회계정보를 바탕으로 미래의 정보를 추가하거나 변형하여 활용한다.

둘째, 재무회계나 관리회계는 모두 책임회계, 즉 수탁기능(stewardship)을 강조한다. 재무회계에서는 기업 전체에 대한 수탁기능을 강조하는 반면에, 관리회계에서는 부문별 수탁기능을 강조하는 차이는 있지만 모두 조직에 주어진 자원의 활용 여부를 강조한다는 점에서 유사하다.

exercise 연습문제

01 원가정보의 유용성

원가정보가 재무회계와 관리회계에 어떤 역할을 수행하는지 설명하시오.

02 관리회계정보

"조직의 관리회계시스템이 제대로 작동한다면, 경영자가 최대한 효율적으로 관리하는데 필요한 모든 정보를 얻을 수 있다." 이 문장을 비평하시오.

03 공기업에서의 관리회계

"공기업의 주된 목적은 이익 창출이 아니기 때문에, 공기업의 관리회계는 사기업의 관리회계보다 중요하지 않다." 이 문장을 비평하시오.

04 회계의 역할

회계의 역할은 성적기록, 주의환기, 문제해결에 있다고 볼 수 있다. 다음 각 문장이 회계의 어떤 역할과 가장 밀접한 관계를 가지는가를 나타내시오.

1. 생산담당 부사장이 제품 생산에 필요한 특정 부품을 외부에서 구입할 것인가 또는 직접 생산할 것인가를 결정하도록 지원한다.
2. 공장보조부문원가를 생산부문에 원가배분한다.
3. 제품 마무리부문의 초과근무시간을 기록한다.
4. 각 영업지점별로 매출액 대비 광고비 비율을 나타내는 보고서를 작성한다.
5. 공장의 재료창고에 대한 화재보험료 중 경과된 부분을 계산하고 연말 결산정리한다.
6. 서로 다른 기계로부터 예상되는 운영원가 및 생산량을 각 기계별로 산출한다. 이들 기계 중 하나의 기계만 구입할 예정이다.
7. 생산부문에서 발생한 초과근무수당에 대해 보고서를 작성한다.
8. 날마다 현금 회수액을 고객 계정에 전기한다.
9. 본사를 다른 도시로 이전하는 데 소요되는 원가를 추정한다.
10. 병원에서 환자를 간호하는 데 드는 일일 원가가 계속 증가하는 것을 분석한다.
11. 자동차회사에서 연구개발비에 대한 예산을 편성한다.
12. 공장 수선유지부서의 예산과 실제 발생액과의 차이를 분석한다.
13. 생산감독자가 새로운 천공 압착기를 사용하는 것이 원가에 미치는 영향을 분석하도록 지원한다.

CHAPTER

02

원가의 개념 및 흐름

Cost Concepts and Flows

학습목표

1. 원가와 자산, 비용을 구분한다.
2. 제조원가와 비제조원가의 구분이 원가계산에서 왜 중요한지 이해한다.
3. 제품원가와 기간비용이 재무제표에 어떻게 반영되는지를 살펴본다.
4. 제조원가가 어떻게 제품에 흘러가는지를 이해한다.
5. 재공품에 대해 정확하게 이해한다.
6. 원가의 흐름이 재고자산의 T계정에 어떻게 반영되는지를 살펴본다.
7. 제조기업과 상품매매기업의 재무제표가 어떤 차이를 보이는지를 살펴본다.

제1절 원가의 개념

사람들이 경제적 행위를 수행하는 데는 반드시 대가가 뒤따르게 된다. 컴퓨터를 구입하기 위해서는 금전을 지불해야 하며, 원가관리회계를 공부하기 위해서는 교재를 구입하고, 시간과 노력을 투입하여야 한다. 제품을 생산하기 위해서는 원재료, 인간의 노동력, 제반설비를 투입하여야 한다. 이와 같이 어떠한 재화나 용역을 얻기 위해서는 지불 또는 희생이 뒤따르게 된다.

원가(cost)란 특정 재화나 용역을 얻기 위해 치르는 희생이라고 일반적으로 정의한다. 이때 희생은 현금 지출액, 수행한 서비스, 재산권의 이전, 이행해야 할 의무의 발생이나 증가 등으로 나타난다.

앞의 예에서 컴퓨터의 원가는 금전 지불액이며, 관리회계 공부의 원가는 교재 구입비, 시간, 노력이며, 제품 생산을 위한 원가는 투입한 원재료, 인간의 노동력, 제반 설비 사용액이다.

관리회계에서 원가의 개념은 매우 다양하게 사용된다. 왜냐하면 원가에는 수많은 유형이 있으며, 이들 원가는 경영자의 관리 목적에 따라 상이하게 분류할 수 있기 때문이다. 따라서 관리회계에서는 "상이한 목적을 위해 상이한 원가"(different costs for different purposes)가 사용된다.

원가와 자산·비용

원가 개념은 자산과 비용을 포괄한다. 먼저, 미래 경제적 효익(future economic benefit)을 가진 자산을 취득하기 위하여 현금을 지불할 경우 현금 지불액이 자산의 취득원가이며, 제조기업에서 특정 제품을 생산하기 위하여 각종 생산요소를 투입할 경우 투입한 생산요소의 가격이 생산된 제품(자산)의 제조원가이다.

한편, 기업에서 수익을 창출하기 위하여 상품 또는 제품을 외부에 판매할 경우, 수익 창출을 위한 원가는 판매한 상품 또는 제품의 원가이다. 일반적으로 수익 창출을 위해 소비된 재화·용역의 가치를 **비용**(expense)이라 한다. 이러한 비용에는 매출원가, 판매비, 관리비 등이 속한다.

제 2 절 원가의 일반적 분류

원가는 제품 생산에 투입된 제조원가와 제품의 판매, 조직의 관리활동에서 발생한 비제조원가로 대별할 수 있다.

1 제조원가

제조활동은 근로자가 노력을 투입하고 또한 생산설비를 이용하여 원재료를 완성된 제품으로 가공시키는 모든 활동이며, 제조활동에서 발생하는 원가를 **제조원가**(manufacturing costs)라 한다.

제조원가는 최종적으로 제품에 내재화되기 때문에 **제품원가**(product costs)라고도 하며, 저장이 가능하기 때문에 **재고가능원가**(inventoriable costs)라고도 한다. 제품원가는 제품이라는 자산에 내재화되어 있다가, 제품이 판매될 때 비로소 매출원가라는 비용으로 대체된다.

제조원가에는 직접재료원가, 직접노무원가, 제조간접원가가 포함된다.

(1) 직접재료원가

특정 제품을 생산하기 위하여 투입된 재료원가 가운데 실질적으로 추적가능한 재료원가를 **직접재료원가**(direct materials costs)라 한다. 원재료는 재화를 생산하기 위해 투입되는 모든 재료를 포함하기 때문에 특정회사의 완성된 제품이 타회사의 원재료가 될 수도 있다. 예컨대 제재소에서 생산된 합판은 제재소의 입장에서는 완성된 제품이지만, 합판을 이용하는 건설회사의 입장에서는 원재료가 된다.

원재료(raw materials)와 직접재료원가는 그 의미가 상당히 차이가 나므로 유의해야 한다. 원재료는 미래용역잠재력을 가진 자산인 반면에, 직접재료원가는 원재료 가운데 특정 제품을 생산하기 위해 투입한 원재료의 원가를 뜻한다. 예를 들어 원재료 10개가 있는데 그중 7개를 제조과정에 투입하였다고 하자. 제조과정에 투입한 7개의 원가가 직접재료원가이며 사용하지 않은 3개의 원가는 당기의 직접재료원가가 아닌 차기로 이월되는 원재료 기말재고액이다.

제조과정에 투입된 원재료 가운데 어떤 제품을 생산하기 위해 투입되었는지 추적할 수 없거나, 추적할 수 있다고 하더라도 추적의 효익에 비하여 추적의 비용이 너무 많이 드는 경우가 있다. 예컨대 책상을 만들기 위해 투입된 아교, 자동차를 생산하기 위해 투입된 용접재료, 나사, 못 등은 특정 제품에 투입되었는지를 추적할 수 없을 뿐만 아니라 추적에 드는 비용이 추적으로부터 얻는 효익보다 현저히 크다. 이와 같이 제조과정에 투입된 원재료 가운데 ① 특정 제품에 투입되었는지를 실질적으로 추적할 수 없거나, ② 추적으로 인한 비용이 효익보다 현저히 큰 재료원가를 **간접재료원가**(indirect material costs)라 하며, 이는 후술하는 제조간접원가의 일부에 포함된다.

(2) 직접노무원가

특정 제품을 생산하기 위해 투입된 인간의 노동력에 대한 대가, 즉 노무원가 가운데 실질적으로 추적가능한 노무원가를 **직접노무원가**(direct labor costs)라 한다. 조립공정의 생산직 근로자, 목수, 벽돌공 등에게 지급하는 노무원가가 이에 속한다.

제조과정에 투입된 노무원가 가운데 ① 특정 제품에 투입되었는지를 실질적으로 추적할 수 없거나, ② 추적으로 인한 비용이 효익보다 현저히 큰 노무원가를 **간접노무원가**(indirect labor costs)라 한다. 이에는 공장의 감독자, 수위, 야간경비원, 재료 운반원 등의 노무원가가 속한다. 간접노무원가는 후술하는 제조간접원가의 일부에 포함된다.

제조공정이 자동화되기 이전에는 제조원가 가운데 직접노무원가가 차지하는 비중이 매우 높았다. 그런데 자동화가 진행되고 심화됨에 따라 원가구조에 상당한 변화가 발생하게 되었다. 기계가 인간의 노동력을 대체하면서 직접노무원가가 차지하는 비중은 점차 낮아지고 이에 따라 직접노무원가를 중심으로 관리하던 많은 관리기법들의 중요도도 낮아지고 있다.

(3) 제조간접원가

제조간접원가(manufacturing overhead costs; factory overhead costs)란 제조과정에 투입한 원가 가운데 직접재료원가와 직접노무원가를 제외한 모든 원가이다. 따라서 제조간접원가에는 다음과 같은 원가들이 포함된다.

① **간접재료원가** : 직접재료원가를 제외한 기타 재료원가
(나사, 못, 아교, 용접재료 등)

② **간접노무원가** : 직접노무원가를 제외한 기타 노무원가
(감독자, 수위, 청소원의 급여 등)

③ **기타 제조간접원가**

- 기계와 관련한 제조간접원가 : 기계감가상각비, 보험료, 재산세 등
- 공장의 운영과 관련한 제조간접원가 : 공장수도광열비, 공장수선유지비 등

수도광열비, 감가상각비, 보험료, 재산세 등은 판매·관리활동에서도 발생하지만 이들은 제조간접원가에 포함되지 않으며, 기계 및 공장의 운영과 관련하여 발생한 원가만이 제조간접원가에 포함된다.

제조간접원가는 직접재료원가나 직접노무원가에 비하여 다음과 같은 두 가지 특징이 있다.

첫째, 제조간접원가를 구성하는 항목이 다양하다. 제조간접원가는 직접재료원가와 직접노무원가를 제외한 모든 제조원가이므로 그 구성항목이 매우 다양하다.

둘째, 작업을 많이 할수록 어떤 제조간접원가는 비례적으로 많이 발생하는 반면에 어떤 제조간접원가는 거의 변하지 않는다. 이와 같이 제조간접원가의 원가행태가 일률적이지 않다.

전환원가

앞의 세 가지 제조원가 가운데 직접노무원가와 제조간접원가는 원재료를 가공 또는 변환시키기 위해 투입된 원가이므로 이들을 합쳐서 **전환원가**[1)](또는 **가공원가**, conversion costs)라고도 한다. 직접재료원가와 전환원가의 구분은 특히 공정별원가계산에서 많이 활용한다. 이와 같이 구분하는 이유는 직접재료원가의 발생 유형과 전환원가의 발생 유형이 다르기 때문이다. 대개의 경우 직접재료원가는 작업의 착수 시점에서 일시에 많은 양이 투입되거나 단속적으로 투입되는 반면에, 전환원가는 작업의 모든 공정에 걸쳐 균일하게 발생한다. 이 같은 경우에는 원가를 직접재료원가와 전환원가로 구분하여 원가계산하는 것이 보다 합리적이다. 한편, 직접재료원가와 직접노무원가를 합쳐서 **기본원가**(prime costs)라고도 한다.

1) K－IFRS에서는 가공원가라는 용어 대신에 전환원가라는 용어를 사용하고 있다.
〈기업회계기준서 제1002호(재고자산)〉 : 재고자산의 취득원가는 모든 매입원가, 전환원가 및 재고자산을 현재의 장소에 현재의 상태로 이르게 하는 데 발생한 기타 원가를 포함한다. 재고자산의 전환원가는 직접노무원가 등 생산량과 직접 관련된 원가를 포함한다. 또한 원재료를 완제품으로 전환하는 데 발생하는 고정 및 변동 제조간접원가의 체계적인 배부액을 포함한다.

| 그림 2-1 | 제조원가

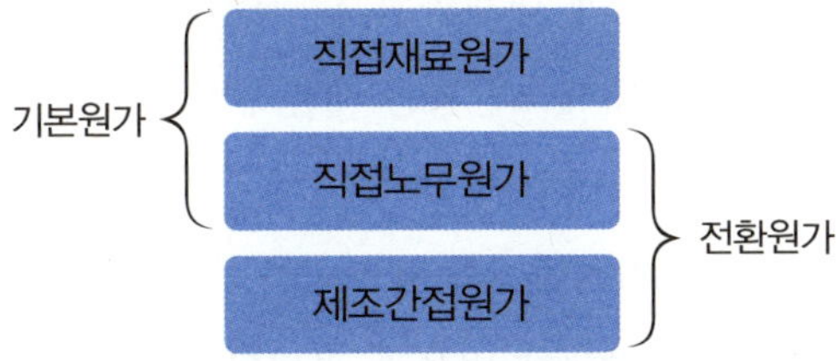

제조원가(manufacturing costs)

- 근로자가 노력을 투입하고 또한 생산설비를 이용하여 원재료를 완성된 제품으로 가공시키는 제조활동에서 발생하는 원가
- 제조원가는 최종적으로 제품에 내재화되기 때문에 제품원가(product costs)라고도 함.
- 제품원가는 제품이라는 자산에 내재화되어 있다가, 제품이 판매될 때 비로소 매출원가라는 비용으로 대체됨.
- 제조원가에는 직접재료원가, 직접노무원가, 제조간접원가가 포함됨.

❷ 비제조원가

기업은 생산, 인사, 판매, 재무, 연구활동 등 복합적 기능을 수행하는 실체이다. 제품의 원가계산은 생산활동에서 발생한 제조원가에 초점을 두고 있으나, 그 이외의 많은 기업활동에서도 원가가 발생한다. 제조기업 이외에 상품매매기업, 서비스산업, 비영리조직에서는 원가의 개념을 광범위하게 확대하여 사용하고 있다. 기업의 최종 목적 가운데 하나인 이익 창출을 위하여 소비된 재화·용역의 가치를 원가라 하면, 원가에는 제조원가뿐만 아니라 비제조원가까지 포함된다.

비제조원가(non-manufacturing costs)란 제품의 제조와는 직접적인 관련이 없이 발생하는 원가로서, 재고불능원가(non-inventoriable costs)라고도 한다.

비제조원가까지 포함한 광의의 원가는 제품의 가격결정을 포함한 의사결정에 활용할 수 있을 뿐만 아니라, 비제조활동과 관련한 원가의 예측 및 통제에도 활용된다. 구체적인 예를 들면 은행에서 제공하는 각종 금융상품과 부속 서비스에 대한 원가분석, 대학교육 수행에 소요되는 교육원가의 분석, 지하철·버스 등 공공교통시설에 대한 원가분석을 통하여 금융상품의 이자율, 부속서비스의 유료화, 대학의 등록금 산정, 공공교통시설의 공공요금 결정 등의 기초자료로 활용되고 있다.

비제조원가는 제품의 생산과 관련없기 때문에 제조원가의 회계처리와는 상이하다. 제조원가는 제품이라는 자산에 내재화된 후 최종적으로 판매시점에 매출원가라는 비용으로 처리되는 반면, 비제조원가는 제품에 내재화되는 과정을 거치지 않는다. 왜냐하면, 비제조원가는 기업의 수익 창출을 위해 발생하였으므로 발생 즉시 기간비용(period expenses)으로 회계처리되는 것이다

비제조원가는 판매활동에서 발생한 비용과 관리활동에서 발생한 비용으로 크게 대별 할 수 있다.

① **판매비** : 판매비(selling expense)란 제품에 대한 고객의 주문을 확보하고, 생산된 제품이나 용역을 고객에게 인도하는 판매활동과 관련된 비용이다. 이에는 광고선전비, 판매원 급여 및 수수료, 판매원의 여비 등이 속한다.

② **관리비** : 관리비(administrative expense)는 조직의 생산·판매활동 이외의 관리활동과 관련된 비용이다. 이에는 임원 급여, 사무직 급여, 연구개발비, 통신비, 수도광열비, 감가상각비 등이 속한다. 여기에서 인간의 노동력에 대한 대가 가운데 제품 생산과 관련한 직접노무원가는 제조원가인 반면에, 제품 생산과 직접

| 그림 2-2 | 제조원가와 비제조원가

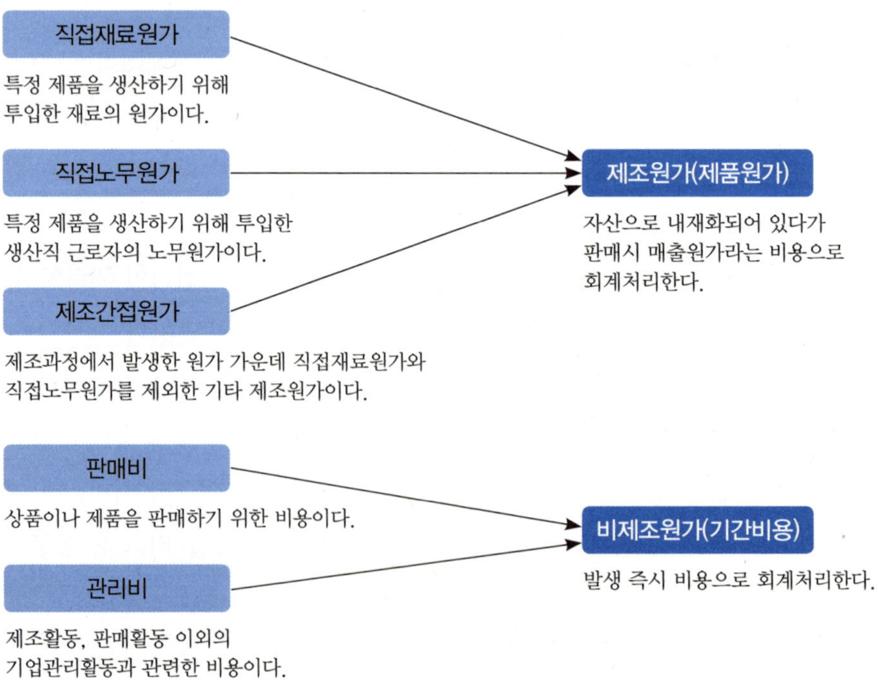

관련이 없는 임원 급여, 사무직 급여 등은 관리비에 속하며, 마찬가지로 통신비, 수도광열비, 감가상각비 등도 제품 생산과 관련하여 발생한 원가는 제조간접원가에 속한 반면에, 제품 생산과 관련이 없는 원가는 관리비에 속한다. 예컨대 공장에서 발생한 수도광열비, 기계의 감가상각비는 제조간접원가이며, 본사에서 발생한 수도광열비, 건물의 감가상각비는 관리비에 속한다.

위의 판매비와 관리비를 합하여 판관비(Selling, General, and Administrative Expenses, SG&A)라고도 한다. 제조원가와 비제조원가를 정리하면 [그림 2-2]와 같다.

한편, 조직의 재무활동과 관련하여 발생한 원가는 관리비에 속하지 않는다. 이자비용, 유가증권처분손실, 자산평가손실, 외환차손실 등 자금의 활용·부족으로 인한 원가 발생액은 관리비가 아닌 영업외비용으로 회계처리한다.

비제조원가(non-manufacturing costs)

- 제품의 제조와는 직접적인 관련 없이 발생하는 원가
- 비제조원가는 수익 창출을 위해 발생하였으므로 발생 즉시 기간비용으로 회계처리함.
- 비제조원가에는 판매비와 관리비 등이 포함됨.

예제 2-1 제품원가와 기간비용

사공회사는 당기에 제품 1,000개를 생산하여 그중 600개를 판매하였다. 당기의 인건비 가운데 사장 급여는 ₩100,000이며, 생산직 근로자의 급여도 ₩100,000이다. 한편, 기초재고자산은 없다. 사장 급여와 생산직 근로자의 급여 중 손익계산서에 비용으로 계산되는 금액을 각각 구하시오.

해답

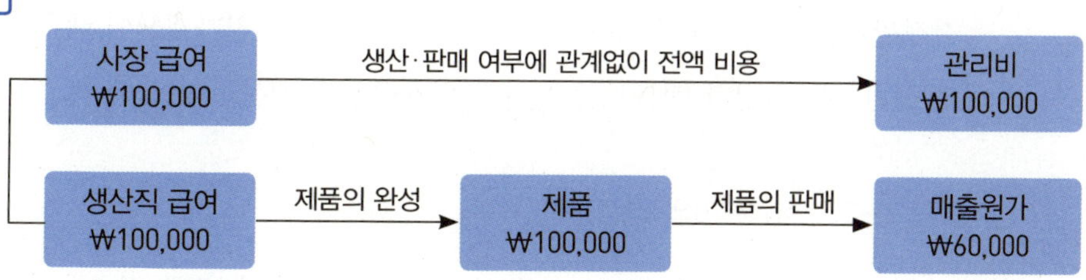

사장 급여는 비제조원가이다. 따라서 몇 개를 생산하여 몇 개를 판매하였느냐에 관계없이 전액 기간비용이 된다. 한편 생산직 급여 ₩100,000은 제조원가로서 제품원가에 포함된 후, 판매된 제품의 원가 ₩60,000이 매출원가라는 비용이 된다. 결국 생산직 급여 ₩100,000 중 판매된 부분 ₩60,000만 비용으로 되며, 나머지 ₩40,000은 기말제품(자산)에 포함되어 차기로 이월된다.

제 3 절 추적가능성에 따른 원가의 분류

원가계산시스템은 ① 원가의 형태적 분류(재료원가, 노무원가, 감가상각비, 수도광열비 등)에 따라 원가를 집계(cost accumulation)한 후, ② 집계된 원가를 원가대상에 할당(cost assignment)하는 과정으로 이루어진다.

원가를 계산하고자 하는 대상을 **원가대상**(cost object)이라 하는데, 구체적으로 제품, 부문, 활동, 지역, 환자 등이 그 예이다. 특정 원가가 원가계산을 하고자 하는 원가대상과 관련하여 추적 가능하느냐의 여부에 따라 직접원가와 간접원가로 구분할 수 있다.

① **직접원가** : 직접원가(direct cost)란 원가대상에 투입되었는지 여부를 추적가능한 원가이다. 예컨대 제품별로 원가계산을 한다면, 각 제품에 투입된 재료, 생산직 근로자의 임금 등은 추적할 수 있다. 직접원가는 원가대상에 직접 부과(cost tracing)한다.

② **간접원가** : 간접원가(indirect cost)란 원가대상에 투입되었는지 여부를 추적할 수 없는 원가이다. 또한 비록 특정 원가대상에 투입되었는지 여부를 실질적으로 추적 가능할지라도 추적의 효익이 비용보다 작은 경우에도 간접원가로 처리하는 것이 바람직하다. 예를 들어 특정 제품을 생산하기 위해 투입되는 나사의 원가는 그 금액이 미미하며 또한 추적의 효익이 거의 없다. 이 경우 나사의 원가는 간접원가에 포함시킨다. 간접원가는 원가배분(cost allocation) 과정을 통해 원가대상에 귀속된다.

직접원가는 원가대상에 추적가능하므로 원가대상별 원가계산이 매우 쉽다. 그러나 간접원가는 일정한 배분기준에 따라 원가대상에 배분하여야 한다.

| 그림 2-3 | 직접원가와 간접원가

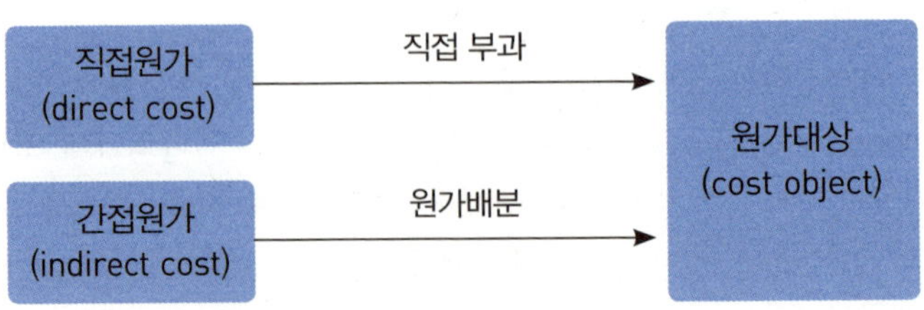

직접원가와 간접원가의 구분

직접원가와 간접원가의 구분은 원가대상과의 관계에 의해 이루어지므로 원가대상을 무엇으로 보느냐에 따라 특정 원가는 직접원가가 될 수도 있고 간접원가가 될 수도 있다. 예컨대 공장에서 두 가지 제품을 생산하는 경우 공장감독자의 임금을 살펴보자. 원가대상을 공장으로 한다면 공장감독자 임금은 부문의 직접원가이며, 원가대상을 제품으로 한다면 공장감독자 임금은 간접원가가 된다.

또한, 직접원가와 간접원가의 구분은 정보수집기술의 발달에 따라 달라질 수 있다. 예컨대 바코드(barcode), 스캐너(scanner) 등이 개발됨에 따라 과거에 간접원가로 구분하던 것이 직접원가로 변하게 된다.

일반적 분류에 따른 직접재료원가, 직접노무원가, 제조간접원가는 원가대상을 제품으로 한 것이다. 이 때 직접재료원가와 직접노무원가는 직접원가이며, 제조간접원가는 간접원가이다.

제 4 절 제조원가의 흐름

제조원가를 제조과정에 투입하는 이유는 재료를 가공하여 최종적으로 제품을 생산하기 위함이다. 그런데 제품이 완성되기까지에는 수많은 제조과정을 거쳐야 한다. 제조과정 중에 있는 모든 재고자산을 **재공품**(work-in-process)이라 한다.[2] 어떤 재공품은 제조과정의 극히 일부분만을 거친 것도 있으며, 어떤 재공품은 제조과정을 거의 마친 것도 있을 것이다. 제조과정 중이란 아직 미완성인 상태를 뜻하며, 제조과정을 얼마만큼 거치든 관계없이 미완성된 재고자산을 모두 재공품이라 한다.

재공품이 제조과정을 전부 거치면 완성된다. 완성된 재고자산을 **제품**(finished good)이라 한다. 완성된 제품이 판매되면 판매된 제품의 원가가 **매출원가**(cost of goods sold)가 된다. 이상의 원가흐름을 그림으로 나타내면 [그림 2-4]와 같다.

2) 재공품이란 단어가 다소 생소하므로 간단한 비유를 들어보자. 개구리알은 올챙이를 거쳐 개구리가 된다. 헤엄치기 시작한 올챙이는 20일 정도 지나면 뒷다리가 생기고, 그 후 7일 정도 지나면 앞다리가 나오며, 그 후 4~5일이 지나면 꼬리가 짧아지며 비로소 개구리가 된다. 모든 개구리는 반드시 올챙이를 거쳐야 하며, 알에서 부화하여 개구리가 되기 이전까지를 모두 올챙이라 한다. 이 비유에서 알은 원재료, 올챙이는 재공품, 개구리는 제품에 해당한다.

| 그림 2-4 | 제조원가의 흐름

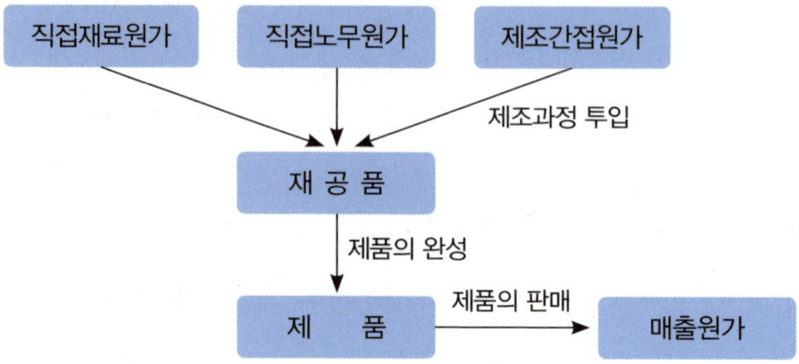

제 5 절 원가계산 절차

앞의 제조원가의 흐름을 바탕으로 제품의 원가계산 절차를 살펴보자.

1 당기총제조원가

제조과정에 투입된 제조원가를 계산하기 위하여 직접재료원가, 직접노무원가, 제조간접원가를 어떻게 집계하고 계산하는가를 살펴보자.

직접재료원가는 당기에 제조과정에 투입한 재료의 원가이다. 그런데 재료는 재고자산이므로 기초재고나 기말재고가 존재한다. 당기에 제조과정에 투입한 직접재료원가는 기초재료재고액과 당기재료매입액을 가산한 금액에서 기말재료재고액을 차감하여 구한다.

> 직접재료원가 = 기초재료재고액 + 당기재료매입액 − 기말재료재고액

직접노무원가는 당기에 제조과정에 투입한 생산직 근로자의 임금으로서 미지급임금계정에서 구한다.

> 직접노무원가(당기 발생액) = 당기직접노무원가지급액
> + 직접노무원가기말미지급액 − 직접노무원가기초미지급액

제조간접원가는 그 구성항목이 매우 다양하므로 일차적으로 제조간접원가를 집계할 필요가 있다. 이를 위해 제조간접원가계정을 설정하여 실제 발생한 제조간접

원가를 차변에 집계한다. 집계가 끝나면 차변에 집계된 제조간접원가 총액을 재공품계정에 대체한다. 혹시 제조간접원가 구성항목 각각을 바로 재공품계정에 왜 대체하지 않는가 하는 의문을 제기할지 모른다. 제조간접원가계정을 별도로 설정한 이유는 계획, 통제, 제품원가계산시 제조간접원가 총액에 대해 관심을 가지기 때문이다. 제조간접원가계정은 당기에 발생한 제조간접원가를 집계한 후, 총액을 재공품계정에 대체해 주기 때문에 원가계산을 위한 가교 역할도 수행한다.

당기에 투입한 제조원가의 합계액을 **당기총제조원가**(total manufacturing costs)라 한다.

당기총제조원가 = 직접재료원가 + 직접노무원가 + 제조간접원가

예제 2-2 당기총제조원가 (04CTA)

서울㈜는 5월 중 ₩43,000의 직접재료를 구입하였다. 5월 중 제조간접원가의 합은 ₩27,000이었고 총제조원가는 ₩106,000이었다. 직접재료의 5월초 재고가 ₩8,000, 5월말 재고가 ₩6,000이었다면 5월 중 직접노무원가는?

해답

직접재료원가 = ₩8,000 + 43,000 − 6,000 = ₩45,000
당기총제조원가 ₩106,000 = 직접재료원가 + 직접노무원가(?) + 제조간접원가
= 45,000 + ?(= ₩34,000) + 27,000

❷ 당기제품제조원가

제조과정에 투입한 직접재료원가, 직접노무원가, 제조간접원가는 모두 재공품계정의 차변에 집계된다. 그런데 재공품은 재고자산이므로 기초재고나 기말재고가 존재한다. 당기에 완성된 제품의 원가를 **당기제품제조원가**(cost of goods manufactured)라 하며, 이는 기초재공품재고액과 당기총제조원가를 가산한 금액에서 기말재공품재고액을 차감하여 구한다.

당기제품제조원가 = 기초재공품재고액 + 당기총제조원가 − 기말재공품재고액

당기총제조원가와 당기제품제조원가

당기총제조원가와 당기제품제조원가는 명칭이 유사하여 혼동을 야기하지만, 서로 다른 개념이므로 명확히 구분하여야 한다. 당기총제조원가는 당기에 투입한 제

조원가로서, 제품의 완성 여부와 관계없다. 반면에 당기제품제조원가는 당기에 완성된 제품의 원가로서, 원가의 투입 시기(전기 또는 당기)와는 관계없다.

예제 2-3 당기제품제조원가 (19CTA)

㈜세무의 기초 및 기말 재고자산은 다음과 같다.

	기초잔액	기말잔액
원 재 료	₩27,000	₩9,000
재 공 품	30,000	15,000
제 품	35,000	28,000

원재료의 제조공정 투입금액은 모두 직접재료원가이며 당기 중 매입한 원재료는 ₩83,000이다. 기초원가(prime cost)는 ₩306,000이고, 전환원가(conversion cost)의 50%가 제조간접원가이다. ㈜세무의 당기제품제조원가는?

해답

직접재료원가 = ₩27,000 + 83,000 − 9,000 = ₩101,000

기초원가 ₩306,000 = 직접재료원가 101,000 + 직접노무원가(? = ₩205,000)

전환원가(x) = 직접노무원가 205,000 + 제조간접원가(0.5x)　　∴ x = ₩410,000

당기제품제조원가 = 기초재공품 + 당기총제조원가 − 기말재공품

= ₩30,000 + (306,000 + 205,000) − 15,000 = ₩526,000

참고로, 문제의 제품계정은 불필요한 자료이다.

예제 2-4 당기제품제조원가의 계산 (10CPA변형)

㈜원가는 기계장치를 생산, 판매하는 기업으로 사업 첫 해에 다음과 같은 원가가 발생했다. 이 자료를 바탕으로 당기제품제조원가를 구하시오. (단, 기초재공품재고액은 없고, 기말재공품재고액이 ₩10이다.)

직접재료원가	₩110	간접재료원가	₩30	판매직급여	₩30
직접노무원가	120	간접노무원가	60	관리직급여	70
간접경비	200	광고선전비	20	이자비용	10

해답

판매직급여, 관리직급여, 광고선전비, 이자비용 등은 기간비용이다.

제조간접원가 = 간접재료원가 + 간접노무원가 + 간접경비 = ₩30 + 60 + 200 = ₩290

당기총제조원가 = 직접재료원가 + 직접노무원가 + 제조간접원가 = ₩110 + 120 + 290 = ₩520

당기제품제조원가 = 기초재공품 + 당기총제조원가 − 기말재공품 = ₩0 + 520 − 10 = ₩510

3 매출원가

재공품계정에서 당기제품제조원가는 제품계정으로 대체된다. 그런데 제품은 재고자산이므로 기초재고나 기말재고가 존재한다. 당기에 판매한 제품의 원가는 기초제품재고액과 당기제품제조원가를 가산한 금액에서 기말제품재고액을 차감하여 구한다. 당기에 판매한 제품의 원가를 **매출원가**(cost of goods sold)라 한다.

> 제조기업의 매출원가 = 기초제품재고액 + 당기제품제조원가 − 기말제품재고액

위의 제조원가의 흐름 이외에 외상매입금의 상환, 미지급임금의 상환, 미지급비용의 상환, 제품의 매출액, 외상매출금의 회수, 판매관리비의 발생 및 지급 등은 제조원가의 흐름과 직접적인 관련이 없기 때문에 설명하지 않았다. 이들은 회계원리 또는 재무회계에서 공부한 내용과 동일하다.

제조원가의 흐름을 T계정에 나타내면 [그림 2-5]와 같다. 이 제조원가의 흐름은 원가계산의 가장 근본이다. [그림 2-5]에서 제조원가의 흐름과 관련이 없는 계정은 도시하지 않았다.

| 그림 2-5 | 제조원가의 흐름

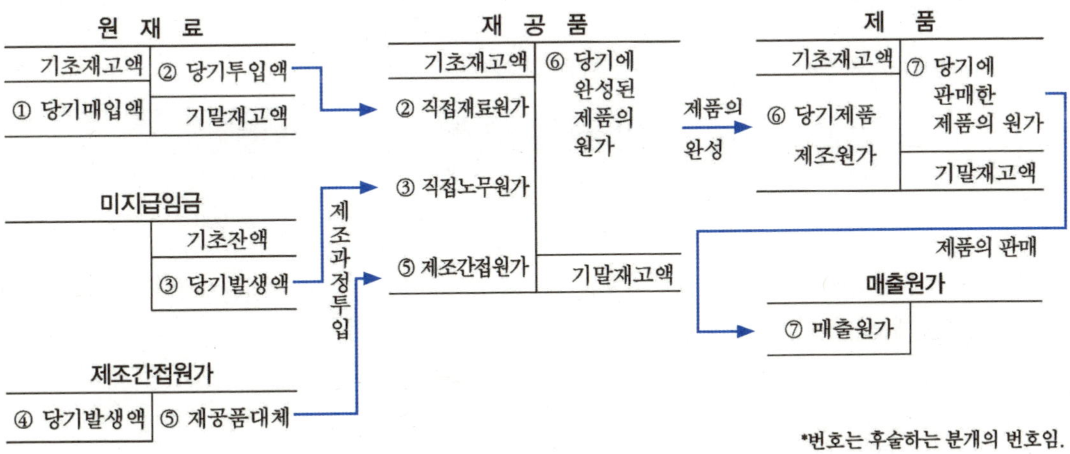

예제 2-5 매출원가 (14CTA)

㈜세무의 20×1년도 기초 및 재고자산은 다음과 같다.

	기초잔액	기말잔액
원 재 료	₩34,000	₩10,000
재 공 품	37,000	20,000
제 품	10,000	48,000

원재료의 제조공정 투입금액은 모두 직접재료원가이며, 20×1년 중에 매입한 원재료는 ₩76,000이다. 20×1년의 기본원가(prime costs)는 ₩400,000이고, 전환원가(가공원가 : conversion costs)의 50%가 제조간접원가이다. ㈜세무의 20×1년 매출원가는 얼마인가?

해답

직접재료원가 = ₩34,000 + 76,000 − 10,000 = ₩100,000

재공품

기초	37,000	당기제품제조원가	
직접재료원가	100,000		?(= 717,000)
직접노무원가	300,000		
제조간접원가	300,000	기말	20,000

제품

기초	10,000	매출원가	?(= 679,000)
당기제품제조원가		기말	48,000
	717,000		

예제 2-6 원가의 흐름 (21CTA)

㈜대한의 20×1년 재고자산과 관련된 자료는 다음과 같다.

구 분	원재료	재공품	제품
기초금액	₩23,000	₩30,000	₩13,000
기말금액	12,000	45,000	28,000

20×1년 원재료 매입액은 ₩55,000이며, 가공원가는 ₩64,000이다. 이 경우 ㈜대한의 20×1년 당기제품제조원가에서 매출원가를 차감한 금액은 얼마인가?

해답

직접재료원가 = ₩23,000 + 55,000 − 12,000 = ₩66,000

당기총제조원가 = ₩66,000 + 64,000 = ₩130,000

당기제품제조원가 = ₩30,000 + 130,000 − 45,000 = ₩115,000

매출원가 = ₩13,000 + 115,000 − 28,000 = ₩100,000

당기제품제조원가 − 매출원가 = ₩115,000 − 100,000 = ₩15,000

예제 2-7 영업이익의 계산 (09CTA)

본사와 생산공장이 동일 건물에 소재하는 ㈜대한의 3월 중 발생한 비용과 재고자산 자료는 다음과 같다. 3월 중 직접재료 매입액은 ₩1,200,000이며, 매출액은 ₩7,400,000이다.

〈3월 중 발생비용〉

직접노무원가	₩3,000,000	공장감독자급여	₩100,000
기타 제조간접원가	200,000	전기료(본사에 40%, 공장에 60% 배부)	200,000
감가상각비(본사에 20%, 공장에 80% 배부)	500,000	본사의 기타 판매관리비	400,000

〈재고자산〉

	3월초	3월말
재공품	₩1,000,000	₩800,000
직접재료	300,000	100,000
제품	700,000	400,000

위의 자료를 토대로 ㈜대한의 3월 1일부터 3월 31일까지의 영업이익을 구하면 얼마인가?

해답

직접재료원가 = ₩300,000 + 1,200,000 − 100,000 = ₩1,400,000

제조간접원가 = ₩100,000 + 200,000 + 200,000 × 60% + 500,000 × 80% = ₩820,000

재공품

기초	1,000,000	당기제품제조원가	
직재	1,400,000		?(= 5,420,000)
직노	3,000,000		
제간	820,000	기말	800,000

제품

기초	700,000	매출원가	?(= 5,720,000)
당기제품제조원가		기말	400,000
	5,420,000		

영업이익 = 매출액 − 매출원가 − 전기료(본사) − 감가상각비(본사) − 본사의 기타판매관리비

= ₩7,400,000 − 5,720,000 − 80,000 − 100,000 − 400,000 = ₩1,100,000

❹ 제조원가흐름의 회계처리

제조원가의 흐름을 순차적으로 회계처리하면 다음과 같다.

① 원재료의 매입 : 원재료를 외상으로 매입할 경우, 원재료가 증가하고 외상매입금(또는 매입채무)이 증가한다.

(차) 원 재 료	400,000	(대) 외상매입금	400,000

ex. 원재료 ₩400,000을 외상으로 매입하다.

② 원재료의 투입 : 원재료를 제조과정에 투입할 경우, 직접재료원가 금액만큼 재공품이 증가하고 원재료는 감소한다. 직접재료원가계정을 별도로 설정할 필요가 없음에 유의하기 바란다.

(차) 재 공 품	200,000	(대) 원 재 료	200,000

ex. ₩200,000에 해당하는 원재료를 직접재료원가로 제조과정에 투입하다.

③ 직접노무원가의 발생 : 생산직 근로자의 노동력이 제조과정에 투입될 경우, 직접노무원가 금액만큼 재공품이 증가하고 미지급임금이 증가한다. 직접노무원가계정을 별도로 설정할 필요가 없음에 유의하기 바란다.

(차) 재 공 품	150,000	(대) 미지급임금	150,000

ex. 직접노무원가 ₩150,000이 발생하다.

한편, 공장감독자, 수위 등에게 지급하는 간접노무원가는 다음과 같이 제조간접원가계정에 집계한다.

(차) 제조간접원가	30,000	(대) 미지급임금	30,000

ex. 간접노무원가 ₩30,000이 발생하다.

④ 제조간접원가의 발생 : 제조간접원가는 그 구성항목이 다양하므로 일차적으로 제조간접원가를 집계할 필요가 있다. 이를 위해 제조간접원가계정을 별도로 설정한다.

(차) 제조간접원가	60,000	(대) 기계감가상각누계액	30,000
		공장소모품	20,000
		원재료	10,000

ex. 제조간접원가의 항목으로 기계감가상각비 ₩30,000, 소모품 사용액 ₩20,000, 간접재료원가 ₩10,000이 발생하다.

⑤ 제조간접원가의 대체 : 제조간접원가계정 차변에 집계한 제조간접원가 총액을 재공품계정에 대체한다.

(차) 재 공 품	90,000	(대) 제조간접원가	90,000

ex. ③, ④에 제조간접원가계정으로 집계된 금액(₩30,000 + 60,000 = ₩90,000)을 재공품 계정으로 대체한다.

⑥ 제품의 완성 : 재공품 가운데 당기에 완성된 제품의 원가(당기제품제조원가)를 제품계정으로 대체한다.

(차) 제 품	250,000	(대) 재 공 품	250,000

ex. 당기에 ₩250,000의 제품이 완성되었다.

⑦ 판매한 제품의 원가 : 제품 가운데 당기에 판매한 제품의 원가를 매출원가계정으로 대체한다.

(차) 매출원가	100,000	(대) 제 품	100,000

ex. 당기에 제조원가 ₩100,000에 해당하는 제품이 판매되었다.

이상의 분개를 T계정에 나타내면 [그림 2-5]와 같다. 앞의 분개 ①에서 원재료는 [그림 2-5]에 나타나 있지만 외상매입금은 [그림 2-5]에 나타나 있지 않다. 외상매입금은 원가의 흐름과 직접적인 관계가 없어 생략한 것이다.

[그림 2-5]에 나타난 제조원가의 흐름을 정확히 이해하고 아울러 약간의 회계적 지식만 있으면 위의 분개 및 회계처리를 쉽게 할 수 있다. 다시 한번 [그림 2-5]를 검토하고 완전히 이해하기 바란다.

제 6 절 제조기업의 재무제표

① 제조기업의 손익계산서

제조기업의 손익계산서와 재무상태표는 상품매매기업의 경우보다 다소 복잡하다. 상품매매기업(merchandising company)에서는 기업외부에서 '상품'을 매입한 후 그 상품을 소비자에게 판매하는 반면에, 제조기업(manufacturing company)에서는 여러 가지 원가를 투입하여 '제품'을 제조한 후 그 제품을 외부에 판매한다. 따라서 제품의 제조원가계산이 상품의 매입원가계산보다는 훨씬 복잡하다. 그러나 [그림 2-5]의 제조원가 흐름을 정확히 이해하면 제조기업의 손익계산서, 재무상태표도 쉽게 작성할 수 있다.

제조기업과 상품매매기업의 재무상태표를 비교해보면, 상품매매기업의 재고자산은 상품뿐인데 반하여, 제조기업의 재고자산은 원재료, 재공품, 제품 등 세 가지이다. 이 이외의 다른 차이는 없다.

손익계산서를 살펴보자. 〈표 2-1〉과 같이 상품매매기업과 제조기업의 손익계산서상 차이점은 매출원가에 있다. 상품매매기업의 매출원가는 당기에 판매한 상품의 원가로서 다음과 같이 구한다.

> 상품매매기업의 매출원가 = 기초상품재고액 + 당기상품매입액 − 기말상품재고액

이 식과 제조기업의 매출원가를 구하는 식을 비교해 보면, '상품'이라는 명칭 대신에 '제품'이 사용되었고, '매입액'이 '제조원가'로 바뀐 것 이외에는 다른 차이가

| 표 2-1 | 상품매매기업과 제조기업의 손익계산서

(상품매매기업)	손익계산서
매 출 액	
매 출 원 가	기초상품재고액 당기상품매입액 (기말상품재고액)
매출총이익	
판매관리비	
영 업 이 익	

(제조기업)	손익계산서
매 출 액	
매 출 원 가	기초제품재고액 당기제품제조원가 (기말제품재고액)
매출총이익	
판매관리비	
영 업 이 익	

없다. 제조기업의 당기제품제조원가는 손익계산서상에 총액으로 표시하며, 이에 대한 자세한 계산과정은 제조원가명세서라는 별도의 보고서에 작성한다.

❷ 제조원가명세서

손익계산서에는 당기제품제조원가가 총액으로 표시되어 있지만, 이를 구하는 과정이 다소 복잡하였음을 기억할 것이다. 당기제품제조원가를 구하는 과정을 나타내는 보고서를 **제조원가명세서**(schedule of cost of goods manufactured)라 하며, 이 양식은 〈표 2-2〉와 같다. 이는 손익계산서의 부속명세서이다. 제조원가명세서에 최종적으로 나타난 당기제품제조원가는 당연히 손익계산서상의 당기제품제조원가와 항상 일치하여야 한다.

| 표 2-2 | 제조원가명세서

제조원가명세서	
Ⅰ. 직접재료원가	기초재료재고액
	당기재료매입액
	(기말재료재고액)
Ⅱ. 직접노무원가	
Ⅲ. 제조간접원가	간접재료원가
	간접노무원가
	기계수선유지비
	공장감가상각비
	공장수도광열비 등
Ⅳ. 당기총제조원가	(Ⅰ + Ⅱ + Ⅲ)
Ⅴ. 기초재공품원가	
Ⅵ. (기말재공품원가)	
Ⅶ. 당기제품제조원가	(Ⅳ + Ⅴ − Ⅵ)

제조원가명세서(schedule of cost of goods manufactured)

- 손익계산서의 부속명세서
- 손익계산서상의 당기제품제조원가를 구하는 과정을 나타내는 보고서

exercise 연습문제

01 재료원가의 흐름

자동차를 생산하는 미래로회사는 20×9년 4월 중, 배터리 8,000개를 개당 ₩100에 구입하였다. 4월 중 배터리 사용량은 7,600개인데, 그중 100개는 외판사원들의 자동차에 사용되었으며, 나머지 7,500개는 제품을 생산하는데 사용되었다. 4월 중 제조과정의 90%가 완성되었으며, 완성된 자동차 중 40%가 판매되었다. 한편, 4월초 기초재고자산은 없다. 자동차 생산에 사용한 배터리 원가 중 매출원가에 포함되는 금액은 얼마인가?

02 직접노무원가 (09CPA)

㈜민국카드의 고객센터에는 50명의 직원들이 신규고객유치와 불만처리 업무를 수행하고 있다. 통상적으로 신규고객 유치는 건당 6분, 불만처리 업무에는 건당 15분이 소요된다. 직원들의 정규근무시간은 1주일에 5일, 주당 40시간이며, 총근무시간은 업무수요에 따라 조절이 가능하다. 주당 정규급여는 1인당 ₩320,000이고 초과근무수당은 시간당 ₩12,000이다. 향후 1주일 동안 예상되는 1일 평균 업무수요가 다음과 같을 경우, 노무비를 최소화하기 위해 신규로 채용해야 할 직원은 몇 명인가?

구분	1일 평균 업무수요
신규고객유치	1,450건
불만처리	1,200건

03 제품원가와 기간비용

미래로회사는 당기에 제품 100개를 생산하여 그중 40개를 판매하였다. 당기의 인건비 가운데 사장 급여는 ₩20,000이며, 생산직 근로자의 급여도 ₩20,000이다. 한편, 기초재고자산은 없다. 사장 급여와 생산직 근로자의 급여 중 손익계산서에 비용으로 계산되는 금액은 각각 얼마인가?

04 당기제품제조원가의 계산 (12CTA)

㈜국세의 20×1년도 매출총이익은 ₩120,000이며, 매출총이익률은 30%이다. 기말제품재고는 기초제품재고에 비해 ₩50,000 감소하였다. ㈜국세의 20×1년도 당기제품제조원가는 얼마인가?

05 당기제품제조원가의 계산 (01CPA)

㈜남송의 1월 중 발생한 비용과 월초 및 월말 재고자산 자료는 다음과 같다.

1월 중 발생비용	
직접노무원가	₩300
감가상각비 – 공장	50
감가상각비 – 영업점포	50
감가상각비 – 본부사옥	100
공장감독자급여	100
그 밖의 제조간접원가	200

재고자산	1월초	1월말
재공품	₩1,000	₩800
직접재료	300	100

1월 중 직접재료의 매입은 발생하지 않았다. ㈜남송의 1월 당기제품제조원가는?

06 기초재공품원가의 계산 (11CTA)

㈜국세의 4월 매출액은 ₩20,000이며, 매출총이익률을 30%이다. ㈜국세의 공장에서 4월에 발생한 원가관련 자료를 바탕으로 4월 1일 재공품 금액을 구하면 얼마인가?

가. 재고자산 현황

일자	직접재료	재공품	제품
4월 1일	₩1,000	?	₩3,000
4월 30일	2,000	₩3,000	4,000

나. 4월에 매입한 직접재료금액은 ₩4,500이다.
다. 4월 1일 미지급임금은 ₩2,000이며, 4월 30일 미지급임금은 ₩4,000이다.
라. 4월에 지급한 임금은 ₩6,000이다.
마. ㈜국세의 공장에서 발생한 임금의 50%는 생산직 종업원의 임금이다.
바. 4월에 발생한 제조간접원가 중 임금을 제외한 나머지 부분은 ₩1,500이다.

07 기본원가 (07CTA)

다음은 대한상사의 3월중 원가자료이다.

	3월 1일	3월 31일
원 재 료	₩20,000	₩25,000
재 공 품	35,000	30,000
제 품	100,000	110,000

대한상사의 3월 중 원재료 매입액은 ₩125,000이고, 제조간접원가는 직접노무원가의 50%이었으며, 매출원가는 ₩340,000이었다. 대한상사의 3월 기본원가(prime costs)는 얼마인가?

08 기본원가(또는 기초원가) (13CTA)

㈜세무는 실제원가계산을 사용하고 있으며, 20×1년 원가자료는 다음과 같다. 20×1년 직접재료매입액은 ₩21,000이었고, 매출원가는 ₩90,000이었다. 전환원가의 40%가 직접노무원가라면 기초원가(prime cost)는?

	기초잔액	기말잔액
직접재료	₩3,000	₩4,000
재 공 품	50,000	45,000
제 품	70,000	60,000

09 재료 매입액의 계산 (06세무공무원)

㈜한국의 원재료 기초금액은 ₩24,000, 기말금액은 ₩30,000이다. 또한 재공품 기초금액은 ₩28,000, 기말금액은 ₩36,000이다. ㈜한국의 제조원가를 분석한 결과, 전환원가는 당기총제조원가의 2/3이며, 제조간접원가는 직접노무원가의 150%임을 알게 되었다. ㈜한국의 당기제품제조원가가 ₩292,000이라 할 때, 당기의 원재료 당기매입액은 얼마인가?

10 기말제품의 추정

신성기업의 4월 중 영업활동과 관련된 회계자료는 다음과 같다. 4월말 제품재고액은 얼마인가?

가. 재고자산

	4월 초	4월 말
원 재 료	₩10,000	₩15,000
재 공 품	15,000	17,500
제 품	8,000	?

나. 4월 중 원재료 매입액은 ₩27,000이다.
다. 직접노무원가는 기본원가의 60%이다. 또한, 직접노무원가는 전환원가의 40%이다.
라. 4월 중 총매출액은 ₩120,000이며, 매출총이익률은 30%이다.

11 직접노무원가의 추정

한국제조기업의 기초재공품은 ₩45,000, 기말재공품은 ₩20,000이다. 한편, 당기제품제조원가는 ₩525,000이며, 직접재료원가는 당기총제조원가의 40%, 제조간접원가는 직접노무원가의 200%이라 할 때, 직접노무원가는 얼마인가?

12 직접노무원가의 추정

경북제조기업의 3월 중 생산활동과 관련된 자료는 다음과 같다. 3월 중 직접노무원가는 얼마인가?

가. 월초 및 월말 재고자산

	월 초	월 말
원 재 료	₩200,000	₩ 260,000
재 공 품	400,000	?
제 품	1,020,000	1,050,000

나. 3월 중 원재료 매입액은 ₩1,100,000이다.
다. 기말재공품원가는 기초재공품원가의 90%이며, 제조간접원가는 직접노무원가의 50%이다.
라. 3월의 매출원가는 ₩3,450,000이다.

13 제조간접원가의 추정 (22CPA)

㈜대한은 의료장비를 생산하고 있으며, 20×1년 2월 원가 관련 자료는 다음과 같다.

- 재료 구입액은 ₩4,000, 재료 기말재고액은 ₩1,400이다.
- 노무원가는 공장에서 발생한 것이며, 노무원가의 80%는 생산직 종업원의 임금이다.
- 지급한 노무원가는 ₩3,700, 기초 미지급노무원가는 ₩200, 기말 미지급노무원가는 ₩500이다.
- 기본원가(기초원가, prime costs)는 ₩5,700이다.
- 제조경비는 ₩2,100이며, 전액 제조간접원가이다.

20×1년 2월 ㈜대한의 제조간접원가는 얼마인가? 단, 기초재고자산은 없다.

14 매출원가 산출

1. ㈜세무의 20×1년 5월 중 자료는 다음과 같다.

	5월 1일	5월 31일
재 공 품	₩30,000	₩25,000
제 품	20,000	10,000

5월 중 기초원가(prime cost)는 ₩325,000이고, 전환원가(conversion cost)가 직접재료원가의 40%이며, 제조간접원가는 ₩25,000이다. ㈜세무의 5월 매출원가는? (16CTA)

2. ㈜세무는 20×1년 초에 영업을 개시하였다. ㈜세무는 전부원가계산을 적용하고 있으며, 재고자산의 원가흐름가정은 선입선출법이다. 20×1년과 20×2년의 생산 및 원가자료는 다음과 같다.

항목	20×1년	20×2년
제품 생산량	1,500단위	1,750단위
제품 판매량	1,200단위	(　　)단위
기말제품 수량	(　　)단위	150단위
제품단위당 변동제조원가	₩38	₩40
고정제조간접원가	₩48,000	₩70,000

㈜세무의 20×2년도 매출원가는? (단, 기초 및 기말 재공품은 없다.) (18CTA)

15 매출액 산출 (08공무원)

㈜한강은 단일 제품을 생산 판매하고 있다. 이 회사의 12월 한 달 동안 매출총이익은 ₩2,640이며, 당기제품제조원가는 ₩13,600이다. 다음 자료에 의하여 12월의 매출액을 구하면 얼마인가?

계정과목	12월 1일	12월 31일
원 재 료	₩1,000	₩300
재 공 품	1,120	1,520
제　　품	1,800	2,080

16 기말재고자산의 추정

대화제조기업은 20×7년 9월 1일 오전에 큰 화재가 발생하여, 건물 및 기계가 크게 파손되었고, 재고자산은 모두 소실되었다. 불행 중 다행히도 회계장부의 일부를 건질 수 있었으며 그 내용은 다음과 같다. 9월 1일에 소실된 재고자산의 원가를 추정하면 얼마인가?

가. 20×7년 1월 1일 재고자산 : 원재료 ₩ 100,000, 재공품 ₩ 350,000, 제품 ₩ 200,000
나. 20×7년 1월 1일부터 8월 31일까지 원재료 매입액은 ₩175,000이다.
다. 1월부터 8월까지의 직접재료원가는 당기총제조원가의 25%이며, 직접노무원가는 ₩400,000, 제조간접원가는 ₩200,000이다.
라. 1월부터 8월까지의 판매비는 ₩150,000, 사무실 감가상각비는 ₩25,000, 사무직 급여는 ₩100,000이다.
마. 1월부터 8월까지의 매출액은 ₩1,250,000이며 매출총이익률은 20%이다. 한편, 매출은 매월 일정하다.
바. 월말 제품재고량은 다음 달 판매량 수준을 유지하고 있다.

17 당기제품제조원가의 계산 (15CPA)

다음에 주어진 ㈜한국제조의 손익계산서는 회계지식이 부족한 인턴직원이 작성한 것이다.

손익계산서

㈜한국제조	20×1. 1. 1 ~ 20×1. 12. 31	(단위 : ₩)
• 매출액		900,000
• 영업비용 :		
간접노무원가	24,000	
수도광열비	30,000	
직접노무원가	140,000	
감가상각비(공장설비)	42,000	
감가상각비(본사건물)	36,000	
당기 원재료 매입액	330,000	
보험료	8,000	
임차료	100,000	
판매 및 관리부서의 직원급여	64,000	
광고선전비	150,000	924,000
• 영업이익		(24,000)

그러나 위의 손익계산서에 표시된 매출액 및 영업비용 내역은 모두 올바른 자료이다. 만약 당신이 ㈜한국제조의 20×1년도 손익계산서를 정확하게 작성하고자 하는 경우 필요한 추가 자료는 다음과 같다.

가. 수도광열비의 60%, 보험료의 75%와 임차료의 80%는 공장설비와 관련된 것이며, 나머지는 판매 및 일반관리활동과 관련하여 발생한 것이다.

나. 20×1년도 재고자산의 기초 및 기말잔액은 다음과 같다.

구 분	기초	기말
원 재 료	₩16,000	₩26,000
재 공 품	32,000	42,000
제 품	80,000	120,000

20×1년도 ㈜한국제조의 정확한 당기제품제조원가와 영업이익은 각각 얼마인가?

CHAPTER

03

작업별원가계산

Job Order Costing

학습목표

1. 다양한 원가계산방법을 자세히 공부하기 이전에 전체적인 원가계산방법의 틀을 살펴본다.
2. 작업별원가계산이 어떤 경우에 적용되는지를 이해한다.
3. 작업별원가계산에 의한 원가의 흐름을 공부한다.
4. 실제원가계산과 정상원가계산이 어떤 점에서 차이가 나며, 이 차이가 원가계산의 흐름에 어떻게 반영되는지를 구분한다.
5. 정상원가계산시 나타나는 제조간접원가 배부차이에 대한 다양한 회계처리방법을 살펴본다.

제1절 원가계산방법의 선택

제품원가를 계산하는 과정에서 경영자가 가장 많은 관심을 기울이는 항목은 제품 단위당 원가(unit cost of production)이다. 경영자가 이것에 많은 관심을 기울이는 이유는 재무제표 작성의 목적, 의사결정의 목적을 위해서이다.

제품 단위당 원가는 재무상태표상의 재고자산 평가와 손익계산서상의 매출원가 결정에 활용된다. 기업에서 생산한 제품 가운데 외부에 판매한 제품의 원가는 매출원가가 되며, 회계연도 말까지 판매되지 않은 제품의 원가는 기말재고자산이 된다.

또한, 경영자는 광범위한 의사결정의 상황에 제품 단위당 원가를 활용한다. 예컨대 제품가격결정, 제품라인의 증설 또는 폐지, 제품의 자가생산 또는 외부구입, 특별주문의 수락여부 등의 의사결정 상황에서 제품 단위당 원가를 모른다면 경영자는 직관적 판단만을 따를 수밖에 없을 것이다.

작업별원가계산과 공정별원가계산

제품 단위당 원가를 계산하는 것은 제품을 생산하기 위해 발생한 원가를 평준화(averaging)함을 의미한다. 그런데 평준화하는 방법은 제품생산방식에 따라 작업별원가계산과 공정별원가계산으로 대별된다. **작업별원가계산**은 개별단위나 묶음별로 쉽게 구분될 수 있는 제품을 생산하는 기업에서 이루어지며, **공정별원가계산**은 동일한 생산공정을 걸쳐 연속적으로 대량생산되는 제품을 생산하는 기업에서 이루어진다. 제3장에서는 작업별원가계산에 대해서 살펴보고, 공정별원가계산은 제4장에서 살펴본다.

전부원가계산과 변동원가계산

작업별 또는 공정별원가계산에서 제품원가를 구성하는 원가요소가 무엇이냐에 따라 전부원가계산과 변동원가계산으로 구분된다. **전부원가계산**은 제조과정에서 발생한 모든 원가, 즉 직접재료원가, 직접노무원가, 변동제조간접원가, 고정제조간접원가 등을 제품원가로 보는 반면에, **변동원가계산**은 변동제조원가(직접재료원가, 직접노무원가, 변동제조간접원가)만을 제품원가로 보며 고정제조간접원가는 제품원가가 아닌 기간비용으로 회계처리하는 방법이다. 제3장, 제4장, 제5장, 제6장에서는 전부원가계산에 대해서만 살펴보고, 변동원가계산은 제10장에서 살펴본다.

실제, 정상, 표준원가계산

전부 또는 변동원가계산하에서도 원가요소를 제품에 부과·배부하는 방법, 즉 원가요소의 실제성 여부에 따라 실제원가계산, 정상원가계산, 표준원가계산으로 구분할 수 있다. 제3장 작업별원가계산에서는 전부원가계산하의 실제원가계산과 정상원가계산을, 제4장 공정별원가계산에서는 전부원가계산하의 실제원가계산을, 제10장 변동원가계산에서는 실제원가계산을 위주로 설명하고, 그 이외의 다양한 원가계산방법은 간략한 설명이나 연습문제의 일부로 대체하였다. 한편, 표준원가계산은 제5장에서 살펴본다.

이상의 다양한 원가계산방법을 정리하면 〈표 3-1〉과 같다.

| 표 3-1 | 다양한 원가계산방법

	전부원가계산	변동원가계산
실제원가계산		
직접재료원가	$AP \times AQ$	$AP \times AQ$
직접노무원가	$AP \times AQ$	$AP \times AQ$
변동제조간접원가	$AP \times AQ$	$AP \times AQ$
고정제조간접원가	$AP \times AQ$	−
정상원가계산		
직접재료원가	$AP \times AQ$	$AP \times AQ$
직접노무원가	$AP \times AQ$	$AP \times AQ$
변동제조간접원가	$PR \times AQ$	$PR \times AQ$
고정제조간접원가	$PR \times AQ$	−
표준원가계산		
직접재료원가	$SP \times SQ$	$SP \times SQ$
직접노무원가	$SP \times SQ$	$SP \times SQ$
변동제조간접원가	$SP \times SQ$	$SP \times SQ$
고정제조간접원가	$SP \times SQ$	−

단, AP : 실제가격, 실제임률, 실제배부율
SP : 표준가격, 표준임률, 표준배부율
AQ : 실제사용량, 실제작업시간, 실제조업도
SQ : 표준사용량, 표준작업시간, 표준조업도
PR : 예정배부율

제 2 절 작업별원가계산의 의의 및 원가 흐름

1 작업별원가계산의 의의

작업별원가계산(job – order costing)은 서로 상이한 제품 또는 제품다발(batches of production)을 생산하는 경우에 적용하는 원가계산방법이다.[1] 기업에서 생산하는 제품이 개별단위 또는 다발로 쉽게 구분 인식될 수 있는 경우에 작업별원가계산을 적용한다. 제품이 개별단위 또는 다발로 구분 인식된다는 것은 각각의 개별단위 또는 다발이 상이한 관심도, 노력과 기술을 필요로 한다는 뜻이다.

작업별원가계산이 많이 적용되는 산업으로는 건축업, 항공산업, 선박제조업, 주문생산에 의한 가구제조업, 기계류 제조업 등을 들 수 있다. 작업별원가계산은 제조기업뿐만 아니라 법률사무소, 회계법인, 영화스튜디오, 병원, 광고대행사, 수선업 등 서비스산업에도 널리 이용된다.

예컨대, 법률사무소의 경우 개별고객들이 제조기업의 '개별작업'에 해당하며, 고객에게 제공한 법률서비스원가는 고객별 법률서비스 원가계산표에 집계된다. 변호사가 제공한 시간은 직접노무원가에 해당한다. 비서의 급여, 사무실 임차료, 감가상각비 등 제조간접원가는 변호사가 제공한 시간을 기준으로 고객별 법률서비스에 배부한다.

영화스튜디오의 경우, 스튜디오에서 제작하는 각각의 영화가 하나의 '작업'이다. 의상, 소도구, 필름 등은 직접재료원가이며, 배우, 감독자, 엑스트라에게 지급되는 급여는 직접노무원가이다. 스튜디오의 수도광열비, 비품감가상각비, 수선정비공의 급여 등 제조간접원가는 영화촬영시간 또는 스튜디오의 면적 등을 기준으로 개별 영화에 배부한다.

이와 같이 작업별원가계산은 산출물이 제품, 고객, 환자, 법률의뢰인별로 서로 다른 경우에 널리 이용되는 방법이다.

---

1) 작업별원가계산이라는 용어와 함께 개별원가계산이라는 용어가 많이 혼용되고 있다. 개별원가계산이라는 용어는 후술하는 종합원가계산(공정별원가계산)의 대응되는 개념에서 비롯된 듯하다. 일본에서 개별원가계산이라고 번역하고 이를 우리나라에서도 받아들였기 때문이 아닌가 싶다. 그러나, 개별원가계산이라는 용어가 그 의미를 제대로 전달하지 못한다는 비판에 따라 작업별원가계산이라는 용어를 사용한다. 아울러 후술하는 종합원가계산이라는 용어도 그 의미를 보다 명확히 전달하기 위해 공정별원가계산(process costing)이라는 용어를 사용한다.

앞에서 예시한 산업의 제품 또는 서비스들은 이질적이므로 원가계산을 위해서는 원가를 개별작업(또는 개별고객)별로 집계해야 하며, 개별작업별로 제품 단위당 원가를 계산해야 한다.

제품생산에 따른 총원가를 수많은 동질적 제품에 배분하는 공정별원가계산과는 달리 작업별원가계산에서는 총원가를 몇 개의 서로 다른 제품에 배분하여야 한다. 따라서 작업별원가계산에서는 공정별원가계산과는 달리 개별작업별로 원가를 기록하고 배분하여야 한다.

❷ 작업별원가계산의 원가 흐름

작업별원가계산의 원가 흐름은 제2장의 원가 흐름을 확장한 것으로서, 서로 다른 작업을 통하여 상이한 제품(들)이 생산되는 경우 원가의 흐름은 [그림 3-1]과 같다.

개별작업과 관련된 직접재료원가, 직접노무원가는 그 원가의 성격이 직접원가이므로 쉽게 파악할 수 있다. 그러나, 제조간접원가는 그 성격이 간접원가이므로 특정제품에 부담시킬 수 없으며, 따라서 제조간접원가를 여러 작업에 일정한 기준에 따라 배분하여야만 한다. 개별작업이 완료되면 상이한 제품이 완성된다.

각각의 작업은 서로 상이하며, 연속적이지 않다. 바로 이 점이 작업별원가계산과 공정별원가계산의 가장 큰 차이점이며, 작업별원가계산에서 공정(process)이라는

| 그림 3-1 | 작업별원가계산에서의 작업 및 원가 흐름

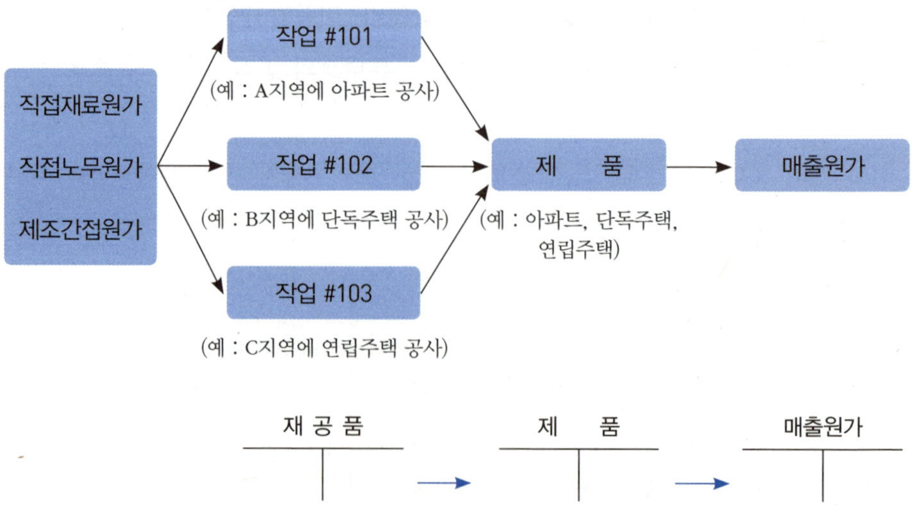

용어를 사용하지 않고 작업(job)이라는 용어를 사용하는 가장 큰 이유이다.

작업별원가계산의 일반적 절차는 다음과 같다.

제 1 단계 원가대상이 되는 개별작업을 파악한다.

제 2 단계 개별작업에 대한 직접원가를 인식한다. 직접원가는 개별작업에 직접 부과한다.

제 3 단계 개별작업과 관련한 간접원가풀을 파악한다. 원가풀(cost pool)이란 개별원가항목의 묶음으로써, 넓게는 공장전체의 제조간접원가를 하나로 묶을 수도 있으며, 좁게는 각 부서별로 제조간접원가를 파악할 수도 있다.

제 4 단계 간접원가를 원가대상에 배분하기 위한 원가배분기준을 선택한다.

제 5 단계 원가배분기준에 따라 간접원가 배부율을 계산한다.

이상을 그림으로 나타내면 [그림 3-2]와 같다.

| 그림 3-2 | 작업별원가계산의 절차

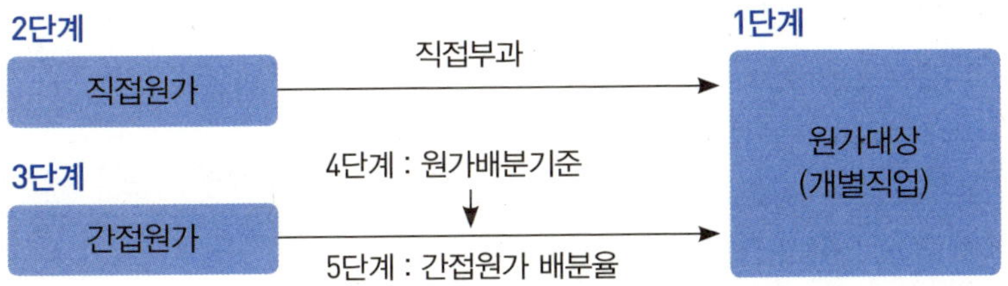

(1) 직접재료원가의 계산

재료는 재료출고전표(materials requisition record)에 의해 창고에서 출고된다. 재료출고전표에는 창고에서 출고되는 재료의 유형, 수량, 단위당 원가 등이 기록되고, 출고된 재료가 어떤 작업에 사용되는가가 명시되는 원초적 서류이다.

원가계산기간 동안에 재료출고전표상의 재료출고액을 합쳐 특정제품(작업)의 생산과 관련된 **직접재료원가**는 **재공품계정**에 먼저 기록하며, 특정제품(작업)의 생산과 관련되지 않는 **간접재료원가**는 **제조간접원가계정**에 기록한다. 다음은 ₩200,000의 원재료가 직접재료원가로 ₩120,000, 간접재료원가로 ₩80,000만큼 사용되었을 경우의 회계처리를 나타낸다.

(차) 재 공 품	120,000	(대) 재 료	200,000
제조간접원가	80,000		

(2) 직접노무원가의 계산

노무원가는 종업원들이 매일 작성한 작업시간전표(labor time record)에 의해 집계한다. 작업시간전표는 종업원들이 하루 동안 수행한 활동을 시간대별로 정리한 것이다.

종업원들이 특정작업을 수행하면 그 작업과 관련된 작업수행시간과 작업명을 작업시간전표에 기록하며 이는 직접노무원가를 계산하는 기초자료가 된다.

만약 종업원이 특정작업과 관련되지 않는 활동 예컨대 청소나 수선활동을 하였다면 이와 관련된 작업수행시간과 작업명을 작업시간전표에 기록하고, 이는 간접노무원가를 계산하는 기초자료가 된다.

날마다 모아진 작업시간전표는 회계부서로 보내지며, 회계부서에서는 직접노무원가에 해당하는 작업시간과 간접노무원가에 해당하는 작업시간을 면밀히 검토한 후, **직접노무원가**는 **재공품계정**에 대체하고, **간접노무원가**는 **제조간접원가계정**에 대체한다. 아래는 ₩100,000의 직접노무원가와 ₩150,000의 간접노무원가가 발생했을 경우의 일반적인 회계처리를 나타낸다.

(차) 재 공 품	100,000	(대) 미지급임금	250,000
제조간접원가	150,000		

(3) 제조간접원가의 계산

제조간접원가는 직접재료원가나 직접노무원가와는 달리 다음과 같은 특성을 지닌다.

첫째, 제조간접원가는 특정제품 또는 특정작업에 직접 추적할 수 없는 간접원가이다.

둘째, 제조간접원가는 많은 항목들로 구성되어 있으며 그 항목들의 행태도 변동원가와 고정원가 등 다양하다. 예컨대 기계에 사용되는 윤활유는 변동원가의 성격을 띠며, 작업현장의 감독자 급여는 1년을 기준으로 볼 때 고정원가의 성격을 띤다.

이와 같이 제조간접원가는 직접재료원가나 직접노무원가와는 다른 특성을 보이므로 제품 단위당 원가를 계산하기 위해서는 배분과정(allocation process)을 통하여 제품에 배부하여야 한다.

간접원가풀을 원가계산대상에 배분하기 위해서 다음과 같이 **제조간접원가 배부율**을 구한다.

$$\text{제조간접원가 배부율} = \frac{\text{간접원가풀의 제조간접원가}}{\text{간접원가풀의 원가배부기준}}$$

제조간접원가 배부율은 일반적으로 1년 단위로 설정한다. 월별 또는 주별 단위가 아닌 1년 단위로 제조간접원가 배부율을 설정하는 이유는 다음과 같다.

첫째, 식의 분자와 관련된 사항으로서, 설정기간이 짧을수록 제조간접원가에 미치는 계절적 영향이 더 크게 나타나기 때문이다. 월별 배부율을 사용한다면 난방비는 겨울철에만 배부되게 되지만, 연간 배부율을 사용하면 4계절의 영향을 모두 완화할 수 있게 된다.

둘째, 식의 분모와 관련된 사항이다. 가장 보편적으로 사용하는 원가배부기준인 생산량이 높을 때와 낮을 때 월별 제조간접원가 배부율은 극심한 차이를 보이게 된다. 그러나 연간 배부율을 사용하면 이러한 차이를 없앨 수 있다.

셋째, 원가-효익의 이유이다. 간접원가 배부율을 수정하기 위해서는 많은 노력이 투입되며, 그 기간이 짧을수록 간접원가 배분으로부터 얻는 효익보다는 간접원가 배분의 원가가 더 커지기 때문이다.

1) 제조간접원가의 배부기준

제품에 제조간접원가를 배부하기 위하여, 경영자는 모든 제품에 공통적으로 적용할 수 있는 배부기준을 선택하여야 한다. 제조간접원가의 배부기준을 선택할 때는 다음을 고려해야 한다.

- 제조간접원가의 배부기준은 제조간접원가의 발생과 높은 상관관계를 지니며, 아울러 논리적으로 타당한 인과관계가 있어야 한다.
- 그 배부기준이 손쉽게 적용될 수 있어야 한다.

제조간접원가 배부기준은 제조간접원가 발생을 야기하는 **원가동인**(cost driver)이어야 하며 이러한 원가동인으로는 직접작업시간, 직접노무원가, 기계시간, 컴퓨터 사용시간, 비행시간, 운항거리, 점유면적, 취급부품의 개수, 작업준비횟수 등을 들 수 있다. 만약 제조간접원가 배부기준이 제조간접원가를 발생시키는 원가동인이 아니라면, 그 결과로써 제조간접원가 배부율은 부적절하게 되며 또한 제품원가도 왜곡된다.

그런데, 직접작업시간이나 직접노무원가는 제품원가를 계산하기 위하여 개별제품 또는 개별작업별로 파악하기 때문에 이들을 제조간접원가 배부기준으로 많이 이용한다. 그러나 자본집약적 생산방식에 따라 제품을 생산하는 경우에는 제조간접원가가 기계시간과 높은 상관관계를 지니는 경우가 많으므로, 제조간접원가의 배부기준을 획일적으로 결정할 수 있는 것은 아니다.

2) 공장전체 또는 부문별 제조간접원가 배부율

제조간접원가를 집계할 때, 원가중심점을 공장전체로 볼 것인가 또는 공장의 구성단위인 부문으로 볼 것인가에 따라 각각 제조간접원가 배부율이 다르게 계산된다.

① **공장전체 제조간접원가 배부율**(plant-wide overhead rate) : 공장전체를 원가중심점으로 하여 다음과 같이 산출한 제조간접원가 배부율을 공장전체 제조간접원가 배부율이라 한다.

$$\text{공장전체 제조간접원가 배부율} = \frac{\text{공장전체의 제조간접원가}}{\text{공장전체의 배부기준}}$$

공장전체의 배부기준으로 널리 사용되는 것은 직접노무원가이다. 많은 경우 직접노무원가와 제조간접원가 사이에는 밀접한 상관관계를 지닌다. 직접노무원가를 공장전체의 배부기준으로 설정하기 위해서는 다음의 조건을 충족하여야 한다.

- 제조원가 중 직접노무원가가 중요한 비중을 차지한다.
- 제품별로 직접노무원가, 기계시간의 투입량이 별로 차이나지 않는다.
- 제품별로 생산량이 별로 차이나지 않는다.
- 직접노무원가와 제조간접원가 사이에 높은 상관관계를 지닌다.

그러나 공장자동화의 진행에 따라 직접노무원가의 비중이 낮아지고, 또한 제품별 생산량, 기계투입시간이 다르며, 제조간접원가의 대부분이 고정원가가 됨에 따라, 직접노무원가를 기준으로 한 공장전체 제조간접원가 배부율은 적합하지 않은 경우가 많아지고 있다.

② **부문별 제조간접원가 배부율**(departmental overhead rate) : 공장의 구성단위인 개별 제조부문별로 구한 제조간접원가 배부율을 부문별 제조간접원가 배부율이라 한다.

$$\text{부문별 제조간접원가 배부율} = \frac{\text{제조부문의 제조간접원가}}{\text{제조부문의 배부기준}}$$

제조부문의 배부기준은 부문의 제조간접원가 발생을 야기하는 원가동인이어야 한다. 예를 들어 기계집약적 제조부문에서는 기계시간을 배부기준으로 할 수 있으며, 노동집약적 제조부문에서는 직접작업시간 또는 직접노무원가를 배부기준으로 할 수 있다.

제조부문에서 발생하는 제조간접원가 금액이나 성격이 상이하거나, 개별제품을 생산하기 위하여 각 제조부문에서 투입하는 시간이 상이한 경우에는 부문별 제조간접원가 배부율을 사용하여야 한다.

3) 실제 또는 정상원가계산

제조간접원가를 제품에 배부할 때, 제조간접원가 실제발생액을 제품에 배부할 것인가 또는 제조간접원가 예상액을 제품에 배부할 것인가에 따라 실제원가계산과 정상원가계산으로 구분한다. 언뜻 보면 제조간접원가 실제발생액을 제품에 배부하는 실제원가계산이 더 쉬운 원가계산방법인 듯하나, 실제원가계산이 지니는 몇 가지 문제점으로 인하여 정상원가계산이 더 널리 사용된다. 이에 대한 자세한 설명은 절을 달리하여 설명한다.

(4) 작업원가계산표

고객으로부터 수량, 가격, 제품인도일 등에 대한 주문청구서(sales order)에 의해 **작업지시서**(production order)가 발행된다. 특정작업에 대한 작업지시서에 의해 제조활동이 시작되며 이에 따라 재료출고전표에 의해 직접재료원가를 계산하고, 작업시간전표에 의해 직접노무원가를 계산한다. 한편, 제조간접원가는 제조간접원가 배부율 또는 예정배부율을 통해 계산한다.

개별작업별로 파악한 직접재료원가, 직접노무원가, 제조간접원가 배부액을 바탕

| 표 3-2 | 작업원가계산표

작 업 번 호 ____________ 작업착수일 ____________

작 업 부 서 ____________ 작업완성일 ____________

작 업 명 ____________ 완 성 량 ____________

직접재료원가			직접노무원가			제조간접원가		
출고전표번호	수량	금액	전표번호	시간	금액	시간	배부율	금액

원가집계표	
직접재료원가	____________
직접노무원가	____________
제조간접원가	____________
합 계	____________
수 량	____________
단위당원가	____________

제품재고량		
출고일	출고전표번호	재고량

비고 :

으로 개별작업의 원가계산은 〈표 3-2〉의 **작업원가계산표**(job cost sheet)에 의해 이루어진다.

작업원가계산표는 개별작업의 제조원가를 집계하고, 아울러 제품 단위당 원가를 계산하기 위해 작성한다. 개별작업별로 작성한 작업원가계산표는 개별작업에 대한 세부적 사항을 기록하고 있으므로, 재공품계정의 보조원장이 된다. 현재 작업 중인 모든 개별작업에 대한 작업원가계산표의 합계액은 기말재공품 금액과 항상 일치하게 된다.

개별작업이 완성되면 다음과 같이 재공품계정에서 제품계정으로 대체한다. 다음은 ₩250,000의 재공품이 당기에 완성되어 제품으로 대체되는 회계처리를 나타낸다.

(차) 제 품	250,000	(대) 재 공 품	250,000

예제 3-1 작업별원가계산의 원가 흐름

한신건설회사에서는 20×5년 동안 다섯 군데 건물을 지었다. 이 회사에서는 공사완성기준에 따라 수익을 인식하므로, 건설 도중에 건물 분양이 이루어질지라도 수익으로 인식하지 않으며, 건물이 완공되어 인도할 때 수익으로 인식한다. 다섯 군데 작업과 관련된 정보는 다음과 같다. 10월 31일 현재 기말재공품은 얼마인가?

작 업	착수일	완성일	인도일	9월말까지의 총원가	10월 중 투입한 원가
#101	1.26	9. 7	9. 8	₩320,000	
#102	5.20	9.30	10. 4	130,000	
#103	5.28	10.14	10.18	210,000	₩30,000
#104	7. 7	11. 6	11.22	150,000	20,000
#105	10. 3	12.26	12.30		50,000

해답

10월 31일 이전에 완성되어 판매되었으면 매출원가가 되며, 10월 31일 이전에 완성되었으나 판매되지 않았으면 기말제품이 된다. 기말재공품은 10월 31일 현재 완성되지 않은 작업이며, #104와 #105 두 가지 작업이다.

기말재공품원가 = (₩150,000 + 20,000) + 50,000 = ₩220,000

예제 3-2 작업별원가계산의 원가 흐름 (16CTA변형)

㈜세무는 작업별원가계산방법을 적용한다. 제조지시서#1은 전기부터 작업이 시작되었고, 제조지시서#2와 #3은 당기 초에 착수되었다. 당기 중 제조지시서#1과 #2는 완성되었으나, 당기말 현재 제조지시서#3은 미완성이다. 당기 제조간접원가는 직접노무원가에 근거하여 배부한다. 당기에 제조지시서#1 제품은 전량 판매되었고, 제조지시서#2 제품은 전량 재고로 남아있다.

구 분	#1	#2	#3	합 계
기초금액	₩450	–	–	
[당기투입액]				
직접재료원가	₩6,000	₩2,500	₩( )	₩10,000
직접노무원가	500	( )	( )	1,000
제조간접원가	( )	1,000	( )	4,000

당기제품제조원가, 기말재공품, 당기 매출원가는 각각 얼마인가?

해답

제조간접원가 배부액은 직접노무원가의 400%이다.

당기제품제조원가(#1과 #2) = (₩450 + 6,000 + 500 + 2,000) + (2,500 + 250 + 1,000) = ₩12,700

기말재공품(#3) = ₩(10,000 + 1,000 + 4,000) − (6,000 + 500 + 2,000) − (2,500 + 250 + 1,000)
= ₩2,750

당기매출원가(#1) = ₩450 + 6,000 + 500 + 2,000 = ₩8,950

제 3 절 작업별실제원가계산

❶ 실제원가계산의 의의

실제원가계산(actual costing)이란 실제로 발생한 원가를 바탕으로 제품의 단위당 원가를 계산하는 방법이다. 따라서 제조간접원가 실제발생액을 기준으로 제조간접원가 배부율(overhead rate)을 구하며, 이 배부율을 이용하여 개별제품의 제조간접원가 배부액을 산출한다.

$$\text{제조간접원가 실제배부율} = \frac{\text{제조간접원가 실제발생액}}{\text{실제 배부기준(시간, 금액)}}$$

❷ 작업별실제원가계산 절차

실제원가계산이 이루어지는 구체적 절차는 다음과 같다.

① 직접재료원가와 직접노무원가는 원가의 발생과 관련된 특정제품(또는 특정 서비스)에 부과한다.

② 제조간접원가는 다음의 배분과정을 통하여 제품에 할당한다.

i) 원가계산 기간 동안의 제조간접원가 실제발생액을 집계한다.

ii) 제조간접원가의 배부기준을 선택한다.

| 그림 3-3 | 작업별실제원가계산

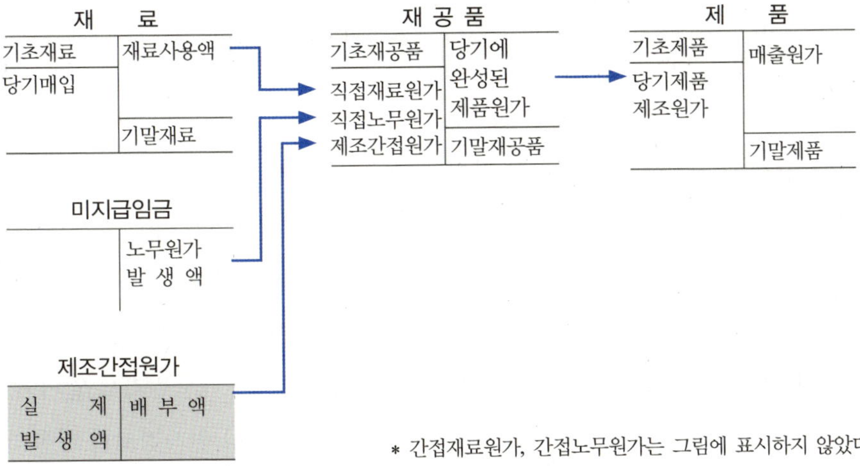

* 간접재료원가, 간접노무원가는 그림에 표시하지 않았다.

iii) 제조간접원가 배부율을 계산한다.

iv) 제조간접원가 배부율과 작업별 실제 배부기준 사용량에 따라 제조간접원가를 개별작업에 배부한다.

이상의 과정을 그림으로 나타내면 [그림 3-3]과 같다.

앞의 실제원가계산절차 중 제조간접원가와 관련된 회계처리를 요약하면 다음과 같다. 먼저, 월말까지 제조간접원가 실제발생액은 제조간접원가 차변계정에 집계한다. 이후 제조간접원가를 작업별로 배부할 경우 재공품계정으로 대체한다.

① 월말까지 제조간접원가 실제발생액을 집계

(차)	제조간접원가	×××	(대) 재 료	×××
			미지급비용 등	×××
			공장감가상각누계액	×××

② 월말에 제조간접원가의 배부

(차)	재 공 품	×××	(대) 제조간접원가	×××

여기서 유의해야 할 점은 실제원가계산제도하에서는 제조간접원가 실제발생액이 작업별로 배부되어지는 것이므로 제조간접원가의 실제발생액과 배부액 총액은 동일한 금액이 된다. 즉, 실제원가계산제도하에서는 제조간접원가계정의 대·차 잔

액은 제조간접원가 배부 후에 항상 '0'이 된다는 것이다. 이는 후술하는 정상원가계산제도와 가장 큰 차이점이다.

3 실제원가계산의 한계

실제원가계산은 이해하기 쉬운 반면에, 다음과 같은 한계가 있다.

첫째, 제조간접원가를 제품에 배부하기 위해서는 원가계산 기말(보통 월말)까지 실제발생액을 집계해야 하므로 원가계산이 월말까지 지체된다. 제품을 원가계산 기간 내에 판매하고자 할 때 제품원가계산이 이루어지지 않았다고 해서 제품 판매를 미룰 수는 없다. 또한 제품판매가격을 결정하기 위해서는 제품원가를 알아야 하는데, 이를 위해 월말까지 기다릴 수는 없다. 경영의사결정시 원가정보를 활용하기 위해서는 회계정보의 적시성이 매우 중요한 질적 특성인데도 불구하고, 실제원가계산은 이 특성을 갖추지 못하고 있다.

둘째, 제조간접원가를 월말에 집계하므로 회계업무가 월말에 과다하게 집중된다.

셋째, 원가계산기간마다 제품 단위당 원가가 달라질 수 있다. 여름철의 냉방이나 겨울철의 난방은 전력사용량이나 수도광열비의 증가를 초래할 것이며, 수요의 계절적 변화가 심한 산업에서는 유휴시간이나 초과근무에 따른 원가의 변동이 계절적으로 심하게 나타날 것이다. 또한 고정제조간접원가가 많은 비중을 차지하는 경우 생산량에 따라 단위당 원가가 달라진다. 이와 같이 실제원가계산에 의하면 어느 때 작업이 이루어졌느냐에 따라 제품 단위당 원가가 달라지게 된다.

이상의 실제원가계산의 단점을 보완하기 위한 방법이 정상원가계산이다.

예제 3-3 작업별실제원가계산

갑회사의 자료를 바탕으로 9월의 매출원가를 구하면 얼마인가?

가. 8월 31일 현재, 작업 #201이 미완성이며, 이에 대한 총원가는 ₩510,000이다.

나. 9월 중 네 개의 작업 #202, #203, #204, #205가 새로 시작되었는데, 9월 중 #201, #202, #203이 완성되었다.

다. 9월 중 직접재료원가와 직접노무원가는 다음과 같이 발생하였다.

	#201	#202	#203	#204	#205	합 계
직접재료원가		₩500,000	₩180,000	₩700,000	₩400,000	₩1,780,000
직접노무원가	₩50,000	300,000	200,000	250,000	300,000	1,100,000

라. 9월 중 제조간접원가는 총 ₩1,430,000이 발생하였다.

마. 갑 회사는 직접노무원가를 기준으로 제조간접원가를 배부한다.

바. 9월 중 #201을 ₩800,000에, #202를 ₩1,500,000에 현금 판매하였다.

해답

작업별원가계산은 T계정에 의해 원가를 분석하기 이전에, 개별작업별로 먼저 작업원가계산표를 작성하는 것이 유용하다.

작업원가계산표

	#201	#202	#203	#204	#205
기초재공품	₩510,000				
당기투입원가					
직접재료원가		₩500,000	₩180,000	₩700,000	₩400,000
직접노무원가	50,000	300,000	200,000	250,000	300,000
제조간접원가 배부액	65,000*	390,000	260,000	325,000	390,000
합 계	₩625,000	₩1,190,000	₩640,000	₩1,275,000	₩1,090,000

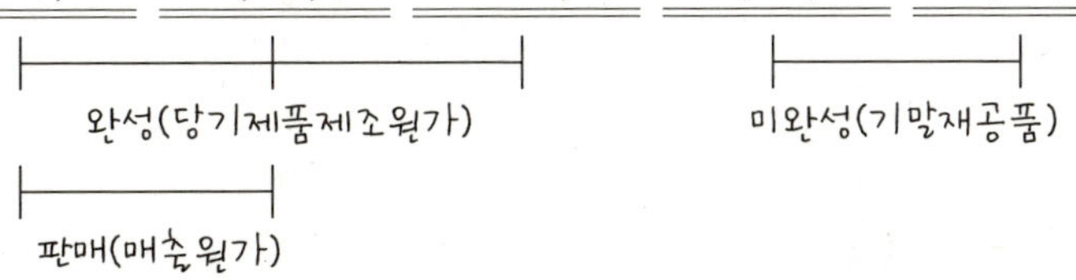

* 제조간접원가 배부율 = ₩1,430,000 ÷ ₩1,100,000 = 130%

#201의 제조간접원가 배부액 = ₩50,000 × 130% = ₩65,000

매출원가(#201, #202) = ₩625,000 + 1,190,000 = ₩1,815,000

제 4 절 작업별정상원가계산

❶ 정상원가계산의 의의

정상원가계산(normal costing)이란 직접재료원가와 직접노무원가는 실제원가를 기준으로, 제조간접원가는 실제원가가 아닌 예정원가를 기준으로 제품 단위당 원가를 계산하는 방법이다. 이 방법에 의해 제조간접원가를 제품에 배부할 때는 다음의 **제조간접원가 예정배부율**(predetermined overhead rate)을 이용한다.

$$\text{제조간접원가 예정배부율} = \frac{\text{제조간접원가의 연간 예산액}}{\text{연간 예정배부기준(시간, 금액)}}$$

정상원가계산과 실제원가계산의 근본적 차이점은 제조간접원가의 실제성 여부에 있다. 실제원가계산에서는 제조간접원가 실제배부율을 통하여 제조간접원가 실제발생액을 개별작업에 배부하는 반면에, 정상원가계산에서는 연초에 결정된 제조간접원가 예정배부율을 통하여 개별작업에 배부한다.

실제원가계산과 정상원가계산을 비교하면 〈표 3-3〉과 같다.

| 표 3-3 | 실제원가계산과 정상원가계산의 비교

원가요소	실제원가계산	정상원가계산
직접재료원가	$AP \times AQ$	$AP \times AQ$
직접노무원가	$AP \times AQ$	$AP \times AQ$
제조간접원가	$AP \times AQ$	$PR \times AQ$

단, PR : 제조간접원가 예정배부율

❷ 작업별정상원가계산 절차

작업별정상원가계산이 이루어지는 절차는 다음과 같다.

첫째, 직접재료원가와 직접노무원가는 원가의 발생과 관련된 특정제품에 부과한다. 이는 실제원가계산의 경우와 같다.

둘째, 제조간접원가는 다음의 배분과정을 통하여 제품에 배부한다.

① 연초에 제조간접원가 예산액을 추정한다.
② 제조간접원가의 배부기준을 선택한다.
③ 제조간접원가 예정배부율을 계산한다.
④ 개별작업이 진행함에 따라 제조간접원가 예정배부율과 실제배부기준 사용량에 의해 제조간접원가를 배부한다.
⑤ 월말에 제조간접원가 실제발생액을 집계한다.
⑥ 월말에 ④에 의한 제조간접원가 배부액과 ⑤에 의한 제조간접원가 실제발생액의 차이인 제조간접원가 배부차이를 계산한다.
⑦ 제조간접원가 배부차이를 회계처리한다.

이상의 과정을 그림으로 나타나면 [그림 3-4]와 같다.

| 그림 3-4 | 작업별정상원가계산

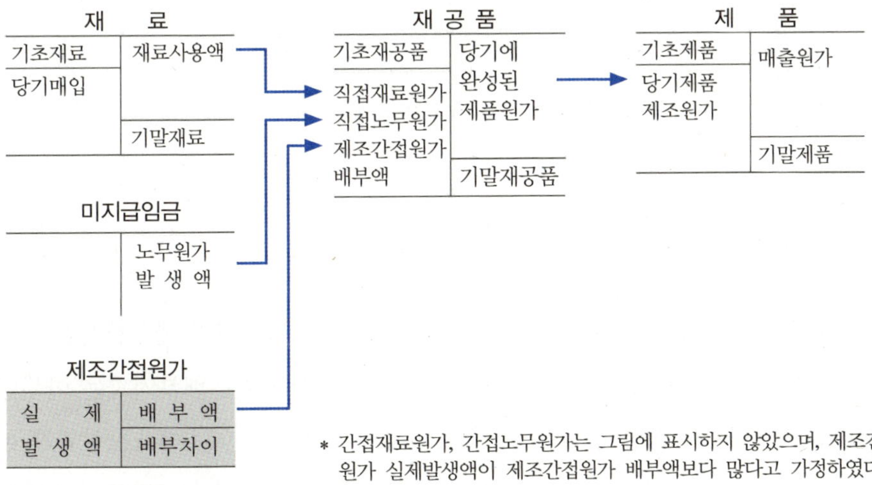

* 간접재료원가, 간접노무원가는 그림에 표시하지 않았으며, 제조간접원가 실제발생액이 제조간접원가 배부액보다 많다고 가정하였다.

실제원가계산과 정상원가계산의 비교

제조간접원가를 중심으로 실제원가계산과 정상원가계산의 회계처리를 비교하여 보자.

실제원가계산에서는 월말까지 제조간접원가 실제발생액을 집계한 후, 월말에 제조간접원가 배부율을 구하여 실제제조간접원가를 개별작업에 배부한다. 따라서 실제제조간접원가가 개별작업에 배부되므로 제조간접원가 배부차이가 발생하지 않는다.

반면에, 정상원가계산에서는 연초에 제조간접원가 예정배부율을 구하여, 이에

| 그림 3-5 | 실제원가계산과 정상원가계산에서 제조간접원가 흐름의 비교

〈실제원가계산〉

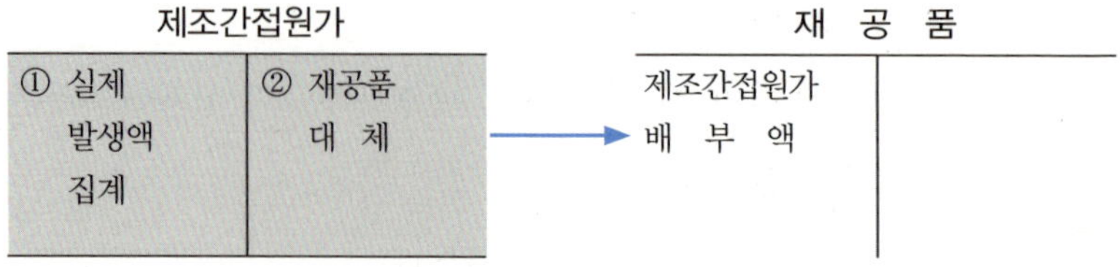

① 월말까지 제조간접원가 실제발생액 집계

(차) 제조간접원가 ××× (대) 미지급비용 등 ×××

② 월말에 제조간접원가 배부율을 이용하여 제조간접원가 배부

(차) 재 공 품 ××× (대) 제조간접원가 ×××

〈정상원가계산〉

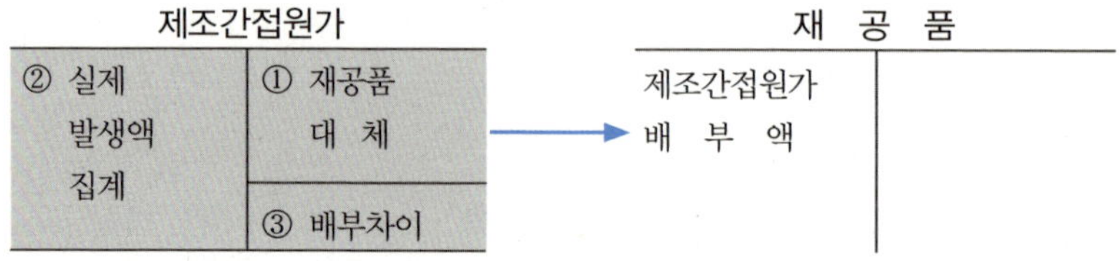

① 연초의 제조간접원가 예정배부율을 이용하여 제조간접원가 배부

(차) 재 공 품 ××× (대) 제조간접원가 ×××

② 월말까지 제조간접원가 실제발생액 집계

(차) 제조간접원가 ××× (대) 미지급비용 등 ×××

의해 개별작업에 제조간접원가를 배부한다. 정상원가계산에서의 제조간접원가 실제발생액은 제조간접원가계정의 차변에 월말까지 집계될 뿐, 배부액과는 아무런 관련이 없다. 따라서 정상원가계산에서는 연초에 결정되어지는 제조간접원가 배부율에 의해 결정되는 배부액과 기말에 집계되는 제조간접원가 실제발생액이 다를 수 밖에 없다. 이에 정상원가계산에서는 실제원가계산과 달리 월말에 제조간접원가 배부차이를 조정하는 회계처리가 요구되어 지는 것이다.

실제원가계산과 정상원가계산의 제조간접원가 흐름을 비교하면 [그림 3-5]와 같다.

정상원가계산의 장·단점

정상원가계산에 의하면 다음의 이유로 실제원가계산의 단점을 해결할 수 있다.

첫째, 제조간접원가 예정배부율이 연초에 결정되기 때문에 제품 생산에 따른 제조간접원가 배부액을 즉시 알 수 있다.

둘째, 월말에 제조간접원가를 배부하지 않으므로 월말의 회계처리가 줄어든다.

셋째, 제조간접원가 예정배부율은 1년 동안 동일하게 적용되므로, 제품 단위당 원가는 월별로 변하지 않는다. 즉 제조간접원가 실제발생액과 조업도 변화에 따른 영향을 재고자산에서 제거할 수 있다.

그러나, 정상원가계산을 채택하더라도 다음의 문제가 등장하게 된다.

첫 번째 문제는 제조간접원가 예정배부율을 결정하기 위해서 연초에 제조간접원가 예산액을 추정하고, 또한 제조간접원가의 발생을 야기하는 원가동인(cost driver)을 선택해야 한다는 점이다. 그러나, 이 문제는 원가계산이 그 자체뿐만 아니라 계획 및 통제와 밀접한 관계를 가진다는 점을 고려한다면 별로 문제시될 수 없다.

두 번째 문제는 제조간접원가 배부액과 제조간접원가 실제발생액이 다름으로써 그 차이인 제조간접원가 배부차이에 대한 회계처리가 새로이 등장하게 된다는 점이다.

예제 3-4 작업별정상원가계산 (05CTA)

우진회사는 작업별원가계산제도를 채택하고 있다. 제품 A의 제조와 관련하여 당기총제조원가는 ₩6,000,000, 당기제품제조원가는 ₩4,900,000이 발생하였다. 제조간접원가는 직접노무원가의 60%가 배부되었는데 이는 당기총제조원가의 25%에 해당한다. 당기에 발생한 제품 A의 직접재료원가를 구하면 얼마인가?

해답

제조간접원가 = ₩6,000,000 × 25% = ₩1,500,000

직접노무원가 = ₩1,500,000 ÷ 0.6 = ₩2,500,000

당기총제조원가 ₩6,000,000 = 직접재료원가 + 직접노무원가 2,500,000 + 제조간접원가 1,500,000

∴ 직접재료원가 = ₩2,000,000

예제 3-5 작업별정상원가계산 (99감평, 07세무공무원 유사)

회사의 재공품 기초금액은 ₩24,000이며 당기중 직접재료원가 ₩80,000, 직접노무원가 ₩60,000, 제조간접원가 ₩54,000이 발생하였으며 제조간접원가는 직접노무원가의 90%로 배부하고 있다. 당기중 완성품 계정으로 대체된 금액은 ₩200,000이다. #601은 6월 중 유일한 미완성품으로 제조간접원가가 ₩4,500일 때 #601의 직접재료원가는 얼마인가?

해답

재공품

차변	금액	대변	금액
기초	₩24,000	제품	₩200,000
직접재료원가	80,000		
직접노무원가	60,000		
제조간접원가	54,000	기말	(?)18,000
	₩218,000		₩218,000

기말재공품(#601) = 직접재료원가(#601) + 직접노무원가(#601) + 제조간접원가(#601)

₩18,000 = 직접재료원가(? = ₩8,500) + 4,500 × 100/90 + 4,500

예제 3-6 작업별정상원가계산 (17CTA)

㈜세무는 단일 제품을 생산하며 작업별정상원가계산을 사용한다. 제조간접원가는 직접노무시간당 ₩6을 예정 배부한다. 재료계정의 기초금액은 ₩10,000이며, 기말금액은 ₩15,000이다. 재료는 모두 직접재료로 사용되고 간접재료로 사용되지 않는다. 당기총제조원가는 ₩650,000이며 당기제품제조원가는 ₩640,000이다. 직접노무원가는 ₩250,000이며, 실제 발생한 직접노무시간은 20,000시간이다. ㈜세무가 당기에 매입한 재료금액은?

해답

제조간접원가배부액 = PR(₩6/시간) × AQ(20,000시간) = ₩120,000

당기총제조원가 ₩650,000 = 직접재료원가 + 직접노무원가 250,000 + 제조간접원가 120,000

∴ 직접재료원가 = ₩280,000

직접재료원가 ₩280,000 = 기초재료 10,000 + 당기매입(? = ₩285,000) − 기말재료 15,000

---

❸ 제조간접원가 배부차이의 회계처리

정상원가계산에서는 제조간접원가 배부액과 제조간접원가 실제발생액이 동일하지 않는 경우가 많다. 그 이유는 두 가지로 분석할 수 있다. 첫째, 제조간접원가 예정배부율 계산시 분자와 관련된 사항으로서, 제조간접원가 실제발생액이 제조간접원가 예산액과 상이한 경우이다. 둘째, 제조간접원가 예정배부율 계산시 분모와 관련된 사항으로서, 제조간접원가 배부기준의 실제조업도가 예산조업도와 상이한 경우이다.

제조간접원가 배부액에 비하여 제조간접원가 실제발생액이 많을 경우 그 차이를 **제조간접원가 과소배부**(underapplied overhead)라 하며, 반대로 제조간접원가 배부액에 비하여 제조간접원가 실제발생액이 적을 경우 그 차이를 **제조간접원가 과대배부**(overapplied overhead)라 한다.

제조간접원가와 관련된 여러 개념들을 정리하면 〈표 3-4〉와 같다.

| 표 3-4 | 제조간접원가와 관련된 개념의 비교

개념	내용
제조간접원가 예산액	미래에 발생하리라 예상한 추정액이다. 이는 보통 연초에 구하며, 제조간접원가 예정배부율(PR)을 계산하는 기준이 된다.
제조간접원가 배부액	제조간접원가를 재공품계정에 배부한 금액이다. 정상원가계산에서 제조간접원가 배부액은 제조간접원가 예정배부율(PR)과 실제조업도(AQ)를 곱하여 구한다.
→ 제조간접원가 배부차이	제조간접원가 실제발생액과 배부액의 차이이다.
제조간접원가 실제발생액	원가계산기간 동안 실제로 발생한 제조간접원가이다.

예제 3-7 정상원가계산 (10CTA)

다음은 정상원가계산을 사용하는 ㈜대한의 20×9년 1년 동안의 제조간접원가 계정으로서 배부차이를 조정하기 직전 기록이다.

제조간접원가	
90,000	70,000

물음

1. 20×9년의 제조간접원가 실제발생액은 얼마인가?
2. 20×9년 제조간접원가 배부액은 얼마인가?
3. 회사는 제조간접원가 배부차이를 매출원가에서 조정하고 있다. 배부차이를 조정하기 위해 필요한 분개는?

해답

1. 제조간접원가 차변잔액 ₩90,000이 실제발생액이다.
2. 제조간접원가 대변 잔액 ₩70,000이 배부액이다.
3. 제조간접원가 과소배부이므로 매출원가에 가산해 준다.

(차) 매출원가	20,000	(대) 제조간접원가	20,000

예제 3-8 제조간접원가 배부차이 (20CTA)

일성회사는 단일 제품을 생산하며, 정상원가계산제도를 채택하고 있다. 제조간접원가는 기계시간을 기준으로 배부한다. 20×1년 제조간접원가 예산은 ₩40,000이고, 예정 기계시간은 2,000시간이다. 20×1년 실제 기계시간은 2,100시간 제조간접원가 과대배부액은 ₩3,000이다. 20×1년 (주)세무의 제조간접원가 실제발생액은?

해답

제조간접원가 예정배부율 = $\frac{\text{제조간접원가예산 ₩40,000}}{\text{예정조업도 20,000기계시간}}$ = ₩20/기계시간

제조간접원가 배부액 = ₩20 × 2,100시간 = ₩42,000

제조간접원가 과다배부액 : ₩3,000 = 제조간접원가 배부액 ₩42,000 − 제조간접원가 실제발생액(?)

∴ 제조간접원가 실제발생액 = ₩39,000

예제 3-9 제조간접원가 배부차이 (13CTA)

㈜세무는 작업별정상원가계산을 사용하며, 직접노무시간을 기준으로 제조간접원가를 배부하고 있다. 20×1년 연간 제조간접원가 예산은 ₩5,000,000이다. 20×1년 실제 발생한 제조간접원가는 ₩4,800,000이고, 실제직접노무시간은 22,000시간이다. 20×1년 중 제조간접원가 과소배부액이 ₩400,000이라고 할 때 연간 예산직접노무시간은?

해답

제조간접원가 실제발생액 ₩4,800,000 − 배부액(? = 4,400,000) = 과소배부 ₩400,000

제조간접원가 배부액 ₩4,400,000 = PR(? = ₩200/시간) × AQ (22,000시간)

제조간접원가 예산 ₩5,000,000 = PR ₩200/시간 × 기준조업도(? = 25,000시간)

제조간접원가 배부차이는 다음과 같이 간단한 회계 처리로써 해결할 수 있다.

(1) 매출원가 조정법

제조간접원가 배부차이가 원가성이 있고 또한 그 금액이 적을 때 매출원가에 가감하는 방법이다. 제조간접원가 과소배부액은 매출원가에 가산하고, 제조간접원가 과대배부액은 매출원가에서 차감한다.

이 같은 회계처리의 이론적 배경은 금액이 적은 제조간접원가 배부차이를 정교하게 안분하는 것이 원가-효익 측면에서 그렇게 가치있는 일은 아니기 때문이다.

(2) 안분법

제조간접원가 배부차이가 원가성이 있고 또한 그 금액이 클 때 적용하는 방법으로서, 제조간접원가 과소배부액은 재공품, 제품, 매출원가에 안분하여 가산하고, 제조간접원가 과대배부액은 재공품, 제품, 매출원가에서 안분하여 차감한다.

안분하는 방법에 따라 총원가 비례배부법과 원가요소별 비례배부법으로 구분된다.

① **총원가 비례배부법** : 제조간접원가 배부차이를 기말재공품, 기말제품, 매출원가 계정의 총원가의 비율에 따라 배부하는 방법이다.

② **원가요소별 비례배부법** : 제조간접원가 배부차이를 기말재공품, 기말제품, 매출원가계정 각각에 포함된 제조간접원가의 비율에 따라 배부하는 방법이다. 이 방법에 의해 차이조정 후 기말재공품, 기말제품, 매출원가계정의 금액은 실제원가 계산에 의한 금액과 정확히 일치하게 된다.

(3) 영업외손익법

제조간접원가 배부차이가 원가성이 없을 때 적용하는 방법이다. 제조간접원가 과소배부액은 영업외비용으로, 제조간접원가 과대배부액은 영업외수익으로 회계처리한다.

예제 3-10 제조간접원가 배부차이의 회계처리

제조간접원가 과소배부액은 ₩3,000이며, 기말재공품은 ₩525,000, 기말제품은 ₩270,000 매출원가는 ₩405,000이라 할 때, 제조간접원가 배부차이를 (1) 매출원가 조정법, (2) 총원가 비례배부법, (3) 영업외손익법 각각의 방법에 따라 회계처리하시오.

해답

1. 제조간접원가 과소배부액은 매출원가에 가산한다.

(차) 매출원가 3,000 (대) 제조간접원가 3,000

이에 따라 각 계정금액은 다음과 같다.

제조간접원가	
실제발생액	₩153,000
배 부 액	150,000
과소배부액	₩3,000

과소배부액 ₩3,000 → 매출원가

	수정전 금액		수정후 금액
재 공 품	₩525,000	→	₩525,000
제 품	270,000	→	270,000
매출원가	405,000	→	408,000

2. 제조간접원가 과소배부액을 기말재공품, 기말제품, 매출원가에 안분 가산한다.

(차) 재 공 품	1,313*	(대) 제조간접원가	3,000
제 품	675		
매출원가	1,012		

$$* ₩3,000 \times \frac{₩525,000}{₩525,000 + ₩270,000 + ₩405,000} = ₩1,313$$

이에 따라 각 계정금액은 다음과 같다.

제조간접원가	
실제발생액	₩153,000
배 부 액	150,000
과소배부액	₩3,000

		수정전 금액		수정후 금액
₩1,313 →	재 공 품	₩525,000	→	₩526,313
₩675 →	제 품	270,000	→	270,675
₩1,012 →	매출원가	405,000	→	406,012

3. 제조간접원가 과소배부액을 영업외비용으로 회계처리한다.

(차) 영업외비용	3,000	(대) 제조간접원가	3,000

여기서, 과소배부된 제조간접원가 ₩3,000이 제조간접원가 대변계정으로 기입되는 이유는 다음과 같다. 정상원가계산에서는 실제제조간접원가 발생액이 제조간접원가 계정의 차변에 집계되는 반면, 제조간접원가 배부액은 연초에 설정된 예정배부율을 통해 산출된 금액이 제조간접원가 계정의 대변에 기입된다. 본 예제에서는 제조간접원가가 ₩3,000 과소배부되었다고 하였으므로 기말시점에서 제조간접원가 계정은 ₩3,000의 차변잔액을 가지게 된다. 상기의 회계처리는 제조간접원가 계정의 차변계정 잔액 ₩3,000을 상계시키는 회계처리가 되는 것이다. 이러한 조정을 통해 제조간접원가 계정 잔액은 기말시점에서 항상 '0'이 된다. 이처럼, 제조간접원가 계정은 원가의 집계와 배분을 위한 일종의 비망계정으로서의 역할을 수행하는 것에 지나지 않으며, 재무제표상 어느 곳에도 보고되어지는 계정이 아니게 된다.

예제 3-11 제조간접원가 배부차이 - 매출원가 조정법 (22CPA)

㈜대한은 정상원가계산제도를 채택하고 있다. 제조간접원가 예정배부율은 직접노무원가의 50%이며, 제조간접원가 배부차이는 전액 매출원가에서 조정한다. ㈜대한의 20×1년 2월 원가 관련 자료는 다음과 같다.

- 직접재료 구입액은 ₩40,000이다.
- 직접노무원가는 기본원가(기초원가, prime costs)의 40%이다.
- 직접재료 기말재고액은 ₩10,000, 제품 기말재고액은 ₩4,000이다.
- 당기제품제조원가에는 직접재료원가 ₩25,500이 포함되어 있다.
- 기말재공품에는 제조간접원가 배부액 ₩1,500이 포함되어 있다.
- 실제 발생한 제조간접원가는 ₩8,000이다.

제조간접원가 배부차이를 조정한 후 ㈜대한의 2월 매출원가는 얼마인가? 단, 기초재고자산은 없다.

해답

1. 제조간접원가 배부액

직접재료원가 = 기초원재료 + 당기구입액 − 기말원재료 = ₩0 + 40,000 − 10,000 = ₩30,000

직접노무원가 = (직접재료원가 + 직접노무원가) × 40% = (30,000 + 직접노무원가) × 40%

= ₩20,000

제조간접원가 배부액 = ₩20,000 × 50% = ₩10,000

(제조간접원가 실제 발생액은 ₩8,000이므로 ₩2,000 과다배부)

2. 제품제조원가

제품제조원가 = 기초재공품 + 당기총제조원가 − 기말재공품 = ₩0 + 60,000 − 9,000* = ₩51,000

*기말재공품원가

= 기말재공품 직접재료원가 + 기말재공품 직접노무원가 + 기말재공품 제조간접원가배부액

= (₩30,000 − 25,500) + 1,500 ÷ 0.5 + 1,500

= ₩9,000

3. 매출원가 = 기초제품 + 당기제품제조원가 − 기말제품 = ₩0 + 51,000 − 4,000 = ₩47,000

4. 매출원가조정법 적용 후 매출원가 = ₩47,000 − 2,000 = ₩45,000

예제 3-12 제조간접원가 배부차이 - 총원가비례배분법 (21CPA)

㈜대한은 20×1년 초에 설립되었으며 정상원가계산을 적용하고 있다. 제조간접원가 배부기준은 기계시간이다. ㈜대한은 20×1년 초에 연간 제조간접원가를 ₩80,000으로, 기계시간을 4,000시간으로 예상하였다. ㈜대한의 20×1년 생산 및 판매 관련 자료는 다음과 같다.

- 20×1년 중 작업 #101, #102, #103을 착수하였다.
- 20×1년 중 작업별 실제 발생한 원가 및 기계시간은 다음과 같다.

구 분	#101	#102	#103	합 계
직접재료원가	₩27,000	₩28,000	₩5,000	₩60,000
직접노무원가	₩25,000	₩26,000	₩13,000	₩64,000
기계시간	1,400시간	1,800시간	600시간	3,800시간

- 20×1년 실제 발생한 제조간접원가는 총 ₩82,000이다.
- 작업 #101과 #102는 20×1년 중 완성되었으나, #103은 20×1년 말 현재 작업 중이다.
- 20×1년 중 #101은 ₩120,000에 판매되었으나, #102는 20×1년 말 현재 판매되지 않았다. ㈜대한의 매출은 #101이 유일하다.

㈜대한이 총원가기준 비례배부법을 이용하여 배부차이를 조정한다면, 20×1년 매출총이익은 얼마인가?

해답

제조간접원가 예정배부율 = ₩80,000 ÷ 4,000기계시간 = ₩20/기계시간

작업별 총원가

	#101 (매출원가)	#102 (기말제품)	#103 (기말재공품)	합 계
직접재료원가	₩27,000	₩28,000	₩5,000	₩60,000
직접노무원가	25,000	26,000	13,000	64,000
제조간접원가	20×1,400 = 28,000	20×1,800 = 36,000	20 × 600 = 12,000	76,000
합 계	₩80,000	₩90,000	₩30,000	

제조간접원가 배부액 = ₩20/기계시간 × 3,800시간 = ₩76,000

제조간접원가 배부차이 = ₩82,000 − 76,000 = ₩6,000 과소배부

총원가 비례배분법에 의한 매출원가 부담액 = ₩6,000 × $\frac{80,000}{80,000 + 90,000 + 30,000}$ = ₩2,400

총원가 비례배분법에 의한 조정후 매출원가 = ₩80,000 + 2,400 = ₩82,400

20×1년 매출총이익 = ₩120,000 − 82,400 = ₩37,600

연 습 문 제 exercise

01 작업별원가계산 (00CTA)

영산강㈜는 작업별원가계산을 실시하고 있다. 제조간접원가는 직접노무원가의 120%이다. 작업 #201에서 발생한 직접재료원가는 ₩1,764,000이며, 제조간접원가는 ₩1,058,400이다. 또한 작업 #301에서 발생한 직접재료원가는 ₩294,000이며, 직접노무원가는 ₩735,000이다. 작업 #201에서 발생한 직접노무원가 및 작업 #301의 총원가는 각각 얼마인가?

02 작업별정상원가계산

문래회사는 작업별원가계산제도를 채택하고 있다. 6월의 기초재공품(작업 #102)은 ₩200,000이며, 기말재공품은 ₩80,000이다. 또한 6월의 제조간접원가 예정배부액은 ₩600,000이며, 당기제품제조원가는 ₩1,600,000이다. 문래회사는 직접노무원가의 150%를 제조간접원가에 예정배부하고 있다. 6월에 투입한 직접재료원가는 얼마인가?

03 작업별정상원가계산 (97CPA, 02CTA)

소현공업㈜은 작업별원가계산을 하고 있다. 다음은 20×7년 3월의 재공품 계정에 차기(대기)된 내용이다.

3월	내 용	금 액
1일	기초재고	₩4,000
30일	직접재료원가	24,000
30일	직접노무원가	16,000
30일	제조간접원가	12,800
30일	제품으로 이체	(48,000)

소현공업㈜은 제조간접원가 예정배부율을 이용하여 제조간접원가를 배부하고 있으며, 예정배부율은 직접노무원가의 80%이다. 20×7년 3월 31일 현재 작업중인 작업번호 5번은 직접노무원가가 ₩2,000으로 기록되어 있다. 5번 작업에 기록된 직접재료원가는 얼마인가?

04 작업별정상원가계산 (07CTA)

대한회사는 작업별원가계산시스템을 채택하고 있다. 제조간접원가의 예정배부율은 직접노무원가의 150%이다. 제조간접원가의 배부차이는 매월말 매출원가계정에서 조정한다. 추가정보는 다음과 같다. 대한회사가 20×7년 3월중에 생산한 제품의 당기제품제조원가는 얼마인가?

가. 작업 #701만이 20×7년 2월말에 작업이 진행중이며, 이 작업에 2월말까지 투입된 원가는 직접재료원가 ₩8,000, 직접노무원가 ₩4,000, 제조간접원가 배부액 ₩6,000이다.
나. 작업 #702, #703, #704, #705는 3월중에 작업이 시작된 것이다.
다. 3월중에 작업에 투입된 직접재료원가는 ₩52,000, 직접노무원가는 ₩40,000이다.
라. 3월중 제조간접원가의 실제 발생액은 ₩64,000이다.
마. 3월말 현재 진행중인 작업은 #705뿐이며 이 작업과 관련된 직접재료원가는 ₩5,600, 직접노무원가는 ₩3,600이다.

05 작업별정상원가계산 (14CPA)

㈜한국은 작업별정상원가계산을 사용하고 있으며, 제조간접원가 배부기준은 기계시간이다. 회사는 20×1년초에 연간 제조간접원가를 ₩600, 기계시간을 200시간으로 예상하였다. 20×1 회계연도중 수행한 작업과 관련된 정보는 다음과 같다.

가. 당기중 세 가지 작업 #101, #102, #103을 착수하여, #101과 #102를 완성하였고, #103은 기말 현재 작업 중에 있다.
나. 당기중 ₩800의 원재료를 구입하였고 기말 현재 ₩280의 원재료가 재고로 남아 있다.
다. 당기중 지급한 노무원가는 ₩700이며, 기초 미지급노무원가는 ₩40, 기말 미지급노무원가는 ₩100이었다.
라. 당기중 발생한 제조경비는 총 ₩560이며, 이는 감가상각비 ₩260, 임차료 ₩200, 수도광열비 ₩100으로 구성되어 있다.
마. 당기중 작업별 실제발생 원가자료와 실제 사용된 기계시간은 다음과 같다.

구 분	#101	#102	#103	합계
직접재료원가	₩200	₩200	₩100	₩500
직접노무원가	₩300	₩160	₩260	₩720
기계시간	90시간	63시간	27시간	180시간

바. 기초재고자산은 없었고, 작업 #101은 당기 중에 ₩1,100에 판매되었으나 작업 #102는 기말 현재 판매되지 않았다.

㈜한국은 기말에 제조간접원가 배부차이를 전액 매출원가에 조정한다. ㈜한국의 20×1년 매출총이익은 얼마인가?

06 작업별정상원가계산 (12CTA)

㈜국세는 작업별정상원가계산제도를 이용하여 제조원가를 계산하고 있다. 기계시간은 2,500시간, 직접노무시간은 3,000시간으로 예상하고 있으며, 회귀분석법을 이용하여 연간 제조간접원가예산을 수립하는데 필요한 원가함수를 다음과 같이 추정하였다.

총제조간접원가 = ₩500,000 + ₩300 × 기계시간 (설명력(R^2) = 0.9)

㈜국세의 기초재고자산은 없으며 당기에 세 가지 작업(#1, #2, #3)을 시작하여 작업 #1, #2가 완성되었다. 이 세 가지 작업에 대한 당기 원가자료는 다음과 같다.

	#1	#2	#3	합계
직접재료원가	₩150,000	₩150,000	₩200,000	₩500,000
직접노무원가	250,000	150,000	100,000	500,000
기 계 시 간	1,000시간	600시간	400시간	2,000시간
직접노무시간	1,300시간	800시간	400시간	2,500시간

기말에 확인한 결과 당기에 발생한 실제제조간접원가는 ₩1,100,000이며, 당기에 작업 #2만 판매되었다. ㈜국세가 제조간접원가 배부차이를 매출원가에서 전액 조정할 경우 재무제표에 인식될 매출원가는 얼마인가?

07 제조간접원가 배부차이 계산 (23CPA)

㈜대한은 20×3년 초에 설립되었으며, 정상원가계산제도를 채택하고 있다. ㈜대한은 제조간접원가를 예정배부하며, 예정배부율은 직접노무원가의 80%이다. 제조간접원가 배부차이는 전액 매출원가에서 조정한다. 당기에 실제로 발생한 직접재료원가는 ₩50,000, 직접노무원가와 제조간접원가는 각각 ₩50,000과 ₩30,000이다. 기말재공품에는 직접재료원가 ₩10,000과 제조간접원가 배부액 ₩8,000이 포함되어 있다. 제조간접원가 배부차이를 조정한 후 매출원가가 ₩100,000이라면, 20×3년 기말제품원가는 얼마인가?

08 정상원가계산 (16CTA)

㈜세무는 기계시간 기준으로 제조간접원가를 예정배부하는 정상원가계산방법을 적용한다. 20×1년에 실제 제조간접원가는 ₩787,500이 발생되었고, 기계시간당 ₩25로 제조간접원가를 예정배부한 결과 ₩37,500만큼 과대배부되었다. 20×1년 실제조업도가 예정조업도의 110%인 경우, ㈜세무의 제조간접원가 예산액은?

09 제조간접원가 배부차이

백두제조기업은 작업별정상원가계산제도를 채택하고 있다. 제조간접원가는 기계시간을 기준으로 배부한다. 20×1년 초 백두기업의 경영진은 1년 동안 80,000기계시간을 가동하고, 총제조간접원가가 ₩448,000이 발생하리라 예상하였다.

물음

1. 백두기업의 제조간접원가 예정배부율을 구하시오.
2. 20×1년 동안 실제기계시간은 79,000시간이라고 할 때, 재공품계정에 배부되는 제조간접원가를 구하시오.
3. 제조간접원가 실제발생액은 ₩462,000이라고 할 때, 제조간접원가 배부차이를 구하고, 이를 분개하시오. 단, 제조간접원가 배부차이는 매출원가에 가감한다.

10 제조간접원가 예정배부율 (08CPA)

㈜한라는 20×7년초에 설립되었으며 정상원가계산(normal costing)을 적용하고 있다. 제조간접원가는 직접노무시간을 기준으로 예정 배부한다. 회사는 제조간접원가 배부차이를 기말재고자산 및 매출원가에 포함된 제조간접원가 예정배부액에 비례하여 안분한다. 당기에 기말재공품, 기말제품 및 매출원가에는 1 : 3 : 4의 비율로 제조간접원가가 각각 예정배부되었고, 기말재공품에 차감하여 조정된 배부차이는 ₩2,500이었다. 당기의 실제 제조간접원가는 ₩180,000이고, 실제 직접노무시간은 총 1,250시간이었다면, 제조간접원가 예정배부율은 직접노무시간당 얼마인가?

11 변동제조간접원가 예정배부율 (10CTA)

㈜수원은 제조간접원가 배부기준으로 기계작업시간을 사용하여 작업별정상원가계산을 적용하고 있다. ㈜수원의 20×1년 연간 고정제조간접원가 예산은 ₩690,000이고, 실제 발생한 제조간접원가는 ₩1,618,000이다. 20×1년 연간 예정조업도는 27,600기계작업시간이고, 실제 기계작업시간은 총 28,800시간이다. 20×1년의 제조간접원가 배부차이가 ₩110,000(과대배부)일 때 변동제조간접원가 예정배부율은 얼마인가?

12 고정제조간접원가 예산의 추정 (10CTA변형)

㈜무등은 제조간접원가 배부기준으로 기계작업시간을 사용하여 작업별정상원가계산을 적용하고 있다. ㈜무등의 20×1년 연간 변동제조간접원가 예산은 ₩750,000이고, 연간 예정조업도는 25,000기계작업시간이다. 20×1년 실제 발생한 제조간접원가는 ₩1,780,000이며, 실제 기계작업시간은 총 24,000시간이다. 20×1년의 제조간접원가 배부차이가 ₩100,000(과소배부)일 때, 20×1년 연간 고정제조간접원가 예산은 얼마이겠는가?

13 제조간접원가 배부차이 : 역산 (21CTA)

㈜세무는 정상개별원가계산을 사용하고 있으며, 제조간접원가는 직접노무시간을 기준으로 배부하고, 제조간접원가 배부차이는 전액 매출원가에 조정하고 있다. 당기의 직접재료매입액은 ₩21,000이고, 제조간접원가 배부차이는 ₩7,000(과소배부)이며, 제조간접원가 배부차이 조정 전 매출원가는 ₩90,000이다. 당기 재고자산 관련 자료는 다음과 같다.

구분	직접재료	재공품	제품
기초재고	₩3,000	₩50,000	₩70,000
기말재고	4,000	45,000	60,000

직접노무원가가 기초원가(prime cost)의 60%인 경우, 당기에 실제 발생한 제조간접원가는?

14 제조간접원가 배부차이의 회계처리

동양회사에서는 10월에 제조간접원가 배부차이 ₩30,000을 과소배부하였다. 다음은 동양회사의 10월 자료 중 일부이다.

가. 기말재고자산 : 직접재료 ₩200,000, 재공품 ₩100,000, 제품 ₩90,000
나. 수정전 매출원가 : ₩310,000

제조간접원가 배부차이를 재고자산과 매출원가에 안분할 경우 매출원가에 가감하는 것에 비하여 매출총이익은 어떤 영향을 받겠는가?

15 제조간접원가 배부차이 : 총원가비례법

당기 초에 영업을 개시한 ㈜무등은 당기 중 작업 #1, #2, #3을 착수하였으며, 이 중 #1과 #2가 완성되어 #1을 판매하였다. 당기 중 이들 작업과 관련하여 발생한 원가 및 기타 자료는 다음과 같다.

	#1	#2	#3
직접재료원가	₩150,000	₩100,000	₩600,000
직접노무원가	300,000	?	1,000,000
실제기계시간	2,000시간	3,000시간	4,500시간

당사는 기계시간을 기준으로 제조간접원가를 예정배부하고 있는데, 당기 초에 연간 제조간접원가를 ₩2,000,000, 연간 기계시간을 10,000시간으로 예상하였다. 당기에 실제 발생한 제조간접원가는 ₩1,987,000이다. 이 회사가 제조간접원가 배부차이를 총원가기준법으로 회계처리할 경우 매출원가에서 조정되는 금액은 ₩17,000이라면, 기말제품재고액에 포함된 직접노무원가는 얼마이겠는가?

16 제조간접원가 배부차이 : 총원가기준 비례배부법 (17CPA)

㈜한국은 20×1년 1월초에 영업을 개시하였다. 회사는 작업별정상원가계산을 사용하고 있으며, 제조간접원가 배부기준은 직접노무시간이다. 회사는 당기초에 연간 제조간접원가를 ₩640,000으로, 직접노무시간을 80,000시간으로 예상하였다. ㈜한국의 20×1년 1월의 생산 및 판매 관련 자료는 다음과 같다.

- 1월 중 작업 #101, #102, #103을 착수하였는데, 당월 중 작업별 실제 발생한 제조직접원가와 실제 사용된 직접노무시간은 다음과 같다.

구분	#101	#102	#103	합계
직접재료원가	₩34,000	₩39,000	₩13,000	₩86,000
직접노무원가	16,000	20,600	1,800	38,400
직접노무시간	2,750시간	3,800시간	400시간	6,950시간

- 1월 중 실제 발생한 제조간접원가는 총 ₩51,600이다.
- 1월 중 작업 #101과 #102는 완성되었으나, 작업 #103은 1월말 현재 작업 중이다.
- 작업 #101은 1월 중에 판매되었으나, 작업 #102는 1월말 현재 판매되지 않았다.

총원가기준 비례배부법으로 배부차이 조정 후 20×1년 1월말 재공품 및 제품, 그리고 20×1년 1월 매출원가는 각각 얼마인가?

17 제조간접원가 배부차이 : 원가요소기준 비례배부법 (18CTA)

㈜세무는 정상원가계산을 적용하고 있으며, 제조간접원가는 기본원가(prime costs)의 50%를 예정배부한다. ㈜세무는 제조간접원가 배부차이를 원가요소기준 비례배부법으로 조정한다. 9월의 기본원가, 매출액과 배부차이 조정 후 기말재고자산은 다음과 같다.

기본원가	₩750,000	매출액	₩1,000,000
기말재공품	120,000	기말제품	180,000

9월의 배부차이 조정 후 매출원가율이 80% 일 때, 배부차이는? (단, 기초재고자산은 없다.)

18 제조간접원가 배부차이 : 원가요소기준 비례배부법 (19CPA)

㈜대한은 작업별정상원가계산을 사용하고 있으며, 제조간접원가 배부기준은 기본원가(prime costs)이다. 20×1년 제조간접원가 예정배부율은 기본원가의 40%이었다. 20×1년도 생산 및 판매 자료는 다음과 같다.

- 기초재고자산 중 재공품 및 제품의 작업별 원가는 다음과 같다.

항목	기초재공품		기초제품
	작업#102	작업#103	작업#101
기본원가	₩4,000	₩3,500	₩5,000
제조간접원가	2,000	1,750	2,500
합계	₩6,000	₩5,250	₩7,500

- 당기에 작업 #102와 #103에 소비된 기본원가는 각각 ₩1,500과 ₩1,000이었다.
- 당기에 신규로 착수된 작업은 없었고, 작업 #102와 #103은 완성되었다.
- 당기에 작업 #101과 #102는 각각 ₩8,300과 ₩10,000에 판매되었다.
- 당기에 제조간접원가 실제발생액은 ₩1,250이었다.
- ㈜대한은 배부차이를 원가요소기준 비례배부법으로 조정한다.

배부차이 조정 후 매출총이익은 얼마인가?

CHAPTER

04

공정별원가계산

Process Costing

학습목표

1. 공정별원가계산이 어떤 경우에 적용되는지를 이해한다.
2. 작업별원가계산과 공정별원가계산을 비교한다.
3. 완성품환산량을 이해한다.
4. 기초재공품이 없을 때 5단계법에 의한 공정별원가계산과 재공품계정분석법에 의한 공정별원가계산을 확실하게 이해한다.
5. 기초재공품이 존재할 때 평균법과 선입선출법 각각의 방법에 의해 공정별원가계산을 살펴본다.
6. 공정별원가계산에 대한 기본모형을 확장하여 둘 이상의 공정을 거치는 경우, 감손이 나타나는 경우, 공손이 나타나는 경우 기본모형을 어떻게 확장할 수 있는지를 이해한다.

제1절 공정별원가계산의 기초

❶ 공정별원가계산의 의의

공정별원가계산(process costing)은 제조원가를 제조공정(process)별로 집계하는 원가계산시스템으로 화학약품제조업, 정유업, 철강생산업, 제지업, 식품가공업, 통조림제조업, 자동차제조업 등과 같이 동일한 종류의 제품을 대량으로 생산하는 제조기업에 적용될 수 있다. 동일한 제품을 대량으로 연속 생산하기 위한 공정은 표준화된 작업활동으로서, 여러 공정이 단일 부문으로 구성되는 경우도 있지만 대개는 각각 서로 다른 부문으로 구분된다.

공정별원가계산의 공정 흐름

공정별원가계산에서의 공정 흐름은 [그림 4-1]과 같다. 공정별원가계산의 가장 큰 특징은 연속적 제조공정, 예컨대 공정 A와 공정 B을 거쳐 제품이 생산된다는 점이다. 공정 A를 거친 후 공정 B로 대체되고, 공정 B에서 작업이 끝나면 완성된 제품이 생산된다. 완성된 제품은 모두 동일 공정을 거쳐 생산되며, 생산된 제품은 동질적이라는 점이 3장에서 학습한 작업별원가계산과 차이를 보이는 점이다.

공정별원가계산의 원가 흐름

공정별원가계산에서 원가의 집계는 개별작업별로 이루어지는 것이 아니라 공정별로 이루어진다. 첫 공정에서부터 마지막 공정을 거쳐 최종 제품의 형태로 완료되기 전까지, 모든 제조원가는 재공품계정으로 집계되며, 각 공정별 재공품은 물리적으로 서로 다른 형태를 지니기 때문에 재공품은 공정별로 따로 파악한다. 예를 들어, 공정 A에서 작업이 완료되지 않으면, 그에 해당하는 제조원가는 재공품-공정A계정으로, 공정 A에서 모든 작업이 끝나면 제품계정으로 대체되는 것이 아니라 재공품-공정B계정으로 대체된다. 마찬가지로, 공정 B에서 완료되지 않은 재공품

| 그림 4-1 | 공정별원가계산의 공정 흐름

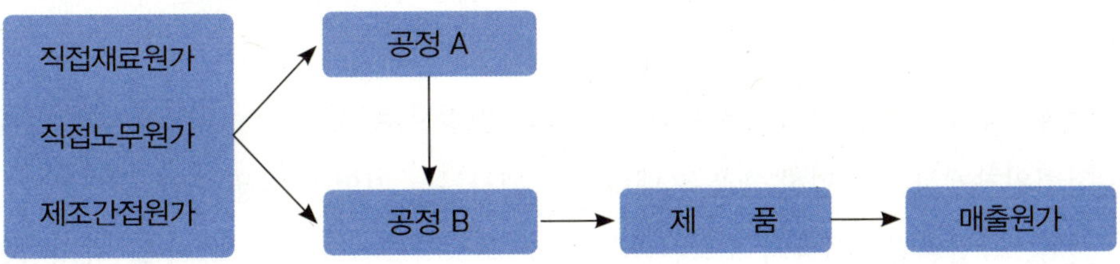

은 재공품－공정B계정으로, 공정 B에서 작업이 끝나면 그에 해당하는 제조원가는 비로소 제품계정으로 대체된다.

공정별 제조원가 보고서

공정별원가계산에서는 특정 공정(부문)에서 발생한 원가를 파악하고, 이들 원가를 특정 기간 동안 그 공정에서 수행한 작업량(이를 완성품환산량이라 함)을 기준으로 평준화하여 해당 공정의 완성품원가와 기말재공품원가를 구한다. 공정별 제조원가 보고서(department production cost report)는 이러한 공정별원가계산의 내역을 집계한 보고서로, 특정 공정에서 수행한 작업량과 원가배분대상액을 집계하여 완성품환산량 단위당 원가의 계산하고, 이를 이용해 완성품원가와 기말재공품원가로 원가배분하는 일련의 과정을 종합적으로 나타낸다.

❷ 작업별원가계산과 공정별원가계산의 비교

기업에서 제품을 생산하는 방식에 따라 제품원가계산은 크게 작업별원가계산과 공정별원가계산으로 대별할 수 있다. 앞장에서 살펴본 작업별원가계산은 개별제품들이 서로 상이하고 따라서 상이한 관심도를 지닌 경우에 적용된다. 반면에 공정별원가계산은 일련의 연속적인 제조공정을 거쳐 동일한 제품이 대량으로 생산되는 경우에 적용된다.

작업별원가계산과 공정별원가계산의 유사점

작업별원가계산과 공정별원가계산은 다음과 같은 점에서 유사하다.

첫째, 두 가지 원가계산의 기본목적은 ① 제품에 배분할 직접재료원가, 직접노무원가, 제조간접원가를 파악하고, ② 평준화과정을 통한 제품 단위당 원가를 산출하며, ③ 계획, 통제, 의사결정에 필수적으로 필요한 자료를 제공하기 위함이다.

둘째, 두 가지 원가계산시스템 모두 재료, 미지급임금, 제조간접원가, 재공품, 제품 등 동일한 제조관련계정을 사용한다.

셋째, 제조관련계정 내에서의 전반적 원가흐름은 동일하다.

작업별원가계산과 공정별원가계산의 차이점

한편, 작업별원가계산과 공정별원가계산을 비교하면 다음과 같은 네 가지 차이점을 발견할 수 있다.

첫째, 작업별원가계산은 서로 다른 제품을 소량으로 생산하는 기업에 적용되며, 공정별원가계산은 동일한 제품을 대량으로 생산하는 기업에 적용된다.

둘째, 작업별원가계산의 제품은 제품별로 특정작업을 거치는 반면에, 공정별원가계산의 제품은 일련의 동일한 제조공정을 거친다.

셋째, 작업별원가계산에서는 특정작업이 끝나면 특정제품이 생산되는 반면에, 공정별원가계산에서는 특정공정이 끝나면 다음 공정으로 대체되며 마지막 공정을 거친 후에야 완성된 제품이 생산된다.

넷째, 작업별원가계산에서는 개별작업별로 원가를 계산하며 이를 작업원가계산표에 집계한다. 반면에 공정별원가계산에서는 고객의 주문별로 원가를 구분할 필요가 없다. 왜냐하면 고객의 주문품도 제조공정에서 연속적으로 생산되는 대량제품 중 하나이기 때문이다. 공정별원가계산에서는 주문(개별작업)별로 원가를 집계하지 않으며, 공정별로 원가를 집계하여 일정 기간 동안 그 공정을 거쳐간 작업량에 대하여 원가를 배분한다. 공정별원가계산에서는 공정별로 원가계산이 이루어져야 하므로 공정별 제조원가보고서가 매우 중요하다.

작업별원가계산과 공정별원가계산의 차이를 정리하면 〈표 4-1〉과 같다.

| 표 4-1 | 작업별원가계산과 공정별원가계산의 차이

작업별원가계산	공정별원가계산
• 서로 다른 작업들이 주문에 의해 진행되는 경우에 적용된다.	• 동일제품이 대량으로 생산되는 경우에 적용된다.
• 원가는 개별작업별로 집계한다.	• 원가는 공정별로 집계한 후, 일정 기간 동안 수행한 작업량에 대하여 평준화한다.
• 개별작업원가의 집계는 작업원가계산표를 통하여 이루어진다.	• 공정원가를 집계하고 배분하는 과정은 공정별 제조원가보고서를 통해 이루어진다.
• 제품 단위당 원가는 작업원가계산표에 의해 개별 작업별로 계산한다.	• 제품 단위당 원가는 공정별 제조원가보고서에 의해 공정별로 계산한다.

3 공정별원가계산의 이해

(1) 그림에 의한 공정별원가계산의 이해

아주 간단한 예를 통하여 공정별원가계산에서의 원가배분을 살펴보자. 당기에 ₩150,000의 원가를 투입하여 제품 100개를 완성하고, 기말에 미완성된 재공품은 100개라고 가정하자. 단, 기초재공품은 없으며, 모든 원가는 공정의 진행도에 따라 비례적으로 발생한다고 가정한다.

공정별원가계산은 투입한 원가를 제품과 기말재공품에 얼마씩 원가배분할 것인가가 초점이다. 언뜻 보기에는 앞의 단순한 예에서 제품 100개와 기말재공품 100개의 물량 비율로 원가배분하는 것이 쉬울 듯하나 이는 합리적 원가배분이 아님을 깨닫게 될 것이다. 왜냐하면 완성품은 공정을 모두 다 거친 반면에 기말재공품은 아직 공정을 마치지 않았기 때문에 각각에 관련된 원가발생 정도가 다르기 때문이다. 제품 수량과 기말재공품 수량을 동일 척도로 비교하여 원가를 배분하기 위해서는 새로운 개념이 필요하다. 이에 따라 완성품환산량이라는 개념이 등장한다.

완성품환산량(equivalent unit of production)이란 공정에서의 모든 노력이 완성품으로 마무리되었다고 가정할 때 생산되었을 완성품의 개수이다. 당기완성량은 그 수량 자체가 완성품환산량에 포함된다. 그러나 기말재공품은 아직 완성품이 아니므로 기말재공품 수량이 그대로 완성품환산량으로 간주되지 않으며, 공정의 진행정도, 즉 **완성도**(degree of completion, 또는 진척도)를 감안하여 기말재공품 수량이 완성품 몇 개에 해당하는가를 파악하여 완성품환산량을 계산한다.

| 그림 4-2 | 완성품환산량

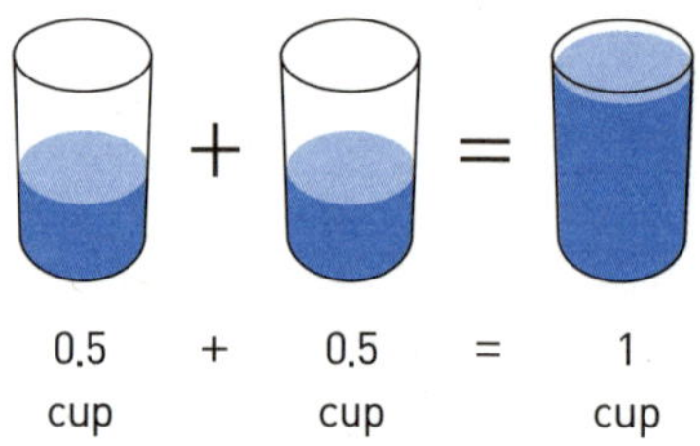

1 CUP에 물을 가득 채울 경우를 100%의 작업량이라 가정한다면, 완성도 50%의 작업량은 CUP에 물을 반만 채운 개념과 동일하다. 따라서 50%의 작업량을 추가적으로 투입한다면 100%의 작업량이 달성되어 비로소 1 CUP의 완성품이 이루어지게 된다.

앞의 예에서 기말재공품의 완성도가 50%라고 가정한다면, 기말재공품 100개는 다음과 같이 완성품 50개에 해당한다.

$$\text{기말재공품 완성품환산량} = \text{기말재공품수량} \times \text{완성도}$$
$$= 100\text{개} \times 50\% = 50\text{개}$$

공정별원가계산의 핵심은 완성품환산량을 기준으로 하여 제조원가를 완성품과 기말재공품에 배분하는 것이라 할 수 있다. 즉, [그림 4-3]과 같이 제조원가 ₩150,000을 완성품 100개와 기말재공품 완성품환산량 50개의 비율로 원가배분하는 것이 합리적이다.

| 그림 4-3 | 공정별원가계산의 이해

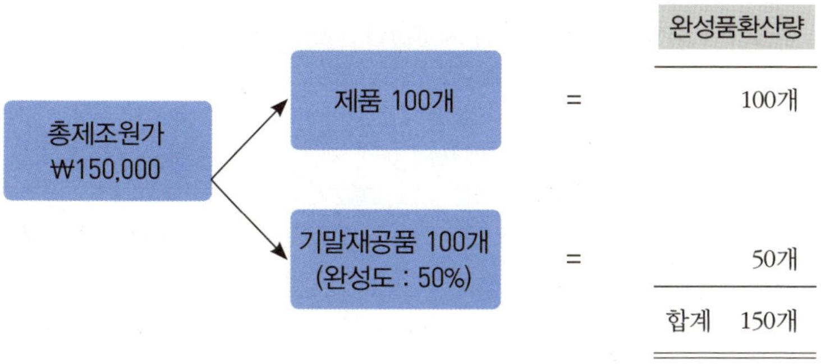

$$\text{제품 100개의 원가} = ₩150,000 \times \frac{\text{100개(제품 완성품환산량)}}{\text{150개(총완성품환산량)}} = ₩100,000$$

$$\text{기말재공품 100개의 원가} = ₩150,000 \times \frac{\text{50개(기말재공품 완성품환산량)}}{\text{150개(총완성품환산량)}} = ₩50,000$$

예제 4-1 공정별원가계산의 이해

단일 공정에서 과자를 생산하는 맛나기업의 생산활동 정보는 다음과 같다. 이에 의해 완성품원가와 기말재공품원가를 평가하시오.

① 모든 원가는 공정의 진행도에 따라 비례적으로 투입되며, 6월 중 당기총제조원가는 ₩1,000,000이다.
② 당기완성량은 8,000개이며, 기말재공품은 20,000개(완성도 : 60%)이다. 한편, 기초재공품은 없다.

해답

기말재공품 완성품환산량은 20,000개 × 60% = 12,000개이므로, 당기총제조원가를 완성품 8,000개와 기말재공품 완성품환산량 12,000개의 비율로 원가배분한다.

$$\text{완성품원가} = ₩1,000,000 \times \frac{8,000\text{개}}{8,000\text{개} + 12,000\text{개}} = ₩400,000$$

$$\text{기말재공품원가} = ₩1,000,000 \times \frac{12,000\text{개}}{8,000\text{개} + 12,000\text{개}} = ₩600,000$$

예제 4-2 기말재공품의 완성도 (12CTA)

다음은 공정별원가계산을 채택하고 있는 ㈜국세의 당기 생산활동과 관련된 자료이다.

- 기초재공품 수량 : 없음
- 당기착수량 : 1,000단위
- 기말재공품 수량 : 500단위
- 당기투입원가 : 직접재료원가 ₩100,000, 직접노무원가 ₩81,000, 제조간접원가 ₩60,500

㈜국세는 단일공정을 통해 제품을 생산하며, 모든 제조원가는 공정 전반에 걸쳐 균등하게 발생한다. 완성품환산량 단위당 제조원가가 ₩420이라면, 기말재공품의 완성도는 몇 %인가? (단, 공손 및 감손은 발생하지 않는 것으로 가정한다.)

해답

기말재공품의 완성도 : x

완성품환산량 = 500단위 + 500단위 × x

완성품환산량 단위당 원가 = $\frac{₩100,000 + 81,000 + 60,500}{500단위 + 500단위 \times x}$ = ₩420 ∴ x = 15%

(2) 5단계법에 의한 공정별원가계산

앞에서 설명한 그림에 의한 공정별원가계산을 보다 체계적으로 정리한 방법이 **5단계법**이다. 처음 공부하는 학생들에게는 그림에 의한 공정별원가계산이 쉬울지 모르나, 보다 복잡한 공정별원가계산을 공부하기 위해서는 5단계법을 제대로 이해하여야 한다.

5단계법에 의한 공정별원가계산

1단계 : 각 공정을 통과하는 물량의 흐름을 파악한다.
2단계 : 원가요소별로 완성품환산량을 계산한다.
3단계 : 원가요소별로 원가배분대상액을 파악한다.
4단계 : 원가요소별로 완성품환산량 단위당 원가를 계산한다.
5단계 : 완성품원가와 기말재공품원가를 계산한다.

편의상 공정이 하나이며 기초재공품이 없다고 가정하고서 위의 다섯 단계를 자세히 살펴보자.

1단계 : 물량흐름의 파악

각 공정별로 공정에 들어온 물량과 공정을 거쳐간 물량 사이에는 다음의 관계가 성립한다.

당기투입량 = 당기완성량 + 기말재공품수량

이 때 기말재공품에 대해 작업이 얼마만큼 진행되었느냐는 고려할 필요가 없다.

2단계 : 완성품환산량

1단계 물량의 흐름을 파악한 후, 다음 단계는 완성품환산량을 계산하는 것이다. 완성품환산량의 개념은 공정과정에 투입된 자원(직접재료원가, 직접노무원가, 제조간접원가)이 완성품의 수량으로 환산되었을 때의 환산량을 의미한다. 이러한 완성품환산량은 물리적 수량에 완성도를 곱해서 산출되는데, 여기서 완성도의 의미는 완성품 1단위를 생산하는데 자원의 몇 % 정도가 소비(소모)되었는지를 나타낸다. 예를 들어 당기투입물량이 1,000개이고 이 중 완성품의 물량이 300개, 기말재공품의 물량이 700개라고 가정해보자. 이 경우, 완성품은 모든 자원을 100% 소비한 물량이므로 완성품 300개 물량 자체가 완성품환산량에 해당한다. 하지만 기말재공품은 모든 자원을 100% 소비하지 않은 물량이므로 기말재공품 수량 700개에 자원의 소비 비율(완성도)을 감안하여 완성품환산량을 산출하는 것이다.

완성품환산량 = 당기완성량 + 기말재공품 완성품환산량 기말재공품 완성품환산량 = 기말재공품수량 × 완성도

위의 완성품환산량과 완성도는 원가요소별로 구하는데, 일반적으로 공정별원가계산에서는 원가요소를 직접재료원가와 전환원가로 구분한다. 이와 같이 구분하는 이유는 제조원가의 원가요소별 발생시점이 다르기 때문이다. 즉, 직접재료원가의 경우 특정 시점 예컨대 공정의 착수 시점에서 전부 투입되거나 단속적으로 발생하는 반면에, 직접노무원가와 제조간접원가는 재료를 가공하기 위해 공정 전반에 걸쳐 균일하게 발생하기 때문에 둘을 구분할 필요없이 전환원가(가공원가, conversion cost)로 묶어서 간편하게 처리한다. 이처럼, 직접재료원가와 전환원가의 발생시점이 다르다는 사실은, 기말재공품의 직접재료원가 완성도와 전환원가 완성도는 다를 수밖에 없음을 의미하게 되므로 완성품환산량을 직접재료원가와 전환원가로 구분하여 원가를 계산하게 되는 것이다. 만약 모든 제조원가가 공정 전반에 걸쳐 균일하게 발생한다면 이 때에는 원가요소별로 구분할 필요없이 총원가로 묶어서 간

편하게 처리한다.

3단계 : 원가배분대상액의 파악

완성품원가와 기말재공품원가로 배분할 원가배분대상액을 원가요소별로 파악한다. 즉 재공품계정의 차변 금액을 직접재료원가와 전환원가로 나누어 파악한다. 원가요소별로 파악하는 이유는 직접재료원가에 대한 완성품환산량과 전환원가의 완성품환산량이 서로 다르기 때문이다. 기초재공품이 없을 경우 원가배분대상액은 당기투입원가이다.

4단계 : 완성품환산량 단위당 원가

3단계에서 구한 원가요소별 원가배분대상액을 2단계에서 구한 완성품환산량(원가배분기준)으로 나누어 완성품환산량 단위당 원가를 구한다.

> 완성품환산량 단위당 직접재료원가 = 직접재료원가÷직접재료원가의 완성품환산량
> 완성품환산량 단위당 전환원가 = 전환원가÷전환원가의 완성품환산량

5단계 : 원가배분

3단계의 원가배분대상액을 완성품원가와 기말재공품원가로 배분한다. 즉 재공품계정의 대변 금액을 계산한다. 원가요소별로 완성품원가와 기말재공품원가는 다음과 같이 구한다.

> 완성품원가 = 당기완성량 × 완성품환산량 단위당 원가
> 기말재공품원가 = 기말재공품 완성품환산량 × 완성품환산량 단위당 원가

이상의 공정별원가계산절차를 하나의 표로 작성하면 〈표 4-2〉의 공정별 제조원가보고서(department production cost report)와 같다.

| 표 4-2 | 제조원가보고서 (기초재공품이 없는 경우)

	(1단계)	(2단계) 완성품환산량	
	물량흐름	직접재료원가	전환원가
당기투입량	①		
당기완성량	②	②	②
기말재공품	③	⑤ = ③ × 완성도	⑥ = ③ × 완성도
합 계	④ = ①	⑦ = ② + ⑤	⑧ = ② + ⑥
(3단계)	총원가		
당기투입원가	⑨ = ⑩ + ⑪	⑩	⑪
(4단계)			
완성품환산량		÷⑦	÷⑧
완성품환산량 단위당 원가		⑫	⑬
(5단계) 원가배분			
완성품원가	⑳ = ⑭ + ⑰	⑭ = ② × ⑫	⑰ = ② × ⑬
기말재공품원가	㉑ = ⑮ + ⑱	⑮ = ⑤ × ⑫	⑱ = ⑥ × ⑬
합 계	㉒ = ⑨	⑯ = ⑩	⑲ = ⑪

예제 4-3 기초재공품이 없을 때

아시아회사는 단일 공정에서 단일 제품을 대량으로 생산하고 있다. 재료는 공정의 착수 시점에서 전액 투입하며, 전환원가는 공정 전반에 걸쳐 균일하게 발생한다. 공정에 대한 7월의 자료는 다음과 같다. 5단계법에 의해 완성품원가와 기말재공품원가를 구하시오

기초재공품		없음
당기투입량		122개
당기투입원가 : 직접재료원가 ₩1,220,	전환원가	₩2,200
당기완성량		102개
기말재공품 : 개수		20개
전환원가의 완성도		40%

해답

기말재공품의 공정이 40%만큼 진행되었으므로, 직접재료원가의 완성도는 100%, 전환원가의 완성도는 40%이다. 직접재료원가의 완성도가 100%인 이유는 재료가 공정 착수 시점에서 전액 투입되었기 때문이다.

(1) 5단계법

제조원가보고서

	(1단계)	(2단계) 완성품환산량	
	물량흐름	직접재료원가	전환원가
당기투입량	122개		
당기완성량	102개	102개(100%)	102개(100%)
기말재공품	20	20 (100%)	8 (40%)
합 계	120개	122개	110개
(3단계)	총원가		
당기투입원가	₩3,420	₩1,220	₩2,200
(4단계)			
완성품환산량		÷122개	÷110개
완성품환산량 단위당 원가		₩10	₩20
(5단계) 원가배분			
완성품원가	₩3,060	₩1,020*	₩2,040
기말재공품원가	360	200	160**
합 계	₩3,420	₩1,220	₩2,200

* 102개 × ₩10 = ₩1,020

** 8개 × ₩20 = ₩160

(2) 재공품계정 분석법

원가요소(직접재료원가, 전환원가)별로 재공품계정의 차변금액을 완성품환산량의 비율대로 배분한다.

재공품 (직접재료원가)

기초재공품	〈수량〉	〈완성품환산량〉
₩0	제품 102개	= 102개
당기투입 ₩1,220	기말재공품 20개	= 20개

재공품 (전환원가)

기초재공품	〈수량〉	〈완성품환산량〉
₩0	제품 102개	= 102개
당기투입 ₩2,200	기말재공품 20개	= 8개

기말재공품원가(직접재료원가)

$$= (₩0 + 1,220) \times \frac{20}{102 + 20} = ₩200$$

기말재공품원가(전환원가)

$$= (₩0 + 2,200) \times \frac{20 \times 0.4}{102 + 20 \times 0.4} = ₩160$$

∴ 기말재공품원가 = ₩200 + 160 = ₩360

제 2 절 공정별원가계산의 방법

앞 절에서는 기초재공품이 존재하지 않는 단순한 경우를 살펴보았다. 기초재공품이 존재하는 경우 기초재공품원가와 당기투입원가를 완성품과 기말재공품에 원가배분하기 위해서는 평균법, 선입선출법, 후입선출법 등 원가흐름에 대한 가정이 필요하다.

그런데 후입선출법은 실제 물량흐름과 완전히 반대되는 가정이고 또한 계산이 복잡하여 거의 이용되지 않으며 국제회계기준에서도 인정하지 않은 방법이므로 이에 대한 설명은 하지 않기로 한다. 여기에서는 평균법과 선입선출법을 중심으로 원가배분하는 구체적 방법을 설명하기로 한다. 한편, 기초재공품이 존재하지 않는 경우에는 완성품과 기말재공품은 모두 당기 작업에 의해 만들어지는 것이므로 평균법, 선입선출법에 대한 가정이 필요 없다.

1 평균법

평균법(weighted average method)은 기초재공품원가와 당기투입원가를 평균화하여 완성품원가와 기말재공품원가를 계산하는 방법이다. 따라서 평균법에서는 기초재공품과 당기투입량을 구분할 필요가 없으며 또한 기초재공품원가와 당기투입원가도 구분할 필요가 없다. 이는 기초재공품이 당기 이전에 착수되었음에도 불구하고 마치 당기에 투입된 것처럼 회계처리하는 것과 같다. 따라서 기초재공품에 대한 완성도를 고려할 필요가 없다.

기초재공품을 당기에 투입한 것처럼 간주하기 때문에 기초재공품이 없는 경우의 원가계산절차와 거의 유사하게 원가계산이 이루어진다.

(1) 그림에 의한 평균법

간단한 예를 통해 그림과 5단계법에 의하여 평균법에 의한 공정별원가계산 절차를 살펴보자. 기초재공품원가는 ₩50,000이며 당기에 ₩100,000의 원가를 투입하여 제품 100개를 완성하고, 기말에 미완성된 재공품은 100개(완성도 : 50%)라고 가정하자. 단, 모든 원가는 공정의 진행도에 따라 비례적으로 발생한다고 가정한다.

| 그림 4-4 | 평균법의 이해

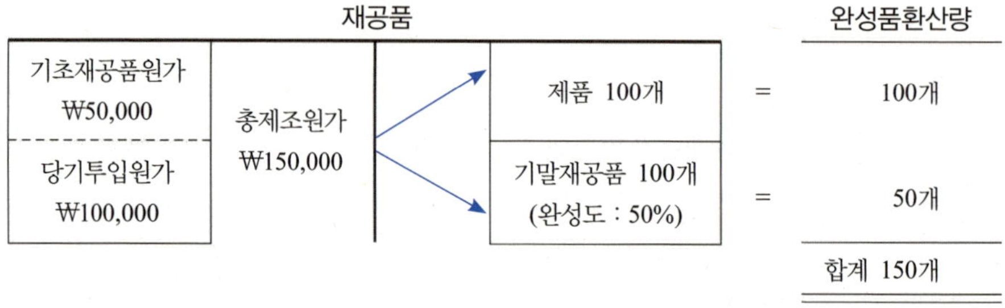

- 평균법에서는 기초재공품원가와 당기투입원가를 섞어서 원가를 배분하기 때문에 이들 사이를 점선으로 구분하였다.
- 한편, 원가배분을 나타내는 화살표는 기초재공품원가와 당기투입원가를 합친 금액을 제품과 기말재공품에 배분하는 것을 나타낸다.

평균법에서는 기초재공품원가와 당기투입원가를 가산한 총제조원가 ₩150,000를 완성품환산량의 비율, 즉 제품 100개와 기말재공품 완성품환산량 50개의 비율에 따라 원가배분한다.

(2) 5단계법에 의한 평균법

그림에 의한 분석방법을 보다 체계화한 것이 5단계법이다. 5단계법에 의한 평균법을 구체적으로 살펴보면 다음과 같다.

1단계 : 물량흐름을 파악한다. 각 공정별로 공정에 들어온 물량과 공정을 거쳐간 물량 사이에는 다음의 관계가 성립한다.

> 기초재공품수량 + 당기투입량 = 당기완성량 + 기말재공품수량

2단계 : 원가요소별로 완성품환산량을 계산한다.

> 완성품환산량 = 당기완성량 + 기말재공품 완성품환산량

당기완성량은 기초재공품의 완성분과 당기투입량 중 완성분으로 구분할 수 있으나, 평균법에서는 기초재공품도 마치 당기에 투입된 것처럼 간주하므로 이러한 구분은 필요없다. 평균법에 의한 완성품환산량은 기말까지 이루어진 총작업량(total work done to date)을 뜻한다.

3단계 : 원가요소별로 원가배분대상액을 파악한다. 이 때 원가배분대상액은 기초재공품원가와 당기투입원가를 합한 금액이다.

4단계 : 원가요소별로 완성품환산량 단위당 원가를 계산한다. 이는 3단계에서 구한 원가배분대상액을 2단계의 완성품환산량으로 나누어 구한다.

5단계 : 완성품원가와 기말재공품원가를 다음과 같이 계산한다.

> 완 성 품 원 가 = 당기완성량 × 완성품환산량 단위당 원가
> 기말재공품원가 = 기말재공품 완성품환산량 × 완성품환산량 단위당 원가

| 표 4-3 | 제조원가보고서(평균법)

	(1단계)	(2단계) 완성품환산량	
	물량흐름	직접재료원가	전환원가
기초재공품	①		
당기투입량	②		
합 계	③		
당기완성량	④	④	④
기말재공품	⑤	⑦ = ⑤ × 완성도	⑧ = ⑤ × 완성도
합 계	⑥ = ③	⑨ = ④ + ⑦	⑩ = ④ + ⑧
(3단계)	총원가		
기초재공품원가	⑪ = ⑫ + ⑬	⑫	⑬
당기투입원가	⑭ = ⑮ + ⑯	⑮	⑯
합 계	⑰ = ⑱ + ⑲	⑱	⑲
(4단계)			
완성품환산량		÷ ⑨	÷ ⑩
완성품환산량 단위당 원가		⑳	㉑
(5단계) 원가배분			
완성품원가	㉘ = ㉒ + ㉔	㉒ = ④ × ⑳	㉔ = ④ × ㉑
기말재공품원가	㉙ = ㉓ + ㉕	㉓ = ⑦ × ⑳	㉕ = ⑧ × ㉑
합 계	㉚ = ⑰	㉖ = ⑱	㉗ = ⑲

예제 4-4 평균법에 의한 공정별원가계산 (21CPA수정)

㈜대한은 공정별원가계산을 적용하고 있다. 직접재료는 공정의 시작 시점에서 100% 투입되며, 전환원가는 공정 전반에 걸쳐 균등하게 발생한다. ㈜대한의 생산 관련 자료는 다음과 같다.

구 분	물 량	재료원가	전환원가
기초재공품	2,000단위 (전환원가 완성도 60%)	₩24,000	₩10,000
당기착수량	10,000단위		
기말재공품	4,000단위 (전환원가 완성도 50%)		
당기투입원가		₩1,500,000	₩880,000

평균법을 사용할 경우 기말재공품 원가는 얼마인가?

해답

당기완성량 = 2,000 + 10,000 − 4,000 = 8,000개

직접재료원가 완성품환산량 = 8,000 + 4,000 = 12,000개

전환원가 완성품환산량 = 8,000 + 4,000 × 50% = 10,000개

기말재공품(직접재료원가) = (₩24,000+1,500,000) × $\frac{4{,}000개}{12{,}000개}$ = ₩508,000

기말재공품(전환원가) = (₩10,000+880,000) × $\frac{4{,}000개 \times 50\%}{10{,}000개}$ = ₩178,000

기말재공품 원가 = ₩508,000 + 178,000 = ₩686,000

예제 4-5 가중평균법 (17CTA)

㈜세무는 가중평균법을 적용한 공정별원가계산으로 제품원가를 계산한다. 기말재공품의 물량은 8,000단위이고, 직접재료원가 완성도는 70%이며 전환원가 완성도는 75%이다. 기말재공품의 원가가 ₩220,000이고 완성품환산량 단위당 직접재료원가가 ₩20이라면, 완성품환산량 단위당 전환원가는?

해답

기말재공품(직재) = (8,000개 × 70%) × ₩20 = ₩112,000

기말재공품(전환) = ₩220,000 − 112,000 = (8,000개 × 75%) × 단위당 전환원가(? = ₩18)

예제 4-6 평균법 : 기말재공품의 완성도

평균법에 의하여 재고자산을 평가한다. 전환원가에 대한 기말재공품의 완성도는 얼마인가? 단, 전환원가는 공정 전반에 걸쳐서 균등하게 발생한다.

기초재공품 전환원가	₩4,000	당기투입 전환원가	₩12,000
기말재공품 전환원가	₩2,000	당기완성품수량	700단위
기말재공품수량	250단위		

해답

기말재공품 완성도를 x라 하면,

기말재공품(전환) = $(₩4,000 + 12,000) \times \frac{250x}{700 + 250x} = ₩2,000$ $\therefore x = 40\%$

예제 4-7 가중평균법 (18CTA)

㈜세무는 가중평균법에 의한 공정별원가계산제도를 채택하고 있다. 직접재료는 공정 초기에 전량 투입되고, 전환원가(conversion costs)는 공정 전반에 걸쳐 균등하게 발생한다. 20×1년 직접재료원가에 대한 총완성품환산량은 20,000단위, 전환원가에 대한 총완성품환산량은 18,000단위, 완성품 수량은 15,000단위이다. 20×1년 기말재공품의 전환원가 완성도는?

해답

직접재료원가에 대한 완성품환산량 : 2,000개 = 당기완성량 15,000개 + 기말재공품(? = 5,000개)

전환원가에 대한 완성품환산량 : 18,000개 = 15,000개 + 5,000개 × 완성도(? = 60%)

❷ 선입선출법

선입선출법(first-in, first-out method)은 기초재공품이 먼저 완성되고, 그 이후에 당기투입량이 완성된다고 가정하는 방법이다. 따라서 선입선출법에서는 기초재공품에 대해 전기에 작업한 작업량과 당기에 추가로 작업한 작업량을 명확히 구분한다. 또한 기초재공품원가와 당기투입원가를 명확히 구분하여 기초재공품원가가 우선적으로 완성품원가의 일부를 구성한다고 본다. 당기투입원가는 당기 작업을 통한 완성품의 완성품환산량과 기말재공품 완성품환산량에 의해서 완성품원가의 나머지 부분의 원가와 기말재공품 원가를 구성하게 된다. 즉, 선입선출법에서 완성품의 원가는 전기 작업분에 해당하는 기초재공품의 원가와 당기 작업분에 해당하는 당기투입원가로 이루어지는 반면, 기말재공품 원가는 당기 작업분에 해당하는 당기투입원가로만 이루어진다. 따라서 선입선출법에서는 기초재공품과 당기투입량을 명확히 구분하는 절차로 인해 평균법보다는 원가계산이 훨씬 복잡하다.

(1) 그림에 의한 선입선출법

간단한 예를 통해 그림과 5단계법에 의하여 선입선출법에 의한 공정별원가계산절차를 살펴보자. 기초재공품은 50개(완성도 : 40%)이고 기초재공품원가는 ₩50,000이며 당기에 ₩100,000의 원가를 투입하여 제품 100개를 완성하고, 기말에 미완성된 재공품은 100개(완성도 : 50%)라고 가정하자. 단, 모든 원가는 공정의 진행도에 따라 비례적으로 발생한다고 가정한다.

| 그림 4-5 | 선입선출법의 이해

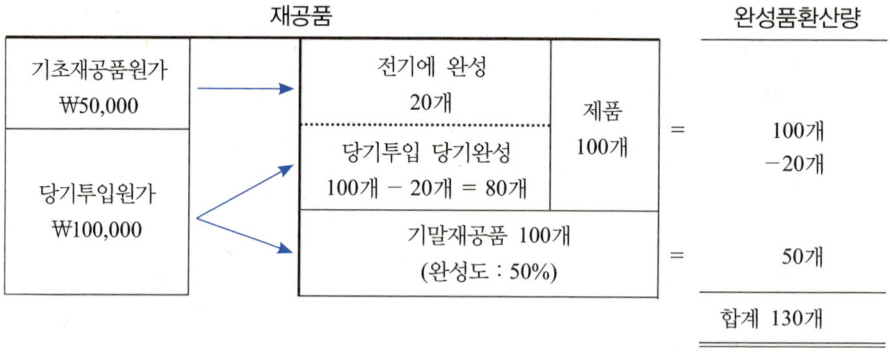

- 선입선출법에서는 기초재공품원가와 당기투입원가를 완전히 구분하기 때문에 이들 사이를 실선으로 구분하였다.
- 한편, 원가배분을 나타내는 화살표를 살펴보면, 기초재공품원가는 모두 완성품원가에 귀속되는 반면에, 당기투입원가는 완성품과 기말재공품에 배분하는 것을 나타낸다.

앞의 그림에서 당기에 완성한 제품 100개를 좀더 자세히 들여다 보자. 당기에 완성한 제품은 두 가지로 구분할 수 있다. 한 가지는 전기부터 작업이 시작하여 당기에 완성된 제품이며 또 한 가지는 당기에 시작하여 당기에 완성된 제품이다. 기초재공품 50개가 전기에 40% 작업이 진행되었으므로 전기에 완성품환산량 20개만큼 작업이 이루어졌다고 할 수 있다. 즉, 당기에 완성한 제품 100개 가운데 전기의 작업분 20개를 차감하면, 순전히 당기에만 이루어진 제품의 완성품환산량 80개를 구

할 수 있다.[1)]

| 그림 4-6 | 선입선출법에서의 완성품환산량

〈교재방법〉

당기완성량	100개
기말재공품 완성품환산량	100개 × 50% = 50개
기초재공품 완성품환산량	50개 × 40% = (20개)
완성품환산량(FIFO)	130개

〈대체적 방법〉

기초재고 → 당기완성	50개 × 60% = 30개
당기착수 → 당기완성	(100개 − 50개) × 100% = 50개
기말재공품 완성품환산량	100개 × 50% = 50개
완성품환산량(FIFO)	130개

- 〈교재 방법〉에서는 당기완성량이 기초재공품이냐 당기착수분이냐에 관계없이 당기에 완성된 제품을 먼저 파악한 후, 전기에서 이루어진 작업량(기초재공품 완성품환산량)을 차감하였다. 반면에 〈대체적 방법〉에서는 기초재공품과 당기착수분 각각에서 당기에 완성된 작업량을 파악하는 방법이다.
- 〈대체적 방법〉에서는 당기에 완성된 제품을 전기에 시작하여 당기에 완성된 제품 50개와 당기에 착수하여 당기에 완성된 50개로 구분한다. 전기에 시작하여 당기에 완성하기 위해서는 당기에 추가로 60%이 이루어진다.[2)] 당기에 착수하여 당기에 완성하기 위해서는 당기에 100% 작업이 이루어진다. 당기에 미완성된 기말재공품의 경우에는 〈교재 방법〉과 〈대체적 방법〉이 동일하다.

한편, 선입선출법에서는 기초재공품이 먼저 완성되었다고 가정하기 때문에, 기초재공품원가는 그대로 완성품원가를 구성한다. 반면에 당기투입원가는 일부가 완성되고 일부는 기말재공품에 남아 있으므로, 이를 완성품환산량의 비율에 따라 원가배분한다. 즉, 당기에만 작업이 이루어진 제품의 완성품환산량 80개와 기말재공품의 완성품환산량 50개의 비율에 따라 당기투입원가를 배분한다.

---

1) 다른 방법으로 구할 수도 있다. 당기의 완성품 100개를 구분하면 전기에서 시작하여 당기에 완성된 50개와 당기에서 시작해서 당기에 완성된 50개로 구분할 수 있다. 전기에 시작하여 당기에 완성하기 위해서는 추가로 60%를 작업하여야 한다. 이를 수식으로 정리하면 다음과 같다.

당기완성량에 대한 완성품환산량 = 전기착수 당기완성분 + 당기착수 당기완성분
= 50개 × 60% + 50개 = 80개

2) 〈교재 방법〉에서는 기초재공품 환성품환산량을 차감하기 때문에 기초재공품 완성도 40%를 그대로 사용하지만, 〈대체적 방법〉에서는 기초재공품을 완성하기 위해 당기에 이루어진 작업량을 파악하기 때문에 추가로 작업한 60%(= 100% − 40%)를 적용한다. 처음 공부하는 사람들이 가장 헷갈리는 부분이기 때문에 정확히 이해하기 바란다.

예제 4-8 선입선출법 : 완성품환산량

1. 신림제조회사에서는 단일 공정에서 단일 제품을 생산하고 있다. 원재료는 공정 착수 시점에서 50%가 투입되며, 나머지 원재료는 공정 전반에 걸쳐 균일하게 투입된다. 기초재공품은 1,200개, 당기완성량은 10,000개, 기말재공품은 1,000개이다. 선입선출법에 의한 직접재료원가의 완성품환산량은 몇 개인가? 단, 기초재공품과 기말재공품의 전환원가 완성도는 각각 25%, 75%이다.

2. 한국㈜는 공정별원가계산하에서 선입선출법을 사용한다. 4월 한달 동안 전환원가의 완성품환산량은 24,600개이다. 4월 1일 현재 기초공정에 남아있는 재공품은 8,000개이고 전환원가의 완성도는 40%이다. 총 25,000개가 4월 생산에 투입되었고 20,000개가 완성되었다. 4월말 재공품의 완성도는 얼마인가?

해답

1.

	물량	완성품환산량 – 직재	
당기완성량	10,000개	10,000개	
기말재공품	1,000	875	(1/2 + 1/2 × 3/4)
기초재공품		(750)	(1/2 + 1/2 × 1/4)
합계	11,000개	10,125개	

2. 전환원가의 완성품환산량 24,600개
 = 20,000개 + 13,000개 × 기말재공품 전환원가 완성도(? = 60%) − 8,000개 × 40%

(2) 5단계법에 의한 선입선출법

그림에 의한 분석방법을 보다 체계화한 5단계법에 의하여 선입선출법을 구체적으로 살펴보자.

1단계 : 물량흐름을 파악한다. 이는 평균법에서와 동일하다.

2단계 : 원가요소별로 완성품환산량을 계산한다.

> 완성품환산량
> = 당기완성량 + 기말재공품 완성품환산량 − 기초재공품 완성품환산량

식에서 기초재공품 완성품환산량을 차감한 이유는 그만큼 전기에 작업이 이루어졌기 때문이다. 편의상 선입선출법에 의한 완성품환산량 계산시 기

말재공품 완성품환산량을 가산해 주었기 때문에 그 반대 개념인 기초재공품 완성품환산량은 차감한다고 이해해도 좋다. **선입선출법에 의한 완성품환산량은 당기에만 이루어진 작업량**(work done during current period only)을 뜻한다. 이는 당기의 성과평가시 매우 유용한 정보이다.

3단계 : 원가배분대상액을 파악한다. 이 때 기초재공품원가는 총액으로, 당기투입원가는 원가요소별로 파악한다. 왜냐하면 기초재공품원가는 총액으로 완성품원가의 일부에 우선적으로 포함되는 반면에, 당기투입원가는 원가요소별로 완성품과 기말재공품에 배분되어야 하기 때문이다.

4단계 : 원가요소별로 완성품환산량 단위당 원가를 구한다. 이는 3단계에서 구한 원가요소별 당기투입원가(기초재공품원가와 당기투입원가의 합계액이 아님에 유의할 것)를 2단계의 완성품환산량으로 나누어 구한다. 따라서 선입선출법에 의한 완성품환산량 단위당 원가는 당기의 원가로만 구성된다.

5단계 : 완성품과 기말재공품에 원가배분한다. 완성품원가는 기초재공품원가와 당기투입원가 중 완성분의 합계액이며, 기말재공품원가는 당기투입원가 중 미완성분이다. 기초재공품원가는 총액으로 완성품원가에 포함되는 반면에, 당기투입원가는 원가요소별로 완성품원가와 기말재공품원가에 배분된다.[3)]

> 완성품원가 = 기초재공품원가 + 당기투입원가 중 완성분
> = 기초재공품원가 + (당기완성량 − 기초재공품 완성품환산량)
> × 완성품환산량 단위당 원가
> 기말재공품원가 = 기말재공품 완성품환산량 × 완성품환산량 단위당 원가

3) 선입선출법에 의해 완성품원가를 구하는 과정이 어려우며, 계산과정에서 오류가 발생하기 쉽다. 반면에 선입선출법에서 기말재공품원가를 구하는 것은 상대적으로 쉽다. 일반적으로 공정별원가계산에서는 기말재공품 평가에 초점을 맞춘다. 기말재공품원가를 산출하면 완성품원가는 재공품 차변(기초재공품원가+당기투입원가)에서 기말재공품원가를 차감하면 된다.

| 표 4-4 | 제조원가보고서(선입선출법)

	(1단계)	(2단계) 완성품환산량	
	물량흐름	직접재료원가	전환원가
기초재공품	①		
당기투입량	②		
합 계	③		
당기완성량	④	④	④
기말재공품	⑤	⑦=⑤×완성도	⑧=⑤×완성도
기초재공품		⑨=①×완성도	⑩=①×완성도
합 계	⑥=③	⑪=④+⑦−⑨	⑫=④+⑧−⑩
(3단계)	총원가		
기초재공품원가	⑬		
당기투입원가	⑭=⑮+⑯	⑮	⑯
합 계	⑰		
(4단계)			
완성품환산량		÷⑪	÷⑫
완성품환산량 단위당 원가		⑱	⑲
(5단계) 원가배분			
완성품원가			
기초재공품원가	⑬		
당기투입원가 중 완성분	㉖=⑳+㉒	⑳=(④−⑨)×⑱	㉒=(④−⑩)×⑲
소 계	㉗		
기말재공품원가	㉘=㉑+㉓	㉑=⑦×⑱	㉓=⑧×⑲
합 계	㉙=⑰	㉔=⑮	㉕=⑯

예제 4-9 선입선출법 : 기말재공품원가

㈜미래공업은 공정 초에 알루미늄을 투입하여 액자의 틀을 만들고 공정 60% 시점에서 유리를 투입하여 액자를 생산하고 있다. 전환원가의 발생은 공정 전체를 통하여 균등하게 발생한다. 기초재공품은 3,000개(완성도 20%, ₩1,714,000), 당기완성량은 18,000개, 기말재공품은 2,000개(완성도 50%)이다. 당기에 투입한 원가는 다음과 같다.

	알루미늄재료	유리재료	전환원가	합 계
당기투입원가	₩5,000,000	₩3,000,000	₩4,000,000	₩12,000,000

선입선출법에 의하여 기말재공품에 투입된 유리재료원가를 구하면 얼마인가?

해답

기말재공품의 완성도가 50%이므로 아직 유리재료가 투입되지 않았다. 따라서, 선입선출법에 의하여 기말재공품에 투입된 유리재료원가는 ₩0이다.

예제 4-10 선입선출법 : 기말재공품원가 (08CTA)

대한회사는 선입선출법에 의한 공정별원가계산을 채택하고 있다. 제품 제조를 위하여 원재료 A와 원재료 B가 사용되는데 원재료 A는 공정 초기에 전부 투입되고 원재료 B는 공정의 50% 시점에 전부 투입된다. 그리고 전환원가는 공정 전체를 통하여 균등하게 발생한다. 대한회사의 당기 제품제조활동과 관련한 다음의 자료를 토대로 기말재공품의 원가를 구하면 얼마인가?

가. 기초재공품의 수량은 5,000개이며 전환원가 완성도는 60%이다.
나. 당기 완성품의 수량은 80,000개이다.
다. 기말재공품의 수량은 10,000개이며 전환원가 완성도는 30%이다.
라. 기초재공품의 원가와 당기에 발생한 원가의 현황은 다음과 같다.

구 분	원재료 A	원재료 B	전환원가	합 계
기초재공품원가	₩850,000	₩900,000	₩400,000	₩2,150,000
당기발생원가	3,400,000	4,500,000	1,600,000	9,500,000

해답

원재료 A와 원재료 B의 원가 발생 양상이 다르므로, 각각을 구분하여 계산하여야 한다. 직접재료원가 A는 공정 초에 투입되므로 기말재공품이든 기초재공품이든 100% 모두 투입되었다. 한편, 기말재공품이 30% 진행되었으므로 직접재료원가 B는 전혀 투입되지 않았으며, 기초재공품은 60% 진행되었으므로 직접재료원가 B는 전액 투입되었다.

$$기말재공품(직재\ A) = ₩3,400,000 \times \frac{10,000 \times 100\%}{80,000 + 10,000 \times 100\% - 5,000 \times 100\%} = ₩400,000$$

$$기말재공품(직재\ B) = ₩4,500,000 \times \frac{10,000 \times 0\%}{80,000 + 10,000 \times 0\% - 5,000 \times 100\%} = ₩0$$

$$기말재공품(전환) = ₩1,600,000 \times \frac{10,000 \times 30\%}{80,000 + 10,000 \times 30\% - 5,000 \times 60\%} = ₩60,000$$

∴ 기말재공품원가 = ₩400,000 + 0 + 60,000 = ₩460,000

3 평균법과 선입선출법의 비교

평균법과 선입선출법의 가장 큰 차이점은 원가계산시 기초재공품을 당기투입량과 구분하느냐의 여부이다. 이에 따라 완성품환산량, 완성품환산량 단위당 원가, 원가배분이 달라진다.

첫째, 완성품환산량을 살펴보자. 평균법에서는 기초재공품도 당기에 투입된 것처럼 간주하기 때문에, 완성품환산량 계산시 기초재공품의 공정이 얼마만큼 진행되었느냐는 전혀 고려하지 않는다. 따라서 평균법에 의한 완성품환산량은 원가계산 시점까지 이루어진 모든 작업량을 뜻한다. 즉 당기의 작업량뿐만 아니라 전기의 작업량도 포함된다.

반면에 선입선출법에서는 기초재공품과 당기투입량을 명확히 구분하여 완성품환산량 계산시 전기에 작업이 이루어진 부분은 차감한다. 따라서 선입선출법에 의한 완성품환산량은 순수하게 당기에 이루어진 작업량만을 뜻한다.

평균법과 선입선출법에 의한 완성품환산량은 다음 관계가 성립한다.

> 선입선출법에 의한 완성품환산량
> = 당기완성량 + 기말재공품 완성품환산량 − 기초재공품 완성품환산량
> = 평균법에 의한 완성품환산량 − 기초재공품 완성품환산량

기초재공품이 존재하는 경우에 선입선출법에 의한 완성품환산량은 평균법에 의한 완성품환산량보다 항상 작게 된다.

둘째, 완성품환산량 단위당 원가를 구하는 과정이 상이하다. 평균법에서의 완성품환산량 단위당 원가는 기초재공품원가와 당기투입원가의 합계액을 완성품환산량으로 나누어 구하는 반면에, 선입선출법에서는 당기투입원가만을 완성품환산량으로 나누어 완성품환산량 단위당 원가를 구한다. 평균법에서의 완성품환산량 단위당 원가에는 전기와 당기의 원가가 포함되어 있는 반면에, 선입선출법에서의 완성품환산량 단위당 원가에는 당기의 원가만 포함된다.

셋째, 원가배분하는 과정이 상이하다. 평균법에서는 전기에 투입한 기초재공품원가와 당기투입원가의 합계액을 완성품원가와 기말재공품원가로 배분한다. 반면에 선입선출법에서 완성품원가는 기초재공품원가와 당기투입원가 중 완성분으로 구성되며 기말재공품원가는 당기투입원가 중 미완성분이다. 투입요소 단위당 원가

| 표 4-5 | 평균법과 선입선출법의 비교

평 균 법	선입선출법
• 완성품환산량 산출시 기초재공품은 마치 당기에 착수된 것처럼 취급한다. 즉 기초재공품의 완성도를 무시한다. 완성품환산량 = 당기완성량 + 기말재공품 완성품환산량	• 완성품환산량 산출시 기초재공품과 당기투입량을 명확히 구분한다. 완성품환산량 = 당기완성량 + 기말재공품 완성품환산량 − 기초재공품 완성품환산량
• 원가배분대상액은 기초재공품원가와 당기투입원가의 합계액이다.	• 기초재공품원가는 완성품원가의 일부가 되며, 당기투입원가를 완성품과 기말재공품에 배분한다.
• 완성품환산량 단위당 원가에는 전기의 원가가 포함되어 있다.	• 완성품환산량 단위당 원가는 당기투입원가로만 구성된다.
• 완성품원가는 당기완성량과 완성품환산량 단위당 원가를 곱한 금액이다.	• 완성품원가는 기초재공품원가와 당기투입원가 중 완성분으로 구분된다.

가 상승하는 경우, 평균법에 비하여 선입선출법에 의한 완성품원가는 낮게, 기말재공품원가는 높게 계상된다.

평균법과 선입선출법의 차이를 정리하면 〈표 4-5〉와 같다. 평균법에 의한 원가계산은 기초재공품과 당기투입량을 구분하지 않으므로 계산이 훨씬 용이한 반면에 원가계산의 정확성은 떨어진다. 한편, 선입선출법에 의한 원가계산은 기초재공품과 당기투입량을 명확히 구분해야 하므로 계산이 훨씬 복잡하다. 반면에 계획 및 통제 목적을 위해서는 선입선출법이 유용하다. 왜냐하면 전기의 성과와 구별하여 당기 성과의 효율성을 측정하고자 하거나, 공정의 예산 또는 표준원가와 실제금액의 대비를 위해서는 당기에 작업한 작업량을 기준으로 평가해야 하기 때문이다.

이러한 평균법과 선입선출법의 차이에도 불구하고, 많은 경우 평균법이나 선입선출법에 의한 제품 단위당 원가는 별 차이를 보이지 않는다. 왜냐하면 ① 직접재료의 가격, 직접노무원가의 임률, 제조간접원가 등의 월별 변화는 그렇게 심하지 않으며, ② 재고량의 변화가 크지 않기 때문이다.

아울러 적시생산방식에서의 재고자산평가방법(just-in-time inventory method)을 적용하는 경우 평균법과 선입선출법에 의한 제품 단위당 원가의 차이는 거의 사라진다. 왜냐하면 적시생산방식에서는 생산에 필요할 때 적시에 재료를 구입하고, 부품은 제품을 생산하기 위해 적시에 완성되므로, 기말재료나 기말재공품이 거의 없어지기 때문이다.

예제 4-11 완성품환산량 : 평균법과 선입선출법의 비교

1. C회사에서는 하나의 공정에서 하나의 제품을 생산하고 있다. 재료는 공정의 착수 시점에서 50%가 투입되며, 나머지 재료 50%는 공정 전반에 걸쳐 균일하게 투입된다. 기초재공품(전환원가 완성도 40%)은 500개, 당기완성량은 13,000개, 기말재공품(전환원가 완성도 75%)은 1,000개이다. 직접재료원가에 대하여 평균법에 의한 완성품환산량과 선입선출법에 의한 완성품환산량은 몇 개 차이가 나는가?

2. ㈜한국은 공정별원가계산제도를 채택하고 있으며, 원재료는 공정의 초기에 전량 투입되며, 전환원가는 공정 전반에 걸쳐서 완성도에 따라 균등하게 발생한다. 기초재공품 수량은 48,000개이다. 기말재공품에 포함된 전환원가의 경우 평균법에 의한 완성품환산량은 56,800단위이고, 선입선출법에 의한 완성품환산량은 52,000단위이다. 기초재공품의 완성도는 몇 %인가? (08경영지도사)

3. ㈜세무는 공정별원가계산제도를 채택하고 있다. 직접재료는 공정의 초기에 전량 투입되며, 전환원가(conversion costs)는 공정 전반에 걸쳐 균등하게 발생한다. 당기 제조활동과 관련하여 가중평균법과 선입선출법에 의해 각각 계산한 직접재료원가와 전환원가의 완성품환산량은 다음과 같다.

	직접재료원가 완성품환산량	전환원가 완성품환산량
가중평균법	3,000단위	2,400단위
선입선출법	2,000단위	1,800단위

기초재공품의 전환원가 완성도는? (22CTA)

4. ㈜국세는 단일제품을 생산하고 있으며, 공정별원가계산제도를 채택하고 있다. 직접재료는 공정이 시작되는 시점에서 100% 투입되며, 전환원가는 공정 전체에 걸쳐 균등하게 발생한다. 평균법과 선입선출법에 의한 전환원가의 완성품환산량은 각각 85,000단위와 73,000단위이다. 기초재공품의 전환원가 완성도가 30%라면, 기초재공품 수량은 몇 단위인가? (11CTA)

해답

1. 기초재공품 완성품환산량만큼 차이가 난다.
기초재공품 완성품환산량 = 500개 × (50% + 50% × 40%) = 350개
2. 기초재공품 완성품환산량 = 56,800 − 52,000 = 4,800개
기초재공품 완성품환산량 4,800개 = 기초재공품 수량 48,000개 × 기초재공품 완성도(? = 10%)
3. 직접재료가 공정의 초기에 전량 투입된다고 하였으므로, 가중평균법상의 직접재료원가 완성품환산량 3,000단위는 기초재공품 수량과 당기투입량의 합이며, 선입선출법의 직접재료원가 완성품환산량은

당기투입수량을 나타낸다.
기초재공품 물량 = 3,000단위 − 2,000단위 = 1,000단위
당기투입 물량 = 2,000단위
전환원가에서 가중평균법과 선입선출법의 완성품환산량 차이는 기초재공품에 대한 전환원가의 전기작업량에 해당하는 완성품환산량이다.
전환원가 기초재공품 완성품환산량 = 2,400단위 − 1,800단위 = 600단위
전환원가 기초재공품 완성품환산량 = 1,000단위 × 완성도(? = 60%) = 600단위

4. 기초재공품 완성품환산량 = 85,000 − 73,000 = 12,000개
기초재공품 완성품환산량 12,000개 = 기초재공품 수량(? = 40,000개) × 기초재공품 완성도 30%

제 3 절 공정별원가계산의 확장

❶ 전공정이 존재할 때

지금까지는 공정이 하나일 때, 또는 여러 공정이라 하더라도 첫 번째 공정을 중심으로 원가계산을 하였다. 이를 확장하여 두 번째 이후의 공정을 중심으로 공정별 원가계산을 살펴보자.

여러 공정을 거쳐 제품이 생산되는 경우, 전공정을 마치면 다음 공정으로 넘어간다. 편의상 두 개의 공정을 거쳐 제품이 완성된다고 가정하자. 제1공정에서 공정을 다 거쳤다 하더라도 제2공정을 다 거치기 이전에는 재공품 상태이다. 제1공정을 마치고 제2공정으로 대체되는 원가를 **차공정대체원가**(transferred-out cost)라 하며, 이를 제2공정의 입장에서 **전공정원가**(transferred-in costs or previous department costs)라 한다.

전공정원가는 해당 공정 이전에 발생한 원가이므로, 두 번째 공정의 전공정원가는 첫 번째 공정에서 두 번째 공정으로 대체되는 원가이며, 세 번째 공정의 전공정원가는 두 번째 공정에서 세 번째 공정으로 대체되는 원가이다. 따라서 세 번째 공정의 전공정원가는 첫 번째 공정과 두 번째 공정에서 발생한 원가로 구성된다.

제2공정이라 하더라도 제1공정과 원가계산은 유사하다. 단지 제2공정에 대한 원가계산시 다음 사항을 추가로 고려해야 한다.

첫째, 제2공정에 투입되는 원가요소를 전공정원가, 직접재료원가, 전환원가로 구분한다.

둘째, 제2공정의 물량흐름에서 당기투입량은 제1공정을 마치고 제2공정으로 대체되는 물량을 뜻한다.

셋째, 원가요소별로 완성품환산량 산출시, 전공정원가에 대한 완성도는 기초재공품이든 기말재공품이든 관계없이 항상 100%이다. 왜냐하면 전공정원가는 이미 전공정에서 모두 투입되었기 때문이다. 즉 **전공정원가는 공정의 착수 시점에서 전액 투입하는 직접재료원가와 유사하게 처리**한다.

예제 4-12 두 개의 공정 : 평균법 (15CTA)

㈜국세는 두 개의 연속된 제조공정을 통하여 제품을 생산하며, 제1공정의 완성품은 전량 제2공정으로 대체된다. 재고자산의 단위원가 결정방법으로 가중평균법을 사용하며, 공손은 없다. 제2공정의 완성품 원가는?

제1공정			
기초재공품 수량		없음	
당기착수량		25,000단위	
기말재공품 수량		7,000단위	
완성품 단위당 제조원가		₩200	
제2공정			
기초재공품	수량	12,000단위	
	전공정원가 ₩3,000,000	직접재료원가 ₩1,440,000	전환원가 ₩2,160,000
당기완성품	수량	20,000단위	
완성품 단위당 제조원가	전공정원가 ?	직접재료원가 ₩120	전환원가 ₩180

해답

1공정의 완성품원가(당기에 투입한 전공정원가) = 18,000개 × ₩200 = ₩3,600,000

$$2\text{공정 완성품 단위당 전공정원가} = \frac{\text{기초 전공정원가 ₩3,000,000} + \text{당기투입 전공정원가 3,600,000}}{\text{완성 20,000개} + \text{기말 10,000개}} = ₩220$$

∴ 2공정 완성품원가 = (₩220 + 120 + 180) × 20,000개 = ₩10,400,000

넷째, 제2공정에서 당기투입한 전공정원가는 제1공정의 차공정대체원가를 뜻한다.

다섯째, 제2공정의 성과평가를 위해서는 전공정원가를 제외하여야 한다. 왜냐하면 각 부문경영자는 전공정원가를 통제할 수 없기 때문이다.

❷ 감손회계

감손이란 증발, 소실, 가스화 등에 의한 원재료의 감소를 뜻한다. 재료의 투입량과 산출량이 일치하지 않는 경우, 다음과 같이 수율과 감손율을 정의할 수 있다.

$$\frac{\text{투입량}}{\text{투입량}} = \frac{\text{산출량}}{\text{투입량}} + \frac{\text{감손량}}{\text{투입량}} \Rightarrow 1 = \text{수율} + \text{감손율}$$

감손이 나타나는 경우, 단순히 산출량의 비율에 의해 원가계산을 할 수 없다. 우선적으로 감손이 이루어지는 형태를 구분하여 원가계산이 이루어져야 한다.

첫째, 감손이 공정의 특정 시점에서 발생하는 경우이다. 이 경우에는 검사 시점에서 발생한 공손의 경우와 동일하므로, 뒤에서 살펴볼 공손회계처럼 원가계산을 한다.

둘째, 감손이 공정 전반에 걸쳐 비례적으로 발생하는 경우이다. 비례적 감손의 경우에는 공정의 진행 정도에 비례하여 감손이 이루어지므로, 당기완성품, 기말재공품, 기초재공품 각각의 감손 정도가 다르다. 당기완성품은 감손이 100% 이루어지는 반면에, 기말재공품과 기초재공품은 각각의 완성도만큼 감손이 이루어진다. 따라서 완성품과 기말재공품에 대한 원가계산을 하기 위해서는 감손후 산출량을 다음과 같은 식을 이용하여 감손전 투입량으로 환산하여야 한다.

$$\text{감손후 산출량(output)} = \text{감손전 투입량(input)} \times (1 - \text{감손율} \times \text{진행률})$$

위 식을 통해 감손전 투입량으로 환산하면 재공품계정의 물량흐름에 대한 차변합계와 대변합계가 일치하게 되며, 그 이후의 원가계산은 종전처럼 이루어진다.

예제 4-13 감손회계

대한회사에서는 재료를 공정 착수 시점에 전량 투입하며, 재료의 속성상 공정 전반에 걸쳐 비례적으로 20%가 증발한다. 9월의 기초재공품은 0개, 당기투입량은 1,500개, 당기완성품 800개, 기말재공품 450개이다. 기말재공품의 완성도는 얼마인가?

해답

재공품 계정은 다음과 같다.

재공품

기초	0	당기완성	800(감손후)
당기착수	1,500(감손전)	기말	450(감손후)
	1,500		1,250

➡ 재공품 (감손전)

기초	0	당기완성	1,000(감손전)
당기착수	1,500(감손전)	기말(?)	500(감손전)
	1,500		1,500

(?) 차 · 대변 합계에서 역산

감손후 산출량(Output) = 감손전 투입량(Input) × (1 − 감손율 × 완성도)

완성품 : 800 = x × (1 − 0.2 × 100%) ∴ x = 1,000

기말재공품 감손전 수량은 재공품(감손전) 수량의 차대변 합계에서 역산한다.

기말재공품의 전환원가 완성도를 y라 하면 450 = 500 × (1 − 0.2 × y) ∴ y = 50%

예제 4-14 감손회계 (18CTA)

㈜세무는 직접재료를 가공하여 제품을 생산하고 있다. 직접재료는 공정 초기에 전량 투입되며 전환원가는 공정 전반에 걸쳐 균등하게 발생한다. 직접재료의 20%가 제조과정에서 증발되는데 이러한 증발은 정상적이며 제조과정에서 평균적으로 발생한다. 완성품 1단위에는 직접재료 0.1kg이 포함되어 있고, 당기에 2,000단위가 완성되었다. 당기에 투입된 직접재료는 190kg, 기말재공품(전환원가 완성도 25%)은 38kg, 기초재공품은 90kg이었다. 기초재공품의 전환원가 완성도는? (단, 공손은 발생하지 않는다.)

해답

재공품

기초	90kg(감손후)	당기완성	200kg(감손후)
당기투입	190(감손전)	기말	38(감손후)(25%)
	280kg		238kg

➡ 재공품 (감손전)

기초	100kg(?)	당기완성	250kg(감손전)
당기착수	190(감손전)	기말(?)	40(감손전)(25%)
	290kg		290kg

감손후 산출량(Output) = 감손전 투입량(Input) × (1 − 감손율 × 완성도)

완성품 : 200kg = 감손전 × (1 − 0.2 × 1) ∴ 감손전 완성품 = 250kg

기말재공품 : 38kg = 감손전 × (1 − 0.2 × 0.25) ∴ 감손전 기말재공품 = 40kg

기초재공품 : 90kg = 100kg × (1 − 0.2 × 완성도) ∴ 완성도 = 50%

제 4 절 공손회계

공손품(spoiled units or defective units)이란 표준적인 제품 품질을 유지 못하여 폐기처분하거나, 매우 낮은 가격으로 판매하거나, 재작업이 이루어져야 하는 물량이다. 공손품의 예로는 깨지거나 긁힌 접시, 불량 섹터가 있는 플로피 디스크, 잉크 자국이 있는 서적, 탈색한 그림, 흠 있는 과일 등을 들 수 있다.

공손품과 관련된 회계상의 이슈는 공손원가를 어떻게 회계처리하느냐이다. 이에 대한 회계처리는 제품생산과정에서 공손품이 부득이 발생하거나 예상되었느냐의 여부에 따라 달라진다. 효율적 작업환경 하에서 예상되거나 발생하는 공손을 **정상공손**(normal spoilage)이라 한다. 이러한 정상공손은 현재의 기술 수준으로는 더 이상 개선할 수 없는 기계의 결함, 재료의 순도 등의 이유로 발생하며 이는 제품원가의 일부를 구성한다. 반면에 효율적 작업환경하에서 발생되어서는 안될 공손을 **비정상공손**(abnormal spoilage)이라 한다. 이러한 비정상공손은 작업자의 부주의, 생산계획의 미비 등의 이유로 발생하며 이는 제품원가가 아닌 기간비용으로 회계처리한다. 최근 전사적 품질경영(TQM) 등에서 강조되는 품질관리 차원에서 공손 자체는 전부 비정상공손으로 인정하는 추세이다.

1 공손량의 계산

공정별원가계산를 하기 위해서는 우선적으로 물량 흐름을 분석하여 공손량을 계산하고, 그 공손량에서 정상공손량과 비정상공손량이 각각 몇 개인지를 구분하여야 한다. 공손까지 포함한 물량흐름은 다음과 같다.

기초재공품수량 + 당기투입량 = 당기완성량 + 공손량 + 기말재공품수량

공손량에서 정상공손량과 비정상공손량을 구분하기 위하여 일반적으로 정상공손이라고 인정할 수 있는 공손의 허용한도를 사전에 설정한다. 정상공손의 허용한도는 검사 시점을 통과한 **정상품**(또는 합격품, good outputs)의 비율 등으로 표현한다. 이 허용한도 범위 이내에서 공손이 발생하면 정상공손으로 간주하고, 허용한도를 초과하여 발생한 공손은 비정상공손으로 간주한다. 따라서 정상공손의 허용한도를 얼마로 설정하느냐가 실무적으로 매우 중요하다.

예제 4-15 정상공손량의 산출

나라기업의 포장공정에 대한 11월의 기초재공품(완성도 20%)은 14,000개, 당기투입량 120,000개, 당기 완성량 118,000개, 기말재공품(완성도 70%) 11,000개이다. 당기 중 총공손량은 5,000개이며, 검사 시점을 통과한 정상품의 4%까지 정상공손으로 간주한다.

물음

1. 검사 시점이 공정의 15%일 때, 정상공손량은 몇 개인가?
2. 검사 시점이 공정의 50%일 때, 정상공손량은 몇 개인가?
3. 검사 시점이 공정의 100%일 때, 정상공손량은 몇 개인가?

해답

정상공손의 허용한도는 검사 시점을 통과한 정상품의 일정비율 등으로 표현한다. 당기완성량은 검사 시점을 모두 거쳤으므로 정상품에 해당한다. 관심은 기초재공품, 기말재공품이 검사 시점을 통과했느냐의 여부를 따져야 한다. 검사 시점에 따라 검사 시점을 통과한 정상품과 이에 따른 정상공손량, 비정상공손량은 다음과 같다.

	검사시점이 15%일 때	검사시점이 50%일 때	검사시점이 100%일 때
당기완성량	118,000개	118,000개	118,000개
기말재공품(70%)	11,000	11,000	–
기초재공품(20%)	(14,000)	–	–
정상품	115,000개	129,000개	118,000개
정상공손비율	× 0.04	× 0.04	× 0.04
정상공손한도	4,600개	5,160개	4,720개
정상공손량	4,600개	5,000개	4,720개
비정상공손량	400개	0개	280개

예제 4-16 공손회계 : 정상공손량의 파악 (13CTA)

㈜세무는 평균법하의 공정별원가계산을 적용하고 있으며, 기초재공품 500개(완성도 80%), 당기착수량 2,100개, 당기완성량 2,100개, 기말재공품 400개(완성도 60%)이다. 품질검사는 완성도 40% 시점에서 이루어지며, 당기 검사를 통과한 정상품의 2%를 정상공손으로 간주한다. 당기의 정상공손수량은?

해답

정상품 = 2,100 + 400 − 500 = 2,000개 정상공손 = 2,000 × 2% = 40개

예제 4-17 공손회계 : 정상공손량의 파악 (06CPA)

㈜미래는 컴퓨터칩을 생산하고 있다. 직접재료는 생산공정의 초기에 투입되며, 전환원가는 공정의 전반에 걸쳐 균등하게 발생한다. 생산공정에서 공손품이 발생하는데 이러한 공손품은 제품을 검사하는 시점에서 파악된다. 정상적인 공손품은 품질검사시점을 통과한 합격품의 10%의 비율로 발생한다. 5월의 생산자료를 보면, 월초재공품(완성도 30%) 10,000개, 당월 생산착수량 75,000개, 당월 생산착수완성품 52,000개, 월말재공품(완성도 80%) 15,000개, 공손품 8,000개이다. 품질검사가 생산공정의 20% 시점에서 실시되는 경우 정상공손품 수량은 얼마인가? 만약 생산공정의 50% 시점에서 품질검사가 실시된다면, 정상공손품 수량은 얼마인가?

해답

당기완성량 = 월초 10,000개 + 당월착수완성 52,000개 = 62,000개

	20% 검사	50% 검사
당기완성량	62,000개	62,000개
기말재공품	15,000	15,000
기초재공품	(10,000)	
합격품	67,000개	77,000개
정상공손량(10%)	6,700개	7,700개

예제 4-18 비정상공손량 (20CPA)

㈜대한은 유리컵을 생산하는 기업으로 종합원가계산제도를 채택하고 있으며, 재고자산 평가방법은 선입선출법(FIFO)을 사용한다. 직접재료는 공정 초에 전량 투입되며, 전환원가는 공정에 걸쳐 균등하게 발생한다. 다음은 ㈜대한의 생산 및 제조에 관한 자료이다.

항목	물량
기초재공품(가공완성도 70%)	800개
당기착수물량	6,420개
기말재공품(가공완성도 40%)	1,200개

품질검사는 가공완성도 80% 시점에 이루어지며, 당기에 품질검사를 통과한 물량의 5%를 정상공손으로 간주한다. 당기에 착수하여 당기에 완성된 제품이 4,880개일 때 ㈜대한의 비정상공손은 몇 개인가?

해답

기초 800개 + 당기착수 6,420개 = 당기완성(800개 + 4,880개) + 공손(? = 340개) + 기말 1,200개

정상공손량 = 당기완성(800개 + 4,880개) × 5% = 284개

비정상공손량 = 340개 − 284개 = 56개

❷ 공손원가의 계산

공손원가를 계산하기 위해서는 공손품의 완성품환산량을 별도로 구해야 한다. 그런데, 공손이 어느 때 발생하였는가를 정확히 알 수 없다. 그래서 일반적으로 검사 시점에서 공손이 발생하였다고 가정한다. 따라서 전환원가가 공정전반에 걸쳐 균등하게 발생할 경우 공손품에 대한 전환원가의 완성도는 검사 시점이다.

앞 절에서 살펴본 바와 같이 기초재공품이 존재하는 경우에는 원가계산방법(평균법 또는 선입선출법)에 따라 원가계산이 달라진다. 공손품이 발생한 경우에도 해당 공손품이 기초재공품에서 발생하였느냐 또는 당기투입량에서 발생하였느냐에 따라 이론적으로 원가계산결과가 달라질 수 있다.

먼저, 평균법의 경우에는 공손이 기초재공품에서 발생하였느냐 또는 당기투입량에서 발생하였느냐는 아무런 문제가 되지 않는다. 왜냐하면 평균법에서는 기초재공품도 당기에 투입된 것처럼 회계처리하기 때문이다.

그러나 선입선출법의 경우에는 공손이 기초재공품에서 발생하였느냐 또는 당기투입량에서 발생하였느냐에 따라 결과가 달라진다. 기초재공품이 전기에 검사 시점을 통과하지 않았다면 당기에 발생한 공손은 기초재공품과 당기투입량에서 발생한 물량이다. 이에 따라 기초재공품에서 발생한 공손원가는 완성된 제품에 배부하여야 하며, 당기투입량에서 발생한 공손원가는 당기투입량 중 완성된 제품과 기말재공품에 배분하는 것이 이론적으로 타당하다. 그러나 공손원가를 구분하여 기초재공품에서 발생한 공손원가와 당기투입량에서 발생한 공손원가로 다시 엄격히 구분한다는 것은 매우 어려울 뿐만 아니라, 그 실익도 거의 없다. 따라서 선입선출법에서는 공손이 모두 당기투입량에서 발생한다고 가정한다. 즉 기초재공품에서는 공손이 발생하지 않는다고 일반적으로 가정한다. 이를 **수정선입선출법**(modified FIFO)이라고도 한다. 선입선출법하에서 공손이 발생할 경우 이와 같은 수정선입선출법에 의해 공손원가를 배부함을 유의하여야 한다. 수정선입선출법에 의한 공정별원가계산의 절차는 다음과 같다.

먼저, 원가배분대상액을 평균법 또는 선입선출법에 따라 완성품원가, 기말재공품원가뿐만 아니라 정상공손원가, 비정상공손원가로 1차배분하고, 1차배분된 정상공손원가를 일정한 기준에 따라 완성품과 기말재공품에 2차배분한다. 비정상공손원가는 제품원가를 구성하지 않으므로 완성품과 기말재공품에 배분하지 않으며 기간비용으로 회계처리한다.

공손품을 처분하기 위하여 추가적 지출이 발생하는 경우, 정상공손에 대한 처분비용은 공손원가에 가산하며, 반면에 비정상공손에 대한 처분비용은 기간비용으로 처리한다. 한편, 공손품의 처분을 통해 회수할 수 있는 금액이 있다면 순실현가치(처분금액－추가처리비용)로 공손품계정에 기록하고, 그 금액만큼 공손원가를 차감한다.

| 그림 4-7 | 공손회계(평균법)

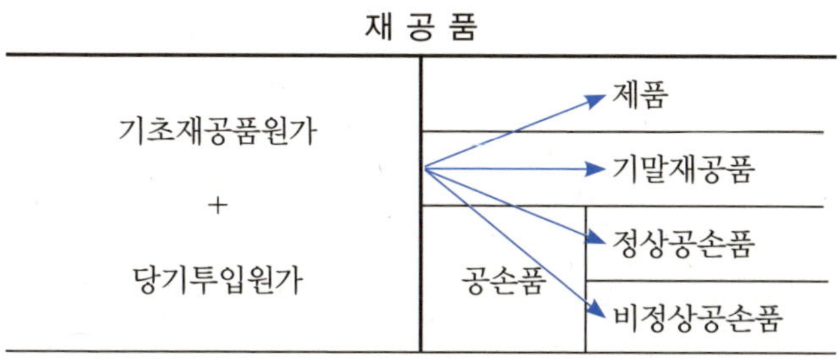

• 평균법에서는 재공품 차변금액(기초재공품원가 + 당기투입원가)을 제품, 기말재공품, 정상공손품, 비정상공손품 등 네 군데에 완성품환산량을 기준으로 배분한다.

| 그림 4-8 | 공손회계(선입선출법)

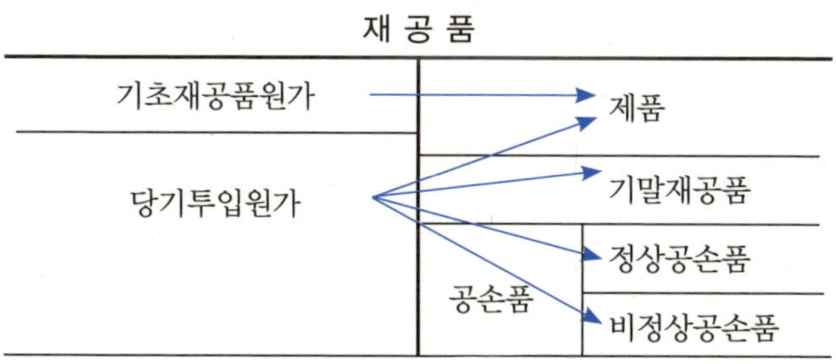

• 선입선출법에서는 기초재공품원가가 우선적으로 제품원가에 귀속되고, 당기투입원가를 제품, 기말재공품, 정상공손품, 비정상공손품 등 네 군데에 완성품환산량을 기준으로 배분한다.

예제 4-19 공손회계 : 평균법 (15CTA)

㈜국세의 당기 중 생산 및 원가자료는 다음과 같다.

기초재공품	직접재료원가 ₩1,000	전환원가 ₩2,475
당기투입원가	직접재료원가 ₩5,600	전환원가 ₩8,300
기말재공품 (500단위)	직접재료원가의 완성도 20%	전환원가의 완성도 15%
공손품 (200단위)	직접재료원가의 완성도 50%	전환원가의 완성도 40%

완성품 수량은 2,000단위이고, 공손품원가를 전액 별도로 인식하고 있다. 재고자산의 단위원가 결정방법이 가중평균법인 경우, 공손품원가는?

해답

$$\text{공손품원가(직접재료원가)} = (₩1,000 + 5,600) \times \frac{\text{공}200\text{개} \times 50\%}{\text{완}2,000\text{개} + \text{공}200\text{개} \times 50\% + \text{말}500\text{개} \times 20\%} = ₩300$$

$$\text{공손품원가(전환원가)} = (₩2,475 + 8,300) \times \frac{\text{공}200\text{개} \times 40\%}{\text{완}2,000\text{개} + \text{공}200\text{개} \times 40\% + \text{말}500\text{개} \times 15\%} = ₩400$$

$\therefore$ 공손품원가 = ₩300 + 400 = ₩700

예제 4-20 비정상공손원가 (06CTA)

한일공업의 생산활동과 관련된 다음의 원가자료를 활용하여 비정상공손원가를 계산하면 얼마인가? 단, 기초재공품은 없으며, 원재료는 공정초에 전부 투입되며, 전환원가는 공정 전반에 걸쳐 균등하게 발생된다고 가정한다. 40% 가공단계에서 검사가 이루어지며, 검사를 통과한 양품(정상품) 중 2%만이 정상공손이고, 정상공손 외의 공손은 비정상공손이다. 공손품은 보수작업에 의해 정상으로 회복되지 않기 때문에 개당 ₩100에 매각하였다.

가. 당기생산개시수량	2,000개
나. 당기발생원가 : 직접재료원가 ₩500,000, 전환원가 ₩1,740,000	
다. 당기완성품수량	1,500개
라. 기말재공품수량	400개(전환원가 진척도 50%)
마. 공손품수량	100개

해답

정상공손수량 = (1,500 + 400) × 0.02 = 38개, 비정상공손수량 = 100개 − 38개 = 62개

$$\text{비정상공손원가(직재)} = ₩500,000 \times \frac{\text{비정공}62\text{개}}{\text{완}1,500\text{개} + \text{정공}38\text{개} + \text{비정공}62\text{개} + \text{말}400\text{개}} = ₩15,500$$

$$\text{비정상공손원가(전환)} = ₩1,740,000 \times \frac{\text{비정공}62\text{개} \times 40\%}{\text{완}1,500\text{개} + \text{정공}38\text{개} \times 40\% + \text{비정공}62\text{개} \times 40\% + \text{말}400\text{개} \times 50\%}$$

$$= ₩24,800$$

$$\text{비정상공손원가} = ₩15,500 + 24,800 - 62\text{개} \times @100 = ₩34,100$$

3 정상공손원가의 2차배분

앞에서 정상공손원가는 제품원가의 일부를 구성한다고 하였다. 그렇다고 해서 정상공손원가를 완성품원가에 가산한다는 뜻은 아니다. 기말재공품은 특정 시점에서 재공품이지만 다음 기간에 완성되면 제품이 된다. 따라서 정상공손원가는 일정한 기준에 따라 완성품과 기말재공품에 2차배분하여야 한다.

정상공손원가 배분규칙은 기말재공품이 검사 시점을 통과하였느냐의 여부에 달려 있다. 기말재공품이 검사 시점을 통과하지 않았다면 기말재공품의 공손 여부가 밝혀지지 않았으므로 정상공손원가는 완성품원가에 전액 배부한다. 반면에 기말재공품이 검사 시점을 통과하였다면, 공손은 완성품뿐만 아니라 기말재공품에서도 발생하였으므로 정상공손원가를 완성품과 기말재공품에 배분한다.

정상공손원가의 배분규칙

- 기말재공품의 완성도 < 검사 시점 … 정상공손원가를 완성품에 배부
- 기말재공품의 완성도 > 검사 시점 … 정상공손원가를 완성품과 기말재공품에 배분

기초재공품과 기말재공품의 완성도 그리고 검사 시점에 따라 정상공손원가를 어떻게 2차배분하여야 하는지를 다음 사례별로 구분하여 살펴보자.

그림 4-9 정상공손원가의 2차배분 〈Case 1〉

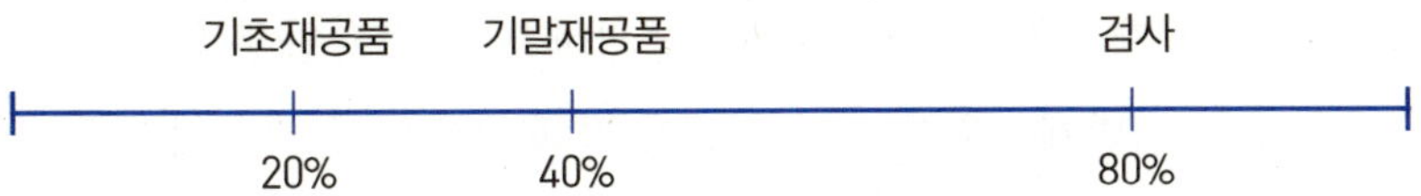

Q : 정상공손은 어디에서 발생하였을까?　　A : 당기완성품에서 발생

∴ 정상공손원가는 모두 완성품에 배분

〈Case 1〉은 기말재공품은 검사시점을 통과하지 못하고 완성품만 검사 시점을 통과한 경우이다. 검사 시점에서 발생하는 공손원가는 완성품과 기말재공품 중 어느 것에서 나타났을까? 기말재공품은 아직 검사 시점까지 도달하지 않았으므로 모든 공손원가는 완성품에서 나타났음을 알 수 있다. 따라서, 정상공손원가는 모두 완성품원가에 2차배분한다.

| 그림 4-10 | 정상공손원가의 2차배분 〈Case 2〉

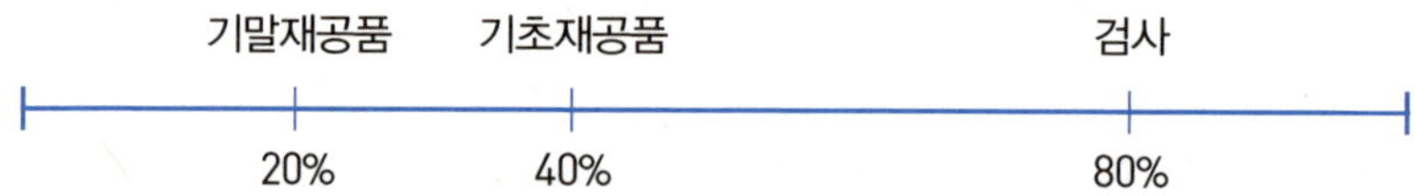

Q : 정상공손은 어디에서 발생하였을까?　　A : 당기완성품에서 발생
∴ 정상공손원가는 모두 완성품에 배분

〈Case 2〉 역시 〈Case 1〉처럼 완성품만 검사 시점을 통과한 경우이다. 이 경우에도 기말재공품은 아직 검사 시점까지 도달하지 않았으므로 모든 공손원가는 완성품에서 나타났음을 알 수 있다. 따라서, 정상공손원가는 모두 완성품원가에 2차배분한다.

| 그림 4-11 | 정상공손원가의 2차배분 〈Case 3〉

Q : 정상공손원가는 어디에서 발생하였을까?　　A : 당기완성품에서 발생
∴ 정상공손원가는 모두 완성품에 배분

〈Case 3〉은 기말재공품은 검사 시점을 통과하지 못하고 완성품만 검사 시점을 통과한 경우이다. 기말재공품이 검사 시점을 통과하지 않았으면 기말재공품의 공손 여부가 밝혀지지 않았으므로, 모든 공손원가는 완성품에서 나타났다. 따라서, 정상공손원가는 모두 완성품원가에 2차배분한다.

〈Case 3〉과 〈Case 1〉의 차이점은 기초재공품의 위치에 있다. 〈Case 3〉에서 기초재공품도 검사 시점을 통과하였으므로 기초재공품에도 원가를 배분하여야 하는 것 아니냐는 의문을 가질 수 있다. 정상공손원가의 배분 규칙에서 언급하였듯이 기초재공품은 정상공손원가의 배분대상이 아니다. 정상공손원가를 2차배분하는 대상은 재공품계정의 대변(완성품과 기말재공품)이며, 기초재공품은 재공품계정의 차변에 있는 계정이므로 기초재공품에 정상공손원가를 2차배분하지 않는다. 논리적으로 볼 때, 기초재공품원가는 전기에 원가계산이 이미 끝났기 때문에 당기에 원가계산을 다시 하지 않는다.

| 그림 4-12 | 정상공손원가의 2차배분 〈Case 4〉

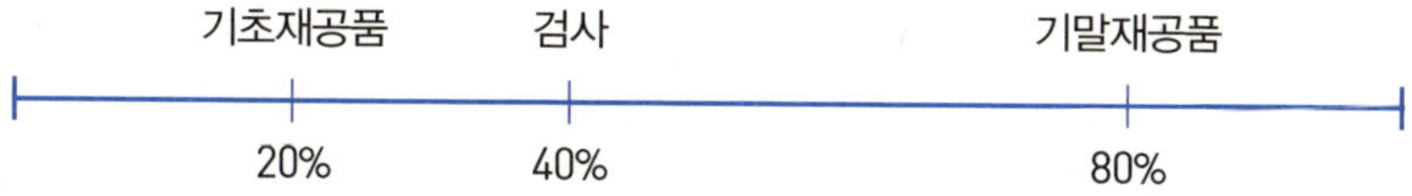

Q : 정상공손원가는 어디에서 발생하였을까?
A : 당기완성품뿐만 아니라 기말재공품에서도 발생
∴ 정상공손원가는 완성품과 기말재공품에 안분

〈Case 4〉는 기말재공품과 완성품 모두 검사 시점을 통과한 경우이다. 이 경우에는 기말재공품이 검사 시점을 통과하였으므로, 공손원가는 완성품뿐만 아니라 기말재공품에서도 나타났다. 따라서, 정상공손원가는 완성품과 기말재공품에 나누어 2차배분한다. 이때 2차배분하는 기준은 일반적으로 완성품과 기말재공품 각각의 수량이다.[4)]

예제 4-21 공손회계 : 평균법 (07CTA)

대한회사는 당기 중 검사를 통과한 정상품(양품)의 10%를 정상공손으로 간주하며, 모든 공손은 완성시점에 발견된다. 재료는 공정초에 모두 투입되고 전환원가는 전 공정에 걸쳐 균등하게 발생하며, 기말재공품의 평가는 평균법에 의한다. 대한회사의 생산 활동에 대한 3월 자료는 다음과 같다. 3월의 완성품원가는 얼마인가?

4) 만약 금액을 기준으로 배부한다면 기말재공품의 완성도에 따라 기말재공품 금액이 달라지고 이에 따라 배부액도 달라진다. 기말재공품이든 완성품이든 검사 시점까지 동등한 과정을 거쳤으므로 검사 시점 이전까지 부득이하게 발생한 정상공손원가를 검사 시점을 통과한 수량을 기준으로 배분하여야 한다.

가. 기초재공품 : 1,000단위(전환원가 완성도 80%), 재료원가 ₩540,000, 전환원가 ₩880,000
나. 당기 투입 : 9,000단위, 재료원가 ₩5,000,000, 전환원가 ₩9,460,000
다. 당기완성품(정상품) : 7,000단위
라. 기말재공품 : 1,500단위(전환원가 완성도 60%)

해답

기초 1,000개 + 당기 9,000개 = 완 7,000개 + 공(? = 1,500개) + 말 1,500개

정상공손량 = 7,000 × 10% = 700개, 비정상공손량 = 800개

공손은 완성 시점에 발견되므로, 정상공손원가는 모두 완성품원가에 가산한다.

$$\text{완성품(직접재료원가)} = (₩540,000 + 5,000,000) \times \frac{\text{완7,000개} + \text{정공700개}}{\text{완7,000개} + \text{정공700개} + \text{비정공800개} + \text{말1,500개}}$$

$$= ₩4,265,800$$

$$\text{완성품(전환원가)} = (₩880,000 + 9,460,000) \times \frac{\text{완7,000개} + \text{정공700개}}{\text{완7,000개} + \text{정공700개} + \text{비정공800개} + \text{말1,500개} \times 60\%}$$

$$= ₩8,470,000$$

∴ 완성품원가 = ₩4,265,800 + 8,470,000 = ₩12,735,800

| **그림 4-13** | 정상공손원가의 2차배분 〈Case 5〉

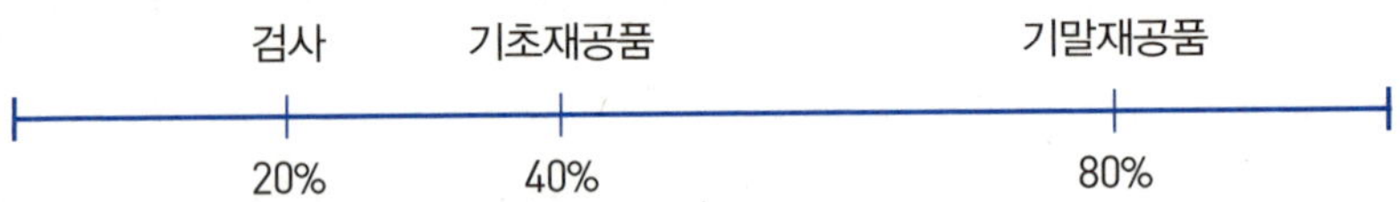

Q : 정상공손은 어디에서 발생하였을까?
A : 당기완성품뿐만 아니라 기말재공품에서도 발생
∴ 기초재공품의 정상공손원가와 당기의 정상공손원가를 평균법 또는 선입선출법에 따라 완성품과 기말재공품에 안분

| **그림 4-14** | 정상공손원가의 2차배분 〈Case 6〉

Q : 정상공손원가는 어디에서 발생하였을까?
A : 당기완성품뿐만 아니라 기말재공품에서도 발생
∴ 기초재공품의 정상공손원가와 당기의 정상공손원가를 평균법 또는 선입선출법에 따라 완성품과 기말재공품에 안분

〈Case 5〉와 〈Case 6〉 역시 〈Case 4〉와 같이 기말재공품이 검사 시점을 통과하였다. 공손원가는 완성품뿐만 아니라 기말재공품에서 나타났으므로 정상공손원가는 완성품과 기말재공품에 나누어 2차배분한다. 혹시 기초재공품도 검사 시점을 통과하였으므로 기초재공품에도 원가를 배분하여야 하는 것 아니냐는 의문을 가질 수 있다. 정상공손원가의 배분 규칙에서 언급하였듯이 기초재공품은 정상공손원가의 배분대상이 아니다. 기초재공품원가는 전기에 원가계산이 끝났다.

〈Case 4〉와 〈Case 5〉, 〈Case 6〉의 차이점은 기초재공품이 검사 시점을 통과하였느냐의 여부이다. 기초재공품이 검사 시점을 통과하였다는 것은 기초재공품에도 전기에 정상공손원가가 배분되었다는 의미이다. 정상공손원가가 기초재공품에도 존재하고 아울러 당기에도 정상공손원가가 발생하므로 평균법이냐 선입선출법이냐에 따라 2차배분하는 물량 기준이 달라진다.

평균법에서는 기초재공품에 포함된 정상공손원가와 당기의 정상공손원가를 섞어서 완성품과 기말재공품에 원가배분한다. 반면에, 선입선출법에서는 기초재공품이 우선적으로 완성되었다고 가정하기 때문에, 기초재공품에 포함된 정상공손원가 역시 완성품원가의 일부를 구성하며, 당기의 정상공손원가를 완성품과 기말재공품에 원가배분한다.

$$\text{기말재공품에 배분되는 정상공손원가(평균법)} = \left(\text{기초재공품의 정상공손원가} + \text{당기의 정상공손원가}\right) \times \frac{\text{기말재공품수량}}{\text{당기완성량} + \text{기말재공품수량}}$$

$$\text{기말재공품에 배분되는 정상공손원가(선입선출법)} = \text{당기의 정상공손원가} \times \frac{\text{기말재공품수량}}{\text{당기완성량} + \text{기말재공품수량} - \text{기초재공품수량}}$$

〈Case 5〉와 〈Case 6〉의 원가계산이 다소 복잡함을 알 수 있다. 특히 〈Case 4〉의 원가계산은 상당히 어렵다. 그런데, 공정의 중간에서 검사를 실시한다면 검사 이후에는 공손 여부를 확인하지 않고서 제품을 생산하고 소비자에게 판매하게 된다. 제품 품질에 대한 소비자에 의식이 높아지고 나아가 생산기업에서는 낮은 품질의 제품 생산에 따른 반품, 수선, 보상 등 **외부실패원가**(external failure costs)가 점차 높아지는 기업환경에서는 〈Case 5〉 또는 〈Case 6〉이 거의 나타나지 않는다. 대부분 생산기업에서는 공정의 마지막 시점에 제품 품질을 검사한다. 설사 공정의 중간 시점에서 품질 검사를 하더라도 공정의 마지막 시점에서 2차 품질검사를 실시하고 있다. 검사가 1회가 아니라 2회 이상일 경우 원가계산은 앞에서의 원가계산과 논리는 같지만 절차가 다소 복잡하여 더 이상 설명은 생략하기로 한다.

예제 4-22 정상공손원가의 2차배분

한국회사의 8월 중 생산현황은 다음과 같다.

기초재공품 1,000개(전환원가 완성도 60%)	기말재공품 2,000개
당기완성품 5,000개	정상공손품 100개, 비정상공손품 200개

재료는 공정 시작 단계에서 전량 투입되며, 전환원가는 공정 전반에 걸쳐 균일하게 발생한다. 공손품은 50% 완성단계에서 검사·분리되고, 정상공손원가는 합격품에 배분된다. 기초재공품의 원가에는 정상공손원가 ₩140이 포함되어 있으며, 완성품환산량 단위당 원가는 평균법이든 선입선출법이든 직접재료원가 ₩10, 전환원가 ₩20이라고 가정한다.

물음

1. 기말재공품의 전환원가 완성도가 20%라고 가정하자. 평균법에 의해 정상공손원가 가운데 기말재공품에 배분되는 금액을 구하시오.
2. 기말재공품의 전환원가 완성도가 80%라고 가정하자. 평균법과 선입선출법에 의해 정상공손원가 가운데 기말재공품에 배분되는 금액을 각각 구하시오.

해답

1. 당기의 정상공손원가 = 정상공손의 완성품환산량 × 단위당 원가

 = 100개 × 100% × 10 + 100개 × 50% × 20 = ₩2,000

 총정상공손원가 = 기초재공품의 정상공손원가 + 당기의 정상공손원가

 = ₩140 + 2,000 = ₩2,140

 기말재공품이 검사 시점을 통과하지 않았으므로 정상공손원가는 완성품원가에 전액 배부되며, 기말재공품에는 전혀 배분되지 않는다. 이 경우 정상공손원가 배분은 평균법, 선입선출법의 영향을 받지 않는다.

2. 공손이 완성품과 기말재공품에서 나오므로 이들에게 2차배분한다.

(1) 평균법에서는 기초재공품의 정상공손원가와 당기정상공손원가를 합한 총정상공손원가를 완성품과 기말재공품의 물량을 기준으로 하여 완성품과 기말재공품에 배분한다.

 $$\text{기말재공품에 배분되는 정상공손원가} = (₩140 + 2{,}000) \times \frac{2{,}000}{5{,}000 + 2{,}000} = ₩611$$

(2) 선입선출법에서는 기초재공품의 정상공손원가 ₩140을 완성품원가에 배부하고, 당기의 정상공손원가 ₩2,000을 2차배분한다.

 $$\text{기말재공품에 배분되는 정상공손원가} = ₩2{,}000 \times \frac{2{,}000}{5{,}000 + 2{,}000 - 1{,}000} = ₩667$$

예제 4-23 정상공손원가의 배분 (10CTA)

㈜청주는 단일공정을 거쳐서 제품을 생산하며, 선입선출법에 의한 공정별원가계산을 적용하고 있다. 20×1년도 기초재공품은 1,000단위(완성도 40%)이고, 기말재공품은 3,000단위(완성도 80%)이며, 당기 완성품은 5,000단위이다. 공정 중에 품질검사를 실시한 결과 공손품 500단위가 발생하였고, 모두 정상공손으로 간주하였으며, 공손품의 처분가치는 없다. 기초재공품과 기말재공품은 모두 당기에 품질검사를 받은 것으로 판명되었다. 직접재료원가와 전환원가는 공정 전반에 걸쳐 균등하게 발생한다. 제품원가계산 결과 당기의 완성품환산량 단위당 원가는 ₩180이고, 완성품에 배부된 정상공손원가는 ₩33,750이었다. 품질검사는 완성도 몇 % 시점에서 이루어진 것으로 추정되는가?

해답

기초재공품과 기말재공품 모두 당기에 품질검사를 받았다는 말은 검사 시점이 40%와 80% 사이라는 뜻이다. 교재의 〈CASE 4〉에 해당한다. 따라서 정상공손원가는 완성품 5,000개와 기말재공품 3,000개에 안분하여야 한다.

완성품에 배부된 정상공손원가 ₩33,750 = 정상공손원가 × $\dfrac{\text{완}5,000}{\text{완}5,000\text{개} + \text{말}3,000\text{개}}$

∴ 정상공손원가 = ₩54,000

정상공손원가 ₩54,000 = 당기의 완성품환산량 단위당 원가 × 정상공손품 완성품환산량

= ₩180 × (500개 × 완성도)

∴ 정상공손원가 완성도 = 60%

예제 4-24 정상공손원가의 배분 : 선입선출법 (22CPA)

다음 자료를 이용하여 물음에 답하시오.

- ㈜대한은 선입선출법에 의한 공정별원가계산을 적용하여 제품원가를 계산하고 있다.
- 원재료는 공정 초에 전량 투입되고, 전환원가는 공정 전반에 걸쳐 균등하게 발생한다.
- 공정의 80% 시점에서 품질검사를 실시하며, 정상공손 허용수준은 합격품의 10%이다. 정상공손원가는 합격품원가에 가산되고, 비정상공손원가는 기간비용으로 처리된다.
- 공손품은 모두 폐기되며, 공손품의 처분가치는 없다.
- 다음은 20×1년 2월 공정의 생산 및 원가자료이다. 단, 괄호 안의 숫자는 전환원가의 완성도를 의미한다.

구분	물량단위	직접재료원가	전환원가
기초재공품	2,000(70%)	₩70,000	₩86,000
당기투입	10,000	₩2,000,000	₩860,000
완성품	8,000		
기말재공품	3,000(40%)		

물음

1. ㈜대한의 20×1년 2월 직접재료원가와 전환원가의 완성품환산량 단위당 원가를 계산하면 각각 얼마인가?
2. ㈜대한의 20×1년 2월 완성품 단위당 원가는 얼마인가?

해답

1. 2월 직접재료원가 완성품환산량 : 8,000 + 1,000 + 3,000 − 2,000 = 10,000개
   2월 직접재료원가 완성품환산량 단위당 원가 = ₩2,000,000 ÷ 10,000개 = @200
   2월 전환원가 완성품환산량 : 8,000 + 1,000 × 80% + 3,000 × 40% − 2,000 × 70% = 8,600개
   2월 전환원가 완성품환산량 단위당 원가 = ₩860,000 ÷ 8,600개 = @100

2. 기초재공품에 대한 당기완성품은 당기에 검사 시점을 통과한 물량이며, 기말재공품은 검사 시점을 통과한 물량에 해당하지 않으므로 정상공손에 해당하는 물량은 2월 완성품물량 전체에 해당한다.

   − 1차배분
   정상공손품 수량 : 8,000 × 10% = 800개
   완성품 : (₩70,000 + 86,000) + @200 × 6,000 + @100 × 6,600 = ₩2,016,000
   기말재공품 : @200 × 3,000 + @100 × 1,200 = ₩720,000
   정상공손품 : @200 × 800 + @100 × 800 × 80% = ₩224,000
   비정상공손품 : @200 × 200 + @100 × 200 × 80% = ₩56,000

   − 정상공손원가의 2차배분
   완성품에 배분되는 정상공손원가 = ₩224,000
   완성품의 총원가 = ₩2,016,000 + 224,000 = ₩2,240,000
   완성품의 단위당 원가 = ₩2,240,000 ÷ 8,000 = ₩280

연 | 습 | 문 | 제 exercise

01 완성품환산량 (04CTA)

울산화학㈜는 공정별원가계산방법을 사용하고 있으며 완성품환산량의 계산에 가중평균법을 사용하고 있다. 울산화학㈜는 4월 중 125,000단위의 제품을 판매하였다. 회사는 오직 하나의 가공부서를 보유하고 있다. 생산활동과 관련된 다음의 추가정보를 이용하여 4월 중 전환원가에 대한 완성품환산량을 구하면 얼마인가?

4월 1일 재고 :	재공품 없음.	완제품 37,500단위
4월 30일 재고 :	재공품(전환원가에 대한 진척도 75%)	8,000단위
	완제품	30,000단위

02 평균법 : 재료의 투입이 균일하지 않을 때 완성품환산량

C회사에서는 하나의 공정에서 하나의 제품을 생산하고 있다. 재료는 공정의 착수 시점에서 50%가 투입되며, 나머지 재료 50%와 전환원가는 공정 전반에 걸쳐 균일하게 투입된다. C회사에서는 평균법에 의하여 원가계산을 하며, 기초재공품은 500개, 당기완성량은 13,000개, 기말재공품(전환원가 완성도 75%)은 1,000개이다. 직접재료원가에 대한 완성품환산량은 몇 개인가?

03 평균법에 의한 공정별원가계산 (09CTA)

㈜대한의 3월 제조와 관련된 자료는 다음과 같다. 가중평균법을 사용하는 경우 월말 재공품에 포함되는 전환원가는 얼마인가?

월초 재공품 수량	9,200개(전환원가 완성도 60%)	당월 착수량	20,000개
월말 재공품 수량	2,000개(전환원가 완성도 40%)	월초 재공품 전환원가	₩30,320
당월 발생 전환원가	₩52,000		

04 두 가지 재료의 투입 시점이 상이한 경우

삼호물산에서는 재료 A, B를 혼합하여 제품을 생산하고 있다. 재료를 혼합하는 공정에 대하여 물량 및 원가흐름은 다음과 같다.

	물 량	직접재료원가 - A	직접재료원가 - B	전환원가
당기투입량	50,000개	₩250,000	₩105,000	₩164,000
당기완성량	35,000개			

재료 A는 공정 착수 시점에서 모두 투입되며, 재료 B는 공정 80% 시점에서 모두 투입된다. 전환원가는 공정 전반에 걸쳐 균일하게 발생한다. 기말재공품에 대한 전환원가의 완성도는 40%이다. 한편, 기초재공품은 없다. 기말재공품원가는 얼마인가?

05 평균법 : 두 가지 재료의 투입 시점이 상이한 경우

한국제조회사는 공정별원가계산을 채택하고 있다. 재료 A는 공정 착수 시점에서 모두 투입되며, 재료 B는 공정 50% 시점에서 모두 투입된다. 전환원가는 균일하게 발생한다. 4월말 재공품은 1,000개이며, 전환원가의 완성도는 40%이다. 평균법을 적용한 결과, 4월의 완성품환산량 단위당 원가는 직접재료원가 A ₩300, 직접재료원가 B ₩200, 전환원가 ₩500이다. 기말재공품원가는 얼마인가?

06 선입선출법 : 당기투입원가의 추정

1. A회사는 선입선출법에 따라 공정별원가계산을 하고 있다. 재료는 공정초에 전량 투입되며, 당월 완성량은 4,200단위이다. 당월 완성품환산량 단위당 원가는 재료원가 ₩5, 전환원가 ₩10이다. 당월의 기초 및 기말재공품이 다음과 같을 때, 당월에 실제 발생한 전환원가는 얼마인가? (93감평)

기초재공품	500단위 (완성도 40%)
기말재공품	800단위 (완성도 50%)

2. ㈜세무는 선입선출법하의 공정별원가계산을 사용하고 있으며, 전환원가는 공정 전반에 걸쳐 균등하게 발생한다. 당기 생산과 관련하여 기초재공품 2,000개(완성도 60%), 당기착수량 8,000개, 당기완성량 8,000개, 기말재공품 2,000개(완성도 40%)이다. 기말재공품에 포함된 전환원가가 ₩320,000일 때 당기에 발생한 전환원가는? (13CTA)

07 선입선출법 : 기말재공품원가 (01CTA)

㈜안국은 공정별원가계산제도를 채택하고 있다. 이 제품의 생산을 위해 두 종류의 직접재료 A와 B를 투입하는데, 직접재료 A는 공정 초기에 전부 투입되며 직접재료 B는 공정의 70% 시점에서 투입된다. 전환원가는 모든 공정을 통해 균등하게 발생한다. 기초재공품은 1,000개, 당기착수량은 14,000개이고, 기말재공품은 4,000개이다. 기초재공품의 완성도는 60%이고, 직접재료원가 ₩30,000, 전환원가 ₩13,000이다. 기말재공품의 완성도는 50%이고, 당기에 발생한 원가는 직접재료 A의 원가 ₩280,000, 직접재료 B의 원가 ₩165,000, 전환원가 ₩372,000이다. 이 경우 선입선출법을 적용하여 계산한 기말재공품의 원가는 얼마인가?

08 선입선출법 : 기말재공품원가 (09CPA)

㈜유정은 하나의 공정에서 단일 종류의 제품을 생산하며, 공정별원가계산(process costing)을 적용하여 제품원가를 계산한다. 원재료는 공정의 초기 단계에 100% 투입된다. 당기의 생산 및 원가자료는 다음과 같다.

구분	물량단위	전환원가 완성도	직접재료원가	전환원가
기초재공품	600	1/3	₩5,000	₩ 60,950
	400	1/2		
당기착수(투입)	9,000	−	135,000	281,700
기말재공품	200	40%	?	?
	300	70%		

재공품 평가방법은 선입선출법이고 당기 중에 공손이나 감손은 발생하지 않았다고 가정한다. 기말재공품원가는 얼마인가?

09 선입선출법 : 완성품원가 (16CPA)

㈜한국은 단일공정에서 단일의 제품 X를 생산·판매하고 있다. 회사는 실제원가에 의한 공정별원가계산을 적용하고 있으며, 재공품 평가방법은 선입선출법이다. 제품 생산을 위해 직접재료는 공정 초에 전량 투입되며, 전환원가(conversion costs)는 공정 전반에 걸쳐 균등하게 발생한다. 20×1년 2월 중 ㈜한국의 완성품 수량은 7,000단위이며, 생산 및 원가 자료는 다음과 같다. 단, 괄호 안의 숫자는 전환원가의 완성도를 의미하고, 공손품은 발생하지 않는다.

구 분	물량단위	직접재료원가	전환원가
월초재공품	2,000단위(30%)	₩42,500	₩22,900
당월 착수 및 투입	?	₩216,000	₩276,000
월말재공품	4,000단위(70%)	?	?

㈜한국이 20×1년 2월 중 완성한 제품을 제품계정으로 대체하는 월말 분개를 하라.

10 선입선출법 : 완성품원가 (07CPA)

㈜신라는 한 가지 종류의 플라스틱 장난감을 제조한다. 이번 기의 자료는 다음과 같다.

	단위	재료원가	전환원가
기초재공품	1,000	₩9,000	₩12,000
당기 착수	30,000	240,000	305,000
기말재공품	500	−	−

모든 재료는 공정의 초기 단계에 100% 투입된다. 기초재공품은 전환원가가 40% 투입되었으며, 기말재공품에는 80%가 투입되었다. 이 회사는 공정별원가계산방법(process costing)을 사용하고 있으며, 원가흐름에 대한 가정으로 선입선출법(FIFO)을 사용하고 있다. 이번 기에 발생한 전출원가(transfer – out cost)는 얼마인가? 단, 공손은 발생하지 않았다.

11 선입선출법 : 완성품원가 (03CTA)

서울회사는 단일제품을 생산하고 있으며, 선입선출법에 의한 공정별원가계산을 채택하고 있다. 제품의 제조과정에서 두 가지 재료가 투입되는데 재료 A는 공정의 25% 시점에서, 재료 B는 75% 시점에서 각각 투입되며 전환원가는 모든 공정을 통해 평균적으로 균일하게 발생한다. 4월의 생산활동과 관련된 자료에 의해 당월 완성품원가를 구하면 얼마인가?

가. 월초재공품 수량은 2,500단위, 완성도 40%, 원가는 ₩700,000이다.
나. 월말재공품 수량은 2,000단위이며, 이 중 1,000단위는 완성도가 10%, 나머지 1,000단위는 80%이다.
다. 당월 착수량은 3,500단위이고, 완성량은 4,000단위이다.
라. 4월 중에 발생한 원가는 재료 A의 원가 ₩500,000, 재료 B의 원가 ₩600,000, 전환원가 ₩1,170,000이다.

12 선입선출법 : 완성품 단위당 원가 (16CTA)

㈜세무는 단일 제품 A를 대량생산하고 있으며, 공정별원가계산방법(선입선출법 적용)을 사용한다. 직접재료는 공정 초에 전량 투입되고, 전환원가는 공정 전반에 걸쳐 균등하게 발생된다. 제품 A의 관련 자료가 다음과 같을 때, ㈜세무의 제품 A 완성품 단위당 원가는? (단, 생산과정 중 감손이나 공손 등 물량 손실은 없다.)

구 분	물량(완성도)
기초재공품	100개 (30%)
당기착수품	2,100개
당기완성품	(　　)개
기말재공품	200개 (40%)

구 분	직접재료원가	전환원가
기초재공품	₩28,000	₩25,000
당기발생원가	630,000	205,000
계	₩658,000	₩230,000

13 평균법과 선입선출법의 비교 (98CTA수정)

1. 무진㈜는 모든 재료를 공정 초기에 투입하며, 9월의 기초재공품은 200개(직접재료원가 ₩1,000), 기말재공품은 400개, 완성량은 600개이다. 기말재공품에 포함된 직접재료원가를 평균법에 의하여 평가하는 경우 선입선출법에 의한 경우보다 ₩2,100만큼 적었다. 9월 중 투입한 직접재료원가는?

2. 한국회사는 모든 재료를 공정 초기에 투입하며, 4월 중 재료원가 ₩25,000을 공정에 투입하였다. 4월의 기초재공품은 200개, 당기완성량은 600개, 기말재공품은 400개이다. 기말재공품에 포함된 재료원가를 평균법에 의하여 평가하는 경우 선입선출법에 의한 경우보다 ₩500만큼 과소계상된다고 할 때 기초재공품에 포함된 재료원가는 얼마인가?

14 평균법과 선입선출법의 비교 (10CPA)

㈜한국은 설탕을 만드는 회사로 전환원가는 공정 전반에 걸쳐 발생한다. 3월 초 기초재공품(전환원가 완성도 60%) 100봉지에 포함된 전환원가는 ₩500이다. 생산공정의 중간시점에서 품질검사를 실시한 결과 공손품이 100봉지 발생하여 모두 비정상공손(전환원가 완성도 50%)으로 간주하였다. 그리고 3월 중 완성품은 250봉지이며, 기말재공품(전환원가 완성도 80%)도 250봉지 존재한다. 선입선출법과 가중평균법으로 기말재공품에 배부된 전환원가를 각각 산정한 금액이 동일하다면 3월 중 투입한 총전환원가는 얼마인가? (단, 소수점 이하 자릿수는 절사한다.)

15 공손회계 : 정상공손원가 (20CTA)

㈜세무는 공정별원가계산제도를 채택하고 있다. 직접재료는 공정이 시작되는 시점에서 전량 투입되며, 전환원가는 공정 전반에 걸쳐서 균등하게 발생한다. 당기완성품환산량 단위당 원가는 직접재료원가 ₩2,000, 전환원가 ₩500이었다. 생산 공정에서 공손품이 발생하는데 이러한 공손품은 제품을 검사하는 시점에서 파악된다. 공정의 50% 시점에서 검사를 수행하며, 정상공손수량은 검사 시점을 통과한 합격품의 10%이다. ㈜세무의 생산활동 자료가 다음과 같을 때, 정상공손원가는?

- 기초재공품 : 500단위(전환원가 완성도 30%)
- 당기완성량 : 1,800단위
- 당기착수량 : 2,000단위
- 기말재공품 : 400단위(전환원가 완성도 70%)

16 공손회계 : 평균법 (02CTA)

조립공정은 ㈜남산제작소의 두 가지 공정 중 첫 번째 공정이다. 공손품은 조립공정의 완료시점에서 확인되며 정상공손품의 원가는 공손품이 확인된 기간에 완성되어 다음 공정으로 대체되는 완성품 원가에 가산되고 비정상공손은 발생한 기간에 비용화한다. 정상 공손품 비율은 조립공정을 성공적으로 완성한 합격품의 5%로 추정된다. 다음은 2001년도 1월의 조립공정에서 발생한 전환원가와 관련된 정보이다.

	물량단위	전환원가
기초재공품(50% 완성)	2,000	₩10,000
당월 중 착수량	8,000	₩75,500
공손품	500	
당월 완성 및 차공정 대체	7,000	

기말재공품의 기말 현재 전환원가에 대한 완성도는 80%이다. ㈜남산제작소가 가중평균법을 적용한다고 가정한다면 두 번째 공정으로 대체된 완성품의 전환원가는 얼마인가?

17 공손회계 - 정상공손원가 : 선입선출법 (23CPA)

㈜대한은 반도체를 생산하고 있으며, 선입선출법에 의한 종합원가계산을 적용하여 반도체 원가를 계산하고 있다. 직접재료는 생산공정의 초기에 전량 투입되며, 전환원가(conversion costs)는 공정 전반에 걸쳐 균등하게 발생한다. 2월의 생산자료를 보면, 기초재공품 15,000개(전환원가 완성도 40%, 원가 ₩10,000), 당월 생산착수수량 70,000개, 당월 생산착수완성품 55,000개, 기말재공품 5,000개(전환원가 완성도 80%), 공손품 10,000개이다. 2월 중 직접재료원가 ₩140,000과 전환원가 ₩210,000이 발생하였다. 공정의 20% 시점에서 품질검사를 실시하며, 정상공손 허용수준은 합격품의 10%이다. 정상공손원가는 합격품에 가산되고, 비정상공손원가는 기간비용으로 처리된다. 공손품은 모두 폐기되며, 공손품의 처분가치는 없다. ㈜대한의 2월의 정상공손원가는 얼마인가?

18 공손회계 - 두 개의 공정 : 선입선출법 (08CPA)

㈜한국공업은 두 개의 공정을 거쳐서 제품을 생산한다. 회사의 재공품 평가방법은 선입선출법(FIFO)이고, 공정별원가계산을 적용하여 제품원가를 계산한다. 다음은 두 번째 공정의 생산 및 원가자료이다. 두 번째 공정의 원재료는 50% 시점에서 모두 투입되고, 전환원가는 전 공정을 통해 균등하게 발생한다. 공정의 80% 시점에서 품질검사를 실시하며, 정상공손 허용수준은 합격품의 5%이다. 공손품은 모두 폐기되며, 정상공손원가는 합격품원가에 가산되고, 비정상공손원가는 기간비용으로 처리된다.

구 분	물량단위	전공정대체원가	직접재료원가	전환원가
기초재공품	1,000(60%)	₩172,000	₩450,000	₩320,000
당기투입	5,000	625,000	1,470,000	924,000
완성품	4,000			
기말재공품	1,500(40%)			

* 괄호 안의 숫자는 전환원가 완성도를 의미함.

물음

1. 두 번째 공정의 비정상공손원가는 얼마인가?
2. 완성품의 단위당 원가는 얼마인가?

19 공손회계 – 평균법 (14CTA)

㈜세무는 가중평균법에 의한 공정별원가계산을 적용하여 제품원가를 계산하고 있다. 직접재료는 공정의 초기에 전량 투입되며, 전환원가는 공정 전반에 걸쳐 균등하게 발생한다. 이 회사는 공손품 검사를 공정의 100% 시점에서 실시한다. 20×1년 4월 중 ㈜세무의 제조공정에 대한 생산 및 원가자료는 다음과 같다.

항목	물량단위	직접재료원가	전환원가
기초재공품(전환원가 완성도 : 75%)	500	₩500,000	₩375,000
당기투입	4,500	4,500,000	3,376,800

4월의 완성품은 3,700개, 정상공손은 250개, 비정상공손은 250개이며, 기말재공품의 전환원가 완성도는 30%이다. ㈜세무의 직접재료원가와 전환원가 각각에 대하여 완성품환산량 단위당 원가는 얼마인가? (단, 감손은 없다.)

20 공손회계 – 공정이 여러 개일 때 : 평균법 (14CPA수정)

㈜한국은 세 개의 공정을 통하여 제품을 생산하고 있으며, 가중평균법에 의한 공정별원가계산을 적용하여 제품원가를 계산하고 있다. 직접재료는 각 공정의 초기에 전량 투입되고 전환원가는 전 공정에 걸쳐 균등하게 발생한다. 20×1년 2월 최종공정인 제3공정의 생산 및 원가자료는 다음과 같다.

구 분	물량단위	전환원가 완성도	전공정원가	직접재료원가	전환원가
기초재공품	3,000단위	40%	₩14,750	₩2,000	₩10,250
당기투입	12,000단위	?	₩56,500	₩58,000	₩92,950
완성품	10,000단위	?			
기말재공품	4,000단위	60%			

제3공정에서는 공손품 검사를 공정의 50% 시점에서 실시하며, 당월에 검사를 통과한 합격품의 5%를 정상공손으로 간주한다. 정상공손원가는 당월완성품과 월말재공품에 배부하는 회계처리를 한다. 20×1년 2월중 제3공정에서 발견된 공손품은 추가가공 없이 즉시 모두 폐기하며, 공손품의 처분가치는 ₩0이다.

물음

1. 20×1년 2월 제3공정의 원가요소별 완성품환산량을 계산하면 얼마인가?
2. 제3공정의 비정상공손원가는 얼마인가?

21 평균법과 선입선출법 : 공손원가 (11CPA)

공정별원가계산을 사용하고 있는 ㈜다봉의 3월 생산 및 원가 자료는 다음과 같다.

가. 월초 재공품에 포함된 전환원가는 ₩190,000이며, 3월 중에 투입된 전환원가는 ₩960,000이다.
나. 전환원가는 공정 전체를 통해 균등하게 발생하며, 그 밖의 원가는 공정 초기에 발생한다.
다. 3월 생산관련 물량흐름 및 전환원가 완성도 :

구분	수량	전환원가 완성도
월초 재공품	500개	?
당월 완성품	800개	100%
월말 재공품	240개	?
공손품(*)	160개	80%

(*) 공손품은 전량 비정상공손이다.

원가계산결과, 3월 완성품에 포함된 전환원가는 가중평균법에 의하면 ₩920,000이며, 선입선출법에 의하면 ₩910,000이다. 선입선출법에 의할 경우, 공손품에 포함된 전환원가는 얼마인가?

22 정상공손원가의 배분

광주회사는 재료를 공정 초기에 전량 투입하며, 공손품은 공정 50% 시점에서 검사·분리되고, 정상공손원가는 합격품에 배분한다. 기초재공품은 1,000개(완성도 60%), 당기완성량은 5,000개, 기말재공품은 2,000개(완성도 70%), 정상공손품은 100개이다. 기초재공품에는 정상공손원가 ₩400이 포함되어 있다.

물음

1. 평균법에 의한 완성품환산량 단위당 원가는 재료원가 ₩15, 전환원가 ₩25이라고 가정하자. 당기완성품원가에 포함되어야 할 정상공손원가는 얼마인가?
2. 선입선출법에 의한 완성품환산량 단위당 원가 역시 재료원가 ₩15, 전환원가 ₩25이라고 가정하자. 당기완성품원가에 포함되어야 할 정상공손원가는 얼마인가?

23 비정상공손원가 (06CTA)

한일공업의 생산활동과 관련된 다음의 원가자료를 활용하여 비정상공손원가를 계산하면 얼마인가? 단, 기초재공품은 없으며, 원재료는 공정초에 전부 투입되며, 전환원가는 공정 전반에 걸쳐 균등하게 발생된다고 가정한다. 40% 가공단계에서 검사가 이루어지며, 검사를 통과한 양품(정상품) 중 2%만이 정상공손이고, 정상공손 외의 공손은 비정상공손이다. 공손품은 보수작업에 의해 정상으로 회복되지 않기 때문에 개당 ₩100에 매각하였다.

가. 당기생산개시수량 2,000개
나. 당기발생원가 : 직접재료원가 ₩500,000, 전환원가 ₩1,740,000
다. 당기완성품수량 1,500개
라. 기말재공품수량 400개 (전환원가 진척도 50%)
마. 공손품수량 100개

24 감손회계 : 완성도의 파악

다음 자료에서 기말재공품의 완성도를 구하면 몇 %인가?

가. 재료는 공정 시작 시점에 투입하며, 제품 제조시 원재료가 비례적으로 40% 증발
나. 증발은 정상적이며 비례적으로 발생
다. 당월의 생산자료 : 기초 0개, 투입 6,000개, 완성 3,000개, 월말 800개

25 평균법 : 감손회계 (97CTA, 90CTA유사)

㈜정은은 하나의 화학제품을 생산하는데 공정에 재료투입 후 가공공정에서 투입 초의 무게 중 50%가 모든 공정에 걸쳐서 균등하게 서서히 증발한다. 기초재고는 50% 완성이었고, 그 당시의 무게는 75kg, 당기의 투입된 재료는 1,000kg, 그리고 기말재고는 50% 완성으로, 50% 완성 당시의 무게는 150kg이었다. 기초재고의 전환원가는 ₩300, 당기투입한 전환원가는 ₩3,110이며, 가중평균법을 사용하고 있다. 기말재고에 포함된 전환원가는 얼마인가? (다만, 소수점 한 자리의 이하에서 반올림할 것)

26 평균법 : 감손회계 (85CPA)

쌍용상사는 액체원료를 가공하여 제품을 만든다. 제품의 제조시 원재료의 40%가 증발된다. 이와 같은 증발은 생산과정 중 일정한 비율로 발생하며, 원재료는 공정 초에 전량 투입된다. 당기 중 투입된 원재료는 200㎏이며, 156㎏의 제품이 완성되었다. 기말재공품은 36㎏이고 완성도는 25%이며, 기초재공품은 70㎏이었다. 당기 중 발생한 재료원가는 ₩40,000이고, 전환원가는 ₩58,500이다. 기초재공품의 원가는 재료원가 ₩23,000, 전환원가 ₩17,100으로 합계는 ₩40,100이었다.

물음

1. 기초재공품의 완성도는 얼마인가?
2. 가중평균법에 의한 기말재공품 원가는?

CHAPTER

05

표준원가계산

Standard Costs

학습목표

1. 표준원가는 무엇이며, 원가관리회계에 어떤 유용성이 있는지 살펴본다.
2. 표준원가와 실제원가와의 차이분석 모형을 정확하게 이해한다.
3. 고정제조간접원가 차이분석이 변동제조원가 차이분석과 다른 근본적 이유를 이해하고, 그 내용을 살펴본다.
4. 표준원가와 실제원가 차이를 조정하는 다양한 방법을 알아본다.

제1절 표준원가

1 표준원가의 의의

생산담당경영자는 제조원가와 관련하여 ① 생산투입요소의 구입가격을 결정하고, ② 투입요소를 능률적으로 사용하여야 한다. 이러한 두 가지 의사결정에 대한 성과평가를 하기 위해서 표준원가가 이용된다.

표준원가(standard cost)란 정상적이고 효율적인 영업상황에서 발생할 것으로 예상되는 원가로서 성과평가의 기준으로 널리 활용되고 있다. 일상생활에서도 표준이라는 용어는 광범위하게 사용되고 있으며, 특히 제조기업의 경우 모든 원가에 대한 표준은 표준가격과 표준수량으로 구분되어 설정된다. 표준가격(cost standards)과 표준수량(quantity standards)은 재화나 용역을 한 단위 생산하기 위하여 필요한 생산투입요소의 기준을 뜻한다. 표준가격과 표준수량에 의해 결정되는 표준원가는 달성되어야 할 예정원가로서 일반적으로 제품 단위당으로 파악한다.

제조기업, 서비스기업, 비영리조직 등 거의 모든 조직에서 완벽한 표준원가시스템을 채택하지 않는다 하더라도 표준가격 또는 표준수량의 개념은 널리 활용되고 있다. 예컨대 자동차정비업소에서는 특정 정비작업에 대하여 표준작업시간을 설정하기도 하며, 병원에서는 환자 1인당 1일 병실료를 계산할 때 음식, 세탁 등에 대한 표준원가를 설정하기도 한다. 표준원가를 가장 널리 활용하는 제조기업에서는 생산투입요소인 직접재료원가, 직접노무원가, 제조간접원가 각각에 대하여 표준을 설정한다.

2 표준원가의 유용성

표준원가는 계획, 통제, 제품원가계산에 매우 유용하다.

① **계획** : 미래의 계획을 계량화한 예산을 작성하는데 표준원가를 사용할 수 있다. 제조기업이 미래의 예산을 편성할 때 제조원가를 계산하여야 하는데, 이때 표준원가를 활용하면 이를 더 쉽게 파악할 수 있다.

예산을 작성할 때 항상 표준원가를 사용하는 것은 아니지만, 표준원가를 활용하여 예산을 작성하는 경우 이들은 밀접한 관련성을 갖는다. 표준원가는 예산을 작성하는 기본자료로 활용되며, 예산은 실제성과를 평가하는 기준으로 사용된다. 따라서 표준원가와 예산은 서로 밀접한 관계를 지닌다. 단, 표준원가는 제품 단위당 금액으로 표시되는 반면에, 예산은 총액으로 표시된다. 예를 들어, 제품 단위당 표준직접재료원가가 ₩10이고 제품 100개를 생산한다면, 직접재료원가 예산은 ₩1,000이다.

② **통제** : 경영자에 대한 성과평가의 기준으로서 표준원가가 사용된다. 판매부서나 원가부서의 성과를 평가하기 위해서는 실제원가, 실제수익과 표준원가, 예산수익을 대비하여야 한다. 또한 어떠한 요인 때문에 차이가 발생하였는지를 분석하기 위해서는 가격요인과 수량요인에 의한 차이를 구분하여야 한다.

일반적으로 가격요인은 기업 외부의 시장상황, 경제여건 등에 의해 결정되는 경우가 많으며, 이 경우에는 해당 경영자의 성과평가에 이를 반영하기는 곤란하다. 반면에 수량요인은 경영자가 통제가능한 변수이다. 따라서 표준가격과 표준수량을 설정하여 이들을 실제가격, 실제수량과 대비함으로써 차이가 나타난 원인을 파악하고, 아울러 종업원의 성과를 평가할 수 있게 된다. 표준원가 차이분석은 본 장의 제2절에서 상세히 다룰 것이다.

③ **제품원가계산** : 표준원가를 이용하여 제품원가계산을 하면 원가계산이 신속하고 간편해진다. 제품원가를 표준원가로 계상하기 때문에 수량만 파악하면 제품원가가 다음과 같이 간단하게 계산된다.

제품원가 = 제품 단위당 표준원가 × 제품 생산량

실제원가 또는 예정원가를 이용하여 제품원가를 계산하기 위해서는 제품을 생산하기 위해 투입된 원가요소를 파악하여야 하지만, 표준원가를 이용하면 사전에 설정된 제품 단위당 표준원가를 이용하기 때문에 제품원가가 신속히 계산된다.

또한 재고자산의 원가흐름에 대한 가정이 필요없게 된다. 재료나 제품의 경우 단위당 원가가 서로 다르면 평균법, 선입선출법 등의 가정에 의해 매출원가 또는 기말재고자산을 산출하여야 하지만, 표준원가를 이용하면 단위당 표준원가가 설정되어 있기 때문에 이러한 가정이 필요없게 된다. 단지 재고자산 물량의 흐름만 파악하면 된다. 따라서 표준원가를 이용하면 원가계산뿐만 아니라 회계처리가 신속하고 간편하게 이루어진다는 장점이 있다.

③ 표준원가의 설정

제품 한 단위를 생산하기 위해 투입해야 할 생산투입요소의 표준가격과 표준수량을 설정하기란 그리 쉬운 일이 아니다. 생산투입요소에 대한 가격과 수량을 통제하고 있는 담당자(관리회계담당자, 구매담당자, 산업공학자, 생산담당자 등)의 오랜 경험과 깊은 통찰력을 필요로 한다.

표준원가를 설정하기 위해서는 우선 과거의 경험을 자세히 검토하여야 한다. 이를 위해서는 여러 조업도 수준에서 나타난 과거의 원가 자료를 분석하여야 하며, 이는 관리회계담당자가 해야 할 일이다. 그러나 미래의 표준을 설정하는 것은 과거의 단순한 연장이 아니며 또한 과거원가에는 과거의 비능률이 내재되어 있을 수 있기 때문에 수요·공급의 변화, 기술의 변화를 감안하여 과거의 자료를 적절히 수정하여야만 한다. 이를 위하여 구매담당자, 생산담당자뿐만 아니라 산업공학자의 협조하에 표준을 설정하여야 한다.

표준은 크게 이상적 표준과 현실적으로 달성 가능한 표준으로 구분할 수 있다. 이상적 표준(ideal standards)은 최상의 작업환경하에서 달성 가능한 표준이다. 즉 이상적 표준은 작업의 공손이나 기계고장, 종업원의 휴식시간 등을 고려하지 않고서 설정된 표준이다. 이상적 표준을 설정하면 이를 달성하는 경우는 없기 때문에 항상 불리한 차이가 발생하게 되며, 이에 따라 종업원의 동기부여에 역효과를 가지고 온다. 따라서 이상적 표준을 설정하는 경우는 거의 없다.

현실적으로 달성가능한 표준(currently attainable standards)은 엄격하지만 열심히 노력하면 달성가능한 표준이다. 즉 정상적 기계고장이나 종업원의 휴식시간 등을 고려하며, 아울러 일반 작업자들이 열심히 또한 효율적으로 노력해야만 달성가능한 수준이다. 실제로 이 표준을 많이 사용하는데 그 이유는 다음과 같다.

현실적으로 달성 가능한 표준

① 현실적으로 달성가능한 표준에 의해 설정된 표준원가는 현금예산, 재고자산평가, 부문별 성과평가 등 여러 가지 목적으로 활용가능하다.

② 종업원의 동기부여에 긍정적 효과를 가져온다. 종업원들은 열심히 노력하면 표준을 달성할 수 있기 때문에 보다 열심히 일하고자 할 것이다.

구체적으로 원가요소별 표준원가의 설정에 대해 살펴보자.

(1) 표준직접재료원가의 설정

표준직접재료원가(direct materials standards)는 직접재료 단위당 표준가격과 표준수량으로 구성된다. 직접재료 단위당 표준가격은 구입원가뿐만 아니라 운반비, 하역 및 정리비 등 원재료가 본래의 목적대로 사용할 수 있을 상태까지의 모든 비용을 고려하여 결정한다. 이와 관련된 정보는 구매담당자로부터 수집한다.

표준수량은 제품 한 단위를 생산하기 위해 투입하여야 할 직접재료의 수량으로서, 공손, 작업폐물, 제조과정에서의 수율 등을 종합적으로 고려하여 결정한다.

(2) 표준직접노무원가의 설정

표준직접노무원가(direct labor standards)는 표준임률과 표준시간으로 구성된다. 표준임율은 직접작업시간당 노무원가로서, 실제지급임률뿐만 아니라 휴가비, 보험료 등 복리후생적 지출원가까지 고려하여 결정한다.

표준시간은 제품 1단위를 생산하는 데 필요한 직접작업시간으로 실제작업시간뿐만 아니라 휴식시간, 기계고장시간, 기계수선시간, 청소시간 등을 고려하여 결정한다. 표준시간을 결정하는 방법으로는 작업동작을 몇 개의 기본동작으로 구분하여 이들에 소요되는 표준시간을 더할 수도 있으며, 산업공학자들의 도움으로 시간 및 동작연구(time and motion study)에 의해 결정할 수도 있다.

(3) 표준제조간접원가의 설정

제조간접원가는 ① 그 구성항목들이 매우 많으며, ② 구성항목들의 원가행태가 매우 다양하다는 특징을 지니고 있다. 따라서 변동제조간접원가와 고정제조간접원가로 구분하여 표준을 설정하여야 한다. 이를 위해서는 제조간접원가를 배부하기 위한 조업도 수준을 사전에 설정하는데, 이를 **기준조업도**(denominator activity)라 하며 판매량, 생산량, 직접작업시간 등이 이에 해당한다.

기준조업도의 설정

기준조업도를 설정할 때 고려해야 할 사항은 다음과 같다.

첫째, 설정하는 기준조업도와 제조간접원가 사이에 인과관계가 존재해야 한다. 변동제조간접원가의 경우에는 원가발생을 야기하는 '원가동인'(cost driver)을 기준조업도로 설정해야 한다. 예컨대, 노동집약적 산업의 경우에는 직접작업시간 또는 직접노무원가가, 그리고 자본집약적 산업의 경우에는 기계시간이 기준조업도로 많이 사용된다.

둘째, 기준조업도는 가능한 한 금액보다는 수량으로 파악하는 것이 좋다. 금액으로 나타내면 물가변동의 영향을 받기 때문이다.

셋째, 기준조업도는 단순하여야 하며, 쉽게 이해할 수 있어야 한다.

변동제조간접원가와 고정제조간접원가 각각에 대하여 기준조업도가 설정되면, 이에 따라 변동제조간접원가 표준배부율과 고정제조간접원가 표준배부율이 설정된다.

표준원가계산표

원가요소별로 표준가격(임률, 배부율)과 표준수량(시간)을 파악하고, 이들로부터 표준원가를 산출한 후 제품 단위당 표준원가를 구한다. 제품 단위당 표준원가(standard cost per unit)는 표준직접재료원가, 표준직접노무원가, 표준변동제조간접원가, 표준고정제조간접원가를 합한 금액이다. 제품 단위당 표준원가를 계산하는 표를 표준원가계산표라 하며, 이를 예시하면 〈표 5 - 1〉과 같다.

| 표 5 - 1 | 표준원가계산표

	표준가격(임률, 배부율)	표준수량(시간)	표준원가
직접재료원가	₩16/파운드	2파운드	₩32
직접노무원가	10/시간	2시간	20
변동제조간접원가	9/시간	2시간	18
고정제조간접원가	15/시간	2시간	30
단위당 표준원가			₩100

제 2 절

원가차이분석

1 원가차이분석의 일반모형

표준을 표준가격과 표준수량으로 구분하여 설정하는 한 가지 이유는 가격에 대한 의사결정 시점과 수량에 대한 의사결정 시점이 다르기 때문이다. 직접재료원가의 경우 직접재료의 가격에 대한 통제는 구입 시점에서 이루어지는 반면에, 직접재료의 사용에 대한 통제는 재료를 제조과정에 투입하는 시점, 즉 생산 시점에서 이루어진다. 또한 직접재료의 가격에 대한 통제는 일반적으로 구매담당자에 의해 이루어지는 반면에, 수량에 대한 통제는 생산담당자에 의해 이루어지는 경우가 많다. 따라서 가격에 의한 원가차이와 수량에 의한 원가차이를 분리하여야 한다.

〈표 5-2〉의 변동제조원가(직접재료원가, 직접노무원가, 변동제조간접원가)에 대한 차이분석의 일반모형을 살펴보자. 고정제조간접원가는 변동제조원가와는 성격이 판이하게 다르기 때문에, 차후에 별도로 구분하여 설명한다.

원가차이(cost variance)란 실제원가 발생액과 표준원가와의 차이이다. 이 원가차이를 가격차이와 수량차이로 세분화하기 위해서 먼저 가격차이를 분리한다. 가격차이를 먼저 분리하는 이유는 생산요소의 구입이 사용보다 선행되기 때문이다. 또한 가격은 기업 외부의 경제여건, 시장상황 등에 따라 결정되는 경우가 많으므로 통제하기 힘들다. 따라서 기업에서 보다 많은 관심을 가지는 항목은 통제가능한 요인인 수량이며, 수량차이가 가격 변화에 의해 영향받지 않도록 하기 위해서는 먼저

| 표 5-2 | 변동제조원가의 차이분석

	실제 발생액 $AP \times AQ$	표준가격×실제투입량 $SP \times AQ$	표준가격×실제 산출량에 대한 허용된 표준수량 $SP \times SQ$
	가격차이		수량차이
직접재료원가 :	직접재료원가 가격차이		직접재료원가 수량차이
직접노무원가 :	직접노무원가 임률차이		직접노무원가 능률차이(시간차이)
변동제조간접원가 :	변동제조간접원가 소비차이		변동제조간접원가 능률차이

가격차이를 분석하여야 한다. 가격차이가 분석된 이후에는 재료가 표준가격으로 표시되기 때문에 물가변동의 영향을 제거할 수 있다.

A. **가격차이** : 가격차이(price variance)는 실제투입량에 대하여 단위당 실제원가와 표준원가와의 차이를 곱하여 산출한다. 가격차이를 분리하고 나면 모든 생산요소는 표준가격으로 기록된다.

$$가격차이 = (AP \times AQ) - (SP \times AQ) = (AP - SP) \times AQ$$

단, AP : 실제가격, SP : 표준가격, AQ : 실제수량

B. **수량차이** : 수량차이(quantity variance)는 실제투입량과 실제산출량에 대해 허용된 표준수량과의 차이에 표준원가를 곱하여 산출한다. 예컨대, 자동차 한 대를 생산하는데 타이어의 표준수량이 네 개이며, 타이어 42개를 투입하여 자동차 10대를 생산하였다고 가정하자. 실제투입량은 42개이며, 실제산출량에 대해 허용된 표준수량이란 산출량 10대를 생산하는데 허용되는 타이어 40개(10대 × 4개)를 뜻한다. 이를 식으로 표현하면 다음과 같다.

$$수량차이 = (SP \times AQ) - (SP \times SQ) = SP \times (AQ - SQ)$$

단, SQ : 실제산출량에 대해 허용된 표준수량

변동제조원가의 차이분석에서 유의할 사항은 다음과 같다.

첫째, 원가차이를 가격차이와 수량차이로 구분하였는데, 생산요소에 따라 그 용

그림 5-1 변동제조원가 차이분석

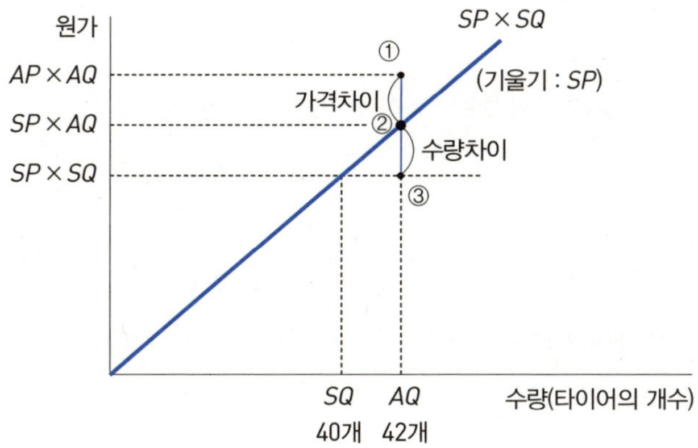

어를 달리한다. 가격차이의 경우 직접재료원가 가격차이, 직접노무원가 임률차이, 변동제조간접원가 소비차이라고 하며, 수량차이의 경우 직접재료원가 수량차이, 직접노무원가 능률차이(또는 시간차이), 변동제조간접원가 능률차이라 한다.

둘째, 표준가격(표준수량)에 비하여 실제가격(실제수량)이 높으면(많으면) **불리한 원가차이**(unfavorable variance)라 하며, 반대의 경우에는 **유리한 원가차이**(favorable variance)라 한다.

셋째, 변동제조원가의 차이분석은 투입-산출 분석의 일종이다. 앞의 예에서 자동차 10대를 생산하기 위하여 타이어의 표준수량은 40개인데, 실제로는 42개를 투입하였다. 만약 자동차 11대를 생산한다면 타이어의 표준수량이나 실제수량은 더 많아진다. 반면에 자동차 10대를 생산하든 또는 11대를 생산하든 고정제조간접원가는 일정하기 때문에 고정제조간접원가의 경우 투입-산출 관계가 성립하지 않는다.

넷째, 변동제조원가의 경우 재공품계정에 배부되는 금액은 표준원가($SP \times SQ$)로 기록된다. 자동차 한 대를 생산하는데 타이어의 표준원가가 ₩100이라고 하자. 자동차 10대를 생산하였다면 재공품계정에 배부되는 총표준원가는 ₩1,000이다.

2 직접재료원가차이

직접재료원가차이는 실제직접재료원가와 표준직접재료원가와의 차이로서, 이는 직접재료원가 가격차이와 직접재료원가 수량차이로 구분된다.

(1) 직접재료원가 가격차이

직접재료원가 가격차이(direct materials price variance)는 실제수량에 대하여 실제구입가격과 표준가격과의 차이로 인한 원가차이이다. 이를 식으로 나타내면 다음과 같다.

$$\text{직접재료원가 가격차이} = AP \times AQ - SP \times AQ = (AP - SP) \times AQ$$

가격차이의 분석 시점

그런데 직접재료원가의 경우 실제수량(AQ)은 실제구입량(AQ_p)이거나 제조과정에 투입한 실제사용량(AQ_u)이다. 이들 중 실제구입량(AQ_p)에 대하여 직접재료원가 가격차이를 구한다. 그 이유는 두 가지이다.

첫째, 원가차이분석이 빠르면 빠를수록 좋기 때문이다. 구입 시점에서 가격차이를 분석하여야만 가격차이가 발생한 이유를 빨리 분석하여 이에 대한 적절한 대응조치를 강구할 수 있다. 만약 사용 시점에서 가격차이를 분석한다면, 즉 직접재료원가 가격차이를 실제사용량(AQ_u)에 대하여 구한다면, 구입 시점과 사용 시점 사이에 상당한 시간이 흐를 수 있으며 이에 따라 적절한 대응조치를 취하기에는 너무 늦을 수 있다. 따라서 직접재료원가 가격차이는 구입 시점에서 구한다.

둘째, 구입 시점에서 직접재료원가 가격차이를 분석하면 회계적으로도 편리하다. 왜냐하면 재료계정이 표준단가로 기록되기 때문에 원가흐름에 대한 가정(선입선출법, 평균법 등)이 필요없게 되고 이에 따라 회계처리가 신속하고 간편해진다는 장점이 있다.

가격차이의 원인

직접재료원가 가격차이는 재료가격에 대한 예측력의 척도일 수 있다. 그런데, 재료가격에 영향을 미치는 요인에는 구입한 재료의 롯트 크기, 재료의 품질, 배달방법 등이 있으며 이들 요인에 대해 가장 많은 영향력을 지닌 사람은 구매담당자이다. 그러나 긴급주문이나 제조방식의 예기치 못한 변화에 따라 재료를 긴급히 주문하는 경우에는 정상적 가격 이상의 구입가격으로 재료를 주문할 수밖에 없으며, 이 경우 불리한 가격차이는 구매담당자가 아닌 판매담당자 또는 생산담당자가 책임져야 한다.

(2) 직접재료원가 수량차이

직접재료원가 수량차이(direct materials quantity variance)는 직접재료의 실제사용량과 표준사용량과의 차이로 인한 원가차이이다. 이때 이들 금액은 구입 시점부터 이미 표준단가로 기록되었음에 유의해야 한다. 직접재료원가 수량차이는 재료를 제조과정에 투입하는 시점에서 분석한다. 직접재료원가 수량차이를 식으로 나타내면 다음과 같다.

$$\begin{aligned}\text{직접재료원가 수량차이} &= SP \times AQ_U - SP \times SQ \\ &= SP \times (AQ_U - SQ)\end{aligned}$$

수량차이의 원인

직접재료원가 수량차이는 재료의 취급 부주의, 기계의 성능, 재료의 품질, 제조방식의 변화, 작업자의 숙련도, 감독상황 등 많은 요인들로부터 발생하며, 일반적으로 생산담당자의 책임이다. 그러나, 구매부서에서 품질이 낮은 재료를 구입하여 이에 따라 불리한 수량차이가 발생하였다면 이에 대한 책임은 구매담당자가 져야 한다.

다른 원가와는 달리 직접재료원가의 경우 가격차이는 실제구입량(AQ_p)에 대하여 분석하고 수량차이는 실제사용량(AQ_u)에 대하여 분석하는데, 이는 실제구입량과 실제사용량이 일반적으로 서로 다르며 구입 시점에서 가격차이를 분석하기 때문이다. 그러나, 직접재료원가를 제외한 다른 원가들은 실제구입량과 실제사용량이 동일하므로 위와 같은 문제는 발생하지 않는다. 차이분석의 일반모형을 변형하여 직접재료원가 차이분석을 표로 나타내면 〈표 5-3〉과 같다.

| 표 5-3 | 직접재료원가 차이분석

$AP \times AQ_p$ — $SP \times AQ_p$

직접재료원가 가격차이

$SP \times AQ_u$ — $SP \times SQ$

직접재료원가 수량차이

예제 5-1 직접재료원가 차이분석 (15CTA)

㈜국세는 표준원가계산제도를 채택하고 있다. 20×1년 직접재료의 표준원가와 실제원가는 다음과 같을 때, 직접재료원가 수량차이는? 단, 직접재료의 기초 및 기말재고는 없다.

표준원가	제품 단위당 직접재료 표준투입량 : 20kg		직접재료 표준가격 : ₩30/kg
실제원가	실제 생산량 : 50개	직접재료원가 : ₩35,000	직접재료 구입가격 : ₩28/kg

해답

$AP \times AQ$	$SP \times AQ$	$SP \times SQ$
₩28 × ?(= 1,250kg) = ₩35,000	₩30 × 1,250kg = ₩37,500	₩30 × (50개 × 20kg) = ₩30,000

수량차이 ₩7,500 U

*SQ는 실제산출량(output)을 생산하기 위해 설정한 표준투입량이다. 이를 실제 산출량에 대해 허용된 표준수량이라고 일컫는다.

예제 5-2 직접재료원가 가격차이 (08CPA)

다음은 ㈜한강의 표준원가 및 생산활동 자료이다.

완제품 실제생산량 : 1,000개	직접재료 표준사용량 : 21kg/완성품 1개
직접재료 표준구매가격 : ₩64/kg	직접재료 실제발생원가 : ₩1,400,000

직접재료수량차이가 ₩64,000(유리)라면, 직접재료가격차이는 얼마인가? 단, 직접재료와 재공품, 제품의 기초 및 기말재고는 없는 것으로 가정한다.

해답

$AP \times AQ$	$SP \times AQ$	$SP \times SQ$
₩1,400,000		₩64/kg × (21kg × 1,000개) = ₩1,344,000

SP × AQ = ₩1,344,000 − 64,000 = ₩1,280,000

가격차이 = ₩1,400,000 − 1,280,000 = ₩120,000 불리

예제 5-3 직접재료원가 차이분석 (07CTA)

대한회사는 표준원가계산제도를 채택하고 있다. 다음 자료를 바탕으로 제품 2,000단위의 표준재료원가와 제품 1단위당 표준투입량은 각각 얼마인가? 단, 직접재료의 기초 및 기말재고는 없다.

직접재료원가 실제사용량 : 3,200kg, @₩11/kg	실제완성품 생산수량 : 2,000단위
직접재료원가 가격차이 : ₩9,600 (유리)	직접재료원가 능률차이 : ₩2,800 (불리)

해답

$AP \times AQ$	$SP \times AQ$	$SP \times SQ$
₩11 × 3,200 = ₩35,200	₩(?)14 × 3,200 = (?)₩44,800	₩14 × (?)1.5kg × 2,000개 = (?)₩42,000

가격차이 ₩9,600 F　　능률차이 ₩2,800 U

예제 5-4 직접재료원가 차이분석 (13CTA)

㈜세무는 표준원가제도를 채택하고 있다. 20×1년 직접재료원가와 관련된 표준 및 실제원가 자료가 다음과 같을 때, 20×1년의 실제 제품생산량은 몇 단위인가? 단, 직접재료의 기초 및 기말재고는 없다.

실제 발생 직접재료원가 : ₩28,000	직접재료단위당 실제구입원가 : ₩35
제품단위당 표준재료투입량 : 9개	직접재료원가 가격차이 : ₩4,000 불리
직접재료원가 수량차이 : ₩3,000 유리	

해답

AP × AQ	SP × AQ	SP × SQ
₩35 × (?)800 = ₩28,000	(₩?)30 × (?)800 = ₩(?)24,000	(₩?)30 × (생산량 × 9) = ₩(?)27,000

가격차이 ₩4,000 U (AP×AQ ↔ SP×AQ)　　수량차이 ₩3,000 F (SP×AQ ↔ SP×SQ)

∴ 생산량 = 100개

예제 5-5 직접재료원가 차이분석 (19CTA)

㈜세무는 당기에 영업을 개시하였으며 표준원가계산제도를 채택하고 있다. 직접 재료와 관련된 자료는 다음과 같다.

제품 단위당 직접재료 표준원가 : 3kg × ₩10/kg = ₩30	직접재료 kg당 실제 구입가격 : ₩12
직접재료 구입가격차이 : ₩12,600 (불리)	직접재료 능률차이 : ₩4,000 (유리)

당기 실제 제품 생산량이 2,000단위일 때 기말 직접재료 재고량은? (단, 기말재공품은 없다.)

해답

AP × AQ	SP × AQ	SP × SQ
12/kg × 구입량	10/kg × 구입량	
	10/kg × 실제사용량	10/kg × (3kg × 2,000개) = 60,000

구입가격차이 12,600 U (AP×AQ ↔ SP×AQ)

능률차이 4,000 F (10/kg × 실제사용량 ↔ SP×SQ)

실제구입량 = ₩12,600 / (₩12 − 10) = 6,300kg

SP(₩10/kg) × 실제사용량 = ₩60,000 − 4,000 = ₩56,000　　∴ 실제사용량 = 5,600kg

기말재료 = 6,300kg − 5,600kg = 700kg

③ 직접노무원가차이

직접노무원가차이는 직접노무원가의 실제발생액과 표준원가와의 차이로서 직접노무원가 임률차이와 직접노무원가 능률차이(시간차이)로 구분된다.

(1) 직접노무원가 임률차이

직접노무원가 임률차이(direct labor rate variance)는 실제작업시간에 대하여 실제임률과 표준임률과의 차이로 인한 원가차이이다. 이를 식으로 나타내면 다음과 같다.

$$\text{직접노무원가 임률차이} = AP \times AQ - SP \times AQ$$
$$= (AP - SP) \times AQ$$

단, AP : 실제임률, SP : 표준임률, AQ : 실제작업시간

임률차이의 원인

임률차이가 발생하는 주된 이유는 노동력의 숙련도에 따른 직무배치의 비효율성 때문에 발생한다. 예컨대 임률이 높은 고숙련자를 숙련이 필요없는 단순작업에 활용하는 경우에 불리한 임률차이가 발생할 것이다. 노동력의 숙련도에 따른 배치상의 잘못 이외에도 초과근무로 인하여 초과근무수당을 지급한 경우에도 임률차이가 발생한다.

직접노무원가 임률차이에 대한 책임은 일반적으로 노동력의 효율적 활용 여부를 결정하는 생산담당자에게 있다.

(2) 직접노무원가 능률차이

직접노무원가 능률차이(direct labor efficiency variance)는 표준임률에 대하여 실제작업시간과 표준작업시간의 차이로 인한 원가차이이다. 이를 식으로 나타내면 다음과 같다.

$$\text{직접노무원가 능률차이} = SP \times AQ - SP \times SQ$$
$$= SP \times (AQ - SQ)$$

단, SQ : 표준작업시간

능률차이의 원인

직접노무원가 능률차이의 원인으로는 작업자의 숙련도, 재료의 품질, 기계의 성능, 감독자의 감독상황 등을 들 수 있다. 직접노무원가 능률차이는 일반적으로 생산담당자의 책임이다. 그러나 재료의 품질 때문에 직접노무원가 능률차이가 발생한다면 이는 구매담당자가 책임져야 한다.

예제 5-6 직접노무원가 임률차이 (04CTA)

보령㈜는 표준원가계산제도를 사용한다. 다음은 이 회사의 4월 중 생산활동과 관련한 직접노무원가에 대한 자료이다. 직접노무원가 임률차이는 얼마인가?

직접노무원가 표준임률 : 시간당 ₩10,000	허용 표준직접작업시간 : 8,000시간
직접노무원가 실제임률 : 시간당 ₩9,500	직접노무원가 능률차이 : ₩4,800,000(유리)

해답

$AP \times AQ$	$SP \times AQ$	$SP \times SQ$
₩9,500 × 7,520시간 = ₩71,440,000	₩10,000 × 7,520시간 = ₩75,200,000	₩10,000 × 8,000시간 = ₩80,000,000

임률차이 ₩3,760,000 F　　　능률차이 ₩4,800,000 F

예제 5-7 직접노무원가 능률차이 (91CTA)

기남회사의 1개월간 직접노무원가 자료는 다음과 같다. 직접노무원가 능률차이는 얼마인가?

실제 직접노동시간 : 20,000시간	표준 직접노동시간 : 21,000시간
직접노무원가 임률차이 : ₩3,000(불리)	노무원가 총액 : ₩126,000

해답

$AP \times AQ$	$SP \times AQ$	$SP \times SQ$
(?)₩6.3 × 20,000시간 = ₩126,000	(?)₩6.15 × 20,000시간 = ₩123,000	(?)₩6.15 × 21,000시간 = ₩129,150

임률차이 ₩3,000 U　　　능률차이 ₩6,150 F

예제 5-8 직접노무원가 차이분석 : 역산 (21CTA)

㈜세무는 표준원가계산제도를 채택하고 있으며, 당기 직접노무원가와 관련된 자료는 다음과 같다.

제품 실제생산량 : 1,000 단위	직접노무원가 실제 발생액 : ₩1,378,000
단위당 표준직접노무시간 : 5.5 시간	직접노무원가 능률차이 : ₩50,000(유리)
직접노무원가 임률차이 : ₩53,000(불리)	

㈜세무의 당기 직접노무시간당 실제임률은?

해답

$AP \times AQ$	$SP \times AQ$	$SP \times SQ$
₩1,378,000	(?)₩1,325,000	(?)₩1,375,000

임률차이 ₩53,000 U　　　능률차이 ₩50,000 F

허용표준투입량(SQ) = 실제산출량 × 산출량 단위당 표준투입량 이므로

SP × (1,000단위 × 5.5시간/단위) = ₩1,375,000　　∴ SP = ₩250/시간

SP × AQ = ₩250/시간 × AQ(? = 5,300시간) = ₩1,325,000

AP × AQ = AP(? = ₩260/시간) × 5,300시간 = ₩1,378,000

4 변동제조간접원가차이

변동제조간접원가가 효율적으로 발생하기 위해서는 부가가치활동을 수행하여야 하며, 이 활동 내의 원가동인들을 가장 효율적인 방법으로 사용하여야 한다. 다음의 변동제조간접원가 차이분석을 통해 부가가치활동 내의 원가동인이 효율적으로 사용되고 있는지를 파악할 수 있다.

(1) 변동제조간접원가 소비차이

변동제조간접원가 소비차이(variable overhead spending variance)는 변동제조간접원가 실제발생액과 실제조업도에 대한 표준원가와의 차이로서 다음과 같다.

$$\text{변동제조간접원가 소비차이} = AP \times AQ - SP \times AQ$$
$$= (AP - SP) \times AQ$$

단, AP : 변동제조간접원가 실제배부율, SP : 변동제조간접원가 표준배부율,
AQ : 실제조업도(투입량)

변동제조간접원가 소비차이는 변동제조간접원가항목의 가격차이로 인한 원인과 과다한 사용 때문에 발생한다. 변동제조간접원가를 과다하게 사용하면 변동제조간접원가 실제배부율이 높게 되며 이에 따라 불리한 소비차이가 발생한다. 변동제조간접원가 소비차이는 가격에 의한 부분과 사용(수량)에 의한 부분이 결합되어 나타난다는 점이 직접재료원가차이 또는 직접노무원가차이와 다른 점이다.　소비차이의 원인

(2) 변동제조간접원가 능률차이

변동제조간접원가 능률차이(variable overhead efficiency variance)는 실제투입량에 대한 표준원가와 실제산출량에 대해 허용된 표준조업도에 대한 표준원가와의 차이이다. 이를 식으로 나타내면 다음과 같다.

$$\text{변동제조간접원가 능률차이} = SP \times AQ - SP \times AQ$$
$$= SP \times (AQ - SQ)$$

단, SQ : 실제산출량에 대해 허용된 표준조업도

능률차이의 원인

변동제조간접원가 능률차이를 해석할 때에는 매우 유의하여야 한다. 변동제조간접원가 능률차이는 변동제조간접원가 사용과는 아무런 관련이 없으며, 배부기준이 되는 조업도의 능률과 관련있다. 직접작업시간을 기준으로 변동제조간접원가를 배부한다면, 변동제조간접원가 능률차이는 배부기준인 직접작업시간을 얼마나 능률적으로 활용하였느냐를 나타낸다. 이 경우 직접노무원가 능률차이가 유리하다면 변동제조간접원가 능률차이도 당연히 유리하게 나타날 것이다.

변동제조간접원가 능률차이는 변동제조간접원가를 배부하는 기준조업도를 책임지는 담당자의 책임이며, 일반적으로 기계시간 또는 직접작업시간에 대한 책임권한은 생산담당자에게 있다.

예제 5-9 변동제조간접원가 소비차이 (20CTA)

㈜세무는 표준원가계산제도를 채택하고 있으며, 직접노무시간을 기준으로 제조간접원가를 배부한다. 20×1년의 생산 및 원가 자료가 다음과 같을 때, 변동제조간접원가 소비차이는?

변동제조간접원가 실제발생액 : ₩130,000	실제총직접노무시간 : 8,000시간
당기제품생산량 : 3,600단위	제품당 표준직접노무시간 : 2시간
변동제조간접원가 능률 차이 : ₩8,000(불리)	

해답

$AP \times AQ$	$SP \times AQ$	$SP \times SQ$
₩130,000	SP × 8,000시간	SP × 3,600단위 × 2시간

소비차이 ?　　　　능률차이 ₩8,000 U

변동제조간접원가 능률차이 = SP × 8,000 − SP × 3,600단위 × 2시간 = ₩8,000 ∴ SP = ₩10
변동제조간접원가 소비차이 = ₩130,000 − ₩10 × 8,000시간 = ₩50,000 ∴ ₩50,000 U

예제 5-10 변동제조간접원가 능률차이 (20CTA)

장백회사의 20×0년도 제조활동과 관련된 자료이다. 변동제조간접원가 능률차이는 얼마인가?

단위당 표준직접노동시간 : 2시간	실제 직접노동시간 : 10,500시간
생산된 제품단위 : 5,000개	실제 변동제조간접원가 : ₩28,000
변동제조간접원가 표준 : 표준직접노동시간당 ₩3	

해답

$AP \times AQ$	$SP \times AQ$	$SP \times SQ$
	₩3 × 10,500시간 = ₩31,500	₩3 × (5,000개 × 2시간) = ₩30,000

능률차이 ₩1,500 U

예제 5-11 변동제조간접원가 차이분석 (10CTA)

㈜진주는 제조간접원가를 직접노무시간에 따라 배부하며, 기준조업도(직접노무시간)는 30,000시간/월이다. 제품 1단위를 생산하는데 표준직접노무시간은 3시간이다. 9월의 자료를 바탕으로 9월 실제 제품생산량을 구하면 몇 단위인가?

실제 직접노무시간 : 28,000시간	변동제조간접원가 실제발생액 : ₩37,800
변동제조간접원가 소비차이 : ₩4,200(유리)	변동제조간접원가 능률차이 : ₩3,000(유리)

해답

$AP \times AQ$	$SP \times AQ$	$SP \times SQ$
₩37,800	(?)₩1.5 × 28,000시간 = (?)₩42,000	? = ₩45,000

소비차이 ₩4,200 F　　능률차이 ₩3,000 F

SP × SQ = ₩1.5 × (생산량 × 3시간) = ₩45,000　　∴ 생산량 = 10,000개

5 고정제조간접원가차이

고정제조간접원가의 차이분석은 변동제조원가의 차이분석과 확연히 다르다. 그 이유를 밝히기 위해서 먼저 고정제조간접원가를 제품에 배부하는 과정을 살펴보자.

고정제조간접원가 예산과 배부액

첫째, 고정제조간접원가를 배부하기 위한 **기준조업도**(denominator activity)를 설정한다. 고정제조간접원가는 조업도에 관계없이 일정하게 나타나므로 제품 단위당 고정제조간접원가는 조업도에 따라 달라진다. 따라서 제품 단위당 표준원가를 계산하기 위해서는 특정한 조업도를 선택하여야만 한다.

둘째, 기준조업도에서 **고정제조간접원가 표준배부율**(standard fixed overhead rate)을 다음과 같이 계산한다.

$$\text{고정제조간접원가 표준배부율} = \frac{\text{고정제조간접원가 예산}}{\text{기준조업도}}$$

셋째, 앞에서 구한 고정제조간접원가 표준배부율을 이용하여 고정제조간접원가를 재공품 또는 제품에 배부한다.

고정제조간접원가 예산과 배부액을 그림으로 나타내면 [그림 5-2]와 같다. 고정제조간접원가의 경우에는 재공품 배부액과 고정제조간접원가 예산이 기준조업도에서만 일치하고 다른 조업도 수준에서는 서로 다름을 알 수 있다.

고정제조간접원가 총차이

고정제조간접원가 총차이(fixed overhead total variance)는 고정제조간접원가 실제발생액과 고정제조간접원가 배부액($SP \times SQ$)과의 차이로서, 이를 표와 그림으로 나

| 그림 5-2 | 고정제조간접원가 예산과 배부액

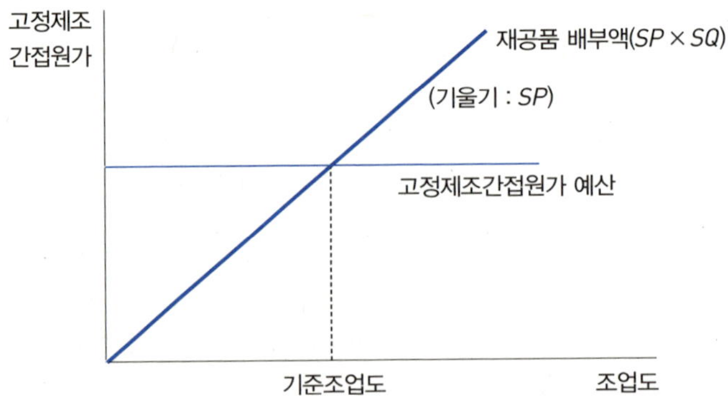

타내면 〈표 5-4〉, [그림 5-3]과 같다. [그림 5-3]에서 고정제조간접원가예산은 일정하게 나타나며, 기준조업도를 설정함으로써 고정제조간접원가 표준배부율(*SP*)을 구한다. 재공품계정에 배부되는 금액은 고정제조간접원가 표준배부율과 표준조업도를 곱한 금액(*SP* × *SQ*)이다. 고정제조간접원가 총차이는 고정제조간접원가 예산차이와 조업도차이로 구분된다.

| **표 5-4** | 고정제조간접원가 차이분석

실제 발생액	고정제조간접원가 예산 (*SP* × 기준조업도)	재공품 배부액 (*SP* × *SQ*)
예산차이		조업도차이

| **그림 5-3** | 고정제조간접원가 차이분석

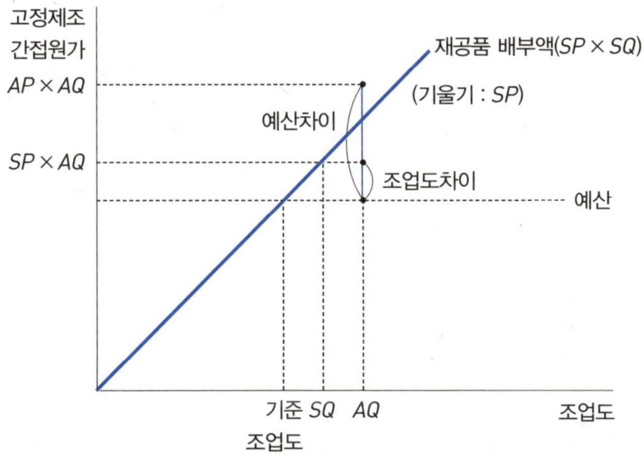

(1) 고정제조간접원가 예산차이

고정제조간접원가 예산차이(fixed overhead budget variance)는 고정제조간접원가 실제발생액과 고정제조간접원가 예산과의 차이로서, 이를 식으로 나타내면 다음과 같다.

> 고정제조간접원가 예산차이
> = 고정제조간접원가 실제발생액 − 고정제조간접원가 예산
> = 고정제조간접원가 실제발생액 − (고정제조간접원가 표준배부율 × 기준조업도)

(2) 고정제조간접원가 조업도차이

고정제조간접원가 조업도차이(fixed overhead volume variance)는 고정제조간접원가 예산과 고정제조간접원가 배부액과의 차이이다.

> 고정제조간접원가 조업도차이
> = 고정제조간접원가 예산 − 고정제조간접원가 배부액

그런데,

> 고정제조간접원가 예산 = 고정제조간접원가 표준배부율 × 기준조업도
> 고정제조간접원가 배부액 = 고정제조간접원가 표준배부율
> × 실제산출량에 대해 허용된 표준조업도

이므로 고정제조간접원가 조업도차이는 다음과 같이 표현할 수 있다.

> 고정제조간접원가 조업도차이
> = 고정제조간접원가 표준배부율 × (기준조업도 − 표준조업도)

조업도차이의 원인

고정제조간접원가 조업도차이는 기준조업도와 실제산출량에 대해 허용된 표준조업도와의 차이 때문에 발생하며,[1] 기계장치의 활용도에 대한 하나의 지표이다.

기준조업도와 표준조업도의 개념 차이를 이해하기 위하여 간단한 예를 들어보자. 만약 기준조업도를 기계시간 2,000시간(제품생산량 1,000개)이라고 설정했다고 하자. 실제 제품생산량이 1,200개라면 이를 생산하는데 허용된 표준기계시간은 2,400시간이다. 예상(기준)보다 기계를 많이 활용하였으므로 유리한 조업도차이가 발생한다.

1) 고정제조간접원가에 대한 표준원가차이분석에서 학생들이 가장 어려워하는 개념이 기준조업도와 표준조업도이다. 다음 예를 통해 살펴보자.
〈예1〉 1달에 자동차 100대 생산할 계획이다. 1대당 타이어 표준수량은 4개이며 11월에 90대를 생산했고 타이어는 365개를 사용했다. 〈예1〉에서 기준조업도는 자동차 100대(즉, 타이어 400개)이다. 표준조업도는 실제제품생산량에 허용된 조업도이다. 여기서 실제제품생산량은 자동차 90대이므로 타이어로 환산하면 90대 × 4개 = 360개가 표준조업도이다.
정리하면, 타이어 기준으로 기준조업도는 400개, 표준조업도는 360개, 실제조업도는 365개이다.
〈예2〉 1달에 자동차 100대 생산할 계획이다. 1대당 표준작업시간은 1시간이다. 11월에 90대를 생산했고 실제작업시간은 95시간이다. 〈예2〉에서 기준조업도는 자동차 100대(즉, 작업시간 100시간)이다. 표준조업도는 실제제품생산량에 허용된 조업도이다. 여기서 실제제품생산량은 자동차 90대이므로 작업시간으로 환산하면 90대 × 1시간 = 90개가 표준조업도이다.
정리하면, 작업시간 기준으로 기준조업도는 100시간, 표준조업도는 90시간, 실제조업도는 95시간이다.

만약 앞의 예에서 기준조업도를 기계시간 2,400시간(제품생산량 1,200개)이라고 설정했다고 가정한다면, 실제생산량이 1,200개이므로 조업도차이는 발생하지 않을 것이다. 한편, 기준조업도를 기계시간 3,000시간(제품생산량 1,500개)이라고 설정했었다면 이때는 불리한 조업도차이가 발생한다.

이러한 예는 조업도차이가 기본적으로 기준조업도를 얼마로 설정하느냐 하는 문제와 직결됨을 보여준다. 기준조업도는 고정제조간접원가 표준배부율을 구할 때 분모가 되므로, 조업도차이를 분모차이(denominator variance)라고도 한다.

고정제조간접원가 표준배부율을 이용하여 고정제조간접원가를 재공품계정에 배부하는 것은 고정제조간접원가를 변동원가처럼 취급하는 것이다. 이는 원가행태 또는 원가통제적 측면에서 보면 타당하지 않지만 제품원가계산을 위하여 불가피하게 나타난 현상이다.

원가통제적 측면에서는 고정제조간접원가를 총액으로 파악하여야 하지만, 표준원가에 의해 제품원가를 결정하기 위해서는 고정제조간접원가를 단위당으로 파악해야 하기 때문이다. 따라서 변동제조원가 수량차이와는 달리 고정제조간접원가 조업도차이는 소비의 관점에서 경영자가 통제할 수 없는 원가차이이다.

한편, 고정제조간접원가의 경우에는 능률차이가 발생하지 않는다. 고정제조간접원가는 투입－산출 관계가 존재하지 않기 때문이다.

예제 5－12 고정제조간접원가 차이분석 (05CTA)

제품 12,200단위가 생산될 때 고정제조간접원가 ₩124,700이 발생하였다. 고정제조간접원가 예산은 ₩120,000이며, 표준배부율은 25,000기계시간을 기준으로 계산되었다. 제품 단위당 표준기계시간은 2시간이다. 총 24,200기계시간이 실제 발생하였다. 고정제조간접원가 예산차이와 조업도차이는 각각 얼마인가?

해답

고정제조간접원가 차이분석은 우선적으로 고정제조간접원가 표준배부율을 구하자.

고정제조간접원가 표준배부율 = ₩120,000 ÷ 25,000기계시간 = ₩4.8/기계시간

$AP \times AQ$	예산	$SP \times SQ$
₩124,700	₩120,000	₩4.8 × (12,200개 × 2시간) = ₩117,120

예산차이 ₩4,700 U　　조업도차이 ₩2,880 U

예제 5-13 고정제조간접원가 차이분석 (17CTA)

단일 제품을 제조·판매하는 ㈜세무의 20×1년 실제 제품생산량은 45,000단위이다. ㈜세무가 고정제조간접원가 표준배부율을 계산할 때 사용한 연간 예산 고정제조간접원가는?

제품단위당 표준직접노무시간 : 2시간	예상 총직접노무시간(기준조업도) : 72,000시간
실제발생 고정제조간접원가 : ₩66,000	조업도차이 : ₩16,200 (유리)

해답

$AP \times AQ$	예산	$SP \times SQ$
₩66,000	SP(? = ₩0.9) × 72,000시간 = ₩64,800	SP × (45,000개 × 2시간)
	조업도차이 ₩16,200 F	

SP × (72,000 − 45,000개 × 2시간) = − ₩16,200　　∴ SP = 0.9

예제 5-14 고정제조간접원가 차이분석 : 기준조업도 (19CTA)

㈜세무는 표준원가계산제도를 채택하고 있으며 기계작업시간을 기준으로 고정제조간접원가를 배부한다. 다음 자료에 의할 경우 기준조업도 기계작업시간은? (단, 기초 및 기말 재공품은 없다.)

실제 제품 생산량 : 700단위	제품 단위당 표준기계작업시간 : 2시간
실제발생 고정제조간접원가 : ₩12,000	고정제조간접원가 예산차이 : ₩2,000 (불리)
고정제조간접원가 조업도차이 : ₩4,000 (유리)	

해답

$AP \times AQ$	예산	배부($SP \times SQ$)
₩12,000		SP × (2시간 × 700개)
예산차이 ₩2,000U		조업도차이 ₩4,000F

SP × (2시간 × 700개) = ₩12,000 − 2,000 + 4,000 = ₩14,000　　∴ SP = ₩10/시간

고정제조간접원가 예산 = ₩10/시간 × 기준조업도(? = 1,000시간) = ₩12,000 − 2,000 = ₩10,000

예제 5-15 고정제조간접원가 차이분석 : 표준배부율 (21CPA)

㈜대한은 표준원가계산을 적용하고 있다. 20×1년 1월과 2월에 실제로 생산된 제품 수량과 차이분석 자료는 다음과 같다.

월	실제 생산된 제품 수량	고정제조간접원가 소비차이(예산차이)	고정제조간접원가 조업도차이
1월	1,500단위	₩500 불리	₩1,000 불리
2월	2,000단위	₩500 유리	₩500 유리

㈜대한이 20×1년 1월과 2월에 동일한 표준배부율을 적용하고 있다면, 제품 1단위당 고정제조간접원가 표준배부율은 얼마인가? 단, 고정제조간접원가의 배부기준은 제품 생산량이다.

해답

(1월) $AP \times AQ$	예산	$SP \times SQ$
₩66,000	?	$SP \times$ 1,500단위

조업도차이 ₩1,000 U

(2월) $AP \times AQ$	예산	$SP \times SQ$
₩?	?	$SP \times$ 2,000단위

조업도차이 ₩500 F

1월 예산 : − 1,500 SP = − ₩1,000

2월 예산 : − 2,000 SP = ₩500　　∴ SP = ₩3

예제 5-16 고정제조간접원가 조업도차이

한일회사는 표준전부원가계산제도를 채택하고 있다. 고정제조간접원가는 연간 정상생산량 8,000개를 기준으로 제품에 배부하며, 고정제조간접원가 표준배부율 ₩30이다. 20×8년도 조업도차이는 ₩15,000 불리이다. 20×8년도 제품생산량은 몇 개인가?

해답

조업도차이(수량) = 조업도차이(금액) ÷ 고정제조간접원가 표준배부율

= ₩15,000 불리 ÷ ₩30 = 500개

제품생산량 = 8,000개 − 500 = 7,500개

(별해) 고정제조간접원가 배부액 = 예산 ₩240,000 − 조업도차이 15,000 = ₩225,000

고정제조간접원가 배부액 ₩225,000 = 생산량(? = 7,500개) × 고정제조간접원가 표준배부율 30

❻ 원가차이 종합 모형

(1) 종합 모형

지금까지 살펴본 원가요소별 원가차이를 종합적으로 정리하면 〈표 5-5〉와 같다. 원가차이가 기업의 이익에 긍정적 영향을 미칠 때 유리한 차이(favorable variance)라 하며, 반대로 기업의 이익에 부정적 영향을 미칠 때 불리한 차이(unfavorable variance)라 하였다. 원가차이를 구하기 위해 대비하는 두 난(column) 중 왼쪽 금액이 오른쪽 금액보다 크다면 불리한 원가차이이며, 반대로 왼쪽 금액이 오른쪽 금액보다 작다면 유리한 원가차이임을 알 수 있다.

| 표 5-5 | 원가차이의 종합 모형

	실제 발생액 $AP \times AQ$		$SP \times AQ$		재공품 배부액 $SP \times SQ$
직접재료원가		가격차이		수량차이	
직접노무원가		임률차이		능률차이	
변동제조간접원가		소비차이		능률차이	
			고정제조간접원가 예산		
고정제조간접원가		예산차이		조업도차이	

(2) 3분법, 2분법

지금까지 제조간접원가를 변동제조간접원가와 고정제조간접원가로 구분하여 차이분석을 하였다. 변동제조간접원가의 소비차이, 능률차이, 그리고 고정제조간접원가의 예산차이, 조업도차이 등 총 4가지로 차이분석을 하였다. 이를 4분법이라 한다. 만약, 제조간접원가를 원가의 행태에 따라 변동제조간접원가와 고정제조간접원가로 구분하지 못한다면 4분법을 적용할 수 없다. 이러한 경우에는 〈표 5-6〉과 같이 3분법 또는 2분법을 사용한다.

4분법에서 분석한 변동제조간접원가 소비차이와 고정제조간접원가 예산차이는

| 표 5-6 | 제조간접원가 차이분석 : 4분법, 3분법, 2분법

4분법	3분법	2분법
소비차이	소비(예산)차이	소비(예산)차이
예산차이		
능률차이	능률차이	
조업도차이	조업도차이	조업도차이

실제발생액과 예산과의 차이라는 측면에서 그 성격이 비슷하다. 따라서 이들을 합쳐서 3분법에서는 제조간접원가 소비(또는 예산)차이라 한다. 4분법에서의 변동제조간접원가 능률차이와 고정제조간접원가 조업도차이는 각각 3분법에서 제조간접원가 능률차이, 제조간접원가 조업도차이라 한다.

2분법은 제조간접원가차이를 두 가지로 구분하는 방법이다. 2분법의 원가차이 중 하나는 제조간접원가차이 중 그 성격이 다른 원가차이와 가장 확연하게 차이나는 조업도차이이다. 2분법의 제조간접원가 조업도차이는 4분법의 조업도차이와 동일하며, 역시 3분법의 조업도차이와 동일하다. 또 다른 하나는 조업도차이를 제외한 나머지로서 제조간접원가 소비(또는 예산)차이라 한다. 조업도차이를 통제불능차이라고도 하며, 상대적으로 2분법의 제조간접원가 소비(또는 예산)차이를 통제가능차이라고도 한다. 2분법의 제조간접원가 소비(또는 예산, 통제가능)차이는 4분법의 소비차이, 예산차이, 능률차이를 모두 포함한다. 다시 말하면 3분법의 소비(또는 예산)차이와 능률차이를 포함한다. 소비(또는 예산)차이라는 동일한 용어를 사용하였지만, 4분법이냐 3분법이냐 2분법이냐에 따라 포함하는 범위가 달라진다.

7 원가차이분석의 유의사항

원가차이를 분석하는 주된 이유는 경영자가 미래에 보다 나은 의사결정을 할 수 있도록 어떤 요인이 원가에 영향을 미치는가를 설명하는데 있다. 차이분석의 목적은 특정인을 비난하기 위함이 아니며, 차이나는 이유를 분석하여 그에 대한 대응조치를 강구함으로써 조직 전체의 목적을 달성하도록 지원하는 데 있다.

원가차이분석시 유의할 사항은 다음과 같다.

(1) 원가차이의 상호관계

흔히 불리한 차이는 나쁘며, 유리한 차이는 좋다고 생각하기 쉽다. 그러나 원가차이들은 상호 대체관계가 존재하기 때문에 이들을 종합적으로 살펴보아야 한다. 예를 들어 재료의 구매담당자가 품질이 낮은 재료를 구입할 경우 유리한 가격차이가 발생하지만, 이로 인해 제조과정에 투입되는 재료의 수량, 작업시간은 표준보다 많아져 불리한 수량차이가 발생할 수 있다. 또 다른 예로써 제조과정에 미숙련공을 많이 투입하면 유리한 임률차이가 발생하지만, 이로 인해 작업시간이 표준시간보다 많아져 불리한 능률차이가 발생한다. 따라서 유리한 원가차이라고 해서 경영자가 잘했다고 판단하거나, 불리한 원가차이라고 해서 경영자가 잘못했다는 판단을 해서는 안된다. 원가차이는 어디까지나 문제를 제기하며, 원인에 대한 단서를 제공할 뿐이다.

이와 같이 원가차이의 대체관계가 존재하는 경우가 많기 때문에, 왜 원가차이가 발생하였는가를 주의깊게 조사하여야 한다.

(2) 예외에 의한 관리

원가차이분석과 성과보고서는 예외에 의한 관리개념을 실행하는 하나의 방안이다. '예외에 의한 관리'(management by exception)란 실제성과가 예상(표준)과 차이나는 분야에 대해 경영자가 관리하는 것을 뜻한다. 경영자의 시간과 노력은 한정되어 있으므로 이를 효율적으로 활용하기 위해서는 정상적으로 작동하고 있는 분야에 경영자의 시간과 노력을 투입해서는 안된다.

그런데 실제원가 또는 실제수익이 예상과 일치되는 경우는 매우 드물다. 그렇다면 '모든 원가차이에 대해 경영자가 관리할 것인가?'라는 의문이 제기된다.

흔히 표준원가는 단일값으로 설정한다. 그러나 표준이란 허용가능한 결과가 나타날 수 있는 범위 중 특정값이다. 통계적 방법을 이용하면 원가차이 중 예외적 상황에 따른 원가차이와 무작위한 원가차이를 구분할 수 있다. 원가차이가 일정한 범위 이내에서 발생하면 이는 무작위한 원가차이라고 할 수 있다. 그러나 일정한 범위를 벗어나는 원가차이는 예외적 상황에 따른 원가차이이며, 이 원가차이에 대해서는 경영자가 많은 시간과 노력을 투입하여 원인을 분석하고 대책을 강구하여야 한다.

| 그림 5-4 | 통계적 관리도

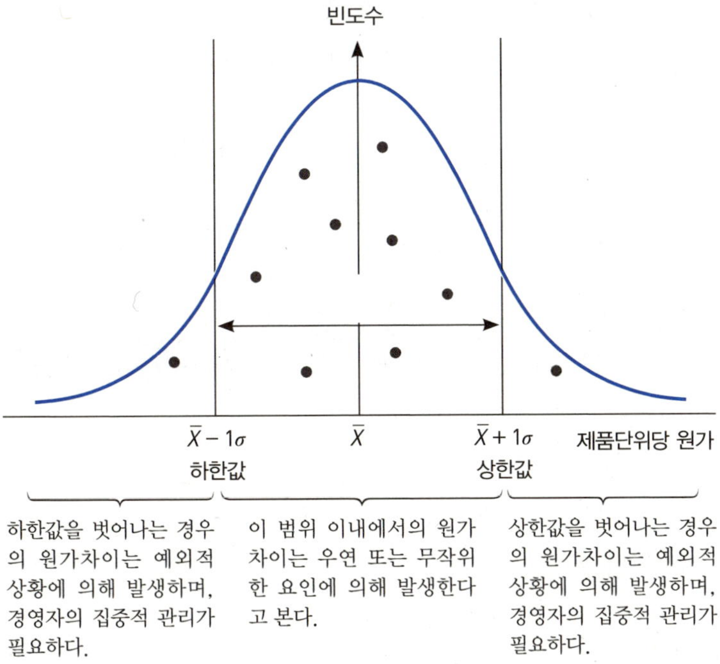

[그림 5-4]를 살펴보자. 제품 단위당 원가는 평균(표준원가)을 중심으로 정규분포 형태를 나타낸다. 표준편차(s)만큼의 상한값과 하한값을 설정하면, 이 범위 이내에 속하는 제품 단위당 원가는 약 68%이다. 이 범위에 속하는 실제원가는 정상이라고 판단하며, 우연 또는 무작위한 요인 때문에 원가차이가 발생한다고 간주한다. 그러나 실제원가가 상한값 또는 하한값을 벗어나는 경우에는 예외적 상황에 의해 원가차이가 발생한 것이므로 경영자의 집중적 관리가 필요하다. 특히 실제원가가 하한값을 벗어나는 경우, 즉 유리한 원가차이가 발생하는 경우에는 간과하기 쉬우나 이 역시 경영자의 집중적 관리가 필요하다. 왜냐하면 재료의 품질이 매우 낮아 실제원가가 표준원가보다 현저히 낮거나, 표준이 잘못 설정되어 있을 수 있기 때문이다.

(3) 표준원가의 검토

기업환경이 무한경쟁을 요구하는 현실 속에서 한번 설정한 표준을 계속 고집할 수는 없다. 조직이 성장·발전하기 위해서는 조직 내외의 벤치마크를 활용한 벤치마킹이 이루어져야 한다.

벤치마킹(benchmarking)이란 조직 내외에서 찾아낸 최상의 성과수준과 대비하여 제품, 서비스, 활동 등을 평가하는 연속적 과정을 뜻한다. 조직 내에서 가장 효율적으로 운영되는 부서의 원가정보, 동종산업 내에서 가장 효율적으로 운영되는 조직의 원가정보, 경쟁업체의 원가구조 분석을 통한 목표원가의 산출 등을 통해 표준원가를 수시로 검토하여야 한다.

제 3 절 표준원가차이의 회계처리

외부보고 목적으로 재무제표를 작성할 때에는 앞에서 분석한 표준원가차이들을 관련계정에 적절히 반영하여야 한다. 이를 반영하는 방법에는 매출원가 조정법, 안분법, 영업외손익법 등이 있다.

(1) 매출원가 조정법

매출원가 조정법은 원가차이를 매출원가에서 조정하는 방법으로서, 유리한 원가차이는 매출원가에서 차감하고 불리한 원가차이는 매출원가에 가산한다. 원가차이를 모두 매출원가에서 조정하기 때문에 재고자산은 항상 표준원가로 계상된다.

만약 표준이 현실적으로 달성가능한 수준이라면 이 때의 원가차이는 재고가능하다고 볼 수 없으며, 따라서 재고자산의 일부가 아닌 매출원가의 수정항목으로 처리하여야 한다. 이와 같이 회계처리하면 표준원가를 이용하여 재고자산을 간편하고 신속하게 평가할 수 있다는 본래의 목적을 충분히 달성할 수 있게 된다.

(2) 안분법

재고자산금액은 실제원가에 의해 평가되어야 한다는 입장에서 본다면, 원가차이는 재고자산과 매출원가계정에 안분(prorating)하여야 한다. 유리한 원가차이는 재고자산과 매출원가계정에서 안분하여 차감하고, 불리한 원가차이는 재고자산과 매출원가계정에 안분하여 가산한다.

안분법의 기본원리는 원가요소의 표준원가차이가 영향을 미치는 항목에 안분한다는 것이다. 표준원가차이를 안분하는 방법에 따라 총원가 비례배부법과 원가요소별 비례배부법으로 구분된다.

① **총원가 비례배부법** : 표준원가차이를 기말재공품, 기말제품, 매출원가계정의 총원가의 비율에 따라 배부하는 방법이다. 다만, 원재료 구입가격차이가 발생하면 이는 원재료계정에도 영향을 미치게 되므로, 원재료 구입가격차이를 기말재료, 기말재공품, 기말제품, 매출원가 등 네 군데에 배분한다.

② **원가요소별 비례배부법** : 표준원가차이를 기말재공품, 기말제품, 매출원가계정에 포함된 원가요소(표준직접재료원가, 표준직접노무원가, 표준제조간접원가)의 비율에 따라 배부하는 방법이다. 다만, 원재료 구입 시점에서 가격차이를 분리하는 경우, 직접재료 구입가격차이는 직접재료 능률차이, 기말원재료, 기말재공품, 기말제품, 매출원가계정에 포함된 직접재료원가의 비율대로 배부한다. 만약, 원재료 가격차이를 구입 시점이 아니라 사용 시점에서 분리하였다면 직접재료 가격차이는 기말재공품, 기말제품, 매출원가계정에 포함된 직접재료원가의 비율대로 배부한다.

이 방법에 의해 차이조정 후 기말원재료, 기말재공품, 기말제품, 매출원가계정의 금액은 실제원가계산에 의한 금액과 정확히 일치하게 된다. 이론적으로 가장 좋은 방법이지만, 기말재공품, 기말제품, 매출원가계정 각각에 원가요소별 금액을 일일이 파악해야 하는 어려움이 있다. 이 방법은 원가차이가 상대적으로 크고 중요한 경우에 사용한다.

(3) 영업외손익법

영업외손익법은 원가차이가 원가성이 없을 경우 원가차이를 영업외손익으로 처리하는 방법이다. 비정상적인 원인으로 발생하는 원가차이는 재고자산이나 매출원가에서 조정해서는 안되며 손익계산서에 영업외손익항목으로 별도로 공시하여야 한다.

예제 5-17 표준원가차이 : 총원가기준법

H사는 당기에 제조간접원가를 ₩45,000만큼 과소배부하였다. 배부차이 조정전의 매출액은 ₩1,200,000, 매출원가는 ₩720,000이며, 재고자산 기말잔액은 직접재료 ₩36,000, 재공품 ₩54,000, 제품 ₩90,000이다. H사는 제조간접원가 과소 또는 과대배부액을 총원가기준법에 따라 매출원가, 재공품, 제품에 배분하여 처리한다. H사의 당기 손익계산서상 매출원가는 얼마인가?

해답

직접재료 기말재고는 제조간접원가 배부차이 조정과 상관없음에 주의하자.

$$\text{매출원가에의 배부액 : ₩45,000} \times \frac{720,000}{54,000 + 90,000 + 720,000} = \text{₩37,500}$$

∴ 수정후 최종 보고되는 매출원가 = ₩720,000 + 37,500 = ₩757,500

예제 5-18 표준원가차이 : 안분법 (13CPA수정)

㈜한국은 20×1년초에 영업활동을 개시하였고 표준원가계산제도를 채택하고 있다. 20×1년말 현재 표준원가로 기록된 원가계정 잔액과 실제발생원가는 직접노무원가를 제외하고 모두 동일하다. 실제발생 직접노무원가는 ₩250이다. 한편 표준직접노무원가는 기말재공품에 ₩40, 기말제품에 ₩80, 매출원가에 ₩80이 포함되어 있다. 직접노무원가의 차이는 전액 임률차이 때문에 발생한 것이다. 직접노무원가 임률차이를 매출원가에서 전액 조정하는 경우는 안분법에 의해 조정하는 경우보다 매출원가가 얼마나 크겠는가(또는 작겠는가)?

해답

직접노무원가 원가차이 = ₩250 − (40 + 80 + 80) = ₩50 불리

원가차이를 매출원가에서 전부 조정시 매출원가에 포함된 직접노무원가 = ₩80 + 50 = ₩130

$$\text{안분조정시 매출원가에 포함된 직접노무원가 = ₩80} + \frac{80}{40 + 80 + 80} \times 50 = \text{₩100}$$

제 4 절 표준공정별원가계산

앞에서 자세히 살펴본 공정별원가계산과 본 장에서 다룬 표준원가계산을 함께 이용하는 경우를 살펴보자.

공정별원가계산에서는 제품 단위당 원가를 산출하기 위하여 5단계법 등을 통해 복잡한 과정을 거쳤다. 그런데, 사전에 제품 단위당 원가를 표준원가에 의해 설정하고, 전기의 표준원가와 당기의 표준원가가 동일하다면 공정별원가계산이 다음과 같이 너무나 쉽게 이루어진다.

> 완성품원가 = 당기완성량 × 제품 단위당 표준원가
> 기말재공품원가 = 기말재공품 완성품환산량 × 제품 단위당 표준원가

제품 단위당 표준원가가 사전에 설정되어 있으면 물량흐름과 완성도만 파악하면 공정별원가계산이 쉽게 이루어질 수 있다.

아울러, 표준원가차이를 분석할 때는 표준수량(*SQ*)은 실제산출량에 허용된 표준수량이며, 공정별원가계산에서는 실제산출량에 허용된 완성품환산량을 의미한다. 당기의 생산량에 대한 표준원가차이분석이므로, 완성품환산량은 선입선출법(= 완성품 + 기말재공품완성품환산량 − 기초재공품완성품환산량)처럼 구한다.

예제 5-19 공정별원가계산 + 표준원가 (22CTA)

㈜세무는 20×1년에 영업을 시작하였으며, 표준원가계산제도를 적용하고 있다. 20×2년의 제품 단위당 표준원가는 20×1년과 동일하게 다음과 같이 설정하였다. 직접재료는 공정의 초기에 전량 투입되며, 전환원가(conversion costs)는 공정 전반에 걸쳐 균등하게 발생한다.

직접재료원가	4kg × ₩6	= ₩24
직접노무원가	2시간 × ₩4	= 8
변동제조간접원가	2시간 × ₩4	= 8
고정제조간접원가	2시간 × ₩5	= 10
합계		₩50

㈜세무의 20×2년 기초재공품은 1,000단위(완성도 40%), 당기 완성량은 5,500단위이며, 기말재공품은 700단위(완성도 60%)이다. 표준공정별원가계산 하에서 완성품원가와 기말재공품원가는 각각 얼마인가? (단, 원가흐름은 선입선출법을 가정하고, 공손 및 감손은 없다.)

해답

완성품원가 = 5,500개 × ₩50 = ₩275,000
기말재공품원가(직재) = 700개 × ₩24 = ₩16,800
기말재공품원가(전환) = 700개 × 60% × ₩26 = ₩10,920
기말재공품원가 = ₩16,800 + 10,920 = ₩27,720

예제 5-20 공정별원가계산 + 표준원가 차이분석 (10CPA)

㈜한산은 표준원가계산을 적용하고 있다. 전기와 당기의 표준원가는 동일하며 직접재료의 표준원가는 다음과 같다.

	수량표준	가격표준	제품단위당 표준원가
직접재료원가	2kg	₩10/kg	₩20

당기에 직접재료를 10,000kg(kg당 구입가격 ₩12) 구입하였으며 9,000kg을 공정에 투입하였다. 기초재공품은 1,000단위(직접재료원가 완성도 80%)이었고 기말재공품은 1,300단위(직접재료원가 완성도 60%)이었다. 당기 중에 완성된 합격품은 3,500단위이었으며 공손품 200단위가 발생하였다. 품질검사는 공정의 종료단계에서 실시한다. 공손품은 모두 비정상공손으로 간주하며 처분가치는 없다. 회사는 비정상공손원가를 계산하여 별도의 계정으로 파악하고 있다. 직접재료원가 수량차이(능률차이)는 얼마만큼 유리(혹은 불리)한가?

해답

SQ는 선입선출법(완 + 공 + 말 − 초)처럼 수량을 파악한다.
직접재료원가 완성품환산량 = 완성품 3,500개 + 비정공공손 200개 + 기말재공품완성품환산량 1,300 × 60% − 기초재공품완성품환산량 1,000 × 80%
= 3,680개

$SP \times AQ$	$SP \times SQ$
₩10/kg × 9,000kg = ₩90,000	₩10/kg × (3,500 + 200 + 780 − 800) × 2kg = ₩73,600

수량차이 ₩16,400 불리

연 습 문 제 exercise

01 직접재료원가 수량차이 (98CPA, 97CTA유사)

㈜대전은 표준원가제도를 채택하고 있다. 재료원가와 관련된 다음 표준원가 및 생산활동 자료를 바탕으로 직접재료원가 능률차이를 구하면 얼마인가? 단, 구입량과 투입량은 같다.

표준직접원가자료 : 제품 단위당 표준투입량 10개, 투입단위 표준가격 ₩20
실제생산자료 : 제품생산량 100개, 직접재료원가 ₩21,560, 재료단위당 구입가격 ₩22

02 직접재료원가 수량차이 (97CTA, 98CPA유사)

㈜신라는 표준원가계산제도를 채택하고 있다. 직접재료원가 능률차이(수량차이)는 얼마인가? 단, 구입량과 투입량은 같다.

표준직접재료원가 : 제품 단위당 표준투입량 5개, 투입단위당 표준가격 ₩10
실제생산자료 : 제품생산량 100개, 직접재료원가 ₩5,200, 재료단위당 구입원가 : ₩12.5

03 직접재료원가 차이분석 (15CPA변형)

㈜한국은 표준원가계산제도를 사용하고 있으며 제품 단위당 표준원가는 다음과 같다.

구 분	수량표준	가격표준	표준원가
직접재료원가	2kg	₩10	₩20

㈜한국은 20×1년 2월에 제품 1,100단위를 생산하였다. 이와 관련하여 당월 중 직접재료 2,420kg을 kg당 ₩9.5에 외상으로 구입하여 이 중 2,300kg을 생산에 투입하였다. 회사가 직접재료원가 가격차이를 사용 시점에서 분리할 경우, 20×1년 2월 중 직접재료의 생산투입에 대한 분개를 하라. 단, 20×1년 2월 직접재료의 월초재고는 없었으며, 월초재공품과 월말재공품 또한 없었다.

04 직접노무원가 차이분석 (17CTA)

표준원가를 사용하는 ㈜세무의 20×1년 직접노무원가에 대한 자료가 다음과 같을 때, 20×1년 예상제품생산량은?

직접노무원가 고정예산	₩896,400	직접노무원가 실제발생액	₩1,166,400
단위당 표준 직접노무시간	83시간	단위당 실제 직접노무시간	81시간
실제 제품생산량	300개	임률차이	₩437,400(불리)

05 직접원가 차이분석 (09CTA)

㈜대한은 표준원가계산시스템을 사용하고 있다. 다음은 제품 단위당 원가요소별 표준원가 자료이다.

직접재료원가	₩100	직접노무원가	₩200
변동제조간접원가	50	고정제조간접원가	100

6월에 기초재고는 없고, 총 500개의 제품을 생산하였다. 직접재료원가 가격차이는 ₩1,000(불리), 수량차이는 ₩2,000(유리)이고, 직접노무원가 임률차이는 ₩500(유리), 능률차이는 ₩1,500(불리)이었다. 6월 중 직접재료원가 실제발생액과 직접노무원가 실제발생액은 각각 얼마인가?

06 제조간접원가 총차이 (84CTA)

동모회사는 표준원가제도를 채택하고 있다. 3월의 제조간접원가에 대한 다음 정보를 바탕으로 제조간접원가 차이를 구하면 얼마인가?

실제제조간접원가총액	₩756,000
고정제조간접원가 예산액	₩198,000
직접노동시간당 제조간접원가 표준배부율	₩240
직접노동시간당 변동제조간접원가 표준배부율	₩180
실제직접노동시간	3,600시간
실제생산에 허용된 표준직접노동시간	3,500시간

07 변동제조간접원가 소비차이 (04CTA)

삼천리㈜의 표준원가계산제도는 제조간접원가의 배부에 있어서 직접작업시간을 배부기준으로 사용한다. 다음은 이 회사의 원가차이분석에 필요한 자료이다. 변동제조간접원가 소비차이는 얼마인가?

제조간접원가 실제 발생액 : ₩15,000	고정제조간접원가 실제 발생액 : ₩7,200
표준 작업시간 : 3,800시간	실제 작업시간 : 3,500시간
변동제조간접원가 표준배부율 : 작업시간당 ₩2.50	

08 변동제조간접원가 능률차이 (12CPA변형)

아래 자료에 근거하여 변동제조간접원가 능률차이를 구하면 얼마인가?

	실제	표준
변동제조간접원가	₩471,500	₩400,000
기계시간당 변동제조간접원가 배부율	₩23	₩20
제품단위당 기계시간	41시간	40시간

09 변동제조간접원가 능률차이

대한기업은 수질정화시설을 생산하는 업체이며, 표준원가계산제도를 채택하고 있다. 다음 정보를 바탕으로 변동제조간접원가 능률차이를 구하면 얼마인가?

가. 10월의 제조간접원가 실제발생액은 총 ₩2,490,000이며, 직접노무원가 실제발생액은 ₩2,024,400이었다.
나. 직접노무원가 임률차이는 ₩96,400 불리하였으며 직접노무원가 총차이는 ₩144,400 불리하였다.
다. 직접노무원가의 표준임률은 시간당 ₩160이다.
라. 월 8,000 직접작업시간일 때 변동제조간접원가 예산액은 ₩640,000이다. 제조간접원가는 직접작업시간을 기준으로 배부한다.

10 고정제조간접원가 조업도차이 (14CTA)

㈜세무는 표준원가계산을 사용하고 있으며, 월간 기준조업도는 제품 1,200단위를 생산할 수 있는 6,000기계시간이다. ㈜세무의 20×1년 4월 각 조업도 수준별 제조간접원가 변동예산은 다음과 같다.

제조간접원가	조업도 수준		
	5,000기계시간	6,000기계시간	7,000기계시간
변동제조간접원가 :			
소모품비	₩1,000	₩1,200	₩1,400
간접노무원가	1,500	1,800	2,100
계	₩2,500	₩3,000	₩3,500
고정제조간접원가	9,000	9,000	9,000
총제조간접원가	₩11,500	₩12,000	₩12,500

㈜세무는 20×1년 4월 중 제품 1,300단위를 생산하였다. 이와 관련하여 6,800기계시간이 사용되었고 실제 변동제조간접원가는 ₩4,200이며, 실제 고정제조간접원가는 ₩9,400이다. ㈜세무의 4월 고정제조간접원가 생산조업도차이는 얼마인가?

11 기준조업도의 산출

영신회사는 5월 중 제품 20,000개를 생산하였다. 5월 중 제조간접원가 및 기타 관련사항은 다음과 같다. 이 회사의 기준조업도는 몇 시간인가?

가. 실제직접작업시간 : 110,000시간
나. 제조간접원가 배부기준은 직접작업시간이며, 제품 단위당 표준직접작업시간은 5시간이다.
다. 고정제조간접원가 실제발생액은 ₩588,000이다.
라. 고정제조간접원가 예산차이는 ₩6,000(불리)이며, 조업도차이는 ₩18,000(유리)이다.

---

12 고정제조간접원가 예산 (22CTA)

㈜세무는 표준원가계산제도를 사용하고 있으며, 매월 동일한 표준원가를 적용한다. 20×1년 5월과 6월의 실제 제품 생산량은 각각 100단위와 120단위이었고, 다음과 같은 조업도차이가 발생했다.

기간	조업도차이
5월	₩1,000(불리)
6월	₩600(불리)

㈜세무의 고정제조간접원가 월간 예산은?

13 고정제조간접원가 조업도차이 (94CTA)

영암섬유의 고정제조간접원가는 노동시간을 기준으로 하여 배부되며 기준조업도는 5,000노동시간이다. 표준노동시간은 제품 단위당 10시간이다. 제품의 실제생산량은 530단위이고 고정제조간접원가의 실제발생액은 ₩6,230,000이다. 고정제조간접원가 소비차이가 ₩1,090,000 유리하다면 조업도차이는 얼마인가?

14 고정제조간접원가 조업도차이 (06CTA, 05CPA유사)

대한회사는 표준원가계산제도를 도입하고 있다. 당기의 변동제조간접원가예산은 ₩3,000,000이고, 고정제조간접원가예산은 ₩8,000,000이다. 제조간접원가 표준배부액 산정을 위한 조업도는 직접노동시간을 사용하고 있다. 기준조업도는 직접노동시간 1,000시간이고, 당기 중 실제 투입 직접노동시간은 800시간이었다. 당기 중 변동제조간접원가 능률차이가 ₩150,000(불리)일 경우 고정제조간접원가 조업도차이는 얼마인가?

15 고정제조간접원가 차이분석 : 역산 (08CTA, 99CPA유사)

대한회사는 표준원가계산제도를 채택하고 있다. 회사는 2월과 3월 동일한 표준을 적용하고 있다. 2월 중 실제로 생산된 제품수량은 1,000단위였으며, 고정제조간접원가의 조업도차이는 ₩750만큼 불리하며, 소비차이(예산차이)도 ₩400만큼 불리한 것으로 나타났다. 3월 중 실제로 생산된 제품수량은 1,250단위였으며, 고정제조간접원가의 조업도차이는 ₩500만큼 유리하며, 소비차이(예산차이)도 ₩300만큼 유리한 것으로 나타났다. 3월 중 실제로 발생한 고정제조간접원가는 얼마인가?

16 고정제조간접원가 차이분석 (15CTA)

표준원가계산제도를 사용하는 ㈜국세는 직접노무시간을 기준으로 제조간접원가를 배부한다. 20×1년도 기준조업도는 20,000직접노무시간이나, 실제 직접노무시간은 22,500시간이다. 변동제조간접원가의 표준배부율은 직접노무시간당 ₩6이다. 다음은 20×1년도의 제조간접원가와 관련된 자료이다.

변동제조간접원가 : 실제발생액 ₩110,000, 배부액 ₩138,000
고정제조간접원가 : 소비차이 ₩30,000(불리), 조업도차이 ₩27,000(유리)

20×1년도의 고정제조간접원가 실제발생액은?

17 제조간접원가 차이분석 (12CTA)

㈜국세는 표준원가계산제도를 채택하고 있으며, 제품 5,000단위를 기준으로 제조간접원가에 대한 표준을 설정하고 있다. ㈜국세의 원가에 관한 자료는 다음과 같다.

제조간접원가 예산 : ₩1,800,000 + ₩100 × 기계시간
제품 단위당 표준기계시간 : 5시간

변동제조간접원가 실제발생액 ₩5,000,000	고정제조간접원가 실제발생액 ₩2,000,000
실제기계시간 51,000시간	실제생산량 10,000단위

㈜국세가 4분법을 이용하여 제조간접원가에 대한 차이분석을 수행할 경우에 어떠한 원가차이가 유리한 차이로 나타나는가?

18 제조간접원가 차이분석 (18CTA)

㈜세무는 표준원가계산제도를 도입하고 있다. 20×1년의 변동제조간접원가 예산은 ₩300,000이고, 고정제조간접원가 예산은 ₩800,000이다. ㈜세무는 제조간접원가 배부기준으로 직접노무시간을 사용하고 있다. 기준조업도는 직접노무시간 1,000시간이고, 20×1년에 실제로 투입된 직접노무시간

은 850시간이다. 20×1년의 고정제조간접원가 조업도차이가 ₩80,000(불리)할 경우 변동제조간접원가 능률차이는?

19 표준원가 차이분석 : 역산 (11CPA)

표준원가계산을 사용하고 있는 ㈜미아의 20×1년도 표준 및 예산수립에 관한 자료는 다음과 같다.

가. 제품 단위당 표준직접노무시간은 0.5시간이며, 표준임률은 시간당 ₩1,000이다.
나. 제조간접원가 예산액 = ₩30,000 + ₩600 × 표준직접노무시간
다. 변동제조간접원가 및 고정제조간접원가 배부기준은 직접노무시간이다.
라. 고정제조간접원가 배부를 위한 연간 기준조업도는 제품생산량 150단위이다.

20×1년 말 원가차이를 분석한 결과, 직접노무원가 임률차이 ₩4,500(불리), 변동제조간접원가 능률차이 ₩6,000(불리), 고정제조간접원가 조업도차이 ₩2,000(유리)이다. 직접노무원가의 시간당 실제임률은 얼마인가?

20 제조간접원가 차이분석 : 2분법 (10CPA)

㈜한강의 당기 초 생산활동과 관련된 예산자료는 다음과 같다.

구분	예산
생산량(기준조업도)	1,000단위
고정제조간접원가 총액	₩200,000
단위당 변동제조간접원가	₩125

당기의 실제생산량은 1,100단위이었고 실제제조간접원가 총액은 ₩355,000이었다. 제조간접원가 총차이를 통제가능차이와 조업도차이로 나누어 분석할 때 각각의 차이는 얼마인가?

21 표준원가차이 : 원가요소 비례법 (02CTA)

㈜수원은 20×1년 1월에 영업활동을 개시하였으며 표준원가계산제도를 채택하고 있다. 20×1년 12월 31일 현재 표준원가로 기록된 각 계정의 잔액과 원가차이는 다음과 같다.

계정잔액 :

구분	직접재료원가	직접노무원가	변동제조간접원가	고정제조간접원가	합 계
직접재료	₩ 0				₩0
재 공 품	2,000	₩1,000	₩400	₩600	4,000
제 품	3,000	1,500	600	900	6,000
매출원가	5,000	2,500	1,000	1,500	10,000
합 계	₩10,000	₩5,000	₩2,000	₩3,000	₩20,000

원가차이 :

- 직접재료원가 : 가격차이 ₩0, 능률차이 ₩500(불리)
- 직접노무원가 : 임률차이 ₩400(유리), 능률차이 ₩800(유리)
- 변동제조간접원가 : 과대배부액 ₩200
- 고정제조간접원가 : 과소배부액 ₩300

기초재고자산이 없을 경우 실제 매출원가를 계산하면 얼마인가?

22 표준종합원가계산

㈜봉천은 표준종합원가계산제도를 채택하고 있다. 다음은 단위당 표준원가자료의 일부이다.

	표준가격	표준수량	표준원가
직접재료원가	₩5/kg	4kg	₩20
직접노무원가	₩5/시간	2시간	10
변동제조간접원가	₩?/시간	2시간	?
고정제조간접원가	₩?/시간	2시간	?
제품 단위당 표준원가			₩?

제조간접원가 표준배부율은 직접노동시간당 ₩7이며 연간 고정제조간접원가예산은 ₩24,000, 기준조업도는 연간 6,000직접노동시간이다. 재공품의 물량흐름은 기초 1,000개, 당기착수 3,000개, 완성품 2,500개, 기말 1,500개이다. 재료는 공정초에 전량 투입되며 전환원가 완성도는 기초 및 기말재공품이 각각 20%, 60%이며, 원가차이는 매출원가에서 조정한다.

물음

1. 제조간접원가 조업도차이는 얼마인가?
2. 표준원가로 기록되는 기말재공품은 얼마인가?

CHAPTER

06

활동기준원가계산

Activity Based Costing

학습목표

1. 활동기준원가계산이 등장한 배경을 살펴본다.
2. 원가배분기준인 활동에 따라 원가가 어떻게 구분되는지를 이해한다.
3. 활동기준원가계산이 이루어지는 절차를 살펴본다.
4. 전통적 원가계산과의 차이를 구분한다.
5. 활동기준원가계산이 어떻게 관리적 의사결정에 활용되는지를 살펴본다.

제1절 의의 및 배경

많은 기업들은 개별작업, 제품, 고객 등이 조직내의 자원을 상당히 달리 사용할 때, 이를 보다 잘 측정할 수 있도록 원가계산시스템을 개선하고자 한다. 새로운 원가계산시스템 가운데 하나는 **활동기준원가계산**(ABC : activity－based costing)이며, 이는 제품, 서비스, 고객 등과 같은 최종 원가대상에 원가를 할당하는 기준으로서 활동(activity)을 강조하여 '활동원가'를 계산하고 활동을 소비한 정도를 감안하여 다른 원가대상(가령, 제품이나 고객 등)의 원가를 계산한다.

활동

여기서 **활동**이란 "기업 내의 각 집단이 기업목표 달성을 위하여 수행하는 일체의 반복적인 과업"을 의미한다. 제조업에서 수행되는 대표적인 활동의 예로는 제품설계, 원재료 구입, 작업준비, 조립, 가공, 자재 이동, 품질검사, 마케팅, 공장관리 등을 들 수 있다.

ABC는 다음과 같은 제조 및 경영환경 변화에 기존 원가계산시스템이 한계를 보이고 있기 때문에 등장한 방법이다.

첫째, 제품 생산방식의 변화이다. 과거에는 소품종 대량생산방식을 채택하였으나, 소비자들의 욕망이 다양화되고 차별화됨에 따라 동일한 제품에서 만족할 수 없게 되었고 이에 따라 기업은 다품종 소량생산방식으로 변모하고 있다. 이러한 다양한 제품들은 수량, 공정, 복잡성 등의 다양성으로 말미암아 생산에 필요한 자원들을 서로 다르게 사용하고 있다. 전통적 원가계산시스템에 의하면 생산량 등 조업도(volume－based costing)를 중심으로 원가배분이 이루어지는 경우가 많아, 제조간접원가 배분의 왜곡(cost distortion)이 나타나게 된다. 즉, 전통적 원가계산방법에 의하면 소품종 대량생산제품은 과대계상(product overcosting)하게 되는 반면에 소량생산하고 생산하기 까다로운 제품은 과소계상(product undercosting)하게 된다.

둘째, 간접원가의 비중이 높아지고 있다. 제조원가 가운데 직접노무원가는 종업원의 안정적인 생활 유지를 위해 상당부분 고정급화되고 있다. 임금의 하방경직성이라는 성격과 임금협상과정에서 노조의 역할 등으로 인해 직접노무원가 중 상당부분은 고정원가의 성격을 띠고 있다. 더군다나 생산 및 공정 기술의 발달로 인하여 인간의 노동력의 대부분을 기계로 대체되고 있는 상황이다. 컴퓨터통합제조방식(CIM : computer-integrated manufacturing)이나 유연생산방식(FMS : flexible manufacturing system)과 같은 공장 자동화와 기계화는 제품의 직접노무원가를 현저하게 감소시키고 있다. 전통적 원가계산방법에서는 직접노무원가 등을 간접원가 배분기준으로 많이 사용하고 있으나, 오늘날의 기업환경에는 더 이상 적절하지 못하다.

셋째, 제품경쟁이 더욱 치열해지고 있다. 국가라는 지리적 장벽이 사실상 무너져 제품 간 경쟁이 국제화되고 있으며 온라인과 오프라인에서 경쟁이 확대되는 등 기업 간 경쟁이 더욱 치열해지고 있다. 이럴수록 경영자들은 제품의 수익성 분석 및 가격 결정 등 전략적 의사결정에 도움이 되는 원가정보가 절실히 필요하게 된다.

넷째, 정보기술이 날로 발달하고 있다. 원가계산시스템을 정교하게 하기 위해서는 많은 자료수집과 분석이 필요하다. 활동기준원가계산을 하기 위해서는 '활동'들을 새로이 구분하고, 기존의 원가들을 활동들에 할당해야 하는 과정이 필요하게 된다. 다행히도 정보기술의 발달로 인하여 상세한 원가정보를 적은 비용으로 수집 가능해졌다.

이러한 활동기준원가계산은 작업별원가계산이나 공정별원가계산에 대해 대체적인 것은 아니며, 상호 보완적인 관계를 가진다. 즉, 활동기준 작업별원가계산이나 활동기준 공정별원가계산이 가능하다.

| 표 6-1 | 전통적 원가계산시스템과 ABC원가계산시스템의 비교

전통적 원가계산시스템	ABC원가계산시스템
• 개별부서 또는 공장전체에 대한 하나 또는 둘 정도의 간접원가풀을 사용함.	• 간접원가풀이 많음.
• 간접원가풀 내에서 동질성이 높지 않음.	• 간접원가풀 내에서 동질성이 높음.
• 간접원가 배분기준이 원가동인이 아닌 경우가 많음.	• 간접원가 배분기준은 원가동인일 가능성이 매우 높음.
• 원가배분기준으로 재무적 변수(직접노무원가 등)를 많이 사용함.	• 원가배분기준으로 비재무적 변수(부품의 개수, 검사시간 등) 등도 사용함.

제 2 절 원가계층

원가계층(cost hierarchy)이란 원가를 다양한 원가집합으로 분류하는 것이다. 활동기준원가계산에서는 다음과 같은 4가지 분류를 많이 사용한다. 이러한 분류는 절대적인 것은 아니다.

① **단위수준원가**(unit-level cost) : 생산량에 비례하여 수행되는 활동(가령, 조립, 기계작업 등)에 의해 야기되는 원가이다. 이에는 직접노무원가, 재료원가, 에너지비용과 같은 단기변동원가, 기계시간을 원가동인으로 삼아 직접 부과될 수 있는 시설원가(가령, 기계감가상각비), 기계수선유지비 및 소모품비 등이 속한다.

② **뱃치수준원가**(batch-level cost) : 뱃치(batch ; 정량묶음) 수에 비례하여 수행되는 활동(가령, 주문, 자재처리, 작업준비(셋업, set-up), 품질검사, 선적 등)에 의해 야기되는 원가이다. 뱃치활동은 주로 셋업시간이나 셋업횟수로 표현된다. 이에는 셋업비용, 품질검사비용(품질검사요원 인건비 + 시약비 + 검사장비 등 다양한 요소별 원가로 구성됨) 등이 속한다. 다양한 형태의 직접재료를 구매하는 회사에서는 구매주문서의 발송, 재료 접수, 납품업체에 대한 결제 등 재료구매원가가 뱃치수준원가에 포함된다. 이 경우에는 구입하는 재료의 수량이나 금액보다는 오히려 구매주문횟수가 원가동인이 될 것이다.

③ **제품유지원가**(product-sustaining cost) : 생산량의 수량이나 뱃치 수에 관계없이 개별 제품(또는 서비스)을 유지하기 위해 수행하는 활동의 원가이다. 이 원가는 제품(또는 서비스) 종류가 증가할 때 늘어난다. 이에는 제품의 설계, 테스트, 엔지니어링, 설계변경 등 연구개발원가가 있으며, 신제품 출시를 위한 마케팅원가 등도 이에 속한다.

④ **설비유지원가**(facility-sustaining cost) : 공장에 보유하고 있는 일반설비가 계속해서 작동할 수 있도록 하기 위한 활동(가령, 유지보수)과 관련된 원가이다. 이에는 조경 및 시설안전 관련 투자 등을 포함한 공장관리비용이 속한다. 공장 전반적 관리에 소요되는 원가는 제품수나 뱃치수는 물론 생산량과 무관하게 전체 제품이나 뱃치 등에 공통원가 성격을 지니며 따라서 특정 제품(또는 서비스)에 직접 추적할 수 없다.

제 3 절 활동기준원가계산 절차

활동기준을 통한 원가계산절차는 다음과 같다.

1단계 : 원가대상의 파악

원가대상인 제품(또는 서비스)들을 파악한다. 다품종 생산방식을 채택하고 있다면 각각의 제품이 원가대상이 될 것이다.

2단계 : 활동의 식별

활동분석을 통해 기업에서 수행하는 각종 활동들을 식별한다.

3단계 : 직접원가의 부과

제품의 직접원가들을 해당 제품에 직접 부과한다. 직접재료원가와 직접노무원가는 대표적인 직접원가이다. 그런데, 기존의 간접원가로 분류했던 원가 중에 ABC에 의해 각 제품의 직접원가가 되는 경우가 있다. 예를 들어 A제품과 B제품의 뱃치수준원가는 각 제품별로 따로 직접 추적이 가능하다. 이같이 ABC에 의하면 직접원가 추적이 더 많아지게 된다.

4단계 : 간접원가풀의 설정

간접원가들을 원가계층에 따라 몇 개의 풀로 구분한다. 원가풀은 원가들의 동질성이 높도록 하여야 한다. 반면에 원가풀의 개수가 많아지면 그만큼 원가계산의 복잡성이 높아지게 된다.

5단계 : 활동원가풀별로 간접원가배부율을 계산

간접원가를 원가대상에 배부하기 위하여 활동원가를 발생하게 하는 원가동인을 선택한다. 예컨대 뱃치수준원가의 경우에는 뱃치 횟수가 원가배분기준이 될 수 있다. 활동원가풀별로 원가배분기준이 설정되면 원가배분기준에 따라 간접원가배부율을 계산한다.

6단계 : 간접원가 배부

각각의 원가대상은 활동을 소비하는 정도가 다르기 때문에 이를 감안하여 간접원가배부율을 적용한다.

7단계 : 원가대상의 원가를 계산

원가대상별로 3단계의 직접원가와 6단계의 간접원가를 합하여 제품원가를 계산한다.

| 그림 6-1 | 활동기준원가계산의 예시

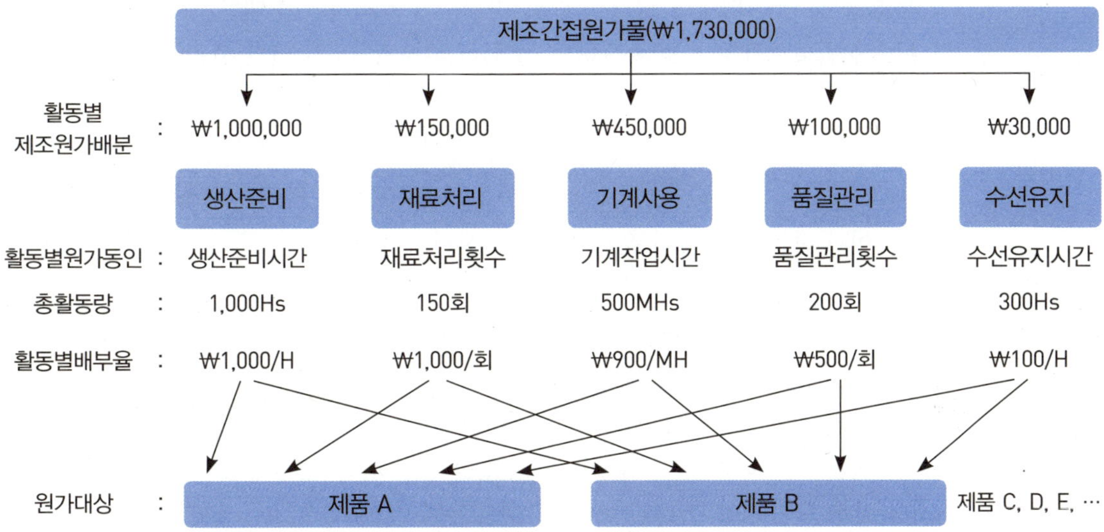

활동	활동소비량	제조간접원가배부
생산준비	100H	₩1,000/H × 100H = ₩100,000
재료처리	50회	₩1,000/회 × 50회 = ₩50,000
기계사용	100MHs	₩900/MH × 100MHs = ₩90,000
품질관리	80회	₩500/회 × 80회 = ₩40,000
수선유지	50Hs	₩100/H × 50Hs = ₩5,000
제조간접원가배부액합계		₩285,000

\+ 직접재료원가, 직접노무원가

활동	활동소비량	제조간접원가배부
생산준비	200H	₩1,000/H × 200H = ₩200,000
재료처리	30회	₩1,000/회 × 30회 = ₩30,000
기계사용	120MHs	₩900/MH × 120MHs = ₩108,000
품질관리	70회	₩500/회 × 70회 = ₩35,000
수선유지	100Hs	₩100/H × 100Hs = ₩10,000
제조간접원가배부액합계		₩383,000

\+ 직접재료원가, 직접노무원가

이러한 활동기준원가계산(ABC)은 기존의 원가계산시스템에 비하여 다음과 같은 특징을 지닌다.

첫째, ABC는 기본적으로 자원의 소비를 초래하는 다양한 활동을 원가동인으로 포착함으로써 종전의 조업도 중심의 회계가 갖는 제품원가계산의 부정확성을 해소할 수 있다.

둘째, ABC는 종전의 조업도 중심의 고정원가/변동원가 구분 대신에 4가지 원가계층을 이용한다. 즉, 종전에 고정원가로 간주되던 원가의 상당부분을 뱃치 수, 구매주문횟수, 제품 종류 등에 따라 변화하는 변동원가로 간주한다.

셋째, ABC는 종전의 원가계산시스템이 제공하지 못하던 조직에서 수행되는 제반 활동에 관한 다양한 정보를 주로 비재무적 측정치의 형태로 제공한다. 이들 정보는 원가정보와 더불어 성과평가 및 전략적 의사결정 등에 유용하게 활용된다.

이러한 장점에도 불구하고, ABC를 실행하기 위해서는 활동집합의 원가를 측정하고, 그러한 집합들에 대하여 원가배부기준으로 사용할 원가동인을 확인하고 측정하여야 하는 등 측정과 운영상의 복잡성이 수반된다.

활동기준원가계산(ABC : activity-based costing)

- 원가대상들이 상이한 생산량, 공정, 복잡성으로 인하여 조직 내의 자원을 서로 다르게 사용하는 경우에 활동을 기준으로 하여 원가계산
- 일반적으로 4가지 원가계층으로 원가집합을 구분 : 단위수준원가, 뱃치수준원가, 제품유지원가, 설비유지원가
- 제품원가의 정확성을 높임.
- 조업도기준 원가계산은 대량생산제품의 원가를 과대계상하고, 다품종 소량생산제품의 원가를 과소계상하게 되는 한계가 있음.

예제 6-1 ABC (02CTA)

㈜미래는 각 작업에 대한 원가계산을 위하여 다음의 자료를 수집하였다.

활동	원가	원가범주	원가동인	최대활동량
생산준비	₩20,000	생산묶음	생산준비시간	1,000 시간
재료처리	30,000	생산묶음	재료처리횟수	2,000 회
기계사용	500,000	제품단위	기계작업시간	20,000 시간
품질관리	100,000	생산묶음	품질관리횟수	12,500 회
수선유지	40,000	제품단위	기계작업시간	20,000 시간

활동기준원가계산을 이용하여 다음의 작업 A의 총원가는 얼마인가?

작업	기초원가	생산수량	생산준비	재료처리	기계작업	품질관리
A	₩300,000	12,000단위	30시간	56회	4,000시간	70회

해답

활동기준원가계산을 하기 위해서는 활동동인별로 배부율을 우선적으로 구한다.

활동	원가	최대활동량	활동별배부율
생산준비	₩20,000	1,000시간	₩20/시간
재료처리	30,000	2,000회	15/횟수
기계사용	500,000	20,000시간	25/시간
품질관리	100,000	12,500회	8/횟수
수선유지	40,000	20,000시간	2/시간

작업 A의 총원가

= 기초원가 ₩300,000 + 생산준비원가 ₩20/시간 × 30시간 + 재료처리원가 15/횟수 × 56회
+ 기계사용원가 25/시간 × 4,000시간 + 품질관리원가 8/횟수 × 70회
+ 수선유지원가 2/시간 × 4,000시간 = ₩410,000

예제 6-2 ABC (20CTA)

㈜세무는 20×1년에 제품 A 1,500단위, 제품 B 2,000단위, 제품 C 800단위를 생산하였다. 제조간접원가는 작업준비 ₩100,000, 절삭작업 ₩600,000, 품질검사 ₩90,000이 발생하였다. 다음 자료를 이용한 활동기준원가계산에 의한 제품 B의 단위당 제조간접원가는?

활동	원가동인	제품 A	제품 B	제품 C
작업준비	작업준비횟수	30	50	20
절삭작업	절삭작업시간	1,000	1,200	800
품질검사	검사시간	50	60	40

해답

활동동인별로 배부율

활동	원가	최대활동량	활동별배부율
작업준비	₩100,000	100회	₩1,000/횟수
절삭작업	600,000	3,000시간	200/시간
품질검사	90,000	150시간	600/시간

제품 B의 단위당 간접원가

= (작업준비원가 ₩1,000/횟수 × 50회 + 절삭작업원가 ₩200/시간 × 1,200시간
+ 품질검사 ₩600/시간 × 60시간) ÷ 2,000단위 = ₩163

제 4 절 전통적 원가계산과 활동기준원가계산의 비교

전통적 원가계산시스템에서는 조업도 중심의 획일적 원가동인을 기준으로 다양한 형태와 원가로 이루어진 제조간접원가를 원가대상에 배부한다. 이와 같이 조업도를 기준으로 하여 제조간접원가를 배부하는 전통적 원가계산시스템에서는 제품원가가 왜곡될 수 있음을 앞 절에서 설명하였다. 이에 반해 활동기준원가계산(ABC)은 제조간접원가를 다양한 활동의 원가동인을 기준으로 원가대상에 배부하므로 원가계산의 부정확성에 대한 문제점을 어느 정도 해소할 수 있다. 본 절에서는 사례를 통해 전통적 원가계산시스템의 원가계산 방식과 ABC의 원가계산절차를 비교해보고 ABC가 어떻게 원가계산의 부정확성에 대한 문제점을 해소할 수 있는지를 살펴보고자 한다.

사 례

GW시계(일반 시계)와 SW(스마트형 고급시계) 두 제품을 생산하는 ㈜새롬의 제조원가에 대한 정보는 다음과 같다. ㈜새롬은 매년 10,000개의 GW와 2,500개의 SW를 생산하고 있으며, 한 단위 생산을 위한 직접노무시간(DLH)은 두 제품 모두 2시간이다. 따라서 ㈜새롬은 다음과 같은 총 직접노무시간을 사용하고 있다.

GW :	10,000개 × 2	=	20,000 DLHs
SW :	2,500개 × 2	=	5,000 DLHs
총 직접노무시간		=	25,000 DLHs

다음으로, GW와 SW 한 단위 제품을 생산하기 위한 직접재료원가와 직접노무원가에 대한 정보는 다음과 같다.

	GW	SW
직접재료원가	₩500	₩900
직접노무원가(직접노무시간당 ₩100)	200	200

㈜새롬의 제조간접원가와 관련하여, ㈜새롬은 매년 ₩5,000,000의 제조간접원가가 발생하고 있다. 한편, 한 단위 제품을 생산하기 위한 직접노무시간은 두 제품 모두 2시간으로 같지만, SW는 스마트 장치의 장착, 복잡한 제품 디자인 설계로 인해 제조공정이 GW보다 훨씬 복잡한 것으로 알려져 있다. 그럼에도, ㈜새롬은 작년까지 직접노무시간을 기준으로 제조간접원가를 각 제품별로 배부하였다. 이러한 전통적 원가계산시스템에 의해 산출된 두 제품의 단위당 제조원가는 아래와 같다.

	GW	SW
직접재료원가	₩500	₩900
직접노무원가(직접노무시간당 ₩100)	200	200
제조간접원가	400*	400*
단위당 제조원가	₩1,100	₩1,500

$$* \text{ 제조간접원가 배부율} = \frac{\text{총제조간접원가}}{\text{총제조간접원가 배부기준}} = \frac{₩5,000,000}{25,000 \text{ 직접노무시간}} = ₩200/\text{DLH}$$

단위당 제조간접원가 = ₩200 × 2시간 = ₩400

㈜새롬의 경영자는 GW와 SW의 정확한 원가계산을 위해 올해부터 ABC시스템 도입을 고려 중이다. ㈜새롬의 제조공정 전체를 검토한 결과 제조간접원가 전체영역에서 다음과 같은 활동별 원가동인 및 원가소요액을 확인하였다.

활동(활동별원가동인)	활동별 제조간접원가 소요액	활동(원가동인)별 사용량		
		GW	SW	합계
재료처리(직접노무시간)	₩1,250,000	20,000	5,000	25,000 DLHs
기계사용(기계시간)	1,100,000	6,000	5,000	11,000 MHs
품질관리(품질관리횟수)	1,000,000	20	80	100회
주문처리(주문처리횟수)	1,650,000	11	22	33회
	₩5,000,000			

위 자료를 바탕으로 ㈜새롬은 활동별 제조간접원가 배부율을 계산하였으며, 이에 대한 자료는 다음과 같다.

활동(활동별원가동인)	활동별 제조간접원가 소요액	활동(원가동인)별 총사용량	활동별 배부율
재료처리(직접노무시간)	₩1,250,000	25,000 DLHs	₩50/DLH
기계사용(기계시간)	1,100,000	11,000 MHs	₩100/MH
품질관리(품질관리횟수)	1,000,000	100회	₩10,000/횟수
주문처리(주문처리횟수)	1,650,000	33회	₩50,000/횟수

활동별 제조간접원가 배부율을 통해 각 제품별 단위당 제조간접원가는 다음과 같이 산출하였다.

활동(활동별원가동인)	활동별 제조간접원가 배부율	활동(원가동인)별 제조간접원가 배부액			
		GW		SW	
		활동별 소비량	제조간접원가 배부액	활동별 소비량	제조간접원가 배부액
재료처리(직접노무시간)	₩50/DLH	20,000	₩1,000,000	5,000	₩250,000
기계사용(기계시간)	₩100/MH	6,000	600,000	5,000	500,000

품질관리(품질관리횟수)	₩10,000/횟수	20	200,000	80	800,000
주문처리(주문처리횟수)	₩50,000/횟수	11	550,000	22	1,100,000
제조간접원가 배부액(a)			₩2,350,000		₩2,650,000
총 생산량(b)			20,000		5,000
단위당 제조간접원가(a÷b)			₩117.5		₩530

이상의 정보를 바탕으로 전통적 원가계산시스템과 ABC시스템상에서 GW와 SW의 단위당 제조원가를 요약하면 다음과 같다.

	전통적 원가계산		ABC	
	GW	SW	GW	SW
단위당 직접재료원가	₩500	₩900	₩500	₩900
단위당 직접노무원가(직접노무시간당 ₩100)	200	200	200	200
단위당 제조간접원가	400	400	117.5	530
단위당 제조원가	₩1,100	₩1,500	₩817.5	₩1,630

㈜새롬의 원가계산의 결과를 살펴보자. 전통적 원가계산시스템에서 제품별 단위당 원가는 GW와 SW 각각 ₩1,100과 ₩1,500으로 산출되지만, ABC시스템에서 제품별 단위당 원가는 GW의 경우 ₩817.5, SW의 경우 ₩1,630으로 나타났다. 원가계산시스템에 따라 단위당 제조원가가 달라지는 이유는 무엇일까? 요약된 정보를 살펴보면, 전통적 원가계산시스템과 ABC시스템에서 단위당 직접재료원가와 직접노무원가는 차이가 발생하지 않는다. 하지만, 단위당 제조간접원가의 경우 두 원가계산시스템상에서 큰 차이가 있다.

즉, 전통적 원가계산시스템에서는 GW와 SW의 단위당 제조간접원가가 ₩400으로 동일한 반면, ABC 시스템에서는 GW의 경우 ₩117.5, SW의 경우 ₩530으로 산출되었다. 이는 전통적 원가계산시스템을 적용했을 때 대량생산 제품인 GW에 배부되었던 제조간접원가가 ABC시스템으로 원가계산을 이행할 경우 소량생산제품(SW)으로 이전(shifting)되었음을 의미한다.[1)]

일반적으로 공통된 자원을 투입했을 때 대량으로 생산되는 제품은 소량으로 생산되는 제품과 비교하여 제조공정은 덜 복잡하며, 소비되는 자원 또는 시간이 적은 것이 사실이다. 그럼에도 불구하고 전통적 원가계산에서는 이러한 제품별 제조공정 및 생산에 소요되는 자원 등의 차이가 고려되지 않고 직접노무시간의 획일적인 원가배부기준으로 제조간접원가가 배부되었다. 하지만, ABC시스템은 제조간접원가 풀(pool)을 활동별(원가동인별)로 구분하고, 활동별 제조간접원가를 각 제품에 배부함으로써 제품별 제조공정과 자원의 소비 차이를 원가계산에 어느 정도 반영한다. 이를 ㈜새롬의 ABC시스템상에서 구분되는 품질관리활동 관련 제조간접원가의 배부과정을 통해 살펴보자. 첫 번째로 각 제품별 품질관리활동 1회당 생산되는 제품의 수를 계산하면 다음과 같다.

1) 전통적 원가계산에서는 대량생산제품인 GW의 단위당 제조간접원가가 ₩400이었지만, ABC시스템을 적용하였을 때 GW의 단위당 제조간접원가는 ₩117.5으로 낮아진 반면, 소량생산제품인 SW의 경우 전통적 원가계산에서는 ₩400에서 ABC시스템에서는 ₩530으로 높아졌다. 이를 제조간접원가가 대량생산 제품에서 소량생산 제품으로 이전되었다고 표현한다.

	GW	SW
연간 생산량(a)	10,000개	2,500개
연간 품질관리 횟수(b)	20회	80회
품질관리 1회당 생산량(a÷b)	500개/품질관리1회당	31.25개/품질관리1회당

다음으로, 생산량 한 단위당 소비되는 품질관리원가를 각 제품별로 계산하면 아래와 같다.

	GW	SW
품질관리1회당 품질관리원가(a)	₩10,000 (₩1,000,000÷100회)	₩10,000
품질관리1회당 생산량(b)	500개	31.25개
생산량 한 단위당 품질관리원가(a÷b)	₩20	₩320

전통적 원가계산시스템에서 ABC시스템으로 변경했을 경우, 대량생산제품(GW)에 배부되었던 제조간접원가가 소량생산제품(SW)으로 이전되었음을 다시 한번 상기해 보자. 전통적 원가계산시스템에서는 제조간접원가를 구성하는 모든 활동과 원가를 직접노무시간을 기준으로 각 제품별로 배부하였다. 이는 모든 제조간접원가가 생산량에 비례하여 발생하는 단위수준활동으로만 구성되어 있다고 보는 관점이다. 즉, 전통적 원가계산시스템에서는 생산량을 기준으로 모든 제조간접원가를 배부하였기에 품질관리 관련 제조간접원가가 대량생산제품인 GW에 더 많이 배부된다. 하지만, 품질관리활동과 관련된 제조간접원가는 반드시 생산량에 비례해서 증가하는 제조간접원가가 아니다. 오히려 품질관리활동은 뱃치수준활동으로, 일반적으로 생산량이 아닌 품질관리 횟수에 비례해서 발생하는 원가이다.

전술한 바와 같이, SW는 고급사양의 제품이며 GW보다 상대적으로 높은 수준의 품질관리활동을 통해 생산되므로 관련 활동으로부터 발생하는 제조간접원가는 이에 비례하여 배부되는 것이 보다 합리적이다. ㈜새롬의 자료를 살펴보면 대량생산제품인 GW의 경우 품질관리 횟수는 20회, 소량생산제품인 SW의 경우 품질관리 횟수는 80회이다. 이러한 경우 품질관리 관련 간접제조원가는 SW에 더 많이 배부되어야 한다. ABC시스템은 이러한 품질관리 활동 수준의 차이를 반영하여, 소량으로 생산되었지만 더 많은 품질관리활동을 소비한 SW에 품질관리활동 관련 제조간접원가를 더 많이 배부함으로써 합리적인 원가배분을 달성할 수 있는 것이다. 이러한 절차에 의해 ㈜새롬이 전통적 원가계산시스템에서 ABC시스템으로 변경했을 경우 대량생산제품(GW)에 배부되었던 제조간접원가가 소량생산제품(SW)으로 이전되는 결과가 산출된다.

종합하면, 전통적 원가계산시스템에서는 생산량 등 주로 조업도 수준에 비례하는 단위수준활동의 원가동인을 사용하여 제조간접원가를 배부한다. 따라서 전통적 원가계산시스템을 적용할 경우, 복잡한 제조공정 등으로 인해 많은 제조간접원가 자원을 소비하고도 낮은 조업도가 산출되는 제품에는 상대적으로 낮은 제품원가가, 단순한 제조공정 등으로 인해 높은 조업도를 달성하는 제품에는 상대적으로 높은 제품원가가 배부되는 원가왜곡 현상의 문제점이 발생한다.

제조공정의 고도의 자동화와 기계화가 이루어지고 있는 오늘날에는, 이전보다 다양하고 복잡한 형태의 비단위수준활동과 관련된 제조간접원가 비중이 커지고 있으며, 이러한 상황에서 ABC시스템은 보다 정확한 원가계산을 가능하게 한다.

제 5 절 활동기준원가계산의 활용

1 활동기준원가관리

활동기준원가계산의 가장 큰 장점은 보다 정확한 원가계산이 가능하다는 것이다. 정확한 원가계산을 바탕으로 하여 제품(또는 서비스)이나 고객별, 유통경로별로 수익성 분석과 전략적 의사결정이 가능하게 된다.

활동기준원가계산에서 제공하는 정보를 활용하여 기업의 경영성과개선을 위해 설계된 여러 분석수단을 활용하는 경영관리시스템을 **활동기준원가관리**(ABM, Activity-Based Management)라 한다. 그 예로서 가격결정과 제품배합 의사결정, 원가절감과 공정개선 의사결정, 제품디자인 의사결정, 계획 및 활동관리 등에 활용할 수 있다.

① **가격결정과 제품배합 의사결정** : 활동기준원가관리를 통해 경영자들은 다양한 제품을 제조하여 판매하는 데 도움이 되는 원가정보를 활용할 수 있다. 예를 들어 대량생산품 A와 소량주문생산품 B 두 가지를 생산·판매한다고 가정하자. 두 가지 제품이 생산공정, 복잡성 등이 상이함에도 불구하고 생산량을 중심으로 원가를 배분하면 간접원가의 대부분이 대량생산품 A에 배분되게 된다. 즉, 기존의 조업도 중심으로 원가계산을 하면 대량생산품 A의 원가가 과대계상되고, 소량생산품 B의 원가는 과소계상된다. 이러한 잘못된 원가계산을 바탕으로 가격결정을 하게 되면, 대량생산품 A의 판매가격을 높게 책정할 수 있고 이에 따라 기업의 수익성이 낮아질 가능성이 있다. 또한 소량생산품 B의 원가가 낮으면 이에 따라 판매가격을 낮게 책정하고 제품배합의 비중을 높이게 될 수 있다. 그러나, 활동기준원가계산에 의해 정확한 원가계산이 이루어지면 이에 따라 합리적인 가격결정과 제품배합 의사결정이 이루어지게 된다.

② **원가절감과 공정개선 의사결정** : 생산과 유통 담당자들은 원가절감을 위해 많은 노력을 한다. 예컨대 생산담당자들은 고객이 느끼는 가치를 유지하면서 원가경쟁력을 갖기 위해 기존의 공정활동을 분석하여 원가를 절감하고자 한다. 유통담당자는 유통활동의 효율성을 향상시키기 위해 물류활동을 분석하여 물류원가

를 절감하고자 한다. 활동기준원가관리를 통해 어떤 활동에 초점을 맞추어 원가관리가 이루어져야 하는가를 분석할 수 있다.

조직의 활동은 크게 부가가치활동과 비부가가치활동으로 구분할 수 있는데, **부가가치활동**(value-added activity)은 고객이 구입하고자 하는 재화 또는 서비스의 효용을 증가시키는 활동이며, **비부가가치활동**(non-value-added activity)은 재화 또는 서비스의 효용과는 관계없이 이루어지는 활동이다. 이러한 구분의 초점은 소비자의 관점에서 이루어져야 한다는 것이다. 비부가가치활동에는 원자재 보관활동, 재료의 긴급주문, 재료의 이동, 재작업, 제품 품질검사, 회의시간, 문서작성 등이 포함될 수 있다. 물론 부가가치활동과 비부가가치활동을 획일적으로 구분할 수는 없다. 그러나, 이러한 구분을 통하여 비부가가치활동을 줄이기 위한 여러 가지 구체적 방안을 도출하고 이에 따라 원가절감을 꾀할 수 있게 된다.

③ **디자인 의사결정** : 원가절감의 기회는 생산단계보다 디자인단계에서 더 많이 찾을 수 있다. 디자인 단계에서 제품 및 공정 디자인이 활동과 원가에 미치는 영향을 평가할 수 있다. 예컨대 공정의 복잡성을 줄일 수 있는 디자인 의사결정은 디자인원가, 재료원가, 노무원가, 가동준비원가, 기계작업원가 그리고 관리원가 등을 절감할 수 있다.

④ **계획 및 활동관리** : 원가계산정보는 계획 및 통제활동에 다양하게 사용된다. 활동기준원가정보를 이용한 단기적 의사결정, 활동기준 예산편성, 고객의 수익성 평가 등 다양하게 활용할 수 있다. 기업실무에서 경험적으로 발견되는 규칙성 가운데 대표적인 것은 "80-20 법칙"이다. 이는 100여 년 전 이탈리아 경제학자인 Pareto가 "특정지역 토지의 80%는 그 인구의 20%에 의해 소유되고 있다"는 사실을 찾아낸 이후에 다양한 분야로 확대 발전되었다. 특정 지역의 소득 또는 부는 상위 20%에 의해 창출되거나 보유되고 있다는 사실에도 적용될 뿐만 아니라, 백화점이나 기업의 매출액에도 다음과 같이 적용된다. 기업의 매출액을 제품별(또는 고객별)로 순위를 매기면, 매출액 상위 20%를 차지하는 제품(또는 고객)이 총매출액의 80%를 차지한다는 것이다.

| 그림 6-2 | 제품별(또는 고객별) 수익성 : 파레토 법칙

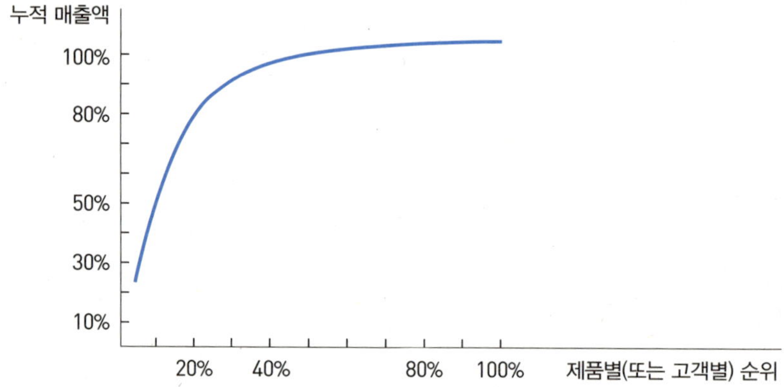

예제 6-3 ABC : 수익성 평가 (10CPA)

㈜한야의 영업팀은 활동원가에 근거하여 고객의 수익성을 평가한다. 당기에 주문처리와 고객관리를 위해 수행한 활동 및 원가 자료는 다음과 같다. 긴급주문 처리를 위해서는 통상적인 주문처리 원가에 추가하여 1회당 ₩100의 원가가 발생한다.

활동 및 원가항목	원가
주문처리	₩70/1회 주문
긴급주문 처리를 위한 추가원가	₩100/1회 긴급주문
고객상담	₩450/1회 상담
고객관계관리	₩80,000/고객 1인

상기 원가 이외에 매출원가는 매출액의 80%에 해당한다. 당기 중에 ㈜한야의 주요 고객인 A와 관련하여 매출액 ₩500,000, 주문처리 횟수 300회(이 중 70%는 긴급주문임), 고객상담 횟수 140회가 발생하였다. 고객관계관리는 모든 고객에게 공통으로 적용된다. 회사가 고객 A로부터 얻은 이익(혹은 손실)은 얼마인가?

해답

매출액 ₩500,000 − 매출원가 500,000 × 80% − 일반주문처리 300회 × 30% × 70
− 긴급주문처리 300회 × 70% × (70 + 100) − 고객상담 140회 × 450 − 고객관계관리 80,000
= ₩85,000 손실

예제 6-4 ABC + 고객별 수익성 분석 (19CTA, 15CPA, 14CTA)

㈜세무는 고객별 수익성 분석을 위하여 판매관리비에 대해 활동기준원가계산을 적용한다. 당기 초에 수집한 관련 자료는 다음과 같다.

(1) 연간 판매관리비 예산 ₩3,000,000(급여 ₩2,000,000, 기타 ₩1,000,000)

(2) 자원소비단위(활동)별 판매관리비 배분비율

	고객주문처리	고객관계관리	계
급여	40%	60%	100%
기타	20%	80%	100%

(3) 활동별 원가동인과 연간활동량

활동	원가동인	활동량
고객주문처리	고객주문횟수	2,000회
고객관계관리	고객수	100명

㈜세무는 당기 중 주요 고객인 홍길동이 30회 주문할 것으로 예상하고 있다. 홍길동의 주문 1회당 예상되는 ㈜세무의 평균 매출액은 ₩25,000이며 매출원가는 매출액의 60%이다. 활동기준원가계산을 적용하여 판매관리비를 고객별로 배분하는 경우, ㈜세무가 당기에 홍길동으로부터 얻을 것으로 예상되는 영업이익은?

해답

	고객주문처리	고객관계관리
급여	₩800,000	₩1,200,000
기타	200,000	800,000
합계	₩1,000,000	₩2,000,000

활동	활동원가	원가동인	활동량	원가배분율
고객주문처리	₩1,000,000	고객주문횟수	2,000회	₩500/회
고객관계관리	₩2,000,000	고객수	100명	₩20,000/인

영업이익 = 30회 × 25,000 − 매출원가 450,000 − 30회 × 500/회 − 20,000 = ₩265,000

예제 6-5 활동기준원가계산 (20CPA)

㈜대한은 제품 A와 제품 B를 생산하는 기업으로, 생산량을 기준으로 제품별 제조간접원가를 배부하고 있다. ㈜대한은 제품별 원가계산을 지금보다 합리적으로 하기 위해 활동기준원가계산제도를 도입하고자 한다. 다음은 활동기준원가계산에 필요한 ㈜대한의 활동 및 제조에 관한 자료이다.

활동	활동원가(₩)	원가동인
재료이동	1,512,000	운반횟수
조립작업	7,000,000	기계작업시간
도색작업	7,200,000	노동시간
품질검사	8,000,000	생산량
총합계(제조간접원가)	23,712,000	

원가동인	제품별 사용량	
	제품 A	제품 B
운반횟수	400회	230회
기계작업시간	600시간	800시간
노동시간	3,000시간	6,000시간
생산량	X개	Y개

㈜대한이 위 자료를 바탕으로 활동기준원가계산에 따라 제조간접원가를 배부하면, 생산량을 기준으로 제조간접원가를 배부하였을 때보다 제품 A의 제조간접원가가 ₩3,460,000 더 작게 나온다. 활동기준원가계산으로 제조간접원가를 배부하였을 때 제품 B의 제조간접원가는 얼마인가?

해답

활동	활동원가(₩)	원가동인	배부율(₩/회, 시간)
재료이동	1,512,000	400회 + 230회	2,400/회
조립작업	7,000,000	600시간 + 800시간	5,000/시간
도색작업	7,200,000	3,000시간 + 6,000시간	800/시간
품질검사	8,000,000	X + Y	?

제품 A (활동기준)

$$= 400회 \times 2,400/회 + 600시간 \times 5,000/시간 + 3,000시간 \times 800/시간 + 8,000,000 \times \frac{X}{X+Y}$$

$$= (23,712,000 \times \frac{X}{X+Y}) - 3,460,000 \qquad \therefore \frac{X}{X+Y} = 0.625$$

제품 B의 제조간접원가 (활동기준) = ₩552,000 + 4,000,000 + 4,800,000 + 8,000,000 × (1 − 0.625)
= ₩12,352,000

2 활동기준원가계산에서의 표준원가차이분석

전통적 원가계산에서는 원가의 행태를 생산량(또는 작업시간)에 비례해서 발생하는 변동원가와 생산량에 관계없이 일정하게 발생하는 고정원가로 구분하였다. 그런데, 제조간접원가가 제조원가에서 차지하는 비중이 높아짐에 따라 제조간접원가가 발생하는 원가동인에 대한 관심이 높아지게 되었고, 그 원가동인인 활동(activity)을 중심으로하는 활동기준원가계산(ABC; Activity Based Costing)이 등장하였다. ABC의 가장 큰 장점은 정확한 원가계산이 가능하다는 점이다.

ABC에서는 원가계층을 단위수준원가, 뱃치수준원가, 제품유지원가, 설비유지원가 등 4가지로 구분하여 각각의 원가동인별로 원가배부율을 산정하여야 한다. ABC를 표준원가계산시스템에 접목할 때 특별히 유의할 사항은 다음과 같다.

첫째, 원가동인별 표준배부율(*SP*)은 연초에 예산(이를 고정예산이라고 함. 고정예산에 대한 자세한 설명은 15장 참조)을 편성하면서 산출한다.

$$\text{ABC에서의 } SP = \frac{\text{(고정)예산상의 원가예산액}}{\text{(고정)예산상의 원가동인}}$$

분모의 고정예산상의 원가동인은 예산생산량을 생산하기 위해 이루어져야 하는 원가동인의 활동을 뜻한다. 이것이 원가배분을 하기 위한 기준조업도에 해당한다.

둘째, 원가동인별 표준수량(*SQ*)은 실제생산량(연초 예산생산량이 아님)을 생산하기 위해 이루어져야 하는 활동량(이를 변동예산이라 함, 변동예산에 대한 자세한 설명은 15장 참조)이다.

예제 6-6 표준원가차이분석 + ABC (19CPA)

표준원가계산제도를 사용하고 있는 ㈜대한은 보급형 스키를 뱃치(batch) 단위로 생산한다. 제품 1뱃치를 생산할 때마다 새로운 작업준비를 해야 한다. 변동작업준비원가는 모두 작업준비활동으로 인해 발생하는 원가이며, 원가동인은 작업준비시간이다. 20×1년 초에 설정한 연간 예산자료와 20×1년 말에 수집한 실제결과는 다음과 같다.

항목	예산자료	실제결과
생산 및 판매량	10,000단위	11,000단위
뱃치크기(뱃치당 제품수량)	200단위	200단위
뱃치당 작업준비시간	1시간	0.8시간
변동작업준비원가 총액	₩1,500	₩1,100

20×1년도 변동작업준비원가에 대한 능률차이(efficiency variance)는 얼마인가? 단, 기초 및 기말 재고자산은 없다.

해답

	고정예산		변동예산		실제
1. 생산량	10,000개		11,000개	←	11,000개
뱃치 크기	÷200개	→	÷200개		÷200개
2. 뱃치 수	50뱃치		55뱃치		55뱃치
뱃치당 작업준비시간	×1시간	→	×1시간		×0.8시간
3. 총작업준비시간	50시간		55시간(SQ)		44시간(AQ)

변동작업준비원가의 SP = ₩1,500 ÷ (10,000/200 × 1시간) = ₩30/시간

$AP \times AQ$	$SP \times AQ$	$SP \times SQ$
₩1,100	₩30/시간 × (11,000/200 × 0.8시간) = ₩1,320	₩30/시간 × (11,000/200 × 1시간) = ₩1,650

소비차이 ₩220 F　　　　능률차이 ₩330 F

예제 6-7 표준원가차이분석 + ABC (17CPA, 06CPA)

단일의 제품을 생산·판매하고 있는 ㈜한국은 20×1년초에 영업을 개시하였으며 표준원가계산제도를 채택하고 있다. 표준은 연초에 수립되어 향후 1년 동안 그대로 유지된다. ㈜한국은 활동기준원가계산을 이용하여 변동제조간접원가예산을 설정한다. 변동제조간접원가는 전부 기계작업준비활동으로 인해 발생하는 원가이며, 원가동인은 기계작업준비시간이다. 기계작업준비활동과 관련하여 20×1년초 설정한 연간 예산자료와 20×1년말 수집한 실제결과는 다음과 같다.

구분	예산자료	실제결과
생산량(단위수)	144,000단위	138,000단위
뱃치규모(뱃치당 단위수)	60단위	50단위
뱃치당 기계작업준비시간	5시간	4시간
기계작업준비시간당 변동제조간접원가	₩50	₩55

㈜한국의 20×1년도 변동제조간접원가 소비차이와 능률차이는 각각 얼마인가?

해답

$AP \times AQ$	$SP \times AQ$	$SP \times SQ$
₩55 × (138,000개/50개 × 4시간) = ₩607,200	₩50 × (138,000개/50개 × 4시간) = ₩552,000	₩50 × (138,000개/60개 × 5시간) = ₩575,000

소비차이 ₩55,200U　　능률차이 ₩23,000F

exercise 연습문제

01 ABC (04CTA)

대전㈜는 갑, 을 두 가지 제품을 생산하고 있다. 갑 제품의 연간 생산 및 판매량은 8,000단위이고 을 제품은 6,000단위이다. 대전㈜는 세 가지의 활동을 수행하고 있으며 이에 관한 정보는 다음과 같다. 활동기준원가계산 방법에 의한 갑 제품의 단위당 제조간접원가는 얼마인가?

활동집합	제조간접원가	원가동인의 수	
		갑 제품	을 제품
활동 1	₩20,000	100	400
활동 2	₩37,000	800	200
활동 3	₩91,200	800	3,000

02 ABC (12CTA)

㈜국세는 활동기준원가계산 방법에 의하여 제품의 가공원가를 계산하고 있다. ㈜ 국세의 각 활동과 활동별 원가배부율은 다음과 같다.

활동	원가동인	단위당배부율
재료처리	부품 수	₩10
기계작업	기계시간	120
조립작업	조립시간	75
검사	검사시간	100

제품 A 1단위를 제조하기 위해서는 부품 200개, 기계작업 10시간, 조립작업 20시간, 검사 5시간이 요구된다. ㈜국세는 50단위의 제품 A를 단위당 ₩50,000에 판매하여 ₩1,500,000의 매출총이익을 달성하였다. 이 경우, 제품 A의 단위당 직접재료원가는 얼마인가? (단, 기초재고자산과 기말재고자산은 없다고 가정한다.)

03 ABC (06CTA)

묘향기업은 활동기준원가계산을 사용하며, 제조과정은 다음의 3가지 활동으로 구분된다.

활동	원가동인	연간 원가동인 수	연간 가공원가 총액
세척	재료부피	100,000리터	₩300,000
압축	압착기계시간	45,000시간	₩900,000
분쇄	분쇄기계시간	21,000시간	₩1,050,000

* 분쇄활동의 원가 중 ₩504,000은 고정원가이다.

X제품 한 단위당 재료 부피는 20리터, 압착기계시간은 30시간, 분쇄기계시간은 10시간이다. X제품의 단위당 판매가격과 단위당 재료원가는 각각 ₩2,000, ₩300이면 제품의 단위당 제조공헌이익(= 매출액 – 변동제조원가)은 얼마인가?

04 활동의 분석 (11CTA)

단일제품을 생산하여 판매하는 ㈜국세의 연간 활동원가 예산자료는 다음과 같다.

활동	활동원가	원가동인	원가동인수량
재료이동	₩5,000,000	이동횟수	1,000회
성형	3,000,000	제품생산량	24,000단위
도색	1,500,000	직접노동시간	6,000시간
조립	2,000,000	기계작업시간	2,000시간

이 회사의 4월 중 제품 생산량은 2,000단위이며, 직접노동시간 500시간, 기계작업시간 200시간이다. 활동기준원가계산에 의할 경우, 4월 중에 생산한 제품의 활동원가 금액은 ₩1,050,000으로 계산되었다. ㈜국세가 4월 중 제품을 생산하는 과정에서 발생한 재료의 이동횟수는 얼마인가?

05 ABC (09CPA)

㈜호남은 두 종류의 제품 X와 Z을 생산하고 있다. 이 회사의 원가담당자는 간접원가 중 엔지니어링 변경원가에 관심을 가지고 있다. 1회 엔지니어링 변경에 소요되는 원가는 ₩600이다. 제품별 생산량, 엔지니어링 변경횟수, 기계시간은 다음과 같다.

항목	X제품	Z제품
생산량	1,000단위	1,000단위
엔지니어링 변경횟수	14회	6회
생산량 단위당 기계시간	1시간	2시간

엔지니어링변경원가를 엔지니어링 변경횟수가 아닌 기계시간을 기준으로 배부한다면, X제품에 과대배부 혹은 과소배부되는 금액은 얼마인가?

06 ABC : 수익성 평가 (01CPA)

우편 및 전화주문 판매를 하는 ㈜통판은 활동기준원가시스템을 통해 주요 고객의 수익성을 파악하고자 한다. 주요 고객의 연간 자료는 다음과 같다.

	고객 '갑'	고객 '을'	고객 '병'
총매출	₩8,000	₩10,000	₩20,000
반품 – 수량	4개	0개	2개
반품 – 액수 (판매가)	₩2,000	₩0	₩5,000
연간 총전화주문건수	0건	4건	8건
연간 총우편주문건수	4건	0건	2건
총 전화주문처리 시간	0시간	0.25시간	0.20시간

배송비용은 고객이 부담하며, 반품에 따른 배송비만 고객이 부담하면 반품은 항상 허용된다. 매출원가는 판매가의 75%이다. 활동 및 활동원가의 동인율(activity cost driver rate)이 다음과 같을 경우, ABC를 통해 계산한 고객 '갑'으로부터의 연간 이익은?

활 동	활동원가동인율
우편주문처리	₩ 50 / 주문건수
전화주문처리	₩800 / 건수
반품처리	₩100 / 반품수
고객유지	₩500 / 년 / 1인

07 ABC : 수익성 평가 (16CPA)

㈜한국은 소매업체들을 대상으로 판매촉진 관련 지원서비스를 제공하고 있다. ㈜한국은 적절한 이익을 창출하고자 각 고객별 주문과 관련하여 발생한 재료원가에 100%의 이윤폭(markup)을 가산하여 각 고객에 대한 지원서비스 청구액(= 재료원가 × 200%)을 결정하여 왔다. 최근 들어 ㈜한국은 새로운 고객관계관리 소프트웨어를 사용하여 활동분석을 수행한 결과, 활동, 활동원가동인 및 활동원가동인당 배부율을 다음과 같이 파악하였다.

활 동	활동원가동인	활동원가동인당 배부율
정규주문처리	정규주문 처리건수	정규주문처리 건당 ₩5
긴급주문처리	긴급주문 처리건수	긴급주문처리 건당 ₩15
고객이 요구한 특별서비스 처리	특별서비스 처리건수	특별서비스처리 건당 ₩50
고객관계관리	연간 고객수	고객당 ₩100

고객관계관리 소프트웨어를 이용하여 20×1년 한 해 동안 이 회사의 고객들에 관한 데이터를 수집하였으며, 총 고객 60명 중 2명의 고객 A, B에 대한 자료와 회사 전체의 자료는 다음과 같다.

구 분	고객 A	고객 B	회사전체
매출액(지원서비스 청구액)	₩1,400	₩750	₩60,000
정규주문 처리건수	25건	8건	1,000건
긴급주문 처리건수	10건	8건	500건
특별서비스 처리건수	4건	7건	200건
고객수	1명	1명	60명

위에 주어진 활동분석 자료에 입각하여 20×1년 한 해 동안 고객 A, B 각각으로부터 창출된 이익(손실)을 계산하면 얼마인가?

08 ABC : 수익성 평가 (15CPA)

상품매매기업인 ㈜한국유통이 활동기준원가계산을 적용하여 간접원가(overheads)를 고객별로 배부하기 위해, 20×1년초에 수집한 연간 예산자료는 다음과 같다.

(1) 연간 간접원가 : 급여 ₩1,200,000, 판매비 ₩800,000

(2) 활동별 간접원가 배부비율

간접원가항목	활 동		계
	고객주문처리	고객관계관리	
급 여	20%	80%	100%
판 매 비	40%	60%	100%

(3) 활동별 원가동인과 연간 활동량

활 동	원가동인	활동량
고객주문처리	고객주문횟수	500회
고객관계관리	고객수	50명

㈜한국유통은 20×1년 중 주요 고객인 ㈜대한이 20회의 주문을 할 것으로 예상하고 있다. ㈜대한의 주문 1회당 예상되는 평균매출액은 ₩20,000이며, 매출원가는 매출액의 75%이다. 활동기준원가계산을 적용하여 간접원가를 고객별로 배부하는 경우, ㈜한국유통이 20×1년 중 ㈜대한으로부터 얻을 것으로 예상할 수 있는 이익은 얼마인가? 단, 매출원가를 제외한 어떠한 직접원가도 발생하지 않는다.

09 전통적 원가계산과 ABC (07CPA)

㈜대한은 휴대전화기를 생산한다. 현재 회사는 제조간접원가를 단일 배부율을 사용하여 공장 전체에 배부하고 있다. 회사의 경영진은 제조간접원가를 좀 더 정교하게 배부할 필요가 있다고 판단하고, 회계담당부서로 하여금 주요 생산활동과 그 활동에 대한 원가동인을 파악하라고 지시하였다. 다음은 활동, 원가동인 그리고 배부율에 대한 자료이다.

활동	원가동인	배부율
재료취급	부품의 수	부품당 ₩1,000
조립	직접노무시간	시간당 ₩40,000
검사	검사부문에서의 검사시간	분당 ₩10,000

현재의 전통적인 원가계산방법은 직접노무시간에 기초하여 1시간당 ₩150,000의 배부율을 사용한다. 휴대전화 제작을 위하여 한 번의 작업(batch)으로 50대의 휴대전화가 제조되었다. 전통적인 원가계산방법과 활동기준원가계산방법을 사용할 경우 휴대전화 한 대당 배부될 제조간접원가는 각각 얼마인가? 한 번의 작업(batch)에는 1,000개의 부품, 직접노무시간 8시간, 그리고 검사시간 15분이 필요하다.

10 활동기준원가관리 (10CTA)

㈜서울은 가전제품을 생산하여 판매하는 기업이다. ㈜서울의 경영자는 현재 생산하고 있는 양문냉장고의 설계를 변경하는 경우 원가를 얼마나 절감할 수 있는지 알아보려 한다. 20×2년의 양문냉장고 예상판매량 100대를 현재 설계된 대로 생산하는 경우 직접재료원가 ₩100,000, 직접노무원가 ₩500,000, 그리고 제조간접원가 ₩350,000이 발생할 것으로 추정된다. ㈜서울은 활동기준원가계산을 적용하고 있는데 제조간접원가를 발생원인에 따라 항목별로 구분한 결과는 다음과 같다.

제조간접원가 항목	금액	원가동인 및 발생 현황
기계가동원가	₩100,000	기계가동시간 100시간
작업준비원가	50,000	작업준비시간 10시간
검사원가	100,000	검사시간 10시간
재작업원가	100,000	재작업시간 20시간

설계를 변경하는 경우 기계가동시간과 재작업시간은 20% 감소되며, 작업준비시간은 25% 감소될 것으로 예상된다. 그러나 검사시간은 현재보다 20% 늘어날 것으로 예상된다. ㈜서울이 설계를 변경하는 경우 단위당 제조간접원가를 얼마나 절감할 수 있는가? (단, 상기 자료외의 원가는 고려하지 않는다.)

11 표준원가차이분석 + ABC (06CPA)

㈜평화는 표준원가계산을 사용하고 있는데 총제조간접원가를 변동제조간접원가와 고정제조간접원가로 구분하여 다음과 같이 원가차이를 계산하고 있다.

변동제조간접원가(a)	소비차이	능률차이	-
고정제조간접원가(b)	예산차이	-	조업도차이
총제조간접원가(a + b)	㉮ 예산차이	㉯ 능률차이	㉰ 조업도차이

위의 총제조간접원가 중 ㉮ 예산차이, ㉯ 능률차이, ㉰ 조업도차이를 다음 자료를 이용하여 구하면 각각 얼마인가?

	고정예산 (static budget)	실제 (actual results)
• 생산 및 판매수량	30,000	23,000
• 뱃치크기(batch size)	÷250	÷230
• 뱃치수	120	100
• 뱃치당 작업준비시간	5	5.5
• 작업준비시간당 변동제조간접원가	₩5,000	₩4,000
• 작업준비시간 총고정제조간접원가	₩3,600,000	₩3,190,000

12 표준원가차이분석 + ABC (18CPA)

㈜대한은 변동제조간접원가를 통제할 목적으로 활동별 표준원가를 이용하고 있다. 20×1년 표준원가는 다음과 같다.

활동	원가동인	원가동인당 표준가격	제품단위당 원가동인소요량	제품단위당 표준원가
재료처리	재료길이	1m당 ₩10	5m	₩50
품질검사	검사횟수	1회당 ₩200	2회	₩400

20×1년 제품의 실제생산량은 1,000단위이고, 실제로 발생한 활동소비량과 활동원가는 다음과 같다.

활동	실제활동소비량	실제 활동원가
재료처리	6,000m	₩50,000
품질검사	2,200회	₩450,000

재료처리와 품질검사활동에서 발생한 총가격차이와 총수량차이(또는 총능률차이)는 각각 얼마인가?

CHAPTER

07

부문별 원가계산

Allocation of Support Department Costs

학습목표

1. 원가배분에는 어떤 유형이 있으며, 원가배분을 하는 목적이 무엇인지 살펴본다.
2. 원가배분을 하는 다양한 기준과 각 방법의 장단점을 비교한다.
3. 운영부문과 보조부문을 구분한다.
4. 보조부문원가에 대한 별도의 배분방법이 필요한 이유를 이해한다.
5. 보조부문 원가배분방법으로 직접배부법, 단계배부법, 상호배부법을 비교한다.
6. 보조부문 원가배분방법이 공장전체 제조간접원가 배부율과 부문별 제조간접원가 배부율에 미치는 영향을 살펴본다.
7. 보조용역의 자가생산 – 외부구입 의사결정에 대한 기본적 모형을 정확하게 이해한다.

제1절 원가배분의 개요

① 원가배분의 유형

원가배분(cost allocation)이란 ① 하나 또는 둘 이상의 원가대상에 ② 원가를 대응시키는 과정을 뜻한다. 여기서 **원가대상**(cost object)이란 원가를 측정하고자 하는 대상을 뜻하며, 여기에는 제품, 부문, 지역, 운항마일, 치료환자, 강의시간 등이 포함된다.

원가배분의 예는 수없이 많다. 당기에 생산한 제품원가를 판매한 제품의 원가(매출원가)와 기말제품재고액으로 구분하는 과정이나, 기계의 취득원가를 여러 기간에 원가배분하여 감가상각비를 구하는 과정 등은 모두 원가배분에 속한다. 또한, 원가관리회계의 모든 영역이 원가배분에 속한다고 할 수 있다.

원가배분은 크게 세 가지 유형이 있다.

첫 번째 유형은 원가를 책임중심점별로 배분하는 것이다. 이 때 직접원가는 책임중심점에 부과하지만 공통원가는 일정한 원가배분기준에 따라 배분한다.

두 번째 유형은 하나의 책임중심점에서 다른 책임중심점으로 원가를 배분하는 것이다. 어떤 책임중심점에서 다른 책임중심점에 재화나 용역을 제공할 때, 보조용역을 제공하는 책임중심점을 **보조부문**(service or support department)이라 하며, 보조용역을 제공받아 조직의 주된 목적인 재화나 용역을 생산하는 책임중심점을 **운영부문**(operating department)이라 한다. 보조부문의 원가는 운영부문에 배분된다. 운영부문을 중심으로 볼 때 자부문에서 발생한 원가를 **부문직접원가**(direct department costs)라 하며, 보조부문에서 발생한 원가를 **부문간접원가**(indirect department cost)라 한다.

세 번째 유형은 제조부문의 원가를 제품(용역)에 배분하는 것이다. 3장 작업별원가계산에서 원가를 개별작업별로 구하는 과정이나 4장 공정별원가계산에서 원가를 완성품원가와 기말재공품원가로 구분하는 과정은 모두 이에 해당한다.

| 그림 7-1 | 원가배분의 유형

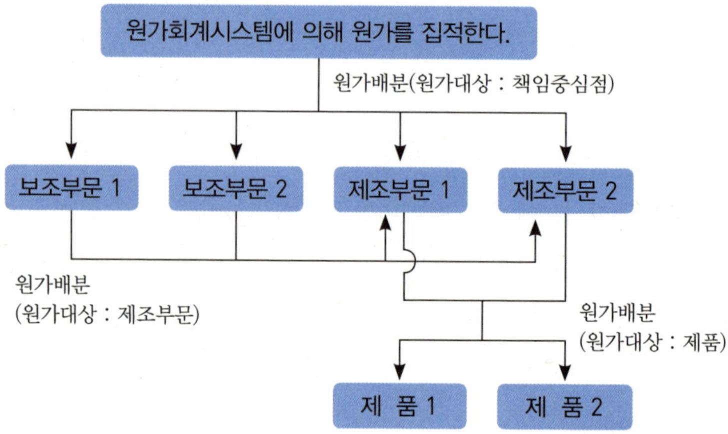

❷ 원가배분의 목적

원가배분을 실시하는 이론적 근거는 원가배분의 목적과 밀접하게 관련된다. 원가배분의 목적으로는 다음을 들 수 있다.

첫째, 재무보고의 목적과 관련되는 것으로서 기말재고자산을 평가하고 매출원가 나아가 순이익을 결정하기 위하여 원가를 배분한다.

둘째, 조직의 여러 가지 의사결정을 합리적으로 수행하기 위하여 원가를 배분한다. 즉, 조직의 계획이나 통제와 관련된 의사결정의 경제적 효과를 예측하기 위해서는 정확한 원가 자료가 필요하며, 이를 위해 원가를 배분한다.

셋째, 제품가격결정을 위하여 원가를 배분한다. 제품원가를 기준으로 희망가격을 설정함으로써 가격결정의 정당성을 옹호할 수 있다.

넷째, 경영자에게 조직의 목적과 일치되는 행동을 유인하는 동기를 부여하기 위해 원가를 배분한다. 원가배분은 경영자의 행동에 영향을 미칠 수 있으며, 이에 따라 목표일치성을 추구하고 아울러 경영자의 노력을 유인할 수 있다.

위의 원가배분의 네 가지 목적이 하나의 원가배분방법에 의해 동시에 해결될 수만 있다면 가장 이상적일 것이다. 그러나, 네 가지 목적을 동시에 해결할 수 있는 원가배분방법은 존재하지 않는다. 네 가지 목적이 동시에 달성될 수 없다면, 그중 어떤 목적을 우선시할 것인가를 결정하여 이에 따라 원가를 배분하여야 한다.

3 원가배분의 기준

하나 또는 둘 이상의 원가대상에 원가배분대상액을 대응시키기 위해서는 원가배분기준(cost allocation base)이 필요하다. 만약 원가대상과 원가배분대상액 사이에 인과관계(cause - and - effect relationships)가 존재한다면 굳이 원가배분이라는 용어를 사용할 필요도 없이 원가배분대상액을 원가대상에 배분하면 된다. 이러한 인과관계가 존재하는 원가를 직접원가(direct costs)라 하며, 직접원가를 원가대상에 대응시키는 과정을 부과라고도 한다.

원가배분과 원가부과

이러한 인과관계가 존재하지 않는 경우 원가배분을 위해서는 인위적인 원가배분기준을 설정해야 하며, 이에는 부담능력기준과 수혜기준을 들 수 있다.

(1) 부담능력기준

원가대상의 원가부담능력을 기준으로 공통원가를 배분하는 방법이다. 원가부담능력으로는 매출액, 총자산 등을 들 수 있다. 이 기준은 매출액이 많을수록 공통원가를 많이 이용했을 것이라는 사고에서 비롯된다. 즉 '원가부담능력'(ability - to - bear)에 따라 매출액이 많은 부서에서 공통원가의 많은 부분을 부담한다는 사고이다.

그러나 이러한 배분방법에는 두 가지 문제점이 있다.

① 제품의 원가에 의해 제품가격이 결정되지 않고, 반대로 제품가격(매출액)에 의해 제품원가가 결정됨으로써 주객이 전도되는 셈이 된다.

② 실제매출액을 기준으로 배분할 경우, 특정 제조부문에 배분되는 금액은 그 부문뿐만 아니라 타제조부문의 활동에 의해서도 영향받게 된다. 이 문제점을 해결하기 위해서는 실제매출액이 아닌 예상매출액을 기준으로 공통원가를 배분하여야 한다. 즉, 원가배분기준을 사전에 설정함으로써 특정부문에서 통제할 수 없는 타제조부문의 영향을 배제할 수 있게 된다.

(2) 수혜기준

수혜기준(benefits - received criterion)이란 각 원가대상이 공통원가로부터 제공받은 효익의 정도에 비례하여 공통원가를 배분하는 방법으로서 '수익자 부담의 원칙'을 반영한 것이다. 이 기준을 적용하기 위해서는 각 원가대상이 공통원가로부터 얼마만큼의 효익을 제공받는지를 측정하여야만 한다. 이에 대한 자세한 설명은 제2절 이하에서 다룬다.

예제 7-1 매출액에 의한 원가배분

남선기업의 사업부 X, Y를 지원하기 위한 공통원가는 월 ₩100이다. 이 공통원가는 대부분 고정원가이다. 사업부 X, Y의 6월 예상매출액은 각각 ₩6,000, ₩4,000이다.

물음

1. 사업부 X, Y의 6월 실제매출액이 예상매출액과 동일하다고 가정하자. 실제 매출액을 기준으로 공통원가를 배분하시오.
2. 사업부 X, Y의 6월 실제매출액이 각각 ₩6,000, ₩6,000이라고 하자. 실제 매출액을 기준으로 공통원가를 배분하시오.
3. 물음 1, 2에서 사업부 X의 실제매출액이 같은데도 불구하고 공통원가배분액은 다르다. 이 문제점을 해결하기 위한 새로운 원가배분방법을 제시하시오.

해답

	사업부 X의 원가배분액	사업부 Y의 원가배분액
1.	$₩100 \times \frac{₩6,000}{₩6,000 + ₩4,000} = ₩60$	₩40
2.	$₩100 \times \frac{₩6,000}{₩6,000 + ₩4,000} = ₩50$	₩50

3. 실제매출액을 기준으로 배분할 경우, 사업부 Y의 실제매출액이 증가함에 따라 사업부 X의 원가배분액은 감소하듯이, 사업부 X의 원가배분액이 자부서의 활동뿐만 아니라 통제할 수 없는 타부문의 활동에 의해서도 영향받는다. 이러한 문제점을 해결하기 위해서는 예상매출액을 기준으로 공통원가를 배분하여야 한다.

제 2 절 제조간접원가 배분

① 제조간접원가풀과 배분기준

개별원가항목들의 그룹인 원가풀(cost pool)에 포함된 원가들의 행태가 같거나 원가동인과 활동원가 사이에 유사한 인과관계나 수혜관계를 지닐 때 이러한 원가들을 동질적 원가풀(homogeneous cost pool)이라 한다. 원가풀이 동질적이면 원가풀 전체를 대상으로 한 원가배분과 원가풀 내에 속한 개별원가를 각각 개별적으로 원가배분한 합계는 같게 된다. 원가풀의 동질성의 정도가 높을수록 원가풀의 개수는 적어지게 된다.

원가풀을 한 개, 즉 공장전체의 제조간접원가를 하나의 원가풀에 포함시켜 구한 배부율을 **공장전체 제조간접원가 배부율**(plant-wide overhead rate)이라 하는데, 원가풀의 동질성은 낮아지게 된다.

반면에 부문별로 원가풀을 설정하여 구한 배부율을 **부문별 제조간접원가 배부율**(departmental overhead rate)이라 하는데, 원가풀의 동질성은 높아지며 이에 따라 보다 정확한 원가계산이 가능하게 된다.

제조간접원가 배분기준

원가배분기준은 원가발생을 야기하는 원가동인이어야 한다. 제조간접원가를 원가대상에 배분하기 위한 원가배분기준은 획일적으로 정할 수 없다. 일반적으로 많이 사용하는 원가배분기준은 〈표 7-1〉과 같이 종업원 수, 직접작업시간, 기계시간 등이다.

원가배분기준을 선택할 때에는 ① 원가대상과 관련하여 직접 추적할 수 있는 경우에는 측정한 용역량(전기 사용량, 수선유지시간, 이용인원 수)을 기준으로 하며, ② 직접 추적할 수 없는 경우에는 가장 근사한 대용치를 기준으로 하여야 한다. 원가배분기준은 명확하고 단순해야 하며, 원가대상인 부문의 경영자가 쉽게 이해할 수 있어야 한다.

원가배분기준을 무엇으로 하느냐에 따라 각 부서의 원가배분액이 달라지게 되며, 또한 최종제품(용역)의 원가도 달라진다.

| 표 7-1 | 원가배분기준의 예

간 접 부 문	원가배분기준(원가동인)
• 동력부	• 전기 사용량, 기계의 생산능력
• 수선유지부	• 수선유지시간, 기계시간, 총직접작업시간
• 구매부, 선적부, 창고부	• 취급물량, 구매건수, 재고자산의 부피
• 인사부	• 종업원 수
• 경비부서	• 부서별 면적
• 대학본부의 학생처	• 단과대학의 학생 수
• 대학본부의 교무처, 연구지원과	• 단과대학의 교수 수

❷ 단일배분율과 이중배분율

단일배분율

하나의 원가풀에 포함된 원가들을 변동원가 또는 고정원가 등으로 구분하지 않고서 원가배분기준에 따라 하나의 배분율을 구할 수 있다. 이와 같은 방법에 따라 구한 배분율을 **단일배부율**(single rate)이라 한다. 단일배분율을 사용하면 원가행태에 대한 분석이 필요하지 않다는 장점이 있다. 그러나, 이 방법에 의해 원가배분이 이루어질 경우 부문의 최적 의사결정이 조직전체의 관점에서는 최적이 되지 않을 수 있다.

이중배분율

반면에, 하나의 원가풀에 포함한 원가들을 변동원가와 고정원가로 구분하여 설정한 배분율을 **이중배분율**(dual rate)이라 한다. 이중배분율을 이용한 원가배분은 다음과 같이 이루어진다.

먼저, 변동원가는 용역의 사용량에 따라 비례적으로 발생하므로 실제사용량에 따라 배분한다. 이 때 변동원가배분율은 사전에 설정한 예정배부율을 사용한다.

변동원가 배분액 = 변동원가 예정배부율 × 용역의 실제 사용량

변동원가 실제배부율이 아닌 예정배부율을 이용하는 이유는 변동원가의 가격 변화의 영향을 배제하고 또한 보조부문의 비능률을 배제하기 위함이다.

한편, 고정원가는 장기간 동안 경제적 효익을 제공하는 설비능력과 관련하여 발생하는 원가이다. 따라서 고정원가는 장기적 평균예정사용량(또는 최대이용시간, 최대이용인원)에 따라 배분한다.

고정원가 배분액 = 예산상의 고정원가 × 장기적 예정사용량의 비율

예산상의 고정원가를 배분하는 이유는 고정원가의 가격변화나 보조부문의 비능률을 배제하기 위함이다. 한편, 보조용역의 실제사용량이 아닌 장기적 예정사용량에 따라 고정원가를 배분함에 유의하여야 한다. 만약 고정원가를 실제사용량에 따라 배분한다고 하자. 고정원가는 일정하기 때문에, 용역사용부문의 고정원가배분액은 그 부문의 사용량뿐만 아니라 타부문에서의 사용량에 의해서도 영향받게 된다. 즉 장기적 예정 사용량에 따라 고정원가를 배분하는 이유는 타부문의 영향을 배제하기 위함이다.

예제 7-2 이중배분율에 의한 원가배분

탐라제조기업의 전산부서에서는 절단부와 조립부에 전산용역을 제공하고 있다. 20×3년도 전산부의 예상변동원가는 전산이용시간당 ₩100이며, 연간예상고정원가는 ₩5,000,000이다. 절단부와 조립부의 전산이용시간에 관한 예상정보는 다음과 같다.

	최대이용예상시간	예상이용시간
절 단 부	180,000시간	160,000시간
조 립 부	120,000	40,000
합 계	300,000시간	200,000시간

한편, 20×3년 동안 절단부와 기계부의 실제전산이용시간은 각각 150,000시간, 40,000시간이며, 전산부서의 변동원가 실제발생액은 ₩19,500,000, 고정원가 실제발생액은 ₩5,050,000이다.

물음

1. 절단부, 조립부에 배분되는 전산부의 원가배분 대상액을 구하시오.
2. 이중배분율에 의해 전산원가를 절단부와 조립부에 배분하시오.

해답

1. 전산부의 원가배분 대상액 = ₩5,000,000 + ₩100 × (150,000시간 + 40,000시간)
   = ₩24,000,000

   참고로, 전산부서의 비능률은 제조부문에 배분하지 않음에 유의하기 바란다. 전산부서의 비능률에 의한 다음과 같은 원가차이는 전산부서에서 책임져야 한다.

	실제원가	원가배분대상액	원가차이
변동원가	₩19,500,000	₩19,000,000	₩500,000불리
고정원가	5,050,000	5,000,000	50,000불리
합 계	₩24,550,000	₩24,000,000	₩550,000불리

2. 변동원가는 실제 사용량에 따라 배분하고, 고정원가는 최대이용예상시간에 따라 배분한다. 전산부의 원가배분대상액을 제조부문에 배분하면 다음과 같다.

	절 단 부	조 립 부
변동원가배분		
₩100 × 150,000시간	₩15,000,000	
₩100 × 40,000시간		₩4,000,000
고정원가배분		
₩5,000,000 × 60%	3,000,000	
₩5,000,000 × 40%		2,000,000
원가배분액	₩18,000,000	₩6,000,000

제 3 절 보조부문 원가배분

조직의 많은 부서들은 크게 운영부문과 보조부문으로 대별할 수 있다. **운영부문**(operating department)은 조직의 주요 목적을 수행하는 부문으로서 여기에는 제조기업의 제조부문(production department), 대학의 학부 및 대학원 과정, 병원의 내과·외과, 항공회사의 노선별 운항 등이 포함된다.

반면에 **보조부문**(support or service department)은 조직의 주요 목적을 직접 수행하는 것이 아니라 운영부문의 활동을 원활하게 하도록 보조적 활동과 지원활동을 수행하는 부문이다. 이에는 제조기업의 수선·유지부문, 재료구매부서, 회계부서, 인사부서, 식당부 등이 포함되며, 대학의 본부에서 수행하는 학생과, 교무과, 연구지원과, 경리과, 병원의 X레이 촬영부서, 수납과, 식당부, 항공회사의 관제부서, 출입국 검사부서, 항공권 예약·발매부서 등이 포함된다.

보조부문의 활동은 조직의 주요 목적을 직접 수행하지 않지만, 최종 제품(또는 용역)을 생산하기 위해서는 반드시 수반되기 때문에, 보조부문의 원가는 최종 제품(또는 용역)의 원가에 포함되어야 한다.

보조부문에서 생산한 용역은 운영부문뿐만 아니라 보조부문에서도 사용한다. 예컨대 식당부에서는 공장종업원들뿐만 아니라 경비부서 직원들에게도 식사를 제공하며, 반대로 경비부서에서는 공장뿐만 아니라 식당의 경비활동을 수행한다. 이와 같이 보조부문 사이에 주고받는 용역을 **상호보조용역**(interdepartmental or reciprocal services)이라 한다.

보조부문의 자가소비

보조부문에서 생산한 용역 중 일부는 자부문에서 소비한다. 이를 **자가소비용역**(self-service)이라 한다. 식당부에서는 식당부 직원에게도 식사를 제공하며, 경비부서에서는 경비실의 경비활동도 수행한다. 보조부문 원가배분시 자가소비용역을 무시하고 분석하여도 동일한 원가배분이 이루어지게 할 수 있다. 예를 들어 식당부에서 식당부에 10%, 제조부문 A, B에 각각 40%, 50%의 용역을 제공하였다면, 자가소비용역을 무시하고서 식당부 원가를 제조부문 A, B에 각각 44.4%(= 40% ÷ (40% + 50%)), 55.6%를 배부하면 된다. 자가소비용역을 무시하기 때문에 원가배분 비율이 달라짐에 유의하여야 한다.

한편, 제조부문에서는 이러한 용역수수관계가 존재하지 않기 때문에, 보조부문 원가를 제조부문에 배부하기 위해서는 별도의 배부방법이 필요하다. 보조부문원가를 배부하는 방법으로는 직접배부법, 단계배부법, 상호배부법 등이 있다.

① 직접배부법

직접배부법(direct method)은 보조부문 사이의 용역수수관계를 완전히 무시하고, 보조부문원가를 제조부문에 직접 배부하는 방법이다.

직접배부법은 가장 간편한 배부방법이어서 실무적으로 널리 사용되고 있다. 그러나, 현실적으로 존재하는 보조부문 사이의 용역수수관계를 무시함으로써 이에 따라 제조부문의 제조간접원가 배부율 나아가 제품원가 등이 왜곡될 수 있다.

| 그림 7-2 | 직접배부법에 의한 보조부문 원가배분

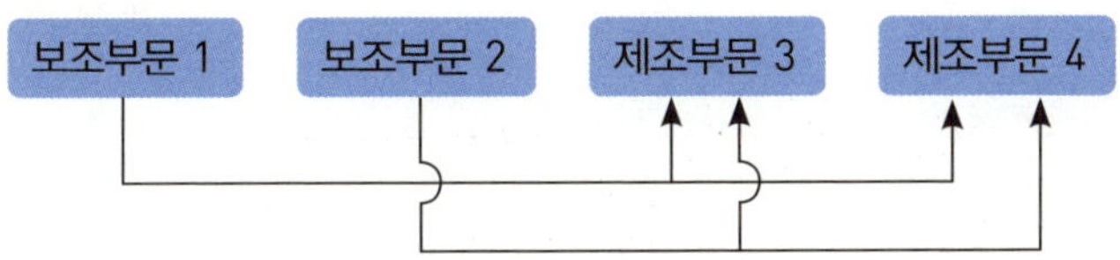

② 단계배부법

단계배부법(step method)은 보조부문 사이의 용역수수관계를 일부 고려하여 보조부문원가를 제조부문에 배부하는 방법이다. 보조부문 사이의 용역수수관계를 일부 고려하는 방법으로써 보조부문원가의 배부순서를 결정하여 그 순서대로 배부한다. 일반적으로 타부문에 용역을 많이 제공하는 보조부문 또는 보조부문원가가 큰 보조부문부터 배부한다. 예컨대 보조부문 1, 2의 순서대로 원가를 배부한다고 하자. 먼저 보조부문 1의 원가를 보조부문 2와 제조부문에 배부한 후, 보조부문 2의 원가를 제조부문에 배부한다.

| 그림 7-3 | 단계배부법에 의한 보조부문 원가배분

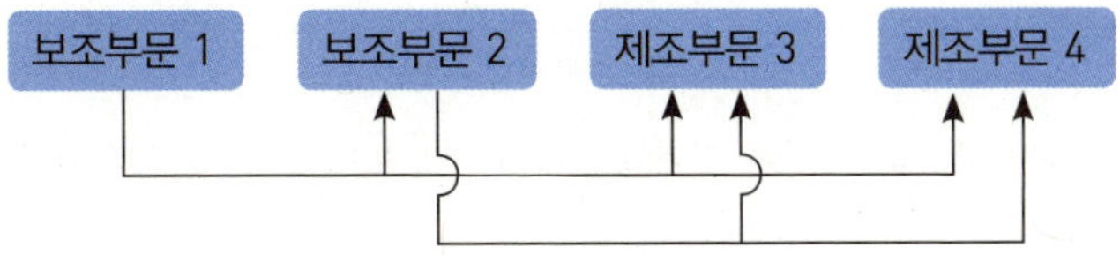

단계배부법에 의한 보조부문 원가배분시 유의사항은 다음과 같다.

① 보조부문 1의 원가배분이 이루어지면 보조부문 1에는 다른 보조부문의 원가를 재배부하지 않는다. 즉 보조부문 2에서 보조부문 1에 실제로 용역을 제공하였다 하더라도 이를 무시하고 보조부문 2의 원가를 제조부문에 배부한다.

② 보조부문 2의 원가배부대상액은 보조부문 2의 부문직접원가와 보조부문 1의 원가배부액을 합한 금액이다.

보조부문 2의 원가배부대상액 = 보조부문 2의 부문직접원가 + 보조부문 1의 원가배부액

단계배부법에 의한 원가배분은 직접배부법에 비하여 더 정확하다. 그러나 보조부문 사이의 용역수수관계를 완전히 인식하지는 않았다는 문제와 배부순서의 결정이라는 새로운 문제가 대두하게 된다.

예제 7-3 직접배부법과 단계배부법

대방회사는 보조부문인 동력부, 수선부와 제조부문인 절단부, 조립부로 구성되어 있다. 각 부문직접원가 및 보조부문의 용역 사용량에 대한 예상정보는 다음과 같다.

	동력부	수선부	절단부	조립부
부문직접원가	₩2,000,000	₩1,560,000		
동력 사용량	–	40kwh	120kwh	40kwh
수선시간	10시간	–	60시간	30시간

보조부문의 원가는 단일배부율에 의해 제조부문에 배부한다. 동력부의 원가배분기준은 동력사용량이며, 수선부의 원가배분기준은 수선시간이다. 단계배부법에 의해 보조부문원가를 제조부문에 배부할 경우 동력부문원가를 먼저 배부한다. 직접배부법에 의하여 동력부원가를 절단부에 배부하는 금액은 단계배부법의 경우보다 얼마만큼 차이나는가?

해답

직접배부법에 의한 배부액 = $₩2,000,000 \times \frac{120kwh}{120kwh + 40kwh}$ = ₩1,500,000

단계배부법에 의한 배부액 = $₩2,000,000 \times \frac{120kwh}{40kwh + 120kwh + 40kwh}$ = ₩1,200,000

직접배부법에 의해 절단부에 배부하는 동력부원가는 단계배부법의 경우보다 ₩300,000 많다.

③ 상호배부법

상호배부법(reciprocal method)은 보조부문 사이의 용역수수관계를 완전히 고려하여 보조부문의 원가를 배부하는 방법이다. 보조부문 사이의 용역수수관계를 연립방정식으로 나타낸 후, 그 해를 이용하여 보조부문원가를 배부한다.

보조부문 1, 2를 거쳐가는 총원가(flow – through costs or redistributed costs)를 각각 X_1, X_2라 하면 다음의 연립방정식이 성립한다.

X_1 = 보조부문 1의 부문원가 + 보조부문 1에서 보조부문 2를 이용한 비율 × X_2

X_2 = 보조부문 2의 부문원가 + 보조부문 2에서 보조부문 1을 이용한 비율 × X_1

위 연립방정식의 해를 구하여, 이를 용역제공비율에 따라 타부문에 원가배분한다.

상호배부법의 장점은 다음과 같다.

① 보조부문의 용역수수관계를 완전히 고려함으로써 원가배분이 정확하다.

② 보조부문원가의 배부순서를 결정할 필요가 없다.

③ 만약 보조부문의 고정원가가 회피불능고정원가이고 위의 방법에 따라 변동원가만을 배부한다면, 상호배부법은 보조용역의 자가생산 또는 외부구입 의사결정에 유용한 정보를 제공한다.

그러나, 보조부문이 많아지면 연립방정식 또는 행렬을 풀기가 상당히 힘들어진다는 단점이 있다.

예제 7-4 보조부문 원가배분

대방회사는 보조부문인 수선부, 동력부와 제조부문인 절단부, 조립부로 구성되어 있다. 각 부문직접원가 및 보조부문의 용역 사용량에 대한 예상정보는 다음과 같다.

	수선부	동력부	절단부	조립부
부문직접원가	₩1,560,000	₩2,000,000		
수 선 시 간	–	10시간	60시간	30시간
동력 사용량	40kwh	–	120kwh	40kwh

보조부문의 원가는 단일배부율에 의해 제조부문에 배부한다. 수선부의 원가배분기준은 수선시간이며, 동력부의 원가배분기준은 동력사용량이다. 상호배부법에 의해 보조부문원가를 제조부문에 배부하시오.

해답

수선부, 동력부를 거쳐가는 총원가를 X_1, X_2라 하면,

X_1 = ₩1,560,000 + 0.2 X_2

X_2 = ₩2,000,000 + 0.1 X_1

∴ X_1 = ₩2,000,000, X_2 = ₩2,200,000

이에 따라 보조부문원가를 제조부문에 배부하면 다음과 같다.

	수선부	동력부	절단부	조립부
부문직접원가	₩1,560,000	₩2,000,000		
수선원가 배부	(2,000,000)	200,000*	₩1,200,000	₩600,000
동력원가 배부	440,000	(2,200,000)	1,320,000**	440,000
합계	₩0	₩0	₩2,520,000	₩1,040,000

* ₩2,000,000 × $\frac{10시간}{10시간 + 60시간 + 30시간}$ = ₩200,000

** ₩2,200,000 × $\frac{120kwh}{40kwh + 120kwh + 40kwh}$ = ₩1,320,000

(원시적 방법) 연립방정식이 어떻게 유도되었는지를 살펴보기 위해 보조부문서비스의 용역수수관계를 그대로 적용하면 다음과 같다.

〈원시적 방법〉

	보조부문		제조부문		계
	수선부	동력부	절단부	조립부	
배부전	₩1,560,000	₩2,000,000			₩3,560,000
수선부	(1,560,000)	156,000	₩936,000	₩468,000	
동력부	431,200	(2,156,000)	1,293,600	431,200	
수선부	(431,200)	43,120	258,720	129,360	
동력부	8,624	(43,120)	25,872	8,624	
수선부	(8,624)	862	5,174	2,587	
동력부	172	(862)	517	172	
- - -	- - -	- - -	- - -	- - -	
배부후	₩0	₩0	₩2,520,000	₩1,040,000	₩3,560,000

〈원시적 방법〉에서 보조부문 수선부와 동력부를 거쳐가는 총원가를 각각 S_1, S_2라 하자.

S_1 = ₩1,560,000 + 431,200 + 8,624 + 172 + - - -

= ₩1,560,000 + 0.2 S_2 = 부문직접원가 + 타보조부문 사용비율 × S_2

S_2 = ₩2,000,000 + 156,000 + 43,120 + 862 + - - -

= ₩2,000,000 + 0.1 S_1 = 부문직접원가 + 타보조부문 사용비율 × S_1

∴ S_1 = ₩2,000,000, S_2 = ₩2,200,000

예제 7-5 상호배부법 (99CTA, 94CTA유사, 89CTA유사)

㈜준범은 제조부문 A, B와 보조부문 X, Y가 있다. 각 보조부문의 서비스 용역 수수관계는 다음과 같다.

용역제공부문	용역사용부문				
	X	Y	A	B	합 계
X		40단위	20단위	40단위	100단위
Y	45단위		60단위	45단위	150단위

X, Y부문의 변동원가는 각각 ₩160,000, ₩200,000이며, 고정원가는 고려하지 않는다. 상호배부법에 의해 보조부문원가를 배부하는 경우, A제조부문에 배부되는 총보조부문원가는 얼마인가?

해답

연립방정식 도출 및 해 계산 :

X = ₩160,000 + 0.3Y　　　Y = ₩200,000 + 0.4X

∴ X = ₩250,000, Y = ₩300,000

제조부문A에 배부될 보조부문 원가 = $₩250,000 \times \frac{20}{100} + 300,000 \times \frac{60}{150} = ₩170,000$

예제 7-6 상호배부법 : 자가소비용역이 존재할 때 (14CTA)

㈜세무는 두 개의 제조부문인 P_1, P_2와 두 개의 보조부문인 S_1, S_2를 운영하여 제품을 생산하고 있다. S_1은 기계시간, S_2는 전력소비량(kwh)에 비례하여 보조부문원가를 제조부문에 배부한다. ㈜세무의 각 부문에서 20×1년 4월 중 발생할 것으로 예상되는 원가 및 용역수수관계는 다음과 같다.

공급부문 \ 사용부문	보조부문		제조부문		합계
	S_1	S_2	P_1	P_2	
부문원가	₩10,800	₩6,000	₩23,000	₩40,200	₩80,000
부문별 예상 기계시간 사용량	20시간	20시간	30시간	50시간	120시간
부문별 예상 전력소비량	160kwh	100kwh	320kwh	320kwh	900kwh

㈜세무는 상호배부법을 이용하여 보조부문원가를 제조부문에 배부한다. 이 경우 20×1년 4월말 제조부문 P_2에 집계될 부문원가의 합계액은 얼마인가?

해답

자가소비용역은 제외하고 분석하면 간단하다.

S_1 = ₩10,800 + 0.2 S_2, S_2 = ₩6,000 + 0.2 S_1

∴ S_1 = ₩12,500, S_2 = ₩8,500

P_2에 집계될 부문원가의 합계액 = ₩40,200 + 12,500 × 0.5 + 8,500 × 0.4 = ₩49,850

예제 7-7 상호배분법 : 역산 (18CTA, 08CPA유사)

㈜세무는 세 개의 제조부문 (P1, P2, P3)과 두 개의 보조부문 (S1, S2)을 운영하고 있으며, 보조부문원가를 상호배분법에 의해 제조부문에 배분하고 있다. 각 부문의 용역수수관계는 다음과 같다.

사용 / 제공	제조부문			보조부문	
	P1	P2	P3	S1	S2
S1	40%	20%	20%		20%
S2	30%	30%	30%	10%	

두 개의 보조부문(S1, S2)으로부터 제조부문 P1, P2, P3에 배분된 금액이 각각 ₩150,000, ₩120,000, ₩120,000일 경우, 보조부문원가를 배분하기 이전의 각 보조부문 S1과 S2에 집계된 원가는?

해답

A, B를 보조부문 S1, S2를 거쳐가는 총원가(flow-through costs)라 하면

0.4A + 0.3B = ₩150,000 0.2A + 0.3B = ₩120,000

∴ A = ₩150,000, B = ₩300,000

	보조부문		제조부문		
	S1	S2	P1	P2	P3
배부전	? (= ₩120,000)	? (= ₩270,000)			
S1	A (150,000)	30,000(20%)	(40%)	(20%)	(20%)
S2	30,000 (10%)	B (300,000)	(30%)	(30%)	(30%)
배부후	₩0	₩0	₩150,000	₩120,000	₩120,000

보조부문 원가배부후에는 ₩0이 되어야 하므로, S1의 부문원가는 ₩120,000, S2의 부문원가는 ₩270,000이다.

제 4 절 보조부문 원가배분과 제조간접원가 배부율

제조간접원가를 집계하여 제품에 배부하는 것을 제조간접원가 배부(overhead application)라 한다. 제조간접원가를 집계할 때, 원가풀을 공장전체로 볼 때 제조간접원가 배부율을 **공장전체 제조간접원가 배부율**(plant-wide overhead rate)이라 하며, 원가풀을 개별 제조부문으로 볼 때 제조간접원가 배부율을 **부문별 제조간접원가 배부율**(departmental overhead rate)이라 한다.

여기에서는 보조부문이 존재하고 보조부문원가를 앞의 여러 가지 배부방법에 따라 배부할 경우, 이것이 공장전체 또는 부문별 제조간접원가 배부율에 어떤 영향을 미치는 가를 살펴보자.

첫째, 공장전체의 제조간접원가는 보조부문원가와 제조부문의 제조간접원가와의 합계액이다. 따라서 보조부문원가를 어떤 배부방법(직접배부법, 단계배부법, 상호배부법)으로 제조부문에 배부하든 관계없이 공장전체의 제조간접원가는 동일하므로, 공장전체 제조간접원가 배부율은 보조부문 원가배분방법에 관계없이 일정하다.

| 그림 7-4 | 공장전체 제조간접원가 배부율

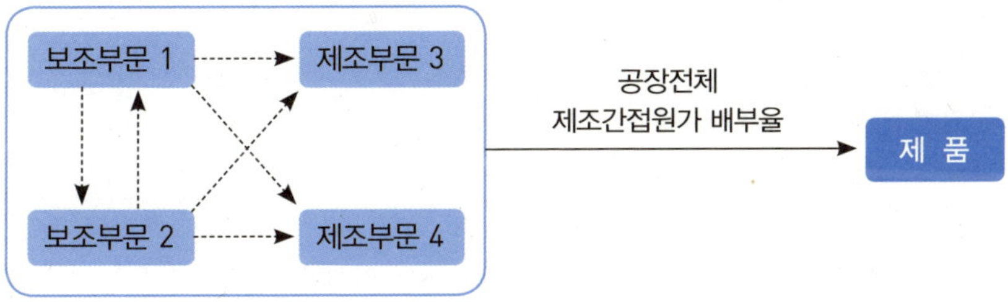

| 그림 7-5 | 부문별 제조간접원가 배부율

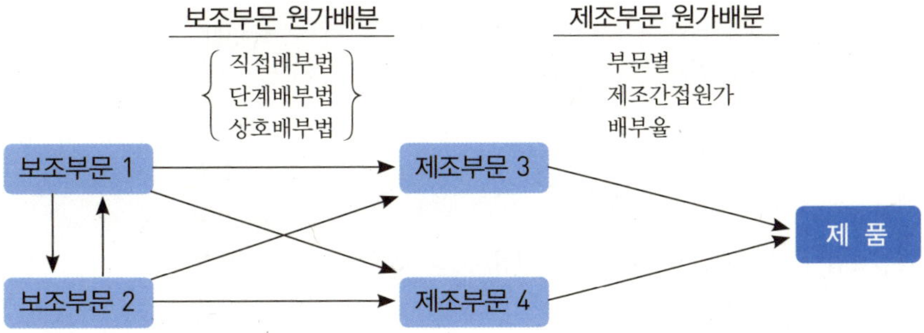

둘째, 제조부문의 제조간접원가는 그 부문의 제조간접원가뿐만 아니라 보조부문 원가배부액을 합한 금액이다. 따라서 보조부문원가를 직접배부법, 단계배부법, 상호배부법 중 어떤 배부방법을 적용하여 배부하느냐에 따라 부문별 제조간접원가 배부율은 달라진다.

예제 7-8 보조부문 원가배분과 공장전체 제조간접원가 배부율

동화기업에서는 세 개의 제조부문을 거쳐 제품을 생산하고 있다. 제조부문에 서비스를 제공하는 보조부문은 수선유지부와 동력부이다. 각 제조부문에 대한 내년도의 예상 정보는 다음과 같다.

	제조부문 갑	제조부문 을	제조부문 병
직접작업시간	500시간	2,000시간	1,500시간
부문원가			
직접재료원가	₩248,000	₩600,000	₩25,000
직접노무원가	70,000	400,000	240,000
변동제조간접원가	70,000	200,000	330,000
고정제조간접원가	350,000	124,000	122,000
합 계	₩738,000	₩1,324,000	₩717,000
보조용역의 사용			
수선작업시간	90시간	25시간	10시간
동력사용량	360kwh	320kwh	120kwh

수선유지부의 부문원가는 ₩80,000이며, 동력부의 부문원가는 ₩324,000이다. 직접작업시간을 기준으로 한 공장전체 제조간접원가 예정배부율은 얼마인가?

해답

공장전체 제조간접원가배부율은 보조부문원가배분방법에 관계없이 항상 일정하다. 따라서 모든 부문에서 발생한 제조간접원가를 합계하여 배부기준(직접작업시간)으로 나누면 된다. 문제는 길지만 쉬운 문제이다.

	제조간접원가
제조부문 – 갑 ₩70,000 + 350,000 =	₩420,000
제조부문 – 을 ₩200,000 + 124,000 =	324,000
제조부문 – 병 ₩330,000 + 122,000 =	452,000
수선유지부	80,000
동력부	324,000
합계	₩1,600,000
직접작업시간 (500 + 2,000 + 1,500)시간	÷ 4,000시간
공장전체 제조간접원가 배부율	₩400/작업시간

제 5 절 보조용역의 자가생산 - 외부구입 의사결정

보조용역을 직접 생산할 것인가 또는 외부에서 구입할 것인가의 의사결정은 부품의 자가생산 – 외부구입 의사결정과 유사하다. 외부에서 용역을 구입할 경우 ① 회피가능원가와 기회원가를 더한 금액과 ② 외부구입가격을 비교하여 의사결정한다. 그런데 보조부문이 하나뿐이거나 보조부문 사이의 용역수수관계가 존재하지 않는 경우에는 분석이 용이하지만, 보조부문이 둘 이상이고 이들 사이에 용역수수관계가 존재하면 분석이 복잡해진다.

예컨대 [그림 7–6]과 같이 보조부문이 동력부, 수선부 두 개이며, 동력부에서 수선부에 용역을 제공하는 비율이 20%이고, 수선부에서 동력부에 용역을 제공하는 비율이 10%라고 가정하자. 외부에서 동력을 제공하겠다는 제안에 대해 분석하여 보자.

| 그림 7–6 | 보조용역의 수수관계

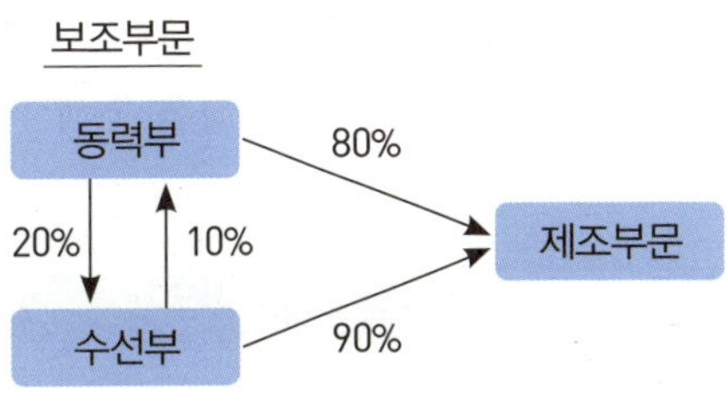

첫째, 외부구입금액을 분석한다. 이를 위해서는 외부에서 구입하여야 할 전력량을 분석하여야 한다. 전력이 필요한 부문은 제조부문과 수선부이므로 다음의 식이 성립한다.

> 외부에서 구입해야 할 전력량
> = 제조부문에서 필요한 전력량 + 수선부에서 필요한 전력량

동력을 외부에서 구입한다면, 동력부에서 수선부를 거쳐 동력부에 제공되는 전력량이 필요없다. 따라서 다음과 같이 표현할 수도 있다.

> 외부에서 구입해야 할 전력량
> = 전력 자가생산량 – 동력부에서 수선부를 거쳐 동력부에 제공되는 전력량

외부에서 구입해야 할 전력량을 분석하고 나면 동력의 외부구입금액을 다음과 같이 쉽게 구할 수 있다.

> 동력의 외부구입금액 = 외부에서 구입해야 할 전력량 × 외부구입단가

둘째, 동력을 외부에서 구입할 경우 회피가능원가를 분석한다. 동력을 외부에서 구입할 경우 동력부의 회피가능원가뿐만 아니라 수선부에서 동력부에 용역을 제공할 필요가 없으므로 수선부원가 중 일부를 회피할 수 있다.

> 회피가능원가 = 동력부의 회피가능원가 + (수선부의 변동원가 × 수선부에서 동력부에 제공하는 용역비율)

셋째, 기회원가가 없다면 외부구입금액과 회피가능원가를 비교하여 외부구입금액이 낮으면 외부에서 전력을 구입한다. 의사결정시 외부구입용역의 품질, 공급의 안정성, 미래의 수요 등 질적 요인도 아울러 고려해야 한다.

이러한 분석적 방법은 보조부문이 많은 경우 적용하기 곤란하다. 이 경우에는 선형계획모형을 통해 분석할 수 있다.

예제 7-9 보조용역의 자가생산 - 외부구입 의사결정

앞의 〈예제 7 - 4〉에서 수선부, 동력부의 부문직접원가는 변동원가라고 가정하자. 최근에 기업 외부에서 동력을 kwh당 ₩10,500에 제공하겠다는 제안을 해왔다. 만약 외부에서 동력을 구입하더라도 보조부문의 고정원가는 회피할 수 없는 고정원가이다.

물음

1. 외부에서 동력을 구입한다면 구입할 전력량을 구하시오.
2. 외부의 제안에 대하여 수락 여부를 결정하시오.
3. 외부의 제안을 수락할 수 있는 kwh당 최대구입가격은 얼마인가?

해답

동력의 용역수수관계를 그림으로 나타내면 다음과 같다.

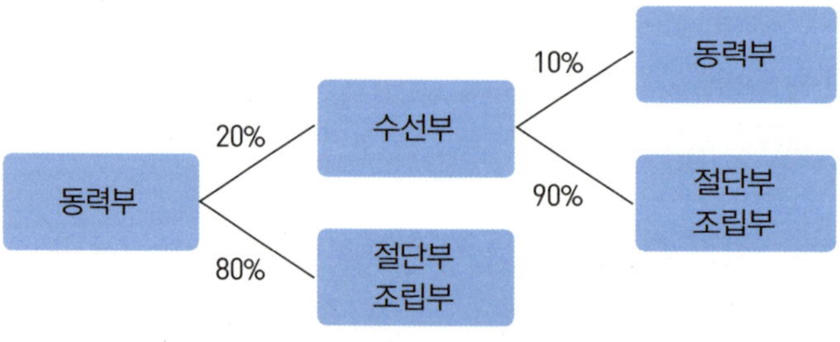

1. 만약 외부에서 동력을 구입한다면, 동력부 → 수선부 → 동력부로 제공하는 동력은 구입할 필요가 없다.

   외부구입량 = 200kwh − (200kwh × 20% × 10%) = 196kwh

   (200kwh × 20% × 10%): 동력부 → 수선부 → 동력부

또는,

외부구입량 = 200kwh × 80% + 200kwh × 20% × 90% = 196kwh

(동력부 → 절단부, 조립부 / 동력부 → 수선부 → 절단부, 조립부)

2. 관련원가는 ① 외부구입금액과 ② 외부구입시 회피가능원가이다.

외부구입금액 = 196kwh × ₩10,500 = ₩2,058,000

외부구입시 회피가능원가 = 동력부의 회피가능원가 + 수선부의 회피가능원가

= ₩2,000,000 + ₩1,560,000 × 10% = ₩2,156,000

외부구입금액이 회피가능원가보다 낮으므로, 외부의 제안을 수락한다.

3. 외부에서 구입한다면 외부구입량은 196kwh이며 회피가능원가는 ₩2,156,0000이므로 최대구입가격은 다음과 같다.

$$최대구입가격 = \frac{₩2,156,000}{196kwh} = ₩11,000/kwh$$

예제 7–10 보조용역의 자가생산 – 외부구입 의사결정 : 자가소비용역이 존재할 때

한성회사는 보조부문인 수선부, 동력부와 두 개의 제조부문 X, Y가 있다. 보조부문에서 생산한 용역은 다음과 같이 제공된다.

제공 \ 사용	수선부	동력부	X	Y	합 계
수 선 부	–	40,000	40,000	20,000	100,000시간
동 력 부	80,000	40,000	40,000	40,000	200,000kwh

수선부, 동력부의 단위당 변동원가는 각각 ₩16, ₩4 이다. 또한, 수선부와 동력부의 고정원가는 회피불능이다. 이 회사는 최근에 외부에서 동력을 kwh당 ₩10에 공급하겠다는 제안을 받았다. 동력을 외부구입하는 경우는 자가제조하는 경우에 비해 기업의 이익에 얼마만큼 영향을 미치겠는가?

해답

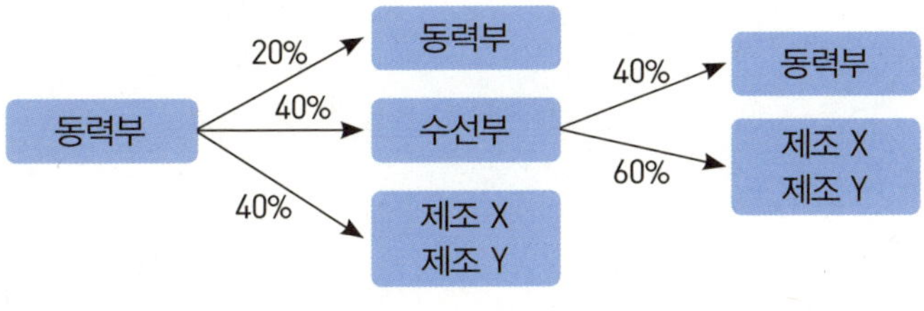

▶ 외부구입 동력 : 200,000kwh × 40% + 200,000kwh × 40% × 60% = 128,000kwh

또는, 200,000kwh – (200,000kwh × 20% + 200,000kwh × 40% × 40%) = 128,000kwh

▶ 외부에 지불해야 할 금액 = 128,000kwh × ₩10 = ₩1,280,000

▶ 외부구입으로 인한 원가절감액 = 동력부 부문원가 + 수선부 회피가능원가

= 200,000kwh × ₩4 + 100,000시간 × ₩16 × 40% = ₩1,440,000

따라서 외부에서 동력을 구입하는 것이 자체 생산하는 경우보다 ₩160,000만큼 경제적이다.

[별해]

자기소비용역이 존재하는 경우, 그 용역이 없다고 가정하고서 문제를 단순화하여도 된다. 자기부문소비용역을 무시하면 다음과 같다.

제공 \ 사용	수선부	전력부	제조 X	제조 Y	사용량	발생원가
수선부	–	40,000hr (40%)	40,000hr (40%)	20,000hr (20%)	100,000hr	₩1,600,000
전력부	80,000kwh (50%)	–	40,000kwh (25%)	40,000kwh (25%)	160,000kwh	800,000

▶ 전력부 폐지시 필요한 외부구입량 = 160,000kwh − 32,000 = 80,000kwh + 48,000 = 128,000kwh

▶ 외부에 지불해야 할 금액 = 128,000kwh × ₩10 = ₩1,280,000

▶ 동력부 변동원가 100%(₩800,000)와 수선부 변동원가 중 동력부에게 다시 주는 원가, 즉 전체 수선부 변동원가 중 20%(₩1,600,000 × 40%)의 합계 ₩1,440,000이 절감된다.

따라서 외부에서 동력을 구입하는 것이 자체 생산하는 경우보다 ₩160,000만큼 경제적이다.

연 습 문 제 exercise

01 제조간접원가 배부 (11CPA)

㈜수지는 제품 A와 제품 B를 생산하고 있는데 두 제품은 모두 제조부문 X와 제조부문 Y를 거쳐야 한다. 제조부문 X에서 발생한 제조간접원가는 각 제품이 소비한 기계시간을 기준으로 배부하고, 제조부문 Y에서 발생한 제조간접원가는 각 제품이 소비한 노무시간을 기준으로 배부한다. 또한 각 제조부문의 제조간접원가는 월별로 실제 배부한다. 다음은 5월 중 제품 A와 제품 B를 생산하는 데 각각 소비한 기계시간과 노무시간 그리고 각 제품에 최종적으로 배부된 제조간접원가 자료이다.

구분	제품 A	제품 B	합계
기계시간	10시간	30시간	40시간
노무시간	90시간	60시간	150시간
제조간접원가 배부액	₩870,000	₩930,000	₩1,800,000

제조부문 X에서 5월 중 발생한 제조간접원가는 얼마인가?

02 공장전체 또는 부문별 원가배부율

서울학원은 컴퓨터반과 회계반을 운영하고 있다. 20×5년도 하반기 동안 각 반의 운영원가 및 개설시간은 다음과 같다.

	컴퓨터반	회계반	합 계
운영원가	₩120,000	₩60,000	₩180,000
개설시간	600시간	1,200시간	1,800시간

이 학원에 경영대생인 A군이 컴퓨터 3시간, 회계 15시간을 수강신청하였다. 학원전체 원가배부율을 적용하여 A군에게 배부되는 운영원가와 부문별 원가배부율에 의한 운영원가는 얼마만큼 차이나는가?

03 공장전체 제조간접원가 배부율

동화기업에서는 세 개의 제조부문을 거쳐 제품을 생산하고 있다. 제조부문에 서비스를 제공하는 보조부문은 수선유지부와 동력부이다. 각 제조부문에 대한 내년도의 예상 정보는 다음과 같다.

	제조부문 갑	제조부문 을	제조부문 병
직접작업시간	500시간	2,000시간	1,500시간
부문원가			
직접재료원가	₩248,000	₩600,000	₩25,000
직접노무원가	70,000	400,000	240,000
변동제조간접원가	70,000	200,000	330,000
고정제조간접원가	350,000	124,000	122,000
합 계	₩738,000	₩1,324,000	₩717,000
보조용역의 사용			
수선작업시간	90시간	25시간	10시간
동력사용량	360kwh	320kwh	120kwh
동력최대사용량	500kwh	350kwh	150kwh

수선유지부의 변동원가는 ₩75,000, 고정원가는 ₩5,000이며, 동력부의 변동원가는 ₩128,000, 고정원가는 ₩240,000이다. 직접작업시간을 기준으로 한 공장전체 제조간접원가 예정배부율은 얼마인가?

04 단계배부법 (12CPA)

㈜갑은 현재 보조부문의 원가를 생산부문의 부문직접원가를 기준으로 배부하고 있다. 생산부문과 보조부문의 관련자료는 아래와 같다.

	생산부문		보조부문	
	A	B	C	D
부문직접원가	500만 원	400만 원	300만 원	600만 원
서비스 제공비율				
보조부문 C	40%	50%	–	10%
보조부문 D	30%	60%	10%	–

㈜갑은 보조부문 C의 원가를 우선 배부하는 단계배부법으로 보조부문의 원가배부방법을 변경하고자 한다. 이 변경이 생산부문 A에 배부되는 보조부문원가에 미치는 영향은?

05 단계배부법 (20CTA)

(주)세무는 제조부문(금형, 조립)과 보조부문(유지, 동력)을 이용하여 제품을 생산하고 있다. 유지부문원가는 기계시간, 동력부문원가는 전력량을 기준으로 단계배부법을 사용하여 보조부문원가를 제조부문에 배부한다. 보조부문원가를 배부하기 위한 20×1년 원가자료와 배부기준은 다음과 같다.

	보조부문		제조부문	
	유지	동력	금형	조립
부문개별원가	₩120,000	₩80,000	₩200,000	₩300,000
부문공통원가		₩200,000		
기계시간(시간)		200	400	400
전력량(kWh)	100	—	300	200
점유면적(m^2)	10	20	30	40

(주)세무의 부문공통원가 ₩200,000은 임차료이며, 이는 점유면적을 기준으로 각 부문에 배부한다. 20×1년 ㈜세무의 배부 후, 금형부문의 총원가는? (단, 보조부문원가는 유지부문, 동력부문의 순으로 배부한다.)

06 단계배부법 (13CPA)

㈜동산의 원가계산을 담당하고 있는 김 과장은 다른 보조부문에 대한 용역제공비율 순서로 보조부문의 원가를 배부하고 있다. 그런데 김 과장이 단계배부법에 의해 보조부문의 원가를 배부하는 중 실수로 다른 보조부문으로부터 배부받은 원가를 누락하고 다음과 같이 보조부문의 원가를 배부하였다.

제공부서	제조부문		보조부문		
	M1	M2	A1	A2	A3
배부전 원가	₩17,500	₩25,000	₩7,500	₩10,000	₩5,000
A3	1,500	1,000	1,500	1,000	
A2	3,750	3,750	2,500		
A1	3,750	3,750			
배부후 원가	26,500	33,500			

물음

1. 김 과장의 실수로 인해 제조부문에 배부되지 못한 보조부문의 원가는 얼마인가?
2. 김 과장의 실수를 바로잡았을 때 제조부문 M1과 M2의 배부후 원가는 얼마인가?
3. (위 문제와 독립적임) 주어진 자료가 다음과 같다면, 김 과장의 실수를 바로잡았을 때 제조부문 M1의 배부후 원가는 얼마인가? (13CPA변형)

제공부서	제조부문		보조부문		
	M1	M2	A1	A2	A3
배부전 원가	₩17,500	₩25,000	₩7,500	₩10,000	₩5,000
A3	1,500	1,000	1,500	1,000	
A2	4,800	3,200	2,000		
A1	3,750	3,750			
배부후 원가	27,550	32,950			

07 상호배부법 (85CPA, 95CTA유사)

동복공업사는 두 개의 생산부문 A, B의 생산활동을 돕기 위해 두 개의 보조부문 S1, S2를 두고 있다. 각 보조부문에서 생산된 서비스의 사용비율은 다음과 같다.

공급부서 \ 사용부서	S1	S2	A	B	서비스생산량
S1	0	2	4	4	10,000단위
S2	3	0	3	4	20,000단위

S1 부문과 S2 부문의 변동원가는 각각 ₩180,000과 ₩200,000이었다. 또한, 당기 중 생산부문 A, B의 생산량은 각각 1,000,000개와 1,200,000개이다.

물음

1. 상호배부법(reciprocal method)에 의하여 보조부문의 변동원가를 배부한다면, 생산부문 A에 배부된 보조부문의 변동원가는 얼마인가?
2. S2 부문의 서비스를 동복공업사 내에서 생산하는 대신 외부로부터 구입한다면 몇 단위의 S2 서비스를 구입하여야 하는가? 단, 생산부문의 생산량은 항상 일정하다고 가정한다.
3. S2 부문의 서비스를 생산하는 대신 외부로부터 구입할 때 절감되는 변동원가는 얼마인가? 단, 구입에 필요한 경비는 고려하지 않는다.
4. S2 부문의 서비스를 생산하는 대신 외부로부터 구입한다면 지불할 수 있는 단위당 최대가격은?

08 상호배부법 (00CPA)

㈜대한은 두 개의 보조부문 A와 B, 그리고 두 개의 생산부문 C와 D를 가지고 있다. 20×1년 3월의 각 부문에 대한 자료는 다음과 같다.

	보조부문		생산부문	
	A	B	C	D
기계시간	–	500시간	400시간	100시간
직접노무시간	400시간	–	200시간	400시간
각 부문의 제조간접원가	₩30,000	₩50,000	₩10,000	₩20,000
생산단위			50단위	100단위

C 부문에서 생산하는 갑제품의 단위당 기초원가(prime cost)는 ₩500이다. ㈜대한은 갑제품의 제조원가에 20%를 가산해서 판매가격을 결정한다. 보조부문의 원가는 상호배부법을 사용하여 생산부문에 배부하며, A 부문의 원가는 기계시간에 의하여 배부하고, B 부문의 원가는 직접노무시간에 의하여 배부한다. 갑제품에 대한 월초 및 월말 재공품은 없다. 갑제품의 단위당 판매가격은 얼마인가?

09 상호배부법 : 역산 (08CPA)

㈜한강은 두 개의 제조부문(P1, P2)과 두 개의 보조부문(S1, S2)으로 운영된다. 회사는 상호배부법을 이용하여 보조부문비를 제조부문에 배부하고 있으며, 각 보조부문의 용역제공비율은 다음과 같았다.

보조부문	제조부문		보조부문	
	P1	P2	S1	S2
S1	50%	30%	–	20%
S2	40%	40%	20%	–
부문비	?	?	X	?

두 개의 보조부문(S1, S2)으로부터 P1에 배부된 금액은 ₩50,000이고, P2에 배부된 금액은 ₩40,000이었다. 부문비 배부전 S1에 집계된 원가(X)는 얼마인가?

10 상호배부법 (17CTA)

㈜세무는 가공부문(도색 및 조립)과 보조부문(수선 및 동력)으로 구성된다. 다음의 서비스 공급량 자료를 이용하여 상호배부법으로 보조부문의 원가를 가공부문에 배부한다.

	보조부문		가공부문	
	수선	동력	도색	조립
수선		75시간	45시간	30시간
동력	200kWh		100kWh	200kWh

수선부문과 동력부문에 각각 집계된 원가는 ₩300,000과 ₩200,000이다. 가공부문에 배부된 원가는 도색 횟수와 조립시간에 비례하여 각각 제품 A와 제품 B에 전액 배부된다. 제품 A와 제품 B에 사용된 도색 횟수와 조립시간이 다음과 같을 때, 제품 B에 배부되는 보조부문의 총원가는?

	제품 A	제품 B
도색 횟수	10회	13회
조립시간	200시간	100시간

11 보조용역의 자가생산 - 외부구입 의사결정 (23CPA)

㈜대한은 보조부문 S1과 S2, 제조부문 P1과 P2를 사용하여 제품을 생산하고 있다. 20×3년도에 각 보조부문이 생산하여 타부문에 제공할 용역의 양과 보조부문의 원가에 관한 예산자료는 다음과 같다.

- 보조부문의 용역생산량과 타부문에 제공할 용역량

보조부문	보조부문의 용역생산량	각 보조부문이 타부문에 제공할 용역량			
		S1	S2	P1	P2
S1	400단위	-	80단위	200단위	120단위
S2	400단위	160단위	40단위	40단위	160단위

- S1과 S2의 변동원가는 각각 ₩260,000과 ₩40,000이다.
- S1과 S2의 고정원가는 각각 ₩40,000과 ₩40,000이다.

20×2년말 ㈜대한은 ㈜민국으로부터 현재 부문 S2에서 제공하고 있는 용역을 단위당 ₩400에 공급해 주겠다는 제안을 받았다. 이 제안을 20×3년 초에 수락할 경우, ㈜대한은 부문 S2의 고정원가를 50%만큼 절감할 수 있다. 그리고 부문 S2의 설비는 타사에 임대하여 연간 ₩20,000의 수익을 얻을 수 있다. 20×3년 초에 ㈜대한이 ㈜민국의 제안을 수락하여 부문 S2를 폐쇄하고 ㈜민국으로

부터 용역을 구입하기로 결정하는 경우, 이러한 결정이 ㈜대한의 20×3년도 이익에 미치는 영향은 얼마인가?

12 보조용역의 자가생산 – 외부구입 의사결정 (11CPA)

㈜동운은 두 개의 제조부문(P1, P2)과 세 개의 보조부문(S1, S2, S3)을 가지고 있으며, 부문 간의 용역수수관계와 보조부문의 원가자료는 다음과 같다.

공급부문 \ 사용부문	제조부문		보조부문			합계
	P1	P2	S1	S2	S3	
S1	4,000단위	3,000단위	–	1,500단위	1,500단위	10,000단위
S2	5,000단위	4,000단위	1,000단위	–	–	10,000단위
S3	4,000단위	5,000단위	1,000단위	–	–	10,000단위
변동원가	?	?	₩300,000	₩200,000	₩100,000	?
고정원가	?	?	₩500,000	₩100,000	₩200,000	?

㈜동운은 동일한 생산수준을 유지하면서 보조부문 S1의 용역을 모두 외부로부터 구입하고자 하며, 이 경우에 보조부문 S1의 고정원가 10%, 보조부문 S2의 고정원가 5%, 보조부문 S3의 고정원가 5%가 각각 감소할 것으로 예상된다.

물음

1. 보조부문 S1의 용역을 모두 외부로부터 구입하는 경우, ㈜동운이 필요로 하는 보조부문 S1의 용역은 몇 단위인가?
2. 보조부문 S1의 용역을 모두 외부로부터 구입하는 경우, ㈜동운이 외부구입으로 인한 손실을 발생시키지 않고 지불할 수 있는 보조용역 S1의 최대 구입금액은 얼마인가?

13 보조용역의 자가생산 – 외부구입 의사결정 (15CPA)

㈜한국은 두 개의 보조부문(부문 S1과 부문 S2)과 두 개의 제조부문(부문 P1과 부문 P2)을 사용하여 제품을 생산하고 있다. 20×1 회계연도에 각 보조부문이 생산하여 타부문에 제공할 용역의 양과 보조부문의 원가에 관한 예산자료는 다음과 같다.

가. 보조부문의 용역생산량과 타부문에 제공할 용역량

보조부문	보조부문의 용역생산량	각 보조부문이 타부문에 제공할 용역량			
		S1	S2	P1	P2
S1	200단위	–	40단위	100단위	60단위
S2	200단위	100단위	–	20단위	80단위

나. 보조부문의 원가

	부문 S1	부문 S2
간접재료원가(변동원가)	₩560,000	₩80,000
감독자급여(고정원가)	80,000	80,000
감가상각비(고정원가)	200,000	240,000
계	₩840,000	₩400,000

20×0년말 ㈜한국은 ㈜대한으로부터 현재 부문 S2에서 제공하고 있는 용역을 단위당 ₩1,400에 공급해 주겠다는 제안을 받았다. 만약 이 제안을 20×1년초에 수락할 경우 ㈜한국은 부문 S2의 간접재료원가를 회피할 수 있으며 부문 S2의 감독자급여를 50%만큼 절감할 수 있다. 그리고 부문 S2의 설비는 타사에 임대하여 연간 ₩24,000의 수익을 얻을 수 있다. 만약 20×1년초에 ㈜한국이 ㈜대한의 제안을 수락함으로써 부문 S2를 폐쇄하고 ㈜대한으로부터 용역을 구입하기로 결정하는 경우, 이러한 결정은 ㈜한국의 20×1 회계연도 이익에 어떠한 영향을 미치게 될 것인가?

14 단계배부법 : 자가소비용역이 존재할 때 (13CTA)

㈜세무는 제조부문(P1, P2)과 보조부문(S1, S2)을 이용하여 제품을 생산하고 있으며, 단계배부법을 사용하여 보조부문원가를 제조부문에 배부한다. 각 부문 간의 용역수수관계와 부문원가가 다음과 같을 때 P2에 배부될 보조부문원가는? (단, 보조부문원가는 S2, S1의 순으로 배부한다.)

	제조부문		보조부문		합계
	P1	P2	S1	S2	
부문원가	–	–	₩100,000	₩120,000	
S1	24시간	40시간	20시간	16시간	100시간
S2	400kWh	200kWh	200kWh	200kWh	1,000kWh

15 상호배부법 : 자가소비용역이 존재할 때 (08CTA)

대한회사는 제조부문(성형, 조립)과 보조부문(수선, 동력)을 이용하여 제품을 생산하고 있으며, 제조부문과 보조부문에 관련된 자료는 다음과 같다.

제공부문	제조부문		보조부문		합 계
	성 형	조 립	수 선	동 력	
수 선	400시간	200시간	100시간	400시간	1,100시간
동 력	4,000kWh	4,000kWh	8,000kWh	2,000kWh	18,000kWh

수선부문와 동력부문에 집계된 부문원가는 각각 ₩160,000, ₩80,000이다. 대한회사는 상호배부법을 사용하여 보조부문원가를 제조부문에 배부한다. 조립부문에 배부될 보조부문원가는 얼마인가?

16 상호배부법 (20CPA)

㈜대한은 두 개의 제조부문(절단부문, 조립부문)과 두 개의 지원부문(전력부문, 수선부문)을 통해 제품을 생산한다. ㈜대한은 상호배부법을 사용하여 지원부문의 원가를 제조부문에 배부하고 있다. 원가배부 기준은 전력부문은 전력(kWh)이며, 수선부문은 수선(시간)이다. 제조부문에 배부된 원가 및 배부기준과 관련된 내역은 다음과 같다. 전력부문에서 발생한 부문원가는 얼마인가?

구분	제조부문		지원부문	
	절단부문	조립부문	전력부문	수선부문
배부 받은 원가(₩)	7,400	4,200		
전력(kWh)	100	60	50	40
수선(시간)	60	30	60	30

CHAPTER

08

결합원가계산

Joint Products Costing

제1절 결합제품의 의의

제2절 결합원가의 배분기준

제3절 결합원가의 배분

제4절 결합제품의 판매 - 추가가공 의사결정

제5절 부산품 회계처리

학습목표

1. 어떤 산업에서 결합제품이 나타나는지를 살펴본다.
2. 결합원가를 배분하는 다양한 방법을 살펴보고, 특히 균등매출총이익률법과 순실현가능가치법에 의해 결합원가를 배분하는 방법을 정확히 이해한다.
3. 결합제품을 분리 상태에서 판매할 것인가 아니면 추가가공하여 판매할 것인가에 대한 의사결정에 영향을 미치는 요소는 무엇인지 살펴본다.
4. 부산품에 대한 두 가지 회계처리방법을 비교한다.

제1절 결합제품의 의의

결합제품(또는 **연산품** : joint products)이란 동일한 재료를 투입하여 동일한 공정에서 두 개 이상의 서로 다른 제품이 생산될 경우, ① 이들이 상대적으로 판매가치가 크고, ② 일정 단계까지는 개별제품으로 구분할 수 없는 제품을 뜻한다.

이러한 결합제품은 천연자원을 채굴, 가공하는 산업에서 흔히 찾아볼 수 있다. 낙농업, 화학제품, 정육업, 석유, 목제품 등이 이에 해당된다. 석탄을 채굴하면 코크스, 가스, 벤졸, 타르, 암모니아 등이 생산되며, 석유를 채굴하면 원유, 천연가스 등이 생산된다. 또한 석유산업의 경우 원유를 가공하면 휘발유, 등유, 경유 등이 생산되며, 정육업에서 돼지로부터 베이컨, 햄, 돼지갈비 등이 나온다.

결합제품의 회계상 이슈

결합제품과 관련하여 회계상 이슈는 두 가지이다. 첫 번째 이슈는 결합제품을 생산하기 위해 투입한 원가를 개별제품에 배분하는 것과 관련된 결합원가배분의 문제이며, 두 번째 이슈는 생산된 제품을 그대로 외부에 판매할 것인가 또는 추가가공 후 판매할 것인가와 관련된 결합제품의 판매 - 추가가공 의사결정의 문제이다.

제2절 결합원가의 배분기준

결합제품이 개별적으로 식별가능한 시점을 **분리점**(split - off point)이라 하며, 분리점 이전에 발생한 제조원가를 **결합원가**(joint costs)라 한다. 개별제품의 원가를 계산하여 재고자산을 평가하고 이를 외부에 보고하기 위해서는 분리점 이전에 발생한 결합원가를 결합제품에 배분하여야 한다.

분리점 이후에 발생한 제조원가를 **추가가공원가**(additional processing costs) 또는 분리원가(separable costs)라고 한다. 추가가공원가는 개별제품과 관련하여 발생하므로 원가배분을 할 필요가 없다.

결합원가의 배분은 제조간접원가의 배분과 유사하다. 왜냐하면 여러 가지 제품을 생산하기 위해 결합원가가 발생하기 때문에, 이들을 특정 제품과 관련시키기 곤란하기 때문이다. 한편, 제조간접원가의 합리적 배분기준을 설정하는 것보다도 결

| 그림 8-1 | 결합제품과 결합원가

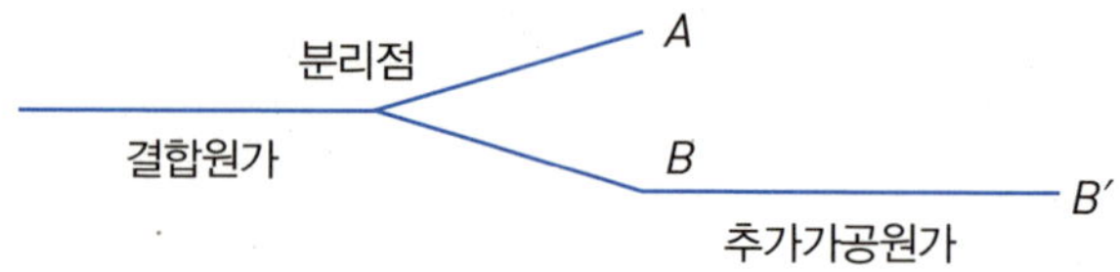

합원가배분의 합리적 배분기준을 설정하는 것이 더욱 어렵다. 일반적으로 개별제품을 생산하기 위해서는 각각 상이한 직접작업시간이나 기계시간을 활용하기 때문에 이를 기준으로 제조간접원가를 배부하는 반면에, 결합제품은 동시에 직접작업시간이나 기계시간을 활용하기 때문에 이를 원가배분기준으로 설정할 수 없다. 따라서 결합원가를 배분하기 위해서는 인위적 배분기준을 설정하여야 한다. 보편적으로 많이 활용하는 결합원가의 배분기준은 상대적 물량, 균등매출총이익률, 상대적 판매가치, 순실현가능가치 등이다.

❶ 상대적 물량

결합제품의 생산량, 무게, 부피, 면적 등 물량(physical measures)을 기준으로 결합원가를 배분하는 방법이다. 상대적 물량기준은 각 제품의 수혜도(benefits-received)에 따라 결합원가를 배분하는 것이다. 이 방법은 개별제품의 물량과 판매가격 사이에 밀접한 상관관계가 존재하는 경우에 합당하다.

만약 물량과 판매가격 사이에 아무런 관계가 없다면 이 방법을 사용해서는 안된다. 또한 결합제품의 물량에 대한 공통척도가 없는 경우에는 이 방법을 적용할 수 없다.

❷ 균등매출총이익률

균등매출이익률법(constant gross-margin percentage method)은 모든 결합제품의 매출총이익률이 같게 되도록 결합원가를 배부하는 방법이다.

이 방법을 적용하면 기업전체 매출총이익률은 개별제품의 매출총이익률이 된다. 마찬가지로 기업전체 매출원가율도 개별제품의 매출원가율이 된다. 기업전체의 매출원가율이 개별제품의 매출원가율과 같음을 이용하여 결합원가를 배분한다.

구체적으로 균등매출총이익률법에 의한 결합원가 배분은 다음과 같이 이루어진다.

첫째, 기업전체의 매출총이익률을 일차적으로 계산한다.

$$\text{기업전체의 매출총이익률} = \frac{\text{매출액} - (\text{결합원가} + \text{추가가공원가})}{\text{매출액}}$$

둘째, 위에서 산출한 기업전체의 매출총이익률을 개별제품에 적용한다.

개별제품의 매출원가 = 개별제품의 최종판매가액 × 기업전체의 매출원가율
결합원가 배분액 = 개별제품의 매출원가 − 개별제품의 추가원가

이 방법은 결합원가와 추가가공원가 모두 이익 창출에 기여한다고 가정한 것이다. 그러나, 결합제품 모두가 같은 매출총이익률 내지 매출원가율을 가진다는 것은 현실적이지 않으며, 추가가공원가가 많이 발생하는 경우에는 음(−)의 결합원가가 배분될 수 있다. 또한 상대적으로 추가가공원가가 많이 발생하는 제품에 더 적은 결합원가가 배분됨으로써, 사실상 보조를 받는 것과 같은 효과를 발생한다.

예제 8-1 균등매출총이익률법 (17CPA변형)

㈜한국은 결합생산공정을 통해 결합제품 A와 B를 생산하고 있으며, 균등매출총이익률법을 적용하여 결합원가를 배부한다. ㈜한국은 20×1년에 결합제품 A와 B를 모두 추가가공하여 전량 판매하였으며 20×1년 중 발생한 결합원가는 ₩300,000이다. 추가가공원가는 각 제품별로 추적가능하고 모두 변동원가이다. ㈜한국의 20×1년 생산 및 판매 관련 자료는 다음과 같다.

구분	A	B
생산·판매량	3,000단위	5,000단위
추가가공원가	₩45,000	₩60,000
추가가공 후 매출액	₩300,000	₩375,000

결합제품 A와 B 각각에 배분되는 결합원가는?

해답

$$\text{기업전체의 매출총이익률} = \frac{₩300,000 + 375,000 - 45,000 - 60,000 - 300,000}{(₩300,000 + 375,000)} = 40\%$$

$$\text{A의 매출총이익률} = \frac{₩300,000 - 45,000 - \text{결합원가배분액}}{₩300,000} = 40\% \quad \therefore \text{결합원가배분액} = ₩135,000$$

$$\text{B의 매출총이익률} = \frac{₩375,000 - 60,000 - \text{결합원가배분액}}{₩375,000} = 40\% \quad \therefore \text{결합원가배분액} = ₩165,000$$

예제 8-2 균등이익률법 : 역산 (11CTA)

㈜국세는 동일 공정에서 세 가지 결합제품 A, B, C를 생산하고 있으며, 균등이익률법을 사용하여 결합원가를 배부한다. A와 B는 추가가공을 거치지 않고 판매되며, C는 추가가공원가 ₩200,000을 투입하여 가공한 후 판매된다. 결합제품의 생산량 및 단위당 최종 판매가격에 대한 자료는 다음과 같다.

구분	생산량	단위당 최종 판매가격
A	2,000kg	₩200
B	2,000kg	₩100
C	2,500kg	₩160

C제품에 배부된 결합원가가 ₩120,000인 경우, 총결합원가는 얼마인가? (단, 공손 및 감손은 발생하지 않았고, 기초 및 기말재공품은 없는 것으로 가정한다.)

해답

$$\text{C의 매출총이익률} = \frac{2,500 \times ₩160 - 200,000 - 120,000}{2,500 \times ₩160} = 20\%$$

$$\text{A의 매출총이익률} = \frac{2,000 \times ₩200 - \text{결합원가배분액}}{2,000 \times ₩200} = 20\% \qquad \therefore \text{결합원가배분액} = ₩320,000$$

$$\text{B의 매출총이익률} = \frac{2,000 \times 100 - \text{결합원가배분액}}{2,000 \times 100} = 20\% \qquad \therefore \text{결합원가배분액} = ₩160,000$$

$\therefore$ 총결합원가 = A ₩320,000 + B 160,000 + C 120,000 = ₩600,000

예제 8-3 균등매출총이익률법 (22CPA)

㈜대한은 결합생산공정을 통해 결합제품 X와 Y를 생산 및 판매하고 있으며, 균등매출총이익률법을 적용하여 결합원가를 배부한다. ㈜대한은 20×1년에 결합제품 X와 Y를 모두 추가가공하여 전량 판매하였으며, 추가가공원가는 각 제품별로 추적가능하고 모두 변동원가이다. ㈜대한의 20×1년 생산 및 판매 관련 자료는 다음과 같다.

제품	생산량	추가가공원가	최종판매단가
X	6,000단위	₩30,000	₩50
Y	10,000	20,000	20

20×1년 중 발생한 결합원가가 ₩350,000일 경우, ㈜대한이 제품 X에 배부할 결합원가는 얼마인가? 단, 공손 및 감손은 없으며, 기초 및 기말재공품은 없다.

해답

회사 전체의 매출총이익 = ₩300,000 + 200,000 − 350,000 − 30,000 − 20,000 = ₩100,000

$$회사\ 전체의\ 매출총이익률 = \frac{₩100,000}{₩300,000 + 200,000} = 20\%$$

$$X의\ 매출총이익률 = \frac{₩300,000 - 30,000 - 결합원가배분액(? = 210,000)}{₩300,000} = 20\%$$

3 상대적 판매가치

분리점에서 결합제품의 개별 제품생산량이 갖는 **상대적 판매가치**(relative sales value)를 기준으로 결합원가를 배분하는 방법이다. 분리점에서의 판매가치는 결합공정의 결과로 받은 효익에 대한 최선의 측정치일 뿐만 아니라 측정의 공통척도라는 점에서 원가배분기준으로서 권장할 방법이다. 또한 추가가공에 대한 정보가 필요하지 않으며, 다른 배분방법에 비해 쉽게 적용할 수 있다는 장점도 있다. 만약 기초재고자산이 없고, 분리점에서 판매된다면(즉 추가가공이 없다면), 결합제품 각각의 매출총이익률은 동일하게 된다.

이 방법을 이용하여 결합원가를 배분할 때 특히 유의할 사항은 개별 제품판매량이 아닌 회계기간 동안의 개별 제품생산량에 대한 판매가치를 원가배분기준으로 사용한다는 점이다. 그 이유는 결합원가는 판매된 부분만이 아닌 전체 생산량에 대하여 발생하였기 때문이다.

그러나, 결합원가배분액이 제품가격결정에 활용되지 못하며, 분리점에서의 판매가치가 없는 경우에는 이 방법을 적용할 수 없다는 한계를 지닌다.

4 순실현가능가치

결합제품을 판매가능한 상태까지 만들기 위해서는 분리점 이후에 추가적 가공이 필요할 수 있다. 제품의 판매가치는 추가가공 이후의 금액이므로, 이를 기준으로 결합원가를 배분할 수 없다. 왜냐하면 개별제품별로 추가가공의 정도가 차이나기 때문이다. 따라서 분리점에서의 제품가치를 추정할 필요가 있다. 추정의 한 가지 방법은 제품의 최종판매가치에서 추가가공원가를 차감하여 **순실현가능가치**(net realizable value : NRV)를 구하는 것이다.

순실현가능가치(NRV) = 제품의 최종판매가치 − 추가가공원가

순실현가능가치법은 각 제품의 원가부담능력(ability to bear the cost)에 따라 결합원가를 배분하는 방법이다.

그러나, 이 방법은 결합원가만이 이익 창출에 기여할 뿐, 추가가공원가는 이익 창출에 아무런 기여를 하지 못한다고 가정한 것이며, 순실현가능가치에 근거하여 결합원가를 배분함으로써 제품가격결정에는 활용하기 곤란하다는 단점이 있다. 또한 개별제품에 배분되는 결합원가배분액은 그 제품의 판매가치뿐만 아니라 타제품의 판매가치에 의해서도 영향받는다는 단점이 있다.

예제 8-4 순실현가능가치법 (84CPA, 97CTA유사, 99CPA유사)

창호회사는 원재료 X를 제조공정에 투입하여 두 개의 제품 甲과 乙을 생산하기로 하였다. X가 100,000단위 투입되었는데, 총원가 ₩18,000,000으로 완제품인 제품甲 60,000단위와 미완성제품인 B제품 40,000단위가 생산되었다. B제품은 그 후 추가가공을 거쳐 완제품 乙이 되었는데, 추가가공원가는 ₩2,000,000 발생하였다. 단위당 판매가격은 甲 ₩200, 乙 ₩350이라고 가정한다. 결합원가를 상대적 순실현가능가치를 기준으로 배분할 경우에 제품 乙의 단위당 원가는?

해답

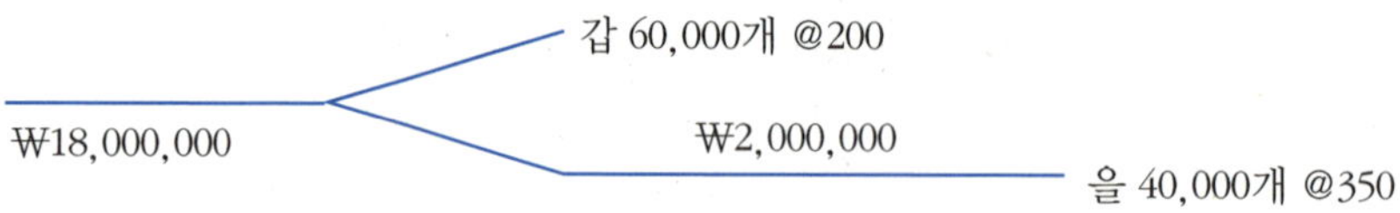

제품	최종판매가치	− 추가가공원가 =	NRV	배분비율	결합원가배분액	추가가공원가	총원가
갑	60,00개 × @200	−	₩12,000,000	50%	₩9,000,000	−	₩9,000,000
을	40,000개 × @350	2,000,000	12,000,000	50	9,000,000	2,000,000	11,000,000
합계		₩2,000,000	₩24,000,000	100%	₩18,000,000	₩2,000,000	₩20,000,000

∴ 제품 乙의 단위당 원가 = ₩11,000,000 ÷ 40,000개 = ₩275

예제 8-5 순실현가능가치법에 의한 원가배분 (14CPA)

㈜한국은 단일의 원재료를 결합공정에 투입하여 세 가지 제품 A, B, C를 생산하고 있다. 제품 A와 B는 분리점에서 즉시 판매되나, 제품 C는 추가가공을 거쳐서 판매된다. 분리점에서 제품 C의 시장가격은 존재하지 않는다. ㈜한국의 20×1년 2월 제품별 생산량, 월말제품재고량 및 판매가격은 다음과 같다.

제품	생산량	월말제품재고량	톤당 판매가격
A	60톤	36톤	₩300
B	80톤	12톤	₩200
C	100톤	5톤	₩140

20×1년 2월중 발생한 결합원가는 ₩16,000이고, 제품 C의 추가가공원가는 ₩8,000이며, 각 결합제품의 월초재고와 월말재공품은 없었다. ㈜한국은 순실현가능가치를 기준으로 결합원가를 배부하고 있다. ㈜한국의 20×1년 2월 매출원가와 월말제품은 각각 얼마인가?

해답

제품	최종판매가치	- 추가가공원가 =	NRV	배분비율	결합원가배분액	추가가공원가	총원가
A	₩300 × 60톤		₩18,000	45%	₩7,200		₩7,200
B	200 × 80톤		16,000	40%	6,400		6,400
C	140 × 100톤	8,000	6,000	15%	2,400	8,000	10,400
			₩40,000	100%	₩16,000		

제품	매출원가	월말제품
A	$₩7,200 \times \frac{10}{20} = ₩2,880$	₩4,320
B	$6,400 \times \frac{68}{80} = 5,440$	960
C	$10,400 \times \frac{95}{100} = 9,880$	520
합계	₩18,200	₩5,800

예제 8-6 결합원가의 역산 (98CTA, 84CTA유사)

㈜명성은 결합제조 공정에서 A와 B제품을 생산하고 있다. ㈜명성은 A제품 5,000개와 B제품 4,000개를 생산하였으며, 분리시점에서 단위당 판매가치는 A제품은 @1,600, B제품은 @1,000이다 순실현가능가치법에 따라 A제품에 배분되는 결합원가가 ₩2,400,000이었다면 총결합원가는 얼마인가?

해답

제품	최종판매가치	추가비용	NRV	배분비율	결합원가배분액
A	5,000개 × @1,600	0	₩8,000,000	2/3	₩2,400,000
B	4,000개 × @1,000	0	4,000,000	1/3	? = 1,200,000
계			₩12,000,000	1	₩3,600,000

예제 8-7 순실현가능가치법 : 역산 (17CTA)

㈜세무는 결합원가 ₩15,000으로 제품 A와 제품 B를 생산한다. 제품 A와 제품 B는 각각 ₩7,000과 ₩3,000의 추가가공원가를 투입하여 판매된다. 순실현가능가치법을 사용하여 결합원가를 배분하면 제품 B의 총제조원가는 ₩6,000이며 매출총이익률은 20%이다. 제품 A의 매출총이익률은?

해답

B의 결합원가배분액 = ₩6,000 − 3,000 = ₩3,000

B의 매출총이익률 = (매출액 − 6,000) / 매출액 = 20% ∴ B매출액 = ₩7,500

제품	최종판매가치	−	추가원가	=	NRV	결합원가 배부액	배분 비율
A	매출액		7,000		매출액 − 7,000	15,000 − 3,000 = 12,000	80%
B	7,500		3,000		4,500	3,000	20%

A매출액(? = ₩25,000) − 7,000 = ₩4,500 × 4

A의 매출총이익률 = (₩25,000 − 12,000 − 7,000) / ₩25,000 = 24%

제 3 절 결합원가의 배분

분리점이 두 개 이상이면 순실현가능가치법에 의한 결합원가배분은 다소 복잡해진다. 예컨대 [그림 8-2]처럼 제1공정에서 결합제품 A, B가 생산되며, 제품 B는 제2공정을 거쳐 다시 결합제품 C, D가 생산되며, 제품 D는 제3공정을 거쳐 완성된 제품 D'가 생산된다고 하자. 제1공정에서의 분리점을 1차분리점이라 하며, 제2공정에서의 분리점을 2차분리점이라 한다.

분리점이 두 개 이상일 때 순실현가능가치법에 의한 결합원가 배분절차는 다음과 같다.

단계 1 : 공정의 흐름도를 작성한다. 여기에는 제품의 물량흐름, 결합원가 및 분리가능원가, 분리점 등을 나타낸다. 특히 분리점이 여럿일 때는 공정의 흐름도를 작성함으로써 전반적 흐름을 파악할 수 있다.

단계 2 : 결합원가 배분비율을 결정한다. 결합원가 배분비율은 2차분리점, 1차분리점의 순서로 행한다. 즉 뒤에서부터 배분비율을 결정한다. 2차분리점에서의 결합원가 배분비율은 제품 C의 판매가치와 제품 D'의 순실현가능가치(제품 D'의 판매가치 − 제3공정의 추가가공원가)의 비율이다. 1차분리점에서의 결합원가 배분비율은 제품 A의 판매가치와 제품 B의 순실현가능가치(2차분리점에서의 순실현가능가치 − 제2공정의 추가가공원가)의 비율이다.

$$\text{2차분리점에서의 결합원가 배분비율} = \left(\begin{array}{c}\text{제품 } C\text{의}\\ \text{판매가치}\end{array}\right) : \left(\begin{array}{c}\text{제품 } D'\text{의 판매가치}\\ -\text{ 제3공정의 추가가공원가}\end{array}\right)$$

$$\text{1차분리점에서의 결합원가 배분비율} = \left(\begin{array}{c}\text{제품 } A\text{의}\\ \text{판매가치}\end{array}\right) : \left(\begin{array}{c}\text{2차분리점에서 순실현가능가치}\\ -\text{ 제2공정의 추가가공원가}\end{array}\right)$$

| 그림 8-2 | 공정의 흐름도

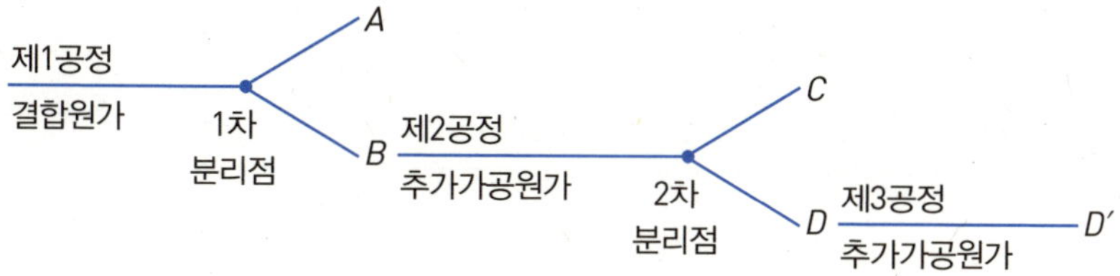

단계 3 : 결합원가 배분비율에 따라 1차분리점, 2차분리점의 순서로 결합원가를 배분한다. 즉, 앞에서부터 결합원가를 배분한다. 1차분리점에서는 제1공정의 결합원가를 1차분리점에서의 결합원가 배분비율에 따라 제품 A, B에 배분한다. 2차분리점에서는 제품 B에 배분된 결합원가 배분액과 제2공정의 추가가공원가 합계액을 2차분리점에서의 결합원가 배분비율에 따라 제품 C와 D'에 배분한다.

> 1차분리점에서의 결합원가 = 제1공정의 원가
> 2차분리점에서의 결합원가 = 제2공정의 원가
> + 제품 B에 배분된 결합원가 배분액

결합원가 배분절차 가운데 결합원가 배분비율은 마지막 분리점에서부터 시작하여 1차분리점의 순서로 결정하는 반면에, 결합원가배분은 1차분리점에서부터 시작하여 마지막 분리점의 순서로 행한다는 점에 유의하여야 한다.

순실현가능가치법에 의한 결합원가 배분

단계 1 : 공정의 흐름도를 작성
단계 2 : 2차분리점, 1차분리점의 순서로 결합원가 배분비율을 결정
단계 3 : 1차분리점, 2차분리점의 순서로 결합원가를 배분

예제 8-8 순실현가능가치법 : 두 개의 분리점 (09CTA)

아래 그림과 같이 제품 A는 공정 1, 공정 2, 공정 4를 거쳐서 생산되고, 제품 B는 공정 1, 공정 2, 공정 5를 거쳐서 생산된다. 제품 C는 공정 1과 공정 3을 거쳐서 생산된다. 각 공정의 제조원가는 그림에서 주어진 수치와 같다. 결합원가가 순실현가능가치를 기준으로 배부되고, 제품 A, 제품 B, 제품 C의 판매금액이 각각 ₩500,000, ₩200,000, ₩300,000일 때, 제품 A의 총제조원가는 얼마인가?

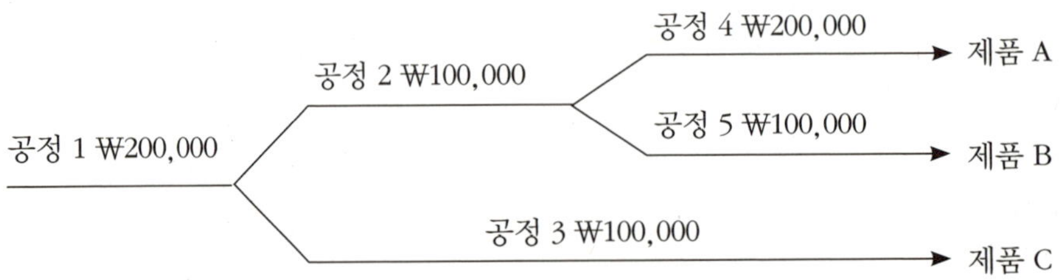

해답

제 품	최종판매가치	- 추가원가	= NRV	배분비율
A	₩500,000	200,000	₩300,000	75%
B	200,000	100,000	100,000	25%
합 계			₩400,000	

제 품	최종판매가치	- 추가원가	= NRV	배분비율	결합원가배분액
A + B	₩400,000	100,000	₩300,000	60%	₩120,000
C	300,000	100,000	200,000	40%	80,000

제품 A의 총제조원가 = (공정 1 원가배분액 120,000 + 공정 2 원가 100,000) × 75% + 공정 4 원가 200,000
= ₩365,000

제 4 절 결합제품의 판매 - 추가가공 의사결정

지금까지 결합원가는 재무제표 보고목적상 재고자산 평가를 위하여 각 제품별로 원가배분하였다. 여기에서는 결합제품의 판매 – 추가가공과 관련한 의사결정을 살펴보자.

분리점에서의 결합제품은 그 시점에서 그대로 외부에 판매할 수도 있으며 또는 추가가공을 거쳐 판매할 수도 있다. 그런데 결합원가는 분리점에서 판매하든지 또는 추가가공 후 판매하든지 관계없이 이미 발생한 원가이므로 매몰원가이다. 즉 결합제품의 판매 – 추가가공 의사결정시 결합원가는 비관련원가이다.

결합제품을 추가가공할 경우 추가가공 후 판매가격과 추가가공원가가 발생한다. 한편, 추가가공할 경우 분리점에서의 판매가격(기회원가)을 포기하게 된다. 따라서 결합제품의 판매 – 추가가공 의사결정의 관련원가는 ① 분리점에서의 판매가격, ② 추가가공원가, ③ 추가가공 후 판매가격 등이다. 추가가공 후 판매가격에서 추가가공원가를 차감한 금액이 분리점에서의 판매가격보다 크다면 추가가공하는 것이 유리하다.

결합제품의 판매－추가가공 의사결정

- 결합원가는 매몰원가이며 따라서 비관련원가
- 결합제품의 판매－추가가공 의사결정에 대한 관련원가는
  ① 분리점에서의 판매가격, ② 추가가공원가, ③ 추가가공 후 판매가격
- 추가가공 후 판매가격에서 추가가공원가를 차감한 금액이 분리점에서의 판매가격보다 크다면 추가가공하는 것이 유리

예제 8－9 결합제품의 즉시판매 – 추가가공 (19CTA)

㈜세무는 결합공정에서 제품 A, B, C를 생산한다. 당기에 발생된 결합원가 총액은 ₩80,000이며 결합원가는 분리점에서의 상대적 판매가치를 기준으로 제품에 배분되며 관련 자료는 다음과 같다. 추가가공이 유리한 제품만을 모두 고른 것은? (단, 결합공정 및 추가가공 과정에서 공손과 감손은 발생하지 않고, 생산량은 모두 판매되며 기초 및 기말 재공품은 없다.)

제품	분리점에서의 단위당 판매가격	생산량	추가가공원가	추가가공 후 단위당 판매가격
A	₩20	3,000단위	₩10,000	₩23
B	30	2,000단위	15,000	40
C	40	2,000단위	15,000	50

해답

제품	최종판매가치	분리점에서의 판매가치	증분수익	추가가공원가	증분손익
A	3,000개 × ₩23	3,000개 × 20	9,000	10,000	₩(1,000)
B	2,000개 × 40	2,000개 × 30	20,000	15,000	5,000
C	2,000개 × 50	2,000개 × 40	20,000	15,000	5,000

예제 8－10 결합제품의 즉시판매 – 추가가공 의사결정 (99CTA, 89CTA유사)

승주회사는 A, B, C의 세 가지 결합제품을 생산하고 있으며, 결합원가는 분리점에서의 상대적 판매가치에 의해 배분된다. 관련자료는 다음과 같다.

	A	B	C	합 계
결합원가	?	₩10,000	?	₩50,000
분리점에서의 판매가치	₩80,000	?	?	₩200,000
추가가공원가	₩3,000	₩2,000	₩5,000	
추가가공 후 판매가치	₩85,000	₩42,000	₩90,000	

만약 A, B, C 중 하나만을 추가가공한다면 어느 제품을 추가가공하는 것이 가장 유리하며, 이때 추가가공으로 인한 이익은 얼마인가?

해답

$$\text{B의 결합원가배분액} = ₩50,000(\text{결합원가}) \times \frac{\text{B의 분리점에서의 판매가치}}{₩200,000} = ₩10,000$$

∴ B의 분리점에서의 판매가치 = ₩40,000

C의 분리점에서의 판매가치 = ₩200,000 − 80,000 − 40,000 = ₩80,000

제품	최종판매가치	분리점에서의 판매가치	증분수익	추가가공원가	증분손익
A	₩85,000	80,000	5,000	3,000	₩2,000
B	42,000	40,000	2,000	2,000	0
C	90,000	80,000	10,000	5,000	5,000

따라서 추가가공의 우선순서는 C → A → B이다.

제 5 절 부산품 회계처리

1 부산품의 의의

부산품(by-product)이란 결합제품과 마찬가지로 분리점 이전까지는 개별적으로 식별할 수 없지만, 다른 제품에 비하여 판매가치가 상대적으로 미미한 제품을 말한다. 부산품의 예로는 비누를 만드는 과정에서 생산되는 글리세린, 목재를 생산하는 과정에서 나타나는 톱밥 등을 들 수 있다.

결합원가와 부산품은 유사하다. 단지 결합제품은 다른 제품에 비하여 판매가치가 상대적으로 큰 제품이지만, 부산품은 판매가치가 미미한 제품이라는 점에서 차이난다.

한편, 부산품은 **작업폐물**(scrap or waste)이나 공손품과 구별된다. 작업폐물은 일반적으로 판매가치가 거의 없거나 또는 판매비용보다 적은 제품을 말한다. **공손품**은 주산품을 만드는 과정에서 불량상태가 있는 제품을 뜻하는 반면에, 작업폐물은 결코 주산품으로 가공시키지 않는 버려지는 원재료 또는 산출물을 뜻한다.

주산품과 부산품, 작업폐물 등을 명확히 구분할 수 있는 엄격한 기준은 없으나, 일반적으로 이들의 차이는 다음과 같다.

① 다른 제품에 비하여 상대적으로 판매가치가 큰 제품을 주산품(major products)이라 하며, 반면에, 상대적으로 판매가치가 적은 제품을 부산품이라 한다.
② 부산품은 주산품의 생산과정에서 부수적으로 나타나며, 결코 부산품만을 생산하기 위해 공정이 진행되지는 않는다.
③ 부산품은 원재료의 물리적 특성이 변화되면서 나타나는 부수적 산물인데 반하여, 작업폐물은 공정에 투입된 원재료의 찌꺼기이다.
④ 부산품은 판매가능한 상태로 만들기 위해 추가적 가공과정을 거칠 수 있으나, 작업폐물은 그 자체로 판매 또는 폐기처분된다.
⑤ 부산품의 순실현가능가치는 양(+)인데 반하여, 작업폐물은 판매가치가 없거나 처분비용이 더 많이 발생할 수 있다.

이러한 구분은 절대적인 것은 아니다. 어떤 회사에서 부산품이라고 간주한 제품이 다른 회사의 주산품일 수도 있다. 때로는 작업폐물의 새로운 활용방법이 개발됨에 따라 주산품이 될 수도 있다.

❷ 부산품의 회계처리

결합생산공정은 결합제품 및 주산물뿐만 아니라 부산물도 생산한다. 부산물의 존재는 결합원가 배분에 영향을 미칠 수 있다. 부산품을 처음으로 인식하는 시점은 생산시점, 판매시점 두 가지를 들 수 있다. 이에 따라 부산품의 회계처리는 생산기준법과 판매기준법 두 가지로 구분된다.

생산기준법 (원가차감법)

생산기준법(또는 **원가차감법**)은 생산 시점에서 부산물을 처음으로 인식하는 방법이다. 생산된 부산품의 순실현가능가치를 주산물 또는 결합제품의 원가에서 차감한다. 생산된 부산품 중 미판매된 부분은 생산원가가 아닌 판매가격으로 평가하여 재무상태표에 표시한다.

판매기준법

판매기준법은 부산품을 부산품 판매 이전에는 분개를 포함한 어떤 회계처리도 하지 않는다. 판매하는 시점에서 처음으로 인식하며 부산품수익을 손익계산서에 별도로 표시한다. 따라서 판매기준법에서는 결합원가는 모두 주산품에 배부하게 된다. 생산된 부산품 중 미판매된 부분은 인식하지 않는다. 생산기준법에 비하여 판매기준법의 회계처리가 매우 간편하다.

이론적인 관점에서는 생산기준법이 더 정확한 방법이다. 또한 생산기준법은 주산품의 판매로 인한 수익과 비용을 보다 적절히 대응시킨다. 반면에 판매기준법은 부산물의 금액이 중요하지 않은 경우에 실무에서 종종 사용된다.

| 표 8-1 | 부산물의 회계처리 : 생산기준법과 판매기준법

	생산기준법	판매기준법
부산물 인식시점	생산 시점	판매 시점
부산물에 결합원가 배부 여부	결합원가를 배부함 (부산물의 NRV만큼)	결합원가를 배부하지 않음
부산물의 총원가	부산물의 NRV + 추가가공원가	추가가공원가
주산품에 배부할 결합원가	결합원가 − 부산물의 NRV	결합원가 전액 〈주〉 주산품 재고의 과대계상

예제 8-11 부산품 회계처리

신라회사에서는 지방과수원에서 사과를 구입한 후, 사과를 압축하여 사과쥬스를 생산하고 있다. 압축과정에서 발생하는 사과 찌꺼기는 가축사료로서 농장에 판매된다. 이 회사에서는 사과 찌꺼기를 부산물로 취급한다.

20×8년에 이 회사에서는 사과 10,000파운드를 ₩8,000,000에 구입하였으며, 가공원가는 ₩4,000,000이 발생하였다. 사과 압축 후 사과 찌꺼기는 1,000파운드가 남았으며 사과 찌꺼기를 포장·운송하는데 드는 원가는 ₩300,000, 사과 찌꺼기의 판매가격은 ₩800,000이었다.

물음

1. 판매기준법에 의해 주산품과 부산품의 원가를 각각 구하면 얼마인가?
2. 생산기준법에 의해 주산품과 부산품의 원가를 각각 구하면 얼마인가?

해답

1. 사과의 결합원가는 전액 주산품인 사과쥬스에 배분된다. 따라서 부산품인 사과 찌꺼기에 배분되는 결합원가는 ₩0이다.

   주산품의 원가 = ₩8,000,000 + 4,000,000 = ₩12,000,000

부산품의 원가 = ₩300,000(분리가능원가).

2. 부산품에 배분되는 결합원가는 순실현가치(₩800,000 − 300,000 = ₩500,000)이다. 주산품에 배분되는 결합원가는 부산품의 순실현가치를 차감한 금액이다.
 주산품의 원가 = (₩8,000,000 − 500,000) + 4,000,000 = ₩11,500,000
 부산품의 원가 = 결합원가배분액 ₩500,000 + 분리가능원가 300,000 = ₩800,000

예제 8-12 부산품 회계처리 : 생산기준법 (15CPA)

㈜한국은 결합생산공정으로부터 두 종류의 주산품 A, B와 부산품 C를 생산하며, 부산품 C의 회계처리에는 생산기준법하에서의 원가차감법을 사용한다. 당기의 결합원가 발생액은 ₩54,000이며, 각 제품에 관한 자료는 다음과 같다. 단, 기초재고와 기말재공품은 없다.

제품	분리점 이후 추가가공원가	생산량	최종판매가치
A	₩10,000	1,000단위	₩70,000
B	15,000	1,500단위	55,000
C	2,000	500단위	6,000

㈜한국이 순실현가능가치(net realizable value)를 기준으로 결합원가를 배부한다면, 주산품 A에 배부되는 결합원가는 얼마인가?

해답

생산기준법을 적용하므로 부산물의 순실현가능가치를 결합원가에서 차감한다.
부산품의 NRV = ₩6,000 − 2,000 = ₩4,000
주산품의 결합원가 배분액 = ₩54,000 − 4,000 = ₩50,000

제품	최종판매가치	− 추가가공원가	= NRV	배분비율	결합원가배분액
A	₩70,000	10,000	60,000	60%	₩30,000
B	55,000	15,000	40,000	40	20,000
합계				100%	50,000

예제 8-13 부산품 회계처리 (09CPA)

㈜영남은 동일한 원료를 결합공정에 투입하여 주산품 X, Y와 부산품 B를 생산한다. 결합원가는 순실현가능가치를 기준으로 제품에 배부한다. 당기에 결합공정에 투입된 총원가는 ₩150,000이고, 주산품 X, Y 및 부산품 B의 분리점에서 순실현가능가치의 상대적 비율은 6 : 3 : 1 이었다. 주산품 X에 배부된 결합원가가 ₩80,000이었다면, 부산품 B의 순실현가능가치는 얼마인가? 단, 부산품은 생산된 시점에서 순실현가능가치로 평가하여 재고자산으로 계상한다.

해답

생산기준법(원가차감법)에서 주산품에 배부할 결합원가(A) = 결합원가 − 부산물의 순실현가치

주산품 X에 배부된 결합원가 = A × 6/9 = ₩80,000　　∴ A = ₩120,000

A ₩120,000 = 결합원가 ₩150,000 − 부산물의 순실현가치(? = ₩30,000)

예제 8-14 주산품과 부산품 (19CPA)

㈜대한은 결합공정과 추가공정을 통해 제품을 생산하며, 분리점에서 순실현가능가치를 기준으로 결합원가를 배부한다. 20×1년의 생산 및 원가자료는 다음과 같다.

(1) 제1공정 : 제1공정에서는 원재료를 투입하여 제품 A 100단위와 제품 B 300단위를 생산하였으며, 결합원가는 총 ₩40,000이었다. 제품 A는 단위당 ₩200에 판매되고, 제품 B는 제2공정에서 추가가공을 거쳐 제품 C로 판매된다.

(2) 제2공정 : 당기에 제1공정으로부터 대체된 제품 B는 제품 C 280단위로 생산되었으며, 추가가공원가는 총 ₩12,400이었다. 제품 C의 단위당 판매가격은 ₩150이다. 제품 B를 제품 C로 추가 가공하는 과정에서 부산물 20단위가 생산되었다. 부산물은 단위당 ₩20에 즉시 판매할 수 있다. 부산물은 생산시점에 순실현가능가치로 인식한다.

제품 C의 총제조원가는 얼마인가? 단, 각 공정의 기초 및 기말 재공품은 없다.

해답

부산물의 NRV = 20개 × ₩20 = ₩400

제품	최종판매가치	추가원가	NRV	배분 비율	결합원가 배부액	추가원가	총원가
A	₩200 × 100개		₩20,000	40%	₩16,000		
C	150 × 280개	12,400 − 400	30,000	60%	24,000	₩12,000	₩36,000

exercise 연습문제

01 상대적 판매가치법에 의한 결합원가 배분 (07CTA)

대한정유는 수입한 원유를 정제하여 제품 X, Y, Z를 생산하고 있다. 1월 한달 간 정제공정에 투입된 재료원가(원유)는 ₩150,000,000이며, 노무원가와 제조경비 합계액은 ₩130,000,000이다. 공통원가는 각 제품이 공정에서 분리되는 시점에서의 상대적 판매가치에 비례하여 배분한다. 1월 한달 동안 제품 생산량과 단위당 판매가격을 바탕으로 Y에 배분된 공통원가를 구하면 얼마인가? 단, 1월 1일 현재 기초재공품은 없다.

	생산량	단위당 판매가격
제품 X	20,000 ℓ	₩15,000
제품 Y	16,000 ℓ	₩12,000
제품 Z	12,000 ℓ	₩9,000

02 균등이익률법 (20CPA)

㈜대한은 동일 공정에서 세 가지 결합제품 A, B, C를 생산한다. 제품 A, 제품 B는 추가가공을 거치지 않고 판매되며, 제품 C는 추가가공원가 ₩80,000을 투입하여 추가가공 후 제품 C+로 판매된다. ㈜대한이 생산 및 판매한 모든 제품은 주산품이다. ㈜대한은 제품 A, 제품 B, 제품 C+ 를 각각 판매하였을 때 각 제품의 매출총이익률이 연산품 전체매출총이익률과 동일하게 만드는 원가배부법을 사용한다. 다음은 ㈜대한의 결합원가배부에 관한 자료이다. 제품 C+ 에 배부된 결합원가는 얼마인가?

제품	배부된 결합원가	판매(가능)액
A	?	₩96,000
B	₩138,000	?
C+	?	?
합계	₩220,000	₩400,000

03 균등매출총이익률법 (20CTA)

㈜세무는 20×1년 원재료 X를 가공하여 연산품 A와 연산품 B를 생산하는데 ₩36,000의 결합원가가 발생하였다. 분리점 이후 최종제품 생산을 위해서는 각각 추가가공원가가 발생한다. 균등매출총이익률법으로 결합원가를 연산품에 배부할 때, 연산품 B에 배부되는 결합원가는? (단, 공손 및 감손은

없으며, 기초 및 기말 재공품은 없다.)

제품	생산량	최종 판매단가	최종판매가액	추가가공원가(총액)
A	1,000리터	₩60	₩60,000	₩8,000
B	500리터	40	20,000	4,000
합계	1,500리터		₩80,000	W12,000

04 균등매출총이익률법 (22CTA)

㈜세무는 원유를 투입하여 결합제품 A를 1,000단위, B를 1,500단위 생산하였다. 분리점 이전에 발생한 직접재료원가는 ₩1,690,000, 직접노무원가는 ₩390,000, 제조간접원가는 ₩520,000이다. 제품 A와 B는 분리점에 시장이 형성되어 있지 않아서 추가가공한 후에 판매하였는데, 제품 A는 추가가공원가 ₩850,000과 판매비 ₩125,000이 발생하며, 제품 B는 추가가공원가 ₩1,100,000과 판매비 ₩200,000이 발생하였다. 추가가공 후 최종 판매가치는 제품 A가 단위당 ₩2,000이며, 제품 B는 단위당 ₩3,000이다. 균등매출총이익률법에 따라 결합원가를 각 제품에 배부할 때, 제품 A에 배부되는 결합원가는?

05 순실현가능가치법에 의한 원가배분 (95CTA, 93CPA유사, 92CTA유사)

㈜서귀포는 원재료 A 100kg을 가공하여 P 20kg과 K 80kg을 생산하고 있다. P와 K는 시장가치가 존재하지 않아 추가로 가공하여 각각 PP 20kg과 KK 80kg을 생산하여 판매하고 있다. 원재료 A의 가공과 관련하여 재료원가 ₩10,000과 전환원가 ₩20,000이 발생하였으며, 중간제품 P와 K의 가공에는 각각 ₩40,000, ₩60,000의 원가가 발생하였다. 최종제품 PP와 KK의 판매가격은 단위당 각각 ₩10,000, ₩5,000이다. 원재료 A의 가공과 관련된 총원가 ₩30,000은 P, K에 각각 얼마만큼 배분되어야 하는가?

06 순실현가능가치법에 의한 원가배분 (92CTA)

미화사는 석유화학업종으로 연산품원가계산(joint costing)을 적용하고 있다. 회사의 생산흐름은 다음과 같다.

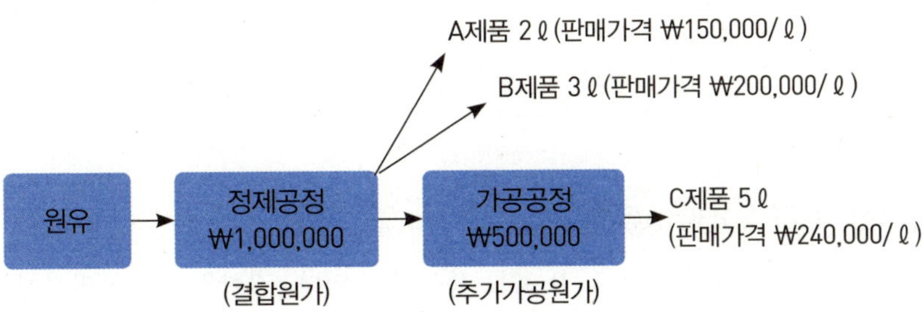

C제품 생산량 5ℓ 중 1ℓ의 기말재고가 있을 경우 재고자산금액은? (단, 결합원가의 배분은 순실현가능가치법으로 하되 C제품 재고를 제외하고는 기초재고, 기말재고는 없는 것으로 한다.)

07 순실현가능가치법에 의한 원가배분 (05CPA)

㈜백두산화학은 동일한 원재료를 가공하여 두 개의 결합제품 A와 B를 생산한다. 7월 중 A와 B의 생산과정에서 발생한 직접재료원가는 ₩140,000, 전환원가는 ₩180,000이었다. 분리점에서 A의 판매가치는 ₩280,000인 반면, B는 추가가공을 거쳐 C라는 제품으로 전환되어 ₩500,000에 판매된다. 추가공정에서는 ₩80,000의 가공원가가 발생한다. 최종판매시점에서 A제품과 B제품의 매출총이익률은 각각 얼마인가?

08 순실현가능가치법에 의한 원가배분 (14CTA)

㈜세무는 20×1년 4월에 원재료 X를 가공하여 두 개의 결합제품인 제품 A 1,200단위와 제품 B 800단위를 생산하는데 ₩100,000의 결합원가가 발생하였다. 제품 B는 분리점에서 판매할 수도 있지만, 이 회사는 제품 B 800단위 모두를 추가가공하여 제품 C 800단위 생산한 후 500단위를 판매하였다. 제품 B를 추가가공하는데 ₩20,000의 원가가 발생하였다. 4월초에 각 제품의 단위당 예상판매가격은 제품 A ₩50, 제품 B ₩75, 제품 C ₩200이었는데, 20×1년 4월에 판매된 제품들의 가격은 예상판매가격과 동일하였다. ㈜세무는 결합원가 배부에 순실현가능가치법을 적용하고, 경영목적상 각 제품별 매출총이익을 계산한다. 20×1년 4월 제품 C에 대한 매출총이익은 얼마인가? (단, 월초재고와 월말재공품은 없으며, 공손 및 감손도 없다.)

09 결합원가의 역산 (05CTA, 95CPA유사)

태양회사는 결합제품 A, B, C를 생산하며 순실현가능가치법에 의하여 결합원가를 배분한다. 기초 및 기말에서의 재고자산은 없으며, 당기의 제조 및 판매에 관한 자료가 다음과 같을 경우 제품 C의 매출총이익은 얼마인가?

	제품 A	제품 B	제품 C	합계
생산량	7,000개	5,000개	3,000개	15,000개
결합원가	?	?	?	₩400,000
추가가공원가	₩50,000	₩20,000	₩40,000	₩110,000
판매가격	₩380,000	₩200,000	₩130,000	₩710,000

10 결합원가의 역산 (02CPA, 03CTA유사)

㈜한강은 동일공정에서 3가지 제품 A, B, C를 생산하고 있다. 결합원가는 분리점에서의 상대적 판

매가치를 기준으로 배분하고 있다. 관련 자료는 다음과 같다.

	제품 A	제품 B	제품 C	합계
생산량	?	?	400개	2,000개
결합원가	180,000	?	?	₩360,000
분리점에서의 판매가치	?	280,000	?	₩800,000

분리점 이후에 C제품 400개에 대하여 총 ₩14,000을 추가로 투입하여 최종제품으로 완성한 다음 단위당 ₩500에 판매하는 경우 C제품의 매출총이익은?

11 결합제품의 판매 – 추가가공 의사결정 (12CTA)

㈜국세는 동일한 원재료를 투입해서 하나의 공정을 거쳐 제품 A, 제품 B, 제품 C를 생산하여, 분리점까지 총 ₩40,000의 원가가 발생한다. ㈜국세는 분리점까지 발생한 원가를 분리점에서의 상대적 판매가치를 기준으로 결합제품에 배분한다. 결합제품의 생산량, 분리점에서의 단위당 판매가격, 추가가공원가 및 추가가공 후 단위당 판매가격은 다음과 같다.

제품	생산량 (단위)	분리점에서의 단위당 판매가격	추가가공원가	추가가공 후 단위당 판매가격
A	1,500	₩16	₩6,300	₩20
B	2,000	8	8,000	13
C	400	25	3,600	32

㈜국세가 위 결합제품을 전부 판매할 경우에 예상되는 최대 매출총이익은 얼마인가? (단, 결합공정 및 추가가공과정에서 재공품 및 공손은 없는 것으로 가정한다.)

12 결합제품의 판매 – 추가가공 의사결정 (02CTA)

㈜쌈지는 부문 1에서 원재료 A를 가공하여 2개의 결합제품 B와 C를 생산하는데, 5월 중에 원재료 A 50,000개에 대하여 ₩200,000을 투입하여 B제품 20,000개와 C제품 30,000개를 생산하였다. B제품을 완성하는 데는 추가로 ₩40,000의 분리원가가 발생하였으며 B제품의 단위당 판매가격은 ₩3이었다.

회사는 5월 중에 C제품을 단위당 ₩4에 그대로 판매할 수도 있으며, 부문 2에서 C제품 30,000개에 추가로 ₩27,000을 투입하여 D제품 15,000개, E제품 5,000개, F제품 10,000개를 생산할 수도 있다. 한편, 제품 D, E, F를 완성하는데 추가로 소요되는 분리원가는 각각 ₩5,000, ₩1,000 ₩2,000이며, 이들 제품의 단위당 판매가격은 각각 ₩8, ₩2, ₩6이다. 이 경우 회사가 제품 C를 그대로 판매하는 것과 제품 D, E, F의 형태로 판매하는 것 중에서 올바른 의사결정은?

13 결합제품의 판매 – 추가가공 의사결정 (89CTA)

윤정사는 결합원가 ₩5,000,000으로 A, B, C, D 네 가지 결합제품을 생산하고 있으며, 이 중 A, B, D 세 가지는 추가가공하고 있고, C는 추가가공하지 않고 있다. 기타 자료는 다음과 같다.

구분	생산량	매출	추가가공원가
A	1,000,000개	₩4,500,000	₩500,000
B	500,000	1,000,000	300,000
C	750,000	375,000	0
D	250,000	625,000	200,000

C를 추가가공하면 ₩400,000에 팔 수 있는 기회가 발생한다. 추가가공원가가 얼마 이하이면 추가가공할 수 있는가? (단, 결합원가의 배분은 순실현가능가치를 기준으로 한다.)

14 결합제품의 판매 – 추가가공 의사결정 (89CTA, 99CTA유사)

소현사는 결합제품 A, B, C를 생산하며, 결합원가는 분리점에서의 상대적 판매가치에 의해 배분한다. 추가 자료는 다음과 같다. 결합제품 C를 추가가공할 때 추가되는 이익은?

구분	제품 A	제품 B	제품 C	합계
생산단위	20,000개	10,000개	5,000개	35,000개
결합원가	?	₩150,000	?	₩600,000
분리점에서의 판매가치	₩480,000	?	?	₩800,000
추가가공시의 가공원가	₩35,000	₩25,000	₩15,000	₩75,000
추가가공 후의 판매가치	₩560,000	₩240,000	₩200,000	₩1,000,000

15 종합원가계산 + 결합원가계산 (12CPA)

㈜갑은 종합원가계산과 결합원가계산을 혼합하여 사용한다. 결합공정을 완료하면 연산품 A와 연산품 B가 분리된다. 결합공정에서 발생한 직접재료원가는 ₩8,000이고 전환원가는 ₩2,220이다. 직접재료원가는 결합공정의 초기에 투입된다. 결합공정에서 기초재공품은 없고, 기말재공품은 100톤이며 전환원가 완성도는 40%이다. 공손과 감손은 없다. 연산품 A와 연산품 B의 관련자료는 아래와 같다.

	연산품 A	연산품 B
결합공정 완성량	300톤	400톤
톤당 예상판매가격	₩100	₩50
톤당 추가가공원가	₩60	₩0

순실현가능가치법 결합원가배분에 의한 연산품 A의 예상 톤당 영업이익은 얼마인가?

16 종합원가계산 + 결합원가계산 (10CTA)

㈜대구는 결합공정을 통해 중간재 X를 생산하고, 이를 추가가공하여 결합제품 A와 B를 생산한다. 20×1년 결합공정에서 기초재공품은 없었고, 완성품은 8,000kg, 기말재공품은 1,000kg(완성도 40%)을 생산하였으며, 공손 및 감손은 없었다. 결합제품과 관련된 자료는 다음과 같다.

제품	기초제품 수량	생산량	기말제품 수량	분리점 이후 추가가공원가(총액)	단위당 판매가격
A	100개	4,000개	700개	₩20,000	₩50
B	500개	2,000개	125개	40,000	80

당기 중 결합공정에 투입된 직접재료원가는 ₩72,000이었고, 전환원가는 ₩33,600이었다. 결합공정에서 재료는 공정 초에 모두 투입되고, 전환원가는 공정 전반에 걸쳐 균등하게 발생한다. 순실현가능가치법으로 결합원가를 배부할 때 결합제품 A에 얼마가 배부되는가? (단, 원가흐름은 평균법을 가정하며, 분리점 이후 추가공정에서 재공품은 없었다.)

17 부산품 회계처리 : 생산기준법 (13CTA)

㈜세무는 단일 재료를 이용하여 세 가지 제품 A, B, C와 부산물 X를 생산하고 있으며, 결합원가계산을 적용하고 있다. 제품 A와 B는 분리점에서 즉시 판매되나, 제품 C는 분리점에서 시장이 존재하지 않아 추가가공을 거친 후 판매된다. ㈜세무는 20×1년 생산 및 판매관련 자료는 다음과 같다.

	생산량	판매량	단위당 판매가격
제품 A	100리터	50리터	₩10
제품 B	200리터	100리터	₩10
제품 C	200리터	50리터	₩10
제품 X	50리터	30리터	₩3

20×1년 동안 결합원가는 ₩2,100이고, 제품 C의 추가가공원가는 총 ₩1,000이다. 부산물 X의 단위당 판매비는 ₩1이며, 부산물 평가는 생산기준법(순실현가능가치법)을 적용한다. 순실현가능가치법으로 결합원가를 배부할 때 제품 C의 기말재고자산 금액은? (단, 기초재고와 기말재공품은 없다.)

18 부산품 회계처리 : 생산기준법 (18CTA)

㈜세무는 주산품 A, B와 부산품 S를 생산한다. 당기 중 발생한 결합원가는 ₩9,500이다. 결합원가는 분리점에서 순실현가능가치(NRV)를 기준으로 각 제품에 배부하며, 당기의 생산 및 원가자료는 다음과 같다.

제품	분리점 이후 추가가공원가(총액)	추가가공 후 단위당 판매가격	생산량	판매량
A	₩2,000	₩40	200단위	180단위
B	1,000	20	250	200
S	500	15	100	90

주산품 B의 매출총이익은? (단, 기초재고자산은 없으며, 부산품 S는 생산시점에서 순실현가능가치로 인식한다.)

19 부산품 회계처리 : 생산기준법 (23CTA)

㈜세무는 결합공정을 거쳐 분리점에서 주산물 A와 B, 부산물 C를 생산하고 있다. 20×1년 결합공정에 투입된 원재료는 2,200kg이며, 결합원가는 ₩31,960 발생하였다. 제품 A와 부산물 C는 추가가공을 필요로 하지 않지만, 제품 B는 추가가공하여 최종 완성된다. 부산물의 원가는 생산기준법(생산시점의 순실현가능가치법)을 적용하여 인식한다. 20×1년 생산 및 판매자료는 다음과 같다.

	생산량	추가가공원가	단위당 판매가격	결합원가배분액
제품 A	1,350kg	–	₩100	₩13,950
제품 B	550	₩11,000	320	?
부산물 C	300	–	?	?
	2,200kg			₩31,960

순실현가능가치법으로 결합원가를 배분할 때 제품 A에는 ₩13,950이 배분되었다. 부산물 C의 단위당 판매가격은? (단, 재공품은 없다.)

CHAPTER

09

원가의 추정 및 학습효과

Cost Estimation and Learning Effects

학습목표

1. 원가의 행태를 추정하기 위한 다양한 방법을 이해한다.
2. 원가의 행태에 따라 변동원가, 고정원가, 혼합원가, 계단원가 등을 구분한다.
3. 비선형원가함수 가운데 가장 대표적인 학습곡선을 이해한다.
4. 학습곡선을 이용한 다양한 의사결정 사례를 살펴본다.

제1절 원가의 추정

❶ 원가의 추정

원가함수를 추정하기 위해서는 원가와 원가동인 사이의 관계를 설명할 수 있는 이론적 근거가 선행되어야 한다. 많은 변수들은 함께 변화하고 따라서 상당히 높은 상관관계를 지닐 수 있다. 두 변수 사이에 상관관계가 높다는 것은 두 변수가 함께 움직인다는 것을 뜻할 뿐이며 그렇다고 해서 인과관계가 있다고 정당화시킬 수 없다. 예컨대 태양의 흑점활동과 주식시장에서의 주가와는 상당히 높은 상관관계를 지닐 수 있으나, 인과관계를 지니는 것은 아니다. 또한 생산량이 많으면 직접재료원가와 직접노무원가는 많아지게 된다. 따라서 직접재료원가와 직접노무원가는 매우 높은 상관관계를 지니지만, 그러나 이들 둘 사이에 인과관계를 지니는 것은 아니다.

원가함수를 정확히 추정하기 위한 두 가지 기준은 다음과 같다.

① 원가와 원가동인 사이의 관계는 경제적 타당성(economic plausibility)이 있어야 한다. 투입과 산출 사이의 기술적 관계에 의해 원가를 추정하는 공학적 방법이나 관찰에 의한 추정방법은 관계를 설명할 수 있는 좋은 방법이다.

② 원가와 원가동인 사이의 관계는 과거의 자료들을 설명할 수 있어야 한다. 즉 원가함수 추정식의 적합도(goodness of fit)가 높아야 한다.

이들 두 가지 기준은 별개가 아니며, 원가추정시 동시에 고려해야 한다.

관심있는 원가동인의 관련범위 내에서 원가와 원가동인 사이의 관계를 구체화하는 것을 **원가추정**(cost estimation)이라 한다. 원가추정은 미래의 원가를 예측하기 위하여 과거의 원가관계를 측정하는 것이다.

원가동인은 ① 원가와 논리적 관계를 지녀야 하며, ② 측정하기 쉬워야 한다. 만약 총제조원가를 추정한다면 제품생산량은 좋은 원가동인이 될 수 있다. 그러나 판매비를 추정한다면 제품생산량보다는 판매량이 더 나은 원가동인이 될 수 있다. 제조간접원가를 추정한다면 노동집약적 생산방법인가 또는 자본집약적 생산방법인가에 따라 원가동인이 달라진다. 노동집약적 생산방법이라면 종업원수, 직접작업시간, 직접노무원가 등이 제조간접원가의 좋은 원가동인이 될 것이며, 자본집약적

생산방법이라면 기계시간 등이 좋은 원가동인이 될 것이다. 원가발생을 야기하는 원가동인은 일반적으로 한 가지를 많이 사용하지만 때로는 여러 가지를 사용하는 경우도 있다. 예컨대 어떤 제조원가는 기업 전체의 조업도뿐만 아니라 다양한 제품의 수, 묶음의 수에 의해서도 영향받을 수 있다.

원가추정의 가정

일반적으로 원가추정시 다음 두 가지를 가정한다.

① 단일 원가동인을 가정한다.
② 원가함수는 관련범위 내에서 선형이다.

이러한 가정은 항상 성립되는 것이 아니며, 보다 나은 추정방법을 사용함으로써 그 방법을 적용하는데 따른 원가보다 효익이 더 크기 이전에는 단순화를 위한 위 가정들이 정당화된다.

원가함수

위의 가정에 따라 원가행태를 함수의 형태로 표현한 것을 **원가함수**(cost function)라 한다. 즉 원가함수는 원가와 원가동인과의 관계이다. 원가함수를 일반적 형태로 나타내면 다음과 같다.

$$\hat{y} = a + bx$$

단, $\hat{y}$: 예측원가
a : 예상 고정원가(상수)
b : 예상 단위당 변동원가(상수)
x : 원가동인(조업도)

❷ 원가추정방법

원가의 행태를 분석하고 나아가 미래원가를 예측하는 방법으로는 ① 공학적 방법, ② 계정분류법, ③ 고저점법, ④ 산포도법, ⑤ 단순회귀, ⑥ 다중회귀 등이 있다. 이들 방법은 상호배타적이지 않으며 상호보완적이다. 어떠한 방법을 적용하여야 하느냐는 특정 방법을 적용했을 때의 원가－효익에 따라 결정된다. 특정 방법의 선택과 관련한 보편적 원칙은 "단순한 원가추정방법으로 원가추정이 가능하다면 굳이 더 복잡한 방법을 사용하지 말라"는 것이다. 보다 정교한 원가추정방법은 그 방법을 사용해서 결과가 달라지거나 또는 보다 적시에 정보가 제공됨으로써 효익이 더 클 때에만 정당화될 수 있다.

(1) 공학적 방법

공학적 방법(industrial engineering method)은 표준을 설정하거나 특별 프로젝트의 원가를 추정할 때 가끔 이용된다. 이 방법에서는 효율적 작업환경하에서 제품을 생산하는 데 사용하여야 할 자원과 이때의 원가를 바탕으로 산업공학자의 평가에 따라 원가추정이 이루어진다.

이 방법을 적용하기 위해서는 재료, 소모품, 직접노무원가, 보조용역, 설비 등에 대한 체계적 분석이 이루어져야 한다. 이를 위해 시간-동작 연구나 투입-산출관계 연구 등이 많이 사용된다. 이러한 공학적 방법은 조업도와 원가에 대한 과거경험이 없는 상황에서 신제품, 신설비, 신제조방법 등과 관련한 원가추정시 적용될 수 있다.

(2) 계정분류법

계정분류법(account classification method)은 회계담당자의 전문적 판단에 따라 각 계정과목을 분석하여 변동원가, 고정원가, 혼합원가로 분류하고 혼합원가를 다시 변동원가 부분과 고정원가 부분으로 분류하는 방법으로, 실무에서 널리 사용되고 있다. 원가를 분류하는 과정에서 회계담당자의 주관적 판단에 크게 의존한다는 단점이 있다.

(3) 고저점법

고저점법(high-low method)은 여러 개의 관찰값 가운데 최고조업도와 최저조업도의 두 가지 관찰값을 이용하여 원가를 추정하는 방법이다.

최고조업도에서와 최저조업도에서의 고정원가가 동일하다고 가정한다면, 이들 조업도에서의 원가차이는 전적으로 변동원가의 차이이다. 따라서 단위당 변동원가는 다음과 같다.

$$\text{단위당 변동원가}(b) = \frac{\text{최고조업도에서의 원가} - \text{최저조업도에서의 원가}}{\text{최고조업도} - \text{최저조업도}}$$

단위당 변동원가, 즉 원가함수의 기울기가 결정되면, 최고조업도에서의 관찰값 또는 최저조업도에서의 관찰값을 원가함수에 대입하여 고정원가를 산출한다.

> 고정원가(a) = 최고조업도에서의 원가 − 단위당 변동원가(b) × 최고조업도
>
> 또는,
>
> 고정원가(a) = 최저조업도에서의 원가 − 단위당 변동원가(b) × 최저조업도

고저점법에서 유의할 사항은 최고원가, 최저원가의 관찰값(y값)이 아니라 최고조업도, 최저조업도의 관찰값(x값)을 이용한다는 점이다. 기본적으로 원가동인(x값)의 변화가 원가(y값)의 변화를 가져오기 때문이다. 최고조업도에서 반드시 최고원가가 나타나는 것이 아니므로 주의하여야 한다.

이 방법은 두 개의 실제 관찰값을 이용하여 원가함수를 추정하므로 앞에서의 방법보다는 덜 주관적이며 적용하기 쉽다. 그러나 많은 관찰값들 중에서 두 개의 관찰값만 이용했기 때문에, 그 두 개의 관찰값이 전체를 대표할 수 있느냐는 의문이다. 일반적으로 최고조업도나 최저조업도에서의 관찰값은 비정상적 상황에서 발생한 이상치(비정상값, outlier)일 가능성이 높다.

예제 9-1 고저점법

한국회사의 최근 7개월 동안의 직접작업시간과 수선유지원가의 자료를 바탕으로 고저점법을 이용하여 직접작업시간과 수선유지원가와의 원가함수를 추정하시오.

월	직접작업시간	수선유지원가
6월	5,500시간	₩730,000
7월	7,000	850,000
8월	5,000	700,000
9월	6,500	800,000
10월	7,500	1,100,000
11월	8,000	1,000,000
12월	6,000	750,000

해답

최고조업도를 나타낸 11월과 최저조업도를 나타낸 8월의 관찰값을 이용한다. 최고원가를 나타낸 10월과 최저원가를 나타낸 8월의 관찰값을 이용하지 않음을 유의하여야 한다.

	직접작업시간	수선유지원가
최고조업도에서의 관찰값(11월)	8,000시간	₩1,000,000
최저조업도에서의 관찰값(8월)	5,000	700,000
차 이	3,000시간	₩300,000

$$\text{단위당 변동원가} = \frac{₩1,000,000 - 700,000}{8,000\text{시간} - 5,000\text{시간}} = \text{직접작업시간당 } ₩100$$

고정원가 = ₩1,000,000 − ₩100 × 8,000시간 = ₩200,000

또는, ₩700,000 − ₩100 × 5,000시간 = ₩200,000

따라서 수선유지원가 = ₩200,000 + ₩100 × 직접작업시간

예제 9-2 고저점법에 의한 원가의 추정 (08CTA, 84CPA유사, 85CPA, 87CPA유사, 93CPA유사, 04CTA유사)

대한회사의 지난 6개월간 전력비는 다음과 같다. 기계시간이 전력비에 대한 원가동인이라면 32,375기계시간이 예상되는 7월의 전력비는 고저점법에 의해 얼마로 추정되는가?

월 별	기계시간	전 력 비
1월	34,000	₩610,000
2월	31,000	586,000
3월	33,150	507,000
4월	32,000	598,000
5월	33,750	650,000
6월	31,250	575,000

해답

원가 추정시에는 무엇이 독립변수(조업도)이고 무엇이 종속변수(원가)인지 구별하여야 한다. 고저점법에서는 최고조업도와 최저조업도에서의 자료를 이용하여 단위당 변동원가를 구한다.

$$\text{단위당 변동원가} = \frac{₩610,000 - ₩586,000}{34,000\text{시간} - 31,000\text{시간}} = ₩8/\text{기계시간}$$

₩610,000 = 고정원가 + ₩8 × 34,000 ∴ 고정원가 = ₩338,000

7월 전력비 = ₩338,000 + ₩8 /기계시간 × 32,375기계시간 = ₩597,000

예제 9-3 고저점법 (17CTA)

㈜세무의 지난 6개월간 기계가동시간과 기계수선비에 대한 자료는 다음과 같다. ㈜세무가 고저점법을 사용하여 7월의 기계수선비를 ₩2,019,800으로 추정하였다면, 예상 기계가동시간은? (단, 기계수선비의 원가동인은 기계가동시간이다.)

월	기계가동시간	기계수선비
1	3,410시간	₩2,241,000
2	2,430	1,741,000
3	3,150	1,827,000
4	3,630	2,149,000
5	2,800	2,192,500
6	2,480	1,870,000

해답

고점(3,630시간, ₩2,149,000), 저점(2,430시간, ₩1,741,000)

단위당 변동제조원가 $b = \dfrac{₩2,149,000 - ₩1,741,000}{3,630시간 - 2,430시간} = ₩340/시간$

총고정원가 a = ₩2,149,000 − 3,630시간 × @340 = ₩914,800

₩2,019,800 = ₩914,800 + ₩340/시간 × 기계시간(? = 3,250)

(4) 산포도법

산포도법(scattergraph method)은 모든 관찰값을 그래프에 표시한 후, 가장 그럴듯한 원가함수를 추정하는 방법이다. 그래프의 X축에는 조업도를, Y축에는 원가를 나타낸다. 모든 관찰값을 그래프상에 표시한 후, 원가함수는 목측에 의해 추정하기 때문에 목측법(visual–fit method)이라고도 한다.

이 방법은 보다 정교한 다른 원가추정방법을 이용하기 이전에 예비적으로 많이 사용한다. 왜냐하면 원가함수가 선형에 근사하는가를 알아보고, 비정상적 상황에서 발생한 비정상값을 쉽게 발견할 수 있으며, 통계적 문제가 존재하는가를 알아볼 수 있기 때문이다.

그러나, 통계적 방법에 의해 원가추정이 이루어지지 않고 가장 그럴듯한 원가함수를 눈에 의해 추정하기 때문에, 보는 관점에 따라 상이한 원가함수가 나타날 수 있다는 단점이 있다.

(5) 최소자승법

최소자승법(least - squares method)은 모든 관찰값을 이용하여 통계적 방법에 의해 원가함수를 추정하는 방법이다. 통계적 방법이란 관찰값과 원가함수에 의한 추정값과의 차이를 제곱한 값의 합계액을 최소화하는 것을 뜻한다. 이를 수식으로 표현하면 다음과 같다.

$$\text{최소화} \quad \sum_{i=1}^{n}(Y_i - \hat{Y}_i)^2$$

단, Y_i : 실제 관찰값
$\hat{Y}_i$: 원가함수에 의한 추정값
n : 관찰횟수

그런데, $\hat{Y}_i = a + bX_i$

이므로 이를 대입하면

$$\text{최소화} \quad \sum_{i=1}^{n}(Y_i - a - bX_i)^2$$

이다. 구하고자 하는 a, b에 의해 편미분하고, 편미분한 값을 0으로 놓으면 다음의 두 가지 식이 유도된다.

$$\sum XY = a\sum X + b\sum X^2$$

$$\sum Y = na + b\sum X$$

위의 두 식으로부터 b값을 구하면 다음과 같다.

$$b = \frac{\sum (X - \bar{X})(Y - \bar{Y})}{(X - \bar{X})^2}$$

위에서 구한 b를 다음 식에 대입하여 고정원가(a)를 구한다.

$$\bar{Y} = a + b\bar{X}$$

최소자승법은 모든 관찰값을 이용하여 원가함수를 추정하는 가장 객관적 방법이다. 또한 통계적 방법을 이용하여 회귀선이 얼마나 적합한가를 알 수 있으며, 독립변수가 통계적으로 유의한가의 여부 등을 알 수 있다.

최소자승법을 적용하기 위해서는 먼저 독립변수와 종속변수와의 관계를 설명할 수 있는 이론적 근거가 있어야 하며, 또한 관찰값 가운데 이상치가 있는가를 분석하여 이를 제거시켜야 한다.

예제 9-4 최소자승법

다음은 한국회사의 1월부터 6월까지 기계시간과 수선유지원가의 자료이다. 최소자승법에 의해 기계시간과 수선유지원가와의 원가방정식을 추정하시오.

월	기계시간	수선유지원가
1월	400시간	₩180,000
2월	575	215,000
3월	350	170,000
4월	475	195,000
5월	550	210,000
6월	650	230,000

해답

월	기계시간(X)	수선유지원가(Y)	$X-\bar{X}$	$Y-\bar{Y}$	$(X-\bar{X})(Y-\bar{Y})$	$(X-\bar{X})^2$
1월	400	180,000	− 100	− 20,000	2,000,000	10,000
2월	575	215,000	75	15,000	1,125,000	5,625
3월	350	170,000	− 150	− 30,000	4,500,000	22,500
4월	475	195,000	− 25	− 5,000	125,000	625
5월	550	210,000	50	10,000	500,000	2,500
6월	650	230,000	150	30,000	4,500,000	22,500
합계	3,000	1,200,000	0	0	12,750,000	63,750
평균	500	200,000				

$$b = \frac{\sum (X-\bar{X})(Y-\bar{Y})}{(X-\bar{X})^2} = \frac{12,750,000}{63,750} = 200$$

$$a = \bar{Y} - b\bar{X} = 200,000 - 200 \times 500 = 100,000$$

따라서 $\hat{Y}_i = 100,000 + 200\,X$

❸ 원가추정의 유의사항

(1) 원가자료의 유의사항

역사적 원가자료가 좋아야만 이를 기초로 원가추정이 의미있게 된다. 가능한 좋은 자료를 제공하기 위해서는 회계담당자는 원가추정에서 발생할 수 있는 자료상의 다음과 같은 여러 가지 문제에 대해 알아야 한다.

① **관찰의 범위** : 원가추정을 위해 사용한 조업도 범위를 벗어나는 경우 원가함수에 의해 추정한 원가를 신뢰할 수 없다. 따라서 비정상적 상황에서의 관찰값은 제외하여야 한다. 원가추정은 정상적 상황하에서 기대되는 원가를 추정하기 위함이다.

② **관찰의 수** : 통계적 방법에 의해 원가추정을 하기 위해서는 관찰 횟수가 충분히 커야 한다.

③ **자료의 동질성** : 원가동인이나 종속변수 각각의 자료들이 동질성을 유지해야 한다. 감가상각방법의 변경, 회계계정의 변경이 있었는가를 주의깊게 살펴보아야 한다. 기술에 중대한 변화가 발생하였다면, 그 변화가 발생한 이후의 관찰값을 사용해야 한다. 만약 관찰기간 동안에 투입요소의 가격이 변화하면 역사적 원가자료를 물가수준에 따라 재표시하여야 한다.

(2) 원가함수 해석의 유의사항

고저점법이나 최소자승법을 통하여 원가함수를 추정할 경우 절편이 음(−)이 될 수 있다. 그렇다고 해서 조업도가 0일 때 원가가 음(−)으로 나타나거나 고정원가가 음(−)이라고 해석할 수 없다. 이러한 현상이 나타나는 이유는 두 가지 측면에서 살펴볼 수 있다.

첫째, 원가와 원가동인 사이의 관계가 비선형인데도 불구하고 선형관계를 가정하였기 때문일 수 있다. 이 때에는 먼저 원가와 원가동인 사이의 관계를 산포도를 통해 개략적으로 살펴봄으로써 선형 여부를 따져야 한다. 만약 비선형관계가 타당하다면 선형원가함수를 그대로 이용할 수 없다. 이 경우에는 자료를 적절히 변형함으로써 선형화가 가능하다.

둘째, 선형관계가 타당하더라도 조업도가 0일 때에는 관련범위를 벗어났을 가능성이 높다. 경영자는 관련범위 내에서 원가행태를 분석하며, 따라서 절편은 관련범위 내에서 혼합원가의 원가행태를 선형화하기 위한 식 일부일 뿐이며 그 자체는 아무런 의미가 없다.

한편, 최소자승법과 같이 정교한 방법을 사용하더라도 그 방법을 사용하기 위한 많은 가정들이 충족되는가를 검토하여야 한다. 최소자승법을 적용하기 위해서는 분산의 정규분포 가정, 등분산성(homoscedasticity) 가정이 필요하며 자기상관관계(autocorrelation)나 다중공선성(multicollinearity)이 없어야 한다. 이들 통계적 가정이 충족되지 않는다면 정교한 방법의 정확성 또는 예측력이 떨어질 수밖에 없다.

제 2 절 원가행태

원가행태에 따른 원가의 분류는 경영계획 및 통제의 목적으로 널리 이용된다. **원가행태**(cost behavior)란 원가동인의 변화에 따라 원가가 어떻게 반응하느냐를 나타낸다. 여기서 **원가동인**(cost driver)이란 생산량, 판매량, 작업시간, 기계시간, 병원의 환자수 등 원가에 영향을 미치는 주요 활동을 뜻한다.

원가의 형태를 파악하는 것은 조직의 많은 의사결정에 있어서 매우 중요하다. 왜냐하면 경영자는 여러 가지 영업상황하에서 원가가 어떠하리라 예측할 수 있기 때문이다.

원가의 행태는 크게 변동원가와 고정원가로 구분할 수 있으며, 더 나아가 혼합원가, 계단원가 등이 있다.

1 변동원가

변동원가(variable costs)란 원가동인의 변화에 비례하여 원가총액이 변동하는 원가이다. 예컨대 자동차 생산에 투입되는 타이어를 살펴보자. 자동차 한 대를 생산하기 위해서는 타이어 4개가 투입되며, 자동차 두 대를 생산하기 위해서는 타이어 8개가 투입된다. 이를 그림으로 나타내면 [그림 9 - 1]과 같다.

변동원가 총액은 조업도에 따라 비례적으로 변동하지만 제품 단위당 변동원가는 변동원가 함수의 기울기로서 조업도에 관계없이 항상 일정하다.

특정 조직에서 변동원가의 유형은 조직의 원가구조 및 목적에 따라 달라진다. 공공서비스조직과 같은 자본집약적 조직에서는 변동원가가 별로 없다. 자본집약적 조직에서 대부분의 원가는 설비와 관련되므로 이들 원가가 제공하는 서비스 양의 변화에 민감하지 않다. 반면에 제조기업에서는 많은 변동원가가 나타난다. 이들 원가들은 제품의 생산 및 판매와 관련있다. 변동원가의 대표적 유형으로는 음식점에서 제공하는 음식의 원가, 제품 생산에 투입되는 직접재료원가 및 부품의 원가, 생산직 근로자에게 지급되는 노무원가, 판매수수료 등을 들 수 있다.

회계학에서는 조업도와 원가 사이에 선형관계를 가정하고서 변동원가를 다룬다. 비록 회계학자들도 많은 원가들이 선형관계를 지니지 않는다는 점을 인식하지만, 다음의 두 가지 이유로 선형관계를 가정하고 있다.

첫째, 비선형원가함수의 추정이 어려울 뿐만 아니라, 어렵게 추정을 할지라도 이를 활용함으로써 얻을 수 있는 효익은 그리 크지 않다는 점이다.

둘째, 회계학에서는 모든 조업도 수준에 관심이 있는 것이 아니라 일정한 기간 동안 현실적으로 달성가능한 최고조업도와 최저조업도 범위 이내에만 관심을 가지며 이를 **관련범위**(relevant range)라 한다. 따라서 원가함수의 선형성 가정이 유효한 범위는 관련범위 이내이다. 관련범위 내에서 원가함수를 분석하면 정확도의 큰 손실 없이 원가의 선형성을 충분히 가정할 수 있다.

| 그림 9-1 | 변동원가와 고정원가

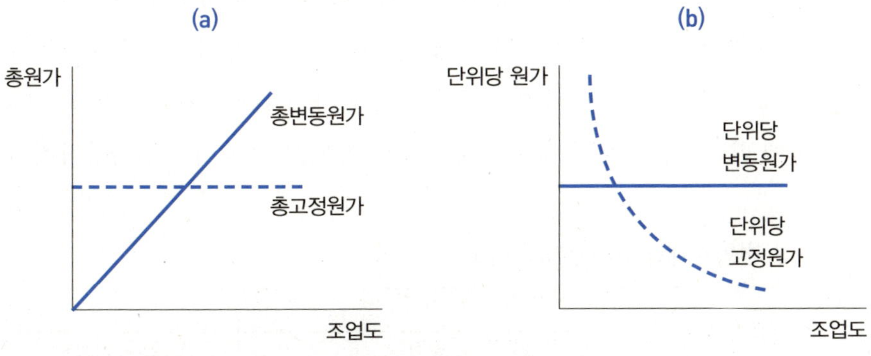

2 고정원가

고정원가(fixed costs)란 특정 기간 동안 원가동인의 변화와 관계없이 총원가가 일정하게 나타나는 원가이다. 예컨대 1년에 1백만 원을 지급하기로 한 임차료를 살펴보자. 공장에서 몇 개를 생산하고 생산된 제품 중 몇 개를 판매하든 관계없이 1년에 임차료 1백만 원을 지급해야 한다. 이를 그림으로 나타내면 [그림 9-1]과 같다. 고정원가의 전형적 유형으로는 임차료, 감가상각비, 보험료, 재산세 등을 들 수 있다.

고정원가 총액은 조업도에 관계없이 일정하지만, 제품 단위당 고정원가는 조업도에 따라 달라진다. 조업도가 높을수록 제품 단위당 고정원가는 낮아진다. 앞의 예에서 임차료의 경우 1년에 제품 10,000개를 생산하였다면 제품 단위당 임차료는 ₩100인 반면에, 1년에 제품 20,000개를 생산하였다면 제품 단위당 임차료는 ₩50이 된다. 총원가의 측면과 단위당 원가의 측면에서 변동원가와 고정원가를 비교하면 〈표 9-1〉과 같다.

제품 단위당 고정원가가 생산량에 반비례하는 현상은 경영자에게 혼란을 야기시킬 수 있다. 재무제표를 작성하기 위해 경영자는 변동원가와 고정원가를 포함한 제품 단위당 원가를 파악할 필요가 있으나, 기업 내부 의사결정의 목적을 위하여 고정원가를 제품 단위당으로 분석하는 경우는 드물다. 내부 의사결정을 위해서는 고정원가를 단위당으로 파악하기보다는 총액으로 파악하는 것이 더 유용하기 때문이다.

오늘날 많은 기업에서는 변동원가에 비하여 고정원가의 비중이 더 높아지고 있다. 그 이유는 크게 두 가지를 들 수 있다.

첫째, 모든 조직에서 자동화가 진행되고 있으며 또한 그 정도가 심화되고 있기 때문이다. 자동화는 오랜 세월 동안 공장에서 매우 중요한 역할을 수행하고 있을 뿐만 아니라, 서비스지향적 산업에서도 급속하게 자동화가 진행되고 있다. 자동화가 증가됨에 따라 기계설비에 대한 투자액이 많아지고, 이에 따른 감가상각비 또는

| 표 9-1 | 변동원가와 고정원가의 비교

원가의 행태	조업도가 증가하는 경우	
	총원가	단위당 원가
변동원가	증가	일정
고정원가	일정	감소

리스이용료가 많아지게 된다. 또한 기계가 인간의 노동력을 대체함으로써 직접노무원가의 많은 부분이 감가상각비 등의 원가로 대체되었다.

둘째, 근로자들의 임금이 안정화 현상을 보이고 있기 때문이다. 임금은 하방 경직성을 띨 뿐만 아니라, 경영자와 노조와의 단체협상을 통해 임금 인상률을 일정하게 책정하고 있는 상황에서는 조업도의 변화에 따라 직접노무원가가 비례적으로 움직이지 않는다.

이와 같이 고정원가의 비중이 심화되는 현상은 관리회계 측면에서 매우 중요한 의미를 지닌다. 고정원가는 조업도의 변화에 덜 민감하므로 경영자로 하여금 일상적 의사결정에서 벗어나 보다 전략적 의사결정에 몰두할 수 있도록 하기 때문이다.

③ 혼합원가

혼합원가(mixed cost)란 변동원가와 고정원가가 혼합된 원가이다. 혼합원가는 조업도가 '0'일지라도 마치 고정원가처럼 일정한 원가가 발생하고, 조업도가 증가할수록 변동원가처럼 선형적으로 증가한다. 이를 그림으로 나타내면 [그림 9-2]의 (a)와 같다.

변동원가와 혼합원가의 차이점은 조업도가 '0'일 때 원가가 발생하느냐의 여부이다. 변동원가는 조업도가 '0'일 때 원가가 발생하지 않지만, 혼합원가는 조업도가 '0'일지라도 원가가 발생한다. 이 차이를 제외하고는 나머지는 동일하다. 이 점 때문에 혼합원가를 **준변동원가**(semi-variable cost)라고도 한다.

혼합원가의 대표적 유형으로는 수선유지비, 전력원가, 판매원의 급여 등을 들 수

| 그림 9-2 | 혼합원가와 계단원가

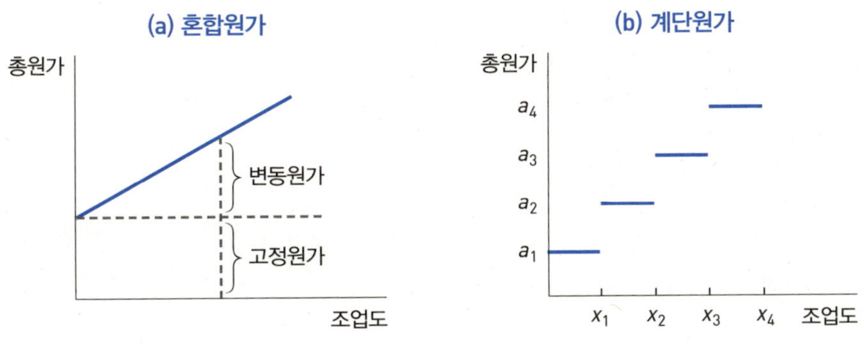

있다. 조업을 전혀 하지 않더라도 기본 조명을 제공하기 위해서는 일정한 전기가 필요하며, 작업이 진행됨에 따라 공장을 가동하기 위해 추가적 전기가 필요하다. 수선유지비의 경우에도 기계를 사용하지 않더라도 녹이 생기는 것을 방지하기 위해 수선유지활동이 필요하며, 판매원의 급여의 경우에도 최소한의 기본급여를 보장해 주어야 한다.

혼합원가는 원가함수의 추정을 통하여 변동원가 부분과 고정원가 부분으로 구분할 수 있다.

④ 계단원가

계단원가(step cost)란 일정한 조업도 범위 내에서는 원가가 일정하게 발생하지만 그 조업도 범위를 벗어나면 원가가 상향 또는 하향 이동하는 원가이다. 이 점 때문에 계단원가를 **준고정원가**(semi-fixed cost)라고도 한다. [그림 9-2]의 (b)에서 조업도가 x_1에서 x_2 사이일 때에는 고정원가처럼 일정한 원가(a_2)가 발생하지만, 조업도가 x_2에서 x_3 사이일 때에는 원가가 상향이동하여 또 다른 일정한 원가(a_3)가 발생한다. 이와 같이 원가의 행태가 마치 계단의 모양을 띠고 있다.

이 같은 원가가 발생하는 이유는 투입 요소의 불가분성(indivisibilities in inputs) 때문이다. 예컨대 감독자의 임금을 살펴보자. 한 명의 감독자는 일정한 수 범위 내에서 종업원을 감독할 수 있다. 그 범위를 넘어서면 또 다른 감독자 한 명이 필요하게 된다. 1.1명의 감독자란 있을 수 없기 때문이다.

계단원가는 고정원가와 유사한 형태를 보이지만 두 가지 점에서 차이난다.

첫째, 계단원가는 환경의 변화에 신속하게 대처할 수 있으나, 고정원가는 재량고정원가일지라도 쉽게 변화할 수 없다. 수선유지활동을 담당하는 근로자의 임금(계단원가)은 그 근로자를 채용 또는 해고함으로써 손쉽게 환경에 적응할 수 있다. 그러나 특정기간 동안 광고계약을 체결하였다면 최소한 예산기간 동안은 그 원가가 계속 발생하게 된다.

둘째, 일정한 원가가 발생하는 조업도의 범위가 다르다. 계단원가에서 일정한 원가가 발생하는 조업도의 범위는 짧지만, 고정원가에서 일정한 원가가 발생하는 조업도의 범위는 상당히 길다.

5 일반적 분류와 원가행태

일반적 분류에 따른 원가의 분류와 원가행태에 따른 원가의 분류 사이의 관계를 살펴보자. 직접재료원가와 직접노무원가는 제품 생산량이 많을수록 원가 총액이 비례적으로 움직이는 변동원가이다. 그런데 제조간접원가는 수많은 항목으로 구성되어 있으며, 또한 원가행태도 다양하게 나타나기 때문에 이를 세분화하여 변동제조간접원가와 고정제조간접원가로 구분할 수 있다.

변동제조간접원가(variable overhead costs)는 제조간접원가 가운데 조업도의 변화에 따라 비례적으로 변동하는 원가이다. 이에는 간접재료원가, 간접노무원가, 소모품비, 수도광열비, 윤활유비 등이 포함된다. 한편, 고정제조간접원가(fixed overhead costs)는 제조간접원가 가운데 조업도의 변화에 관계없이 항상 일정하게 나타나는 원가이다. 이에는 공장의 임차료, 보험료, 재산세, 기계의 감가상각비 등이 포함된다.

제조원가 가운데 변동원가를 **변동제조원가**(variable manufacturing costs)라고도 한다. 즉 변동제조원가에는 직접재료원가, 직접노무원가, 변동제조간접원가가 포함된다.

판매관리비 역시 원가행태에 따라 변동판매관리비와 고정판매관리비로 구분할 수 있다. 변동판매관리비(variable selling and administrative costs)는 매출액의 변화에 따라 비례적으로 변동하는 판매관리비로서, 매출실적에 따라 지급하는 판매원 수수료, 본사의 수도광열비 등이 이에 속한다. 한편, 고정판매관리비(fixed selling and administrative costs)는 매출액의 변화에 관계없이 일정하게 나타나는 판매관리비로서, 광고선전비, 고정급으로 지급하는 사원의 급여, 건물의 감가상각비 등이 이에 속한다.

| 표 9-2 | 원가형태에 따른 원가의 분류

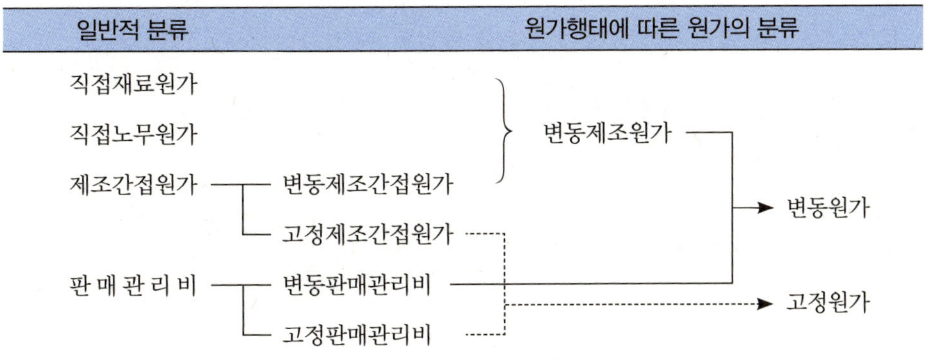

제 3 절 학습효과

1 학습효과와 학습률

지금까지 선형 원가함수를 가정하고 원가를 추정하였다. 그러나 관련범위 내에서 선형 가정이 타당하지 않다면 경영계획 및 통제를 위하여 비선형원가함수를 사용하여야 한다. 비선형원가함수 가운데 대표적인 것은 학습곡선이다.

일반적으로 누적생산량이 증가함에 따라 제품 단위당 또는 평균원가가 체계적으로 감소할 때 **학습효과**(learning effect)가 있다고 한다. 경험 및 학습효과가 나타나는 가장 주요한 이유는 다음과 같다.

① **노동의 효율성**(labour efficiency) : 근로자들은 경험이 쌓일수록 신체적으로 솜씨가 좋아진다. 그들은 정신적으로 더욱 확신하게 되며, 머뭇거리지 않고 또한 실수를 줄이게 된다. 시간이 흐를수록 그들은 지름길을 터득하게 된다.

② **표준화, 전문화**(standardization and specialization) : 생산공정이나 부품, 제품 등이 더욱 표준화될수록 효율성을 증가하는 경향이 있다. 아울러 근로자들이 특정 과업에 전문화될 때, 그 과업에 대해 더 많은 경험을 가지게 되고 더 빠른 속도로 작업하게 된다.

③ **기술이 유발하는 학습**(technology-driven learning) : 자동화된 생산기술과 정보기술은 그것을 활용하는 근로자들의 능률을 높인다.

④ **공유된 경험 효과**(shared experience effects) : 둘 또는 그 이상의 제품이 공통된 활동이나 자원을 공유하는 경우 학습효과는 강화된다. 하나의 제품에서 배운 효율이 다른 제품에 적용될 수 있다.

[그림 9-3]의 학습곡선을 통해 다음을 확인할 수 있다.

① 누적생산량이 많아질수록 단위당 평균시간(평균원가)은 낮아진다.

② 학습효과는 초기에 높게 나타난다.

③ 누적생산량이 많아질수록 학습효과는 점차 줄어들게 되며, 궁극적으로 안정 상태에 이르게 된다.

| 그림 9-3 | 학습곡선

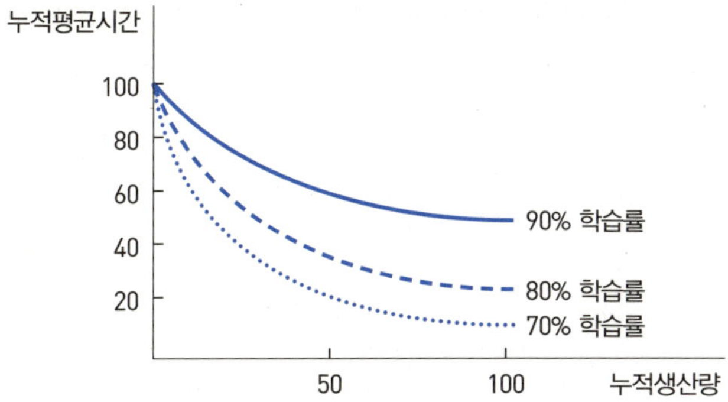

학습효과를 고려하여 추정한 원가함수를 **학습곡선**(learning curve)이라 한다. 학습곡선을 추정하기 위해서는 먼저 **학습률**(learning curve percentage)을 이해하여야 한다. 누적생산량(cumulative volume of production)이 두 배가 될 때 단위당 누적평균원가(또는 누적평균시간)를 y라 하자. 누적생산량이 두 배가 되기 직전에서의 특정 누적생산량에서의 단위당 누적평균원가(또는 누적평균시간)를 x라 한다면 학습률은 $\frac{y}{x}\%$가 된다.

〈표 9-3〉과 같이 첫 번째 생산량에 소요되는 직접노무시간(또는 직접노무원가)이 100시간이며 두 번째, 세 번째, 네 번째 생산량의 한계시간이 각각 80, 76, 68시간이라 하자. 〈표 9-3〉에서 총시간은 한계시간의 합계액이며, 누적평균시간은 총시

| 표 9-3 | 누적평균시간 학습모형(학습률 90%)

누적생산량	한계시간	총시간	누적평균시간
1	100	100	100
			↓ 90%
2	80	180	90
3	76	256	↓ 90%
4	68	324	81
⋮	⋮	⋮	⋮ ↓ 90%
8		583.2	72.9

• 누적생산량 4개의 총시간 = 1번째 한계시간 + 2번째 한계시간 + 3번째 한계시간 + 4번째 한계시간 = 100 + 80 = 76 + 68 = 324

또는 누적생산량 × 평균시간 = 4개 × 81 = 324

• 누적생산량 4개의 누적평균시간 = 누적생산량 2개의 누적평균시간 × 학습률 = 90 × 90% = 81

또는 누적생산량 4개의 총시간 ÷ 누적생산량 = 324 ÷ 4개 = 81

간을 누적생산량으로 나눈 값이다.

누적생산량이 두 배 될 때마다 제품 단위당 누적평균시간을 살펴보자. 누적생산량이 한 개일 때 평균시간은 100시간이지만, 누적생산량이 2개, 4개일 때는 평균시간이 각각 90, 81시간이다. 누적생산량이 두 배 될 때마다 누적평균시간을 비교하면, $\frac{90}{100}$, $\frac{81}{90}$ = 90%이다. 즉 학습률은 90%이다.[1)]

예제 9-5 학습률 (10CTA)

다음 자료를 이용하여 최초 16단위를 생산할 때 추정되는 누적 총노무시간은 몇 분인가? (단, 노무시간은 누적평균시간모형을 따른다.)

누적생산량	누적 총노무시간(분)
1	10,000분
2	18,000분

해답

학습률 = 90%　　16개 평균시간 = 9,000 × 90% × 90% × 90% = 6,561분

16개 총시간 = 16개 × 6,561 = 104,976분

예제 9-6 학습률 (22CTA)

㈜세무는 최근에 신제품을 개발하여 처음으로 10단위를 생산했으며, 추가로 10단위를 생산하는데 필요한 직접노무시간은 처음 10단위 생산에 소요된 직접노무시간의 60%인 것으로 나타났다. ㈜세무의 신제품 생산에 누적평균시간 학습모형이 적용된다면 학습률은?

해답

누적생산량	총시간	누적평균시간
10단위	Y 시간	0.1Y
20단위	Y 시간 + 0.6Y 시간 = 1.6Y 시간	0.08Y

학습률을 k라 하면,

0.08Y = 0.1Y × k　　∴ k = 80%

1) 본문에서는 누적생산량이 두 배가 될 때마다 누적평균시간(또는 원가)이 체계적으로 감소하는 **누적평균시간 학습모형**(cumulative average-time learning model)을 살펴보았다. 반면에, 증분단위

❷ 학습곡선의 추정

누적생산량과 누적평균원가(또는 시간)의 관계를 수식으로 표현하면 다음과 같다.

$$y = aX^{-b}$$

여기서 Y : 학습곡선에 의한 누적평균원가 추정치
X : 누적생산량
a : 첫 번째 제품 생산에 따른 원가
b : 학습률과 관련한 지수[2)]

학습곡선식을 이용하여 〈표 9-3〉의 학습곡선을 추정하여 보자. 학습률이 90%이므로 $b = -\log_2 0.9 = 0.152$이며, 첫 번째 제품생산에 따른 시간은 100시간이므로 학습곡선식은 $y = 100X^{-0.152}$이 된다.

학습률과 이에 따른 b와의 관계는 〈표 9-4〉와 같다.

| 표 9-4 | 학습률과 학습지수

학습률	학습지수(b)	학습률	학습지수(b)
95%	0.0740	88%	0.1844
93%	0.1047	85%	0.2345
90%	0.1520	83%	0.2688
		80%	0.3219

누적생산량이 두 배가 될 때마다 증분단위의 시간(또는 원가)이 체계적으로 감소하는 모형을 **증분단위시간 학습모형**(incremental unit-time learning model)이라 한다. 동일한 학습률이라 하더라도 학습현상이 총작업시간 감축에 미치는 효과는 누적평균시간 학습모형이 증분단위시간 학습모형의 경우보다 훨씬 크다. 그 이유는 누적평균시간 학습모형에서는 학습효과가 모든 생산량에 영향을 미치는 반면에, 증분단위시간 학습모형에서는 학습효과가 증분생산량에만 영향을 미치는 것으로 보기 때문이다.
참고로, 학습률이 100%이라면 평균원가(또는 증분원가)가 전혀 감소하지 않기 때문에 학습효과가 전혀 나타나지 않음을 뜻한다. 일상적으로 사용하는 학습률과 학습곡선에서의 학습률의 개념이 다소 상반되게 느껴지므로 유의하기 바란다.

2) 누적생산량이 두 배($2X$)일 때의 누적평균원가를 Y'이라 하면 다음 식이 성립한다.

$$Y' = a(2X)^{-b}$$

위 식을 본문의 식으로 나누면 다음과 같다.

$$\frac{Y'}{Y} = 2^{-b}$$

위 식의 좌변은 학습률을 뜻한다. 따라서 $b = -\log_2$(학습률)
만약 학습률이 80%라면, $b = -\log_2 0.8 = 0.3219$이다.

한편, 학습률을 알 수 없는 경우에는 b값을 구할 수 없다. 이때에는 학습곡선식을 다음과 같이 변형하여 단순회귀분석을 한다.

$$\log Y = \log a - b \log X$$

즉, 학습률을 알 수 없는 경우에는 자료의 관찰치에 모두 로그를 취하고서 이들에 대해 최소자승법을 적용한다.

학습곡선 추정시 유의사항은 다음과 같다.

첫째, 학습곡선은 시계열자료(time - series data)에 대한 분석이므로, 일정 시점에서 여러 기업의 자료를 분석하는 횡단면자료(cross - sectional data)에는 적용할 수 없다.

둘째, 생산량이 지속적으로 증가되지 않는 경우에는 학습효과가 지속되기 어려우므로 학습곡선을 적용할 수 없다. 학습곡선을 적용하기 위해서는 누적생산량이 증가함에 따라 과거에 그러했듯이 미래에도 평균원가 또는 한계원가가 체계적으로 감소하리라는 가정이 타당하여야 한다.

셋째, 모든 원가에 대해 학습효과가 나타나는 것은 아니다. 가장 대표적인 학습효과는 직접노무원가에서 나타난다. 경험이 쌓일수록 제품 단위당 노무시간이 단축되고 이것이 직접노무원가에 영향을 미치게 된다. 직접노무원가가 단축되면 이에 따라 파생적으로 간접노무원가와 제조간접원가(특히 변동제조간접원가)가 영향을 받을 수 있다. 근로자의 근로시간 단축으로 인해 감독자의 감독시간(간접노무원가)이 줄어들 수 있고, 또한 공장의 전기 및 수도 사용량(변동제조간접원가)이 줄어들 수 있다. 즉, 학습효과는 노무시간과 상관관계가 높은 원가에서 주로 발생한다. 한편, 재료원가나 포장원가 그리고 소모품비처럼 노무원가와 무관한 원가항목에서는 학습효과가 나타나지 않는다.

예제 9-7 학습효과 (10CTA)

금강회사에서는 신제품을 개발하여 시험적으로 총 네 대를 생산하였다. 첫 번째 단위의 한계원가는 ₩1,600이며, 두 번째, 세 번째, 네 번째 단위의 한계원가는 각각 ₩1,120, ₩988, ₩916이다.

물음

1. 학습곡선을 추정하시오.
2. 이미 생산한 네 대 이외에 추가적으로 네 대를 더 생산하며, 학습효과가 지속된다고 가정하자.
   (1) 총 여덟 대를 생산하기 위한 평균원가는 얼마인가?
   (2) 총 여덟 대를 생산하기 위한 총원가는 얼마인가?
   (3) 추가로 네 대를 더 생산하기 위한 증분원가는 얼마인가?

해답

1. 누적생산량이 두배 될 때마다 평균원가를 구하면 다음과 같다.

누적생산량	한계원가	총원가	누적평균원가
1	₩1,600	₩1,600	₩1,600
2	1,120	2,720	1,360
3	988	3,708	
4	916	4,624	1,156

학습률을 구하면 $\frac{1,360}{1,600} = \frac{1,156}{1,360} = 85\%$이다.

학습률에 의해 학습곡선의 계수들을 추정하면, $b = -\log_2 0.85 = 0.2345$이며,
첫 번째 제품생산에 따른 원가가 ₩1,600이므로 학습곡선식은 $Y = 1,600X^{-0.2345}$이다.

2. (1), (2)

누적생산량	한계원가	총원가	누적평균원가
1	₩1,600	₩1,600	₩1,600
2	1,120	2,720	1,360
4	916	4,624	1,156
8		7,860.8 (= 982.6 × 8개)	982.6 (= 1,156 × 0.85)

총원가 = 누적생산량 × 평균원가

(3) 추가로 네 대를 더 생산하는데 드는 증분원가는 다음과 같이 구한다.
   a. 총 여덟 대를 생산하는데 드는 총원가(₩7,860.8)를 구한다.
   b. 총 네 대를 생산하는데 드는 총원가(₩4,624)를 구한다.
   c. 위의 a에서 구한 값에서 b에서 구한 값을 차감하면 추가로 네 대를 생산하는데 드는 증분원가이다. 증분원가 = ₩7,860.8 − 4,624 = ₩3,236.8

❸ 학습곡선의 활용

학습곡선모델은 다양한 의사결정 상황에서 활용할 수 있다.

첫째, 대표적으로 입찰가격 등 가격결정에 활용된다. 학습효과를 간과할 경우에는 생산원가가 실제원가보다 높게 산정되고, 이에 따라 입찰가격(또는 제품가격)을 높게 책정하여 중요한 계약을 놓치거나 경쟁제품보다 가격경쟁력을 상실할 가능성이 높아진다.

둘째, 제품생산일정계획의 수립에 활용된다. 제품 생산에 소요되는 시간을 제대로 예측하여 이를 바탕으로 한정된 생산자원의 최적활용을 위한 일정계획이 수립될 것이고, 합리적인 제품인도일이 결정될 것이다.

셋째, 표준원가의 설정 및 차이분석에 활용될 수 있다. 학습효과를 감안하여 표준작업시간이나 표준노무원가를 설정하여야 차이분석의 효과를 제대로 발휘할 수 있게 된다. 학습효과가 거의 나타나지 않는 생산초기단계에서는 표준을 다소 느슨하게 설정하고, 학습효과가 크게 나타나는 생산단계에서는 비교적 엄격한 표준을 설정하는 것이 바람직하다.

넷째, 재고자산 평가에 활용될 수 있다. 재고자산을 평가하기 위해서는 단위당 제조간접원가 배부가 이루어져야 하고, 이를 위해서는 제조간접원가 배부를 위한 기준조업도를 설정하여야 한다. 만약 학습효과를 감안하지 않고서 직접노무시간을 기준조업도로 설정한다면 단위당 제조간접원가 배부율이 지나치게 낮게 책정되게 된다.

예제 9-8 학습효과 (17CPA)

㈜한국은 최근에 신제품 A의 개발을 완료하고 시험적으로 500단위를 생산하였다. 회사가 처음 500단위의 신제품 A를 생산하는 데 소요된 총직접노무시간은 1,000시간이고 직접노무시간당 임률은 ₩300이었다. 신제품 A의 생산에 소요되는 단위당 직접재료원가는 ₩450이고, 단위당 제조간접원가는 ₩400이다. ㈜한국은 과거 경험에 의하여 이 제품을 추가로 생산하는 경우 80%의 누적평균직접노무시간 학습모형이 적용될 것으로 추정하고 있으며, 당분간 직접노무시간당 임률의 변동은 없을 것으로 예상하고 있다. 신제품 A를 추가로 1,500단위 더 생산한다면, 총생산량 2,000단위에 대한 신제품 A의 단위당 예상원가는?

해답

누적생산량	총시간	누적평균시간
500	1,000시간	2
		↓ 80%
1,000		1.6
		↓ 80%
2,000		1.28

총직접노무원가 = 2,000개 × 1.28 × ₩300

단위당 직접노무원가 = (2,000개 × 1.28 × ₩300)/2,000개 = ₩384

단위당 원가 = ₩450 + 384 + 400 = ₩1,234

예제 9-9 학습효과 (21CTA)

올해 창업한 ㈜세무는 처음으로 A광역시로부터 도로청소 특수차량 4대의 주문을 받았다. 이 차량은 주로 수작업을 통해 제작되며, 소요될 원가자료는 다음과같다.

1대당 직접재료원가	:	₩85,000
첫 번째 차량 생산 직접노무시간	:	100시간
직접노무원가	:	직접노무시간당 ₩1,000
제조간접원가	:	직접노무시간당 ₩500

위의 자료를 바탕으로 계산된 특수차량 4대에 대한 총제조원가는? (단, 직접노무시간은 80% 누적평균시간 학습모형을 고려하여 계산한다.)

해답

학습률 80%

누적 생산량	평균 직접노무시간	총직접노무시간
1	100시간	100시간
	↓ 80%	
2	80시간	160시간
	↓ 80%	
4	64시간	256시간

총 4대의 총제조원가 : ₩85,000 × 4 + 1,000 × 256시간 + 500 × 256시간 = ₩724,000

exercise 연습문제

01 고저점법에 의한 제조간접원가 추정 (99CTA)

다음 자료는 지난 몇 달 동안 ㈜준범의 제조간접원가 발생액을 조업도 수준에 따라 정리한 것이다.

	기계시간	총제조간접원가
7월	5,000	₩50,620
8월	8,000	90,040
9월	6,000	54,080
10월	9,000	63,100

㈜준범은 제조간접원가를 변동원가와 고정원가로 나누기 위하여 원가분석을 한 결과, 제조간접원가가 전력요금, 감독자 임금, 수선유지비로 구성되어 있다는 것을 알았다. 그러나 이들을 완전히 고정원가와 변동원가로 구분하지는 못했다. 7월의 실제 제조간접원가는 다음과 같다.

전력요금 (변동원가)	₩10,500
감독자임금 (고정원가)	24,000
수선유지비 (혼합원가)	16,120
합계	₩50,620

10월의 제조간접원가 중에 포함되어 있는 수선유지비를 추정하면 얼마인가?

02 고저점법에 의한 원가 추정 (14CTA)

㈜세무의 제조간접원가는 소모품비, 감독자급여, 수선유지비로 구성되어 있다. 이 회사의 제조간접원가의 원가동인은 기계시간으로 파악되었다. ㈜세무의 20×1년 1월, 2월, 3월 및 4월 각각에 대해 실제 사용한 기계시간과 제조간접원가의 구성 항목별 실제원가는 다음과 같다.

월	기계시간	소모품비	감독자급여	수선유지비	총제조간접원가 합계
1월	70,000	₩56,000	₩21,000	₩121,000	₩198,000
2월	60,000	48,000	21,000	105,000	174,000
3월	80,000	64,000	21,000	137,000	222,000
4월	90,000	72,000	21,000	153,000	246,000

㈜세무는 원가추정에 고저점법을 이용한다. 20×1년 5월에 75,000기계시간을 사용할 것으로 예상된다.

물음

1. 5월의 예상 소모품비는 얼마인가?
2. 5월의 예상 수선유지비는 얼마인가?
3. 5월의 예상 변동제조간접원가는 얼마인가?
4. 5월의 예상 고정제조간접원가는 얼마인가?
5. 5월의 예상 총제조간접원가는 얼마인가?

03 고저점법에 의한 공헌이익 추정 (12CTA)

㈜국세는 단일제품을 생산·판매하고 있으며, 7월에 30단위의 제품을 단위당 ₩500에 판매할 계획이다. ㈜국세는 제품 1단위를 생산하는데 10시간의 직접노무시간을 사용하고 있으며, 제품 단위당 변동판매비와 관리비는 ₩30이다. ㈜국세의 총제조원가에 대한 원가동인은 직접노무시간이며, 고저점법에 의하여 원가를 추정하고 있다. 제품의 총제조원가와 직접노무시간에 대한 자료는 다음과 같다.

	총제조원가	직접노무시간
1월	₩14,000	120시간
2월	17,000	100
3월	18,000	135
4월	19,000	150
5월	16,000	125
6월	20,000	140

㈜국세가 7월에 30단위의 제품을 판매한다면 총공헌이익은 얼마인가? (참고 : 총공헌이익은 총매출액에서 총변동원가를 차감하여 구한다.)

04 회귀식에 의한 원가 추정 (89CTA)

소망사는 단위당 ₩1,000에 판매될 신제품을 생산할 것을 계획하고 있다. 첫해에 생산될 400단위에 대한 직접재료원가 추정치는 ₩96,000이며, 직접노무원가 추정치는 ₩74,000이다. 신제품에 대한 제조간접원가는 단순선형회귀를 이용하여 분석된 결과 $Y = 18,800 + 227X$와 같은 원가함수가 도출되었다(Y는 제조간접원가, X는 생산량). 신제품에 대한 첫해의 단위당 예상공헌이익은 얼마인가? (참고 : 공헌이익은 매출액에서 변동원가를 차감하여 구한다.)

05 학습효과

가야회사에서는 주문에 의해 도자기를 생산하고 있다. 최근에 도자기 160개를 구입하겠다는 주문을 받고서 그중 10개를 먼저 생산해 본 결과 총 100시간이 소요되었다. 한편, 직접작업시간의 학습률은 80%로 추정된다. 추가로 작업할 150개의 예상 직접작업시간은 몇 시간인가? (소숫점 이하는 반올림할 것)

06 학습효과 (07CTA)

대한회사는 신제품을 개발하여 첫 25단위를 생산하였는데 이와 관련된 원가는 다음과 같이 발생하였다.

직접재료원가	₩1,000,000
직접노무원가(500시간 @5,000)	2,500,000
변동제조간접원가(직접노무원가의 20%)	500,000
고정제조간접원가	625,000
합계	₩4,625,000

대한회사는 직접노무시간이 90% 누적평균시간 학습곡선을 따른다고 가정하고 있다. 추가로 75단위를 생산하는 경우 제조원가는 얼마나 더 발생하겠는가? 단, 고정제조간접원가는 추가로 발생하지 않는 것으로 가정한다.

07 학습효과 (15CTA)

㈜국세는 1로트(lot)의 크기를 10대로 하는 로트생산방식에 의해 요트를 생산, 판매하고 있다. ㈜국세는 최근 무인잠수함을 개발하고 5대를 생산 판매하였으며, 직접재료원가(₩2,000,000/대) ₩10,000,000, 직접노무원가(₩30,000/직접노무시간) ₩30,000,000, 변동제조간접원가(₩5,000/직접노무시간) ₩5,000,000이 발생하였다. 무인잠수함도 로트생산방식으로 생산하되, 1로트의 크기는 5대이다. 무인잠수함의 직접노무시간은 요트 생산과 같이 로트당 누적평균시간 학습모형을 따르며 학습률도 동일하다. 요트 생산의 누적생산량과 로트당 평균 직접노무시간은 다음과 같다.

누적 생산량	로트당 평균 직접노무시간
10	1,300
20	1,170
40	1,053

㈜국세는 무인잠수함 35대에 대한 납품 제의를 받았다. 이 납품과 관련된 무인잠수함 1대의 평균 변동제조원가는?

08 학습곡선에 의한 가격 결정 (02CTA)

㈜부산은 무전기 600단위에 대한 계약의 입찰에 참여할 것을 고려하고 있다. 동일한 회계연도에 속하는 2달 전에 동일한 무전기 200단위를 아래와 같은 금액으로 계약체결 및 생산한 바 있다.

직접재료원가	₩5,000
직접노무원가(3,000시간 × ₩20)	60,000
고정제조간접원가(①)	3,000
변동제조간접원가(②)	7,500
기 타(③)	12,000
합 계	₩87,500

① 고정제조간접원가는 처음 생산량 200단위에 그 원가를 전부 배분하여 보상받았기 때문에 600단위 입찰에는 보상청구하지 않는다.
② 변동제조간접원가는 직접노무원가에 비례하여 발생한다.
③ 기타는 관리비 및 이윤보상 목적으로 직접노무원가의 20%를 일정하게 설정한다.

㈜부산이 90%의 학습곡선을 사용하고 있다고 가정할 경우에 600단위의 계약에 입찰하기 위해 제시할 예상금액은 얼마인가?

09 학습곡선에 의한 가격 결정 (91CTA유사)

헬기부품 제조회사인 ㈜와우기계는 1달 전에 100단위의 부품을 생산·판매하였고 이에 대한 원가자료는 다음과 같다.

직접재료원가	₩800,000
직접노무원가 (10,000시간, @40/시간)	400,000
공구비(①)	400,000
변동제조간접원가(②)	100,000
기타제조간접원가(③)	160,000
합 계	₩1,860,000

① 공구비는 최초 생산·판매한 100단위의 생산을 위하여 취득한 원가로서 앞으로도 계속 사용할 수 있다.
② 변동제조간접원가는 직접노동시간에 직접적으로 영향을 받는다.
③ 기타제조간접원가는 계약입찰을 위하여 직접노무원가의 40%를 일정하게 배부한다.

회사는 헬기부품의 생산과 관련하여 90%의 누적평균시간 학습곡선이 적용될 것으로 예상하고 있다. 300단위의 부품 계약에 입찰하기 위하여 예상되는 총원가는 얼마인가?

10 학습효과에 의한 제조원가 비교 (98CTA)

㈜해숙광학은 지난 5년간의 지속적인 연구결과 특수레이더 장치 개발에 성공하였다. 20×2년 3월 중 본격적인 생산에 착수하여 총 8대의 특수레이더 장치를 생산하였으며, 이에 따른 원가자료는 아래와 같이 산출되었다.

가. 제품 한 단위당 직접재료원가 ₩1,600,000이다.
나. 직접노무원가는 노동시간당 @20,000이다.
다. 제품 생산결과 처음 두 단위의 총직접노동시간(누적노동시간)은 180시간이었으며, 8단위의 생산에 소요된 총직접노동시간은 583.2시간이다.
라. 제조간접원가는 직접노동시간당 ₩4,000씩 배부한다.

20×2년 4월 중 8대의 제품을 추가로 생산하였다. 3월 중 생산한 8단위의 단위당 평균제조원가와 4월에 추가생산한 8단위의 평균제조원가를 비교한다면 얼마만큼 많겠는가(또는 작겠는가)?

CHAPTER

10

변동원가계산

Variable Costing

학습목표

1. 변동원가계산이란 무엇인지 이해한다.
2. 변동원가계산과 전부원가계산이 어떠한 차이가 있으며, 재무제표에 어떻게 반영되는지를 구분한다.
3. 변동원가계산에 의한 영업이익은 전부원가계산에 의한 영업이익과 어떤 차이가 있으며, 그 차이가 나타나는 근본적 이유가 무엇인지를 살펴본다.
4. 변동원가계산의 유용성과 그 한계점을 살펴본다.
5. 최근에 새로이 소개되고 있는 초변동원가계산이 무엇이며, 변동원가계산과는 어떤 차이가 있는지를 구분한다.

제1절 변동원가계산의 개념

❶ 변동원가계산의 의의

제품원가를 구성하는 항목을 무엇으로 보느냐에 따라 전부원가계산과 변동원가계산으로 구분한다. 지금까지 살펴본 제품원가에는 모든 제조원가, 즉 직접재료원가, 직접노무원가, 변동제조간접원가, 고정제조간접원가가 포함되었다. 이와 같이 제조와 관련된 모든 원가를 제품원가로 보는 방법을 **전부원가계산**(absorption costing)이라 한다.

반면에 직접재료원가, 직접노무원가, 변동제조간접원가 등 변동제조원가만을 제품원가로 보는 방법을 **변동원가계산**(variable costing)이라 한다. 따라서 이 방법에서는 고정제조간접원가를 제품원가로 보지 않는다. 변동원가계산에서는 고정제조간접원가를 판매관리비와 마찬가지로 기간비용으로 처리하며, 발생시 수익에 대응하여 즉시 비용으로 인식한다.

전부원가계산과 변동원가계산의 차이점

전부원가계산에서든 변동원가계산에서든 판매관리비는 기간비용으로 처리한다. 따라서 전부원가계산과 변동원가계산의 근본적 차이점은 고정제조간접원가의 원가성을 인정하느냐의 여부에 있다.

전부원가계산에서는 고정제조간접원가를 제품원가의 일부로 간주하는데, 그 이유는 제품을 생산하기 위해서 생산설비를 이용하므로 그 원가를 제품에 배부하여야 한다는 것이다.

한편, 변동원가계산에서는 고정제조간접원가를 제품원가의 일부로 간주하지 않는데, 그 이유는 생산설비를 갖추는 것은 과거의 의사결정에서 비롯되었으며, 제품을 한 단위 증가시키더라도 고정제조간접원가는 변하지 않으므로 제품원가에 배부해서는 안된다는 것이다.

변동원가계산(variable costing)

- 직접재료원가, 직접노무원가, 변동제조간접원가 등 변동제조원가만을 제품원가로 보는 방법
- 고정제조간접원가를 제품원가로 보지 않고 기간비용으로 처리하며, 고정제조간접원가 발생시 수익에 대응하여 즉시 비용으로 인식

| 그림 10-1 | 전부원가계산과 변동원가계산에서의 원가 흐름

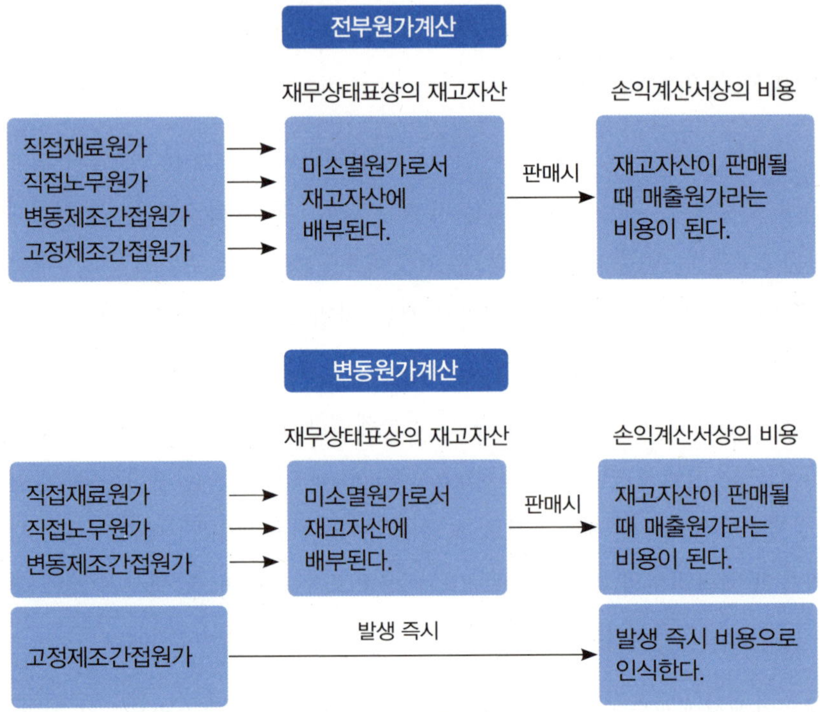

❷ 공헌손익계산서

외부보고를 위하여 전통적으로 작성하는 전부원가계산에 의한 손익계산서는 원가를 관리기능별(생산활동, 판매활동, 관리활동 등)로 분류하여, 매출원가, 판매비, 관리비 등으로 구분한다. 즉 기능별 접근방법(functional approach)에 의해 손익계산서를 작성한다. 따라서 매출원가에는 변동제조원가뿐만 아니라 고정제조간접원가가 포함되며, 판매관리비에도 변동판매관리비와 고정판매관리비가 포함된다.

그러나 이 손익계산서로서는 생산량 또는 판매량의 변화가 이익과 원가에 미치는 영향을 분석하거나 원가의 변화가 판매량과 이익에 미치는 영향 등을 분석할 수 없다. 원가를 원가행태에 따라 분류하여야 원가-조업도-이익 분석이 가능하기 때문에, 전통적 손익계산서를 이용하여 원가-조업도-이익을 분석하기에는 한계가 있다.

경영계획이나 원가통제 등의 목적을 위해서는 원가행태에 따라 원가가 분류되어야 한다. 이를 통하여 판매량의 변화에 따른 원가 변화액을 알 수 있으며, 예산과 실제성과의 대비가 용이하게 된다. 또한 원가행태에 따라 원가를 분류하면 경영의사결정에 널리 활용할 수 있다.

원가를 원가행태에 따라 변동원가와 고정원가로 분류하여 작성한 손익계산서를 **공헌손익계산서**(contribution income statement)라 한다. 공헌손익계산서에서는 매출액에서 변동원가를 먼저 차감하고 그 이후 고정원가를 차감하여 영업이익을 산출한다.

매출액에서 변동원가를 차감한 금액을 **공헌이익**(contribution margin)이라 하는데, 공헌이익은 ① 고정원가를 회수하고, ② 이익을 창출하는 데 공헌한다. 공헌손익계산서에서는 공헌이익의 계산을 매우 중요시하기 때문에 **공헌접근법**(contribution approach)에 의한 원가계산이라 하며, 이에 의한 손익계산서를 공헌손익계산서라 한 것이다. 매출액에서 차감하는 변동원가에는 변동제조원가와 변동판매관리비가 포함된다. 한편, 공헌이익에서 고정제조간접원가와 고정판매관리비를 차감하여 영업이익을 도출한다. 변동원가계산에서는 원가를 원가행태에 따라 변동원가와 고정원가로 구분하는 것을 전제로 하기 때문에 공헌손익계산서는 변동원가계산방법하에서 작성된다.

원가행태를 알면 매출액이 변할 때 원가가 얼마나 변하며 이에 따라 이익에 미치는 영향을 분석할 수 있다. 즉 원가-조업도-이익 사이의 관계를 쉽게 분석할 수 있다. 또한 고정원가는 단기적으로 항상 일정하므로 단기의사결정에 하는 데 영향을 미치지 않는다. 이와 같이 의사결정시에도 원가행태를 알면 많은 도움을 받게 된다. 뿐만 아니라, 경영자의 성과를 평가할 때에도 원가행태를 고려해야 한다.

공헌손익계산서(contribution income statement)

- 원가행태에 따라 변동원가와 고정원가로 구분하여 작성한 손익계산서
- 공헌손익계산서에서는 매출액에서 변동원가를 먼저 차감하고 그 이후 고정원가를 차감하여 영업이익을 산출
- 공헌손익계산서는 변동원가계산방법 하에서 작성
- 공헌손익계산서는 원가-조업도-이익 분석, 단기 의사결정, 경영자의 성과평가 등에 유용

손익계산서와 공헌손익계산서의 비교

전통적으로 작성하는 손익계산서와 공헌손익계산서의 양식을 대비하면 〈표 10-1〉과 같다. 〈표 10-1〉에서 손익계산서상의 매출원가와 공헌손익계산서상의 매출원가는 서로 상이함에 유의하여야 한다. 손익계산서상의 매출원가에는 변동제조원가뿐만 아니라 고정제조간접원가까지 포함된 반면에, 공헌손익계산서상의 매출원가에는 변동제조원가만 포함된다. 따라서, 공헌손익계산서상의 매출원가는 변동매출원가라고도 불린다.

| 표 10-1 | 손익계산서와 공헌손익계산서의 비교

손익계산서		공헌손익계산서	
매출액		매출액	
매출원가	기초제품재고액 당기제품제조원가 (기말제품재고액)	매출원가	기초제품재고액 당기제품제조원가 (기말제품재고액)
매출총이익		변동판매관리비	
판매관리비		공헌이익	
영업이익		고정제조간접원가	
		고정판매관리비	
		영업이익	

예제 10-1 전부/변동원가계산 (89CTA)

봉천㈜는 20×8년에 영업을 시작하였으며, 판매가격이 ₩100인 제품을 10,000단위 생산하여 8,000단위를 판매하였다. 이에 대한 원가는 다음과 같다.

구분	고정원가	변동원가
직접재료원가	-	단위당 ₩20
직접노무원가	-	단위당 ₩12.5
제조간접원가	₩110,000	단위당 ₩7.5
판매관리비	70,000	단위당 ₩10

물음

1. 20×8년도 변동원가계산의 당기순이익과 전부원가계산의 당기순이익은 각각 얼마인가?
2. 20×8년도 변동원가계산과 전부원가계산에 의한 기말재고는 각각 얼마인가?

해답

1. 변동원가계산의 순이익 = (₩100 − 20 − 12.5 − 7.5 − 10) × 8,000단위 − 110,000 − 70,000
   = ₩220,000

   전부원가계산의 순이익 = (₩100 − 20 − 12.5 − 7.5 − 11*) × 8,000단위 − 10 × 8,000단위 − 70,000
   = ₩242,000

   *단위당 고정제조간접원가 = $\frac{₩110,000}{10,000단위}$ = ₩11

   변동원가계산에서는 고정제조간접원가 ₩110,000 전액이 당기비용으로 처리되지만, 전부원가계산에서는 고정제조간접원가가 제품원가(자산)에 들어갔다가 판매된 부분만 비용화됨을 다시 한번 확인하기 바란다.

2. 변동원가계산의 기말재고 : 2,000개 × (₩20 + 12.5 + 7.5) = ₩80,000
   전부원가계산의 기말재고 : 2,000개 × (₩20 + 12.5 + 7.5 + 11) = ₩102,000

예제 10-2 변동원가계산에 의한 원가 추정 (08CTA)

대한회사의 당기 제품제조 및 영업활동과 관련한 다음의 자료를 토대로 하여 변동제조원가 발생액과 고정판매관리비 발생액을 구하면 각각 얼마인가?

- 매출액 : ₩2,000,000
- 고정제조원가 당기발생액 : ₩600,000
- 변동판매관리비 당기발생액 : ₩200,000
- 당기 제품생산량 : 70,000개
- 당기 제품판매량 : 65,000개
- 변동매출원가는 ₩780,000이고 변동원가계산에 의한 영업이익은 ₩300,000이다.
- 기초제품 재고와 기초 및 기말 재공품 재고는 없다.

해답

변동매출원가 ₩780,000 = 단위당 변동제조원가(? = ₩12) × 판매량 65,000개

변동제조원가 = ₩12 × 생산량 70,000개 = ₩840,000

변동영업이익 ₩300,000 = 2,000,000 − 780,000 − 200,000 − 600,000 − 고정판매관리비(? = ₩120,000)

예제 10-3 변동원가계산 (19CTA)

㈜세무의 기초 제품수량은 없고 당기 제품 생산수량은 500단위, 기말 제품수량은 100단위이다. 제품 단위당 판매가격은 ₩1,300이며, 당기에 발생한 원가는 다음과 같다. 변동원가계산에 의한 당기 영업이익은? (단, 기초 및 기말 재공품은 없다.)

직접재료원가	₩250,000	직접노무원가	₩80,000	변동제조간접원가	₩160,000
변동판매관리비	40,000	고정제조간접원가	40,000	고정판매관리비	15,000

해답

단위당 변동제조원가 = ₩490,000 ÷ 500개 = ₩980

변동원가계산에 의한 영업이익

= 판매량 × (단위당 판매가격 − 단위당 변동제조원가 − 단위당 변동판관비) − 고정원가

= 400개 × (₩1,300 − 980 − 100) − (40,000 + 15,000) = ₩33,000

제 2 절 전부원가계산과 변동원가계산의 비교

❶ 영업이익의 비교

전부원가계산과 변동원가계산의 차이점은 고정제조간접원가의 원가성을 인정하는냐의 여부에 있다. 그 여부에 따라 영업이익도 영향을 받게 된다. 전부원가계산과 변동원가계산 각각의 방법에 의하여 영업이익을 비교하고, 차이가 발생한다면 왜 차이가 발생하는가 하는 이유를 살펴보자.

(1) 생산량이 판매량과 동일할 때

당기에 생산된 제품을 모두 판매할 때, 즉 기초재고량과 기말재고량이 동일할 때, 전부원가계산에 의한 영업이익과 변동원가계산에 의한 영업이익을 비교하여 보자.

변동제조원가(직접재료원가, 직접노무원가, 변동제조간접원가)는 전부원가계산에서나 변동원가계산 모두 매출원가에 포함되기 때문에 두 가지 원가계산방법하의 영업이익에 동일한 영향을 미친다. 또한 전부원가계산에서는 판매관리비를 총액으로

차감하는 반면에 변동원가계산에서는 변동판매관리비와 고정판매관리비로 구분하여 차감한다는 차이는 있지만, 전체적으로는 동일한 금액을 차감하기 때문에 두 가지 원가계산방법하의 영업이익에 동일한 영향을 미친다.

그러나 두 가지 원가계산방법에서 고정제조간접원가의 회계처리는 매우 상이하다. 전부원가계산방법에서는 고정제조간접원가가 제품원가에 포함된 후, 판매시 매출원가에 포함된다. 생산량과 판매량이 동일하다면 고정제조간접원가는 제품원가에 일단 배부된 후 전액 매출원가라는 비용에 귀속된다. 한편, 변동원가계산방법에서는 판매 여부와 상관없이 고정제조간접원가를 발생 즉시 기간비용으로 회계처리한다.

따라서 생산량과 판매량이 동일한 경우, 고정제조간접원가가 최종적으로 귀속되는 비용 항목이 다르더라도 비용화되는 금액은 동일하기 때문에 전부원가계산하의 영업이익과 변동원가계산하의 영업이익은 항상 동일하게 된다. 참고로 전부원가계산에 의한 매출원가는 변동원가계산에 의한 매출원가보다도 고정제조간접원가만큼 크다.

간단한 예를 통하여 전부원가계산과 변동원가계산에 의한 영업이익을 비교하여 보자. 예컨대 당기에 고정제조간접원가 ₩30,000이 발생하였고, 당기에 2,500개를 생산하여 모두 판매하였다고 하자. 단, 기초재고는 없다고 가정한다. 이 예에서 고정제조간접원가를 중심으로 원가 흐름을 비교하면 [그림 10-2]와 같다. 손익계산서에 비용으로 반영되는 금액은 서로 동일함을 확인할 수 있다.

| 그림 10-2 | 고정제조간접원가의 흐름(생산량과 판매량이 동일할 때)

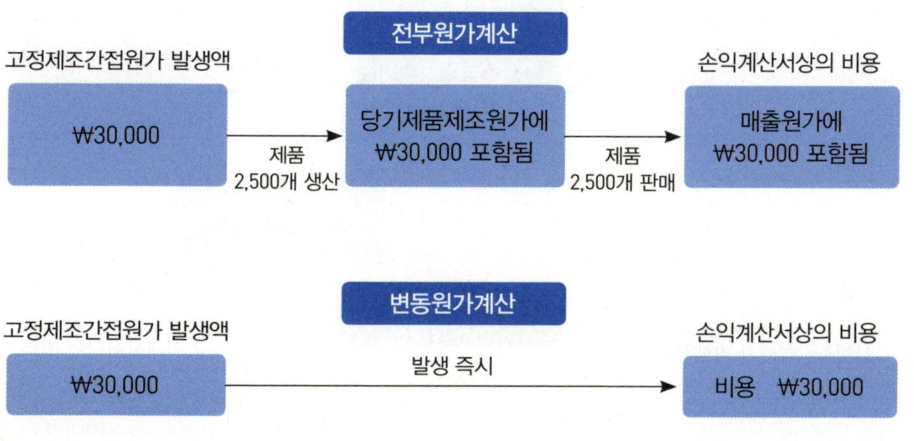

(2) 생산량이 판매량보다 많을 때

생산량과 판매량이 동일하지 않으면 전부원가계산에 의한 영업이익과 변동원가계산에 의한 영업이익은 차이가 발생하게 된다.

생산량이 판매량보다 많을 때, 즉 기말재고량이 기초재고량보다 많을 때 영업이익의 크기를 비교해 보자. 편의상 기초재고량은 없으나 기말재고량은 존재한다고 가정하고서, 고정제조간접원가의 흐름을 분석해 보자.

기말재고자산에 포함된 고정제조간접원가

전부원가계산에서는 고정제조간접원가가 일단 제품원가에 배부된 후 판매된 제품에 해당되는 부분만이 매출원가에 귀속되고 나머지 고정제조간접원가는 기말제품에 남게 된다. 반면에 변동원가계산에서는 판매 여부에 관계없이 고정제조간접원가를 전액 비용으로 처리한다. 따라서 전부원가계산에서의 영업이익이 변동원가계산에서의 영업이익보다 항상 크게 되며, 아울러 그 차이만큼 전부원가계산하의 기말재고자산이 변동원가계산하의 기말재고자산보다 항상 크게 된다. 이 차이가 발생한 이유는 기말재고자산에 포함된 고정제조간접원가(fixed overhead cost deferred in inventory) 때문이다.

간단한 예를 통하여 전부원가계산과 변동원가계산에 의한 영업이익을 비교하여 보자. 예컨대 당기에 고정제조간접원가 ₩30,000이 발생하였고, 당기에 2,500개를 생산하여 그중 2,000개를 판매하였다고 하자. 단, 기초재고는 없다고 가정한다. 이 예에서 고정제조간접원가를 중심으로 원가 흐름을 비교하면 [그림 10-3]과 같다.

| 그림 10-3 | 고정제조간접원가의 흐름(생산량이 판매량보다 많을 때)

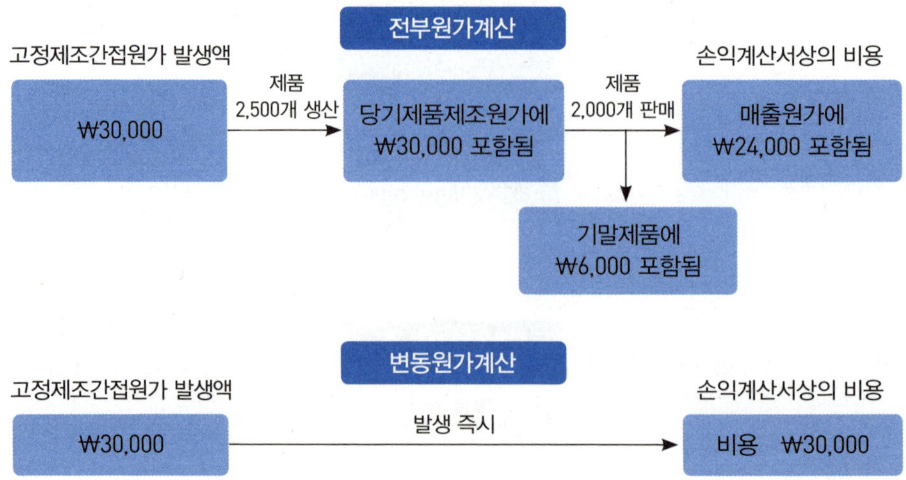

(3) 생산량이 판매량보다 적을 때

생산량이 판매량보다 적을 때, 즉 기말재고량이 기초재고량보다 적을 때 영업이익의 크기를 비교해 보자. 편의상 기초재고량은 존재하나 기말재고량은 없다고 가정하고서 고정제조간접원가의 흐름을 분석해 보자.

기초재고자산에 포함된 고정제조간접원가

전부원가계산에서는 당기의 고정제조간접원가뿐만 아니라 기초재고자산에 포함된 고정제조간접원가(fixed overhead cost released from inventory)가 매출원가에 포함되는 반면에, 변동원가계산에서는 당기의 고정제조간접원가만을 비용으로 회계처리한다. 따라서 전부원가계산하의 영업이익이 변동원가계산하의 영업이익보다 항상 적게 된다.

간단한 예를 통하여 전부원가계산과 변동원가계산에 의한 영업이익을 비교하여 보자. 예컨대 당기에 고정제조간접원가 ₩30,000이 발생하였고, 당기에 2,500개를 생산하여 당기의 생산량 2,500개뿐만 아니라 기초재고 500개를 포함하여 총 3,000개를 판매하였다고 하자. 그런데 전부원가계산에 의하면 기초재고에는 고정제조간접원가 ₩6,000이 포함되어 있다고 가정하자. 이 예에서 고정제조간접원가를 중심으로 원가 흐름을 비교하면 [그림 10-4]와 같다.

| 그림 10-4 | 고정제조간접원가의 흐름(생산량이 판매량보다 적을 때)

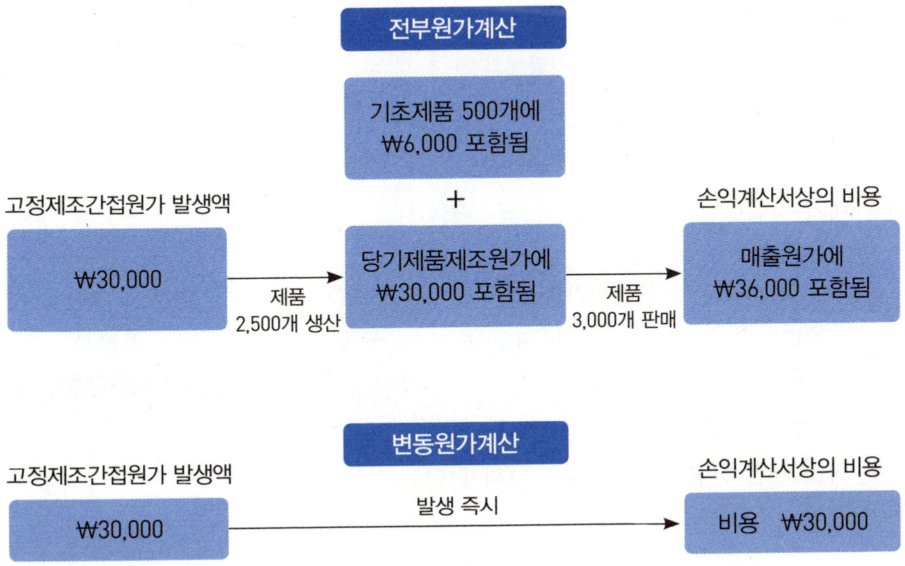

(4) 장기적 영향

장기적으로 볼 때 판매량은 생산량을 초과할 수 없으며, 또한 생산량은 판매량을 초과할 수 없다. 따라서 장기적으로 보면 전부원가계산에 의한 영업이익의 합계액과 변동원가계산에 의한 영업이익의 합계액은 동일하게 된다.

2 영업이익 차이의 조정

전부원가계산에 의한 영업이익과 변동원가계산에 의한 영업이익의 차이는 근본적으로 고정제조간접원가의 비용화 시점 때문에 발생한다. 생산량과 판매량이 동일한 경우, 고정제조간접원가는 매출원가 또는 기간비용으로 전액 비용화되므로 전부원가계산과 변동원가계산에 의한 영업이익은 동일하게 된다.

그러나 생산량과 판매량이 다를 경우 두 가지 원가계산에 의한 영업이익은 차이가 발생한다. 생산량이 판매량보다 많으면 전부원가계산에서는 고정제조간접원가의 일부가 차기로 이월되기 때문에 영업이익이 더 크게 되며, 반대로 생산량이 판매량보다 적으면 전부원가계산에서는 전기에서 이월된 고정제조간접원가까지 매출원가에 포함되므로 영업이익이 더 적게 된다. 이를 정리하면 〈표 10-2〉와 같다.

| 표 10-2 | 재고자산의 변화가 영업이익에 미치는 영향의 비교

재고자산의 변화	영업이익의 비교
생산량 = 판매량 (기초재고량 = 기말재고량)	(전부원가계산의 영업이익) = (변동원가계산의 영업이익)
생산량 > 판매량 (기초재고량 < 기말재고량)	(전부원가계산의 영업이익) > (변동원가계산의 영업이익)
생산량 < 판매량 (기초재고량 > 기말재고량)	(전부원가계산의 영업이익) < (변동원가계산의 영업이익)

전부원가계산에 의한 영업이익과 변동원가계산에 의한 영업이익 사이에는 다음의 관계가 성립한다.

전부원가계산에 의한 영업이익	−	변동원가계산에 의한 영업이익	=	기말재고자산에 포함된 고정제조간접원가	−	기초재고자산에 포함된 고정제조간접원가

위 식을 약간 변형하면 〈표 10-3〉과 같다.

| 표 10-3 | 변동원가계산과 전부원가계산의 이익 차이 조정

변동원가계산의 영업이익	x
+ 기말재고에 포함된 고정제조간접원가	y
− 기초재고에 포함된 고정제조간접원가	(z)
전부원가계산의 영업이익	$x+y-z$

참고로, 순이익 차이 조정시 기초 및 기말재고자산에는 제품뿐만 아니라 재공품도 포함되며 재공품에 포함된 고정제조간접원가를 계산할 때에는 물량이 아닌 완성품환산량에 단위당 고정제조간접원가를 곱해야 한다.

위의 식에서 ① 모든 제조간접원가차이(조업도차이 등)를 즉시 기간비용으로 처리하고, ② 재공품이 일정하게 유지되며, ③ 고정제조간접원가 예정배부율이 기초와 기말에 동일하다면 다음과 같이 간단하게 표현할 수 있다.

$$\left(\text{전부원가계산에 의한 영업이익} - \text{변동원가계산에 의한 영업이익}\right) = \left(\text{생산량} - \text{판매량}\right) \times \text{고정제조간접원가 예정배부율}$$

또는,

$$\left(\text{전부원가계산에 의한 영업이익} - \text{변동원가계산에 의한 영업이익}\right) = \text{기말제품 변화량} \times \text{고정제조간접원가 예정배부율}$$

생산량이 판매량보다 많으면 전부원가계산에 의한 영업이익이 변동원가계산에 의한 영업이익보다 크기 때문에, 전부원가계산하에서 경영자는 제품에 대한 고객의 수요에 관계없이 생산량을 증가시켜 단기적으로 영업이익을 증대시킬 수 있게 된다. 이러한 바람직스럽지 못한 현상은 고객의 수요에 관계없이 생산을 증가시키기 위해 수선유지를 다음 기간으로 미루기도 하는 등 다양하게 나타날 수 있다. 이러한 전부원가계산의 부작용을 완화시키기 위해서는 성과평가지표에 영업이익뿐만 아니라 재고수준, 고객에 대한 배달기한 준수 여부, 수선유지 스케쥴의 준수 여부 등 비재무적 요인도 포함해야 한다.

전부원가계산과 변동원가계산에 의한 영업이익이 차이나는 이유는 재고자산의 수량이 변하기 때문이었다. 그런데 적시생산방식(JIT)에 따르면, 고객의 주문에 따라 제품이 생산되기 때문에 기말제품, 기말재공품이 없게 된다. 생산량은 판매량에 의해 직접 결정되기 때문에 재고자산은 거의 없게 되며, 따라서 전부원가계산을 적용하더라도 고정제조간접원가를 기간별로 배분할 필요가 없게 된다. 즉 적시생산방식에 따르면 전부원가계산에 의한 영업이익과 변동원가계산에 의한 영업이익은 거의 동일하게 되며, 또한 전부원가계산에 의한 영업이익도 판매량에 의해 결정되게 된다.

예제 10-4 전부/변동원가계산에 의한 영업이익의 차이 (21CTA)

20×1년에 영업을 개시한 ㈜세무는 단일제품을 생산·판매하고 있으며, 전부원가계산제도를 채택하고 있다. ㈜세무는 20×1년 2,000단위의 제품을 생산하여 단위당 ₩1,800에 판매하였으며, 영업활동에 관한 자료는 다음과 같다.

제조원가		
단위당 직접재료원가	:	₩400
단위당 직접노무원가	:	300
단위당 변동제조간접원가	:	200
고정제조간접원가	:	250,000
판매관리비		
단위당 변동판매관리비	:	₩100
고정판매관리비	:	150,000

㈜세무의 20×1년 영업이익이 변동원가계산에 의한 영업이익보다 ₩200,000이 많을 경우, 판매수량은? (단, 기말재공품은 없다.)

해답

판매량을 X라 하면,

변동원가계산의 영업이익		?
+ 기말재고에 포함된 고정제조간접원가	$(2,000 - X)$개 $\times \dfrac{₩250,000}{2,000개}$	
− 기초재고에 포함된 고정제조간접원가		−
전부원가계산의 영업이익		? + 200,000

결국 전부원가계산에 의한 영업이익과 변동원가계산에 의한 영업이익의 차이는 기말재고자산에 포함된 고정제조간접원가의 차이와 동일한 금액이다.

$(2,000 - X) \times \dfrac{₩250,000}{2,000개} = ₩200,000 \qquad \therefore X = 400개$

예제 10-5 변동원가계산 이익으로부터 전부원가계산 이익 계산 (20CTA)

㈜세무는 단일 제품을 생산·판매하고 있으며, 3년간의 자료는 다음과 같다.

	20×1년	20×2년	20×3년
기초제품재고량(단위)	—	20,000	10,000
당기 생산량(단위)	60,000	30,000	50,000
당기 판매량(단위)	40,000	40,000	40,000
기말제품재고량(단위)	20,000	10,000	20,000

3년간 판매가격과 원가구조의 변동은 없다. 20×1년 전부원가계산하의 영업이익은 ₩800,000이고, 고정원가가 ₩600,000일 때, 20×3년 전부원가계산하의 영업이익은? (단, 원가흐름은 선입선출법을 가정하며, 기초 및 기말 재공품은 없다.)

해답

20×1년도 기말재고자산에 포함된 단위당 고정제조간접원가 = ₩600,000 ÷ 60,000 = @10

20×1년도 변동원가계산 영업이익 = ₩800,000 − 20,000 × @10 = ₩600,000

20×1년도 단위당 공헌이익

= (변동원가영업이익 ₩600,000 + 고정원가 ₩600,000) ÷ 판매량(40,000단위) = @30

원가구조가 3년간 불변이므로 단위당 공헌이익과 고정원가는 매년 동일하다.

20×3년도 변동원가영업이익 = 단위당 공헌이익 (@30) × 판매량(40,000) − 고정원가 (₩600,000)

= ₩600,000

변동원가계산의 영업이익 (20×3)		₩600,000
+ 기말재고에 포함된 고정제조간접원가	20,000개 × @12* =	240,000
− 기초재고에 포함된 고정제조간접원가	10,000개 × @20** =	(200,000)
전부원가계산의 영업이익 (20×3)		₩640,000

* 20×3년도 기말재고자산에 포함된 단위당 고정제조간접원가 = ₩600,000 ÷ 50,000 = @12

** 20×2년도 기말재고자산에 포함된 단위당 고정제조간접원가 = ₩600,000 ÷ 30,000 = @20

예제 10-6 전부원가계산 이익으로부터 변동원가계산 이익 계산 (16CTA)

㈜세무는 전부원가계산방법을 채택하여 단일 제품 A를 생산·판매하며, 재고자산 계산은 선입선출법을 적용한다. 20×1년 제품 A의 생산·판매와 관련된 자료는 다음과 같다.

	수량	재고금액
기초제품	1,500단위	₩100,000(고정제조간접원가 ₩45,000 포함)
당기완성품	24,000단위	
당기판매	23,500단위	
기말제품	2,000단위	₩150,000(고정제조간접원가 포함)

20×1년 재공품의 기초와 기말재고는 없으며, 고정제조간접원가는 ₩840,000, 고정판매관리비는 ₩675,000이다. ㈜세무의 20×1년 전부원가계산에 의한 영업이익이 ₩745,000일 경우, 변동원가계산에 의한 영업이익과 기말제품재고액은?

해답

당기 고정제조간접원가 배부율 = ₩840,000 / 당기생산량 24,000개 = ₩35/개

변동원가계산의 영업이익		?(= ₩720,000)
+ 기말재고에 포함된 고정제조간접원가	2,000개×35	70,000
− 기초재고에 포함된 고정제조간접원가		(45,000)
전부원가계산의 영업이익		₩745,000

변동원가계산에 의한 기말제품재고액 = ₩150,000 − 2,000개 × 35 = ₩80,000

예제 10-7 연속된 연도 전부원가계산과 변동원가계산의 영업이익 비교 (21CPA수정)

㈜대한은 설립 후 3년이 경과되었다. 경영진은 외부보고 목적의 전부원가계산 자료와 경영의사결정 목적의 변동원가계산에 의한 자료를 비교분석하고자 한다. ㈜대한의 생산과 판매에 관련된 자료는 다음과 같다.

	1차년도	2차년도	3차년도
생 산 량(단위)	40,000	50,000	20,000
판 매 량(단위)	30,000	20,000	50,000

- 1단위당 판매가격은 ₩30이다.
- 변동제조원가는 1단위당 ₩10, 변동판매관리비는 1단위당 ₩4이다.
- 고정제조간접원가는 ₩400,000, 고정판매관리비는 ₩100,000이다.
- 과거 3년 동안 ㈜대한의 판매가격과 원가는 변하지 않았다.

위 자료를 통해 2, 3차년도 변동원가계산에 따른 영업이익과 전부원가계산에 따른 영업이익의 차이는 얼마인가?

해답

- 2차년도

변동원가계산의 영업이익		?
+ 기말재고에 포함된 고정제조간접원가	40,000개 × (₩400,000/50,000개) =	₩320,000
− 기초재고에 포함된 고정제조간접원가	10,000개 × (₩400,000/40,000개) =	(₩100,000)
전부원가계산의 영업이익		? + 220,000

∴ 2차년도에는 전부원가계산의 영업이익이 변동원가계산의 영업이익보다 ₩220,000 크다.

- 3차년도

변동원가계산의 영업이익		?
+ 기말재고에 포함된 고정제조간접원가	10,000개 × (₩400,000/20,000개) =	₩200,000
− 기초재고에 포함된 고정제조간접원가	40,000개 × (₩400,000/50,000개) =	(₩320,000)
전부원가계산의 영업이익		? − 120,000

∴ 3차년도에는 전부원가계산의 영업이익이 변동원가계산의 영업이익보다 ₩120,000 작다.

예제 10－8 전부원가계산과 변동원가계산의 영업이익 비교 : 역산 (11CTA)

20×1년 초에 설립된 ㈜국세는 노트북을 제조하여 판매하고 있다. ㈜국세는 재고자산의 원가흐름 가정으로 선입선출법을 적용하며, 실제원가계산으로 제품원가를 산출한다. ㈜국세의 매월 최대 제품생산능력은 1,000대이며, 20×1년 1월과 2월의 원가자료는 다음과 같다.

구 분	1월	2월
생산량	900대	800대
판매량	800대	?
고정제조간접원가	₩180,000	₩200,000

2월의 전부원가계산의 영업이익이 변동원가계산의 영업이익보다 ₩20,000만큼 큰 경우, 2월 말 제품재고수량은 얼마인가? (단, 매월 말 재공품은 없는 것으로 가정한다.)

해답

변동원가계산의 영업이익		x
+ 기말재고에 포함된 고정제조간접원가	?개 × (₩200,000/800개) =	?
− 기초재고에 포함된 고정제조간접원가	100개 × (₩180,000/900개) =	(20,000)
전부원가계산의 영업이익		x + 20,000

기말재고자산에 포함된 고정제조간접원가 = ₩40,000
∴ 기말재고수량 = ₩40,000 ÷ ₩250/개 = 160개

예제 10-9 전부 vs 변동원가계산 (18CTA)

㈜세무는 20×1년 초에 영업을 개시하였다. 20×1년에는 4,000단위를 생산하였고, 20×2년에는 전부원가계산에 의한 영업이익이 변동원가계산에 의한 영업이익보다 ₩25,000 많았다. 20×2년의 생산 및 원가자료는 다음과 같다.

항목		수량/금액
기초제품 수량		(　　)단위
생산량		4,000단위
기말제품 수량		1,200단위
제품 단위당	판매가격	₩250
	직접재료원가	80
	직접노무원가	40
	변동제조간접원가	30
	변동판매관리비	10
고정제조간접원가(총액)		₩200,000
고정판매관리비(총액)		100,000

㈜세무의 20×2년도 기초제품 수량은? (단, 20×1년과 20×2년의 제품 단위당 판매가격과 원가구조는 동일하고, 기초 및 기말 재공품은 없다.)

해답

단위당 고정제조간접원가 = ₩200,000 ÷ 생산량 4,000개 = @50

변동원가계산의 영업이익(손실)		x
+ 기말재고에 포함된 고정제조간접원가	1,200개 × @50 =	₩60,000
− 기초재고에 포함된 고정제조간접원가	? 개 × @50	?
전부원가계산의 영업이익(손실)		$x + 25{,}000$

기초재고에 포함된 고정제조간접원가 ₩35,000 = 기초제품수량(? = 700개) × @50

예제 10-10 전부 vs 변동원가계산 (18CPA)

㈜대한은 20×1년 1월 1일에 처음으로 생산을 시작하였고, 20×1년과 20×2년의 영업활동 결과는 다음과 같다.

구분	20×1년	20×2년
생산량	1,000단위	1,400단위
판매량	800단위	1,500단위
고정제조간접원가	?	?
전부원가계산에 의한 영업이익	₩8,000	₩8,500
변동원가계산에 의한 영업이익	₩4,000	₩10,000

㈜대한은 재공품 재고를 보유하지 않으며, 재고자산 평가방법은 선입선출법이다. 20×1년과 20×2년에 발생한 고정제조간접원가는 각각 얼마인가? 단, 두 기간의 단위당 판매가격, 단위당 변동제조원가와 판매관리비는 동일하였다.

해답

	20×1년	20×2년
변동원가계산의 영업이익(손실)	₩4,000	₩10,000
+ 기말재고에 포함된 고정제조간접원가	? = 4,000	? = 2,500
− 기초재고에 포함된 고정제조간접원가	(0)	(4,000)
전부원가계산의 영업이익(손실)	₩8,000	₩8,500

20×1년도 기말재고에 포함된 고정제조간접원가 :

$$20\times1\text{년 고정제조간접원가}(X) \times \frac{200\text{개}}{1{,}000\text{개}} = ₩4{,}000 \qquad \therefore X = ₩20{,}000$$

20×2년도 기말재고에 포함된 고정제조간접원가 :

$$20\times2\text{년 고정제조간접원가}(Y) \times \frac{100\text{개}}{1{,}500\text{개}} - ₩4{,}000 = -₩1{,}500 \qquad \therefore Y = ₩37{,}500$$

③ 조업도차이

변동원가계산에 의하면 판매량이 동일하면 영업이익도 동일하게 되며, 판매량이 증가하면 영업이익도 증가하게 된다. 그러나 전부원가계산에 의하면 판매량이 동일하더라도 생산량이 많을수록 영업이익은 높게 된다. 왜냐하면 고정제조간접원가의 일부가 차기로 이월되기 때문이다. 이와 같이 변동원가계산에 의한 영업이익은 판매량에 의해 결정되는 반면에, 전부원가계산에 의한 영업이익은 판매량뿐만 아니라 생산량에 따라 결정된다.

전부원가계산에서도 예정원가나 표준원가를 이용하여 제품원가를 일정하게 산출할 수 있다. 즉 고정제조간접원가 예정배부율 또는 표준배부율을 이용하여 제품 단위당 고정제조간접원가 배부액을 일정하게 할 수 있다. 그러나 생산량이 예정생산량 또는 기준조업도와 다를 경우 고정제조간접원가 배부차이 또는 조업도차이가 발생하게 되며 이들을 매출원가에서 조정할 경우에는 판매량이 동일하더라도 생산량에 따라 전부원가계산에 의한 영업이익이 달라지게 된다는 문제를 계속 지니게 된다.

전부원가계산에서는 판매량이 동일하더라도 생산량이 많으면 영업이익이 증가하게 되고, 극단적인 경우로서 판매량이 증가하더라도 생산량이 매우 적을 경우에는 영업이익이 오히려 감소할 수 있다. 판매량이 증가했는데도 불구하고 영업이익이 감소할 수 있다는 사실에 대해 쉽게 이해할 수 있는 경영자는 거의 없을 것이다.

한편, 변동원가계산에서도 실제원가, 예정원가, 표준원가에 의해 제품원가를 결정할 수 있다. 어떤 원가를 제품원가로 보든 관계없이 변동원가계산에서는 판매량이 증가하면 영업이익도 증가하며, 고정제조간접원가 배부에 따른 고정제조간접원가 배부차이 또는 조업도차이 등과 관련된 문제가 애당초 없기 때문에 변동원가계산은 경영자가 이해하기 쉽다는 장점이 있다.

예제 10 – 11 조업도차이가 존재할 때 전부원가계산과 변동원가계산의 비교

신라제조기업의 20×4년 영업 및 제조활동과 관련된 자료는 다음과 같다. 조업도차이를 매출원가에서 조정할 때 전부원가계산의 영업이익과 변동원가계산의 영업이익의 차이는 얼마인가?

가. 생산량 12,000개, 판매량 10,000개, 판매단가 ₩120
나. 원가 실제 발생액 : 변동제조원가 ₩600,000, 고정제조간접원가 ₩300,000
다. 변동판매관리비 ₩200,000, 고정판매관리비 ₩150,000
라. 기초재고자산은 없다.
마. 고정제조간접원가의 배부를 위한 기준조업도는 15,000개이며, 조업도차이 이외의 원가차이는 발생하지 않았다.

해답

기초재고자산이 없으므로 기말제품에 포함된 고정제조간접원가에 의해 영업이익의 차이가 발생한다. 고정제조간접원가 예산(또는 소비)차이가 없으므로, 고정제조간접원가 실제발생액은 예산과 동일하다. 문제는 복잡해 보이지만, 사실은 매우 간단한 문제이다.

제품단위당 고정제조간접원가 예정배부율 = ₩300,000 ÷ 15,000개(기준조업도) = ₩20

기말제품에 포함된 고정제조간접원가 = 2,000개 × ₩20 = ₩40,000

예제 10-12 조업도차이가 존재할 때 전부원가계산과 변동원가계산의 비교 (04CPA, 90CTA유사)

㈜대연의 당기 원가자료는 다음과 같다. 변동원가계산과 전부원가계산에 의한 이익 차이는? 다만, 전기와 당기의 원가구조는 변화가 없다.

기초제품수량 1,000단위	기말제품수량 1,500단위	당기판매량 9,000단위
기준조업도 10,000단위	조업도차이 ₩5,000(불리)	

해답

조업도차이만 존재하므로 제조간접원가 예산(또는)소비차이가 없다. 따라서 고정제조간접원가 실제발생액은 고정제조간접원가 예산과 동일한 금액이다. 문제에서 기준조업도는 생산량 기준인 10,000단위이며, 실제조업도는 다음과 같이 구할 수 있다.

기초수량1,000개 + 생산량(? = 9,500개) = 판매량9,000개 + 기말수량1,500개

고정제조간접원가 예산	배부액($SP \times SQ$)
$SP \times$ 기준조업도 $= SP \times$ 10,000단위	$SP \times$ 9,500단위

조업도 차이 ₩5,000 U

10,000단위 × SP(고정제조간접원가 배부율) − 9,500단위 × SP = ₩5,000   ∴ SP = ₩10/단위

변동원가계산의 영업이익		x
+ 기말재고에 포함된 고정제조간접원가	1,500개 × ₩10 =	₩15,000
− 기초재고에 포함된 고정제조간접원가	1,000개 × ₩10 =	(10,000)
전부원가계산의 영업이익		$x + 5,000$

❹ CVP분석

전부원가계산에서는 원가를 원가행태가 아닌 기능별로 분류하기 때문에 원가-조업도-이익 분석이 힘들다. 전부원가계산에 의한 손익계산서를 이용하여 원가-조업도-이익을 분석하기 위해서는 추가적으로 원가를 원가행태에 따라 분류하여야만 한다.

특히 전부원가계산에서 유일한 손익분기점을 분석할 수 있는 경우는 재고자산의 변화가 없다는 가정하에서만 가능하다. 그 이유는 변동원가계산의 영업이익은 판매량에 의해서만 영향을 받는 반면에, 전부원가계산의 영업이익은 판매량뿐만 아니라 생산량에 따라 좌우되기 때문이다.

한편, 변동원가계산에서는 원가행태에 따라 원가를 분류하기 때문에, 이를 이용하여 손익분기점을 비롯하여 원가-조업도-이익 분석이 용이하게 이루어진다.

❺ 자산의 정의

앞에서 살펴보았듯이 전부원가계산과 변동원가계산의 차이점은 고정제조간접원가의 비용화 시점에 있다. 전부원가계산에서는 고정제조간접원가를 제품원가의 일부로 간주하는 반면에, 변동원가계산에서는 생산된 제품의 판매 여부에 관계없이 고정제조간접원가가 발생하는 즉시 비용으로 회계처리한다. 즉 변동원가계산에서는 고정제조간접원가를 제품원가의 일부로 간주하지 않는다.

이러한 차이는 고정제조간접원가를 자산으로 볼 수 있느냐의 여부이며 이는 자산의 본질에 대한 해석의 차이에서 기인한다.

일반적으로 자산이란 미래 경제적 효익(future economic benefits)이라고 정의한다. 전부원가계산에서는 재고자산에 투입된 고정제조간접원가가 미래 경제적 효익을 갖는다고 주장한다. 이러한 주장의 논리적 배경은 다음과 같다. 생산량이 판매량을 초과한다면, 미래의 효익은 차기로 이월되어 판매되는 재고자산으로부터 창출되며 이로 인해 미래의 수익이 증가한다. 따라서 재고자산을 생산하기 위해 발생한 모든 원가는 자산으로 간주하여야 한다. 감가상각비, 보험료, 감독자임금 등 고정제조간접원가는 변동제조원가와 마찬가지로 제품 생산에 필수적으로 필요하다. 원재료나 종업원들 없이 제품을 생산할 수 없듯이 기계설비 없이 제품을 생산할 수 없다. 따라서 고정제조간접원가도 제품원가의 일부를 구성한다고 본다.

미래원가 회피능력

한편, 변동원가계산에서는 고정제조간접원가를 제품원가의 일부로 보지 않는다. 이러한 주장의 논리적 배경은 다음과 같다. 변동원가계산에서는 원가가 미래 경제적 효익을 가지고 있으며 아울러 그 원가의 발생으로 인해 미래에 동일한 원가가 다시 발생하지 않을 때에만 원가의 자산성을 인정한다. 따라서 변동원가계산에서의 미래 경제적 효익은 미래원가회피(future cost avoidance) 능력을 뜻한다. 예컨대 선급보험료를 살펴보자. 선급보험료를 납부함으로써 보험혜택이 주어지는 미래의 기간 동안 보험료를 다시 납부할 필요가 없다. 따라서 선급보험료는 미래에 원가회피능력을 가지고 있으며 자산으로 간주한다. 한편, 고정제조간접원가는 특정 기간에 발생하였다고 해서 다음 연도에 그 원가의 발생을 회피할 수 있는 것이 아니다. 특정 기간의 고정제조간접원가는 미래의 사건과 아무런 관련이 없기 때문에 미래원가회피 능력을 가졌다고 볼 수 없다. 따라서 특정 기간의 고정제조간접원가를 자산으로 간주하지 않는다.

6 변동원가계산의 유용성 및 한계

많은 회계실무자들은 외부보고 목적으로 전부원가계산방법을 사용해야 한다고 주장한다. 즉 외부보고 목적을 위하여 제품원가는 변동제조원가뿐만 아니라 고정제조간접원가도 포함해야 한다는 것이다. 외부보고와 조세 목적으로는 전부원가계산이 요구되지만, 경영의사결정과 계획·통제를 위해서는 변동원가계산이 더 유용한 정보를 제공한다. 외부보고 목적으로 전부원가계산방법을 사용하고 내부의사결정을 위해 변동원가계산방법을 사용할 수도 있다. 변동원가계산에 의해 의사결정에 활용한 후, 재무제표 작성을 위해 변동원가계산에 의한 영업이익을 전부원가계산에 의한 영업이익으로 조정하는 것은 그리 어렵지 않기 때문이다.

변동원가계산의 유용성

변동원가계산의 유용성은 다음과 같다.

① 원가 – 조업도 – 이익 분석에 필요한 정보를 공헌손익계산서로부터 쉽게 얻을 수 있다.

② 제품 단위당 판매가격, 원가, 매출배합, 판매관리비 등이 일정하다면, 변동원가계산에 의한 영업이익은 판매량에 의해 결정되며, 동일한 방향으로 움직인다.

③ 경영자들이 이해하기 쉽다. 전부원가계산에서는 판매량이 증가하더라도 생산량

이 적으면 영업이익이 오히려 감소할 수 있다. 이 사실에 쉽게 수긍할 경영자는 거의 없을 것이다. 그러나, 변동원가계산에서는 판매량이 증가하면 영업이익도 증가하므로 경영자들이 이해하기 쉽다.

④ 공헌손익계산서에서는 고정원가를 총액으로 표시하기 때문에, 고정원가가 이익에 미치는 영향을 쉽게 알 수 있다.

⑤ 제품별, 지역별, 고객별, 부문별 상대적 평가가 용이하다. 왜냐하면 변동원가계산에서는 공통고정원가를 배분하지 않기 때문이다.

⑥ 변동원가계산은 원가통제의 유효한 수단인 표준원가나 변동예산과 밀접하게 관련된다.

⑦ 변동원가계산에서는 고정제조간접원가의 배부와 관련된 배부차이, 조업도차이 등의 문제가 발생하지 않는다. 전부원가계산에서의 조업도차이는 기본적으로 기준조업도 설정의 문제이므로 경영자가 통제할 수 없는 경우가 많다. 그러나 변동원가계산에서는 고정제조간접원가를 제품원가의 일부로 간주하지 않기 때문에 조업도차이가 애당초 없게 된다.

변동원가계산의 한계

한편, 전부원가계산을 옹호하는 사람들은 변동원가계산의 한계점으로 다음을 지적한다.

① 변동원가계산에서는 고정제조간접원가를 제품원가의 일부에서 제외함으로써 설비원가의 중요성을 인식하지 못할 수 있다.

② 변동원가계산에 따르면 재고자산을 과소평가하게 된다.

③ 장기적으로 보면 모든 원가는 변동원가이다.

제 3 절 초변동원가계산

1 초변동원가계산의 의의 및 등장 배경

변동원가계산방법에서는 변동제조원가를 제품원가로 보았다. 최근에는 과연 어떤 원가가 변동제조원가일까 하는 근본적 의문을 제시하는 주장이 대두되었다. **초변동원가계산**(super – varaiable costing 또는 throughput costing)[1]은 직접재료원가만을 제품원가로 보고, 나머지 제조원가는 기간비용으로 처리하는 방법이다. 즉, 초변동원가계산에서는 직접노무원가나 변동제조간접원가의 경우 제품원가성을 인정하지 않고 고정제조간접원가처럼 기간비용으로 처리한다.

초변동원가계산이 등장한 배경을 살펴보자. 전통적으로 원가회계에서 노무원가는 제품원가의 상당한 비중을 차지하였으며 변동원가로 간주되었다. 경영자들은 노동력이 가장 중요한 변동자원이라고 판단하여 얼마나 효율적으로 노동력을 관리할 것인가에 대해 많은 관심을 가져왔다. 그러나, 오늘날 노동환경은 혁신적으로 변화하고 있다. 근로자들은 1주일에 얼마만큼 일을 해야 하는가를 알고 있으며, 노

| 그림 10 – 5 | 재료처리량

| 표 10 – 4 | 변동원가계산과 초변동원가계산의 차이

구 분	변동원가계산	초변동원가계산
제품원가	변동제조원가로만 구성되고 고정제조간접원가는 기간비용으로 처리함.	직접재료원가
기간비용	고정제조간접원가 판매관리비	직접노무원가, 변동제조간접원가 고정제조간접원가, 판매관리비

1) throughput이란 통신에서 네트워크 상의 어떤 노드(node)나 터미널로부터 또 다른 터미널로 전달되는 단위시간당 데이터양을 말한다. 시스템에 들어오는 것을 input(입력), 시스템을 통과하여 나오는 것을 output(산출, 출력)이라고 하는데, 이에 대응하는 용어인 throughput은 시스템에 들어와서 처리를 마치고 시스템을 나가는 중간과정을 강조한다. 흔히 처리량이라고 번역하며, 회계에서는 재료처리량이라고 번역한다.

동력의 대가로 받는 월급은 단체교섭에 의해 사전에 결정되고 임금의 하방경직성으로 인하여 어느 정도 고정되고 있다. 즉 노무원가는 변동원가라기보다는 고정원가화되었다.

또 다른 배경으로는 전통적인 성과평가가 생산량을 기준으로 한 효율성을 강조하기 때문에 기업전체적으로 볼 때 비부가가치적인 재고 쌓기가 권장되는 단점을 갖는다는 것이다. 초변동원가계산에 따르면 판매가 수반되지 않는 상황에서 생산량이 많을수록 영업이익이 낮게 계산되므로 불필요한 재고의 누적을 방지하는 효과가 변동원가계산보다 훨씬 크게 된다.

❷ 원가계산의 비교

간단한 예제를 통해 전부원가계산, 변동원가계산과 초변동원가계산을 비교하여 보자. 판매관리비는 전부원가계산, 변동원가계산, 초변동원가계산 모두 기간비용으로 회계처리하기 때문에 영업이익에 미치는 영향은 동일하다. 분석의 편의상 예제에서 판매관리비는 없다고 가정하였다.

종합예제 전부/변동/초변동 원가계산

다음은 ㈜한국의 원가계산을 위한 자료이다. 고정제조간접원가는 ₩24,000으로 매년 동일하며, 제품 단위당 판매가격 ₩500과 직접재료원가 ₩40, 직접노무원가 ₩60, 변동제조간접원가 ₩80 역시 각 연도와 상관없이 일정하다.

	20×1년	20×2년	20×3년
기초재고수량(개)	-	40	40
생산량(개)	200	160	120
판매량(개)	160	160	160
기말재고수량(개)	40	40	-

재고자산의 평가는 선입선출법에 의한다. 각 연도마다 전부원가계산, 변동원가계산, 초변동원가계산 각각의 방법에 의해 영업이익을 구하면 얼마인가? 단, 기초 및 기말재고는 모두 완성품이며, 재공품 재고는 존재하지 않는다.

(1) 전부원가계산

전부원가계산에 의한 3년 동안 영업이익은 〈표 10－5〉와 같다. 전부원가계산에서는 제품원가에 변동제조원가뿐만 아니라 고정제조간접원가까지 포함한다. 〈표 10－5〉에서 매년 판매량은 동일하지만 생산량에 의해 영업이익이 영향받음을 알 수 있다. 생산량이 많은 20×1년의 영업이익이 가장 높게 나타난다. 즉, 전부원가계산의 경우 경영자는 판매량의 증가뿐만 아니라 생산량을 증가시켜 영업이익을 늘릴 수 있게 된다.

표 10－5 전부원가계산

	20×1년		20×2년		20×3년	
매출액		₩80,000		₩80,000		₩80,000
매출원가						
기초제품	0		12,000		13,200	
당기제품제조원가	60,000		52,800		45,600	
기말제품	(12,000)	₩48,000	(13,200)	₩51,600	(0)	₩58,800
매출총이익		₩32,000		₩28,400		₩21,200

- 20×1년 당기제품제조원가 = 200개 × (₩40 + 60 + 80 + $\frac{24,000}{200}$) = ₩60,000
- 20×2년 당기제품제조원가 = 160개 × (₩40 + 60 + 80 + $\frac{24,000}{160}$) = ₩52,800
- 20×3년 당기제품제조원가 = 120개 × (₩40 + 60 + 80 + $\frac{24,000}{120}$) = ₩45,600

(2) 변동원가계산

변동원가계산에 의한 3년 동안 영업이익은 〈표 10－6〉과 같다. 변동원가계산에서는 제품원가에 변동제조원가만 포함하며, 고정제조간접원가는 기간비용으로 처리한다. 〈표 10－6〉에서 매년 판매량이 동일하므로 매년도 영업이익은 동일하게 나타난다. 단위당 공헌이익과 고정원가가 일정할 경우, 변동원가계산에 의한 영업이익은 판매량의 변화에 의해서만 발생한다.

| 표 10-6 | 변동원가계산

	20×1년		20×2년		20×3년	
매출액		₩80,000		₩80,000		₩80,000
매출원가						
기초제품	0		7,200		7,200	
당기제품제조원가	36,000		28,800		21,600	
기말제품	(7,200)	₩28,800	(7,200)	₩28,800	(0)	₩28,800
공헌이익		51,200		51,200		51,200
고정제조간접원가		(24,000)		(24,000)		(24,000)
영업이익		₩27,200		₩27,200		₩27,200

• 20×1년 당기제품제조원가 = 200개 × (₩40 + 60 + 80) = ₩36,000

(3) 초변동원가계산

초변동원가계산에 의한 3년 동안 영업이익은 〈표 10-7〉과 같다. 초변동원가계산에서는 제품원가에 직접재료원가만 포함하고, 직접노무원가, 변동제조간접원가, 고정제조간접원가는 기간비용으로 처리한다.

초변동원가계산에서는 **재료처리량공헌이익**(throughput contribution)이라는 새로운 개념을 도입하고 있다. 이는 매출액에서 직접재료원가를 차감한 값이다. 초변동원가계산에서는 기초재고가 없고 판매량이 일정하면 생산량이 증가하더라도 재료처리량공헌이익은 변하지 않는다.

| 표 10-7 | 초변동원가계산

	20×1년		20×2년		20×3년	
매출액		₩80,000		₩80,000		₩80,000
매출원가						
기초제품	0		1,600		1,600	
당기제품제조원가	8,000		6,400		4,800	
기말제품	(1,600)	6,400	(1,600)	6,400	(0)	6,400
재료처리량 공헌이익		73,600		73,600		73,600
직접노무원가		(12,000)		(9,600)		(7,200)
변동제조간접원가		(16,000)		(12,800)		(9,600)
고정제조간접원가		(24,000)		(24,000)		(24,000)
영업이익		₩21,600		₩27,200		₩32,800

• 20×1년 당기제품제조원가 = 200개 × ₩40 = ₩8,000

〈표 10－7〉에서 3년 동안 판매량이 동일하더라도 초변동원가계산의 영업이익은 3년 동안 동일하지 않다. 생산량이 가장 많은 20×1년의 영업이익이 3년 중 가장 낮게 나타났다. 이와 같은 계산결과를 직관적으로 이해해 보자. 생산량이 많으면 직접노무원가와 변동제조간접원가가 많이 나타나지만, 초변동원가계산에서는 이들의 원가성을 인정하지 않고 기간비용으로 처리하기 때문에 영업이익이 낮게 나타난 것이다. 초변동원가계산은 판매가 수반되지 않는 상황에서 생산량이 많을수록 영업이익이 낮게 계산되므로 불필요한 재고의 누적을 방지하는 효과가 변동원가계산보다 훨씬 크다.

(4) 변동/초변동 원가계산의 영업이익 차이 조정

변동원가계산의 영업이익과 초변동원가계산의 영업이익이 다르게 나타난 이유는 직접노무원가와 변동제조간접원가에 대한 원가성을 인정하느냐와 관련된다. 즉 두 방법의 영업이익은 재고자산에 포함된 직접노무원가(DL)와 변동제조간접원가(VOH)만큼 차이가 난다. 두 원가계산방법의 영업이익 차이를 분석하면 〈표 10－8〉과 같다.

| **표 10－8** | 변동/초변동 원가계산의 영업이익 차이 조정

	20×1년	20×2년	20×3년
초변동원가계산에 의한 영업이익	₩21,600	₩27,200	₩32,800
＋기말재고에 포함된 (DL＋VOH)	5,600*	5,600	0
－기초재고에 포함된 (DL＋VOH)	(0)	(5,600)	(5,600)
변동원가계산에 의한 영업이익	₩27,200	₩27,200	₩27,200

* 20×1년 기말재고에 포함된 (DL＋VOH)＝40개 × (₩60＋80)＝₩5,600

〈표 10－8〉에서 중요한 점을 발견할 수 있다. 3년 동안 판매량이 동일하므로 변동원가계산에 의한 영업이익은 3년 동안 동일하지만, 3년 동안 판매량이 동일하더라도 초변동원가계산에 의한 영업이익은 3년 동안 동일하지 않다는 것이다. 생산량이 많은 20×1년에는 변동원가계산의 영업이익이 초변동원가계산의 영업이익보다 크게 나타났다. 직접노무원가와 변동제조간접원가가 많을수록 이러한 현상은 더 확대된다.

(5) 초변동/전부 원가계산의 영업이익 차이 조정

초변동원가계산의 영업이익과 전부원가계산의 영업이익이 다르게 나타난 이유는 제품원가에 포함되는 원가요소가 서로 다르기 때문이다. 두 방법의 영업이익은 재고자산에 포함된 전환원가(DL + VOH + FOH)만큼 차이가 난다. 두 원가계산방법의 영업이익 차이를 분석하면 〈표 10-9〉와 같다.

| 표 10-9 | 초변동/전부 원가계산의 영업이익 차이 조정

	20×1년	20×2년	20×3년
초변동원가계산에 의한 영업이익	₩21,600	₩27,200	₩32,800
+ 기말재고에 포함된 (DL + VOH + FOH)*	10,400	11,600	0
− 기초재고에 포함된 (DL + VOH + FOH)	(0)	(10,400)	(11,600)
전부원가계산에 의한 영업이익	₩32,000	₩28,400	₩21,200

* 20×1년 기말재고에 포함된 (DL + VOH + FOH) = 40개 × (₩60 + 80 + $\frac{24,000}{200}$) = ₩10,400

20×2년 기말재고에 포함된 (DL + VOH + FOH) = 40개 × (₩60 + 80 + $\frac{24,000}{160}$) = ₩11,600

예제 10-13 초변동원가계산 (18CTA)

㈜세무는 20×1년 초에 영업을 개시하였다. 20×2년도 기초제품 수량은 100단위, 생산량은 2,000단위, 판매량은 1,800단위이다. 20×2년의 제품 판매가격 및 원가자료는 다음과 같다.

항목		금액
제품 단위당	판매가격	₩250
	직접재료원가	30
	직접노무원가	50
	변동제조간접원가	60
	변동판매관리비	15
고정제조간접원가(총액)		₩50,000
고정판매관리비(총액)		10,000

20×2년도 변동원가계산에 의한 영업이익과 초변동원가계산(throughput costing)에 의한 영업이익의 차이금액은? (단, 20×1년과 20×2년의 제품 단위당 판매가격과 원가구조는 동일하고, 기초 및 기말 재공품은 없다.)

해답

변동원가계산에 의한 영업이익과 초변동원가계산(throughput costing)에 의한 영업이익의 차이는 재고자산에 포함된 (직접노무원가 + 변동제조간접원가) 때문이다.

영업이익 차이 = 기말재고 300개 × (₩50 + 60) − 기초재고 100개 × (₩50 + 60) = ₩22,000

예제 10－14 초변동원가계산 (15CTA)

당기에 설립된 ㈜국세는 1,300단위를 생산하여 그중 일부를 판매하였으며, 관련 자료는 다음과 같다. 초변동원가계산(throughput costing)에 의한 당기 영업이익은?

직접재료 매입액 : ₩500,000	직접노무원가 : 기본원가(prime cost)의 30%
제조간접원가 : 전환원가(가공원가)의 40%	매출액 : ₩900,000
판매관리비 : ₩200,000	직접재료 기말재고액 : ₩45,000
재공품 기말재고액 : 없음.	제품 기말재고액 중 직접재료원가 : ₩100,000

해답

직접재료원가 = ₩500,000 − 45,000 = ₩455,000

직접노무원가 = (직접재료원가 ₩455,000 + 직접노무원가) × 30%　　∴ 직접노무원가 = ₩195,000

제조간접원가 = (직접노무원가 ₩195,000 + 제조간접원가) × 40%　　∴ 제조간접원가 = ₩130,000

초변동영업이익 = 매출액₩900,000 − 변동매출원가(₩455,000 − 100,000) − 직접노무원가₩195,000 − 제조간접원가₩130,000 − 판매관리비₩200,000 = ₩20,000

exercise 연 | 습 | 문 | 제

01 변동원가계산에 의한 공헌손익계산서의 작성

설악주식회사의 판매담당 부사장인 김우직 씨는 판매량의 변화에 따라 이익이 어떻게 변화하는가를 예측하고자 한다. 김씨는 2/4분기의 월별손익계산서를 보고 매우 혼란스러워하고 있다. 그 이유는 2/4분기 동안 매월 판매량이 증가하고 있음에도 불구하고 순이익은 감소하는 것으로 나타났기 때문이다. 특히 김씨는 6월에 ₩450,000의 손실이 발생한 사실에 크게 당황하였다. 2/4분기의 월별 손익계산서는 다음과 같다.

월 별 손 익 계 산 서

	4월	5월	6월
매출액(@ ₩100)	₩5,000,000	₩5,500,000	₩6,000,000
매출원가			
기 초 재 고	₩250,000	₩1,000,000	₩1,250,000
당기제품제조원가	3,100,000	3,000,000	2,600,000
기 말 재 고	(1,000,000)	(1,250,000)	(250,000)
소 계	₩2,350,000	₩2,750,000	₩3,600,000
매출총이익	₩2,650,000	₩2,750,000	₩2,400,000
판매관리비*	2,450,000	2,650,000	2,850,000
순 이 익	₩200,000	₩100,000	₩(450,000)

* 제품 단위당 변동판매관리비는 ₩40이다.

김우직 씨는 판매량의 변화에 따른 이익의 변화를 설명할 수 있는 보다 좋은 원가계산방법이 있을 것이라고 확신하고 있다.

한편, 4월의 기초재고는 5,000개이었으며, 월별 생산량은 4월에 65,000개, 5월에 60,000개, 6월에 40,000개이었다. 월별 고정제조간접원가는 ₩1,800,000으로 동일하다. 이 회사에서 재고자산의 평가는 선입선출법에 의한다.

물음

1. 변동원가계산방법을 사용하여 월별 공헌손익계산서를 작성하시오.
2. 지난 3개월 동안 이익이 왜 불규칙하게 변하였는지와 이익이 왜 판매량과 좀더 밀접하게 관련되어 움직이지 않았는가를 설명하시오.

02 변동원가계산 이익으로부터 전부원가계산 이익 계산 (03CTA, 98CPA)

20×3년 3월에 영업을 시작한 서울회사는 선입선출법에 의한 실제원가계산제도를 채택하고 있으며, 3월과 4월의 생산과 판매에 관한 자료는 다음과 같다.

	3 월	4 월
생산량	8,000단위	9,000단위
판매량	7,000단위	10,000단위
고정제조간접원가	₩1,600,000	₩1,620,000
고정판매비	800,000	900,000

4월 중 변동원가계산의 영업이익이 ₩1,200,000이라고 할 때, 전부원가계산의 영업이익은 얼마인가?

03 변동원가계산 이익으로부터 전부원가계산 이익의 계산 (05CPA)

다음은 ㈜동양금속의 제조원가와 생산 및 판매량에 관한 자료이다.

제조간접원가 예산 : 단위당 변동원가 ₩1,000, 고정원가 ₩3,000,000
생산 및 판매량 : 기초제품재고량 2,000개, 생산량 18,000개, 판매량 19,000개

고정제조간접원가 배부율을 계산하기 위한 기준조업도는 20,000개이며, 과대 또는 과소 배부된 제조간접원가는 전액 매출원가에서 조정된다. 변동원가계산의 순이익이 ₩6,000,000일 때 전부원가계산의 순이익은 얼마인가? 단, 고정제조간접원가 배부율은 기초제품과 당기제품에 동일하게 적용된다.

04 변동원가계산 이익으로부터 전부원가계산 이익의 계산 (22CPA)

㈜대한은 20×1년 1월 1일에 처음으로 생산을 시작하였고, 20×1년과 20×2년의 영업활동 결과는 다음과 같다.

구분	20×1년	20×2년
생산량	2,000단위	2,800단위
판매량	1,600단위	3,000단위
변동원가계산에 의한 영업이익	₩16,000	₩40,000

㈜대한은 재공품 재고를 보유하지 않으며, 재고자산 평가방법은 선입선출법이다. 20×1년 전부원가계산에 의한 영업이익은 ₩24,000이며, 20×2년에 발생한 고정제조간접원가는 ₩84,000이다. 20×2년 ㈜대한의 전부원가계산에 의한 영업이익은 얼마인가? 단, 두 기간의 단위당 판매가격, 단위당 변동제조원가와 판매관리비는 동일하다.

05 변동원가계산과 전부원가계산의 비교 : 역산 (10CTA)

㈜광주는 실제원가로 제품원가를 계산하고 있다. ㈜광주는 20×1년 1월초에 개업하였으며, 20×1년과 20×2년의 제품 생산량과 판매량, 원가자료는 다음과 같다.

구분	20×1년	20×2년
생산량	10,000개	14,000개
판매량	8,000개	15,000개
고정제조간접원가	₩240,000	?
고정판매관리비	₩180,000	₩230,000

20×2년 전부원가계산의 이익은 ₩500,000이고, 변동원가계산의 이익은 ₩528,000이었다. 20×2년에 발생된 고정제조간접원가는 얼마인가? (단, 20×1년과 20×2년의 기초재공품 및 기말재공품은 없으며, 물량 및 원가흐름은 선입선출법을 가정한다.)

06 전부원가계산과 변동원가계산의 영업이익 비교 : 역산 (00CTA)

다음은 ㈜한강의 원가자료이다. 전부원가계산의 당기순이익이 변동원가계산의 당기순이익보다 ₩200이 많은 경우 당기의 재고 증감량은 몇 개인가?

당기생산량 : 1,000개	기초재고수량 : ?
기말재고수량 : 100개	단위당 판매가격 : ₩15
변동제조간접원가 : 단위당 ₩2	고정제조간접원가 : ₩2,000
변동판매비 : 단위당 ₩2	고정판매비 : ₩300

07 전부원가계산과 변동원가계산의 영업이익 비교 : 역산

K사는 20×9년 초에 영업을 개시하여 하나의 제품을 생산·판매하고 있다. 20×9년에 2,000개를 생산하였으며, 생산과 판매에 관한 자료는 다음과 같다.

	고정원가	제품단위당 변동원가
직접재료원가	–	₩300
직접노무원가	–	250
제조간접원가	₩300,000	150
판매관리비	200,000	200

제품 단위당 판매가격은 ₩1,800이다. 20×9년도 전부원가계산의 순이익이 변동원가계산의 순이익보다 ₩75,000이 많을 경우, 20×9년 판매량은 몇 개인가?

08 변동원가계산과 전부원가계산의 비교 : 재공품이 존재할 때 (09CPA)

20×7년 초에 설립된 ㈜동건은 제품원가계산 목적으로 전부원가계산을, 성과평가목적으로는 변동원가계산을 사용한다. 20×8년도 기초제품 수량은 2,000단위이고 기말제품 수량은 1,400단위이었으며, 기초재공품의 완성품환산량은 1,000단위이고 기말재공품의 완성품환산량은 800단위이었다. 완성품환산량 단위당 원가는 20×7년도에 ₩10(이 중 50%는 변동원가)이고 20×8년도에 ₩12(이 중 40%는 변동원가)이었다. 20×8년도 전부원가계산의 영업이익은 변동원가계산의 영업이익과 비교하여 어떠한 차이가 있는가? 단, 회사의 원가흐름가정은 선입선출법(FIFO)이다.

09 변동원가계산과 전부원가계산의 비교 : 재공품이 존재할 때 (12CTA)

㈜국세의 20×1년도 전부원가계산의 영업이익은 ₩1,000,000이다. 원가자료가 다음과 같을 경우 20×1년도의 변동원가계산의 영업이익은 얼마인가? (단, 원가요소 금액은 총액이다.)

	수량(단위)	직접재료원가	직접노무원가	변동제조간접원가	고정제조간접원가
기초재공품	200	₩50,000	₩30,000	₩20,000	₩240,000
기초제품	400	100,000	70,000	40,000	700,000
기말재공품	500	100,000	65,000	25,000	500,000
기말제품	300	75,000	90,000	35,000	600,000
매출원가	1,000	1,000,000	750,000	650,000	2,000,000

10 변동원가계산과 전부원가계산의 비교 : 재공품이 존재할 때

㈜하민의 기초재고와 기말재고에 관련된 내용은 다음과 같다. ( )은 전환원가 완성도이다.

	원재료	재공품	제품
기초재고	2,000kg	500개(50%)	850개
기말재고	3,000kg	750개(40%)	600개

당기 완성품수량은 21,750개이며 재고자산평가시 선입선출법을 사용한다. 변동 및 고정제조원가는 각각 완성품환산량 단위당 ₩5,000, ₩550이다. 전기와 당기의 단위당 원가는 동일하다고 가정했을 때 회사가 전부원가계산방법을 사용한다면 변동원가계산에 비하여 이익은 얼마나 크겠는가(또는 작겠는가)?

11 조업도차이가 존재할 때 변동원가계산에서 전부원가계산으로 전환

한양회사는 최근 내부보고 목적으로 7월의 공헌손익계산서를 다음과 같이 작성하였다.

공 헌 손 익 계 산 서

매 출 액	₩240,000
표준매출원가	120,000
공헌이익	₩120,000
고정제조간접원가	60,000
고정판매관리비	20,000
영업이익	₩40,000

7월의 생산활동에 관한 추가정보는 다음과 같다.

가. 6월과 7월의 단위당 표준제조원가는 변동제조원가 ₩120, 고정제조간접원가 ₩40으로 동일하다. 이 때 고정제조간접원가 배부율은 월간 정상조업도 1,500개를 기준으로 계산한 것이다.
나. 7월 중 생산량은 1,450개, 판매량은 1,000개이다.
다. 7월 중 고정제조간접원가 조업도차이를 제외하고 다른 원가차이는 발생하지 않았다. 이 조업도차이는 전부원가계산시 매출원가에서 조정한다.

전부원가계산방법에 의하여 7월의 손익계산서를 작성할 경우, 매출원가는 얼마인가?

12 초변동원가계산 (11CPA)

단일제품을 생산 및 판매하는 ㈜갑을의 개업 첫 달 영업결과는 다음과 같다.

- 생산량은 450개이며, 판매량은 300개이다.
- 제품의 단위당 판매가격은 ₩7,000이다.
- 판매관리비는 ₩100,000이다.
- 초변동원가계산에 의한 영업이익은 ₩125,000이다.
- 변동원가계산에 의한 영업이익은 ₩350,000이다.
- 전부원가계산에 의한 영업이익은 ₩500,000이다.
- 제조원가는 변동원가인 직접재료원가와 직접노무원가, 고정원가인 제조간접원가로 구성되어 있다.
- 월말 재공품은 없다.

당월에 발생한 총제조원가는 얼마인가?

13 초변동원가계산 (23CPA)

㈜대한은 20×3년 초에 설립되었으며, 단일제품을 생산 및 판매하고 있다. ㈜대한의 20×3년 1월 생산 및 판매와 관련된 자료는 다음과 같다.

- 생산량은 500개이며, 판매량은 300개이다.
- 제품의 단위당 판매가격은 ₩10,000이다.
- 판매관리비는 ₩200,000이다.
- 변동원가계산에 의한 영업이익은 ₩760,000이다.
- 초변동원가계산에 의한 영업이익은 ₩400,000이다.
- 제조원가는 변동원가인 직접재료원가와 직접노무원가, 고정원가인 제조간접원가로 구성되어 있으며, 1월에 발생한 총제조원가는 ₩3,000,000이다.
- 월말재공품은 없다.

20×3년 1월에 발생한 직접재료원가는 얼마인가?

14 초변동원가계산 – 공정별원가계산 (21CTA)

㈜세무는 단일제품을 생산·판매하고 있으며, 선입선출법에 의한 종합원가계산을 적용하고 있다. 직접재료는 공정 초에 전량 투입되며, 전환원가는 공정 전반에 걸쳐 균등하게 발생한다. 당기 재고자산 관련 자료는 다음과 같다.

구 분	기초재고	기말재고
재공품(전환원가 완성도)	1,500단위(40%)	800단위(50%)
제 품	800	1,000

㈜세무는 당기에 8,500단위를 제조공정에 투입하여 9,200단위를 완성하였고, 완성품환산량 단위당 원가는 직접재료원가 ₩50, 전환원가 ₩30으로 전기와 동일하다. ㈜세무의 당기 전부원가계산에 의한 영업이익이 ₩315,000일 경우, 초변동원가계산에 의한 영업이익은?

15 전부/변동/초변동 원가계산 (13CPA변형)

다음은 ㈜한국의 원가계산을 위한 자료이다. 고정제조간접원가 및 고정판매관리비는 각각 ₩2,400,000 및 ₩1,000,000으로 매년 동일하며, 제품 단위당 판매가격 ₩1,000과 직접재료원가 ₩40, 직접노무원가 ₩60, 변동제조간접원가 ₩80, 변동판매관리비 ₩20 역시 각 연도와 상관없이 일정하다.

	20×1년	20×2년	20×3년
기초재고수량(개)	–	4,000	4,000
생산량(개)	20,000	16,000	12,000
판매량(개)	16,000	16,000	16,000
기말재고수량(개)	4,000	4,000	–

기초 및 기말재고는 모두 완성품이며, 재공품 재고는 존재하지 않는다.

물음

1. 20×1년 전부원가계산의 영업이익은 변동원가계산의 영업이익보다 얼마만큼 크겠는가(또는 작겠는가)?
2. 20×1년 변동원가계산의 영업이익은 초변동원가계산의 영업이익보다 얼마만큼 크겠는가(또는 작겠는가)?
3. 20×2년 변동원가계산의 영업이익은 초변동원가계산의 영업이익보다 얼마만큼 크겠는가(또는 작겠는가)?
4. 3년 동안 변동원가계산의 영업이익은 어떤 변화가 있는가?
5. 3년 동안 초변동원가계산의 영업이익은 어떤 변화가 있는가?

CHAPTER

11

원가 – 조업도 – 이익 분석

Cost–Volume–Profit Analysis

학습목표

1. CVP분석이 왜 중요하며, 아울러 관리적 의사결정에서 차지하는 비중을 살펴본다.
2. CVP분석의 가정을 살펴본다.
3. CVP분석의 회계적 모형과 경제적 모형을 대비해 본다.
4. CVP분석에서 매우 중요한 개념인 공헌이익, 공헌이익률, 영업레버리지도 등을 살펴보고 이들 개념이 어떻게 활용되는지를 이해한다.
5. 기업의 원가구조가 CVP분석에 어떻게 영향을 미치는지를 살펴본다.
6. 가장 기본적 분석인 손익분기점분석을 완벽하게 이해한다.
7. 기본 분석을 확장하여 목표이익, 법인세, 안전한계, 복수제품이 존재하는 경우에 적용해 본다.

제1절 CVP분석의 기초

1 CVP분석의 의의

원가 - 조업도 - 이익(cost - volume - profit : CVP) 분석은 조업도, 원가, 수익의 변화가 이익에 미치는 영향을 분석하는 기법이다. 조업도는 생산량 또는 판매량을 일반적으로 뜻하며, 원가는 조업도의 변화에 따라 분류하여 변동원가와 고정원가로 구분한다. 이익은 제품의 가격과 원가와의 차이로 측정한다.

그런데 CVP분석에서 원가라는 용어에 대해 주의하여야 한다. CVP분석에서 원가란 이익을 결정하기 위해 수익에서 차감하는 비용을 뜻한다. 후술하겠지만 CVP분석에서는 기초 및 기말재고자산이 없거나 동일하다고 가정한다. 이에 따라 당기총제조원가가 바로 매출원가라는 비용과 항상 일치하게 된다. 따라서 CVP분석에서 원가란 제품원가(당기총제조원가)와 기간비용(판관비)을 포괄하는 의미로 사용한다.

경영자가 하는 모든 행동은 결국 판매량, 원가, 이익에 반영되기 때문에 이 방법은 실무에서 가장 널리 활용되고 있다. 이 분석방법은 특별주문의 수락 여부, 자가제조 또는 외부구입의 의사결정, 제품라인의 선택, 제품가격의 결정, 마케팅전략의 수립, 생산설비의 효율적 활용 등과 관련된 의사결정에 매우 유용하다.

2 CVP분석의 가정

CVP분석은 다음의 많은 가정하에서 이루어진다.

첫째, 원가에 영향을 미치는 요인은 조업도뿐이라고 가정한다. 원가에 영향을 미치는 요인에는 조업도 이외에도 기술변화, 생산요소의 가격변화, 작업능률 등 많은 요인이 있다. 많은 요인 중 원가에 가장 직접적이면서도 많은 영향을 미치는 것은 조업도이기 때문에 조업도만을 고려하며, 다른 요인들은 일정하다고 가정한다.

둘째, 기초재고자산과 기말재고자산은 동일하거나 없다고 가정한다. 즉 제품 생산량과 제품 판매량은 동일하다고 가정한다.

셋째, 원가에 대한 가정이다. 원가는 변동원가와 고정원가로 구분할 수 있으며, 제품 단위당 변동원가는 일정하고, 총고정원가는 조업도에 관계없이 일정하다고 가정한다. 제품 단위당 변동원가가 일정하다는 가정은 능률이나 생산성, 생산요소

| 그림 11-1 | 원가 수익함수

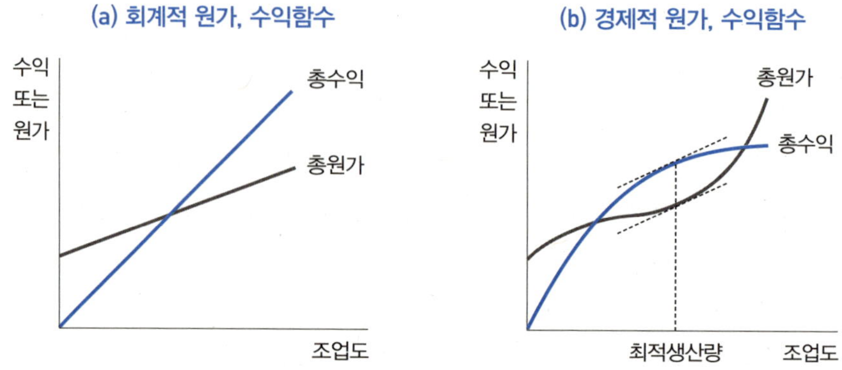

의 가격이 일정하다는 의미이다.

이 가정에 따라 총원가는 다음과 같이 표현할 수 있으며 회계적 원가함수는 [그림 11-1]의 (a)에서와 같이 선형으로 표시된다.

$$\begin{aligned}\text{총원가} &= \text{고정원가} + \text{변동원가} \\ &= \text{고정원가}(F) + \text{단위당 변동원가}(v) \times \text{판매량}(q) \qquad (11.1)\end{aligned}$$

위의 변동원가에는 직접재료원가, 직접노무원가, 변동제조간접원가, 변동판매관리비가 포함되며, 고정원가에는 고정제조간접원가, 고정판매관리비가 포함된다.

회계적 원가함수는 경제적 원가함수와 상이하다. 회계적 원가함수는 선형인데 반하여, 경제적 원가함수는 비선형이다. 그런데 일정한 조업도 범위 이내에서는 선형을 가정하더라도 큰 차이가 없을 뿐만 아니라, 계산의 용이함 때문에 회계학에서는 선형 원가함수를 사용한다.

넷째, 수익에 대한 가정이다. 판매대상인 상품 또는 제품은 오직 한 가지 종류뿐이며, 제품 단위당 판매단가는 일정하다고 가정한다. 복수제품의 경우에는 이들을 단일화하기 위한 추가적 가정이 필요하다. 이에 대한 자세한 설명은 제3절에서 살펴본다.

제품 단위당 판매단가는 판매량이 많을 경우 현실적으로 낮아지는데도 불구하고 회계학에서 선형을 가정하는 것은 ① 일정한 조업도 범위 이내에서 원가·수익을 분석하며, ② 계산의 용이함 때문이다.

이 가정에 따라 총수익은 다음과 같이 표현할 수 있다.

$$총수익 = 단위당\ 판매단가(p) \times 판매량(q) \qquad (11.2)$$

다섯째, 화폐의 시간적 가치를 고려하지 않는다. 오늘의 1원과 미래의 1원은 동일하다고 가정한다. 이는 CVP분석 자체가 단기 계획, 의사결정과 관련되기 때문이다.

CVP분석의 가정

- 원가에 영향을 미치는 요인은 조업도뿐임.
- 기초재고자산과 기말재고자산은 동일하거나 없음.
- 원가는 변동원가와 고정원가로 구분할 수 있으며, 제품 단위당 변동원가는 일정하고, 총고정원가는 조업도에 관계없이 일정함.
- 판매대상인 상품 또는 제품은 오직 한 가지 종류뿐이며, 제품 단위당 판매단가는 일정함.
- 화폐의 시간적 가치를 고려하지 않음.

회계적 CVP모형과 경제적 CVP모형

위와 같은 가정 하에 분석이 이루어지는 회계적 CVP모형은 경제적 CVP모형과 비교할 때 크게 두 가지 차이가 있다.

첫째, [그림 11-1]에서 보듯이, 회계적 모형에서는 총수익과 총원가가 일치하는 점(손익분기점)이 한 개인 반면에, 경제적 모형에서는 두 개이다.

둘째, 기업의 이익이 극대화되는 최적생산량의 경우, 회계적 모형에서는 무한대인 반면에, 경제적 모형에서는 한계수익과 한계원가가 일치하는 조업도 수준이다.

본 교재에서는 회계적 CVP모형에 대해 설명한다.

3 주요 개념

(1) 공헌이익

앞의 식 (11.1), (11.2)로부터 기업의 이익을 구하면 다음과 같다.

$$\begin{aligned} 이익(\pi) &= 총수익 - 총원가 \\ &= pq - (F + vq) \end{aligned}$$

따라서,

$$\pi = (p - v) \times q - F \tag{11.3}$$

제품 단위당 판매가격에서 제품 단위당 변동원가를 차감한 금액을 **제품 단위당 공헌이익**(unit contribution margin)이라 하며, 제품 단위당 공헌이익에 판매량에 곱한 전체 공헌이익을 단순히 **공헌이익**(contribution margin)이라 하는데, 이는 총수익에서 총변동원가를 차감한 금액과 같다.

$$\begin{aligned} \text{단위당 공헌이익} &= p - v \\ \text{공헌이익} &= (p - v) \times q \\ &= \text{매출액} - \text{총변동원가} \end{aligned}$$

공헌이익이라는 표현은 ① 고정원가를 회수하고, ② 고정원가가 모두 회수된 이후에는 이익 창출에 공헌한다는 의미에서 붙여진 이름이다. 만약 공헌이익이 고정원가를 회수하지 못하면 순손실이 나타나고, 고정원가를 모두 회수하면 순이익이 나타난다. 고정원가가 모두 회수된 이후에는 공헌이익의 증가액은 모두 순이익의 증가액이 된다. 이를 이용하여 판매량이 변할 때 굳이 새로운 손익계산서를 작성하지 않더라도 다음과 같이 간단하게 순이익의 변화액을 분석할 수 있다.

$$\text{순이익 변화액} = \text{단위당 공헌이익} \times \text{증가(또는 감소)된 판매량} \tag{11.4}$$

공헌이익(contribution margin)

- 총수익에서 총변동원가를 차감한 금액
- 단위당 공헌이익에 판매량에 곱한 금액
- 공헌이익이 고정원가보다 작다면 순손실이 나타나고, 고정원가보다 많다면(즉, 고정원가가 모두 회수되면) 순이익이 나타남.
- 고정원가가 모두 회수된 이후에는 공헌이익의 증가액은 모두 순이익의 증가액이 됨.

(2) 공헌이익률

공헌이익률(contribution margin ratio)은 공헌이익과 매출액의 상대적 비율 또는 제품 단위당 공헌이익과 제품 단위당 판매단가와의 상대적 비율이다. 이는 제품의 매출액 중 몇 %가 공헌이익으로 나타나느냐를 뜻한다.

공헌이익률은 제품의 매출액 변화가 기업의 순이익에 미치는 영향을 분석할 때 매우 유용하다. 앞의 식 (11.4)를 변형하면 다음과 같다.

$$\text{순이익 변화액} = \text{단위당 공헌이익} \times \text{판매량의 변화}$$
$$= \frac{\text{단위당 공헌이익}}{\text{단위당 판매단가}} \times \text{단위당 판매단가} \times \text{판매량의 변화}$$

따라서,

$$\text{순이익 변화액} = \text{공헌이익률} \times \text{매출액 변화} \quad (11.5)$$

공헌이익률은 기업에서 복수제품을 판매할 경우 의사결정에 유용하게 활용될 수 있다. 예컨대 제품 A의 공헌이익률이 50%이고, 제품 B의 공헌이익률이 20%라 하자. 각 제품의 매출액이 동일하다면 공헌이익률이 높은 제품 A를 판매하는 것이 유리하다. 왜냐하면 동일한 매출액이라면 제품 A를 판매함으로써 더 많은 공헌이익을 창출하고 이것이 바로 순이익에 직결되기 때문이다. 원가 구조

그러면 공헌이익률이 높을수록 항상 좋을까? 만약 이것이 사실이라면 공헌이익률을 높이기 위해 변동원가를 고정원가로 대체하여야 할 것이다. 그러나 공헌이익률이 높다고 해서 '항상 좋다 또는 항상 나쁘다'는 말을 할 수는 없다. 식 (11.5)에서 매출액이 감소하는 경우를 생각해 보자. 매출액이 감소하면 순이익도 감소하며 또한 공헌이익률이 높을수록 순이익 감소액도 커진다.

공헌이익률은 기업의 원가구조와 밀접하게 관련된다. **원가구조**(cost structure)란 조직 내의 변동원가와 고정원가의 상대적 비중이다. 일반적으로 노동집약적 기업은 직접노무원가의 비중이 높아 변동원가율이 높고 따라서 공헌이익률은 낮다. 반면에 자본집약적 기업의 공헌이익률은 높기 때문에 매출액 변화에 따라 기업의 순이익은 많은 영향을 받는다. 자본집약적 기업은 높은 공헌이익률에 의해 호황일 때에는 많은 이익을 얻지만 불황일 때에는 엄청난 손실이 발생하게 된다.

총원가 가운데 고정원가가 차지하는 비중이 높은 산업의 경우에는 공헌이익률이 높기 때문에 막대한 광고선전비를 지출함을 볼 수 있다. 이러한 현상은 항공산업, 자동차, 화장품, 가전제품 등에서 살펴볼 수 있다.

(3) 영업레버리지도

레버리지(leverage)란 작은 힘으로써 커다란 물체를 움직이는 현상으로서 지렛대의 원리를 뜻한다. **영업레버리지**(operating leverage)는 고정원가가 활용되는 정도를 나타내는 하나의 척도이다. 자본집약적 기업과 같이 변동원가에 비하여 고정원가가 차지하는 비중이 높으면 이 때 영업레버리지가 크다고 말한다. 반대로 노동집약적 기업과 같이 변동원가에 비하여 고정원가가 차지하는 비중이 낮으면 영업레버리지가 낮다고 말한다.

영업레버리지가 높으면 높을수록 기업의 영업이익은 매출액 변화에 대해 매우 민감하게 반응한다. 기업에 영향을 미치는 힘(매출액의 변화)과 영향을 받는 물체(영업이익의 변화) 사이의 관계를 나타내는 개념이 바로 영업레버리지도이다.

영업레버리지도(degree of operating leverage : DOL)는 특정 매출액 수준에서 공헌이익과 세전영업이익의 상대적 비율을 뜻한다.

$$\text{영업레버리지도} = \frac{\text{공헌이익}}{\text{세전영업이익}} \tag{11.6}$$

특정 매출액 수준마다 공헌이익과 영업이익은 변하기 때문에, 매출액 수준마다 영업레버리지도가 달라지게 된다.

영업레버리지도의 유용성을 살펴보자.

첫째, 영업레버리지도를 이용하여 매출액 변화율과 영업이익 변화율 사이의 관계를 분석할 수 있다. 앞의 식 (11.5)를 변형하면 다음과 같다.

$$\begin{aligned}\text{영업이익 변화} &= \text{공헌이익률} \times \text{매출액 변화}\\ &= \frac{\text{공헌이익}}{\text{매출액}} \times \text{매출액 변화}\end{aligned}$$

양변을 영업이익으로 나누면

$$\frac{\text{영업이익 변화}}{\text{영업이익}} = \frac{\text{공헌이익}}{\text{영업이익}} \times \frac{\text{매출액 변화}}{\text{매출액}}$$

따라서,

$$\text{영업이익 변화율(\%)} = \text{영업레버리지도} \times \text{매출액 변화율(\%)} \quad (11.7)$$

영업레버리지도가 높을수록 매출액 증가율이 조금만 변해도 영업이익 증가율은 영향을 많이 받음을 알 수 있다.

둘째, 경영자가 손익분기점 부근에서 매우 열심히 일하는 경제적 현상을 설명할 수 있다. 식 (11.6)을 살펴보자. 손익분기점 부근에서는 분모인 영업이익이 적기 때문에 영업레버리지도는 매우 높은 반면에, 매출액이 상당히 높아 영업이익이 큰 경우에는 영업레버리지도가 낮게 나타난다. 일반적으로 영업레버리지도는 손익분기점 부근에서 매우 높으며, 매출액이 증가할수록 낮아진다.

경영자의 성과평가는 영업이익이 전기에 비하여 몇 % 증가했느냐 하는 상대적 비율에 의해 이루어지는 경우가 많다. 전기의 판매량이 손익분기점 부근이고 영업레버리지도가 20이라면, 올해의 판매량이 전기의 판매량에 비해 10%만 증가하더라도, 올해의 영업이익은 전기의 영업이익보다 200%(= 20 × 10%) 증가하게 된다. 따라서 경영자는 손익분기점 부근에서 매우 열심히 일하는 경향을 보인다.

영업레버리지도

- 특정 매출액 수준에서 공헌이익과 영업이익의 상대적 비율
- 고정원가가 활용되는 정도를 나타내는 하나의 척도
- 영업레버리지가 높으면 높을수록 기업의 영업이익은 매출액 변화에 대해 매우 민감하게 변화함.

예제 11-1 원가구조와 영업레버리지도

다음은 두 기업의 요약된 공헌손익계산서이다.

공 헌 손 익 계 산 서

	기업 A	기업 B
매 출 액	₩1,000,000	₩1,000,000
변동원가	700,000	200,000
공헌이익	₩300,000	₩800,000
고정원가	200,000	700,000
영업이익	₩100,000	₩100,000

물음

1. 두 기업의 영업레버리지도를 각각 구하시오.
2. 두 기업의 매출액이 모두 20% 증가한다면, 영업이익은 몇 % 증가하겠는가?

해답

1. 기업 A의 영업레버리지도 $= \frac{₩300,000}{₩100,000} = 3$

   기업 B의 영업레버리지도 $= \frac{₩800,000}{₩100,000} = 8$

2. 기업 A의 영업이익 증가율 = 20% × 3 = 60%

   기업 B의 영업이익 증가율 = 20% × 8 = 160%

기업 A와 B의 매출액, 총원가는 동일하다. 단지 기업 A는 총원가 중 변동원가가 많은 반면에, 기업 B는 고정원가가 많다. 기업 A에 비하여 기업 B는 자본집약적 기업이라고 할 수 있다. 자본집약적 기업일수록 영업이익은 매출액의 변화에 더 민감하게 영향받음을 알 수 있다.

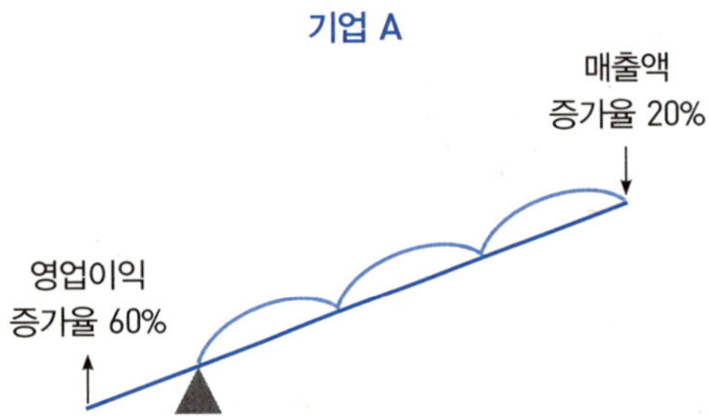

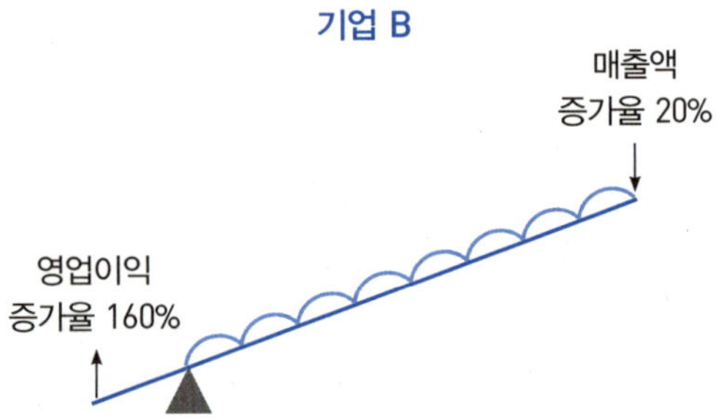

예제 11-2 영업레버리지도 (17CTA)

3월에 ㈜세무의 매출액은 ₩700,000이고 공헌이익률은 54%이며 영업레버리지도는 3이다. 4월에 고정원가인 광고비를 3월보다 ₩30,000 증가시키면 매출액이 3월보다 10% 증가하며 공헌이익률의 변화는 없다. 4월의 영업이익은?

해답

3월 영업레버리지도 3 = 공헌이익 ₩700,000 × 54% / 영업이익 ∴ 영업이익 = ₩126,000

고정원가 = 공헌이익 ₩378,000 − 영업이익 126,000 = ₩252,000

4월 영업이익 = ₩700,000 × 110% × 54% − (252,000 + 30,000) = ₩133,800

④ CVP도표와 이익 도표

기업의 총수익함수와 총원가함수를 나타내는 그래프를 **CVP도표**(cost-volume-profit graph)라 한다. 총수익선은 원점을 통과하는 선형함수이며, 기울기는 제품 단위당 판매가격을 뜻한다. 총원가선은 일정한 절편(고정원가)을 통과하는 선형함수이며, 기울기는 제품 단위당 변동원가를 뜻한다.

CVP도표는 조업도의 변화가 총수익, 총원가, 순손익에 미치는 영향을 총체적으로 보여주고 있다.

| 그림 11-2 | CVP도표

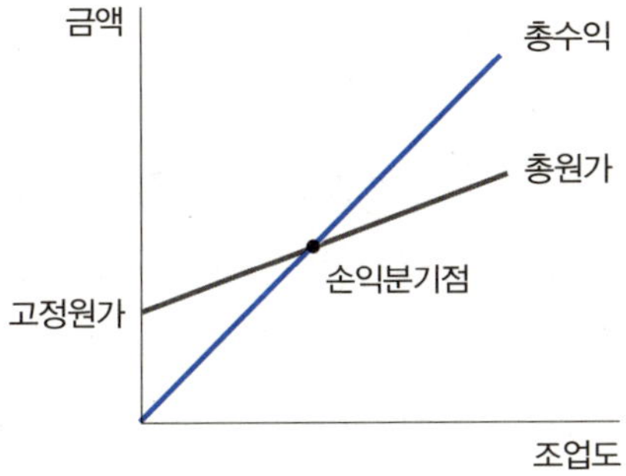

손익분기점

제품 단위당 판매가격(총수익선의 기울기)은 항상 단위당 변동원가(총원가선의 기울기)보다 크기 때문에 총수익선과 총원가선은 교차하게 된다.[1] 총수익선과 총원가선이 만나는 점을 **손익분기점**(break-even point : BEP)이라 하며, 이 조업도에서는 이익이나 손실이 나타나지 않는다. 손익분기점 우측에서는 총수익이 총원가보다 많으므로 이익이 발생하며, 손익분기점 좌측에서는 총수익이 총원가보다 적으므로 손실이 발생한다.

이익 도표

CVP도표를 보다 단순하게 변환하여 보자. 총수익에서 총비용을 차감하면 순손익이므로, 조업도에 따른 순손익을 도표에 나타내면 [그림 11-3]의 **이익 도표**

1) 만약 제품 단위당 판매가격(p)이 단위당 변동원가(v)보다 작거나 같다면 어떤 현상이 발생할까? 그래프상에서는 총수익선과 총원가선이 만나지 않게 된다. 즉 이 경우에는 손익분기점이 존재하지 않으며 조업도가 커지면 커질수록 손실이 확대되게 된다. 따라서 이 경우에는 생산을 하지 않아야 한다. 이를 일반화하면 생산이 이루어지기 위한 최소요건은 단위당 판매가격(p)이 단위당 변동원가(v)보다 항상 커야 한다. 또는 단위당 공헌이익($p-v$)이 양(+)이어야 한다.

| 그림 11-3 | 이익 도표

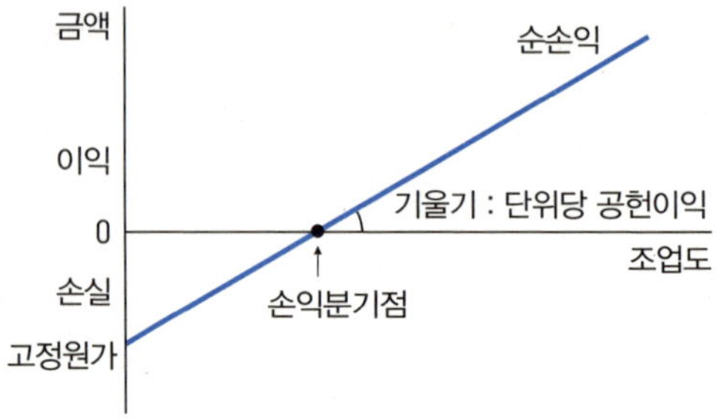

(profit-volume graph)가 된다. 이익 도표는 조업도의 변화가 이익에 미치는 영향을 보여준다.

이익 도표는 다음과 같은 절차로 작성한다.

① 조업도가 0일 때 고정원가만큼 손실이 발생하므로, 절편을 고정원가로 한다.
② 조업도가 증가할 때마다 단위당 공헌이익만큼 이익(손실)이 증가(감소)하므로, 순손익선의 기울기는 단위당 공헌이익이다. 또는 손익분기점을 산출하였으면, 절편과 손익분기점을 연결하여 순손익선을 나타낸다.

제 2 절 CVP분석

① 민감도 분석

민감도(sensitivity) 분석은 독립변수의 하나 또는 그 이상의 변수가 변화할 때, 종속변수의 반응도를 분석하는 방법이다. CVP분석의 독립변수에는 판매량, 매출액, 각종 원가가 속하며, 종속변수는 이익 또는 현금흐름이 속한다. 이 방법은 '만약 … 이라면'이라는 독립변수의 변화가 종속변수에 미치는 영향을 분석할 때 유용하다.

민감도 분석을 통해 계획 및 의사결정에 활용되는 예를 들어 보자.

- 광고선전비를 매월 1백만 원 증가시킬 경우 판매량이 현재보다 10% 증가한다면, 광고선전비를 증액시킬 것인가?

- 제품의 판매단가를 10% 인상하여 판매량이 현재보다 5% 감소한다면, 제품의 판매단가를 인상하겠는가?
- 고정급으로 지급하던 판매원 급여를 매출액에 따라 지급하는 성과급으로 변경하여 판매량이 현재보다 10% 증가한다면, 판매원의 급여시스템을 변경할 것인가?

이외에도 판매량, 매출액, 원가가 복합적으로 변화하는 경우를 생각할 수 있다.

민감도 분석은 각 상황에 따라 달라지므로 일정한 분석틀이 존재하지 않으나, 두 가지 분석방법을 생각할 수 있다. 증분접근법

첫째, 변화 이전과 변화 이후의 손익계산서를 작성하여 순이익의 변화를 살펴본다. 변화 이후에 순이익이 증가한다면 기업에서는 그 변화를 채택할 것이며, 반대로 변화 이후에 순이익이 감소한다면 그 변화를 기각할 것이다.

둘째, 독립변수가 영향을 미치는 항목의 변화액을 분석한다. 이 분석방법을 증분접근법(incremental approach)이라 한다. 판매가격이나 각종 원가의 변화는 매출액의 변화로 나타나며, 이에 따라 변동원가도 자동적으로 영향을 받는다. 매출액과 변동원가의 변화는 곧 공헌이익의 변화로 나타나며, 이 공헌이익의 변화액과 고정원가의 변화액을 비교함으로써 의사결정이 이루어진다.

이익 변화액 = 공헌이익 변화액 − 고정원가 변화액

공헌이익 변화액이 고정원가 변화액보다 크다면 그러한 변화는 바람직하다고 할 수 있다. 고정원가 변화액은 쉽게 분석가능하지만, 공헌이익 변화액은 제1절에서 다룬 단위당 공헌이익, 공헌이익률, 영업레버리지도 등의 개념을 이용하여 분석하여야 한다.

이 방법은 굳이 새로운 손익계산서를 작성할 필요가 없으며, 변화로 인해 영향받는 항목에 대해서만 경영자가 관심을 갖도록 한다는 측면에서 권장할 만한 분석방법이다.

예제 11-3 민감도 분석

1. 대한회사는 단위당 ₩250에 판매되는 램프를 생산·판매하고 있다. 이 제품과 관련된 변동원가는 단위당 ₩150이고, 고정원가는 매월 ₩35,000이 발생한다. 회사는 현재 단일제품으로 매월 평균 400단위를 생산·판매하고 있다. 대한회사의 판매담당 관리자는 매월 광고비를 ₩10,000만큼 증가시키면 매출액이 매월 ₩30,000만큼 증가할 것으로 기대하고 있다. 매월 광고비를 ₩10,000만큼 증가시킬 때 회사의 영업이익이 매월 얼마만큼 증감하게 될 것으로 예상되는가? (08CTA)

2. ㈜세무는 외부 판매대리점을 통해 건강보조식품을 판매하고 있는데, 20×1년도 손익계산서 자료는 다음과 같다.

매출액	₩100,000
변동매출원가	45,000
고정매출원가	15,000
변동판매비와관리비(판매대리점 수수료)	18,000
고정판매비와관리비	4,000
영업이익	₩18,000

㈜세무는 20×1년에 판매대리점에게 매출액의 18%를 판매대리점 수수료로 지급하였는데, 20×2년에는 판매대리점 대신 회사 내부판매원을 통해 판매하려고 한다. 이 경우, 내부판매원에게 매출액의 15%에 해당하는 수수료와 고정급여 ₩8,000이 지출될 것으로 예상된다. ㈜세무가 20×2년에 내부판매원을 통해 20×1년과 동일한 영업이익을 얻기 위해 달성해야 할 매출액은? (20CTA)

해답

1. 변화 후 = ₩30,000 × 공헌이익률 40% − 10,000 = ₩2,000 증가
2. 20×2년 매출액을 y라 하면,

$$y - 0.45y - 15{,}000 - 0.15y - (4{,}000 + 8{,}000) = 18{,}000 \qquad \therefore y = ₩112{,}500$$

예제 11-4 민감도 분석 (03CPA)

단일제품을 판매하는 A사는 3월 총매출액(다른 수익은 없음) ₩70,000이 총비용 ₩91,000보다 작아 결과적으로 ₩21,000의 손실을 기록했다. A사 제품의 현재 판매단가는 단위당 ₩100, 공헌이익률은 20%이다. A사는 상황을 타개하기 위해 대대적인 판촉활동과 가격인상을 병행하기로 했다. 이로 인해 고정판매원가는 ₩15,000만큼 늘어나게 되지만 단위당 변동원가는 변하지 않는다. A사가 세후 ₩28,000의 이익을 실현하려면 예상 판매량이 1,000개일 경우 판매가격은 얼마로 책정되어야 하는가? (단, 세율은 30%로 가정한다.)

해답

현재의 판매량을 q라 하면, $100 \times q = 70,000$ ∴ q = 700개

$(₩100 - v) \div 100 = 0.2$ ∴ v = ₩80

단위당 변동원가(v) × 700개 + 고정원가 = 91,000 ∴ 고정원가 = ₩35,000

변화 이후 : (p × 1,000개 − 80 × 1,000개 − 35,000 − 15,000) × 0.7 = ₩28,000 ∴ p = ₩170

예제 11-5 민감도 분석 (10CTA)

㈜부산은 20×1년에 제품 A 100,000단위를 생산하여 모두 판매하였다. 20×1년의 제품 단위당 판매가격은 ₩5이었으며, 제품 A의 생산과 관련하여 투입된 제조원가는 다음과 같다.

항목	금액	단위당 원가
직접재료원가	₩120,000	₩1.2
직접노무원가	150,000	1.5
고정제조간접원가	200,000	2.0
합계	₩470,000	₩4.7

㈜부산의 경영자는 20×2년에 단위당 원가가 ₩1인 직접재료로 교체하고, 판매단가를 ₩4으로 인하하면 판매량이 40,000단위 증가할 것으로 예상하고 있다. 기본원가(prime costs)는 변동원가이며, 제조간접원가는 모두 고정원가라고 가정한다. 경영자의 예상을 따른다면 20×2년의 이익은 20×1년의 이익에 비하여 얼마만큼 증가(혹은 감소)하는가? (단, 20×1년과 20×2년 모두 기초 및 기말재고자산은 없으며, 제조원가 이외의 원가는 고려하지 않는다.)

해답

20×1년의 공헌이익 = 100,000개 × (₩5 − 2.7) = ₩230,000

20×2년의 공헌이익 = 140,000개 × (₩4 − 2.5) = ₩210,000 ∴ ₩20,000 감소

❷ 손익분기점 분석

손익분기점(break-even point)이란 총수익과 총원가가 일치하는 판매량 또는 매출액이다. 즉 이익이나 손실이 나타나지 않는 조업도를 손익분기점이라 한다. 손익분기점에서는 이익이 ₩0이므로 다음과 같은 기본식이 성립한다.

매출액 − (변동원가 + 고정원가) = 0 기본식

또는,

공헌이익 = 고정원가 기본식 - 1

공헌이익으로 고정원가를 모두 회수하면 그 이상 판매되는 판매량 또는 매출액에서 생기는 공헌이익은 이익 창출에 공헌하게 된다. 즉, 손익분기점에서는 공헌이익과 고정원가가 일치하게 된다.

이상을 수식으로 표현하면 다음과 같다.

$$0 = (p - v) \times q - F$$

따라서,

$$\text{손익분기판매량 } q^* = \frac{F}{p - v} = \frac{F}{\text{단위당 공헌이익}} \tag{11.8}$$

한편, 경영자는 손익분기를 이루는 매출액에 대해 관심을 가질 수 있다. 이를 손익분기매출액이라 한다. 손익분기매출액은 손익분기판매량을 먼저 구한 후, 이에 단위당 판매단가를 곱하여 산출할 수도 있지만, 식 (11.8)을 변형하여 다음과 같이 간편하게 구할 수도 있다.

$$pq^* = \frac{F}{\frac{p - v}{p}}$$

따라서

$$\text{손익분기매출액} = \frac{F}{1 - \frac{v}{p}} = \frac{F}{\text{공헌이익률}} \tag{11.9}$$

손익분기점(break - even point : BEP)

- 총수익과 총원가가 일치하는 판매량 또는 매출액
- 이익이나 손실이 나타나지 않는 조업도
- "총공헌이익 = 고정원가"가 성립되는 조업도
- 손익분기점 우측에서는 총수익이 총원가보다 많으므로 이익이 발생하며, 손익분기점 좌측에서는 총수익이 총원가보다 적으므로 손실이 발생함.

예제 11-6 손익분기점

1. 작년도에 동양㈜는 ₩300,000의 매출(400개)로부터 ₩15,000의 영업이익을 달성하였다. 손익분기점에서의 총공헌이익은 ₩105,000이다. 손익분기점, 공헌이익률은 각각 얼마인가? (04CTA변형)

2. ㈜세무항공은 항공기 1대를 이용하여 김포와 제주 간 노선을 주 5회 왕복운항하고 있으며, 이 항공기의 좌석수는 총 110석이다. 이 노선의 항공권은 1매당 편도요금은 ₩30,000이고, 항공권을 대행판매하는 여행사에 판매된 요금의 3%가 수수료로 지급되며, 항공권 1매당 예상되는 기내식사비용은 ₩1,100이다. 편도운항당 연료비는 ₩700,000이 소요되며, 비행설비 임차료와 공항사용료는 매주 ₩4,800,000이며 승무원 급여와 복리후생비는 매주 ₩7,800,000이 발생한다. ㈜세무항공이 손익분기점에 도달하기 위해 매주 최소 판매해야 할 항공권 수량은? (단, 항공권은 편도기준으로 여행사를 통해서만 판매된다.) (14CTA)

해답

1. 단위당 판매가격(p) = ₩300,000 ÷ 400개 = ₩750
   손익분기점에서 "공헌이익 = 고정원가"이므로 고정원가는 ₩105,000이다.
   단위당 변동원가를 v라 하면, 400개 × (750 − v) − 105,000 = ₩15,000　　∴ v = ₩450
   손익분기점 = ₩105,000 ÷ (750 − 450) = 350개
   공헌이익률 = (₩750 − 450) ÷ 750 = 40%

2. 손익분기점 $= \dfrac{₩700,000 \times 10\text{회} + 4,800,000 + 7,800,000}{₩30,000 - (900 + 1,100)} = 700\text{매}$

③ 목표이익을 고려한 CVP분석

경영자는 일정한 **목표이익**(target income : TI)을 달성하고자 하는 판매량에 대해 관심을 가질 수 있다. 목표이익은 총수익에서 총원가를 차감한 금액이므로 다음 식이 성립한다.

$$TI = (p - v) \times q - F$$

따라서 목표이익을 달성하기 위한 판매량과 매출액은 다음과 같다.

$$\text{목표이익을 달성하기 위한 판매량} = \frac{F + TI}{p - v} = \frac{F + TI}{\text{단위당 공헌이익}} \quad (11.10)$$

$$\text{목표이익을 달성하기 위한 매출액} = \frac{F + TI}{\text{공헌이익률}} \quad (11.10)'$$

예제 11-7 목표이익을 달성하기 위한 매출액

1. ㈜세무는 단일 제품을 생산·판매하고 있으며, 단위당 변동원가는 ₩400이고, 손익분기매출액은 ₩100,000이고, 공헌이익률은 20%이다. 목표이익 ₩80,000을 달성하기 위한 제품의 생산·판매량은? (13CTA)

2. 나주㈜의 손익분기점 매출액은 ₩360,000이고 공헌이익률은 30%이다. 이 회사가 ₩84,000의 영업이익을 달성하고자 한다면 총매출액은 얼마이어야 하는가? (04CTA)

3. ㈜세무는 주문을 받고 생산하여 판매하는 기업이다. 단위당 직접재료원가 ₩6,200, 단위당 변동전환원가 ₩11,800이며 연간 고정제조간접원가는 ₩4,200,000이다. 20×0년도에 280개를 주문받아 판매하였으며, 매출총이익률은 25%였다. 판매가격과 원가구조가 20×0년과 동일하다면 20×1년도에 ₩1,000,000 이상의 매출총이익을 얻기 위한 최소 판매량은? (17CTA)

해답

1. $\text{BEP 판매량} = \frac{F}{0.2} = ₩100,000 \quad \therefore F = ₩20,000$

$1 - \frac{₩400}{p} = 0.2 \quad \therefore p = ₩500$

목표이익을 달성하기 위한 매출액 = (₩20,000 + 80,000) ÷ 0.2 = ₩500,000 (1,000개)

2. $\text{손익분기점매출액} = \frac{F}{\text{공헌이익률 } 0.3} = ₩360,000 \quad \therefore F = ₩108,000$

$S = \frac{₩108,000 + 84,000}{0.3} = ₩640,000$

3. 20×0년 : $(p - 6,200 - 11,800) \times 280\text{개} - 4,200,000 = 280p \times 0.25 \quad \therefore p = ₩44,000$

20×1년 : $(₩44,000 - 6,200 - 11,800) \times q - 4,200,000 = ₩1,000,000 \quad \therefore q = 200\text{개}$

제 3 절 CVP분석의 확장

1 복수제품의 CVP분석

CVP분석은 기본적으로 단일제품을 가정하였다. 이를 확장하여 복수제품의 CVP 분석을 살펴보자. 복수제품에 대한 CVP분석을 하기 위해서는 매출배합이 일정하다는 추가적 가정이 필요하다.

매출배합(sales mix)이란 각 제품의 판매량에 대한 상대적 비율이다. 예컨대 제품 A, B의 판매량이 각각 300개, 500개라면 매출배합은 3 : 5이다. 여기에서 매출배합은 판매량의 비율이며 매출액의 비율이 아님을 유의하기 바란다. 앞의 예에서 매출배합이 일정하다고 가정하면 제품 A를 세 개 판매한다는 것은 아울러 제품 B를 다섯 개 판매한다는 의미이다. 매출배합

매출배합에 대한 가정이 필요한 이유

다음 식에서 q를 구하여 보자.

$$p \cdot q = 100$$

위 식에서 p가 일정(예 : 20)하다면 단일의 해 q(예 : 5)를 구할 수 있다.
한편, 다음 식에서 q_1, q_2를 구하여 보자.

$$p_1 \cdot q_1 + p_2 \cdot q_2 = 100$$

위 식에서 p_1, p_2가 일정(예 : 2, 3)하다고 할지라도 단일의 해 q_1, q_2를 구할 수 없다.
단일의 해를 구하기 위해서는 q_1, q_2에 대한 또 다른 식이 존재하여야만 가능하다. 추가적으로 필요한 식(가정)이 바로 매출배합이다.

(1) 패키지 방법

매출배합이 일정하다는 가정하에서 복수제품의 손익분기점은 다음과 같이 **패키지**(또는 꾸러미) **방법**(package method)에 의해 분석한다.

| 그림 11 - 4 | 패키지 방법

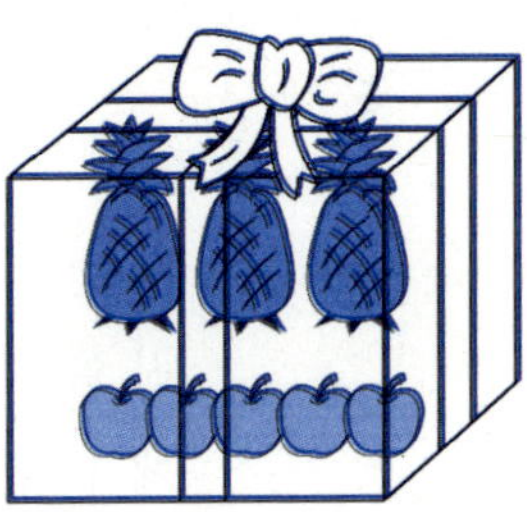

단계 1 : 매출배합에 따라 구성한 패키지(package)를 만든다. 앞의 예에서 제품 A가 세 개, 제품 B가 다섯 개 포함된 가상의 선물

세트를 [그림 11-4]와 같이 설정한다. 이에 따라 가상의 단일제품(선물세트)이 설정되었으므로 손익분기점 분석이 가능해진다.

단계 2 : 패키지의 단위당 공헌이익을 구한다. 선물세트의 단위당 공헌이익은 제품 A, B의 단위당 공헌이익과 선물세트에 포함된 제품 A, B의 개수(3개, 5개)를 각각 곱한 금액이다.

단계 3 : 패키지의 손익분기점을 식 (11.8)을 이용하여 다음과 같이 구한다.

$$\text{손익분기점(패키지)} = \frac{\text{고정원가}}{\text{패키지의 단위당 공헌이익}}$$

단계 4 : 제품의 손익분기점을 구한다. 패키지의 손익분기점이 100개라면 선물세트에는 제품 A가 세 개, 제품 B가 다섯 개씩 있으므로, 손익분기판매량은 제품 A 300개, 제품 B 500개가 된다.

(2) 가중평균법

복수제품에 대해 CVP분석을 하기 위해 앞에서는 가상의 꾸러미를 만들었다. 또 다른 방법으로는 복수제품에 대해 가중평균이라는 개념을 이용하여 단일화하는 방법이다.

$$\text{손익분기점 판매량 } Q(A+B) = \frac{\text{고정원가}}{\text{가중평균 공헌이익}}$$

단, 가중평균 공헌이익 = 각 제품의 단위당 공헌이익 × 각 제품의 매출수량비율

$$\text{손익분기점 매출액 } S(A+B) = \frac{\text{고정원가}}{\text{가중평균 공헌이익률}}$$

단, 가중평균 공헌이익률 = 각 제품의 공헌이익률 × 각 제품의 매출액비율

매출배합이 일정하다는 가정은 비현실적일 수 있다. 경영자는 각 제품의 공헌이익률, 시장점유율, 소비자의 기호 변화 등을 고려하여 현재의 매출배합을 변경하고자 할 것이다. 매출배합이 변하면 이에 따라 복수제품의 CVP분석도 당연히 영향받게 된다.

예제 11-8 복수제품의 CVP분석 : 매출배합 (08CPA, 92CTA유사, 91CTA유사, 90CTA유사, 84CTA유사)

㈜한지는 제품 A와 제품 B를 생산·판매한다. ㈜한지는 변동원가계산방법을 사용하며 당기 예상판매 및 예상원가 자료는 다음과 같다.

구분	제품 A	제품 B	합 계
판매수량	300개	700개	1,000개
총매출액	₩30,000	₩42,000	₩72,000
총변동원가	₩15,000	₩21,000	₩36,000
총고정원가			₩21,600

매출배합이 일정하다고 가정하고 손익분기점을 달성하기 위한 두 제품의 판매수량은 각각 얼마인가?

해답

제품 A의 단위당 공헌이익 = (₩30,000 − 15,000) ÷ 300개 = ₩50
제품 B의 단위당 공헌이익 = (₩42,000 − 21,000) ÷ 700개 = ₩30

방법 1(꾸러미법)
매출배합 3 : 7
package c.m = ₩50 × 3 + ₩30 × 7 = ₩360
package BEP = ₩21,600 ÷ 360 = 60개 (A 180개, B 420개)

방법 2(가중평균법)
가중평균공헌이익 = 각 제품의 단위당 공헌이익 × 각 제품의 매출수량비율

$$= ₩50 \times \frac{3}{10} + ₩30 \times \frac{7}{10} = ₩36$$

$$Q(A + B) = \frac{\text{고정원가}}{\text{가중평균공헌이익}} = \frac{₩21,600}{36} = 600\text{개}$$

$$Q(A) = \text{총판매수량} \times \text{각 제품의 매출수량비율} = 600\text{개} \times \frac{3}{10} = 180\text{개}$$

$$Q(B) = \text{총판매수량} \times \text{각 제품의 매출수량비율} = 600\text{개} \times \frac{7}{10} = 420\text{개}$$

참고로, 자료가 판매량의 비율로 주어진 경우에는 '꾸러미법'이 쉬우므로 이를 권장한다.

예제 11-9 복수제품의 CVP (19CTA)

㈜세무는 제품 A와 제품 B를 생산 판매한다. 각 제품의 단위당 판매가격은 제품 A ₩200, 제품 B ₩150이며, 공헌이익률은 제품 A 40%, 제품 B 50%이다. 제품 A와 제품 B의 매출수량배합은 1 : 2로 일정하고, 당기 총고정원가는 ₩34,500이다. 당기 이익 ₩23,000을 얻기 위한 총매출액은?

해답

패키지 공헌이익 = 1 × ₩200 × 40% + 2 × ₩150 × 50% = ₩230

목표이익을 달성하기 위한 판매량(패키지) = (₩34,500 + 23,000) ÷ 230 = 250개

목표이익을 달성하기 위한 매출액 = 250개 × (₩200 + 150 × 2) = ₩125,000

예제 11-10 복수제품의 CVP분석 : 매출배합 (89CPA)

㈜순성은 A와 B 두 종류의 상품을 판매하고 있다. 현재 총판매량 중에서 A상품이 차지하는 비중이 40%이고, B상품이 차지하는 비중은 60%이다. A상품의 단위당 공헌이익은 ₩15이고, B상품의 단위당 공헌이익은 ₩10이며, 손익분기점에서의 B상품 판매량은 6,000개이었다.

현재 단위당 공헌이익이 ₩5인 C라는 상품을 추가로 취급하려고 한다. 이 상품을 추가로 취급하더라도 A상품과 B상품의 단위당 공헌이익은 변화되지 않으나 고정원가가 추가적으로 ₩60,000이 발생한다. 판매량의 구성비는 A상품은 60%, B상품은 20%, C상품은 20%가 될 것으로 예상된다. C상품을 추가적으로 취급한다면, 새로운 손익분기점에서 B상품의 판매량은?

해답

매출배합 4 : 6

package c.m = ₩15 × 4 + 10 × 6 = ₩120

package BEP = F ÷ 120 = 1,000개(A 4,000개, B 6,000개)　　∴ F = ₩120,000

new package c.m = ₩15 × 6 + ₩10 × 2 + ₩5 × 2 = ₩120

new package BEP = (₩120,000 + 60,000) ÷ 120 = 1,500개(A 9,000개, B 3,000개, C 3,000개)

예제 11－11 복수제품의 CVP분석

1. ㈜한국은 A, B, C 세 가지 제품을 만들고 있다. 이들 제품에 관한 자료는 다음과 같다.

	제품 A	제품 B	제품 C
단위당 판매가격	₩120	₩100	₩150
단위당 변동원가	72	70	120

월 고정원가는 ₩40,000이다. 세 가지 제품의 매출구성비(매출액기준)가 5 : 2 : 3일 때, ₩12,000의 세전순이익을 달성하기 위하여 필요한 총매출액은 얼마인가? (01CTA)

2. ㈜세무는 제품 A와 B를 생산·판매하고 있다. 제품별 판매 및 원가에 관한 자료는 다음과 같다.

구분	제품 A	제품 B	합계
판매량	?	?	100단위
매출액	₩200,000	₩300,000	₩500,000
변동원가	?	?	₩375,000
고정원가			₩150,000

제품 A의 단위당 판매가격은 ₩4,000이다. 손익분기점에 도달하기 위한 제품 B의 판매량은? (단, 매출배합은 일정하다고 가정한다.) (22CTA)

해답

1. 목표이익을 달성하기 위한 매출액을 S라 하면, 제품 A, 제품 B, 제품 C의 매출액은 각각 0.5S, 0.2S, 0.3S이다. 아울러 제품 A, 제품 B, 제품 C의 공헌이익률은 각각 40%, 30%, 20%이다.

	제품 A	제품 B	제품 C
단위당 판매가격	₩120	₩100	₩150
단위당 변동원가	72	70	120
단위당 공헌이익	₩48	₩30	₩30
공헌이익률	0.4	0.3	0.2

CVP 기본식을 적용하여 분석하면 다음과 같다.

각 제품의 공헌이익 − 고정원가 = 순이익

0.5S × 40% + 0.2S × 30% + 0.3S × 20% − 40,000 = ₩12,000

0.32S − 40,000 = ₩12,000　　∴ S = ₩162,500

참고로, 계산과정에서 0.32S의 계수 0.32가 바로 (별해)의 가중평균공헌이익률이다.

(별해) 가중평균공헌이익률 = 각 제품의 공헌이익률 × 매출액 비율

= 40% × 0.5 + 30% × 0.2 + 20% × 0.3 = 0.32

매출액 S(A + B + C) = (고정원가 + 목표이익) ÷ 가중평균공헌이익률

= (₩40,000 + 12,000) ÷ 0.32 = ₩162,500

2. 제품 A 판매량 = $\frac{₩200,000}{4,000}$ = 50개　　제품 B 판매량 = 100개 − 50 = 50개 (p = ₩6,000)

가중평균공헌이익률 = $\frac{₩125,000}{₩500,000}$ = 25%

BEP 매출액 = $\frac{₩150,000}{0.25}$ = ₩600,000 (제품 A ₩240,000, 제품 B ₩360,000)

BEP 제품 B의 판매량 = ₩360,000 / 6,000 = 60개

❷ 법인세를 고려한 CVP분석

지금까지는 법인세를 고려하지 않았다. 법인세를 고려할 경우 CVP분석은 다음과 같이 영향받는다.

첫째, 법인세가 손익분기점에 미치는 영향을 살펴보자. 손익분기점은 이익이 ₩0이므로 법인세도 ₩0이다. 따라서 법인세를 고려한 손익분기점은 법인세를 고려하지 않은 손익분기점과 동일하다.

둘째, 법인세가 목표이익을 달성하기 위한 판매량에 미치는 영향을 살펴보자. 일반적으로 목표이익을 법인세 차감후 금액으로 설정하는 경우가 많은데, 이 경우에는 이 금액을 식 (11.10)의 목표이익에 그대로 대입해서는 안된다. 왜냐하면 식 (11.10)의 목표이익은 법인세를 고려하지 않은 금액 또는 법인세 차감전 금액이기 때문이다.

법인세 차감전 목표이익과 법인세 차감후 목표이익 사이에는 다음의 관계가 성립한다.

법인세 차감후 목표이익 = 법인세 차감전 목표이익 × (1 − 법인세율)

따라서,

법인세 차감전 목표이익 = 법인세 차감후 목표이익 ÷ (1 − 법인세율)

예컨대 법인세가 40%이고 법인세 차감후 순이익이 ₩60이라면 이는 법인세 차

감전 순이익 ₩100(= ₩60 ÷ (1 − 0.4))과 동일하다. 따라서 법인세를 고려하는 경우 법인세 차감후 목표이익을 달성하기 위한 판매량과 매출액은 다음과 같다.

$$\text{목표이익을 달성하기 위한 판매량} = \frac{F + \dfrac{TI}{1-t}}{p - v} \qquad (11.11)$$

단, t : 법인세율

$$\text{목표이익을 달성하기 위한 매출액} = \frac{F + \dfrac{TI}{1-t}}{\text{공헌이익률}} \qquad (11.11)'$$

법인세율이 높을수록 동일한 목표이익을 달성하기 위해서는 더 많은 제품을 판매하여야 함을 식 (11.11)을 통해 확인할 수 있다.

셋째, 법인세를 고려할 때 판매량의 변화가 이익에 미치는 영향은 다음과 같다.

$$\text{순이익 변화} = \text{단위당 공헌이익} \times \text{판매량의 변화} \times (1 - t) \qquad (11.4)'$$
$$\text{순이익 변화} = \text{공헌이익률} \times \text{매출액 변화} \times (1 - t) \qquad (11.5)'$$

예제 11 − 12 목표이익을 달성하기 위한 판매량 : 법인세 고려 (09CTA, 03CTA유사)

㈜대한은 매출을 촉진하기 위해서 판매사원이 제품 4,000단위를 초과하여 판매하는 경우에, 초과 판매한 1단위당 ₩200씩 특별판매수당을 지급한다. 이러한 조건하에서 5,000단위를 판매하여 세차감후순이익 ₩1,920,000을 달성하였다. 제품의 판매단가는 ₩2,000이며, 월간 고정원가는 ₩1,400,000이고 월간 최대판매수량은 8,000단위이다. 위의 조건 대로 특별판매수당을 지급하고 세차감후순이익 ₩2,400,000을 달성하려면 현재의 최대판매수량 기준으로 몇 %의 조업도를 달성하여야 하는가? 단, 회사의 월초, 월말 재고자산은 없으며, 세율은 세차감전순이익의 20%라고 가정한다.

해답

단위당 공헌이익을 cm이라 하면,

[4,000개 × cm + (5,000개 − 4,000) × (cm − 200) − 1,400,000] × 0.8 = ₩1,920,000 ∴ cm = ₩800

목표판매량을 x라 하면,

[4,000개 × 800 + (x − 4,000) × (800 − 200) − 1,400,000] × 0.8 = ₩2,400,000

∴ x = 6,000단위 (최대판매량의 75%)

③ 안전한계

안전한계(margin of safety)란 실제 또는 예상매출액이 손익분기매출액을 초과한 금액이다.

$$\text{안전한계} = \text{매출액} - \text{손익분기매출액} \tag{11.12}$$

이는 손실을 초래하지 않고서 줄일 수 있는 매출액을 뜻한다. 안전한계 이상의 금액만큼 매출액이 줄어든다면 기업에서 손실이 나타나게 된다.

때로는 다음과 같이 백분율로도 측정한다.

$$\text{안전한계율} = \frac{\text{매출액} - \text{손익분기매출액}}{\text{매출액}} \tag{11.13}$$

손익분기점률

한편, 다음과 같은 손익분기점률을 이용하여 안전한계율을 구할 수도 있다.

$$\text{손익분기매출액} = \frac{\text{손익분기점률}}{\text{매출액}}$$

따라서,

$$\text{안전한계율} = 1 - \text{손익분기점률}$$

안전한계나 안전한계율은 기업의 안전성(safety)을 나타내는 하나의 척도로서 높을수록 좋다. 또는 손익분기점률이 낮을수록 기업의 안전도가 높다고 판단한다. 만약 안전한계가 낮다면 기업의 안전성이 위태하므로 손익분기매출액을 낮추거나 매출액을 증가시키기 위하여 기업의 원가구조를 면밀히 검토하는 등 적절한 대책을 세워야 한다.

안전한계율은 앞에서 살펴본 영업레버리지도와 다음의 관계를 갖는다.

$$\begin{aligned}\text{안전한계율} &= 1 - \frac{\text{손익분기점률}}{\text{매출액}} = 1 - \frac{F}{p-v} \times \frac{p}{pq} \\ &= 1 - \frac{F}{(p-v)q} = \frac{\text{세전영업이익}}{\text{공헌이익}} = \frac{1}{\text{영업레버리지도}}\end{aligned}$$

예제 11-13 CVP분석의 기본 개념 (13CTA)

㈜세무의 20×1년 연간 실제 매출액은 ₩100,000이고 연간 실제 고정원가는 ₩30,000이며, 변동원가율은 60%, 법인세율은 20%이다. 손익분기매출액, 당기순이익, 안전한계율, 영업레버리지도는 각각 얼마인가?

해답

$\frac{V}{P}$를 변동원가율이라 한다. (또는 변동원가율 = 1 − 공헌이익률)

1. BEP 매출액 = $\frac{₩30,000}{1-0.6}$ = ₩75,000
2. 순이익 = (₩100,000 − 60,000 − 30,000) × 0.8 = ₩8,000
3. M/S = (₩100,000 − 75,000) ÷ 100,000 = 25%
4. DOL = 공헌이익 ÷ 세전영업이익 = ₩40,000 ÷ 10,000 = 4

   또는 DOL = $\frac{1}{\text{안전한계율}}$ = $\frac{1}{0.25}$ = 4

예제 11-14 안전한계율

1. 명성기업의 20×2년도 예상 매출액과 고정원가총액은 각각 ₩5,000,000과 ₩1,600,000이고 공헌이익률은 40%이다. 이 기업의 안전율(margin of safety ratio)은 얼마인가? (83CPA)
2. ㈜국세의 단위당 판매가격 ₩1,000, 단위당 변동원가 ₩800, 총고정원가 ₩100,000이다. ㈜국세가 안전한계율 37.5%를 달성하는데 필요한 목표 판매수량은 몇 단위인가? (12CTA변형)

해답

1. BEP 매출액 = $\frac{₩1,600,000}{0.4}$ = ₩4,000,000　　M/S율 = $\frac{₩5,000,000 - 4,000,000}{₩5,000,000}$ = 20%

2. 단위당 공헌이익 = ₩200 (공헌이익률 20%)

   손익분기점매출액 = ₩100,000 ÷ 20% = ₩500,000

   안전한계율 = $\frac{\text{매출액} - \text{손익분기점매출액}}{\text{매출액}}$ = 37.5%

   안전한계율 37.5%를 달성하기 위한 매출액 = ₩800,000 (800개)

4 현금분기점

기업에서는 현금 흐름에 많은 관심을 갖고 있기 때문에 현금분기점에 대한 정보를 알고자 한다. **현금분기점**(cash BEP)은 현금 유입액과 현금 유출액이 일치하는 조업도이다. 수익 발생과 현금 유입시점 그리고 비용 발생과 현금 유출시점은 반드시 일치하는 것은 아니기 때문에 손익분기점은 현금분기점과 달라진다.

손익 발생과 현금 흐름이 차이를 보이는 대표적 항목은 감가상각비이다. 감가상각비는 회계상 비용으로 인식하지만, 현금 유출은 나타나지 않는 비현금지출원가이다. 따라서 현금분기점은 다음과 같이 구한다.

$$\text{법인세를 고려하지 않는 경우, 현금분기점} = \frac{F - \text{비현금지출원가}}{\text{공헌이익}}$$

$$\text{법인세를 고려한 경우, 현금분기점} = \frac{F - \dfrac{\text{비현금지출원가}}{1-t}}{\text{공헌이익}}$$

손익분기점과 현금분기점을 수량 또는 금액 크기로 비교하면 다음과 같다.

손익분기점 > 법인세 고려하지 않은 현금분기점 > 법인세 고려한 현금분기점

예제 11-15 현금분기점 : 법인세 고려 (10CTA변형)

㈜김해의 연간 경영활동에 관한 자료가 다음과 같다.

• 단위당 판매가격	₩1,000	• 총고정원가(감가상각비 ₩2,000,000 포함)	₩5,000,000
• 단위당 변동원가	₩600	• 연간 판매량	10,000개

법인세율이 20%일 경우 현금분기점 판매량은 몇 개인가? 단, 감가상각비를 제외한 나머지 수익과 비용은 모두 현금거래로 이루어진 것이며, 손실이 발생할 경우 법인세는 환급된다고 가정한다.

해답

현금 수입 = 변동원가 + 현금지출 고정원가 + (수익 − 비용) × 법인세율

$1{,}000\,Q = 600\,Q + (₩5{,}000{,}000 - 2{,}000{,}000) + (400Q - 5{,}000{,}000) \times 20\%$　　∴ Q = 6,250개

$$\text{또는, 현금분기점} = \frac{F - \dfrac{\text{비현금지출원가}}{1-t}}{\text{공헌이익}} = \frac{5{,}000{,}000 - \dfrac{2{,}000{,}000}{1-0.2}}{1{,}000 - 600} = 6{,}250\text{개}$$

5 비선형함수의 CVP분석

CVP분석의 가정 중 하나는 원가와 수익이 선형이라는 점이었다. 이 가정을 보다 현실화하여 원가함수 또는 수익함수가 달라지는 경우에는 앞에서 살펴본 모형들을 그대로 적용할 수 없다.

(1) 준고정원가의 CVP분석

추가설비 등으로 인하여 **준고정원가**(step costs)가 존재하는 경우 준고정원가의 손익분기점은 원가함수가 변하는 구간마다 손익분기점을 구한 후, 그 수량이 관련범위 내에 속하는지 여부를 확인하여야 한다. [그림 11 - 5]를 통해 살펴보면 다음과 같다.

① $0 \le q \le x_1$일 때 손익분기점을 계산하면 q_1이다. 그런데, q_1은 관련범위를 벗어나므로 손익분기점이 될 수 없다.

② $x_1 \le q$일 때 손익분기점을 계산하면 q_2다. 그런데, q_2는 관련범위 내에 속하므로 손익분기점이 된다.

| 그림 11 - 5 | 비선형원가의 CVP분석

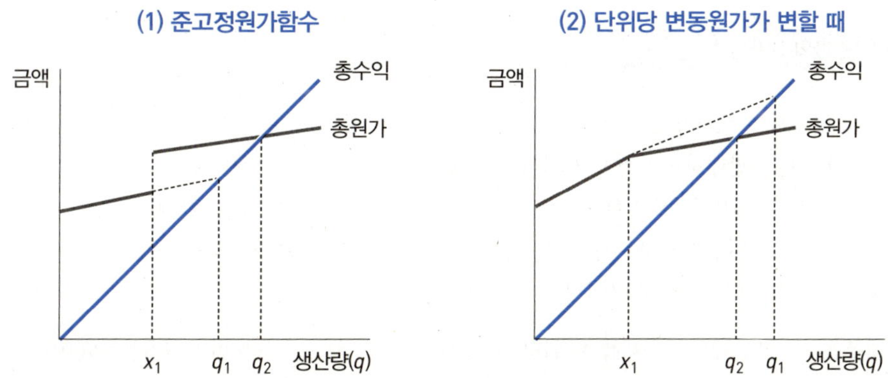

예제 11-16 준고정원가의 CVP분석 (98CPA)

윤정컬렉션의 신상품에 관한 자료는 다음과 같다. 이 상품의 단위당 판매가격은 ₩25이고 공헌이익률은 40%라면, 이 제품으로부터 ₩100,000의 목표이익을 달성하기 위해 몇 단위를 판매해야 하는가?

고정원가	생산단위 10,000 미만	₩120,000
	생산단위 10,000 이상	140,000

해답

단위당 공헌이익은 일정하지만, 준고정원가가 존재하는 경우이다. 구간별로 정보를 정리하면 다음과 같다.

	$0 \leq q < 10,000$	$10,000 \leq q$
p	₩25	₩25
v	15(60%)	15(60%)
F	120,000	140,000

구간별로 분석해 보자.

① $0 \leq q < 10,000$일 때, $Q = \dfrac{₩120,000 + 100,000}{₩25 - 15} = 22,000$개 (관련범위를 벗어남)

② $10,000 \leq q$일 때, $Q = \dfrac{₩140,000 + 100,000}{₩25 - 15} = 24,000$개 (O)

예제 11-17 준고정원가의 CVP분석

1. ㈜창원은 냉장고를 구입하여 판매하는 회사이다. 20×1년 냉장고의 단위당 판매가격은 ₩10,000이며, 변동원가율은 80%이다. 판매량이 5,000대 이하인 경우 고정판매비는 ₩8,500,000이며, 판매량이 5,000대 초과한 경우 고정판매비는 ₩11,000,000이다. ㈜창원은 세후순이익 ₩1,450,000을 달성하기 위해서는 몇 대의 냉장고를 판매해야 하는가? (단, 법인세율은 세전이익 ₩1,000,000 이하까지는 25%이며, ₩1,000,000 초과분에 대해서는 30%이다.) (10CTA)

2. ㈜세무는 단일제품을 생산·판매한다. 제품 단위당 판매가격은 ₩100, 단위당 변동원가는 ₩60으로 일정하나, 고정원가는 제품 생산범위에 따라 상이하다. 제품 생산범위가 첫 번째구간(1~1,000단위)에서 두 번째 구간(1,001~2,000단위)으로 넘어가면 고정원가가 ₩17,600 증가한다. 첫 번째 구간의 손익분기점이 860단위인 경우, 두 번째 구간의 손익분기점은 몇 단위인가? (23CTA)

해답

1. 세후순이익 ₩1,450,000 = ₩1,000,000 × 75% + (세전순이익 − 1,000,000) × 70%

∴ 세전순이익 = ₩2,000,000

Q가 5,000대 이하라면, Q = (₩8,500,000 + 2,000,000) ÷ 2,000 ∴ Q = 5,250 (×)

Q가 5,000대 초과라면, Q = (₩11,000,000 + 2,000,000) ÷ 2,000 ∴ Q = 6,500 (O)

2. 첫 번째 구간의 고정원가를 K라 하면,

첫 번째 구간의 BEP 판매량 860개 = K / (₩100 − 60) ∴ K = ₩34,400

두 번째 구간의 BEP 판매량 = (₩34,400 + 17,600) / (₩100 − 60) = 1,300개

(2) 단위당 공헌이익이 달라지는 경우

판매량이 증가하면 단위당 판매가격을 인하하거나 또는 [그림 11－5]의 ⑵처럼 학습효과에 의해 단위당 변동원가가 감소하여 단위당 공헌이익이 달라지는 경우에도 기존의 모형을 그대로 적용할 수 없다. 단위당 공헌이익이 달라지는 구간마다 다음과 같이 순차적으로 분석하여야 한다.

① 단위당 공헌이익이 변하는 첫 구간($0 \leq q \leq x_1$)에서 고정원가가 모두 회수되지 못하면(즉, 첫 구간에 손익분기점이 존재하지 않으면) 그 구간에서 고정원가를 얼마나 회수하였으며, 미회수된 고정원가가 얼마인지를 분석한다.

② 첫 구간에서 미회수된 고정원가를 회수하려면 두 번째 구간에서 얼마만큼 추가로 판매하여야 하는지를 분석하고 총판매량(q_2)이 그 구간에 속하는지를 따져본다. 만약 총판매량이 두 번째 구간에 속하면 총판매량이 바로 손익분기점이 되며, 그렇지 않으면 그 구간에서 고정원가를 얼마나 회수하였으며, 미회수된 고정원가가 얼마인지를 분석한다.

예제 11-18 비선형함수의 CVP분석

생산시설이 5,000개인 봉천회사에서는 과자를 생산하고 있다. 과자의 단위당 판매가격은 ₩500이며, 단위당 변동원가는 ₩300이다. 월 고정원가는 ₩1,600,000이다. 공급은 스스로의 수요를 창출한다. 이 회사는 10,000개 생산시설을 추가로 임차할 수 있다. 추가임차료는 ₩200,000이고, 임차시설을 활용하여 생산할 경우 단위당 변동원가는 ₩400으로 상승한다. 이 회사의 손익분기점 수량은 얼마인가?

해답

구간별로 단위당 공헌이익이 변하는 경우이다. 첫 구간에서 고정원가가 모두 회수되지 못하면 미회수된 고정원가를 회수하기 위한 분석이 순차적으로 이루어져야 한다.

구간	BEP 판매량	회수된 고정원가	미회수 고정원가
$0 \leqq q \leqq 5,000$	$Q = \dfrac{₩1,600,000}{₩500 - 300} = 8,000$개 (×)	(₩500 − 300) × 5,000개 = ₩1,000,000	₩600,000
$5,000 < q \leqq 15,000$	미회수 고정원가를 회수하기 위한 $Q = \dfrac{₩600,000 + \text{추가임차료 } 200,000}{₩500 - 400} = 8,000$ $Q^* = 5,000 + 8,000 = 13,000$ (○)		

예제 11-19 단위당 공헌이익이 변할 때 CVP (18CTA)

㈜세무는 20×1년 초에 설립되어 인공지능을 이용한 스피커를 생산하고 있다. 스피커의 단위당 변동원가는 ₩6,000이며 연간 고정원가 총액은 ₩1,500,000이다. ㈜세무는 당기에 국내시장에서 스피커 300단위를 판매하고, 국내시장에서 판매하고 남는 스피커는 해외시장에 판매할 계획이다. 스피커의 국내 판매가격은 단위당 ₩10,000이며, 해외 판매가격은 단위당 ₩9,000이다. 해외시장에 판매하더라도 원가구조에는 변함이 없으며 국내시장에 미치는 영향은 없다. 법인세율이 20%일 경우 손익분기점 판매량은?

해답

구간	BEP 판매량	회수된 고정원가	미회수 고정원가
$0 \leqq q \leqq 300$	$Q = \dfrac{₩1,500,000}{₩10,000 - 6,000} = 375$개 (×)	₩4,000 × 300개 = ₩1,200,000	₩1,500,000 − 1,200,000 = ₩300,000
$300 < q$	미회수 고정원가를 회수하기 위한 $Q = \dfrac{₩300,000}{₩9,000 - 6,000} = 100$개 총생산량 = 300개 + 100개 = 400개 (○)		

연 | 습 | 문 | 제 exercise

01 CVP분석의 기본 개념 (00CTA)

P공업사는 단일제품을 생산·판매하고 있다. 제품 단위당 판매가격은 ₩500이며, 20×2년 5월의 요약 공헌이익 손익계산서는 다음과 같다.

공헌이익 손익계산서	
매출액(1,000단위)	₩500,000
변동원가	300,000
공헌이익	₩200,000
고정원가	150,000
순이익	₩50,000

물음

1. 손익분기점 판매량은 몇 개인가?
2. 목표이익 ₩80,000을 얻기 위한 판매량은 몇 개인가?
3. 목표이익률 20%를 달성하기 위한 매출액은 얼마인가?
4. 법인세율이 30%라고 가정하면, 세후목표이익 ₩70,000을 달성하기 위한 매출액은 얼마인가?

02 손익분기점

1. ㈜스키리조트는 매년 11월 중순부터 다음 해 3월말까지 총 20주 동안만 객실을 임대하고, 나머지 기간 중에는 임대를 하지 않고 있다. ㈜스키리조트는 각 객실의 하루 임대료가 ₩400인 100개의 객실을 구비하고 있다. 이 회사는 회계연도가 매년 4월 1일에 시작하여 다음 해 3월 31일에 종료되며, 회계기간 동안 연간 관리자급여와 감가상각비는 ₩1,370,000이다. 임대가능기간인 총 20주 동안만 채용되는 관리보조원 1명의 주당 급여는 ₩2,500이다. 임대가능기간 중 100개의 객실 각각에 대한 보수유지 및 관리비는 하루에 ₩125씩 발생한다. 총 객실 중 고객에게 임대한 객실은 청소 및 소모품비로 객실당 하루에 ₩30이 추가로 발생한다. ㈜스키리조트가 동 회계연도 동안 손익분기점에 도달하기 위해 임대가능기간인 총 20주 동안의 객실임대율은 얼마인가? (16CPA)

2. 100실 규모의 호텔을 운영하는 영산호텔의 연간 고정원가는 ₩120,000,000이고, 객실의 1일 임대료는 ₩50,000, 임대객실 1실당 평균변동원가는 ₩10,000이다. 1년 365일 무휴인 영산호텔이 손익분기에 도달하기 위한 객실임대율(점유율)은 얼마인가? 단, 객실임대는 1일 단위로 한다. (01CPA)

03 손익분기점 (16CTA)

㈜세무는 20×1년에 제품 A를 생산하기로 결정하였다. 제품 A의 20×1년 생산량과 판매량은 일치하며, 기초 및 기말재공품은 없다. 제품 A는 노동집약적 방법 또는 자본집약적 방법으로 생산 가능하며, 생산방법에 따라 품질과 판매가격의 차이는 없다. 각 생산방법에 의한 예상제조원가는 다음과 같다.

	노동집약적 생산방법	자본집약적 생산방법
단위당 변동제조원가	₩300	₩250
연간 고정제조간접원가	₩2,100,000	₩3,100,000

㈜세무는 제품 A 판매가격을 단위당 ₩600으로 책정하고, 제조원가 외에 단위당 변동판매관리비 ₩50과 연간 고정판매관리비 ₩1,400,000이 발생될 것으로 예상하였다. ㈜세무가 20×1년에 노동집약적 생산방법을 택할 경우 손익분기점 판매량(A)과 두 생산방법 간에 영업이익의 차이가 발생하지 않는 판매량(B)은 각각 얼마인가?

04 고저점법 + 목표이익 (18CTA)

㈜세무는 원가행태를 추정하기 위해 고저점법을 적용한다. ㈜세무의 경영자는 추정된 원가함수를 토대로 7월의 목표이익을 ₩167,500으로 설정하였다. 목표이익을 달성하기 위한 추정 목표매출액은? (단, 당월 생산된 제품은 당월에 전량 판매되고, 추정 목표매출액은 관련범위 내에 있다.)

월	총원가	총매출액
3월	₩887,000	₩980,000
4월	791,000	855,000
5월	985,500	1,100,000
6월	980,000	1,125,000

05 공헌이익률

1. ㈜경진은 한 가지 제품만을 생산하며 매월 생산한 제품은 당해 월에 모두 판매한다. ㈜경진의 법인세율은 40%의 단일세율이며, 20×8년도 1월과 2월의 원가자료는 다음과 같다.

구분	1월	2월
제품 단위당 판매가격	₩500	₩450
제품 단위당 변동원가	300	270
총고정원가	500,000	600,000

㈜경진의 1월과 2월의 당기순이익이 각각 ₩60,000과 ₩72,000이라면, 1월과 2월의 제품 매출액은 각각 얼마인가? (09CPA)

2. ㈜국세는 단일제품을 생산하고 있으며, 주문받은 수량만을 생산하여 해당 연도에 모두 판매한다. 20×2년 매출액은 ₩2,500,000, 제품 단위당 변동원가 ₩720, 총고정원가 ₩510,000, 세후이익 ₩264,000이다. 법인세율은 40% 단일세율이라고 할 때, 20×2년 공헌이익률은 얼마인가? (11CTA수정)

06 공헌이익률

한라기업에서는 단일 제품을 생산·판매하고 있으며, 9월과 10월의 실제자료 중 일부는 다음과 같다.

	9월	10월
판매량	30,000개	33,000개
영업이익	₩16,200,000	₩24,300,000

10월의 총고정원가, 단위당 판매가격, 단위당 변동원가는 9월과 변함없다. 9월의 손익분기매출액은 ₩108,000,000이며 9월의 안전한계율은 20%이라면, 9월의 공헌이익률은 얼마인가?

07 영업레버리지 (11CPA)

㈜동진은 단일 제품을 생산·판매하고 있으며, 매년도 기초와 기말의 재고자산은 없다. 20×1년도 매출액은 ₩4,000,000, 변동원가 ₩2,000,000, 고정원가 ₩1,000,000이다. 20×2년도에도 고정원가와 제품 단위당 판매가격은 20×1년도와 같을 것으로 예상된다. 또한 20×2년도의 제품 판매량은 20×1년도보다 20% 증가하고 20×2년도의 손익분기점 매출액은 20×1년도보다 25% 증가할 것으로 예상된다. 20×2년도 ㈜동진의 영업레버리지도(degree of operating leverage)는 얼마로 예상되는가? (단, 영업레버리지도는 소수점 셋째자리에서 반올림하여 계산하라.)

08 안전한계율

한일회사는 제품 X와 Y를 판매하며, 1월의 예상자료는 다음과 같다.

가. 제품 X와 Y의 판매량은 각각 3,000개, 5,000개이다.
나. 제품 X와 Y의 판매가격은 각각 ₩10, ₩12이며, 변동원가는 각각 ₩6, ₩6.6이다.
다. 총고정원가는 ₩23,400이며, 법인세율은 40%이다.

1월의 매출배합이 유지된다고 가정할 때, 안전한계율은 몇 %인가?

09 민감도 분석 (08CTA)

대한회사는 단위당 ₩50에 제품을 생산·판매한다. 대한회사의 단위당 변동원가는 직접재료원가 ₩14, 직접노무원가 ₩5, 변동제조간접원가 ₩3, 변동판매관리비 ₩2이다. 연간 총고정원가는 고정제조간접원가 ₩55,000, 고정판매관리비 ₩80,200이다. 대한회사가 단위당 판매가격을 ₩50에서 ₩48으로 인하할 경우, 기존의 연간 손익분기점 판매량을 유지하려면 연간 총고정원가를 얼마나 줄여야 하는가?

10 민감도 분석 (05CTA)

우진회사의 내년 예상손익자료는 다음과 같다.

단위당 판매가격	₩20
단위당 변동원가	₩8
총고정원가 :	₩69,000
임 차 료	₩15,000
급 여	44,000
광고비 및 기타	10,000

만약 현재 예상된 고정급여를 연간 ₩30,000으로 삭감하고 그 대신 매출액의 5%를 성과급으로 판매사원에게 지급한다면, 손익분기판매량은 어떻게 변화하고, 또한 급여방식의 변화 전과 후에 기업의 이익이 같아지게 하는 판매량은 얼마인가?

11 복수제품의 CVP (18CTA)

㈜세무는 직접재료를 투입하여 두 개의 공정을 거쳐 제품을 생산하고 있다 제1공정에서는 직접재료 1톤을 투입하여 제품 A 400kg과 중간제품 M 600kg을 생산하며, 제2공정에서는 중간제품 M을 가공하여 제품 B 600kg을 생산한다. 직접재료는 제1공정 초기에 전량 투입되고, 전환원가는 공정 전반에 걸쳐 균등하게 발생하며, 모든 공정에서 공손 및 감손은 발생하지 않는다. 제1공정에서는 변동전환원가가 ₩200/톤, 고정원가는 ₩70,000이 발생하였으며, 제2공정에서는 변동전환원가가 ₩1,200/톤, 고정원가는 ₩58,000이 발생하였다. 직접재료 구입원가는 ₩2,000/톤이며, 제품 A와 B의 판매가격은 각각 ₩3,000/톤, ₩5,000/톤이다. 생산된 모든 제품이 전량 판매된다고 가정할 경우, 각 제품의 손익분기점 판매량은?

12 복수제품의 손익분기점 분석 (15CTA)

㈜국세는 다음과 같이 3가지 제품을 생산, 판매할 계획이다.

	제품 A	제품 B	제품 C
단위당 판매가격	₩10	₩12	₩14
단위당 변동원가	6	4	8
예상 판매량	100개	150개	250개

고정원가는 총 ₩2,480으로 전망된다. 예상 판매량 배합비율이 유지된다면, 제품 C의 손익분기점 매출액은?

13 복수제품의 손익분기점 분석 (16CTA)

㈜세무는 제품 A(공헌이익률 50%)와 제품 B(공헌이익률 30%) 두 제품만을 생산·판매하는데, 두 제품 간 매출액의 상대적 비율은 일정하게 유지된다. ㈜세무의 20×1년 매출액 총액은 ₩7,000,000, 총고정원가는 ₩1,750,000으로 예측하고 있으며, 예상 영업이익은 ₩700,000으로 설정하였다. ㈜세무가 20×1년의 예상 영업이익을 달성하기 위한 제품 A와 제품 B의 매출액은?

14 복수제품의 CVP분석 : 매출배합 (92CTA)

고성공업은 제품 X, Y, Z를 생산하고 있다. 이 회사는 Z제품 1개당 X제품 3개, X제품 1개당 Y제품 2개를 판매한다. 단위당 공헌이익은 X, Y, Z제품 각각 ₩1, ₩1.5, ₩3이다. 연간 고정원가는 ₩600,000이다. 주어진 자료를 사용할 경우 손익분기점에서 X제품 몇 개를 판매하여야 하는가?

15 복수제품의 손익분기점 : 매출액 비율

한라회사에서는 과자와 초콜릿을 생산·판매하고 있다. 올해의 생산 및 판매와 관련된 제품별 정보는 다음과 같다.

구분	과자	초콜릿
판매량	3,000개	5,000개
단위당 판매가격	₩ 1,000	₩ 600
단위당 변동원가	₩ 400	₩ 300

기타 관련사항은 다음과 같다.

가. 기업 전체의 고정원가는 총 ₩1,650,000이다.
나. 과자에 대한 시장경쟁이 매우 심하여 내년에는 과자의 가격을 ₩800으로 인하하고자 한다. 이로 인하여 과자 매출액과 초콜릿 매출액의 비율은 2 : 3이 되리라 예상한다. 내년에 이 이외의 변화는 없다.
다. 법인세율은 40%이다.

내년도의 손익분기점에서 과자의 매출액은 얼마인가?

16 복수제품의 CVP분석 : 매출액 비율

한양회사는 올해 과자와 초콜릿 두 종류의 상품을 판매하고 있다. 과자, 초콜릿의 단위당 판매가격은 각각 ₩100, ₩200이며, 단위당 변동원가는 각각 ₩90, ₩185이다. 올해의 매출배합은 3 : 2이며 손익분기점에서의 초콜릿 판매량은 4,000개이다.

한편, 한양회사에서는 내년도에 아이스크림을 추가로 판매하고자 한다. 아이스크림의 단위당 판매가격은 ₩400이며, 단위당 변동원가는 ₩350이다. 이로 인하여 내년도 고정원가는 금년도에 비해 ₩65,000이 증가하리라 예상된다. 내년도 각 제품의 매출액 비율은 5 : 4 : 1이 되리라 예상한다. 내년도의 손익분기매출액은?

17 복수제품의 CVP분석 : 매출액 비율 (05CPA, 87CPA유사)

㈜동양은 다음과 같은 네 가지 제품을 생산하고 있다.

	제품 A	제품 B	제품 C	제품 D
단위당 판매가격	₩10	₩15	₩20	₩25
단위당 변동원가	8	12	16	20

당기에 발생한 고정원가는 ₩1,000이며, 네 가지 제품의 매출액기준 매출구성비율은 4(제품 A) : 3(제품 B) : 2(제품 C) : 1(제품 D)이다. 세금효과는 무시하고 ₩500의 목표이익을 실현하기 위하여 필요한 총매출액을 계산하면 얼마인가?

18 복수제품의 CVP분석 (22CPA)

㈜대한은 제품 A, 제품 B, 제품 C를 생산 및 판매한다. ㈜대한은 변동원가계산제도를 채택하고 있으며, 20×1년도 예산을 다음과 같이 편성하였다.

구분	제품 A	제품 B	제품 C
판매수량	2,500단위	5,000단위	2,500단위
단위당 판매가격	₩100	₩150	₩100
단위당 변동원가	60	75	30

㈜대한은 20×1년도 영업레버리지도(degree of operating leverage)를 5로 예상하고 있다. 세 가지 제품의 매출액 기준 매출구성비율이 일정하다고 가정할 때, ㈜대한의 20×1년 예상 손익분기점을 달성하기 위한 제품 C의 매출액은 얼마인가?

19 현금흐름분기점 (16CTA)

㈜세무는 단일 제품 C를 생산하며, 변동원가계산을 적용한다. 20×2년 제품 C의 생산량과 판매량은

1,000개로 동일하고, 기초 및 기말 재공품은 없다. 20×2년 제품 C의 생산 및 판매와 관련된 자료는 다음과 같다. 감가상각비를 제외하고, 수익발생과 현금유입 시점은 동일하며 원가(비용)발생과 현금유출 시점도 동일하다. 법인세율은 25%이다.

단위당 판매가격	₩6,000
단위당 변동제조원가	₩3,200
단위당 변동판매관리비	₩1,600
연간 고정제조간접원가	242,000 (기계 감가상각비 ₩72,000 포함)
연간 고정판매관리비	206,800 (매장건물 감가상각비 ₩64,800 포함)
기계와 매장건물은 20×0년에 취득하였다.	

물음

1. ㈜세무의 세후현금흐름분기점 판매량은 몇 개인가?
2. 판매량이 1,000개인 경우의 세후영업이익은?

20 현금흐름분기점 (21CTA)

㈜세무의 20×1년 매출액은 ₩3,000,000이고 세후이익은 ₩360,000이며, 연간 고정비의 30%는 감가상각비이다. 20×1년 ㈜세무의 안전한계율은 40%이고 법인세율이 25%일 경우, 법인세를 고려한 현금흐름분기점 매출액은? (단, 감가상각비를 제외한 수익발생과 현금유입시점은 동일하고, 원가(비용)발생과 현금유출시점도 동일하며, 법인세 환수가 가능하다.)

21 준고정원가의 CVP분석 (08CTA)

대한회사는 제품의 단위당 판매가격을 ₩400으로 설정하였다. 제품을 생산하여 판매하기까지 발생하는 제품 단위당 변동원가는 단위당 판매가격의 70%이며, 총고정원가는 판매수량이 50,000개까지는 ₩3,000,000, 50,000개를 초과하여 90,000개까지는 ₩4,500,000, 그리고 90,000개를 초과하여 최대생산가능량인 130,000개까지는 ₩6,000,000이다. 대한회사가 ₩9,000,000의 이익을 얻으려면 제품을 몇 개 생산·판매하여야 하는가?

22 비선형함수의 CVP분석 (98CPA2차)

올해 초 설립한 하나기업에서 생산하는 제품의 단위당 변동원가는 ₩60, 연간 고정원가 총액은 ₩15,000이다. 올해 하나기업은 국내시장에서 300개를 판매할 계획이며 판매가격은 단위당 ₩100이다. 국내시장에서 판매하고 남은 제품은 해외시장에 판매할 계획이며 현재 해외시장으로의 수출가격은 단위당 ₩80이다. 또한, 연간 생산량이 400개를 초과하면 규모의 경제 효과로 인해 단위당 변동제조원가는 ₩5이 감소한다. 이러한 상황하에서 손익분기점 판매량은 몇 개인가? 단, 법인세율은 40%이다.

CHAPTER

12

종합예산

Master Budget

학습목표

1. 종합예산이 무엇이며, 조직관리 측면에서 그 유용성이 무엇인지 살펴본다.
2. 효율적으로 예산 편성이 이루어지기 위해 고려해야 할 요소들을 이해한다.
3. 참여예산에서 나타날 수 있는 역기능을 이해함으로써 종업원들에게 열심히 노력하도록 동기부여를 할 수 있는 인센티브 방안을 살펴본다.
4. 종합예산 절차를 이해하고 아울러 원가계산 절차와 대비해 본다.

제1절 종합예산의 기초

❶ 종합예산의 의의

예산을 편성하고 그것을 활용하는 많은 사람들은 자신들의 행위가 소위 예산편성이라는 것을 인식하지 못한다 하더라도 거의 모든 개인들은 예산을 세운다. 예컨대 미래에 실현하고자 하는 소득 추정치를 예상하거나 의식주 등에 대한 예상지출액을 계획한다. 이러한 계획의 결과로서 어느 정도 소비가 제한받게 된다. 일반적으로 개인들은 ① 이익이나 소득에 대해 추정하고, ② 지출항목을 계획하며, ③ 계획에 따라 소비를 제한함으로써 예산과정을 거치게 된다. 어떤 경우에는 미래의 재무적 상황을 예측하기 위하여 개인들은 소득과 지출을 예상하기도 한다. 이러한 예산은 개인들의 마음에만 존재할지 모르나, 그럼에도 불구하고 미래의 특정 기간 동안 자원을 어떻게 획득하고 어떻게 사용할 것인가 하는 계획을 내포하기 때문에 역시 예산의 범주에 속한다.

예산(budget)이란 일정 기간 동안 재무적 자원 및 기타 자원의 취득과 사용에 대한 계획을 공식적으로 수량화한 것이다. 예산을 작성하는 행위를 예산편성(budgeting)이라 한다.

종합예산(master budget)은 조직의 모든 하위부문의 활동, 즉 판매, 생산, 유통, 재무 등에 대한 예상활동을 종합한 것이다. 이는 매출액, 매입액, 생산, 순이익, 현금뿐만 아니라 경영자가 구체화하고자 하는 기타 목적에 대한 목표치를 수량화한 것이다. 종합예산은 경영자의 미래에 대한 계획과 그 계획을 어떻게 달성할 것인가를 포괄적으로 표현한 것이다.

기업의 예산은 보다 구체적이며, 계획 수립 과정에 더 많은 작업이 포함되지만, 기타 많은 측면에서 개인들의 예산과 상당히 유사하다. 개인들의 예산처럼 기업의 예산은 지출에 대한 계획 및 통제를 도울 뿐만 아니라 미래 기간 동안의 영업결과와 재무상태를 예측할 수 있게 한다.

예산편성을 하지 않거나 또는 예산과정에서 얻을 수 있는 효익에 대해 부정적인 경영자들은 예산편성이 시간 소모적이라고 단정하기 쉽다. 때로는 예산이 특정 상황에서는 잘 작동할지 모르지만, 기업활동이 매우 복잡하거나 불확실성이 매우 많이 개재된 경우에는 예산이 작동하지 않는다고 주장할지 모른다. 그러나 이러한 주장을 하는 경영자들도 실제로는 비공식적으로 계획을 수립하고 있다. 이들 경영자들도 그들이 달성하고자 하는 바와 그 목적 달성 시기에 대해 깊이 생각할 것이다. 그들이 자신의 생각과 계획을 다른 사람들과 의사소통할 방법이 없다면, 그 조직에서 목적을 달성할 수 있는 유일한 방법은 우연밖에 없다. 결론적으로 예산 없이 어느 정도 성공하는 조직이 존재할 수 있지만 통합된 예산시스템으로 달성할 수 있었을 정도의 성공을 거둘 수 없게 된다.

예산시스템에 대한 전반적 정책 문제와 예산 자체를 편성하는 과정에서의 조정 문제는 보통 예산위원회(budget committee)에서 다룬다. 이 위원회는 사장, 판매·생산·구매담당 부사장, 회계담당자들로 구성된다. 예산에 대한 부문 간의 분쟁이나 애로사항은 이 위원회에서 해결한다. 또한 이 위원회에서 최종예산을 의결하며, 예산상의 목적을 어느 정도 달성했는가를 나타내는 주기적 보고서를 심의한다.

❷ 종합예산의 목적

효율적 예산을 편성하기란 쉽지 않다. 그러나 예산은 절대적으로 필요하다. 계획이 없는 조직은 목표 없이 방황하기 쉽고, 현재의 사건 소용돌이 가운데 허우적거리기 십상이다. 조직이 생존·성장하기 위해서 예산은 ① 계획을 공식화하고, ② 영업활동의 지침임과 동시에 성과평가의 기준이 되며, ③ 조직 내의 의사소통과 조정 수단이 되어야 한다. 종합예산의 목적을 구체적으로 설명하면 다음과 같다.

(1) 계획의 공식화

경영자가 예산을 수립하기 위해서는 미래를 조망하여야 한다. 즉 경영자는 변화하는 환경을 예상하고 이에 대비할 방안을 강구하게 된다. 일상적 업무만을 다루고 내일의 문제에 대해 생각하지 않는 경영자는 마치 지도 없이 목적지를 향해 항해하는 선장과 같다. 계획 없이는 미래에 닥칠지 모르는 문제들을 예견할 수 없으며, 그 결과들을 해석하기 힘들다. 기업의 목적을 공식화하는 예산을 편성하는 것 그 자체가 경영자로 하여금 계획 수립을 자신의 가장 중요한 직무로 파악하게 한다. 또한 예산을 통하여 미래에 닥칠지 모르는 잠재적 장애요인을 발견할 수 있다.

(2) 활동의 지침, 평가의 기준

예산은 업무활동의 지침이 되며 또한 성과평가의 기준이 된다. 예산이 편성되면 하위경영자 또는 종업원은 상위경영자가 자신들에게 기대하는 바를 알게 된다. 자신들의 행동에 대한 지침이 없다면 하위경영자나 종업원들은 비생산적 활동에 노력을 낭비할 수 있다.

과거의 성과보다는 예산성과가 실제성과를 평가하는 기준으로 더 타당하다. 예컨대 작년도의 이익이 1백만 원인데 올해 이익은 2백만 원이라고 하자. 과거의 이익보다는 올해의 이익이 증가하였지만, 기업이 효율적이었다거나 최대성공을 달성했다는 것을 의미하지 않을 수 있다. 만약 올해 이익 목표치가 3백만 원이라면, 성과평가는 과거자료보다는 예산성과를 기준으로 이루어져야 한다. 과거자료에는 과거성과에서 드러나지 않았던 비효율성이 존재할 수 있기 때문이다. 또한 과거에 비해 경제적 환경, 기술, 경쟁력, 인사 등 제반 여건이 달라졌기 때문에 과거자료를 성과평가의 기준으로 볼 수는 없다. 실제성과와 예산이 차이나면 경영자는 차이가 나는 원인을 분석하여야 한다. 경영자는 예산과 실제원가가 상당히 차이나는 활동에 대해 '예외에 의한 관리'(management by exceptions)를 한다.

(3) 활동의 조정

예산을 통하여 경영자는 조직 전체의 목적이 하위부문의 목적과 일치하도록 조직 전체의 활동을 조정(coordination)한다. 조직이 세분화될수록 하위부문의 활동을 통합하기란 쉽지 않다. 자기부문의 예산을 수립하는 과정에서 다른 부문의 정보가 필요하며 또한 자기부문의 활동을 공식적으로 의사소통하는 가운데 상충될 수 있는 부문활동이나 목적을 조직 전체의 목적에 일치시키게 된다. 생산담당자는 판매부서에서 몇 개를 팔 것인가를 알아야 예산을 수립할 수 있으며, 구매부서나 인사부서는 공장에서 필요한 원재료, 종업원 수를 알아야 한다. 회계부서는 외상매출채권, 재고자산, 자본적 지출을 위해 필요한 현금동원능력을 파악하여야 한다. 다양한 기능을 수행하는 이들 부서의 경영자들은 예산과정을 통하여 자기부서의 계획을 의사소통하고 그들 활동을 조정하게 된다.

3 예산의 분류

(1) 예산기간에 따른 분류

예산기간은 예산의 목적과 그 불확실성에 따라 하루부터 수년까지 매우 다양하다. 일반적으로 종합예산은 1년 단위로 설정하는데, 그 이유는 예산수치가 실제성과와 비교 가능하도록 하기 위함이다. 많은 기업에서는 예산기간을 4분기로 나누며, 1분기 내에서는 다시 월별로 예산을 세분하여 설정한다. 이들 예산수치는 가까운 장래의 계획치이므로 상당히 정확도를 높일 수 있다. 2분기부터는 분기별로만 예산을 설정한다. 1분기가 진행되는 동안 2분기 예산은 다시 월별로 세분화된다. 이러한 과정을 통하여 예산을 편성하면 예산을 계속적으로 검토·재평가할 수 있게 된다.

연속예산

12개월의 종합예산 가운데 1월이 경과하면 다음 해의 1월 예산을 추가하여 예산기간이 항상 12개월이 되도록 예산을 편성할 수 있다. 이러한 예산을 **연속예산**(continuous budget or rolling budget)이라 한다. 연속예산의 이점은 경영자로 하여금 앞으로의 12개월을 항상 염두에 두고 계획하도록 한다는 것이다.

자본예산

한편, 토지·건물 또는 자본설비 등의 취득과 관련된 예산은 예산기간이 상당히 장기간이다. 유형자산의 취득과 관련한 예산을 **자본예산**(capital budget)이라 한다. 이 자본예산은 경영자로 하여금 유형자산을 취득할 때 자금을 충분히 조달할 수 있는가를 사전에 파악하게 한다. 이러한 장기적 계획이 없다면, 거액의 자금이 수반되는 유형자산에 대하여 의사결정을 내릴 수 없을 것이다.

(2) 참여예산

예산시스템의 성패 여부는 예산이 어떤 방법으로 편성되느냐에 따라 대부분 좌우된다. 많은 성공적 예산시스템은 원가통제의 책임을 가진 관리자 또는 종업원으로 하여금 자신의 예산을 편성하도록 한다. 이러한 예산을 **참여예산**(participative budget) 또는 자가설정예산(self-imposed budget)이라고 한다.

참여예산의 장점

참여예산의 장점은 다음과 같다.

① 예산편성과정에 참여함으로써 개인들은 조직의 구성원이라는 의식을 갖게 되며, 구성원들의 생각과 판단은 최고경영자에 의해 평가된다.

② 조직 활동에 직접 참여하는 사람이 예산 추정치를 세우는 가장 적임자이다. 따라서 현장에서 세우는 예산추정치는 보다 정교하고 신뢰할 수 있다.
③ 상위자로부터 강압적으로 설정된 예산보다 자신이 설정한 예산을 보다 열심히 달성하고자 한다.
④ 자신이 설정한 예산을 달성하지 못할 경우 그 책임은 자신에게 있기 때문에 원가통제에 유리하다. 만약 상위자로부터 예산이 강압된다면, 하위자는 예산이 비현실적으로 설정되었기 때문에 달성하지 못했다고 변명할 수도 있을 것이다.

예산 슬랙

참여예산에서 하위자가 자신의 예산을 설정하고 나면, 상위자는 그 예산을 다시 검토한다. 만약 상위자로부터의 검토가 없다면, 하위자는 예산을 너무 느슨하게 편성할 가능성이 존재하게 된다. 왜냐하면 예산을 기준으로 하여 성과평가가 이루어지므로 하위자는 유리한 성과평가를 받기 위하여 예산을 느슨하게 편성할 수 있기 때문이다.

미래의 기대치와 예산설정치와의 차이를 **예산 슬랙**(budgetary slack)이라 한다. 하위자는 미래의 불확실성에 대한 완충장치로서 예산 슬랙을 만들 가능성이 존재하기 때문에 하위자가 설정한 예산은 반드시 상위자로부터 검토되어야 한다. 만약 상위자가 하위자의 예산에 대한 수정이 필요하다고 판단하면, 하위자와 충분한 토의를 거친 후 다시 예산을 편성한다.

참여예산을 통하여 조직의 모든 부문이 공동으로 노력하게 된다. 최고경영자는 날마다 이루어지는 상세한 원가자료를 깊이 알지 못하기 때문에, 상세한 예산정보를 제공할 하위자에게 의존해야만 한다. 반면에 최고경영자는 예산편성과정에서 중요한 포괄적 정책 의사결정에 대한 의견을 갖는다. 이와 같이 조직의 모든 부문이 통합된 예산을 설정하기 위해 노력을 함께 기울이게 된다.

(3) 영기준예산

많은 경우 예산편성은 전년도를 기준으로 일정한 비율만큼 증가시키는 점증주의 방법(incremental budgeting)에 의한다. 예컨대 국가의 예산편성과정을 살펴보면 각 부서에서 필요한 예산을 기획재정부에 신청하고 기획재정부에서는 내년도 세수증가율을 고려하여 각 부처의 예산을 조정한다. 각 부서에서 요구하는 예산이나 최종적으로 결정된 예산은 대개 전년도의 예산을 기준으로 하여 적정한 비율만큼 증액시킨다. 회사의 예산이나 학교의 예산 또는 등록금 결정시에도 대개 전년도의 예산을 기준으로 한다. 전년도 예산을 기준으로 새로운 예산을 결정하는 점증주의 방식은 과거의 관행과 비능률적 요소들이 미래의 의사결정을 제한한다는 비난을 모면하기 어렵다.

반면에 **영기준예산**(zero – base budget)은 예산편성시 과거의 예산이나 실적을 전혀 고려하지 않고서 마치 새로운 사업이나 프로그램을 처음 착수하듯이 원가를 분석하는 방법이다. 어떠한 원가도 본질적으로 지속적으로 발생한다고 보지 않기 때문에, 경영자는 예산편성시 원점에서부터 출발하여 원가의 타당성을 분석한다. 따라서 경영자는 모든 활동들을 상대적 중요도에 따라 새로이 평가하여야 하며, 이러한 의사결정과정의 일환으로서 예산편성이 이루어진다. 경영자가 보다 중요하다고 판단하는 활동들은 예산에 반영하며, 그 반면에 상대적으로 중요하지 않다고 판단하는 활동들은 예산에 편성되지 않거나 차후 예산 편성시 다시 고려한다.

영기준예산의 장·단점

이러한 영기준예산 편성방법은 전혀 새로운 개념이 아니다. 단지 영기준예산편성방법을 통해 모든 활동들에 대한 검토가 빈번히 이루어진다는 점이 차이가 있다. 무엇보다도 영기준예산은 원점에서 새로이 활동을 검토한다는 점에서 매우 유익하다.

영기준예산을 편성하기 위해서는 수많은 검토 자료가 필요하며 이에 대한 시간, 비용이 엄청나게 소요될 뿐만 아니라 과거의 기득권자의 반발을 어떻게 해소하느냐의 문제가 발생한다. 따라서 영기준예산을 매년 작성한다는 것은 현실적으로 불가능하다. 또한 매년 영기준예산을 편성하는 것 자체가 곧 기계적으로 이루어질 가능성이 있다.

4 효율적 예산의 전제 조건

계획과 통제는 때때로 혼용되어 사용되기도 하지만, 일반적으로 계획(planning)은 미래의 목적을 설정하고, 그 목적을 달성하기 위하여 여러 가지 예산을 편성하는 것을 포함한다. 반면에 통제(control)는 계획단계에서 설정한 목적이 달성되는가를 확인하고 또한 조직의 모든 기능들이 조직의 정책과 일치되는가를 확인하기 위해 경영자가 취하는 여러 조치들을 포함한다. 예산시스템이 효율적으로 이루어지기 위해서는 반드시 계획 및 통제를 위한 시스템을 갖춰야 한다. 효율적 통제가 없는 좋은 계획이란 시간만 소비할 뿐이며, 반면에 사전에 계획이 수립되지 않으면 어떤 통제를 취해야 할지 목적이 없게 된다.

조직이 장기적 목적을 향하여 나아가도록 하기 위해서 효율적 예산을 편성하기 위한 전제조건을 살펴보자.

(1) 조직의 목적

조직 전체의 목적은 계량화할 수 있어야 하며 또한 조직의 전략적, 장기적 계획을 바탕으로 하여야 한다. 조직의 목적은 시장점유율, 판매량, 순이익 등으로 표현한다.

(2) 목적의 세분화

조직 전체의 목적은 하위목적으로 세분화할 수 있어야 한다. 예컨대 조직 전체의 목적이 법인세 차감후 순이익을 5% 증대시키는 것이라면, 이 목적이 판매원이나 생산담당자에게 별다른 지침이 되지 못한다. 따라서 조직의 하부조직으로 내려갈수록 목적은 보다 구체화되어야 한다. 앞의 예에서 영업담당자에게는 제품의 판매량 또는 매출액의 목적이 설정되어야 하며, 생산담당자에게는 생산량에 대한 목적이 구체적으로 설정되어야 한다. 가능하다면, 하위목적은 표준원가로써 표현되는 것이 좋다.

(3) 목표일치성

하위목적은 다른 목적들과 목표일치성(goal congruence)이 있어야 한다. 효율적 예산은 조직 내의 활동을 조정해야 하며, 불필요한 내부 갈등을 야기시켜서는 안된다. 영업담당자는 긴급주문을 소화하길 원하나 이는 생산부서의 제품제조원가를 상승하는 결과를 야기할 것이다. 따라서 생산부서에서는 긴급주문량을 제조하길 꺼려한다. 이러한 경우 해결하는 하나의 방안으로서 긴급주문에 따른 추가생산원가를 영업담당자가 부담하도록 사전에 정해두는 것이다.

한편, 하위목적을 세울 때에는 조직의 장기적 목적과 목표일치성이 있어야 한다. 예컨대 생산담당자에게 표준원가의 달성을 지나치게 강조하면, 제품의 품질이 나빠져 장기적으로 판매량의 감소가 뒤따를지 모른다. 따라서 조직의 장기적 목적과 일치하도록 하위목적을 설정하여야 한다.

(4) 피드백

예산은 성과평가절차 또는 피드백 과정이 뒤따라야 한다. 여기서 **피드백**(feedback, 환류)이란 과거활동결과를 이해관계자에게 전달하는 과정을 뜻한다. 종업원들은 당기의 영업활동을 적절히 수정하거나 미래의 계획을 보다 증진시키기 위해서는 당기의 성과가 어떻게 예산과 비교되는가를 알고자 한다. 만약 피드백이 없거나 실제 성과와 예산과의 차이에 대한 적절한 성과평가가 없다면, 종업원들은 예산을 하나의 요식행위 내지는 불필요하다고 생각할 것이다. 피드백이 없거나 차이에 대한 원인분석이 이루어지지 않는다는 것은 최고경영자가 예산에 대해 별 관심이 없다는 증거가 될 것이다.

(5) 행동과학적 측면의 고려

최고경영자와 하위경영자 또는 종업원들의 예산에 대한 다음과 같은 행동과학적 측면을 고려하여야 한다.

첫째, 최고경영자가 예산에 대해 지니는 행동과학적 측면을 살펴보자. 어떠한 예산시스템이 하위자들에게 받아들여지느냐의 여부는 최고경영자가 예산을 기업의 중요한 활동으로 인식하느냐의 정도와 최고경영자가 예산정보를 어떤 방식으로 활용하느냐에 따라 결정된다.

예산시스템이 성공적으로 운영되려면 무엇보다도 최고경영자의 관심과 지지가 절대적으로 필요하다. 만약 최고경영자가 예산에 대해 별로 관심이 없다는 사실을 중간경영자 또는 하위경영자가 안다면 또는 최고경영자가 예산을 하나의 요식행위 정도로 인식한다는 것을 중간경영자 또는 하위경영자가 안다면, 그들은 예산을 대충 설정할 것이다. 예산편성이란 매우 힘든 작업이므로, 최고경영자가 이 예산편성에 많은 관심을 기울이지 않는 한, 조직의 그 누구도 힘든 작업을 수행하려 하지 않을 것이다.

예산시스템을 실행하는 과정에서 최고경영자는 예산을 종업원의 압력수단으로 또는 어떠한 문제가 발생했을 때 누군가를 질책하기 위한 수단으로 사용해서는 안 된다. 예산을 부정적으로 사용하면 종업원의 협력이나 생산성 증대보다는 반목과 긴장과 불신만을 조장하게 된다. 예산을 종업원의 압력 수단으로 활용하기보다는 조직의 목적을 달성하는 것을 돕고, 영업성과를 측정할 수 있으며, 추가적 노력과 관심이 필요한 영역을 발견하는 적극적 수단으로 활용하여야 한다. 종업원들이 예산시스템에 가질 수 있는 오해들은 예산편성과정에서의 참여와 예산시스템의 적절한 활용으로 해소시켜야 한다. 예산시스템의 관리는 최고경영자의 상당한 안목과 탁월한 감각을 요한다.

둘째, 하위경영자 또는 종업원의 예산에 대한 행동과학적 측면을 고려하여야만 효율적 예산이 될 수 있다. 하위목적을 수용하지 않거나 또는 예산에 대해 부정적 편견을 갖고 있는 피평가자라면 예산의 많은 가치를 저하시키는 행동을 취할 수 있다. 예컨대 피평가자는 하위목적을 쉽게 달성하기 위하여 느슨한 예산(loose budget)이 편성되길 원한다. 평가자보다는 상대적으로 우월하게 갖고 있는 피평가자의 사적 정보(private information)를 이용하여 예상매출액을 낮게 보고하거나 예상원가를 높게 보고함으로써 예산을 쉽게 달성하도록 만들 수 있다. 따라서, 피평가자의 우월한 정보를 진실하게 보고하고 또한 열심히 노력하도록 하기 위해서는 이를 유인하기 위한 인센티브 급여제도(incentive pay scheme)를 적절히 설계하여야 한다.

한편, 예산은 실제능력을 반영하고 있음을 종업원들이 믿을 수 있어야 한다. 즉 엄격한 표준 또는 예산을 사용해서는 안되며 또는 생산성의 증대가 자동적으로 다음 해의 표준이 되도록 하는 톱니원칙(ratchet principle)을 사용해서는 안된다. 만약 특정 연도에 열심히 노력하여 좋은 성과가 나타났으나 그것이 다음 연도의 표준으로 설정된다면, 종업원들은 열심히 노력할 필요성을 못 느끼게 될 것이다.

제 2 절 종합예산의 편성

종합예산은 상호밀접한 관련을 갖는 많은 개별 예산들로 구성된다. 종합예산의 흐름을 도표로 나타내면 [그림 12-1]과 같다.

종합예산의 첫 단계는 판매예산으로부터 출발한다. 판매예산을 바탕으로 제조예산과 판매관리비예산을 작성한다. 제조예산과 기말재고자산예산을 바탕으로 직접재료원가예산, 직접노무원가예산, 제조간접원가를 작성하고, 이들로부터 매출원가예산을 편성한다. 또한 판매예산과 매출원가예산, 판매관리비예산으로부터 예산손익계산서를 작성한다. 한편 판매예산과 매출원가예산, 판매관리비예산 그리고 장

| 그림 12-1 | 종합예산의 흐름

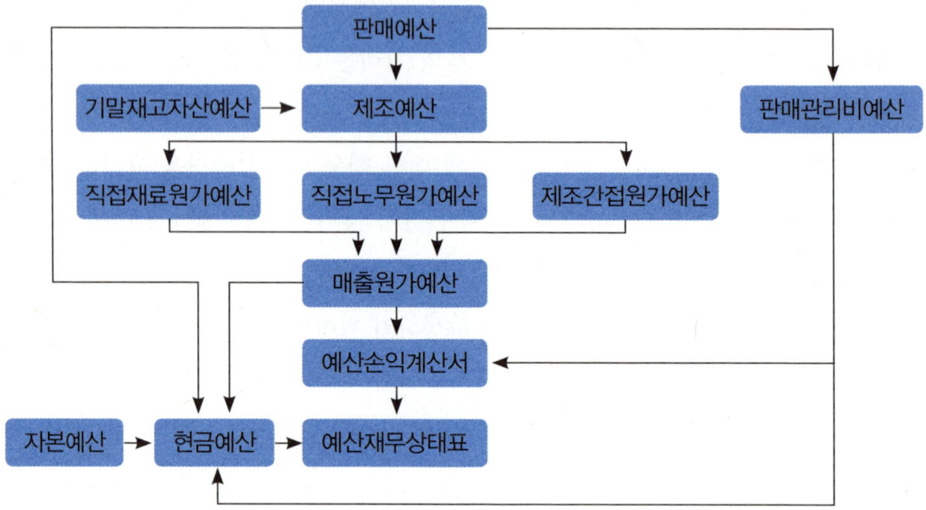

기적 현금수요를 고려한 자본예산으로부터 현금예산을 작성한다. 예산손익계산서와 현금예산으로부터 예산재무상태표를 작성함으로써 일련의 종합예산 편성을 마치게 된다.

이러한 종합예산 편성절차는 원가계산절차와 정반대로 이루어짐을 알 수 있다. 종합예산은 미래활동에 대한 재무적 결과를 예측하는 데 중점을 둔 반면에, 원가계산은 과거영업활동의 재무적 결과를 측정하는 데 중점을 두기 때문이다.

종합예산은 다음과 같이 크게 운영예산과 재무예산으로 구분할 수 있다.

(1) 운영예산

① 판매예산

② 제조예산*

③ 직접재료원가예산, 직접노무원가예산, 제조간접원가예산*

④ 매출원가예산

⑤ 판매관리비예산

⑥ 예산손익계산서

* 상품매매기업의 경우에는 ②, ③ 대신에 상품매입예산을 작성함.

(2) 재무예산

① 자본예산

② 현금예산

③ 예산재무상태표

운영예산(operating budget)은 손익계산서의 작성 과정에 초점을 둔 반면에, **재무예산**(financial budget)은 운영예산 및 재무상태의 변화가 현금에 미치는 영향에 초점을 두고 있다.

1 판매예산

판매예산(sales budget)이란 미래의 예상매출액을 보여주는 명세표이다. 판매예산은 모든 예산편성 과정의 첫 출발이기 때문에 정확한 판매예산을 작성하기 위해 많은 시간과 노력을 투입하여야 한다. 판매예산에 의해 제조예산 및 매출원가예산, 현금예산 등 거의 대부분의 예산이 영향을 받게 된다.

판매예측의 변수

판매예산은 해당 기업의 예상매출액뿐만 아니라 그 기업이 속한 산업의 예상매출액 등을 포함한 판매예측에 의해 작성한다. 판매예측시 고려해야 할 변수는 다음과 같다.

① 과거의 제품별, 지역별, 고객별 판매량

② 미래의 가격 정책

③ 연구활동

④ 전반적 경제동향 및 산업경제동향

⑤ 거시적 경제지표 동향(GNP, 실업률, 물가, 개인소득 등)

⑥ 광고 및 판매촉진활동

⑦ 산업 내 경쟁도 및 시장점유율

일반적으로 판매예측시 가장 먼저 고려하는 변수는 과거의 판매실적이다. 과거의 판매실적을 바탕으로 가격, 경쟁력, 경제동향 등을 고려하여 예산기간 동안의 예상판매량을 예측한다. 판매예측에 필요한 자료의 수집 및 해석에는 모든 부서가 참여하여야만 자료의 유용성과 신뢰도를 높일 수 있다.

특히 판매원의 적극적 참여에 의해 판매예산이 편성되어야 한다. 왜냐하면 판매원이야말로 고객의 욕구와 제품의 수요 상황에 대한 가장 좋은 정보원이기 때문이다. 판매원의 예측 이외에도 회귀분석, 추세분석, 상관분석 및 기타 계량경제적 방법 등 통계적 방법을 이용하여 판매예측이 이루어진다.

판매예측에 대한 자세한 설명은 마케팅분야에서 주로 다루며, 회계학에서는 예상판매량이 주어졌다고 가정한다. 그러나 실제로 판매예산을 편성할 때에는 판매예측에 가장 많은 관심과 시간을 투자하여야 한다.

예제 12-1 판매예산 (04CTA)

인천㈜의 2/4분기 매출수량과 생산수량에 대한 예산자료가 다음과 같다.

	4월	5월	6월
매출수량	100,000단위	120,000단위	?
생산수량	104,000단위	128,000단위	156,000단위

인천㈜의 4월 1일 현재 제품의 재고량은 20,000단위이다. 회사의 정책에 따르면 매월 말 제품의 재고로 다음 달 판매수량의 20%를 반드시 보유하여야 한다. 7월의 매출은 140,000단위가 될 것으로 예상하고 있다. 6월의 예상 판매수량은 얼마인가?

해답

6월의 예상판매량을 y라 하면

제품(6월 – 수량)

차변			대변		
기초수량	$y \times 20\% =$	$0.2y$	예상판매량		y
목표생산량(?)		156,000개	기말수량	140,000개 × 20% =	28,000개
		$0.2y + 156,000$			$y + 28,000$

$\therefore y = 160,000$개

❷ 제조예산

판매예산으로부터 예상판매량이 확정되면 예산기간 동안 생산해야 할 제품 수량을 결정하는 제조예산을 실행한다. 이때 생산해야 할 제품 수량은 예산기간 동안 판매할 수량과 기말에 보유해야 할 안전재고의 수량을 모두 포함한다. 즉, **제조예산**(production budget)은 예상판매량과 기말제품재고수준을 충족하기 위하여 생산하여야 할 제품의 수량에 대한 예산이다. 따라서, 제조예산은 **생산량예산**이라 불리기도 한다. 예산기간 동안에 생산해야 할 제품의 수량은 예상판매량과 기말 제품수량을 가산하고 기초 제품수량을 차감하여 구한다.

> **제품생산량 = 제품판매량 + 기말 제품재고량 − 기초 제품재고량**

기말 제품재고량은 차기의 예상판매량을 기준으로 일정한 비율로 설정되거나 안전재고로서 일정수준으로 설정된다. 이와 같이 제품재고수준을 고려하는 이유는 지나친 제품재고로 인하여 자금이 묶이거나 재고비용이 높게 발생하는 것을 사전에 방지하기 위함이며, 또한 제품재고가 너무 적음으로 인하여 다음 기간에 긴급하게 제품을 생산하거나 수요를 충족하지 못함으로써 발생하는 기회원가를 사전에 방지하기 위함이다.

한편, 상품매매기업의 경우에는 제조예산 대신에 **상품매입예산**(purchases budget)을 작성한다. 상품매매기업은 제품원가를 따로 계산할 필요 없이 매입시 지급해야 할 금액을 바로 예측할 수 있으므로, 제조기업과 달리 매입수량에 대한 예산과 매입금액에 대한 예산이 동시에 이루질 수 있다. 따라서 차기에 매입해야 할 상품의 수량(금액)은 예상 판매량(매출원가)과 기말 상품수량(금액)을 가산하고 기초 상품수량(금액)을 차감하여 구한다. 상품매입예산

> **상품매입량 = 판매량 + 기말 상품재고량 − 기초 상품재고량**
> **상품매입액 = 매출원가 + 기말 상품재고액 − 기초 상품재고액**

예제 12-2 상품 매입예산 (15CTA)

㈜국세의 월별 상품 매출액 예산은 1월 ₩5,000, 2월 ₩10,000, 3월 ₩20,000, 4월 ₩40,000이다. 매출액에 대한 매출원가의 비율은 80%이고, 월말재고는 다음 달 예상매출원가의 20%이다. 3월에 예상되는 상품 매입액은?

해답

	1월		2월		3월		월
매출액	5,000		10,000		20,000		40,000
매출원가	4,000	20%	8,000	20%	16,000	20%	32,000
월말재고	1,600 ←		3,200 ←		6,400 ←		

3월의 매출원가 ₩16,000 = 월초재고 ₩3,200 + 3월매입(? = ₩19,200) − 월말재고 6,400

❸ 제조원가예산

예산기간 동안에 생산하여야 할 제품의 수량이 파악되면, 이에 따라 직접재료원가예산, 직접노무원가예산, 제조간접원가예산을 편성한다. 제품 단위당 표준원가가 사전에 설정되어 있으면 표준제조원가를 손쉽게 구할 수 있다.

(1) 직접재료원가예산 및 재료매입예산

직접재료원가예산(direct materials budget)은 차기 제품생산량에 제품 단위당 직접재료원가를 곱하여 구한다.

직접재료원가예산 = 제품생산량 × 제품 단위당 직접재료원가

예제 12－3 재료 매입예산 (21CTA)

손세정제를 제조하는 ㈜세무의 20×1년도 직접재료예산과 관련된 자료는 다음과 같다. 이를 바탕으로 구한 2분기의 직접재료구매예산액은?

• 판매예산에 따른 각 분기별 제품판매량

1분기	2분기	3분기	4분기
1,000통	3,000통	5,000통	2,000통

• 각 분기별 기말목표 제품재고량은 다음 분기 판매량의 20%로 한다.
• 각 분기별 기말목표 재료재고량은 다음 분기 제품생산량에 필요한 재료량의 10%로 한다.
• 손세정제 1통을 만드는데 20kg의 재료가 필요하다.
• 재료의 구입단가는 kg당 ₩2이다.

해답

2분기 제조예산 :

기초제품(3,000통 × 20%) + 생산량(? = 3,400통) = 판매량(3,000통) + 기말제품(5,000통 × 20%)

3분기 제조예산 :

기초제품(5,000통 × 20%) + 생산량(? = 4,400통) = 판매량(5,000통) + 기말제품(2,000통 × 20%)

2분기 원재료구입예산 :

기초원재료(3,400통 × 20kg × 10% × ₩2) + 2분기구입(? = ₩140,000)

= 당기생산투입(3,400통 × 20kg × ₩2) + 기말원재료(4,400통 × 20kg × 10% × ₩2)

직접재료원가예산과 관련하여 추가적으로 분석해야 할 사항은 재료매입예산(direct materials purchases budget)이다. 직접재료원가 자체가 재료 매입액이 아니며, 재료매입액은 현금지출에 밀접한 영향을 미치기 때문에 별도로 분석하여야 한다. 예산기간의 재료매입량(금액)은 제품생산에 필요한 재료의 수량(금액)과 기말의 재료재고량(금액)의 합계액에서 기초의 재료재고량(금액)을 차감하여 구한다.

(2) 직접노무원가예산

직접노무원가예산(direct labor budget)은 제품 생산에 필요한 노동력을 충분히 확보할 수 있는가의 여부를 확인하기 위하여 작성한다. 사전에 어느 정도의 노동력이 필요한가를 분석함으로써 상황에 맞게 노동력의 수급에 관한 계획을 수립할 수 있다. 직접노무원가예산을 소홀히 할 경우, 노동력의 부족 현상이 발생하거나 반대로 과잉노동력을 해고시켜야 할 어려움에 직면하게 된다. 직접노무원가예산은 제품생산량과 제품 단위당 직접노무원가를 곱하여 구한다.

직접노무원가예산 = 제품생산량 × 제품 단위당 직접노무원가

예제 12-4 직접노무원가예산 (20CTA)

다음은(주)세무의 20×1년도 2/4분기 판매량 예산이다. 월말 제품재고는 다음 달 판매량의 10%를 보유하는 정책을 유지하고 있으며, 제품 단위당 직접노무시간은 4월 3시간, 5월 3시간, 6월에는 4시간 소요될 것으로 예상하고 있다. 시간당 임금이 4월에 ₩50, 5월부터 매월 ₩5씩 상승한다고 할 때, 6월의 직접노무원가예산은? (단, 7월의 판매량 예산은 5,000단위이다.)

4월 : 3,000단위	5월 : 4,000단위	6월 : 4,000단위

해답

6월 제조예산 :

기초제품(4,000단위 × 10%) + 생산량(? = 4,100단위)

= 판매량(4,000단위) + 기말제품(5,000단위 × 10%)

6월 직접노무원가예산 :

직접노무시간(4,100단위 × 4시간 = 16,400시간) × (₩50 + 5 + 5) = ₩984,000

(3) 제조간접원가예산

제조간접원가예산(manufacturing overhead budget)은 직접재료원가와 직접노무원가를 제외한 기타 제조원가에 대한 예산이다. 제조간접원가는 예산편성의 목적을 위해 원가행태별로 변동제조간접원가와 고정제조간접원가로 구분하여야 한다. 변동제조간접원가예산(variable overhead budget)은 사전에 설정한 변동제조간접원가 예정배부율을 이용하여 다음과 같이 편성한다. 한편, 고정제조간접원가예산은 총액으로 파악한다.

> 변동제조간접원가예산 = 예상조업도 × 변동제조간접원가 예정배부율

❹ 매출원가예산

예산기간 동안 생산한 제품 가운데 판매되리라 예상되는 제품원가에 대한 예산을 매출원가예산(cost of goods sold budget)이라 한다. 판매되지 않고 기말에 남아 있는 제품은 기말 제품재고액으로 재무상태표상에 표시된다.

매출원가예산은 제조원가예산(직접재료원가예산, 직접노무원가예산, 제조간접원가예산)을 수립한 후 이루어질 수밖에 없다. 제조원가예산에서 단위당 제품제조원가가 확정되면 판매예산에서 예측한 판매수량을 곱하면 매출원가예산금액을 구할 수 있다.

> 매출원가예산 = 단위당 제품제조원가(제조원가예산) × 판매수량(판매예산수량)

만일, 기초제품재고액과 기말제품재고액이 주어진다면 매출원가예산은 기초제품재고액과 당기제품제조원가의 합계액에서 기말제품재고액을 차감하여 구한다. 당기제품제조원가를 구할 때에는 기초재공품과 기말재공품을 고려해야 하나, 기말재공품을 예상하기란 매우 힘들기 때문에 대개 이들을 무시하고 예산을 편성하거나 기초재공품원가와 기말재공품원가가 동일하다고 가정하고서 예산을 편성한다.

> 매출원가예산 = 기초제품재고액 + 당기제품제조원가 − 기말제품재고액

5 판매관리비예산

판매관리비예산(selling and administrative expense budget)은 예산기간 동안 제품 제조활동 이외의 판매활동 및 관리활동에서 발생하리라 예상되는 비용에 대한 예산이다. 판매관리비를 구성하는 항목이 매우 다양한 경우에는 판매관리비예산을 보다 세분화하여 판매비예산과 관리비예산으로 구분할 수 있다.

판매관리비도 제조간접원가처럼 원가행태별로 파악하여 변동판매관리비와 고정판매관리비로 구분하여 예산을 편성하여야 한다. 변동판매관리비는 판매량 또는 매출액을 기준으로 계산하며, 고정판매관리비는 총액으로 파악한다.

6 예산손익계산서

예산손익계산서(budgeted income statement)는 예산기간의 매출액, 비용, 손익에 대한 수익성을 종합적으로 나타내주는 예산이다. 이는 앞에서 분석한 판매예산, 매출원가예산, 판매관리비예산 등을 바탕으로 작성한다.

지금까지는 원가의 기능별 분류에 따라 손익계산서를 작성하는 과정을 위주로 설명하였으나, 원가를 원가행태별로 분류하여 공헌손익계산서를 작성할 수도 있다.

7 현금예산

현금예산(cash budget)은 현금의 수입액과 지출액에 대한 예산이다. 현금예산은 단기 계획설정 과정에서 매우 중요하다. 회계수치상으로 손실이 나타나더라도 기업운영은 가능할 수 있지만, 현금 없이는 기업운영을 할 수 없기 때문이다.

현금예산은 다음과 같이 크게 네 가지 부분으로 구성된다.

① 이용가능한 현금
② 현금 지출액
③ 현금의 초과액 또는 부족액
④ 현금의 조달 및 상환액

이용가능한 현금은 기초 현금잔액과 예산기간 동안에 유입되리라 예상되는 현금을 가산한 금액이다. 현금 유입의 대부분은 매출을 통하여 이루어진다. 상품 또는 제품을 외상으로 판매하는 경우에는 판매 시점과 회수 시점이 다를 수 있기 때문에, 회수기간이나 회수율 또는 대손율, 매출할인 등을 분석하여야 한다.

예산기간의 현금 지출 예상액은 원재료의 매입, 직접노무원가의 지급, 제조간접원가의 지급, 판매관리비의 지급뿐만 아니라 법인세, 자본적 지출, 배당금의 지급 등으로 구성된다. 원재료를 외상으로 매입하는 경우에는 매입 시점과 현금 지급 시점이 다를 수 있기 때문에 지급기간이나 매입할인 등을 자세히 분석하여야 한다. 현금 지출과 관련하여 특히 유의해야 할 항목은 현금지출이 수반되지 않는 원가 또는 비용이다. 예컨대 공장감가상각비는 제조간접원가이지만 현금지출이 수반되지 않으며, 대손상각은 현금지출이 수반되지 않는 판매관리비이다.

이용가능한 현금에서 현금 지출액을 차감하면 현금의 초과액 또는 부족액이 계산된다. 만약 현금이 부족하다면 현금 차입과 차입금에 대한 이자 지급이 필요하며, 현금이 충분하다면 과거의 차입액을 상환하거나 예금기관에 예치하여야 한다. 이를 현금의 조달 및 상환액으로 별도로 파악한다. 이는 불필요하게 많은 현금을 보유하거나 현금 부족으로 시달리는 것을 미연에 방지하기 위함이다.

예산기간 말의 현금잔액은 기초 현금잔액과 현금수입예상액의 합계액에서 현금지출예상액을 차감하고, 현금의 조달 또는 상환액을 가감함으로써 구한다.

현금예산의 예산기간은 가능한 짧을수록 좋다. 예컨대 월별 또는 1주일 단위로 현금예산을 편성함으로써 기업의 가장 중요한 재무적 흐름을 예상하여야 한다.

예제 12-5 현금수입예산 (17CTA)

㈜세무의 외상매출대금은 판매 당월(첫째 달)에 60%, 둘째 달에 35%, 셋째 달에 5% 회수된다. 20×1년 12월 31일 재무상태표의 매출채권 잔액은 ₩70,000이며, 이 중 ₩60,000은 20×1년 12월 판매분이고, ₩10,000은 20×1년 11월 판매분이다. 20×2년 1월에 현금매출 ₩80,000과 외상매출 ₩350,000이 예상될 때, 매출과 관련된 20×2년 1월의 현금유입액과 1월말 매출채권 잔액은?

해답

작년 11월의 외상매출액을 x라 하면,

$x \times 0.05 = ₩10,000 \qquad \therefore x = ₩200,000$

작년 12월의 매출액을 y라 하면,

$y \times (0.35 + 0.05) = ₩60,000 \qquad \therefore y = ₩150,000$

	11월	12월	1월
외상매출액	₩200,000	₩150,000	₩350,000
당월회수(60%)	120,000	90,000	210,000

1월의 현금유입액 = 1월 현금매출액 ₩80,000 + 1월 외상매출 회수 350,000 × 0.6 + 12월 외상매출 회수 150,000 × 0.35 + 11월 외상매출 회수 200,000 × 0.05 = ₩352,500

1월말 매출채권 = 1월 매출채권 잔액 ₩350,000 × (0.35 + 0.05) + 12월 매출채권 잔액 150,000 × 0.05 = ₩147,500

예제 12-6 현금지출예산 (20CTA)

㈜세무는 상품매매업을 영위하고 있으며, 20×2년 1분기의 매출액 예산은 다음과 같다.

구분	1월	2월	3월
매출액	₩100,000	₩120,000	₩150,000
매출원가율	80%	75%	70%

㈜세무의 20×1년 말 재무상태표에 표시된 상품재고는 ₩10,000이고, 매입채무 ₩42,400이다. ㈜세무는 20×2년에 매월 기말재고로 다음 달 예상 매출원가의 10%를 보유한다. 매월 상품매입은 현금매입 40%와 외상매입 60%로 구성되며, 외상매입대금은 그 다음 달에 모두 지급한다. 상품매입으로 인한 2월의 현금지출 예산은?

해답

2월 현금지출예산은 2월 상품매입액의 40%와 1월 상품매입액의 60%로 구성된다.

1월 상품매입액 :

기초재고(₩10,000) + 상품매입액(? = ₩79,000)
= 매출원가(₩100,000 × 80%) + 기말재고(₩120,000 × 75% × 10%)

2월 상품매입액 :

기초재고(₩9,000) + 상품매입액(? = ₩91,500)
= 매출원가(₩120,000 × 75%) + 기말재고(₩150,000 × 70% × 10%)

2월 상품매입으로 인한 현금지출액 :

1월 상품매입으로 인한 현금지급액(₩79,000 × 60%) + 2월 상품매입으로 인한 현금지급액(₩91,500 × 40%) = ₩84,000

예제 12-7 현금수입예산

모든 매출은 외상으로 이루어진다. 과거의 경험에 의하면 외상매출금 중 50%는 당월에 회수되며, 30%는 1개월 후에, 18%는 2개월 후에 회수된다. 나머지 2%는 회수불능이며, 대손상각비는 직접차감법에 의해 계산한다. 당월에 상환되는 외상매출금에 대해서는 2%의 매출할인이 이루어진다.
한편, 1월초의 외상매출금 ₩250,000 중 ₩50,000은 작년 11월 매출분이며, 나머지 ₩200,000은 작년 12월 매출분이다. 1월의 예상매출액은 ₩450,000이다.

물음

1. 작년 11월, 12월의 매출액을 구하시오.
2. 1월의 현금수입예산을 작성하시오.

해답

1. 작년 11월의 매출액을 x라 하면,

$x \times (0.18 + 0.02) = ₩50,000$ $\therefore x = ₩250,000$

작년 12월의 매출액을 y라 하면,

$y \times (0.3 + 0.18 + 0.02) = ₩200,000$ $\therefore y = ₩400,000$

2. 현금수입예산

		현금수입		
	매출액	11월	12월	1월
11월	₩250,000	₩122,500	₩75,000	₩45,000
12월	400,000		196,000	120,000
1월	450,000			220,500*
현금 수입액				₩385,500

* ₩450,000 × 50% × 98% = ₩220,500
참고로 대손상각비는 현금 수입과 전혀 관련이 없다.

8 예산재무상태표

예산재무상태표는 예산기간말의 기업의 재무상태를 나타내는 보고서이다. 앞 단계의 현금, 기말재고자산, 외상매출금의 미회수분, 외상매입금의 미지급분, 기타 채권·채무의 변화를 반영하여 예산재무상태표를 작성한다. 예산재무상태표상의 당기순이익은 예산손익계산서상의 당기순이익과 항상 일치하여야 한다.

연 습 문 제 exercise

01 구매예산 : 상기업 (08CTA)

대한회사의 1월, 2월, 3월 예상 상품매출액은 각각 ₩3,500,000, ₩4,100,000, ₩3,800,000이다. 매월 기말재고액은 다음 달 예상매출원가의 25%이며, 상품의 매출총이익률은 30%이다. 2월의 예상 상품 매입액은 얼마인가?

02 상품매입예산 (21CPA)

㈜대한의 20×2년 1월부터 4월까지의 예상 상품매출액은 1월 ₩4,000,000, 2월 ₩5,000,000, 3월 ₩6,000,000, 4월 ₩7,000,000이다. ㈜대한은 20×1년 동안 월말 재고액을 다음 달 예상 매출원가의 10%(이하 재고비율)로 일정하게 유지하였다. 만약 20×2년 초부터 재고비율을 20%로 변경·유지한다면, 20×2년 3월 예상 상품매입액은 재고비율을 10%로 유지하는 경우에 비해 얼마나 증가하는가? 단, ㈜대한의 매출총이익률은 30%로 일정하다고 가정한다.

03 원재료 매입예산 (05CTA)

태양회사는 제품 단위당 4g의 재료를 사용한다. 재료 1g당 가격은 ₩0.8이며, 다음 분기 재료 목표사용량의 25%를 분기말 재고로 유지한다. 분기별 생산량은 1분기 24,000단위, 2분기 35,000단위이다. 1분기의 재료 매입액은 얼마인가?

04 원재료 매입예산 (13CTA)

㈜세무의 2분기와 3분기 생산량예산은 각각 400단위, 500단위이다. 제품 생산을 위하여 단위당 2g의 재료가 균일하게 사용되며, 2분기의 재료 매입량은 820g으로 추정된다. ㈜세무가 다음 분기 예산 재료사용량의 일정 비율만큼을 분기 말 재고로 유지하는 정책을 사용하고 있다면 그 비율은?

05 원재료 매입예산 (07CTA, 87CPA유사)

대한회사는 주요 원재료 A를 사용하여 제품 P를 생산하고 있다. 제품 P 한 단위를 생산하기 위해서는 원재료 A가 3kg 소요된다. 20×6년말의 재고자산 종류별 실제재고수량과 20×7년도의 분기별 예상 판매량은 다음과 같다.

20×6년 12월 31일 현재 재고수량	
재고자산	수량
원재료 A	4,000kg
재공품	없음
제품 P	2,500단위

20×7년 분기별 예상판매량	
분기	판매량
1/4	8,000단위
2/4	9,000단위
3/4	7,000단위
4/4	9,000단위
합계	33,000단위

대한회사의 재고정책에 의하면, 각 분기말 제품 재고수량은 다음 분기 예상판매량의 30% 수준으로 유지한다. 또한 각 분기말 원재료 재고수량은 일정하게 4,000kg씩 유지하며 재공품 재고는 없다. 20×7년 2/4분기 중에 매입하여야 할 원재료 A의 물량은 얼마인가?

06 재료 매입예산

삼신제조기업의 3월 예상판매량은 15,000개, 4월은 9,000개, 5월은 7,000개이다. 이 기업에서는 기말제품재고량을 다음 달 예상판매량의 30% 수준으로 유지하고자 한다. 제품 1단위를 생산하기 위해서는 재료 0.5kg이 필요하다. 기말재료는 다음 달 생산에 필요한 재료의 10% 수준을 유지하고자 한다. 한편, 재공품은 없다. 3월에 구입해야 할 재료의 수량에 대해 재료 매입예산은 몇 kg인가?

07 재료 매입예산 (14CPA)

㈜한국은 단일의 제품 A를 생산·판매하고 있다. 이 회사가 20×1년 3월에 대한 예산을 수립할 목적으로 수집한 자료의 일부는 다음과 같다.

가. 20×1년 3월, 4월 및 5월에 대한 제품 A의 월별 예상판매량은 각각 100단위, 120단위, 140단위이다.
나. 제품을 한 단위 생산하는데 소요되는 직접재료원가는 ₩20이며, 이는 계속 유지될 것으로 예상된다.
다. 이 회사는 20×1년 2월말 현재 재고자산으로 제품 100단위를 생산할 수 있는 직접재료와 40단위의 제품을 보유하고 있다.
라. 20×1년 3월부터 이 회사는 제품의 경우 다음 달 예상판매량의 50%에 해당하는 제품을 월말에 재고로 보유하며, 직접재료의 경우 다음 달 생산에 필요한 직접재료의 80%를 월말에 재고로 보유하는 재고정책을 취하고 있다.
마. 직접재료의 매입은 즉시 현금으로 지급된다.
바. 월초재공품과 월말재공품은 없다.

㈜한국의 20×1년 3월 직접재료 매입예산 금액은 얼마인가?

08 현금 수입예산

백두상사의 4월 예상매출액은 ₩600,000이다. 과거의 경험에 의하면, 이 회사의 외상매출금 회수 비율은 당월에 70%, 1개월 후에 20%, 2개월 후에 8%이다. 나머지 2%는 회수불능이며, 대손상각비는 직접차감법에 의해 계산한다. 당월에 외상매출금을 회수할 경우 2%의 현금할인이 이루어진다. 4월 초의 외상매출금은 ₩195,000이며, 이 가운데 ₩45,000은 2월 외상매출금에 대한 미회수분이며, 나머지 ₩150,000은 3월 외상매출금에 대한 미회수분이다.

물음

1. 2월, 3월의 매출액은 각각 얼마인가?
2. 4월의 현금 수입예산은 얼마인가?

09 현금 지출예산

한라㈜는 부품을 판매하기 한달 전에 조립을 하고 조립하기 한달 전에 부품을 구입한다. 구입대금의 75%는 구입한 달에 지급하고 25%는 그 다음 달에 지급한다. 매출원가에 포함된 부품의 원가는 다음과 같다. 부품구입과 관련하여 5월의 현금 지급액은 얼마인가?

4월	5월	6월	7월	8월
₩5,000	₩6,000	₩7,000	₩8,000	₩8,000

10 현금 지출예산 (89CPA)

동모주식회사는 상품의 총구매가격에 20%의 이익을 가산하여 판매하고 있다. 이 회사는 매월구입액의 70%는 그 달에 지급하고, 나머지는 그 다음 달 초순에 지급한다. 동모주식회사는 다음 달 예상매출원가의 20%를 월말재고로 보유한다. 1월의 구매액이 ₩1,040,000이고, 1월, 2월, 3월의 매출액이 각각 ₩1,200,000, ₩1,440,000, ₩1,800,000일 경우에 2월의 현금지급 예상액은 얼마인가?

11 현금 지출예산 (11CTA)

단일상품을 구입하여 판매하고 있는 ㈜국세는 2분기 예산을 편성 중에 있다. 4월의 외상매출액은 ₩3,000,000, 5월의 외상매출액은 ₩3,200,000 그리고 6월의 외상매출액은 ₩3,600,000으로 예상된다. ㈜국세의 매출은 60%가 현금매출이며, 40%가 외상매출이다. 외상매출액은 판매일로부터 1달 뒤에 모두 현금으로 회수된다. ㈜국세는 상품을 모두 외상으로 매입하며, 외상매입액은 매입일로부터 1달 뒤에 모두 현금으로 지급한다. ㈜국세는 다음 달 총판매량의 20%를 월말재고로 보유하며, 매출총이익률은 20%이다. ㈜국세가 5월 중 상품 매입대금으로 지급할 현금은 얼마인가? (단, 월별 판매 및 구입단가는 변동이 없다고 가정한다.)

12 현금 지출예산 (14CTA, 03CPA유사)

상품매매기업인 ㈜세무의 20×1년 2분기 월별 매출액 예산은 4월 ₩480,000, 5월 ₩560,000, 6월 ₩600,000이다. ㈜세무의 월별 예상 매출총이익률은 45%이다. ㈜세무는 월말재고로 그 다음 달 매출원가의 30%를 보유하는 정책을 실시하고 있다. ㈜세무의 매월 상품매입 중 30%는 현금매입이며, 70%는 외상매입이다. 외상매입대금은 매입한 달의 다음 달에 전액 지급된다. 매입에누리, 매입환출, 매입할인 등은 발생하지 않는다. 상품매입과 관련하여 ㈜세무의 20×1년 5월 예상되는 현금지출액은 얼마인가?

13 현금 예산 (99CPA)

동서㈜는 한 종류의 상품을 구입하여 판매한다. 1월의 매출액은 ₩100,000이고 2월과 3월의 매출액이 각각 ₩150,000, ₩120,000이 될 것으로 예상하고 있다. 이 회사의 매출원가는 매출액의 60%이며 상품은 현금으로 구매한다. 1월 31일의 재고자산은 ₩18,000이고 매월 말의 적정재고량은 다음 달 판매량의 20%이다. 이 회사의 매출액 중 30%는 판매한 달에 회수되고 70%는 판매한 다음달에 회수된다. 2월에 판매비와 관리비로 ₩8,500이 현금으로 지불된다면 2월 중 현금 증가 예상액은 얼마인가?

14 현금예산

한신회사에서의 매출 및 매입과 관련된 사항은 다음과 같다.

가. 모든 매출을 외상으로 하는데, 과거의 경험에 따르면 외상매출금 가운데 당월에 80%, 다음 달에 18%가 회수되고 나머지는 대손된다.

나. 5월의 실제매출액은 ₩500,000이며, 6월의 예상매출액은 ₩600,000, 7월의 예상매출액은 ₩700,000이다.

다. 매출총이익률은 20%이다.

라. 월말 재고정책은 다음 달 판매량의 25%이다. 한편, 4월말 재고자산(원가)은 ₩100,000이다.

마. 모든 상품은 외상으로 매입하며, 당월에 절반을, 다음 달에 나머지 절반을 현금으로 상환한다.

물음

1. 상품 매출과 관련하여 6월의 현금 수입예산은 얼마인가?
2. 상품 매입과 관련하여 6월의 현금 지출예산은 얼마인가?

CHAPTER

13

단기 의사결정

Managerial Decision Making

학습목표

1. 다양한 의사결정상황에 대해 살펴본다.
2. 의사결정과정에서 정보의 역할에 대해 살펴본다.
3. 매몰원가, 기회원가가 무엇이며 이들이 의사결정에 어떤 역할을 수행하는지를 이해한다.
4. 의사결정과 관련한 계량적 분석의 기본모형을 정확히 숙지한다. 기본모형을 바탕으로 특별주문의 수락 – 거절 의사결정, 부품의 자가제조 – 외부구입 의사결정, 제품라인의 유지 – 폐지 의사결정 등에 활용해 본다.
5. 제약자원의 효율적 활용을 위해 제약조건 단위당 공헌이익이 왜 중요하며, 분석적 방법과 그래프에 의한 분석방법을 살펴본다.
6. 원가기준 가격결정과 시장기준 가격결정방법을 비교해 본다. 타겟 코스팅과 카이젠 코스팅에 대해서도 그 유용성을 함께 살펴본다.

제1절 의사결정

1 의사결정의 유형

경영자는 계획, 조직 및 실행, 통제의 관리순환과정에서 수많은 의사결정 상황에 직면한다. 의사결정은 어떤 목적을 달성하기 위하여 취할 수 있는 행동이 여러 가지일 때 발생한다. 만약 행동이 한 가지뿐이라면 의사결정을 할 필요가 없다. 오직 그 행동만을 따르면 되기 때문이다. 그러나 행동이 단 한 가지뿐인 경우는 없다.

경영자가 직면하는 의사결정 유형에는 작업의 지시와 같은 일상적 의사결정과 비반복적으로 발생하는 특별의사결정이 있다. 일상적 의사결정은 동일한 상황의 반복이므로 종전의 의사결정을 그대로 따르면 된다. 그러나 **특별의사결정**(special decision making)은 새로운 상황의 발생에 따라 그에 대한 해결책을 강구해야 하는 경우로서 경영자의 전문적 능력이 요구된다. 본장에서는 특별의사결정을 살펴본다.

확실성과 불확실성의 의사결정

의사결정에 필요한 요인(상황, 성과)들을 확실히 알 수 있느냐의 여부에 따라 확실성에서의 의사결정과 불확실성에서의 의사결정으로 구분한다. 확실성에서의 의사결정은 상황, 성과를 확실하게 알 때이며, 불확실성에서의 의사결정은 상황, 성과에 불확실성이 존재할 때이다. 예컨대 주식 A를 ₩10,000에 구입하였는데 1년 후의 주가가 ₩12,000이라고 한다면, 이 때 주식 A를 구입할 것인가 또는 구입하지 않을 것인가의 의사결정은 확실성에서의 의사결정이다. 반면에 1년 후의 주가가 상황이 좋으면 ₩15,000, 상황이 나쁘면 ₩8,000이라고 한다면, 이 때 주식 A를 구입할 것인가 또는 구입하지 않을 것인가의 의사결정은 불확실성에서의 의사결정이다. 본 장에서는 확실성에서의 의사결정을 다룬다.

단기와 장기 의사결정

의사결정은 의사결정기간에 따라 단기의사결정과 장기의사결정으로 구분할 수 있다. 단기의사결정은 의사결정기간이 보통 1년 이내인 경우이며, 장기의사결정은 유형자산의 구입과 같이 의사결정기간이 1년 이상인 경우이다.

단기와 장기를 구분하는 이유는 의사결정시 고려해야 할 요소가 서로 다르기 때문이다. 단기의사결정에서는 화폐의 절대적 크기가 중요하며, 화폐의 유입·유출

시점은 중요하지 않다. 오늘의 ₩100과 한달 후의 ₩100은 동일하다고 볼 수 있기 때문이다. 한편, 장기의사결정에서는 화폐의 절대적 크기뿐만 아니라 화폐의 유입·유출 시점도 중요하다. 오늘의 ₩100과 5년 후의 ₩100은 동일하다고 볼 수 없기 때문이다. 따라서 장기의사결정에서는 화폐의 시간적 가치를 고려하여야 한다. 장기의사결정은 주로 유형자산의 취득 여부와 관련되며, 이에 대한 설명은 다른 장에서 다룬다.

단기의사결정의 유형

단기의사결정의 유형에는 ① 특별주문의 수락-거절 의사결정, ② 부품의 자가제조-외부구입 의사결정, ③ 희소자원의 활용, ④ 제품가격결정, ⑤ 보조용역의 자가생산-외부구입 의사결정, ⑥ 결합제품의 판매-추가가공 의사결정 등 매우 다양하다.

2 정보와 의사결정과정

의사결정모형(decision model)은 계량적, 비계량적 정보를 활용하여 여러 가지 대안 중 하나를 선택하는 공식적 방법이다. 의사결정이 이루어지는 일련의 과정인 의사결정과정(decision process)은 크게 다섯 단계로 구분할 수 있다.

제 1 단계 **정보의 수집** : 의사결정의 목적을 달성하기 위해 여러 가지 대안에 대해 분석에 필요한 정보를 수집한다. 특히 역사적 원가에 대한 정보는 여러 가지 대안의 미래원가를 예측하기 위한 출발점 역할을 수행한다.

제 2 단계 **예측** : 앞 단계에서 수집한 정보를 바탕으로 각각의 대안에 따른 미래의 원가·효익을 예측한다.

제 3 단계 **의사결정모델** : 의사결정자의 목적인 이익극대화, 효용극대화, 원가최소화 등을 달성하기 위해 최적 대안을 선택한다.

제 4 단계 **실행** : 선택한 최적 대안을 실행한다.

제 5 단계 **성과평가** : 실행한 결과가 당초 예상했던 바와 일치하는가를 분석한다. 성과평가를 통하여 정보가 누락되었는지, 예측이 잘못되었는지, 의사결정이 잘못되었는지, 실행방법을 달리할 수는 없었는지를 알 수 있으며, 피드백을 통해 추후 의사결정과정을 개선할 수 있게 된다.

③ 계량적 정보와 비계량적 정보

경영자가 의사결정시 활용하는 정보에는 계량적 정보와 비계량적 정보가 있다. **계량적 정보**(quantitative information)는 수치로 표현할 수 있는 정보로서, 재무적 정보와 비재무적 정보가 포함된다. **재무적 정보**(financial information)는 화폐금액으로 표현할 수 있는 정보로서, 매출액, 직접재료원가 등이 그 예이다. **비재무적 정보**(non-financial information)는 수치화할 수 있으나 화폐금액으로 표현하기 힘든 정보로서, 소비자의 불만 건수, 정시 운항률 등이 그 예이다. 한편, **질적 정보**(qualitative information)는 수치화하기 곤란한 정보로서, 종업원의 사기, 리더십, 제품의 품질 등이 그 예이다.

계량적 정보는 회계담당자, 영업담당자, 산업공학자 등으로부터 나온다. 의사결정시 회계담당자의 역할은 특히 원가를 전문적으로 분석하는 것이다. 회계담당자는 의사결정에 필요한 관련수익, 관련원가를 분석하여 경영자가 최적의사결정을 하도록 도와주어야 한다.

많은 경우 재무적 요인만을 강조하기 쉬우나, 비재무적 또는 질적 요인은 재무적 요인보다 훨씬 더 중요할 수 있다. 예컨대 제품의 핵심부품을 외부 공급업자가 아주 싼 가격으로 납품하겠다고 제안해 왔다고 하자. 외부납품가격이 자가제조원가보다 낮다면 납품 제안을 수락할 것이다. 그러나, 자가제조를 하지 않을 경우 생산직 근로자의 실직에 따른 노동조합과의 마찰을 우려하지 않을 수 없으며, 또한 어느날 외부 공급업자가 갑자기 납품을 중단할 경우 제품 생산에 막대한 지장을 초래할 수도 있다. 따라서 재무적 정보는 의사결정을 하기 위한 기본적 정보이며, 경영자는 전문경영능력을 발휘하여 비재무적 또는 질적 정보의 영향을 감안하여야 한다.

제 2 절 의사결정 분석방법

❶ 관련원가

경영자는 의사결정과정에서 여러 가지 행동대안에 따른 원가들을 상호 비교한다. 이 때 의사결정시 고려해야 할 **관련원가**(relevant cost)는 ① 대체안 사이에 차이가 나며, 아울러 ② 미래원가이어야 한다.

매몰원가

먼저 과거원가 또는 역사적 원가는 의사결정시 고려할 필요가 없다. 의사결정은 미래에 영향을 미치는데, 이미 과거에 발생한 사실 자체를 변경하거나 부인할 수 없다. 과거의 사실은 오늘의 의사결정을 있게 한다. 그러나 오늘의 의사결정 시점에서 볼 때 과거의 사실은 어디까지나 과거일 뿐 현재가 아니다. '버스가 떠난 다음에 손들어 봤자 소용없다'라는 말이 있다. 버스가 떠난 다음에는 그 다음 버스를 기다릴 것인지 또는 걸어갈 것인지를 결정해야 한다.

과거원가 그 자체는 의사결정에 영향을 미치지 않지만, 미래의 예측형성에는 도움을 준다. 미래에 발생할 원가를 예상하기 위해서는 과거의 역사적 원가를 우선적으로 분석해야 한다.

의사결정의 관점에서 과거원가를 매몰원가라 한다. **매몰원가**(sunk cost)란 과거에 이미 발생한 원가로서, 경영자가 어떤 의사결정을 하더라도 회수할 수 없는 원가이다.

한편, 미래원가라 하더라도 대체안 사이에 차이가 나지 않는 원가는 관련원가가 아니다. 예컨대 제품 A, B 중 어떤 제품을 생산하든 근로자의 임금이 동일하다면 의사결정시 근로자의 임금을 고려할 필요가 없다. 변동원가라고 해서 무조건 관련원가가 되는 것이 아님을 유의해야 한다.

관련원가(relevant cost)

- 대체안 사이에 차이나는 미래원가
- 과거원가 또는 역사적 원가는 매몰원가(sunk cost)로서 비관련원가임.
- 미래원가라 하더라도 대체안 사이에 차이가 나지 않는 원가는 관련원가가 아님.

관련원가의 유용성

관련원가를 구분하는 것은 의사결정에서 매우 중요하다. 관련원가, 비관련원가를 모두 고려한 의사결정과 관련원가만 고려한 의사결정은 동일하다. 그렇지만 관련원가만 고려하여 의사결정하는 것이 다음 두 가지 관점에서 유용하다.

첫째, 관련원가, 비관련원가 모두를 고려하여 손익계산서를 작성하기에는 이용 가능한 정보가 충분치 않다.

둘째, 관련원가, 비관련원가를 모두 고려하여 분석하면 경영자가 어떤 항목에 관심을 가지고서 의사결정해야 하는가를 모를 수 있다. 잘못하면 원가의 금액이 큰 항목에 관심을 가지기 쉽다. 그러나 관련원가를 분석하면 경영자가 어떤 항목에 관심을 가지고서 의사결정해야 하는가를 알 수 있다.

관련원가분석과 공헌손익계산서는 여러 가지 특별의사결정에 매우 유용한 관리 기법이다.

2 기회원가

경영자는 특별의사결정에 대해 자신이 취할 수 있는 여러 가지 행동 중 하나를 선택한다. 즉, 선택한 하나의 행동 이외에 다른 대안은 모두 포기한다.

기회원가(opportunity cost)란 재화나 용역을 현재의 용도가 아닌 차선의 용도에 사용했더라면 얻을 수 있었던 최대금액, 즉 차선의 대안을 포기함으로 인해서 상실한 잠재적 효익이다. 기회원가는 자원의 대체적 용도가 존재하는 경우에만 존재하므로, 특정자원의 용도가 하나밖에 없는 경우에는 기회원가가 ₩0이다. 만약 정상적으로 판매할 수 있는 제품의 일부를 특별공급한다면, 특별공급의 기회원가는 정상판매로 얻을 수 있는 공헌이익이 된다.

기회원가는 장부상에 나타나지 않는 금액이다. 왜냐하면 장부상에는 실제 행동에 따른 결과만이 나타나기 때문이다. 또한 기회원가는 현금의 지출을 필요로 하는 현금지출원가(outlay cost)가 아니다.

그렇지만 의사결정시 기회원가는 중요한 역할을 수행한다. 의사결정으로 인한 이익이 기회원가보다 커야만 그 의사결정이 합리적이라고 할 수 있다. 앞의 특별공급의 예에서 특별공급의 기대이익이 정상판매의 기회원가보다 클 때, 특별공급을 하려고 할 것이다.

기회원가(opportunity cost)

- 재화나 용역을 현재의 용도가 아닌 차선의 용도에 사용했더라면 얻을 수 있었던 최대금액, 즉 차선의 대안을 포기함으로 인해서 상실한 잠재적 효익
- 기회원가는 장부상에 나타나지 않으며, 현금지출원가(outlay cost)가 아님.
- 의사결정시 기회원가는 중요한 역할을 수행함. 의사결정으로 인한 이익이 기회원가보다 커야만 그 의사결정이 합리적임.

❸ B/C 분석

B/C 분석은 어떤 의사결정으로 인한 효과를 긍정적 측면(효익, benefit)과 부정적 측면(원가, cost)으로 구분하여 분석하는 방법이다. 그 둘의 차이가 0 이상이면 (효익 > 원가) 경제성이 있다고 볼 수 있다. 또는 그 둘의 상대적 비율$\left(\frac{\text{benefit}}{\text{cost}}\right)$이 1 이상이면 경제성이 있다고 볼 수 있다. 원가는 상대적으로 측정이 가능하지만, 효익은 주관적이어서 측정이 곤란한 경우가 많다.

❹ 증분접근법

앞에서 설명한 관련원가와 기회원가를 이용한 의사결정방법과 의사결정기준을 살펴보자.

첫째, 여러 가지 행동대안의 관련수익·관련원가를 비교하는 방법이다. 이를 **증분접근법**(incremental or differential approach)이라 한다. 관련원가를 비교하여 원가가 증가한 경우 그 차이를 증분원가(incremental cost)라 하며, 원가가 감소한 경우 그 차이를 원가절감액(incremental savings)이라 한다.

증분접근법에 의한 의사결정절차는 다음과 같다.

단계 1 : 각 행동대안에 따른 모든 수익·원가 자료를 분석한다.

단계 2 : 매몰원가를 제거한다.

단계 3 : 미래 수익·원가 가운데 차이나지 않는 수익·원가를 제거한다.

단계 4 : 수익의 변화액을 구한다.

단계 5 : 증분원가와 원가절감액을 대비하여 원가 순변화액을 구한다.

단계 6 : 수익의 변화액과 원가 순변화액을 비교하여 의사결정한다. 수익 변화액이 원가 순변화액보다 크다면 그 의사결정대안을 선택한다.

둘째, 기회원가를 이용하여 의사결정을 할 수 있다. 특정 의사결정 대안의 수익, 원가를 대비하여 산출한 순손익이 기회원가보다 크다면 그 대안을 선택한다. 또는 특정 의사결정 대안의 수익에서 자체 원가와 기회원가를 합계한 금액을 차감한 순효과(이익 변화액)가 양(+)이면, 그 대안을 선택한다.

제 3 절 특별의사결정

1 특별주문의 수락 - 거절

기업에서는 예상치 못한 제품 구입 주문을 받는 경우가 있다. 때로는 해외의 고객으로부터 특별가격에 계속적으로 제품을 구입하겠다는 주문을 받는 경우도 있다. 대개 이러한 **특별주문**(special order)의 특징은 ① 주문의 양이 대량이며, ② 정상판매가격보다 낮은 가격을 제시한다는 점이다.

특별주문의 수락 - 거절 여부는 특별주문으로 인해 증가하는 수익과 특별주문에 따른 관련원가를 비교하여야 한다. 만약 특별주문가격이 관련원가보다 크다면 특별주문을 수락하여야 한다. 이때 관련원가는 다음과 같다.

① 유휴설비능력으로 특별주문량을 충분히 생산할 수 있으며 또한 유휴설비의 대체적 용도가 없다면, 특별주문에 따른 관련원가는 변동원가뿐이다.

② 유휴설비능력으로 특별주문량을 충분히 생산할 수 있으나 유휴설비의 대체적 용도가 존재한다면, 특별주문에 따른 관련원가는 변동원가와 기회원가(대체적 용도)를 합한 금액이다.

③ 유휴설비능력이 없거나 부족한 경우, 특별주문을 수락하기 위해서는 설비능력을 확충하거나 기존 정상판매를 줄여야 한다. 특별주문을 수락하기 위해 설비능력을 확충할 경우 관련원가는 변동원가와 추가설비원가의 합계액이 되며, 기존 정상판매를 줄여야 하는 경우 관련원가는 변동원가와 기존 정상판매의 공헌이익 상실액(기회원가)을 합한 금액이 된다.

위의 분석에 따라 특별주문 수락 여부에 대한 의사결정은 다음과 같이 정리할 수 있다.

| 표 13-1 | 특별주문 수락-거절 의사결정

관련수익(Benefit)		관련원가(Cost)		의사결정
특별판매로 인한 매출액 증가	>	Avoidable cost + Opportunity cost - 특별주문 생산의 변동원가 - 회피가능고정원가 - 기회원가(임대수익, 정상판매 포기로 인한 공헌이익 상실)	→	특별주문 수락

위의 계량적 정보 이외에도 특별주문이 기업의 장기적 가격구조나 판매량에 미치는 영향을 고려하여야 한다. 특히 특별주문으로 인하여 기존시장이 교란되어서는 안된다는 점을 유의하여야 한다. 낮은 가격으로 구입한 고객이 기존시장에 참여하여 제품을 판매하게 되면 기존시장이 교란된다. 예컨대 제품의 정상판매가격이 ₩100인데 특별주문가격이 ₩80이었다고 하자. 특별주문을 수락하여 ₩80에 공급하였는데, 그 고객이 공급받은 제품을 기존시장에 ₩90에 판매한다면 기존의 정상판매가격 ₩100을 유지할 수 없게 된다. 현실적으로는 특별판매가 기존시장에 직·간접 영향을 미친다. 외국에 수출하는 자동차의 가격이 내수시장가격보다 낮으면 외국주재 상사원이나 유학생들은 외국에서 자동차를 구입하여 귀국할 것이다. 특별주문과는 약간 성격이 다르지만, 백화점에서 바겐세일을 자주하면 평상시에 구입하는 소비자들은 높은 가격에 불만을 가질 것이고 이에 따라 평상시의 판매량은 직접적인 영향을 받게 된다.

예제 13-1 특별주문 : 기회원가가 없을 때 (00CTA)

한강전자㈜는 계산기를 제조하여 개당 ₩2,000에 판매하고 있다. 한강전자㈜의 생산능력은 매기 12,000개이며, 이때 개당 생산원가는 직접재료원가 ₩750, 직접노무원가 ₩550, 제조간접원가(변동원가 75%, 회피불능고정원가 25%) ₩480이다. 해외바이어가 방문하여 2,500개의 계산기를 특별주문하였다. 이 특별주문에 따른 유일한 판매비용은 운송료로 개당 ₩100이 소요된다. 현재 한강전자㈜는 7,200개를 생산·판매하여 정상적인 판매경로를 통하여 판매하고 있다. 한강전자㈜가 이 특별주문과 관련하여 받아야 하는 단위당 최소금액은?

해답

특별주문의 수락 의사결정을 하기 위해서는 우선적으로 유휴생산능력이 있는가를 파악하자. 특별주문을 소화할 수 있는 유휴생산능력이 있는 경우에는 추가적인 고정제조간접원가가 발생하지 않으므로 특별주문 수락－거절 의사결정에 영향을 미치지 못한다.

유휴생산능력 = 12,000개 − 7,200 = 4,800개. 특별주문이 유휴생산능력 내이므로 기존판매분의 감소는 없다.

Cost		Benefit	
특별 생산 변동원가	₩750 + 550 + 480 × 75% + 100 = ₩1,760	특별판매 매출액	?
기회원가	0		

∴ 특별주문의 단위당 최소금액은 ₩1,760

예제 13－2 특별주문 : 기회원가가 존재할 때

1. ㈜성도는 연간 최대생산량이 10,000단위인 생산설비를 보유하고 있으며, 당기에 제품 단위당 ₩500의 판매가격에 8,000단위의 제품을 판매할 수 있을 것으로 예상하고 있다. 현재의 생산설비에 의한 ㈜성도의 제품 단위당 변동제조원가는 ₩300이다. ㈜성도가 당기에 예상판매량을 1,000단위 줄이고 제품 3,000단위를 판매할 수 있는 특별주문을 고려한다면, 이러한 특별주문 제품의 단위당 최저판매가격은 얼마인가? 단, ㈜성도가 판매하는 모든 제품의 변동판매관리비는 단위당 ₩80이다. (09CPA)

2. ㈜세무는 20×1년 연간 최대생산량이 8,000단위인 생산설비를 보유하고 있다. ㈜세무는 당기에 제품 7,000단위를 단위당 ₩1,000에 판매할 것으로 예상하며, 단위당 변동제조원가는 ₩500, 단위당 변동판매관리비는 ₩100이다. ㈜세무는 거래처로부터 제품 2,000단위를 판매할 수 있는 특별주문을 받았으며, 단위당 변동제조원가와 단위당 변동판매관리비는 변화가 없다. 이 특별주문을 수락한다면, 예상 판매량 중 1,000단위를 포기해야 한다. 이 때 특별주문 제품의 단위당 최저 판매가격은? (20CTA)

해답

1. 최저판매가격 = 단위당 변동원가 + 단위당 기회원가

$$= ₩380 + \frac{1{,}000개 \times (500 - 380)}{3{,}000개} = ₩420$$

2. 단위당 최저 판매가격 = 단위당 변동원가 + 기회원가

$$= ₩500 + 100 + \frac{(1{,}000 - 500 - 100) \times 1{,}000개}{2{,}000개} = ₩800$$

예제 13-3 특별주문 : 기회원가가 존재할 때 (20CTA)

㈜세무는 20×1년에 오토바이를 생산·판매하고 있다. 오토바이 1대당 판매가격은 ₩200이며, 단위당 제조원가는 ₩182(직접재료원가 ₩86, 직접노무원가 ₩45, 변동제조간접원가 ₩9, 고정제조간접원가 ₩42)이다. ㈜세무는 경찰청으로부터 순찰용 오토바이 100대를 1대당 ₩180에 공급해달라는 특별주문을 받았다. 특별주문에 대해서는 오토바이를 순찰용으로 변경하기 위해 네비게이션을 장착하는데 1대당 ₩10의 원가가 추가적으로 발생한다. 또한 검찰청 로고 제작을 위해 디자인 스튜디오에 ₩1,200을 지급해야 한다. 현재 ㈜세무의 생산능력은 최대생산능력에 근접해 있으므로 특별주문을 수락하면 기존 오토바이 10대의 생산을 포기해야 한다. ㈜세무가 경찰청의 특별주문을 수락할 때, 증분이익은?

해답

Cost		Benefit
변동원가 (₩86 + 45 + 9 + 10) × 100대 =	₩15,000	
회피가능고정원가(디자인)	1,200	특별주문 매출액 ₩180 × 100대 = 18,000
기회원가 (₩200 − 86 − 45 − 9) × 10대 =	600	

경찰청의 특별주문을 수락하면 증분이익은 ₩1,200이다.

❷ 부품의 자가제조 – 외부구입

기업에서 완성된 제품을 생산하기 위해서는 많은 제조단계를 거친다. 원재료를 구입하여 정제과정을 거쳐 제조과정에 투입한 후 완성된 제품을 생산한다. 기업에서는 이 제조단계를 처음부터 마지막까지 혼자서 모두 해결할 수 없다. 일부 부품은 외부에서 구입(outsourcing)하며, 일부는 직접 제조하기도 한다.

부품을 직접 제조하게 되면 다음과 같은 여러 가지 장점이 있다.

① 외부 공급업자의 영향을 받지 않으며, 보다 원활한 제조공정의 흐름을 유지할 수 있다. 외부 공급업자로부터 핵심 부품을 구입하다가 그 업체의 노사분규로 인해 핵심부품을 구입할 수 없게 되면 제조공정의 흐름이 중단된다. 이 점이 중소기업 영역의 침해라는 비난에도 불구하고 많은 대기업에서 부품을 직접 제조하는 가장 큰 이유 중 하나이다. 이는 얼마나 안정적인 공급원을 확보할 수 있느냐의 문제와 직결된다.

② 제품의 품질은 개개의 부품의 품질에서 비롯되는데, 부품을 직접 제조하면 보다 용이하게 부품의 품질 수준을 통제할 수 있다.
③ 외부에서 부품을 구입하는 것보다 자체 제조하는 것이 원가 측면에서 유리할 수 있다.

그렇지만, 기업에서 모든 부품을 직접 제조할 수 없다. 기업의 규모가 커지면 변화에 대응하기 어렵다. 오히려 중소기업에서 신기술을 개발하거나 보다 나은 부품을 생산하는 경우를 많이 볼 수 있다. 많은 대기업에서는 기술지원과 자금지원을 통하여 중소기업의 부품 품질을 향상시키며 안정적 공급원을 확보하는 등 협력업체와 긴밀한 관계를 유지하고 있다.

자가제조 – 외부구입의 관련원가

원가 측면에서 부품을 자가제조할 것인가 또는 외부에서 구입할 것인가 하는 문제에 대해 살펴보자. 기본적으로 부품의 외부구입원가와 외부구입시 회피가능원가를 비교하여 외부구입원가가 회피가능원가보다 낮다면 외부에서 부품을 구입한다.

외부에서 부품을 구입하면 자가생산에 따른 변동원가는 당연히 회피가능하다. 또한 그 부품의 생산감독자나 기계설비의 감가상각비 등 일부 고정원가는 회피가능하다. 반면에 공통고정원가는 계속 발생한다. 따라서 회피가능원가는 변동원가와 회피가능고정원가의 합계액이다.

한편, 외부에서 부품을 구입하면 기존설비를 임대하거나 다른 제품의 생산에 활용할 수 있다. 이 같은 경우에는 기회원가(임대수익, 타제품의 공헌이익)를 추가로 고려하여 부품의 자가생산 – 외부구입을 결정하여야 한다.

예컨대 부품의 외부구입원가가 ₩100이고 회피가능원가가 ₩80이라고 하자. 외부에서 부품을 구입할 경우 기존설비를 놀린다면 기회원가가 ₩0이므로, 외부구입원가와 회피가능원가를 비교하여 의사결정하여야 한다. 외부구입원가가 회피가능원가보다 크므로 자가생산을 선택하여야 하며, 자가생산시 ₩20만큼 유리하다. 한편, 외부에서 부품을 구입할 경우 기존설비를 임대하여 임대수익 ₩30이 발생한다면, 외부에서 구입하는 것이 ₩10만큼 유리하다.

위의 분석에 따라 부품의 자가제조 – 외부구입에 대한 의사결정은 다음과 같이 정리할 수 있다.

| 표 13-2 | 자가제조-외부구입 의사결정

관련수익(Benefit)		관련원가(Cost)		의사결정
- 자가생산의 변동원가 절감액 - 회피가능고정원가 - 기회원가(임대수익, 타제품 생산의 공헌이익)	>	외부구입원가	→	외부구입

한편, 부품의 자가제조-외부구입 의사결정시 위의 계량적 정보 이외에 고려해야 할 비계량적 정보에는 ① 부품의 품질, ② 외부납품업체의 생산능력과 안전성, ③ 부품을 생산하는 근로자들을 해고·전출시킬 때 노조의 반발이나 종업원의 사기에 미치는 영향, ④ 부품에 대한 장기적 수요 등이 있다.

예제 13-4 부품의 자가제조 - 외부구입 의사결정 (08CTA)

대한직업소개소는 현재 연간 6,000건의 직업을 소개해주고 있다. 1건의 직업소개에 소요되는 변동원가는 ₩2,000이고 연간 총고정원가는 ₩3,000,000으로 추정된다. 그런데 국세직업소개소에서 연간 6,000건 전부에 대한 직업소개를 대행해 주겠다고 제의를 해왔다. 이와 같이 국세직업소개소의 제의를 수락할 경우에 기존의 연간 총고정원가 중 ₩1,400,000이 감소할 것으로 예상된다. 국세직업소개소는 대행수수료로서 연간 ₩13,000,000을 요구해왔다. 이와 같은 국세직업소개소의 제의를 수락하는 것이 대한직업소개소의 영업이익에 미치는 영향은?

해답

Cost		Benefit	
외부구입	₩13,000,000	자가생산의 변동원가	6,000개 × ₩2,000 = ₩12,000,000
		회피가능고정원가	1,400,000
		기회원가	0

∴ 외부구입시 영업이익 ₩400,000 증가

예제 13-5 부품의 자가제조 - 외부구입 의사결정 (15CTA)

㈜국세는 부품 A를 자가제조하며, 관련된 연간 생산량은 250단위이고, 원가는 직접재료원가 ₩10,000, 직접노무원가 ₩20,000, 변동제조간접원가 ₩10,000, 고정제조간접원가 ₩20,000이다. 최근에 외부업체로부터 부품 A 250단위를 단위당 ₩200에 공급하겠다는 제안을 받았다. 부품 A를 전량 외부에서 구입하면 고정제조간접원가 중 ₩10,000이 절감되며, 기존설비를 임대하여 연간 ₩15,000의 수익을 창출할 수 있다. 외부업체의 제안을 수용하면 자가제조보다 연간 얼마나 유리(불리)한가?

해답

Cost		Benefit	
외부구입	250개 × ₩200 = ₩50,000	자가생산의 변동원가	₩10,000 + 20,000 + 10,000 = ₩40,000
		회피가능고정원가	10,000
		기회원가(임대수익)	15,000

따라서, 외부구입하면 ₩15,000 유리하다.

예제 13-6 부품의 자가제조 - 외부구입 의사결정 (22CTA)

㈜세무는 A부품을 매년 1,000단위씩 자가제조하여 제품생산에 사용하고 있다. A부품을 연간 1,000단위 생산할 경우 단위당 변동제조원가는 ₩33, 단위당 고정제조간접원가는 ₩5이다. 최근에 외부의 공급업자로부터 A부품 1,000단위를 단위당 ₩35에 납품하겠다는 제안을 받았다. A부품을 전량 외부에서 구입하면 연간 총고정제조간접원가 중 ₩400이 절감되며, A부품 생산에 사용하던 설비를 다른 부품생산에 활용함으로써 연간 ₩200의 공헌이익을 추가로 얻을 수 있다. ㈜세무가 외부 공급업자의 제안을 수락하면, A부품을 자가제조할 때보다 연간 영업이익은 얼마나 증가(혹은 감소)하는가?

해답

Cost		Benefit	
외부구입원가	1,000개 × ₩35 = ₩35,000	변동제조원가 절감	1,000개 × ₩33 = ₩33,000
		고정제조간접원가 절감	400
		타제품 생산 공헌이익	200

외부 공급업자의 제안을 수락하면, A부품을 자가제조할 때보다 연간 영업이익은 ₩1,400 감소한다.

3 제품라인의 유지 - 폐지

기업에서 판매하는 제품이 여러 가지인 경우, 경영자는 손실이 나타나는 제품라인을 폐지할 것인가 또는 그대로 유지할 것인가를 결정한다.

제품라인의 유지 - 폐지 의사결정은 기업의 전체 이익에 미치는 영향을 분석하여야 한다. 제품라인을 폐지할 경우 그 제품라인의 매출액, 변동원가는 당연히 사라진다. 그러나 고정원가는 제품라인을 폐지할 경우 회피가능한 고정원가와 회피불능고정원가가 있다.

회피가능고정원가(avoidable fixed cost)란 제품라인을 폐지할 경우 회피가능한 고정원가로서, 그 라인에 종사하는 감독자의 급여, 그 라인에서 직접 발생한 광고선전비, 보험료 등을 들 수 있다.

회피불능고정원가(unavoidable fixed cost)란 제품라인을 폐지하더라도 계속 발생하는 고정원가로서 대부분 공통고정원가(common fixed cost)이다. 여러 제품라인에서 공동으로 사용하는 수도광열비, 본사의 사무비용, 기업 이미지를 높이기 위한 광고선전비 등이 이에 속한다.

제품라인을 폐지함으로써 영향받는 항목은 매출액, 변동원가, 회피가능고정원가이다. 의사결정대상인 제품라인의 매출액에서 변동원가를 차감한 공헌이익이 회피가능고정원가보다 크다면 그 제품라인을 유지하여야 한다. 만약, 제품라인을 폐지하고서 기존 제품라인을 확장하거나 다른 제품라인으로 대체할 수 있다면 이에 대한 기회원가도 함께 고려하여야 한다.

위의 분석에 따라 제품라인의 폐지 여부에 대한 의사결정은 다음과 같이 정리할 수 있다.

| 표 13-3 | 제품라인 유지-폐지 의사결정

관련수익(Benefit)		관련원가(Cost)		의사결정
- 제품라인의 변동원가 절감액 - 회피가능고정원가 - 기회원가(임대수익, 다른 제품라인의 공헌이익 상실)	>	제품라인의 매출액 감소	→	제품라인 폐지

한편, 여러 제품라인이 있을 경우 시너지효과(synergy effect)가 존재하게 된다. 극단적으로 특정 제품을 '미끼'(bait)로 삼아 고객을 유인하는 경우도 있다. 소비자들이 많이 찾는 상품을 원가 이하의 낮은 가격으로 판매하고서, 자연스럽게 다른 상품의 구입을 유인하는 마케팅전략을 주위에서 많이 볼 수 있다. 이와 같은 경우 특정제품라인의 유지-폐지 의사결정시 그 제품라인이 다른 제품라인에 미치는 영향도 함께 고려해야 한다.

예제 13-7 제품라인의 유지 - 폐지 (23CTA)

㈜세무는 A,B,C 세 종류의 제품을 생산·판매하고 있으며, 관련자료는 다음과 같다.

	제품 A	제품 B	제품 C
매출액	₩100,000	₩200,000	₩150,000
변동원가	70,000	110,000	130,000
고정원가	20,000	40,000	30,000
이익	₩10,000	₩50,000	₩(10,000)

각 제품별 고정원가는 회사 전체적으로 발생하는 고정원가 ₩90,000을 각 제품의 매출액에 비례하여 배분한 것으로, 제품생산 여부나 생산 및 판매수량에 관계없이 일정하게 발생한다. 손실이 발생하고 있는 제품 C의 생산을 중단하는 경우 제품 A의 매출액은 50% 증가하고, 제품 B의 매출액은 변화 없을 것으로 예상된다. 제품 C의 생산을 중단하면 회사전체이익은 얼마나 감소하는가?

해답

Cost		Benefit	
C매출액 감소	₩150,000	C변동원가 절감	₩130,000
		A공헌이익 증가	₩50,000 × 30% = 15,000

제품 C의 생산을 중단하면 회사전체이익은 ₩5,000 감소한다.

예제 13-8 제품라인의 유지 - 폐지 (21CTA)

㈜세무는 제품 A와 제품 B를 생산하고 있는데, ㈜대한으로부터 제품 A 전량을 단위당 ₩18에 공급하는 제안을 받았다. 이 제안을 검토하기 위해 ㈜세무의 회계부서에서 분석한 제품 A에 대한 원가자료는 다음과 같다.

구분	단가	1,000단위
직접재료원가	₩5	₩5,000
직접노무원가	4	4,000
변동제조간접원가	1	1,000
감독자급여	3	3,000
특수기계감가상각비	2	2,000
공통간접원가 배분액	5	5,000
제조원가 합계	₩20	₩20,000

제품 A를 생산하지 않을 경우 제품 A 감독자는 추가비용 없이 해고가능하고, 특수기계는 제품 A 제조에

만 사용되는 전용기계이다. 공통간접원가는 공장임대료 등으로 제품 A 생산라인을 폐쇄하더라도 감소하지 않는다. 제품 A를 생산하지 않을 경우 그에 대한 여유생산 능력으로 제품 B를 추가 생산할 수 있는데, 이로 인해 증가되는 수익은 ₩5,000이고 증가되는 원가는 ₩3,000이다. ㈜세무가 ㈜대한의 제안을 받아들이면 자가생산하는 것보다 얼마나 유리(불리)한가?

해답

제안을 받아들이면(즉, 제품라인의 폐지) B/C 분석은 다음과 같다.

Cost	Benefit	
외부구입원가 1,000개 × ₩18 = ₩18,000	변동원가 절감(₩5 + 4 + 1) × 1,000개	= ₩10,000
	회피가능 고정원가(감독자급여)	3,000
	B제품 추가증분이익 5,000 − 3,000	= 2,000

* 특수기계는 제품 A만 사용하므로, 생산라인을 폐쇄하더라도 회피가능하지 않다.
* 공통간접원가는 생산라인 폐지 여부에 관계없이 발생하는 원가이다.

제안을 받아들이면(즉, 제품라인의 폐지) 자가생산(제품라인의 유지)하는 것보다 ₩3,000 불리하다.

4 희소자원의 활용

기업에서 제품을 생산·판매하기 위해서는 많은 생산요소를 투입하는데, 이들 자원을 무한정 사용할 수 없다.

희소자원 또는 유한자원(constrained resource or limiting factor)이란 재화나 용역의 생산·판매를 제한하는 요소이다. 예컨대 기계가동시간, 직접작업시간, 영업매장의 면적, 전시장의 면적, 재화나 용역의 소비량 등이 이에 속한다. 기업에서 희소자원을 고려하여 공헌이익을 극대화하기 위해서는 무엇보다도 희소자원을 효율적으로 활용하여야 한다. 즉 희소자원은 공헌이익 극대화를 위해 고려해야 할 제약조건이 된다.

희소자원단위당 공헌이익

희소자원을 고려하여 기업의 공헌이익을 극대화하기 위해서는 **희소자원 단위당 공헌이익**(contribution margin per unit of the constrained resource)이 큰 제품을 선택하여야 한다. 이는 희소자원 한 단위로써 얻을 수 있는 각 제품의 공헌이익이다.

예컨대 제품 A, B의 단위당 공헌이익이 각각 ₩60, ₩90이며, 각 제품이 차지하는 영업매장의 크기가 5평방미터, 10평방미터이고 총영업매장이 협소하다고 가정하

자. 영업매장 1평방미터에서 창출하는 공헌이익은 제품 A, B가 각각 ₩12(=₩60÷5평방미터), ₩9(=₩90÷10평방미터)이다. 따라서 협소한 영업매장을 효율적으로 활용하기 위해서는 제품 A를 판매하여야 한다. 단순히 각 제품의 단위당 공헌이익을 비교하여 의사결정해서는 안된다.

예제 13-9 제약조건이 하나일 때 희소자원의 활용

대웅상사에서는 두 가지 제품 A, B을 생산·판매하고 있다. 제품 A의 단위당 공헌이익은 ₩60, 제품 B의 단위당 공헌이익은 ₩90이며, 기업 전체의 고정원가는 ₩180,000이다.

두 가지 제품을 생산하기 위해서 기계를 공통으로 사용하고 있다. 제품 A를 한 단위 생산하기 위해서는 기계를 5시간 가동하여야 하며, 제품 B를 한 단위 생산하기 위해서는 기계를 10시간 가동하여야 한다. 기계의 총가동가능시간은 45,000시간이다. 기업의 이익을 극대화하기 위해서는 어떤 제품을 몇 개 생산·판매하여야 하는가?

해답

제약요소 단위당 공헌이익을 이용하여 분석하면 다음과 같다.

	제품 A	제품 B
단위당 공헌이익	₩60	₩90
생산소요시간	÷5시간	÷10시간
기계시간당 공헌이익	₩12/시간	₩9/시간

제약요소를 고려하여 기업의 총공헌이익을 극대화하기 위해서는 제약요소 단위당 공헌이익이 큰 제품 A를 생산·판매하여야 한다. 이 때 제품 A의 생산량은 9,000개(45,000시간÷5시간)이다.

예제 13-10 제약조건하의 의사결정 (20CTA)

㈜세무는 제약자원인 특수기계를 이용하여 제품 A, 제품 B, 제품 C를 생산·판매한다. 제품의 생산 판매와 관련한 자료는 다음과 같다.

구분	제품 A	제품 B	제품 C
단위당 판매가격	₩50	₩60	₩120
단위당 변동원가	₩20	₩36	₩60
단위당 특수기계 이용시간	2시간	1시간	3시간

특수기계의 최대이용가능시간이 9,000시간이고 각각의 제품에 대한 시장수요가 1,000단위(제품 A), 3,000단위(제품 B), 2,000단위(제품 C)로 한정되어 있을 때, ㈜세무가 달성할 수 있는 최대공헌이익은?

해답

	제품 A	제품 B	제품 C
단위당 공헌이익	₩30	₩24	₩60
단위당 기계시간	÷2시간	÷1시간	÷3시간
시간당 공헌이익	₩15/시간	₩24/시간	₩20/시간
우선순위	3순위	1순위	2순위
생산량		3,000개(3,000시간)	2,000개(6,000시간)

최대공헌이익 = 3,000개 × ₩24 + 2,000개 × ₩60 = ₩192,000

예제 13-11 제약조건하의 의사결정 (18CTA)

㈜세무는 두 종류의 제품 A와 B를 생산·판매한다. 두 제품의 월간 예상 판매 및 원가자료는 다음과 같다

항목		제품 A	제품 B
제품 단위당	판매가격	₩50	₩45
	변동제조원가	32	25
	고정제조간접원가	5	7
	변동판매관리비	8	5
	고정판매관리비	2	2
기계시간당 생산량		4단위	2단위
월간 예상수요량		120단위	80단위

㈜세무의 월간 최대 사용가능한 기계시간은 50시간이다. ㈜세무가 영업이익을 극대화할 수 있는 월 최적 제품배합은? (단, 월간 고정원가 총액은 일정하다.)

해답

	제품 A	제품 B
판매가격	₩50	₩45
변동원가	40	30
단위당 공헌이익	₩10	₩15
기계시간	÷15분(1/4시간)	÷30분(1/2시간)
기계시간당 공헌이익	₩40/시간	₩30/시간

A를 최대한 생산 (120개 = 30기계시간)하고, 남는 시간에 B 생산 (50 − 30)시간 × 2개/시간 = 40개

예제 13-12 제약자원의 활용 (09CTA)

㈜대한은 다음과 같이 3가지 제품을 동일한 생산라인에서 기계작업을 통하여 생산·판매하고 있다.

	A제품	B제품	C제품
단위당 판매가격	₩500	₩350	₩500
단위당 변동원가	₩200	₩100	₩100
단위당 기계소요시간	2시간	1시간	2시간
월간 시장수요	150개	270개	40개

㈜대한의 월간 최대기계가동시간은 450시간이며 월 ₩40,000의 고정원가가 발생한다. 현재 ㈜대한은 기계를 가장 효율적으로 가동하고 있으며, 새로운 D제품을 생산라인에 추가할지를 고려하고 있다. D제품의 단위당 변동원가는 ₩300이며 단위당 기계소요시간은 4시간이다. ㈜대한이 생산한 제품은 모두 판매할 수 있으며, D제품을 추가하여도 판매가격과 원가의 변동은 없다. D제품을 생산라인에 추가하여서 영업이익을 증가시키고자 한다면, D제품의 단위당 판매가격은 최소한 얼마를 초과하여야 하는가?

해답

	A제품	B제품	C제품
단위당 공헌이익	₩300	₩250	₩400
단위당 기계소요시간	÷2시간	÷1시간	÷2시간
기계시간당 공헌이익	₩150/시간	₩250/시간	₩200/시간
생산 우선 순위	3	1	2

현재는 B제품 270개=270시간, C제품 40개=80시간 생산한 이후에 남은 시간에 A를 생산하고 있음.
D가 추가되기 위해서는 D의 기계시간당 공헌이익이 ₩150/시간 이상이어야 함.

(P − 300) ÷ 4시간 > ₩150/시간　　∴ P > ₩900

제약조건이 둘 이상이면 앞의 분석적 방법을 이용하기가 힘들게 된다. 첫 번째 제약조건을 고려하면 제품 A가 유리하지만, 두 번째 제약조건을 고려하면 제품 B가 유리하게 나타날 수 있기 때문이다. 따라서 제약조건이 여러 개일 때도 분석할 수 있는 방법을 강구하여야 한다. 이 때 적용되는 방법이 선형계획모형(linear programming)이다. 선형계획모형은 제약조건이 존재할 때 의사결정모형에서 널리 활용된다.

선형계획모형에서는 ① 모든 관계가 선형이며, ② 모델 내의 모든 계수와 제약조건들이 확실하게 알려지며, ③ 모든 원가는 단일 원가동인과 관련하여 변동원가 또는 고정원가로 구분할 수 있다고 가정한다.

선형계획모형을 푸는 일반적 방법은 심플렉스법(simplex method)이지만 의사결정 변수(제품종류)가 두 개라면 2차원의 그래프에 의해 쉽게 해를 구할 수 있다. 그래프에 의한 분석 단계는 다음과 같다.

단계 1 : 이익 극대화, 공헌이익 극대화, 원가의 극소화 등의 목적함수를 대수식으로 표현한다.

단계 2 : 기계가동시간, 직접작업시간, 소비량 등 제약조건을 대수식으로 표현한다.

단계 3 : 각각의 제약조건을 그래프에 표현한 후, 이들을 모두 만족하는 실현가능영역(feasible region)을 결정한다.

단계 4 : 실현가능영역 중 목적함수값을 최대 또는 최소화하는 최적해를 찾는다. 최적해는 반드시 꼭지점(corner point)에 있다.

예제 13－13 제약조건이 둘일 때 희소자원의 활용

대웅상사에서는 두 가지 제품 A, B을 생산·판매하고 있다. 제품 A의 단위당 공헌이익은 ₩60, 제품 B의 단위당 공헌이익은 ₩90이며, 기업 전체의 고정원가는 ₩180,000이다.
두 가지 제품을 생산하기 위해서 기계를 공통으로 사용하고 있다. 제품 A를 한 단위 생산하기 위해서는 기계를 5시간 가동하여야 하며, 제품 B를 한 단위 생산하기 위해서는 기계를 10시간 가동하여야 한다. 기계의 총가동가능시간은 45,000시간이다.
또한, 제품 A를 한 단위 생산하기 위해서는 2직접노무시간이 필요하며, 제품 B를 한 단위 생산하기 위해서 역시 2직접노무시간이 필요하다. 이용가능한 총직접노무시간은 10,000시간이다.
기업의 이익을 극대화하기 위해서는 각 제품을 몇 개 생산·판매하여야 하는가?

해답

기계시간당 공헌이익을 기준으로 하면 제품 A를 우선적으로 생산해야 한다. 그러나 직접노무시간당 공헌이익을 기준으로 하면 제품 B를 우선적으로 생산해야 한다. 따라서 분석적 방법에 의해 해를 쉽게 구할 수 없다. 일반적으로 제약조건이 둘 이상이면 선형모형에 의해 해를 구해야 한다.
선형모형으로 나타내면 다음과 같다.

max $60x + 90y$

s.t. $5x + 10y \le 45,000$ (기계시간에 대한 제약조건)

$2x + 2y \le 10,000$ (직접노무시간에 대한 제약조건)

$x, y \ge 0$ (비음조건)

변수가 두 개이므로 그래프에 의해 해를 구하면 (1,000, 4,000)이다.

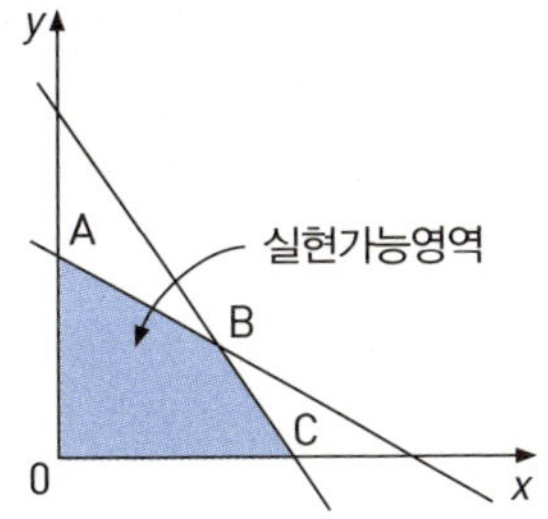

A(0, 4,500) : 목적함수값 = 405,000

B(1,000, 4,000) : 목적함수값 = 420,000

C(5,000, 0) : 목적함수값 = 300,000

참고 : 꼭지점 A, B, C 각각에서 목적함수 값이 구한 결과, B와 C에서의 목적함수 값이 가장 크고 동일하다고 가정하자. 어떤 경우에 그러한 상황이 발생하며, 또한 그 때 최적해는 무엇일까?

해답 : 목적함수의 기울기가 B와 C를 연결하는 제약조건식의 기울기가 같을 때 이러한 상황이 발생한다. 이 때의 최적해는 B와 C뿐만 아니라 B와 C 사이의 모든 점이 모두 답이다. 즉 복수해가 존재하게 된다.

예제 13 – 14 제약자원의 활용 (22CTA)

㈜세무는 제품 A와 B를 생산하고 있으며, 제품 생산에 관한 자료는 다음과 같다.

	제품 A	제품 B
제품단위당 공헌이익	₩30	₩50
제품단위당 기계시간	0.5시간	1시간
제품단위당 노무시간	1.5시간	2시간

월간 이용가능한 기계시간은 1,000시간, 노무시간은 2,400시간으로 제한되어 있다. 월간 고정원가는 ₩20,000으로 매월 동일하고, 제품 A와 B의 시장수요는 무한하다. ㈜세무가 이익을 극대화하기 위해서는 제품 A와 B를 각각 몇 단위 생산해야 하는가?

해답

제약조건은 다음과 같다.

$0.5x + 1y \le 1,000$

$1.5x + 2y \le 2,400$

제약조건 두 개와 비음조건을 모두 충족하면서 실현가능영역 중 꼭지점을 분석하면

좌표 (1,600, 0)에서 공헌이익 = ₩48,000

좌표 (0, 1,000)에서 공헌이익 = ₩50,000

좌표 (800, 600)에서 공헌이익 = ₩54,000

이익을 극대화하기 위해서는 제품 A 800개, 제품 B 600개를 생산해야 한다.

예제 13-15 제약자원의 활용 : 선형계획법 (94CPA, 97CTA유사, 02CPA유사)

한 기업이 두 제품 X, Y를 생산한다. 각 제품의 단위당 공헌이익은 제품 단위당 X : ₩6, Y : ₩9이다. 이 회사의 1주일간 최대생산시간은 총 36시간이고 제품 단위당 X는 6시간, Y는 9시간이 소요된다. 그리고 1주일간 총 24kg의 원재료의 확보가 가능하고 제품 단위당 X : 6kg, Y : 3kg이 소요된다. 일주일 동안 달성가능한 최대 공헌이익은?

해답

목적함수 $Z = 6x + 9y$

제약조건 $6x + 9y \leqq 36$

$6x + 3y \leqq 24$

$x \geq 0,\ y \geq 0$

최적해는 제약조건을 만족하는 실현가능영역의 꼭지점 중 하나이다.

실현가능영역의 꼭지점에서 공헌이익 비교

좌표 (0, 4) : $Z = (6 \times 0) + (9 \times 4) =$ ₩36

좌표 (3, 2) : $Z = (6 \times 3) + (9 \times 2) =$ ₩36

좌표 (4, 0) : $Z = (6 \times 4) + (9 \times 0) =$ ₩24

∴ 최대공헌이익 = ₩36

5 제품가격결정

제품의 가격결정은 경영자가 직면하는 가장 중요하고도 복잡한 의사결정 중 하나이다. 특정 재화 또는 용역의 판매 가능성은 제품의 가격결정에 의해 직접적으로 영향을 받는다. 더 나아가 기업의 수익성, 존속 여부도 제품의 가격결정에 의해 영향을 받는다.

제품의 가격결정은 가격정책에 의해 이루어진다. 가격정책(pricing policy)이란 제품의 가격결정과 관련한 경영자의 태도를 뜻한다. 경영자는 이익 극대화, 목표이익의 달성, 투자자산에 대한 목표투자이익률의 달성, 시장점유율의 제고 등 기업의 목적을 설정하고, 가능하다면 이들 목적 사이의 계층적 구조를 설정하여야 한다. 단기적으로 볼 때 이들 목적은 서로 상충될 수 있다. 시장점유율을 높이기 위해서는 단기적으로 이익 극대화가 희생될 수 있다. 따라서 경영자는 어떤 목적을 가장 우선시할 것인가를 밝혀야 한다.

가격결정의 변수

가격결정(pricing decision)은 가격정책과 현재의 경제상황에 따라 구체적으로 제품의 가격을 설정하는 것이다. 제품가격에 영향을 미치는 중요한 세 가지 변수는 소비자, 경쟁업체, 원가 등이다.

소비자(consumer)는 많은 공급업자의 제품 중 하나를 선택한다. 이와 관련하여 기업의 마케팅부서에서는 고객들이 지불하고자 하는 가격에 대해 분석한다. 한편 회계부서에서는 제품의 원가 자료를 수집한다. 이들 자료를 종합적으로 분석하여 만약 제품가격에 비해 제품원가가 낮다면 그 제품을 생산할 것이고, 반대로 제품원가가 높다면 그 제품을 생산하지 않을 것이다.

기업의 제품가격 변화에 대해 소비자뿐만 아니라 경쟁업체(competitor)도 민감하게 반응한다. 제품가격을 인하하면 수요가 증가하지만, 경쟁업체에서도 제품가격을 인하하게 되면 반드시 수요가 증가한다고 말할 수 없다.

제품가격에 영향을 미치는 기업 내부의 변수는 원가(cost)이다. 특히 원가보상계약에 따라 수익이 결정되는 산업의 경우에는 제품원가가 제품가격에 결정적 역할을 수행한다. 원가에 의해 결정되는 제품가격은 어디까지나 희망가격이다. 이 희망가격은 시장상황을 고려하여 수정되어야 한다. 왜냐하면 최종적으로 제품가격을 결정하는 곳은 시장이기 때문이다.

기업의 생존부등식

기업이 생존하고 성장 발전하기 위한 조건을 살펴보자. 소비자들은 시장에 참여하는 많은 기업들이 생산하는 제품들을 비교하면서 특정 재화나 용역에 대해 나름대로의 가치를 부여한다. 소비자들은 제품가치가 제품을 구입하기 위해 지불해야 하는 제품가격에 비하여 크다면 제품을 구입할 것이다. 소비자의 제품가치와 제품가격의 차이만큼 소비자들은 혜택을 누리게 된다.

한편, 기업의 입장에서는 제품가격과 이 제품을 생산하기 위해 소요되는 제품원가를 비교하여야 한다. 기업에서는 제품가격과 제품원가와의 차이가 기업이익이 된다. 즉, 기업에서 설정하는 제품의 최대판매가격은 소비자들이 다른 제품으로 등을 돌리지 않을 정도의 수준이며, 최소판매가격은 제품을 생산하지 않으면 단기적으로 회피가능한 원가, 즉 변동원가 수준이다. 이와 같이 제품판매가격은 기업의 생존부등식에서 매우 중요한 위치를 차지한다.

| 그림 13-1 | 기업의 생존부등식과 가격결정방법

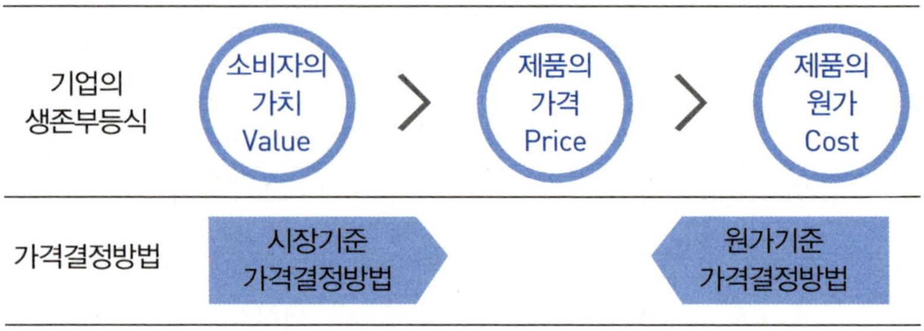

(1) 원가기준 가격결정모형

제품의 가격결정방법은 여러 가지가 있다. 앞에서 살펴본 특별주문의 가격결정방법과 일상적 영업활동을 통해 소비자에게 판매되는 표준제품의 가격결정방법은 상이하다. 여기에서는 표준제품의 가격결정방법을 살펴본다.

원가를 바탕으로 가격을 결정하는 방법을 **원가기준 가격결정방법**(cost-plus pricing method)이라 한다. 제품가격은 장기적으로 생산, 판매, 관리활동에서 발생한 모든 원가를 회수할 수 있어야 하며, 아울러 투자자산에 대한 합리적 이익을 보장할 수 있어야 한다. 만약 제품가격이 원가 회수에만 기여한다면 기업의 이익이 ₩0이 되며 기업의 성장·발전을 도모할 수 없게 된다. 또한 제품가격이 원가조차 회수하지 못한다면 장기적으로 기업이 존속할 수 없게 된다.

원가기준 가격결정방법은 원가에 일정한 원가가산항목을 가산하여 희망가격(prospective selling price)을 설정한다. 가격 설정의 기준이 되는 원가는 변동원가, 전부원가, 총원가 등 여러 가지 방법으로 계산할 수 있다. 원가에 가산하는 원가가산항목은 보통 원가의 일정 퍼센트로 표현하며 이를 원가가산율(mark-up percentage)이라 한다.

$$\text{원가가산율} = \frac{\text{희망가격}}{\text{원가}} - 1 = \frac{\text{원가가산항목}}{\text{원가}}$$

원가기준에 의한 희망가격은 어디까지나 제품원가를 고려하여 기업에서 설정하고자 하는 가격 수준이다. 제품가격은 시장에서 결정되기 때문에 소비자, 경쟁업체의 반응 등을 고려하여 적절히 수정되어야 한다. 단지 이 방법에 의해 계산한 제품

| 그림 13-2 | 원가기준 가격결정모형

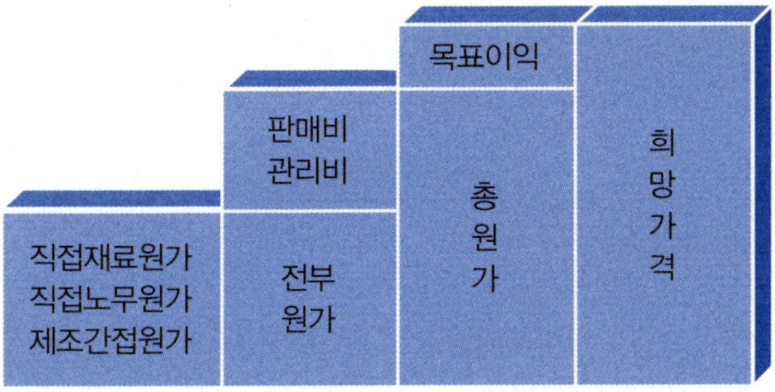

원가는 제품가격의 하한선 역할을 수행한다.

원가기준 가격설정의 유용성

그렇다면 어차피 수정될 희망가격을 왜 계산하는가 또는 원가기준(회계적) 가격결정방법의 유용성은 무엇인가 하는 의문을 제기할 수 있다. 원가기준 가격설정은 다음과 같은 유용성을 갖는다.

첫째, 적용하기가 간편하다. 전부원가 또는 총원가접근법은 원가배분이라는 절차를 거치기는 하지만, 회계적 가격결정방법은 한계수익, 한계원가에 의한 경제적 가격결정방법보다 적용하기 쉽다.

둘째, 제품원가에 의한 희망가격은 불확실성의 일부를 제거하며 다른 불확실성을 분석할 수 있는 출발점 역할을 한다. 제품가격에 영향을 미치는 수많은 변수 중 기업 내부의 자료는 원가이다. 원가를 기준으로 한 희망가격이 없다면 경쟁업체의 반응, 소비자의 가격탄력성 등을 분석할 수 없다. 한편, 소비자와 경쟁업체의 반응을 피드백하여 원가가산율을 수정할 수 있다. 제품의 수요가 클 경우 원가가산율을 높이고, 반면에 제품의 수요가 적거나 경쟁업체에서 가격을 공격적으로 설정할 경우 원가가산율을 낮출 수 있다.

셋째, 제품원가는 제품가격의 하한선 역할을 수행하므로 지나치게 낮게 가격을 설정하는 것을 방지할 수 있다.

넷째, 제품원가는 가격의 정당성을 방어할 수 있는 객관적 자료이다. 제품 수출 시 덤핑여부가 문제시될 경우 수출가격을 합리화할 수 있는 가장 객관적 자료는 제품원가이다.

예제 13 – 16 가격의사결정 (03CTA)

대한건설은 천안 ↔ 논산간 신고속도로를 개통하고 통행료를 책정하기 위하여 고속도로 이용자의 입장을 반영하고자 한다. 다음 자료를 이용하여 승용차 운전자의 입장에서 새로운 고속도로 통행료로 지불하려고 하는 최대금액은 얼마인가?

- 종전노선의 천안 ↔ 논산간 거리 : 90㎞
- 새로 건설한 고속도로의 천안 ↔ 논산간 거리 : 60㎞
- 승용차 운전자들은 5분의 시간가치를 ₩1,000으로 평가한다.
- 승용차의 연비는 평균 10㎞/1리터이다.
- 휘발유는 1리터당 ₩1,400이다.
- 승용차의 고속도로상 평균속력은 시속 100㎞이다.

해답

종전노선과 신노선을 비교하면 다음과 같다.

	종전노선	신노선	차이
거리	90㎞	60㎞	30㎞
소요시간	90㎞/100㎞ = 0.9시간	60㎞/100㎞ = 0.6시간	0.3시간

km당 휘발유비용 = ₩1,400 ÷ 10km = ₩140/km
신노선을 채택할 경우, 증분접근법을 적용하면,

▸ 증분수익			
소요시간 절감분	0.3시간 × 60분 ÷ 5분 × ₩1,000 =	₩3,600	
휘발유비용 절감분	30㎞ × ₩140 =	4,200	7,800
▸ 증분비용	통행료		X
▸ 증분이익			7,800 – X

신노선을 채택하려면 7,800 – X > 0 이어야 하므로 X < ₩7,800

(2) 시장기준 가격결정방법

원가기준 가격결정방법은 "이 제품을 생산하기 위해 투입한 원가가 얼마이며 따라서 제품가격을 얼마로 설정할 것인가"에 초점을 둔 반면에 **시장기준 가격결정방법**(market-based pricing method)은 "고객들이 요구하는 바와 경쟁업체의 반응 등을 고려하여 제품가격을 얼마로 설정할 것인가"에 초점을 둔다.

오늘날의 기업환경은 경쟁 심화, 급격한 시장 및 기술변화하에서 짧은 제품수명주기를 특징으로 하며, 따라서 미래시장과 고객집단을 생각하고 가격을 전망하는 소위 전향적 가격결정이 불가피하게 되었다. 이러한 시장기준 가격결정방법은 경쟁이 치열한 시장 여건에 특히 적합하다.

목표가격

시장기준가격 중 대표적 형태는 목표가격이다. **목표가격**(target price)은 잠재적 고객이 제품 또는 서비스에 지불하리라 예상하는 가격을 뜻한다. 이러한 목표가격은 제품에 대해 소비자가 인지하는 가치와 경쟁업체의 반응에 대한 이해 하에서 설정된다.

타겟 코스팅

타겟 코스팅은 일본이 신제품 개발을 축으로 한 원가우위(cost leadership) 전략을 강조하는 과정에서 근본적인 원가관리시스템의 구축일환으로 체계화하고 이것이 서구 및 국내로 전파된 것이며, 무엇보다도 제품개발 및 프로젝트 수행의 가장 초기단계에서 원가관리를 강조한다.

일단 목표가격이 설정되면 이에 의해 목표원가가 설정된다. 목표원가(target cost)란 기업이 목표이익을 달성하고자 하는 제품원가 수준을 뜻하며 다음과 같이 구한다.

> 목표원가 = 목표가격 − 목표이익

타겟 코스팅(target costing)의 구체적 절차는 다음과 같다.

제 1 단계 소비자의 욕구를 충족시킬 수 있는 제품을 개발한다.

제 2 단계 제품에 대해 소비자가 인지하는 가치와 경쟁업체의 반응에 기초하여 목표가격을 설정한다.

제 3 단계 목표가격에서 목표이익을 차감하여 목표원가를 설정한다.

제 4 단계 목표원가를 달성하기 위해 가치공학을 수행한다.

가치공학

때로는 목표원가가 총원가보다 낮은 경우가 있다. 기업이 목표원가를 달성하고 이에 의해 목표이익을 창출하기 위해서는 제품과 공정을 끊임없이 개선해야 한다. **가치공학**(value engineering)이란 고객의 욕구를 충족시키면서 원가를 절감하기 위해 연구개발, 제품과 프로세스의 디자인, 생산, 마케팅, 유통, 고객 서비스 등을 체계적으로 평가하는 것을 뜻한다. 어떤 경우에는 엔지니어들은 제품이나 부품의 디자인을 변경할 수 있으며, 새로운 원재료를 사용하거나 제조 프로세스를 수정 또는 개선하기도 한다.

목표원가계산(Target costing)

- 목표원가는 외부시장환경과 경쟁업체의 대응 정도 등을 고려하여 기업이 목표로 설정한 시장점유율의 유지 또는 목표이익을 달성하기 위하여 전략적으로 책정하는 원가
- 목표원가는 목표가격에서 목표이익을 차감하여 결정함.
- 일본의 토요타 자동차 회사에서 신제품개발을 축으로 한 원가우위(cost leadership) 전략을 강조하는 과정에서 체계화됨.
- 제조 이전의 전방단계(연구개발 및 설계)에서의 원가절감을 강조함.
- 목표원가를 달성하기 위해서 가치공학(value engineering)을 수행함.

예제 13-17 타겟 코스팅 (12CPA변형)

㈜갑의 신제품 개발팀은 신제품을 위한 다양한 제품 사양을 개발하였다. ㈜갑은 개발한 제품 사양이 모두 포함된 신제품 A를 제조할 것인지 아니면 제품 사양들 중 일부가 제외된 신제품 B를 제조할 것인지를 결정하고자 한다. 신제품의 목표이익률은 판매가격의 30%이다. 신제품 A와 신제품 B의 단위당 예상 판매가격은 각각 ₩5,000, ₩4,000이라 할 때, 각 제품의 목표원가는 얼마인가?

해답

신제품 A : 목표이익 = ₩5,000 × 30% = ₩1,500
목표원가 = 판매가격 5,000 − 목표이익 1,500 = ₩3,500

신제품 B : 목표이익 = ₩4,000 × 30% = ₩1,200
목표원가 = 판매가격 4,000 − 목표이익 1,200 = ₩2,800

카이젠 코스팅

타겟 코스팅이 완료된 후 제품생산단계에서 추가적 원가절감(cost reduction) 목표를 달성할 목적으로 제조공정을 지속적으로 개선해 나가는 일종의 지속적 프로세스 개선(CPI, continuous process improvement) 과정을 카이젠 코스팅(Kaizen costing)이라고 한다. 카이젠은 개선(改善)을 뜻하는 일본말이다. 제조 이전의 전방단계에서의 원가절감을 강조하는 타겟 코스팅과 달리 카이젠 코스팅은 생산이 개시되기 시작한 후에 제조단계에서의 전향적인 원가절감을 강조하는 가운데 상호 보완적으로 활용된다.

제품 생산이 이미 이루어진 이후에 원가를 절감하기 위해 대폭적인 변화를 일으키기 힘들 때 카이젠 코스팅은 적절하다. 카이젠 코스팅은 전면적인 혁신이라기보다는 작으면서도 증분적으로 개선하는 것이다. 카이젠 코스팅은 현장근로자들이

프로세스 개선을 어떻게 할 것인가에 대해 가장 많은 지식을 가지고 있다고 가정한다. 왜냐하면 현장근로자들이 제품을 생산하기 위해 사용되는 제조프로세스에서 실제로 작업하기 때문이다. 카이젠 코스팅의 목적 중 하나는 현장근로자들에게 프로세스를 개선하고 원가를 절감할 수 있는 책임과 권한을 주는 것이다.

카이젠 코스팅(Kaizen costing)

- 생산이 개시된 이후에 제조단계에서의 지속적 원가절감을 강조함.
- 카이젠 원가계산에서는 프로세스를 개선시키는데 가장 크게 공헌할 수 있는 조직구성원은 현장근로자라고 가정함.

exercise 연습문제

1. 특별주문의 수락 여부

01 특별주문의 의사결정 (98CTA)

㈜남해는 프린터를 제조하는 회사이다. 다음은 특별주문을 받기 전의 추정 손익계산서(조업도 200,000단위)이다.

	총액	단위당 가격
매출	₩2,000,000	₩10.00
매출원가	1,600,000	8.00
매출총이익	400,000	2.00
판매비와 관리비	300,000	1.50
영업이익	₩100,000	0.50

위의 추정손익계산서의 매출원가 중에서 ₩600,000, 판매비와 관리비 중 ₩100,000은 고정원가이다. ㈜남해는 한 고객으로부터 50,000개의 프린터를 개당 ₩7에 매입하겠다고 특별주문을 받았다. 이러한 특별주문은 변동판매비와 관리비를 발생시키지 않고도 회사는 50,000개의 프린터를 추가로 제조할 수 있는 유휴설비를 보유하고 있다. 만약 이러한 특별주문을 수락한다면 영업이익은?

02 특별주문의 의사결정 (05CTA)

우진회사는 월간 30,000개까지의 단일제품을 생산할 수 있는 설비를 가지고 있다. 거래처와의 계약체결 내용에 따라 우진회사는 다음 달에 25,000개의 제품을 제조하여 판매할 예정이며, 이 경우 제품 1개당 총원가는 ₩2,500으로 예상된다. 그런데 다음 달에 5,000개의 제품을 1개당 ₩1,600에 납품해 달라는 거래처의 추가 주문이 접수되었다. 이 추가주문을 접수하여 생산량을 증가시킬 경우 제품 1개당 총원가는 ₩2,300으로 감소할 것으로 예상되며, 이 주문을 수락하더라도 기존의 예상판매량을 달성하는 데는 아무런 문제가 없을 것으로 예상된다. 우진회사가 이 추가 주문을 수락한다면 영업이익에 어떤 영향을 줄 것인가? 단, 재고는 없는 것으로 가정한다.

03 특별주문) : 기회원가가 존재할 때 (18CTA, 95CPA유사)

㈜세무는 20×1년에 제품 A를 5,000단위 생산하여 전량 국내시장에 판매할 계획이다. 제품 A의 단위당 판매가격은 ₩10,000, 단위당 변동제조원가는 ₩7,000, 단위당 변동판매관리비는 ₩1,000이

다. ㈜세무는 20×1년 초에 해외 거래처로부터 제품 A 3,000단위를 단위당 ₩8,000에 구입하겠다는 특별주문을 받았다. 해외 거래처의 주문을 수락하기 위해서는 제품 A 1단위당 부품 B(단위당 외부구입가격 : ₩500) 1단위를 추가로 투입해야 하고, 20×1년도 국내시장 판매량을 350단위 감소시켜야 한다. 특별주문과 관련된 판매관리비는 주문수량에 관계없이 ₩300,000이 발생한다. ㈜세무가 특별주문을 수락할 경우, 20×1년도 예산이익의 증가(또는 감소) 금액은? (단, 특별주문은 전량 수락하든지 기각해야 한다.)

04 특별주문의 의사결정 (12CTA)

㈜국세는 야구공을 생산·판매하고 있으며, 월간 최대생산능력은 30,000단위이다. ㈜국세가 생산하는 야구공의 단위당 원가자료는 다음과 같다.

직접재료원가	₩200	직접노무원가	₩100
변동제조간접원가	50	고정제조간접원가	100
변동판매비와관리비	25	고정판매비와관리비	30

㈜국세는 현재 정상주문에 대해 단위당 ₩500의 가격으로 판매를 하고 있는데, 최근 해외사업자로부터 할인된 가격으로 3,000단위를 구입하겠다는 특별주문을 받았다. ㈜국세가 이 주문을 수락할 경우에는 생산능력의 제한으로 인하여 기존 정상주문 중 1,200단위의 판매를 포기해야 한다. 그러나 특별주문 수량에 대한 단위당 변동판매비와관리비는 ₩5만큼 감소할 것으로 예상하고 있다. ㈜국세가 해외사업자의 특별주문에 대하여 제시할 수 있는 단위당 최저판매가격은 얼마인가?

05 특별주문의 의사결정 (13CTA)

㈜세무의 정상판매량에 기초한 20×1년 예산손익계산서는 다음과 같다.

매출액(5,000단위, ₩60)	₩300,000
변동매출원가	150,000
변동판매비	60,000
공헌이익	₩90,000
고정제조간접원가	50,000
고정판매비	20,000
영업이익	₩20,000

㈜세무의 연간 최대생산능력은 6,000단위이다. 새로운 고객이 20×1년 초 1,500단위를 단위당 ₩50에 구입하겠다고 제의하였으며, 이 제의는 부분 수락할 수 없다. 이 제의를 수락하고, 정상가격에 의한 기존의 거래를 감소시켜 영업이익을 극대화한다면, 20×1년에 증가되는 영업이익은?

06 특별주문의 의사결정 (01CTA)

A복사집의 복사능력은 시간당 1,800부이다. 준비시간 및 용지 재공급시간으로 인해 하루 실가동시간은 7시간이다. 대학주변에는 난립되어 있는 복사집들 간의 경쟁이 극심한 편이다. 따라서 고객이 원하는 시간 준수는 필수사항이다. 이 복사집의 1일 복사수요량은 10,000부이다. 가격은 1부당 ₩40이고, 총변동원가는 ₩16이다. 그런데 한 고객이 하루의 업무시작시점에 찾아와서 5,000부의 복사물을 업무마감시간까지 1부당 ₩32에 복사해달라고 요구하였다. 이 특별주문의 수락 또는 기각 여부와 관련하여 예상되는 순이익의 효과는?

07 특별주문의 의사결정

오성회사에서는 월간 유휴기계시간 1,000시간을 어떻게 활용할 것인가에 대해 심사숙고하고 있다. 이 유휴기계시간을 활용하여 제품 X를 자가제조할 경우 이에 대한 정보는 다음과 같다.

가. 제품 X를 생산하기 위한 단위당 직접재료원가는 ₩2,000이다.
나. 제품 X를 생산하기 위해서는 임시공을 고용해야 하며, 제품 1단위를 생산하는데 소요되는 직접작업시간은 0.8시간이다. 임시공의 시간당 임률은 ₩800이다.
다. 제품 X를 1단위 생산하는데 소요되는 기계시간은 2시간이다. 변동제조간접원가는 기계시간당 ₩180이다.
라. 제품 X를 생산하면 고정제조간접원가는 ₩30,000이 증가한다.
마. 유휴기계시간을 이용하여 제품 X를 생산하지 않는다면, 기계의 대체적 활용 가능성이 없다.

최근에 외국에서 제품 X에 대한 특별주문량 1,500개를 단위당 ₩3,500에 일괄구입하겠다는 특별주문을 받았다. 내부생산 부족분은 옆가게에서 구입(구입가격은 ₩3,600) 가능하다. 특별주문을 수락할 경우, 기업 전체의 이익에 미치는 영향은 얼마인가?

08 특별주문의 의사결정 (07CPA)

㈜아리수는 휴대폰에 장착되는 전지를 생산한다. 회사는 현재 생산시설용량(월 8,000 직접노무시간)의 75%를 가동하고 있다. 최근 회사는 ㈜한국전자로부터 개당 ₩700에 5,000개의 전지를 1개월 안에 납품해 달라는 특별주문을 받았다. 전지의 개당 제조원가는 다음과 같다.

직접재료원가	₩200
직접노무원가(개당 0.5 직접노무시간)	300
제조간접원가	200
합계	₩700

㈜아리수의 직접재료원가와 직접노무원가는 변동원가이다. 제조간접원가 중 변동제조간접원가는 직접노무시간당 ₩240이다. ㈜아리수는 향후 수개월 동안 월 6,000 직접노무시간(8,000 직접노무시

간 × 75%)의 조업도를 유지하기에 충분한 경상주문을 받아 놓고 있다. 경상주문품의 판매가격은 개당 ₩1,000이다.

물음

1. ㈜아리수가 5,000개의 특별주문을 수락할 경우, 일부 경상주문을 포기함으로 인한 기회원가(opportunity cost)는 얼마인가?
2. ㈜아리수가 5,000개의 특별주문을 수락할 경우 증분손익은 얼마인가?

2. 부품의 자가제조 – 외부구입 의사결정

09 부품의 자가제조 – 외부구입 의사결정 (04CTA)

전주㈜는 연간 1,000단위의 부품을 생산한다. 이 부품의 단위당 변동제조원가는 ₩12, 단위당 고정제조원가는 ₩9이다. 이 부품은 외부에서 단위당 ₩20에 구입할 수 있다. 그러나 부품을 외부에서 구입하더라도 고정제조원가의 단지 2/3만이 절약될 수 있다. 부품을 외부에서 구입할 경우 이익에 미치는 영향은 얼마인가?

10 부품의 자가제조 – 외부구입 의사결정 (11CTA)

선풍기 제조회사인 ㈜국세는 소형모터를 자가제조하고 있다. 소형모터 8,000개를 자가제조하는 경우, 단위당 원가는 다음과 같다.

직접재료원가	₩7
직접노무원가	3
변동제조간접원가	2
특수기계 감가상각비	2
공통제조간접원가 배부액	5
제품원가	₩19

㈜한국이 ㈜국세에게 소형모터 8,000개를 단위당 ₩18에 공급할 것을 제안하였다. ㈜국세가 ㈜한국의 공급제안을 수용하는 경우, 소형모터 제작을 위해 사용하던 특수기계는 다른 용도로 사용 및 처분이 불가능하며, 소형모터에 배부된 공통제조간접원가의 40%를 절감할 수 있다. ㈜국세가 ㈜한국의 공급제안을 수용한다면, 자가제조하는 것보다 얼마나 유리 또는 불리한가?

11 부품의 자가제조 - 외부구입 의사결정 (12CTA)

㈜국세는 현재 제품 생산에 필요한 부품 10,000단위를 자가제조하여 사용하고 있는데, 최근에 외부의 제조업자가 이 부품을 전량 납품하겠다고 제의하였다. ㈜국세가 이러한 제의에 대한 수락 여부를 검토하기 위하여 원가자료를 수집한 결과, 10,000단위의 부품을 제조하는데 발생하는 총제조원가는 ₩3,500,000(직접재료원가 ₩1,800,000, 직접노무원가 ₩700,000, 변동제조간접원가 ₩500,000, 고정제조간접원가 ₩500,000)이다. 최대로 허용가능한 부품의 단위당 구입가격은 ₩330으로 분석되었을 경우, ㈜국세가 회피가능한 고정제조간접원가로 추정한 최대금액은 얼마인가?

12 부품의 자가제조 - 외부구입 의사결정 (21CPA)

㈜대한은 제품에 사용되는 부품 A를 자가제조하고 있으나, 외부 공급업체로부터 부품 A와 동일한 제품을 구입하는 방안을 검토 중이다. ㈜대한의 회계팀은 아래의 자료를 경영진에게 제출하였다.

구 분	부품 A 1단위당 금액
직접재료원가	₩38
직접노무원가	35
변동제조간접원가	20
감독관 급여	40
부품 A 전용제조장비 감가상각비	39
공통관리비의 배분	41

- 매년 10,000개의 부품 A를 생산하여 모두 사용하고 있다.
- 만일 외부에서 부품 A를 구입한다면 감독관 급여는 회피가능하다.
- 부품 A 전용제조장비는 다른 용도로 사용하거나 외부 매각이 불가능하다.
- 공통관리비는 회사 전체의 비용이므로 외부 구입 여부와 관계없이 회피가 불가능하다.
- 만일 부품 A를 외부에서 구입한다면, 제조에 사용되던 공장부지는 다른 제품의 생산을 위해서 사용될 예정이며, 연간 ₩240,000의 공헌이익을 추가로 발생시킨다.

㈜대한의 경영진은 부품 A를 자가제조하는 것이 외부에서 구입하는 것과 영업이익에 미치는 영향이 무차별하다는 결론에 도달하였다. 이 경우 외부 공급업체가 제시한 부품 A의 1단위당 금액은 얼마인가?

3. 제품라인의 유지 - 폐지 의사결정

13 제품라인의 유지 - 폐지 의사결정 (96CPA)

㈜하민은 현재 A, B, C 세 가지 제품을 생산·판매한다. 이 제품의 금년 예상매출 관련수치는 다음과 같다. (단위는 만 원이다)

	A	B	C	합계
매출액	₩4,000	₩2,000	₩3,000	₩9,000
매출원가				
직접재료원가	1,000	400	400	1,800
직접노무원가	1,200	300	200	1,700
제조간접원가	2,000	900	2,000	4,900
매출총이익	₩(200)	₩400	₩400	₩600

제조간접원가는 세 제품에 매출액 기준으로 배부된 고정제조간접원가 3,600만 원을 포함한다. 이 공통원가 3,600만 원은 한 가지 제품만 생산한다 하더라도 필요한 고정원가이다. 나머지는 모두 변동제조간접원가이다. 이 기업은 A제품의 매출총이익이 적자이므로 이 제품의 생산을 중단하려 한다. A제품 생산을 중단할 때, A제품 관련시설과 공간의 대체적 이용가치는 없다. A제품 생산을 중단하면, 기업 전체 매출총이익은 어떻게 바뀌는가?

14 제품라인의 유지 - 폐지 의사결정 (04CTA)

인천㈜의 11월 약식 손익계산서가 다음과 같다.

	합 계	甲부문	乙부문
매출액	₩200,000	₩80,000	₩120,000
변동원가	116,000	32,000	84,000
공헌이익	84,000	48,000	36,000
추적가능고정비용	60,000	20,000	40,000
부문이익	24,000	28,000	(4,000)
공통고정비	10,000	4,000	6,000
영업이익	₩ 14,000	₩24,000	₩(10,000)

각 부문이 폐쇄된다면 각 부문의 추적가능고정비용의 3/4은 회피가능하다. 이 회사는 공통고정비를 각 부문의 매출액에 비례하여 배분하고 있다. 이 회사는 乙부문을 폐쇄할 경우 甲부문의 매출이 10% 감소할 것으로 예측하고 있으나 甲부문을 폐쇄할 경우 乙부문의 매출에는 영향이 없을 것으로 예측하고 있다. 이 회사가 乙부문을 폐쇄하기로 결정한다면 회사 전체의 영업이익은 얼마가 되는가?

15 제품라인의 유지－폐지 의사결정 (14CPA)

㈜한국은 제품라인별로 부문 X, 부문 Y 및 부문 Z를 유지하고 있다. ㈜한국의 지난달 부문별 및 회사전체의 매출액, 비용, 이익에 관한 정보는 다음과 같다.

	부문 X	부문 Y	부문 Z	회사전체
매출액	₩1,250	₩750	₩500	₩2,500
변동원가	500	250	300	1,050
공헌이익	750	500	200	1,450
고정원가 :				
급여	325	205	150	680
감가상각비	10	20	20	50
기타일반관리비	260	156	104	520
총고정원가	595	381	274	1,250
영업이익(손실)	₩155	₩119	₩(74)	₩200

㈜한국의 재무담당이사(CFO)가 부문 Z의 폐지여부 결정을 하기 위해 세 부문에 부과되는 비용들에 대해 분석한 결과는 다음과 같다.

가. 급여는 각 부문에 속한 종업원들에게 직접 지급되며, 부문 Z가 폐지될 경우 회사는 부문 Z에 근무하는 종업원들을 추가 비용의 발생없이 즉시 해고시킬 수 있다.

나. 감가상각비는 각 부문의 설비에 대한 것이다. 각 부문의 설비는 부문의 특성에 맞게 주문제작된 것이기 때문에, 부문 Z가 폐지될 경우 부문 Z의 설비는 시장가치가 없다.

다. 기타일반관리비는 회계·구매·관리비용을 나타내며, 각 부문의 매출액을 기준으로 각 부문에 배부된다. 부문 Z가 폐지되더라도 매월 발생하는 기타일반관리비 총액은 변동하지 않을 것으로 예상된다. ㈜한국이 부문 Z를 폐지하기로 결정할 경우, 부문 Z가 사용하던 유휴 공간 및 설비에 대한 대체적 용도가 없다.

부문 Z를 폐지하기로 결정한 경우, 회사전체의 영업이익은 얼마나 증가(또는 감소)하는가?

16 제품라인의 유지－폐지 의사결정 (10CTA)

㈜울산은 A, B, C 세 종류의 제품을 생산·판매하고 있다. 20×1년 ㈜울산의 제품별 손익을 살펴본 결과 다음과 같이 나타났다.

항목	A제품	B제품	C제품	합계
매출액	₩1,000,000	₩2,000,000	₩1,000,000	₩4,000,000
변동원가	500,000	1,800,000	700,000	3,000,000
공헌이익	500,000	200,000	300,000	1,000,000
고정원가	200,000	400,000	200,000	800,000
이익	₩300,000	₩(200,000)	₩100,000	₩200,000

경영자는 손실을 보이고 있는 B제품의 생산중단을 고려하고 있으며, 이에 대한 자료를 다음과 같이 수집하였다. 총고정원가 ₩800,000은 각 제품의 매출액에 비례하여 배부한 것이며, B제품 생산중단 시 총고정원가의 10%는 회피가능하고, 또한 C제품의 매출액이 20% 감소할 것으로 예상된다. ㈜울산이 B제품의 생산을 중단할 경우 회사전체 이익은 얼마나 감소하는가?

17 제품라인 유지 – 폐지 (17CPA)

㈜한국은 제품 A와 제품 B를 생산·판매하고 있다. 제품 A와 제품 B 각각에 대한 연간최대조업도 100,000단위의 활동수준에서 예상되는 20×1년도 생산 및 판매와 관련된 자료는 다음과 같다.

구분	제품 A	제품 B
단위당 판매가격	₩120	₩80
단위당 변동원가 :		
직접재료원가	30	12
직접노무원가	20	15
변동제조간접원가	7	5
변동판매관리비	12	8
단위당 고정원가 :		
추적가능 고정제조간접원가	16	18
공통고정비	15	10
단위당 총원가	₩100	₩68
연간최대생산능력	100,000단위	100,000단위

제품별 추적가능 고정제조간접원가는 해당 제품의 생산을 중단하면 회피가능하나, 공통고정비는 제품 A 혹은 제품 B의 생산을 중단해도 계속해서 발생한다. ㈜한국은 20×1년초에 향후 1년 동안 제품 A 80,000단위와 제품 B 60,000단위를 생산·판매하기로 계획하였다. 그런데 ㈜한국이 기존의 계획을 변경하여 20×1년에 제품 B를 생산하지 않기로 한다면, 제품 A의 20×1년도 연간 판매량은 원래 계획한 수량보다 15,000단위 증가할 것으로 예측된다. ㈜한국이 20×1년에 제품 B의 생산을 전면 중단할 경우, 이익에 미치는 영향은?

4. 제약자원하의 최적의사결정

18 제약조건하의 의사결정 (05CTA)

태양회사는 A, B, C 쥬스를 생산한다. 각 제품의 상자당 자료는 다음과 같다.

	A	B	C
판매가격	₩2,600	₩2,200	₩2,500
변동원가	₩1,400	₩1,200	₩1,420
재료사용량	3kg	2kg	2.4kg

재료 총공급량이 18,000kg으로 제한되어 있고, 각 제품의 최대 판매량은 3,000상자이다. 이익을 최대화하기 위해 각 제품을 몇 상자씩 판매하여야 하는가?

19 제약조건하의 의사결정 : 원가 최소화 (02CTA)

대한제과에서는 각종 이벤트행사용 선물주머니의 판매로부터 매출총이익을 최대로 하는 배합으로 사탕과 초콜릿을 선물주머니에 담았다고 할 경우 총 1,000개의 선물주머니를 판매하여 얻을 수 있는 최대 매출총이익은? 단, 선물주머니 1개당 판매단가는 ₩1,000이며, 선물주머니의 내용물 구성과 관련된 조건은 다음과 같다.

	사 탕	초콜릿	선물주머니의 구성
단위당 무게	24g	12g	360g 이상
수량	?	?	26개 이상
단위당 원가	₩30/개	₩20/개	

20 제약조건하의 의사결정 (14CTA)

㈜세무는 세 가지 제품인 A, B, C를 생산·판매하고 있다. 세 가지 제품 각각에 대해 예상되는 월 생산 및 판매와 관련된 자료는 다음과 같다.

	제품 A	제품 B	제품 C
단위당 변동제조원가	₩40.80	₩45.10	₩45.00
단위당 고정제조원가	19.80	27.70	21.00
단위당 총제조원가	₩60.60	₩72.80	₩66.00
단위당 기계소요시간	1.25시간	2.50시간	1.80시간
단위당 판매가격	₩73.00	₩87.00	₩84.00
단위당 변동판매관리비	₩2.20	₩1.90	₩3.00
월 예상 시장수요량	1,000단위	3,000단위	3,000단위

세 가지 제품에 대한 시장의 수요는 충분하여 월 예상 시장수요량을 생산하면 모두 판매가 가능하다고 가정한다. ㈜세무의 월 최대 사용가능한 기계시간은 13,650시간이다. ㈜세무의 영업이익을 극대화 할 수 있는 월 최적제품배합은?

21 제약자원의 활용 (11CTA변형, 07CTA유사, 08CPA유사)

㈜국세는 제품 A, B, C를 독점하여 생산·판매하고 있다. 제품생산을 위해 사용되는 공용설비의 연간 사용시간은 총 80,000시간으로 제한되어 있다. 20×1년도 예상 자료는 다음과 같다.

	제품 A	제품 B	제품 C
단위당 판매가격	₩1,000	₩1,500	₩2,000
단위당 변동원가	₩300	₩600	₩1,200
단위당 공용설비사용시간	10시간	20시간	16시간
연간 최대시장수요량	2,000단위	3,000단위	2,000단위

20×1년 공헌이익을 최대화하기 위해서는 각각의 제품을 몇 개 생산하여야 하는가?

22 제약조건하의 의사결정 (16CPA)

㈜한국은 동일한 직접재료 M을 사용하여 세 가지 제품 A, B, C를 생산·판매한다. 다음은 ㈜한국이 생산·판매하고 있는 각 제품의 단위당 판매가격, 변동원가 및 공헌이익에 관한 자료이다.

구 분	제품 A	제품 B	제품 C
단위당 판매가격	₩900	₩1,350	₩1,200
단위당 변동원가			
직접재료원가	160	320	200
기타변동원가	480	590	700
계	640	910	900
단위당 공헌이익	₩260	₩440	₩300

㈜한국은 공급업체로부터 직접재료 M을 매월 최대 4,000kg까지 구입가능하며, 직접재료 M의 구입가격은 kg당 ₩40이다. ㈜한국의 각 제품에 대한 매월 최대 시장수요량은 400단위이다. ㈜한국이 이익을 최대화하기 위해 각 제품을 매월 몇 단위씩 생산·판매하여야 하는가?

23 제약조건하의 의사결정 (16CTA)

㈜세무는 제품 A와 제품 B를 생산·판매하고 있으며, 두 제품의 단위당 연간 자료는 다음과 같다. 변동제조간접원가는 제품생산에 소요되는 기계시간을 기준으로 계산한다.

구 분	제품 A	제품 B
판매가격	₩200,000	₩240,000
직접재료원가	85,000	95,000
직접노무원가	10,000	10,000
변동제조간접원가(기계시간당 ₩5,000)	20,000	30,000
변동판매관리비	5,000	15,000
고정제조간접원가	15,000	25,000
고정판매관리비	30,000	20,000
단위당 원가 (계)	₩165,000	₩195,000

㈜세무가 제품 A와 제품 B의 생산에 사용할 수 있는 최대기계시간은 연간 3,700시간이다. ㈜세무가 제품을 외부로 판매할 경우 시장의 제한은 없으나, 연간 외부 최대 수요량은 제품 A 700개, 제품 B 400개이다. ㈜세무가 영업이익을 최대화할 수 있는 제품배합은?

24 제약자원의 활용 (13CPA)

㈜대한은 한복 A와 한복 B를 생산·판매하고 있다. 한복 A와 한복 B의 제작에 사용되는 재료인 명주와 염료는 1년에 각각 100kg과 150리터만 확보가 가능하다. 한복 A에 대한 시장수요는 무한하나, 한복 B에 대한 시장수요는 연간 70단위이다. 단위당 공헌이익 및 생산관련 재료사용량이 다음과 같을 때 최적 제품 배합에 의한 총공헌이익은 얼마인가?

	한복 A	한복 B
단위당 공헌이익	₩3,000	₩1,000
단위당 명주 사용량	1kg	1kg
단위당 염료 사용량	2리터	1리터

25 제약자원의 활용 (09CPA)

㈜도원은 정밀기계를 위한 특수필터와 가정의 전자제품용 일반필터를 생산하여 판매하고 있다. 20×8년도 ㈜도원의 제품 생산량과 단위당 자료는 다음과 같다.

구분	특수필터	일반필터
생산량	2,000개	6,000개
판매가격	₩500	₩300
직접재료원가	150	100
직접노무원가	60	80
변동제조간접원가	90	60
변동판매관리비	50	30

㈜도원의 연간 최대조업도는 21,000기계시간이며, 20×8년도 변동제조간접원가는 기계시간당 ₩30이었다. ㈜도원의 매년 생산량과 판매량은 동일한 것으로 가정한다.

물음 (각 물음은 독립적이다.)

1. ㈜도원은 특수필터 제품에 대한 판매활동을 강화하여 특수필터와 일반필터의 매출배합을 2 : 3으로 변경하는 것을 고려하고 있다. 매출배합의 변경은 오직 특수필터 제품의 변동판매관리비에만 영향을 준다. 특수필터와 일반필터의 전체 판매량을 8,000단위로 하고 매출배합을 변경할 경우에 두 제품의 판매로 인한 총공헌이익이 매출배합 변경전과 동일하다면, 특수필터 제품의 단위당 변동판매관리비는 얼마인가?
2. ㈜도원이 연간 최대조업도 하에서 특수필터와 일반필터를 각각 최소한 1,500단위 이상 판매하는 경우, 총공헌이익을 최대화하기 위한 특수필터와 일반필터의 판매량은 각각 얼마인가?

26 제약자원의 활용 + 특별주문 의사결정 (22CPA)

㈜대한은 A필터와 B필터를 생산 및 판매하고 있으며, 이익극대화를 추구한다. ㈜대한의 최대조업도는 월 12,000기계시간이며, ㈜대한이 20×1년 2월에 대해 예측한 A필터와 B필터의 자료는 다음과 같다.

구분	A필터	B필터
시장수요량	2,500단위	1,500단위
단위당 직접재료원가	₩290	₩400
단위당 직접노무원가	100	150
단위당 변동제조간접원가(기계시간당 ₩40)	80	160
단위당 변동판매관리비	50	90
단위당 고정원가	20	20
단위당 판매가격	840	1,280

㈜대한은 20×1년 2월의 판매예측에 포함하지 않았던 ㈜민국으로부터 B필터 500단위를 구입하겠다는 일회성 특별주문을 받았다. ㈜대한이 ㈜민국의 특별주문을 수락하더라도 해당 제품의 단위당 변동원가는 변하지 않는다. ㈜대한이 ㈜민국의 특별주문을 수락하여 20×1년 2월 영업이익을 ₩180,000 증가시키고자 할 경우에 특별주문의 단위당 판매가격은 얼마인가? 단, 특별주문과 관련하여 생산설비의 증설은 없다.

27 제약자원의 활용 + 특별주문 의사결정 (03CPA변형)

㈜한국은 단일 기계설비를 이용하여 두 종류의 제품 H와 L을 생산·판매해 오고 있다. ㈜한국의 월간생산능력은 H제품만 생산할 경우 400개이다. H제품 1개 생산에 소요되는 시간은 L제품의 2배이다. 설비능력 및 시장수요를 감안한 ㈜한국의 3월 계획은 H제품 300개와 L제품 200개를 생산·판매하는(즉, 기계설비를 100% 가동하는) 것이다. 단위당 원가 및 가격자료는 다음과 같다.

	H 제품	L 제품
정규판매가격	₩100	₩60
직접재료원가	₩40	₩20
직접노무원가(변동원가)	20	15
변동제조간접원가	10	5
고정제조간접원가	20	10
합 계	₩90	₩50

물음 (각 물음은 독립적이다.)

1. 최근 ㈜한국은 L제품 100개를 정규가격 이하인 단위당 ₩50에 3월 중 납품해 달라는 특별주문을 받았다. 특별주문을 받아들일 경우 ㈜한국의 이익은 당초 계획에 비해 어떻게 달라지겠는가?
2. 최근 ㈜한국은 H제품 50개를 정규가격 이하인 단위당 ₩95에 3월 중 납품해 달라는 특별주문을 받았다. 특별주문을 받아들일 경우 ㈜한국의 이익은 당초 계획에 비해 얼마가 증가(또는 감소)하겠는가?

28 제약자원의 활용 + 특별주문 의사결정 (14CPA)

㈜한국은 일반형과 고급형으로 분류되는 두 종류의 정수기를 생산·판매하고 있다. 일반형과 고급형 정수기 한 단위를 생산하는데 소요되는 기계시간은 각각 1시간과 2시간이다. 이 회사가 매월 사용가능한 최대 기계시간은 총 6,000시간이다. ㈜한국이 20×1년 3월에 대해 예측한 일반형과 고급형 정수기의 판매가격, 원가 및 시장수요량에 관한 자료는 다음과 같다.

항 목	일반형	고급형
단위당 판매가격	₩42	₩64
단위당 변동원가	₩26	₩40
단위당 고정원가	₩6	₩6
단위당 총원가	₩32	₩46
시장수요량	2,500단위	1,500단위

㈜한국은 3월의 판매예측에 포함하지 않았던 한 고객으로부터 고급형 정수기 500단위를 단위당

₩74의 가격에 3월 중에 구입하고자 하는 특별주문을 받았다. ㈜한국이 이 고객의 특별주문을 수락할 경우 해당 제품의 단위당 변동원가에 미치는 영향은 없다. ㈜한국이 이 고객의 특별주문을 수락할 경우, 3월 영업이익은 얼마만큼 증가하겠는가?

29 제약자원의 활용 (06CPA)

㈜스피드는 사무용복합기 A모델과 B모델을 생산·판매하고 있으며 단위당 판매가격은 각각 ₩520,000, ₩800,000이다. 두 모델의 단위당 제조원가는 다음과 같다.

	A모델	B모델
직접재료원가	₩240,000	₩320,000
직접노무원가	100,000	160,000
변동제조간접원가 (기계시간당 ₩10,000)	40,000	80,000
고정제조간접원가	40,000	40,000
단위당 제조원가	₩420,000	₩600,000

㈜스피드의 최대 조업도는 월 6,000기계시간이며, 현재 시장의 월간수요량은 A모델 800개, B모델 500개이다.

물음

1. ㈜스피드가 영업이익을 극대화할 수 있는 제품배합은 A모델과 B모델 각각 몇 개인가?
2. 새로운 거래처로부터 A모델 200개를 단위당 ₩480,000에 구매하겠다는 일회성 특별주문(special order)을 받았다. ㈜스피드가 (물음 1)에서의 극대화된 영업이익 수준을 유지하면서 특별주문을 수락할 수 있는 최저판매가격은 얼마인가? (단, 특별주문과 관련하여 생산설비의 증설은 없다.)

30 제약조건 + 특별주문 (23CTA2차일부)

㈜세무는 3가지 제품 A, B, C를 생산·판매하고 있다. 각 제품의 단위당 판매가격, 단위당 직접제조원가는 다음과 같다.

	제품 A	제품 B	제품 C
단위당 판매가격	₩100	₩150	₩200
단위당 직접재료원가	15	42	54
직접노무원가	25	15	30

㈜세무의 생산 및 판매와 관련한 기타정보는 다음과 같다.

1. 직접노무시간당 임률은 ₩10이다.
2. 변동제조간접원가는 직접노무시간을 기준으로 각 제품에 배부하는데, 변동제조간접원가 배부율은 직접노무시간당 ₩12이다.
3. 월간 총고정원가는 ₩560,000이다.
4. 변동판매관리비는 각 제품 매출액의 10 %이다.
5. 제품 A, B, C를 생산하기 위하여 동일한 기계를 활용하고 있다. 기계시간당 각 제품의 생산량은 제품 A 100개, 제품 B 20개, 제품 C 15개이다. ㈜세무가 이용가능한 총기계시간은 월간 500시간이다.
6. 제품 A, B, C의 월간 예상수요량은 각각 15,000개, 8,000개, 5,000개이다.
7. 당월에 생산된 제품은 모두 당월에 판매된다.

물음

1. ㈜세무는 생산 및 판매와 관련한 모든 정보를 활용하여 기업의 이익을 최대화하고자 한다.
   (1) 제품 A, B, C 각각에 대해 제품 단위당 공헌이익을 계산하시오.
   (2) 제품 A, B, C 각각에 대해 월간 최적 생산량을 계산하시오.

2. ㈜세무는 이익을 최대화하는 생산량을 결정한 이후에 외국의 거래처로부터 제품 B 8,000개를 구입하겠다는 특별주문을 받았다. 이 특별주문은 부분적으로 수락할 수 없으며, 전량을 수락 또는 거절하여야 한다. 이 특별주문을 수락할 경우 특별주문에 따른 변동판매관리비는 발생하지 않고 대신에 고정판매관리비 ₩40,000이 추가로 발생하며, 이외에 기존 제품의 단가나 원가구조는 달라지지 않는다.
   (1) 특별주문을 수락하는 경우, 이로 인해 발생하는 기회원가(opportunity cost)를 계산하시오.
   (2) 특별주문을 수락하기 위한 제품 B의 단위당 최소판매가격을 계산하시오.

CHAPTER

14

자본예산

Capital Budgeting

학습목표

1. 장기적 의사결정모형인 자본예산의 특징에 대해 살펴본다.
2. 장기적 의사결정과 단기적 의사결정의 차이점을 대비한다.
3. 화폐의 시간적 가치에 대해 현가, 연금의 현가를 중심으로 살펴보고, 이들이 서로 어떤 연관성을 가지는지를 이해한다.
4. 자본예산의 현금유입항목과 현금유출항목에는 어떤 것들이 속하며, 이들을 분석하기 위한 기본 틀을 정확히 숙지한다.
5. 할인현금모형인 순현가법과 내부이익률을 살펴본다.
6. 비할인모형인 회수기간법과 회계이익률법에 대해서 살펴보고, 이들 방법의 한계점에 대해서도 이해한다.

제1절 자본예산의 본질

1 자본예산의 의의

자본예산(capital budgeting)이란 새로운 설비의 구입, 새로운 제품라인의 도입, 공장시설의 현대화 등 자본적 지출(유형자산)을 인식·평가·선택하는 과정이다.

자본예산 의사결정은 기업의 장기적 수익성과 직결된다. 기업의 장기적 수익성은 한정된 자금으로 최대의 이익을 가져올 수 있는 대체안을 선택하는 경영자의 능력에 따라 결정된다.

자본예산 의사결정의 대표적 유형은 다음과 같다.

- 원가를 절감하기 위하여 새로운 설비를 구입할 것인가?
- 생산능력이나 판매능력을 높이기 위해 새로운 공장, 창고, 기타 설비를 구입 또는 확장할 것인가?
- 여러 가지 기계 가운데 원가의 측면에서 가장 효율적인 기계는 무엇인가?
- 새로운 공장설비를 직접 구입할 것인가 또는 임차할 것인가?
- 오래된 설비를 새로운 설비로 대체할 것인가?

투자의사결정과 자금조달 의사결정

이러한 자본예산 의사결정은 투자의사결정과 자금조달 의사결정으로 구분할 수 있다. 투자의사결정(investment decision)은 유형자산의 취득, 신규사업의 수행, 기업의 인수, 제품라인의 확장 등에 대한 의사결정이며, 자금조달 의사결정(financing decision)은 투자에 필요한 자금을 차입금 또는 자기자본으로 조달하느냐의 의사결정이다. 후술하겠지만 자금조달 의사결정은 자본비용으로 나타나며, 본 교재에서 다루는 투자의사결정에서는 자본비용이 주어졌다고 가정한다. 자본비용에 대한 자세한 설명은 경영학 중 「재무관리」에서 주로 다룬다.

투자의사결정은 다시 심사와 선택이라는 두 가지 의사결정으로 구분할 수 있다. 심사(screening)란 여러 가지 대체안이 사전에 설정한 일정한 기준을 충족하느냐의 여부를 판단하는 것이며, 선택(preference)이란 심사과정을 통과한 대체안 가운데 특정안을 결정하는 것이다.

❷ 자본예산의 특징

자본예산 의사결정의 대상인 유형자산은 다음과 같은 세 가지 특징이 있다.

첫째, 자본예산에서 분석대상은 기계, 건물, 공장설비 등 유형자산이며, 이들은 상당히 큰 금액이다.

둘째, 유형자산으로부터 유입·유출되는 현금은 장기간에 걸쳐 나타난다. 유형자산은 1년 이상 사용하는 자산이므로 여기에서 발생하는 현금의 유입·유출은 상당히 긴 기간에 걸쳐 나타난다. 따라서 화폐의 시간적 가치(time value of money)를 고려해야 한다. 오늘의 ₩100이 5년 후의 ₩100과 동일하다고 볼 수 없기 때문이다. 상이한 시점의 현금흐름을 비교하기 위해서는 현재 시점에서의 현금흐름으로 변환하여야 한다. 이를 **할인현금흐름**(discounted cash flows)이라 한다. 이 점이 단기의사결정과 가장 큰 차이점이다.

셋째, 자본예산에서 다루는 대부분의 유형자산은 감가성 자산(depreciable assets)이다. 감가성 자산은 사용할수록 가치가 떨어지며, 내용연수가 지나면 유형자산의 가치는 거의 없어진다. 반면에 토지와 같은 비감가성 자산은 상당한 기간이 경과하더라도 가치가 떨어지지 않는다. 이러한 감가성 여부의 차이는 투자이익률에 상당한 영향을 미친다. 토지를 임대하여 받는 토지임대료는 전액 토지의 이익이지만, 건물을 임대하여 받는 건물임대료는 그중 일정한 부분이 건물 투자액 회수분이며 그 나머지 부분이 건물의 이익이 된다.

예비타당성 조사

사회간접자본(SOC), R&D, 정보화 등 정부의 재정이 대규모로 투입되는 신규 사업에 대해 경제성, 재원조달 방법 등을 검토해 사업성을 판단하는 절차다. 선심성 사업으로 인한 세금 낭비를 막고 아울러 재정운용의 효율성을 제고하기 위해 1999년 도입된 제도이다. 예비타당성조사 대상은 국가재정법상 총사업비가 500억 원 이상이고, 국가의 재정지원 규모가 300억 원 이상인 각종 분야의 사업이다.

예비타당성조사 평가항목은 경제성, 정책성, 지역균형발전 등으로 구성된다. 이 중 경제성 분석은 '원가-편익 분석'(Cost-Benefit Analysis)을 통해 편익을 원가로 나눈 값이 1보다 클 경우 경제적 타당성이 있는 것으로 평가한다.

제 2 절 자본예산의 현금흐름 분석

단기의사결정에서는 특정 대체안이 이익에 미치는 영향을 중심으로 분석하는 반면에, 장기의사결정인 자본예산에서는 현금에 미치는 영향을 중심으로 분석한다. 그 이유를 살펴보자.

대부분의 경우 수익은 현금 유입으로 나타나며 비용은 현금 유출로 나타난다. 그러나 감가상각비는 비용이면서 현금 유출이 수반되지 않는다. 따라서 이익을 중심으로 분석할 것인가 또는 현금을 중심으로 분석할 것인가가 차이나는 항목은 현금 유출이 없는 비용(예 : 감가상각비, 무형자산의 상각, 대손상각, 유형자산처분손실 등)과 현금 유입이 없는 수익(예 : 유형자산처분이익 등)이다.

예컨대 건물을 구입한다고 하자. 이를 인식하는 방법은 두 가지이다. 첫 번째 방법은 사용기간 동안 감가상각을 통해 유형자산의 취득원가를 배분하는 것이다. 두 번째 방법은 현금의 지출 시점에서 취득원가를 인식하는 방법이다.

두 가지 방법을 비교해 보면 발생주의를 따르는 첫 번째 방법이 수익·비용 대응의 원칙에 적합하며 K-IFRS에 합당한 방법이다. 그러나 자본예산 의사결정에서는 현금주의를 따르는 두 번째 방법이 더 우월하다. 왜냐하면 감가상각비와 취득원가 중 보다 객관적인 정보는 취득원가이며, 또한 화폐의 시간적 가치를 고려할 때 감가상각비의 현가 합계액이 취득원가와 상이하기 때문이다.

① 현가와 미래가치

은행에 ₩100을 1년 동안 예금한 후 인출하면 일정한 이자를 가산하여 준다. 1년의 은행이자율이 10%라면 1년 후 인출하는 금액은 ₩110이다. 이는 오늘의 ₩100이 1년 후의 ₩110과 동일하다는 의미이다. 또는 오늘의 ₩100이 1년 후의 ₩100보다 더 가치있다는 의미이다. 유형자산으로부터 유입·유출되는 현금이 장기간에 걸쳐 나타난다면 위와 같은 화폐의 시간적 가치를 반드시 고려하여야 한다.

오늘의 금액(현가)과 1년 후의 금액 사이에는 다음과 같은 관계가 성립한다.

$$F = P \times (1 + r)$$

단, F : 1년 후의 금액, P : 현가, r : 이자율

이 식으로부터 현가를 구하면 다음과 같다.

$$P = \frac{1}{1+r} \times F \qquad (14.1)$$

미래가치를 (1 + 이자율)로 나누는 것을 할인(discount)한다고 하며, 이 때의 이자율을 **할인율**(discount rate)이라 한다.

만약, 은행에 ₩100을 연이자율 10%로 2년 동안 예금하면 2년 후 인출금액은 다음과 같다,

$$₩100 \times (1+0.1) \times (1+0.1) = ₩121$$

이는 1년 후 ₩110을 인출한 후 이를 다시 1년 동안 예금한 것과 같다. 즉 첫해의 이자 ₩10에 대해서도 2년째에 다시 이자가 가산된다. 이러한 이자율을 **복리**(compound interest)라 한다. 이를 일반화하면 현가와 미래 가치 사이에는 다음의 관계가 성립한다.

$$F = P \times (1+r)^n$$

단, n : 기간

72 RULE : 내 돈은 언제 두 배가 될까?

수입이나 지출이 일정비율로 증가하는 경우 얼마의 기간이 지나야 현재의 금액이 그 두 배가 될 것인가를 알면 편리할 때가 많다. 그러나 이런 경우에 미래가치를 구하는 공식을 이용하는 것은 그다지 편리한 방법이 아니다. 이 경우 현재의 금액이 언제 두 배가 될 것인가를 쉽게 알 수 있는 간편한 방법이 있다.

현재 금액이 두 배가 되는데 걸리는 기간(배증기간)과 이자율 사이의 관계를 구하는 간편한 방법이 그것이다. 즉, 배증기간은 70(또는 72)을 이자율로 나눈 수치와 근사하게 같아진다. 예를 들어 이자율이 7%라면 배증기간은 약 10년, 5%라면 약 14년, 10%라면 약 7년의 기간이 소요된다. 이는 미래가치표에서 쉽게 확인할 수 있다. 100분의 70, 즉 0.7이 2의 자연로그 값(ln(2) = 0.6931)과 거의 일치하기 때문이다.

메도우즈, 랜더즈, 베어린스의 [인류의 위기](Limits to Growth) – 로마클럽 보고서 –

- 〈인류의 위기〉는 1972년 유럽의 경제학자, 과학자, 기업인 등 36명으로 구성된 민간단체 로마클럽에서 발표한 보고서이다. 이 보고서에서는 지구의 유한한 자원으로 무한한 경제 팽창은 불가능하다고 주장하면서, 인류의 소비와 경제성장에 대한 통제가 있어야 한다고 호소하였다.

이 식으로부터 현가를 구하면 다음과 같다.

$$P = \frac{1}{(1+r)^n} \times F \tag{14.2}$$

미래가치를 현가로 환산하는 계산을 쉽게 하기 위하여, 여러 가지 이자율과 기간에 대한 ₩1의 현가를 계산한 현가표는 [부표 1] 현가표와 같다.

2 연금의 현가

미래의 현금흐름 중 일부는 미래의 일정 시점에 단 한 차례 발생하는 경우가 있지만, 미래의 여러 시점에서 연속적으로 발생하는 경우도 있다. 일정 기간마다 유입·유출되는 현금을 **연금**(annuity)이라 한다. 매년 일정 금액을 집세로 지급하거나, 퇴직 후 매년 일정한 금액을 수령하는 경우가 대표적 예이다.

연금의 현가를 구하여 보자. 연금의 흐름이 n년 동안 연말에 계속 발생한다고 가정하면 연금과 현가 사이에는 다음의 관계가 성립한다.

$$\begin{aligned} P &= \frac{F}{(1+r)^n} + \frac{F}{(1+r)^{n-1}} + \cdots + \frac{F}{(1+r)} \\ &= \frac{F}{(1+r)} \times \frac{1 - \frac{1}{(1+r)^n}}{1 - \frac{1}{1+r}} \end{aligned}$$

따라서,

$$P = \frac{1}{r}\left[1 - \frac{1}{(1+r)^n}\right] \times F \tag{14.3}$$

연금의 현가계산을 쉽게 하기 위하여, 여러 가지 이자율과 기간에 대한 ₩1의 연금 현가를 계산한 연금현가표는 [부표 2] 연금의 현가표와 같다.

❸ 자본예산의 현금흐름

(1) 현금유입·유출항목

자본예산 의사결정을 하기 위해서는 무엇보다도 유형자산에서 유입·유출되는 현금흐름과 시점을 분석하여야 한다.

1) 현금유출항목

유형자산의 구입 및 사용과 관련하여 미래 현금유출을 가져오거나 증가시키는 항목에는 유형자산의 취득원가, 추가적 운전자본, 매출원가, 연간 운영현금지출액, 대수선원가 등이 있다.

① **취득원가** : 유형자산을 취득할 경우 구입가격 이외에 유형자산을 실제 이용할 수 있을 때까지 발생하는 모든 부대원가(설치비 등)는 취득원가(initial investment)에 포함한다.

② **운전자본** : **운전자본**(working capital)이란 정상적 영업활동을 수행하기 위해 필요한 자금으로서 유동자산에서 유동부채를 차감한 금액이다. 예컨대 재고자산의 확보, 판매대리점의 확보 등을 위하여 운전자본이 필요하다. 이러한 운전자본은 유형자산 구입과 동시에 필요하므로, 유형자산 취득 시점의 현금유출 항목이다.

③ **매출원가** : 매출원가(cost of goods sold)는 판매한 제품의 원가로서 의사결정 기간 동안 계속 발생하는 현금유출 항목이다. 다만 매출원가 가운데 기계의 감가상각비는 현금유출이 없는 원가이므로 현금유출 항목에서 제외하여야 한다.

④ **연간영업현금지출원가** : 연간영업현금지출원가(annual cash operating costs)는 의사결정 기간 동안에 판매 및 관리활동에서 발생하는 현금유출액으로서 급여, 광고비, 수선유지비, 기타 운영원가 등이 이에 해당한다.

⑤ **대수선원가** : 대수선원가(overhaul cost)는 기계의 성능을 향상시키기 위하여 비경상적으로 지출하는 수선원가이다. 따라서 기계의 성능을 유지하기 위하여 경상적으로 지출하는 수선유지비와는 다르다. 대수선원가는 수선 시점의 현금유출 항목이다.

2) 현금유입항목

유형자산을 사용함으로써 미래 현금유입을 가져오거나 증가시키는 대표적 항목에는 연간 현금유입액, 유형자산의 잔존가치, 운전자본의 회수액 등이 있다.

| 표 14-1 | 현금 유입·유출 항목(법인세를 고려하지 않을 때)

현금유입항목	발생 시점	현금유출항목	발생 시점
• 연간 수익	매년	• 신기계의 취득원가	취득 시점
• 잔존가치	사용 종료 시점	• 추가적 운전자본	취득 시점
• 구기계의 처분금액	신기계의 취득 시점	• 매출원가	매년
• 운전자본의 회수	투자 종료 시점	• 연간 운영현금지출원가	매년
		• 대수선원가	수선 시점

① **연간현금유입액** : 연간현금유입액(annual cash inflow)은 상품이나 제품의 판매를 통하여 의사결정 기간 동안 나타난다.

② **유형자산의 잔존가치** : 유형자산의 잔존가치(salvage value)는 유형자산을 처분하는 시점에서 현금의 유입으로 나타난다.

③ **운전자본의 회수액** : 운전자본은 투자 종료 시점에서 일반적으로 회수된다.

3) 유의사항

예산 의사결정에서 현금 유입·유출과 관련하여 유의할 사항은 다음과 같다.

첫째, 유형자산의 감가상각비는 현금유출이 없는 비용이다. 따라서 현금의 유입·유출 분석시 고려할 필요가 없다. 또한 유형자산 취득시 취득원가로 일괄하여 현금흐름을 분석하였으므로 또다시 감가상각비를 고려한다면 이중계산이 된다. 그러나, 법인세를 고려할 경우 감가상각비는 비용이므로 법인세를 절감하게 되고, 따라서 현금유출을 감소시킨다.

둘째, 현재 사용 중인 구기계를 신기계로 대체하고자 할 경우에는 구기계와 신기계에 대한 현금흐름이 다소 복잡할 수 있으므로 이에 대한 확실한 이해가 요구된다.

신기계의 취득 시점에서 나타나는 구기계·신기계의 원가들을 정리하면 다음과 같다.

- **구기계의 취득원가와 장부금액** : 매몰원가이므로 비관련원가이다.
- **구기계의 처분손익** : 구기계의 처분손익(장부금액과 처분금액의 차이)은 현금흐름과 관련 없으므로 분석대상이 아니다. 구기계의 처분손익은 처분금액(관련원가)과 장부금액(비관련원가)으로 구분하여 분석하여야 한다.
- **구기계의 처분금액** : 신기계를 도입하면 구기계를 처분하여 현금유입이 증가하므로 관련원가이다.

- 신기계의 취득원가 : 현금이 유출되므로 관련원가이다.

법인세를 고려할 경우에 구기계의 처분손익은 현금의 유입·유출에 영향을 미친다. 구기계의 처분손실은 비용이므로 법인세를 절감시키며, 구기계의 처분이익은 수익이므로 법인세를 증가시킨다.

셋째, 자금조달과 관련한 이자비용, 배당금 등은 분석 대상에서 제외한다. 자본예산은 투자의사결정과 자금조달 의사결정으로 구분되는데, 자금조달 의사결정은 자본비용에 반영되며 이때 이자비용, 배당금 등을 고려하기 때문에, 만약 투자의사결정시 또다시 이자비용, 배당금 등을 고려한다면 이중계산이 된다.

(2) 법인세를 고려한 현금흐름

법인세를 고려할 경우 기업에 유입·유출되는 현금 흐름은 법인세를 차감한 금액이다. 법인세 차감후 현금 유입·유출액은 다음과 같다.

$$\begin{aligned}&\text{법인세 차감후 현금유입액} = \text{현금수입} \times (1 - \text{법인세율})\\&\text{법인세 차감후 현금유출액} = \text{현금원가} \times (1 - \text{법인세율})\end{aligned} \tag{14.4}$$

예컨대 법인세율이 25%라고 하자. 이자수익이 ₩100이면 이에 대한 법인세 ₩25를 차감한 후 기업에 유입되는 현금은 ₩75이다. 반대로 광고비 ₩100을 지출하였다면 법인세 ₩25을 감소시키기 때문에 실제로 기업에서 유출되는 현금은 ₩75이다. 이와 같이 법인세는 현금흐름의 크기에 영향을 미침으로써, 투자안들 사이의 현금흐름 차이를 줄여주는 역할을 수행한다.

한편, 신기계의 취득원가, 추가적 운전자본, 구기계의 처분금액, 대수선원가, 잔존가치 등은 수익이나 비용이 아니므로 법인세와 관련 없으며, 따라서 법인세를 고려하지 않은 현금흐름과 법인세를 고려한 현금흐름은 동일하다.

법인세를 고려할 때 특히 유의하여야 할 사항은 감가상각비와 유형자산처분손익이다. 이들 자체는 현금 유입·유출이 없는 항목이지만, 수익·비용으로써 법인세에 영향을 미친다.

1) 감가상각비의 감세효과

감가상각비는 현금지출이 없는 비용으로서 그 자체는 현금흐름과 관련 없다. 그러나 법인세는 수익에서 비용을 차감한 이익에 대해 계산하며, 이때 수익·비용은 현금의 유입·유출 여부와 상관없다. 따라서 감가상각비는 이익을 감소시켜 법인세를 줄여 주는 역할을 수행한다. 이를 감가상각비의 감세효과(depreciation tax shield effect)라 한다.

$$\text{감가상각비의 감세효과} = \text{감가상각비} \times \text{법인세율} \tag{14.5}$$

감가상각비를 계산하는 방법은 정액법, 정률법, 이중체감법, 연수합계법 등 매우 다양하다. 그런데 많은 기업에서는 법인세 목적으로 가속상각법(정률법, 이중체감법, 연수합계법 등)을 많이 사용하고 있다. 가속상각법은 유형자산의 취득 초기에 많은 감가상각비를 인식하기 때문에, 이에 따라 감가상각비의 감세효과가 유형자산의 취득 초기에 많아진다. 화폐의 시간적 가치를 고려하면 정액법보다 가속상각법이 기업의 현금흐름에 긍정적 영향을 미친다.

정부에서 투자유인방안으로 조기상각의 허용을 강구하는 이유가 바로 여기에 있다. 기업에서 정부의 투자유인정책에 호응하여 투자하면 조기상각이 가능하므로 감가상각비의 감세효과가 크게 된다.

2) 유형자산의 처분손익

유형자산의 처분손익(장부금액과 처분금액의 차이)도 감가상각비와 유사하게 법인세에 영향을 미친다. 유형자산의 처분손실은 현금지출이 없는 비용으로서 법인세 절감효과가 나타나며, 반대로 유형자산의 처분이익은 현금유입이 없는 수익으로서 법인세 증가효과를 가져온다.

표 14-2 현금 유입·유출항목(법인세를 고려할 때)

현금유입항목	발생 시점	현금유출항목	발생 시점
• 연간 수익	매년	• 신기계의 취득원가	취득 시점
• 잔존가치	처분 시점	• 추가적 운전자본	취득 시점
• 감가상각비의 감세효과*	매년	• 매출원가	매년
• 구기계의 처분금액	구기계의 처분 시점	• 연간 운영현금지출원가	매년
• 운전자본의 회수	투자종료 시점	• 대수선원가	수선 시점
• 구기계 처분손실의 법인세 절감효과*	구기계의 처분 시점	• 구기계 처분이익의 법인세 증가효과*	구기계의 처분 시점

* 법인세를 고려하지 않는 경우에는 현금의 유입·유출과 관계없음.

예제 14-1 감가상각비의 감세효과

한진기업에서는 새로운 기계를 ₩1,000,000에 구입하고자 한다. 기계의 내용연수는 10년, 잔존가치는 없다. 기계의 감가상각비 계산은 정액법에 의한다. 법인세율이 25%라고 가정할 때, 매년도 감가상각비의 감세효과는 얼마인가?

해답

감가상각비 = ₩1,000,000 ÷ 10년 = ₩100,000
감가상각비의 감세효과 = ₩100,000 × 25% = ₩25,000

예제 14-2 유형자산 처분손익의 세금효과

나라기획에서는 현재 사용 중인 복사기를 신형 복사기로 대체하고자 한다. 현재의 복사기와 신형 복사기에 대한 정보는 다음과 같다.

	현재의 복사기	신형 복사기
취득원가	₩5,000,000	₩10,000,000
장부금액	2,500,000	
처분금액 – 현재	1,500,000	

복사기를 대체할 경우, 투자 시점에서 유출되는 순현금은 얼마인가? 단, 법인세가 25%라고 가정한다.

해답

현재 사용중인 복사기의 취득원가, 장부금액은 매몰원가이다. 법인세를 고려할 경우, 유형자산처분손실은 법인세를 줄여주는 역할을 한다. 따라서 투자 시점의 현금 유출액은 다음과 같다.

항목	연도	금액	계산근거
신형복사기의 취득원가	0	₩(10,000,000)	
구형복사기의 처분금액	0	1,500,000	
구형복사기 처분손실의 감세효과	0	250,000	(₩2,500,000 − 1,500,000) × 0.25
합계		₩(8,250,000)	

(3) 기계 취득시 현금흐름 분석

앞에서 살펴본 현금흐름을 자본예산의 대표적 유형이라 할 수 있는 기계의 취득 의사결정에 적용하여 보자. 〈표 14-3〉은 자본예산에 대한 가장 기본적인 현금흐름 분석 모형이다.

현금흐름이 복잡할 경우 세금을 고려하여 분석하기가 쉽지 않다. 먼저 세금이 없을 때 현금흐름을 분석한 후(표에서 흰 부분) 세금효과를 추가로 고려하는 것이 바람직하다. 기계를 취득하면 취득원가만큼 현금이 유출된다. 아울러 기계를 사용하여 매년 수익이나 운영현금지출원가가 발생한다. 기계의 잔존가치가 있으면 처분시점에서 현금유입이 이루어진다. 현금유출은 '(　　)'로 표시한다.

세금이 없을 때 현금흐름 분석이 이루어졌으면, 이를 중심으로 세금효과를 확장한다(표에서 음영 부분). 앞에서 분석한 항목 중 취득원가와 잔존가치는 비용이 아니므로 세금과 무관하다. 수익과 현금지출원가는 세금에 의해 영향을 받으므로 세후 현금흐름이 달라진다. 한편, 세금이 없을 때에는 나타나지 않으나 세금을 고려할 때 등장하는 새로운 항목은 '감가상각비 세금효과'이다. 감가상각비로 인해 세금이 줄어들면 현금유입 효과로 표시한다.

| 표 14-3 | 기계 취득시 현금흐름 분석 모형

항목	연도	금액	세후 현금흐름	현가요소	현가
취득원가	0	(A)	(A)		
연간 수익	$1 \sim n$	S	$S(1-t)$		
연간 현금지출원가	$1 \sim n$	(O)	$(O(1-t))$		
잔존가치	n	B	B		
감가상각비(D) 감세효과	$1 \sim n$		Dt		

(4) 구기계 대체후 신기계 취득시 현금흐름 분석

신기계를 취득하면서 기존에 사용 중인 구기계를 대체하는 경우이다. 구기계의 현금흐름과 신기계의 현금흐름이 동시에 나타나므로 체계적 분석이 이루어져야 한다. 〈표 14-4〉는 〈표 14-3〉을 확장한 것이며, 이들의 차이를 중심으로 살펴보자.

먼저 세금이 없을 때 현금흐름을 살펴보자(표에서 흰 부분). 신기계를 취득하면 구기계를 처분하므로 구기계의 처분금액만큼 현금유입이 발생한다. 세금이 없을 때 현금흐름 분석이 이루어졌으면, 이를 중심으로 세금효과를 확장한다(표에서 음영 부분). 구기계의 처분금액은 수익이 아니므로 세금과 무관하다. 한편, 세금이 없을 때에는 나타나지 않으나 세금을 고려할 때 등장하는 새로운 항목은 '감가상각비 세금효과'와 '구기계 처분손익의 세금효과'이다. 신기계의 감가상각비와 구기계의 감가상각비를 비교하여 감가상각비가 증가하면 이로 인해 절세효과가 나타난다. 신기계를 취득하면서 구기계를 처분하면 처분시점에서 구기계처분손익이 발생하고 이로 인해 세금효과가 나타난다.

| 표 14-4 | 구기계 대체후 신기계 취득시 현금흐름 분석 모형

항목	연도	금액	세후 현금흐름	현가요소	현가
신기계 취득원가	0	(A)	(A)		
구기계 처분금액	0	C	C		
연간 수익	$1 \sim n$	S	$S(1-t)$		
연간 현금지출원가	$1 \sim n$	(O)	$(O(1-t))$		
신기계 잔존가치	n	B	B		
감가상각비(D) 세금효과	$1 \sim n$		Dt		
구기계 처분손익(K)의 세금효과	0		Kt		

예제 14-3 법인세 효과

한진기업에서는 새로운 기계를 ₩1,000,000에 구입하고자 한다. 기계의 내용연수는 10년, 잔존가치는 없으며, 감가상각비 계산은 정액법에 의한다. 기계를 구입할 경우, 연간 현금수입은 ₩200,000이다.

물음

1. 법인세를 고려하지 않을 경우, 현금흐름을 분석하시오.
2. 법인세율이 25%라고 가정하고서, 현금흐름을 분석하시오.

해답

1.

항 목	연 도	현금흐름
취득원가	현재	₩(1,000,000)
연간현금수입	1~10	200,000

2.

항 목	연 도	현금흐름	법인세 차감후 현금흐름
취득원가	현재	₩(1,000,000)	₩(1,000,000)
연간현금수입	1~10	200,000	150,000
감가상각비의 감세효과	1~10	—	25,000*

* 감가상각비 = ₩1,000,000 ÷ 10년 = ₩100,000

감가상각비의 감세효과 = ₩100,000 × 25% = ₩25,000

연간 현금순유입액은 다음의 두 가지 방법으로 분석할 수 있다. 첫째, 연간 현금순유입액은 법인세 차감후 연간현금수입과 감가상각비의 감세효과를 가산한 ₩175,000이다. 둘째, 연간 현금순유입액은 법인세 차감후 순이익(₩75,000)과 감가상각비(₩100,000)를 가산한 ₩175,000이다.[1)]

1) 이를 일반화하면 다음과 같다.

연간 현금순유입액 = S − O − T (단, S : 매출액, O : 연간현금운영원가, T : 법인세)

$$= \underbrace{S - O - D - T}_{\text{법인세 차감후 순이익}} + D$$

따라서, 연간 현금순유입액 = 법인세 차감후 순이익 + 감가상각비 (1)

한편, T = (S − O − D)t (단, t = 법인세율)

이므로 연간 현금순유입액은 다음과 같이 나타낼 수 있다.

연간 현금순유입액 = S − O − (S − O − D)t

즉, 연간 현금순유입액 $= \underbrace{S(1-t)}_{\text{법인세 차감후 현금유입액}} - \underbrace{O(1-t)}_{\text{법인세 차감후 현금유출액}} + \underbrace{Dt}_{\text{감가상각비의 감세효과}}$ (2)

법인세를 고려할 때 자본예산 분석방법으로 식 (2)가 널리 활용되므로, 교재에서는 가능한 식 (2)를 이용하여 분석하였다.

제 3 절 자본예산모형

유형자산으로부터의 현금 유입 및 유출 항목과 시점을 파악하고 나면, 이들을 종합적으로 분석하여 의사결정을 하여야 한다. 유형자산의 현금흐름을 분석하는 자본예산모형에는 할인현금모형과 비할인현금모형이 있다. 화폐의 시간적 가치를 고려하는 할인현금모형에는 순현가법과 내부이익률법이 있으며, 화폐의 시간적 가치를 고려하지 않은 비할인현금모형에는 회수기간법, 회계이익률법이 있다.

할인현금모형에서는 ① 현금흐름이 모두 연초 또는 연말에 확실하게 발생하며, ② 투자안으로부터 유입되는 현금은 모두 재투자되며, ③ 현금흐름의 세금효과는 현금흐름 발생 시점에서 발생하며, ④ 유형자산 처분손익에 대한 세율과 영업이익에 대한 세율은 동일하며, ⑤ 감가상각비 감세효과는 감가상각비 인식시점에서 발생한다고 가정한다.

1 순현가법

(1) 순현가

순현가(net present value ; NPV)란 투자안으로부터 예상하는 현금유입액의 현가와 현금유출액의 현가와의 차이이다. 이를 식으로 나타내면 다음과 같다.

$$순현가 = \sum_{n} \frac{현금유입액}{(1+이자율)^n} - \sum_{n} \frac{현금유출액}{(1+이자율)^n} \qquad (14.6)$$

단, n : 기간

현가를 구하는 과정에 사용되는 이자율을 **자본비용**(cost of capital)이라 한다. 자본비용은 차입금의 이자비용뿐만 아니라 자기자본의 자본비용도 고려하여 결정된다. 이에 대한 자세한 설명은「재무관리」에서 다룬다.

만약 순현가가 ₩0 이상이면 그 투자안을 채택가능하고, 반대로 순현가가 음(−)이면 그 투자안을 채택할 수 없다. 순현가가 양(+)으로 나타나면 그 투자안의 이익률이 자본비용보다 높다는 것을 의미한다. 투자안의 이익률이 자본비용보다 높아야만 채택가능하기 때문에, 자본비용을 **최저필수이익률**(minimum rate of return or hurdle rate)이라고도 한다. 자본비용이 높을수록 순현가가 낮아지므로 투자안이 기각될 가능성이 커진다.

순현가(net present value : NPV)

- 현금유입액의 현가와 현금유출액의 현가와의 차이
- 순현가가 ₩0 이상이면 투자안의 이익률이 자본비용보다 높다는 것을 의미하며, 따라서 투자안 채택이 가능함.

예제 14-4 순현가법

제일상사에서는 새로운 기계의 도입 여부를 신중히 분석하고 있다. 신기계의 취득원가는 ₩2,000,000, 내용연수는 10년, 잔존가치는 취득원가의 10%이며, 정액법에 의해 감가상각한다. 신기계를 도입할 경우 연간 현금수입이 ₩450,000만큼 증가한다.

물음

법인세를 고려하지 말고 물음에 답하시오.

1. 회사에서는 이 투자안으로부터 최소한 (1) 16%, (2) 20% 이상의 이익률을 달성하고자 한다. 각각의 이익률하에서 신기계의 도입 여부를 결정하시오.
2. 20%의 자본비용에서 순현가가 ₩0이 되기 위해서는 신기계의 연간 현금수입이 얼마만큼 증가하여야 하는가?

해답

1. 감가상각비는 현금흐름과 관련없다. 신기계의 순현가는 다음과 같다.

(1)

항 목	연 도	현금흐름	현가요소(16%)	현 가
취득원가	0	₩(2,000,000)	1.000	₩(2,000,000)
잔존가치	10	200,000	0.227	45,400
연간현금수입	1~10	450,000	4.833	2,174,850
순 현 가				₩220,250

순현가가 양(+)이므로, 신기계를 도입한다.

(2)

항 목	연 도	현금흐름	현가요소(20%)	현 가
취득원가	0	₩(2,000,000)	1.000	₩(2,000,000)
잔존가치	10	200,000	0.162	32,400
연간현금수입	1~10	450,000	4.192	1,886,400
순 현 가				₩(81,200)

순현가가 음(－)이므로, 신기계를 도입하지 않는다.
위에서 보듯이 자본비용이 높을수록 신기계를 도입하기 위해서는 더 많은 현금 유입액이 필요하다.

2. 현금유출액의 현가와 현금유입액의 현가가 일치하여야 한다.
₩2,000,000 = ₩200,000 × 0.162 + 연간현금수입(? = ₩469,370) × 4.192

예제 14－5 법인세를 고려할 때 순현가법

제일상사에서는 새로운 기계의 도입 여부를 신중히 분석하고 있다. 신기계의 취득원가는 ₩2,000,000, 내용연수는 10년, 잔존가치는 취득원가의 10%이며, 정액법에 의해 감가상각한다. 신기계를 도입할 경우 연간 현금수입이 ₩450,000만큼 증가한다. 자본비용이 16%, 법인세율이 25%라고 가정하고서, 신기계의 도입 여부를 결정하시오.

해답

항 목	연 도	현금흐름	법인세 차감후 현금흐름	현가요소 (16%)	현 가
취득원가	현재	₩(2,000,000)	₩(2,000,000)	1.000	₩(2,000,000)
잔존가치	10	200,000	200,000	0.227	45,400
연간현금수입	1~10	450,000	337,500	4.833	1,631,138
감가상각비의 감세효과	1~10		45,000*	4.833	217,485
순 현 가					₩(105,977)

* 감가상각비 = (₩2,000,000 － ₩200,000) ÷ 10년 = ₩180,000
감가상각비의 감세효과 = ₩180,000 × 25% = ₩45,000

순현가가 음(－)이므로, 신기계를 도입하지 않는다.

예제 14－6 순현가법 (15CTA)

㈜국세는 올해 초에 신제품 생산을 위한 전용기계 도입 여부를 순현재가치법으로 결정하려고 한다. 신제품의 판매가격은 단위당 ₩500이며, 생산 및 판매와 관련된 단위당 변동원가는 ₩300, 그리고 현금유출을 수반하는 고정원가를 매년 ₩600,000으로 예상한다. 전용기계의 구입가격은 ₩1,000,000이고, 정액법으로 감가상각한다(내용연수 5년, 잔존가치 없음). 할인율은 10%이며 법인세율이 40%이고, 매출액, 변동원가, 현금유출 고정원가, 법인세는 전액 해당연도 말에 현금으로 회수 및 지급된다. 전용기계 도입이 유리하기 위해서는 신제품을 매년 최소 몇 단위를 생산 판매해야 하는가? (단, 10%, 5년의 단일금액의 현가계수는 0.621이고, 정상연금의 현가계수는 3.791이다.)

해답

항목	연도	금액	세후 현금흐름	현가요소	현가
신기계 취득원가	0	₩(1,000,000)	₩(1,000,000)		₩(1,000,000)
공헌이익 증가	1~5	200 × Q	120 × Q	3.791	
고정원가	1~5	600,000	(360,000)	3.791	
감가상각비 감세효과	1~5		200,000 × 0.4 = 80,000	3.791	
순현가					₩0

기계를 도입하기 위해서는 4,532단위 이상 생산 판매하여야 한다.

(2) 현가지수

여러 개 투자안의 순현가가 ₩0 이상이면 그 가운데 어떤 투자안에 선택할 것인가를 결정하여야 한다. 즉 기업의 한정된 자금을 어떤 투자안에 배분할 것인가를 결정하여야 한다. 이러한 선택결정을 순위결정(ranking decision)이라고도 한다.

각 투자안의 투자액이 상이한 경우 순현가의 절대액만을 비교해서는 안된다. 1백만 원으로부터 순현가 10만 원이 나타나는 투자안과 2백만 원으로부터 순현가 11만 원이 나타나는 투자안을 비교할 때, 두 번째 투자안이 더 우월하다고 볼 수 없다. 따라서 투자액과 현금유입액의 현가와의 상대적 비율에 의해 투자안의 순위를 결정한다. 이 지수를 **현가지수**(또는 수익성지수, present value index or profitability index)라 한다.

$$\text{현가지수} = \frac{\text{현금유입액의 현가}}{\text{투자액}} \tag{14.7}$$

구기계를 신기계로 대체하는 경우, 분모의 투자액은 신기계의 취득원가에서 구기계의 처분금액을 차감한 금액이다.

순현가법에서는 ① 순현가가 ₩0 이상(또는 현가지수가 1 이상)인 투자안을 심사한 후, ② 현가지수가 높은 투자안을 선택한다.

❷ 내부이익률법

내부이익률(internal rate of return : IRR)이란 투자안으로부터 현금유입액의 현가와 현금유출액의 현가를 일치시키는 할인율이다. 또는 투자안으로부터의 순현가가 ₩0이 되도록 하는 할인율이 내부이익률이며, 식으로 표현하면 다음과 같다.

$$\sum_{n} \frac{\text{현금유입액}}{(1+\text{내부이익률})^{n}} = \sum_{n} \frac{\text{현금유출액}}{(1+\text{내부이익률})^{n}} \quad (14.8)$$

위 식에 의해 내부이익률을 산출하는 과정에서는 자본비용은 아무런 역할을 하지 않음에 유의하기 바란다. 즉, 내부이익률을 구할 때에는 자본비용을 전혀 고려할 필요가 없다.

현금유입·유출 항목은 여러 가지이지만, 그중 대표적인 현금유입액은 연간수익의 증가액 또는 연간현금원가의 절감액이며, 대표적인 현금유출액은 투자 시점에서 발생하는 투자액이다. 이들 대표적 현금유입·유출 항목만을 고려하여 내부이익률을 구하면 다음과 같다. 단, 연간 현금유입액은 동일하다고 가정한다.

$$\text{연간 현금유입액} \times \text{연금의 현가요소} = \text{투자액}$$

따라서,

$$\text{연금의 현가요소} = \frac{\text{투자액}}{\text{연간 현금유입액}} \quad (14.9)$$

이 식에 의해 구한 연금의 현가요소가 [부표 2] 중 어디에 있는가를 찾아야 한다. 현금유입이 나타나는 기간은 알고 있으므로 그 기간의 연금 현가요소 중 식에서 구한 값과 일치시켜 주는 할인율이 바로 내부이익률이다.

자본예산 의사결정이 아니더라도 일상 생활에서도 내부이익률법을 사용하는 예는 흔히 볼 수 있다. 예를 들어 100만 원으로 주식을 구입할 경우 1년 후 120만 원을 인출할 수 있다고 하자. 주식의 이익률은 20%(20만 원÷100만 원)임을 복잡한 계산없이 누구나 알고 있다. 내부이익률법의 이해를 돕기 위해 식 (14.9)를 적용하여 내부이익률을 구하면 다음과 같다.

$$현가요소 = \frac{100만\ 원}{120만\ 원} = 0.833$$

기간이 1일 때에는 현가요소와 연금의 현가요소는 동일하다. [부표 2]에서 기간이 1일 때 현가요소가 0.833이 되는 할인율을 찾으면 20%이다. 이 20%가 바로 내부이익률이다.

보간법과 시행착오법

만약 현금 유입기간의 연금 현가요소 가운데 식에서 구한 값이 없다면 가장 근사한 두 개의 연금 현가요소를 찾아서, 그 비율에 의해 내부이익률을 구한다. 이러한 방법을 **보간법**(interpolation)이라 한다.

한편, 유형자산의 잔존가치, 대수선원가 등과 같이 비연속적 현금흐름이 있을 경우에는 식 (14.9)를 이용할 수 없다. 이 같은 경우에는 식 (14.8)의 할인율에 여러 가지 값을 대입하여 순현가가 ₩0이 되는 할인율을 찾아야 한다. 만약 특정할인율을 대입하여 순현가가 ₩0보다 크다면, 더욱 큰 할인율을 대입하여야 한다. 이 같은 방법을 **시행착오법**(trial – and – error method)이라 한다.

내부이익률을 계산한 후, 내부이익률과 자본비용을 비교하여 자본예산 의사결정을 한다. 내부이익률이 자본비용보다 높거나 같다면 그 투자안은 채택가능하며, 반대로 내부이익률이 자본비용보다 낮다면 그 투자안은 기각된다. 여러 개 투자안의 내부이익률이 자본비용도 높다면, 가장 높은 투자이익률을 지닌 투자안을 선택한다.

내부이익률 (internal rate of return : IRR)

- 현금유입액의 현가와 현금유출액의 현가를 일치시키는 할인율
- 순현가가 ₩0이 되도록 하는 할인율
- 보간법이나 시행착오법에 의해 IRR을 산출함.
- 내부이익률이 자본비용보다 높거나 같다면 투자안은 채택가능함.

예제 14-7 내부이익률법

제일기업에서는 기계를 ₩144,990에 도입하고자 한다. 기계의 내용연수는 10년이며, 잔존가치는 없다. 기계를 도입할 경우 연간 ₩30,000의 원가가 절감된다. 제일기업의 자본비용은 12%이다.

물음

1. 기계의 내부이익률을 구하시오.
2. 기계의 도입 여부를 결정하시오.

해답

1. $\text{연금의 현가요소(10년)} = \dfrac{\text{투자액}}{\text{연간현금유입액}} = \dfrac{₩144,990}{₩30,000} = 4.833$

[부표 2]로부터 기간이 10년이고 현가요소가 4.833인 할인율을 찾으면 16%이다. 따라서 기계의 내부이익률은 16%이다. 한편, 내부이익률을 구할 때에는 자본비용을 전혀 고려할 필요가 없다.

2. 기계의 내부이익률이 자본비용보다 높으므로 기계를 도입한다.

예제 14-8 내부이익률의 계산 : 보간법

제일기업에서는 기계를 ₩180,000에 도입하고자 한다. 기계의 내용연수는 10년이며, 잔존가치는 없다. 기계를 도입할 경우 연간 ₩30,000의 원가가 절감된다. 제일기업의 자본비용은 12%이다. 기계의 내부이익률을 구하시오.

해답

$\text{연금의 현가요소(10년)} = \dfrac{₩180,000}{₩30,000} = 6.000$

[부표 2]에서 기간이 10년일 때 연금의 현가요소 6.000을 찾을 수 없다. 그런데 할인율이 10%일 때 연금의 현가요소는 6.145이며, 할인율이 12%일 때 연금의 현가요소는 5.650이므로 내부이익률은 10%와 12% 사이임을 알 수 있다. 내부이익률은 다음과 같이 연금의 현가요소 차이의 비율에 의해 구할 수 있다.

	연금의 현가요소	연금의 현가요소
할인율 10%	6.145	6.145
내부이익률	6.000	
할인율 12%		5.650
차 이	0.145	0.495

$\text{내부이익률} = 10\% + \dfrac{0.145}{0.495} \times 2\% = 10.58\%$

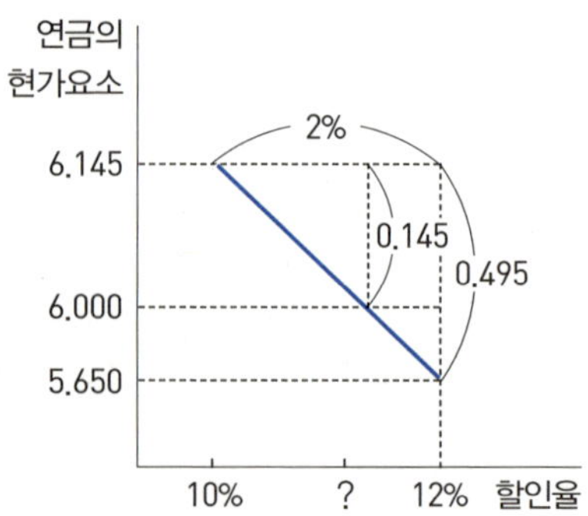

3 순현가법과 내부이익률법의 비교

할인한 현금모형에서는 자본비용이 중요한 심사 수단이다. 순현가법에서는 순현가를 구할 때 자본비용이 할인율 역할을 수행한다. 반면에 내부이익률법에서는 내부이익률과 비교하는 기준으로 자본비용을 사용한다.

순현가법과 내부이익률법을 비교해 볼 때 순현가법이 더 널리 사용된다. 그 이유는 다음과 같다.

첫째, 순현가법은 적용하기가 쉽다. 내부이익률을 구하기 위해서는 많은 시행착오를 거쳐야 하는 반면에 순현가는 자본비용을 이용하여 손쉽게 구할 수 있다.

둘째, 순현가법은 투자자산의 위험 요인을 반영하기 쉽다. 현금흐름이 나중에 나타날수록 그 현금흐름은 매우 불확실하다. 순현가법에서는 현금흐름의 시기에 따라 자본비용을 달리함으로써 위험을 반영할 수 있다. 투자기간 초반부에 나타나는 현금흐름에 대해서는 자본비용을 낮게, 투자기간 후반부에 나타나는 현금흐름에 대해서는 자본비용을 높게 할 수 있다. 그러나 내부이익률법에서는 할인율을 선택할 수 없기 때문에 위험 요인을 반영할 수 없다.

셋째, 현가법에서나 내부이익률법 모두 현금흐름이 즉시 다른 투자안에 재투자된다고 가정하지만, 두 방법 사이에는 재투자 대상에 대한 차이가 있다. 순현가법에서는 투자안으로부터 회수되는 현금흐름을 자본비용으로 다른 투자안에 재투자할 수 있다고 가정하는 반면에, 내부이익률법에서는 내부이익률로 재투자할 수 있다고 가정한다. 채택된 투자안의 내부이익률은 자본비용보다 항상 높게 되는데, 내부이익률로 재투자할 수 있는 투자기회는 그리 많지 않다. 즉, 내부이익률법의 가정은 지나치게 낙관적이라고 할 수 있다.

| 그림 14-1 | 순현가법과 내부이익률법의 비교

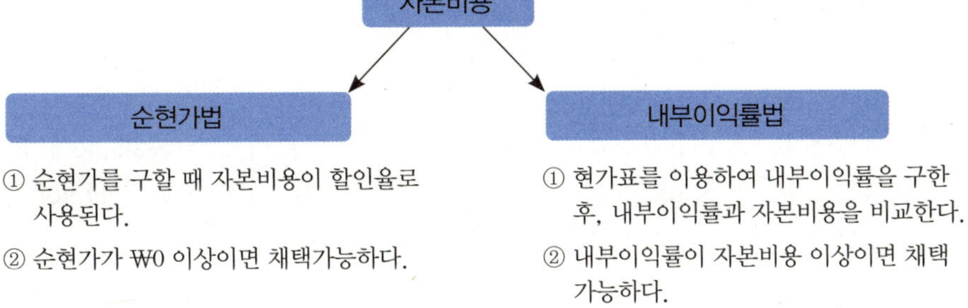

이러한 재투자의 가정에 대한 차이로 인하여, ① 투자안의 최초투자액이 서로 상이한 경우, ② 투자안의 내용연수가 서로 상이한 경우, ③ 미래 현금흐름의 시점과 금액이 상이한 경우에는 순현가법에 의한 의사결정과 내부이익률법에 의한 의사결정은 서로 다를 수 있다.

| 표 14-5 | 순현가법과 내부이익률법의 비교

	순현가법(NPV)	내부이익률법(IRR)
• 자본비용의 역할	순현가 계산시 할인율 역할	내부이익률과 자본비용을 비교
• 계산방법	자본비용을 이용하여 손쉽게 구함	시행착오를 거쳐서 구하게 됨
• 위험요인의 반영	현금흐름의 시기에 따라 자본비용을 달리함으로써 위험을 반영	할인율을 선택할 수 없기 때문에 위험 요인을 반영할 수 없음
• 재투자수익률	투자안으로부터 회수되는 현금흐름을 자본비용으로 재투자할 수 있다고 가정	투자안으로부터 회수되는 현금흐름을 내부이익률로 재투자할 수 있다고 가정

예제 14-9 재투자의 가정 : 순현가법과 내부이익률법

백두기업에서는 다음의 두 가지 투자안 중 하나를 선택하고자 한다. 각 투자안의 잔존가치는 없으며, 백두기업의 자본비용은 8%이다.

투자안	내용연수	최초 투자액	연간현금유입액
A	3년	₩449,200	₩200,000
B	9	1,065,600	200,000

물음

1. 순현가법에 의해 의사결정하시오.
2. 내부이익률법에 의해 의사결정하시오.
3. 순현가법과 내부이익률법의 의사결정이 다르다면, 그 이유는 무엇인가?

해답

1. 투자안 A의 연간현금유입액 현가 = ₩200,000 × 2.577(8%, 3년의 연금현가요소) = ₩515,400
   투자안 B의 연간현금유입액 현가 = ₩200,000 × 6.247(8%, 9년의 연금현가요소) = ₩1,249,400
   A의 현가지수는 1.147, B의 현가지수는 1.172이므로 투자안 B를 선택한다.

2. (1) 투자안 A :

연금현가요소 = ₩449,200 ÷ ₩200,000 = 2.246

3년의 연금현가요소가 2.246인 내부이익률은 16%이다.

(2) 투자안 B :

연금현가요소 = ₩1,065,600 ÷ ₩200,000 = 5.328

9년의 연금현가요소가 5.328인 내부이익률은 12%이다.

내부이익률법에 의하면 투자안 A를 선택한다.

3. 순현가법에서는 자본비용으로 재투자할 수 있다고 가정하는 반면에, 내부이익률법에서는 내부이익률로 재투자할 수 있다고 가정하기 때문이다. 일반적으로 내부이익률법은 장기간 동안 낮은 내부이익률을 가지는 투자안 B보다 단기간 동안 높은 내부이익률을 가지는 투자안 A를 선호한다.

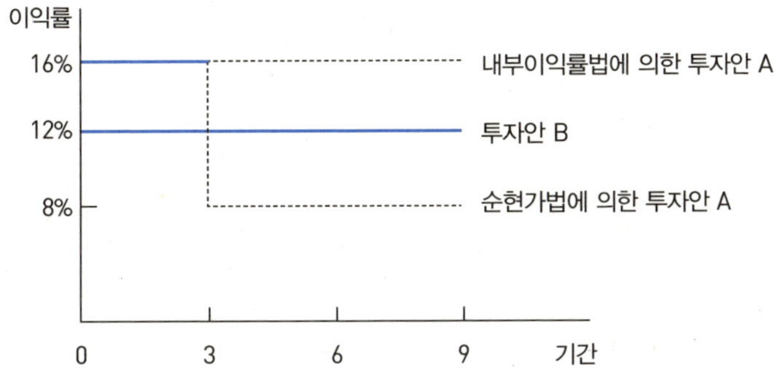

④ 비할인현금모형

화폐의 시간적 가치를 고려한 할인현금모형은 이론적으로 매우 우수할 뿐만 아니라, 최근에는 실무에서도 많이 사용되고 있다. 그럼에도 불구하고 실무에서는 화폐의 시간적 가치를 고려하지 않는 **비할인현금모형**(undiscounted cash flow methods)을 많이 사용하고 있다. 비할인현금모형에서는 자본비용, 할인율, 현가 등의 개념이 없기 때문에 할인현금모형에 비해 이해하기 쉽다. 비할인현금모형에는 회수기간법과 회계이익률법이 있다.

(1) 회수기간법

회수기간(payback period)이란 투자안의 연간 현금순유입액으로 순투자액을 회수하는 데 소요되는 기간을 뜻한다. 이를 식으로 표현하면 다음과 같다.

$$\text{회수기간} = \frac{\text{순투자액}}{\text{연간 현금순유입액}} \quad (14.10)$$

구기계를 신기계로 대체할 경우 순투자액은 신기계의 취득원가에서 구기계의 처분금액을 차감한 금액이며, 연간 현금순유입액은 연간 현금순유입 증가분 또는 연간 현금순유출 절감액이다. 회수기간법은 현금흐름을 중심으로 분석하므로 감가상각비를 고려할 필요가 없다.

만약, 연간 현금순유입액이 일정하지 않거나 대수선원가 등 특정 시점에서 현금유출이 발생하는 경우에는 식 (14.10)을 적용할 수 없다. 이 경우에 회수기간은 연간 현금순유입액의 누적액이 순투자액과 일치될 때이다.

회수기간법에서는 회수기간이 짧은 투자안일수록 채택 가능성이 높다.

회수기간법의 장점

회수기간법은 계산이 간편하고 이해하기 쉽다는 장점이 있다. 또한 회수기간법은 위험을 일부 고려한 방법이다. 다른 조건이 일정하다면 회수기간이 길수록 투자위험이 높으며 투자기간이 짧을수록 투자위험이 낮다고 볼 수 있기 때문에, 투자위험이 낮은 투자안을 선택하기 위해서는 회수기간이 짧은 투자안을 채택하여야 한다. 특히 현금이 부족한 신규기업 또는 기술변화가 심한 산업에서는 수익성보다 유동성이 훨씬 중요하기 때문에 회수기간법이 유용하다.

또한, 연간 현금유입액이 동일하고, 투자안의 내용연수가 회수기간의 두 배 이상이면, 회수기간의 역수(payback reciprocal)는 내부이익률의 근사치가 된다.[2)] 예컨대 기계(잔존가치는 없음)의 순투자액이 100만 원이며, 이 기계로부터 연간 현금순유입액이 20만 원이라고 가정하자. 이 기계의 내용연수에 따른 내부이익률을 구하면 다음과 같다.

2) 연간 현금유입액이 동일할 때, 내부이익률은 다음을 충족하는 할인율이다.

$$P = \frac{S}{(1+r)} + \frac{S}{(1+r)^2} + \cdots + \frac{S}{(1+r)^n}$$

$$= \frac{S}{r}\left[1 - \frac{1}{(1+r)^n}\right]$$

단, P : 최초투자액, S : 연간 현금유입액, r : 내부이익률, n : 내용연수

여기에서 n이 상당히 크다면 내부이익률은 회수기간의 역수에 근사함을 알 수 있다.

기계의 내용연수	내부이익률
10년	14%~16%
20년	18%~20%
40년	20%

회수기간의 역수는 20%이므로, 기계의 내용연수가 길수록 내부이익률은 회수기간의 역수에 근사함을 알 수 있다.

이러한 장점에도 불구하고 회수기간법은 다음과 같은 한계가 있다.

회수기간법의 한계

첫째, 회수기간법은 투자액을 얼마나 빨리 회수하느냐를 측정할 뿐, 수익성을 측정하는 것은 아니다. 회수기간 이후의 현금흐름을 무시함으로써 잘못된 의사결정을 내릴 가능성이 있다.

둘째, 회수기간법은 화폐의 시간적 가치를 고려하지 않았다. 투자액은 투자시점에서의 현금유출이며, 이의 회수는 여러 기간에 걸쳐 이루어진다. 회수기간법은 현금의 절대적 크기만을 비교함으로써 현금의 유입·유출 시점을 무시하고 있다.

예제 14-10 회수기간법 (21CTA)

㈜세무는 온라인 교육을 확대하기 위해 새로운 온라인 강의설비를 ₩280,000에 구입할 것을 검토하고 있다. 이 설비는 향후 5년에 걸쳐서 강사료, 시설관리비 등에서 ₩330,000의 현금절감효과를 가진다. 현금절감액은 연중 균일하게 발생하지만, 연도별 현금흐름은 다음과 같이 균일하지 않다. 이러한 상황에서 설비투자에 대한 회수기간은?

연도	1	2	3	4	5
현금 절감액	₩100,000	₩80,000	₩60,000	₩50,000	₩40,000

해답

연도	1	2	3	4	5
현금 절감액	₩100,000	₩80,000	₩60,000	₩50,000	₩40,000
누적액		180,000	240,000		

4차년도 회수기간 = (₩280,000 − 240,000) / ₩50,000 = 0.8년

회수기간 = 3년 + 0.8년 = 3.8년

(2) 회계이익률법

회계이익률(accounting rate of return)은 발생주의회계에 따라 계산한 순이익과 투자액의 비율이다. 이를 식으로 표현하면 다음과 같다.

$$\text{회계이익률} = \frac{\text{연평균순이익}}{\text{투자액}} \tag{14.11}$$

다른 자본예산모형이 현금흐름에 초점을 둔 반면에, 회계이익률법은 현금흐름이 아닌 순이익에 초점을 둔다. 즉 회계이익률법은 투자가 재무제표에 미치는 영향을 나타낸다.

현금흐름과 순이익의 차이를 가져오는 항목은 현금흐름이 수반되지 않는 수익·비용에 있다. 대표적인 예로서 감가상각비를 살펴보자. 감가상각비는 현금흐름과 관계없기 때문에 순현가법, 내부이익률법, 회수기간법에서는 감가상각비를 고려하지 않는 반면에, 회계이익률법에서는 수익에서 비용을 차감하여 순이익을 구하므로 감가상각비를 고려한다. 따라서 식 (14.11)은 다음과 같이 표현할 수 있다.

$$\text{회계이익률} = \frac{\text{연평균 현금순유입액} - \text{연평균 감가상각비}}{\text{투자액}} \tag{14.12}$$

분모의 투자액은 최초투자액을 기준으로 할 수도 있으며, 분자와 일관하게 연평균투자액을 기준으로 할 수도 있다. 연평균투자액은 최초투자액과 잔존가치의 합계를 2로 나눈 값이다. 구기계를 신기계로 대체할 경우, 최초투자액은 신기계의 취득원가에서 구기계의 처분금액을 차감한 값이다.

분자의 연평균 현금순유입액은 투자기간 동안의 현금유입·유출 시점을 고려하지 않고 단순히 투자기간 동안 현금순유입액의 합계액을 투자기간으로 나눈 값이다.

또한, 분자의 연평균 감가상각비는 최초투자액에서 잔존가치를 차감한 값을 내용연수로 나눈 값이다. 따라서 감가상각방법으로 정액법, 정률법, 연수합계법 등 어떤 방법을 사용하든 관계없이 연평균 감가상각비는 동일하다.

회계이익률법에서는 투자안의 회계이익률이 사전에 설정한 최저이익률을 초과하면 그 투자안을 선택한다.

회계이익률법은 이익을 계산하는 전통적 회계방법과 밀접한 관계를 지닌다. 그러나, 회계이익률법의 문제점은 화폐의 시간적 가치를 무시하였다는 점이다. 10년 후의 ₩100과 오늘의 ₩100을 동일하다고 간주하는 것은 극히 비현실적이다.

종합예제

형설회사에서는 1년 전에 구입하였던 기계를 새로운 기계로 대체할 것인가를 결정하고자 한다. 구기계와 신기계의 관련정보는 다음과 같다.

	구 기 계	신 기 계
취득원가	₩1,750,000	₩2,000,000
장부금액	1,400,000	–
잔존내용연수	4년	4년
처분금액 – 현재	900,000	–
처분금액 – 4년후	0	0
연간 현금원가	4,000,000	3,500,000
연간 수익	5,000,000	5,000,000
감가상각방법	정액법	정액법

물음

1. 자본비용이 16%일 때, 신기계의 순현가를 구하시오. 단, 법인세는 고려하지 않는다.
2. 자본비용이 16%이고, 법인세율이 25%일 때, 신기계의 순현가를 구하시오.

해답

1. 관련원가는 ① 신기계의 취득원가, ② 구기계의 처분금액, ③ 연간 현금원가의 절감액 등 세 가지이다. 이 가운데 연간 현금원가의 절감액은 현금유입과 동일한 의미를 지닌다.
   현금흐름의 금액과 시기를 고려하여야 하므로 4년 동안의 손익계산서를 이용할 수 없다. 신기계로 대체할 경우 현금흐름 항목 및 금액, 순현가는 다음과 같다.

항 목	연 도	현금흐름	현가요소(16%)	현 가
신기계의 취득원가	0	₩(2,000,000)	1.000	₩(2,000,000)
구기계의 처분금액	0	900,000	1.000	900,000
연간 현금원가의 절감액	1~4	500,000	2.798	1,399,000
순 현 가				₩299,000

위의 분석과정을 표로 나타내면 다음과 같다.

	투자 시점	1차년도	2차년도	3차년도	4차년도
신기계의 취득원가	₩(2,000,000)				
구기계의 처분금액	900,000				
연간현금원가의 절감액		₩500,000	₩500,000	₩500,000	₩500,000
합 계	₩(1,100,000)	₩500,000	₩500,000	₩500,000	₩500,000
현가요소	× 1.000	× 0.862	× 0.743	× 0.641	× 0.552
현 가	₩(1,100,000)	₩431,000	₩371,500	₩320,500	₩276,000

2. 자본예산의 가장 전형적 문제이다. 확실하게 이해하기 바란다.
현금흐름 항목은 ① 신기계의 취득원가, ② 구기계의 처분금액, ③ 연간 현금원가의 절감액 이외에 ④ 구기계의 처분손익에 따른 세금효과, ⑤ 감가상각비 차이로 인한 세금효과이다.

먼저, 구기계의 처분손익은 다음과 같다.

구기계의 처분손실 = ₩1,400,000 − ₩900,000 = ₩500,000

한편, 신 · 구기계의 감가상각비를 비교하면 다음과 같다.

신기계의 감가상각비 = ₩2,000,000 ÷ 4년 =	₩500,000
구기계의 감가상각비 = ₩1,400,000 ÷ 4년 =	350,000
차 이	₩150,000

이상을 바탕으로 각 현금흐름의 현가를 구하면 다음과 같다.

항 목	연 도	현금흐름	법인세 차감후 현금흐름	현가요소 (16%)	현 가
신기계 취득원가	0	₩(2,000,000)	₩(2,000,000)	1.000	₩(2,000,000)
구기계 처분금액	0	900,000	900,000	1.000	900,000
연간현금원가의 절감액	1~4	500,000	375,000*	2.798	1,049,250
구기계 처분손실로 인한 감세효과	0		125,000**	1.000	125,000
감가상각비로 인한 감세효과	1~4		37,500***	2.798	104,925
순 현 가					₩179,175

* ₩500,000 × (1 − 0.25) = ₩375,000

** 구기계 처분손실로 인한 감세효과 = ₩500,000 × 25% = ₩125,000

*** 감가상각비의 차이로 인한 감세효과 = ₩150,000 × 25% = ₩37,500

위의 표에서 유의할 사항은 다음과 같다.

① 법인세를 고려하지 않는 경우의 현금흐름을 먼저 분석한다. 이들 중 신기계의 취득원가, 구기계의 처분금액은 법인세와 관련없다. 연간 현금원가의 절감액(현금유입)은 법인세에 의해 영향받는다.

② 법인세를 고려하지 않는 경우 구기계의 처분손실은 현금흐름과 관계없다. 그러나 법인세를 고려하면 구기계의 처분손실은 감세효과(현금유입)가 있다.

③ 법인세를 고려하지 않는 경우 감가상각비는 현금흐름과 관계없다. 그러나 법인세를 고려하면 감가상각비의 감세효과가 나타난다. 두 기계의 감가상각비를 비교하여 신기계의 감가상각비가 더 많다면 이로 인해 감세효과(현금유입)가 나타난다.

위의 분석과정을 표로 나타내면 다음과 같다.

	투자 시점	1차년도	2차년도	3차년도	4차년도
신기계의 취득원가	₩(2,000,000)				
구기계의 처분금액	900,000				
연간현금원가의 절감액		₩375,000	₩375,000	₩375,000	₩375,000
구기계 처분손실의 감세효과	125,000				
감가상각비의 감세효과		37,500	37,500	37,500	37,500
합 계	₩(975,000)	₩412,500	₩412,500	₩412,500	₩412,500
현가요소	× 1.000	× 0.862	× 0.743	× 0.641	× 0.552
현 가	₩(975,000)	₩355,575	₩306,488	₩264,412	₩227,700

exercise 연습문제

01 순현가법

백마㈜는 내용연수가 2년인 설비를 투자하려고 한다. 첫해의 세후 순현금유입액은 ₩50,000 둘째 해의 세후 순현금유입액은 ₩80,000으로 추정된다. 2년후 설비의 잔존가치(처분금액)는 투자금액의 10%이다. 회사의 최저필수수익률은 15%이며, 이 경우, 1, 2기의 현가계수는 각각 0.870, 0.756이다. 회사가 설비에 투자할 수 있는 최대금액은 얼마인가?

02 순현가법

충주회사는 신기계를 ₩240,000에 구입하려고 한다. 이 기계를 구입할 경우 매년 ₩140,000의 현금영업원가를 절감할 수 있다. 회사의 감가상각방법은 정액법이며 이 기계의 내용연수는 3년, 잔존가치는 없다. 법인세율은 40%이다. 회사의 최저필수수익률은 연 20%이다. 투자안의 순현재가치는 얼마인가? 이자율 20%에서 3년 현가계수는 0.75, 연금현가계수는 2.10이다.

03 순현가법

서울㈜는 3년 동안 현금흐름이 계속될 투자안을 심의 중인데, 이 투자안으로부터 처음 2년 동안은 매년 ₩30,000, 마지막 3년째에는 ₩20,000의 법인세차감후 순현금유입액이 예상된다. 회사의 최저필수수익률은 14%이며 연금현가계수는 다음과 같을 때 회사가 투자할 수 있는 최대 금액은 얼마인가?

기간	1	2	3
연금현가계수 (14%)	0.88	1.65	2.32

04 순현가법

서울㈜는 2년 전인 20×0년에 구기계(내용연수 5년, 잔존가치 ₩0)를 ₩120,000에 구입하여 사용하고 있다. 그런데 20×2년초 이 회사의 경영진은 신기계로 대체할 것을 검토하고 있다. 신기계(내용연수 3년, 잔존가치 ₩0)는 ₩150,000에 구입할 수 있다. 신기계를 사용할 경우, 회사의 연간 현금운영원가는 ₩66,000만큼 절감되리라 예상되며, 현재 사용 중인 구기계를 매각할 경우 ₩30,000을 받을 수 있다. 회사는 정액법에 의하여 감가상각하며, 최저필수수익률은 10%이고, 법인세율은 40%이다. 신기계로 대체할 경우, 기대되는 순현재가치는 얼마인가? (연 10%, 3년 현가계수 : 0.75, 3년 연금현가계수 : 2.49)

05 내부이익률법 : 보간법 (04CPA)

㈜광안은 자동화설비를 ₩50,000에 구입하려고 한다. 이 회사의 원가담당자는 설비를 도입함으로써 3년 동안 매년 ₩20,000의 현금운영원가가 절감할 것으로 예상하고 있다. 이 때 내부이익률은 얼마인가?

이자율	8%	9%	10%	11%
연금의 현가 ($n=3$)	2.577	2.531	2.487	2.444

06 내부이익률법 : 보간법

소백㈜는 최신 기계를 ₩100,000에 구입(내용연수 10년, 잔존가치 ₩0, 감가상각방법 : 정액법)하였다. 매년 법인세차감후 순이익이 ₩2,000이라면 동기계의 내부이익률(IRR)은 얼마인가?

할인율	10년간 연금현가계수	10년간 연금 미래가치
3%	8.530	11.463
5%	7.721	12.577
8%	6.710	14.487

07 내부이익률법

미래상사에서는 3년 동안 지속되는 사업에 1억 원을 투자하고자 한다. 1차년도의 현금 유입액은 3천만 원, 2차년도에는 4천만 원으로 예상된다. 투자안으로부터 12%의 이익률을 얻기 위해서는 3차년도 현금유입액이 얼마이어야 하는가?

08 자본예산모형

㈜미화는 ₩40,000,000을 투자하여 영업을 시작하고자 한다. 이 투자안으로부터의 순이익은 매년 ₩5,000,000씩 발생할 것으로 예상된다. 투자안의 내용연수는 10년이고, 잔존가치는 없으며, 정액법에 의하여 상각한다. 회사의 최저필수수익률은 10%이고, ₩1에 대한 10년간의 현재가치는 0.386이며, 연금현가는 6.145이다.

물음

1. 회수기간법에 의한 회수기간은 몇 년인가?
2. 평균투자액을 기준으로 하여 계산한 회계적 이익률은 얼마인가?
3. 투자안의 순현재가치는 얼마인가?
4. 내부이익률을 산정하기 위한 연금현가계수는 얼마인가?

CHAPTER

15

책임회계와 성과평가

Responsibility Accounting

학습목표

1. 책임중심점의 유형을 구분하고, 각각의 책임중심점이 어떤 특성을 가지고 있는지 그리고 어떻게 성과평가가 이루어져야 하는지를 알아본다.
2. 고정예산과 변동예산을 구분하고, 이들이 서로 어떻게 연계되어 있으며 성과평가에 어떻게 활용되는지를 살펴본다.
3. 판매부문의 매출총차이를 매출가격차이, 매출조업도차이로 구분하고, 매출조업도차이가 나타나는 이유를 보다 세분화하여 분석한다.
4. 판매부서에서 복수제품의 매출총차이분석과 생산부서에서 복수생산요소의 원가차이분석을 비교해 본다.
5. 투자중심점의 성과평가와 관련한 투자수익률, 잔여이익, 경제적 부가가치를 살펴본다.
6. 분권화조직의 내부거래에 대한 대체가격 설정문제를 살펴본다. 아울러 분권화조직의 효익과 대리문제에 대해서도 알아본다.

제1절 책임회계

① 책임회계제도

대부분의 조직에서는 각 개인들의 책임이 명확히 설정되어 있다. 경영자에게 책임이 부과된 일련의 활동을 **책임중심점**(responsibility center)이라 한다. 생산감독자에게는 생산에 사용되는 몇 대의 기계가 책임중심점이며, 공장장에게는 모든 제조공정이 책임중심점이며, 사장에게는 조직 전체가 책임중심점이다.

책임회계(responsibility accounting)는 책임중심점의 영업성과를 측정하는 회계이다. 성과보고서는 조직의 구조를 바탕으로 작성한다. 조직의 구조를 설정할 때에는 책임과 권한이 등가를 이룬다. 권한이 있으면서 책임이 따르지 않는 조직의 구조나, 책임이 있으면서 권한이 없는 조직의 구조는 있을 수 없다. 따라서 성과보고서는 책임중심점의 권한에 따라 이루어진 영업성과를 측정하여 그에 따른 책임을 평가하기 위함이다.

책임회계에서는 ① 왜 원가가 발생하였는지를 가장 잘 아는 개인, 또는 ② 원가가 발생한 활동에 원가를 부과한다. 책임중심점의 **성과보고서**(performance report)를 작성하는 일반적 원칙은 다음과 같다. 성과보고서 작성원칙

첫째, 원가를 변동원가와 고정원가로 구분하여 공헌손익계산서를 작성한다.

둘째, 실제성과, 예산, 차이 등으로 구분하여 성과보고서를 작성한다. 실제수익이 예산수익보다 많거나 또는 실제원가가 예산(표준)원가보다 낮을 때 유리한 차이(favorable variance)라 한다.

셋째, 성과보고서는 조직구조상의 하위 책임중심점부터 작성하여 상위 책임중심점으로 점차 확대한다. 하위 책임중심점에서는 자신의 성과만을 포함하며, 상위 책임중심점에서는 자신의 권한 하에 있는 여러 하위 책임중심점의 요약된 성과와 아울러 자신의 성과를 함께 표시한다.

책임회계에서는 하위경영자의 책임성을 무엇보다도 강조한다. 왜냐하면 하위경영자야말로 해당 부문에 대해 가장 많은 정보를 가지고 있으며, 그 부문의 수익, 원가의 발생에 대해 가장 큰 영향력을 행사할 수 있는 적임자이기 때문이다.

❷ 효율적 성과보고서

경영자와 종업원은 성과보고서를 통해 예산과 실제성과와의 차이를 알게 된다. 성과보고서가 효율적이기 위해서는 동기부여, 목적적합성, 적시성, 정확성과 경제성을 갖추어야 한다.

(1) 동기부여

성과보고서는 종업원들에게 열심히 일하고자 하는 동기를 부여해야 한다. 이를 위해서는 다음과 같은 인간의 행동적 측면을 고려하여 예산 또는 표준을 설정하여야 한다.

① 종업원들에게 받아들여지는 표준을 설정해야 한다. 표준은 성과평가의 기준이 되기 때문에 종업원들은 표준이 어떻게 설정되었는지를 이해하여야 하며, 그 표준은 실제능력을 적절히 반영하여야 한다.

② 종업원들은 표준을 설정하는 과정에 참여하여야 한다. 종업원들은 능동적 참여를 통하여 설정된 표준을 성과평가의 기준으로 받아들이게 된다.

③ 종업원들이 표준을 달성하지 못한다 하더라도, 상위경영자는 종업원들의 책임을 벗어나는 차이에 대해 비난해서는 안 된다. 성과평가는 비난, 체벌보다는 동기부여의 목적으로 이루어져야 한다.

④ 성과보고서는 상위경영자에 의한 평가자료로 활용될 뿐만 아니라 당사자에게 피드백되어 차후의 행동, 의사결정에 활용되어야 한다.

⑤ 표준은 성과평가의 기준으로 활용됨과 동시에 보상의 기준으로 활용되어야 한다.

이러한 측면은 예산설정시 고려해야 할 행동적 측면과 일치한다. 예산설정과 성과평가는 서로 맞물려 순환되는 연속적인 관리순환과정이기 때문이다.

(2) 목적적합성

성과보고서는 이를 활용하는 사람이 통제하고자 하는 요인들을 강조하여야 한다. 만약 성과보고서가 성과평가의 목적으로 작성된다면, 성과보고서에는 피평가자가 통제가능한 변수만을 포함하여야 한다. 피평가자의 성과가 통제불가능 변수에 의해서도 영향을 받는다면 이러한 성과보고서에 대해 피평가자는 불합리하다고 느낄 것이다.

구체적인 예로서 판매부서의 경영자에 대한 성과평가를 살펴보자. 판매부서의 이익을 결정하는 변수 가운데 하나는 변동제조원가이다. 그런데 판매부서의 경영자로서는 변동제조원가를 통제할 수 없기 때문에 판매부서의 성과보고서에는 표준변동제조원가를 사용하여 생산부문의 영향을 배제하여야 한다. 이에 대한 자세한 설명은 제2절에서 다룬다.

(3) 적시성

성과보고서는 의사결정을 내리고자 하는 시점에서 활용 가능하여야 한다. 따라서 예산과 실제성과와의 차이분석이 가능한 빨리 그리고 빈번히 이루어지는 것이 바람직하다. 예컨대 재료의 구입가격에 대해 표준원가와 실제구입가격과의 차이분석을 행한다고 하자. 언제 차이분석을 행하는 것이 바람직할까? 표준원가계산에서 자세히 다루었지만 재료의 가격차이는 재료의 구입 시점에서 분석하는 것이 재료의 사용 시점에서 분석하는 것보다 적시성이 높다.

(4) 정확성과 경제성

성과보고서의 적시성을 지나치게 강조하면, 회계정보의 정확성은 낮아지게 되며 또한 비용도 많이 발생하게 된다. 성과보고서의 적시성과 정확성, 경제성은 서로 상충관계를 지닌다. 비록 정확성은 떨어지지만 의사결정 시점에서 활용 가능한 성과보고서와 반대로 정확성은 매우 높지만 의사결정이 내려진 이후 1개월이 지나서 작성된 성과보고서 중 보다 유용한 것은 전자이다. 그렇다고 해서 성과보고서를 대충 작성해도 좋다는 뜻은 아니다. 성과보고서가 적시성이 있으면서도 가능한 한 정확성을 갖추도록 부단한 노력을 기울여야 한다.

③ 책임중심점

책임회계의 성과보고서는 해당 경영자가 통제할 수 있고 책임권한이 부여되어 있는 조직부문별로 작성된다. 성과보고서를 작성하는 개개의 조직단위인 책임중심점은 그 책임 유형에 따라 수익중심점, 이익중심점, 원가중심점, 투자중심점으로 구분할 수 있다.

(1) 수익중심점

수익중심점(revenue center)은 재화 또는 용역의 판매활동, 즉 매출액에 대한 책임이 부여된 부문이다. 이의 대표적 예로는 마케팅 관련부서를 들 수 있다.

일반적으로 수익중심점에서는 예산기간 동안 판매할 것이라고 예상하는 판매량 또는 매출액을 기초로 하여 예산을 편성한다. 예산기간이 종료되면, 실제매출액과 예산매출액을 비교하여 성과보고서를 작성한다. 이 성과보고서를 통하여 경영자는 매출액차이가 발생한 이유를 분석할 수 있게 된다.

한편, 판매수익을 창출하기 위해서는 판매활동에 따른 원가가 발생하기 마련이다. 이 판매활동원가를 무시하고서 매출액만으로 판매부서의 성과평가를 하는 것은 올바른 방법이 되지 못한다. 예컨대 A영업소에서는 1백만 원의 판매활동원가로 매출액 3억을 달성하였으나, B영업소에서는 2억의 판매활동원가로 매출액 4억을 달성하였을 경우, 단순히 매출액 비교만으로 B영업소가 A영업소보다 영업실적이 우수하다고 말할 수 없다.

또한 매출액만으로 판매부서를 성과평가한다면 회사 전체로 볼 때 잘못된 의사결정을 야기할 수 있다. 무엇을 성과평가기준으로 하느냐에 따라 피평가자의 행동은 달라지게 되는데, 매출액이 성과평가기준이라면 불량채권의 발생, 회수기일의 연장, 과다한 판촉활동, 공헌이익률이 낮은 제품의 판매 등의 방법을 통해 매출액 자체만을 증가시키는 행동을 유발할 수 있다. 이와 같은 이유로 순수한 수익중심점보다는 수익 창출과 이를 위한 원가 발생을 동시에 책임지는 이익중심점으로 운영하는 경우가 많다.

(2) 이익중심점

이익중심점(profit center)은 매출액과 이를 위한 원가 발생액을 모두 통제하는 책임중심점이다. 기업 자체가 커다란 이익중심점이지만, 일반적으로 이익중심점이라 하면 제품별, 판매지역별, 영업소별로 파악한다.

이익중심점의 성과평가는 매출액이 공헌이익에 미치는 영향을 중심으로 분석하며, 실제성과와 종합예산을 대비하는 형식으로 성과보고서를 작성한다. 이에 대한 자세한 설명은 제2절에서 다룬다.

(3) 원가중심점

원가중심점(cost center)은 원가 발생에 대해 책임권한을 지닌 책임중심점이다. 제품생산을 위한 제조부문과 이를 지원하는 공장서비스부문, 본사의 스태프부문이 여기에 해당한다. 이 가운데 제조부문이 가장 대표적인 원가중심점이다. 제조부문의 원가차이 분석방법과 그 원인 분석에 대해서는 표준원가계산에서 다루었다.

(4) 투자중심점

투자중심점(investment center)은 책임중심점의 이익뿐만 아니라 그 책임중심점에 투자된 모든 자산에 대해 책임 권한을 지닌 책임중심점이다. 기업의 제품별 또는 지역별로 별도의 독립된 조직을 갖출 정도로 규모가 커 제품별 또는 지역별 사업부로 분권화된 경우, 이 분권화조직이 투자중심점에 해당한다.

투자중심점의 성과평가는 이익과 투자자산을 동시에 고려하여 이루어진다. 두 개의 투자중심점 A, B가 있다고 하자. A사업부는 총자산 20억 원을 투자하여 이익 2억 원을 달성하였고, B사업부는 총자산 5억 원으로 이익 1억 원을 달성하였다고 가정할 때, 단순히 이익 절대액의 비교로서 두 사업부를 평가해서는 안된다. 이익뿐만 아니라 투자자산을 동시에 고려하는 한 가지 방안으로서 이익과 투자자산의 상대적 비교를 통해 성과평가를 할 수 있다. A사업부의 투자이익률(이익÷투자자산)은 10%이고 B사업부는 20%이므로, B사업부가 보다 효율적으로 영업활동을 수행하였음을 알 수 있다. 이에 대한 자세한 설명은 제3절에서 다룬다.

제 2 절 책임중심점의 성과평가

❶ 고정예산

앞에서 살펴본 종합예산에서는 예산기간 동안의 특정 예상매출액에서 출발하여 여러 가지 예산을 종합적으로 살펴보았다. 이와 같이 특정 조업도(매출액, 판매량)를 기준으로 편성된 예산을 **고정예산** 또는 정태예산(static budget)이라고 한다. 고정예산과 종합예산은 동의어이다. 다만, 종합예산은 일련의 세부예산에 대한 종합적 측면을 강조한 개념이며, 고정예산은 후술할 변동예산의 반대되는 개념으로서 특정 조업도를 강조한 것이다.

고정예산과 생산경영자의 성과평가

이러한 고정예산을 이용하여 생산담당경영자를 성과평가하는 데는 한계가 있다. 생산담당경영자는 생산통제의 책임과 원가통제의 책임이 있다. 생산통제(production control)란 산출량의 관점에서 예산생산량을 달성하였느냐의 여부이며, 원가통제(cost control)란 가능한 낮은 원가로 제품을 생산하였느냐의 여부이다. 이들은 서로 상이한 책임이므로 생산담당경영자를 평가할 때는 이들 책임을 각각 구분하여 평가하여야 한다. 고정예산과 실제성과를 비교하게 되면 생산담당경영자의 생산통제 여부는 평가할 수 있지만, 원가통제 여부를 평가할 수 없다. 즉, 실제성과와 고정예산을 비교하는 성과보고서는 원가차이가 왜 발생했는가를 설명하지 못하기 때문에, 고정예산은 생산담당경영자의 성과를 평가하는 기준이 될 수 없다.

예컨대 자동차 10대를 생산하는 데 타이어의 표준수량(또는 금액)이 40개라고 예산이 편성되어 있는데, 실제 자동차 생산량은 9대이며 실제 타이어 사용량은 38개이었다고 가정하자. 단순히 수량(또는 원가)만을 비교하면 예산상의 타이어 40개에 비해 실제 사용량은 38개이므로 유리한 차이가 발생하게 된다. 그러나 이러한 분석은 직관적으로 살펴보더라도 잘못임을 알 수 있다. 예산 생산량 10대와 실제 생산량 9대에서의 각각의 원가를 비교하는 것은 마치 100m를 달린 육상선수와 90m를 달린 육상선수의 기록을 비교하는 것과 같다.

❷ 변동예산

육상기록의 비교가 의미있기 위해서는 육상선수들에게 동일한 거리를 달리게 해야 한다. 마찬가지로 실제원가와 예산원가의 비교가 의미있기 위해서는 예산생산량이 9대일 때의 예산원가와 실제생산량 9대일 때의 예산원가를 알아야 한다. 예산편성시 기준이 되는 조업도뿐만 아니라 여러 조업도 수준에 대해 편성한 예산을 **변동예산**(flexible budget)이라 한다.

변동예산은 다음과 같은 특징이 있다.

① 관련 범위 내의 여러 가지 조업도 수준에서 예산을 편성한다.

② 변동예산은 조업도와 자동적으로 연계되므로, 성과평가의 기준으로 널리 활용된다.

변동예산의 편성절차

변동예산을 작성하기 위해서는 무엇보다도 원가의 행태에 대한 분석이 선행되어야 한다. 구체적으로 변동예산의 편성절차는 다음과 같다.

단계 1 : 예산기간 동안 조업도의 관련범위를 결정한다.

단계 2 : 관련범위 내에서 원가의 행태를 분석하여 변동원가, 고정원가, 혼합원가 등으로 구분한다.

단계 3 : 원가의 행태에 따라 원가방정식을 세운다.

단계 4 : 원가방정식에 따라 여러 가지 조업도 수준에서 변동예산을 편성한다.

위와 같이 변동예산이 설정된 이후, 실제생산량과 동일한 예산생산량하에서의 변동예산과 실제성과를 대비함으로써 생산담당자의 성과평가가 올바르게 이루어지게 된다. 이로써 생산담당자의 생산통제와 원가통제의 여부를 명확히 파악할 수 있게 된다.

3 종합적 성과평가

조직 전체적으로 실제 성과평가와 예산이 차이를 보인다면, 어느 부문에서 어떠한 원인 때문에 그 차이가 발생하였는가를 분석하여야 한다.

판매담당자는 고정예산에서의 판매량을 달성할 책임과 판매가격, 수익 창출을 위한 통제가능원가 등에 대한 책임을 진다. 따라서 판매담당자의 성과를 평가하기 위해서는 실제성과, 변동예산, 고정예산을 종합적으로 비교하여야 한다.

반면에 생산담당자는 제품 생산을 위한 통제가능 제조원가의 발생에 대해 책임을 진다. 따라서 생산담당자의 성과를 비교하기 위해서는 실제성과와 변동예산을 비교하여야 한다.

성과보고서의 작성방법

조직 전체적으로 살펴볼 때 〈표 15-1〉의 성과보고서는 다음과 같이 작성한다.

① 실제성과를 첫 번째 난에, 고정예산을 다섯 번째 난에 기록한다.
② 변동예산을 세 번째 난에 기록한다. 이 때 변동예산은 실제생산량과 동일한 예산생산량하에서의 예산이며, 변동예산상의 고정제조간접원가, 고정판매관리비는 고정예산과 항상 동일함에 유의하기 바란다.
③ 실제성과와 변동예산과의 차이를 **변동예산차이**(flexible-budget variances)라 한다.

변동예산차이 = 실제성과 − 변동예산

실제생산량에서의 변동예산과 실제성과를 대비하였으므로 변동예산차이는 가격 변화와 능률 변화 때문에 발생한 것이다. 변동예산차이 중 매출가격차이, 변동판매관리비차이, 고정판매관리비차이는 이익중심점의 성과평가와 관련되며, 변동제조원가차이, 고정제조간접원가차이는 생산부서인 원가중심점의 성과평가와 밀접하게 관련된다.

④ 변동예산상의 금액과 고정예산상의 금액과의 차이를 **매출조업도차이**(sales-volume variances)라 한다. 그런데 고정제조간접원가와 고정판매관리비는 두 가지 예산하에서 항상 같기 때문에, 변동예산과 고정예산의 영업이익 차이는 공헌이익의 차이와 같게 된다. 변동예산과 고정예산의 공헌이익 차이는 세분화하지 않

표 15-1 | 성과보고서

	실제성과	변동예산차이	변동예산	매출조업도차이	고정예산
생 산 량	①	=	①		⑯
매 출 액	②	← 매출가격차이 →	⑨		⑰
변 동 원 가					
변동제조원가	③	← 변동제조원가차이 →	⑩		⑱
변동판매관리비	④	← 변동판매관리비차이 →	⑪		⑲
공 헌 이 익	⑤		⑫	← 매출조업도차이 →	⑳
고정제조간접원가	⑥	← 고정제조간접원가차이 →	⑬		⑬
고정판매관리비	⑦	← 고정판매관리비차이 →	⑭		⑭
영 업 이 익	⑧		⑮		㉑

고 총액으로 파악한다. 결국 매출조업도차이란 변동예산상의 공헌이익과 고정예산상의 공헌이익과의 차이이다.

매출조업도차이 = 변동예산상의 공헌이익 − 고정예산상의 공헌이익

매출조업도차이는 이익중심점의 성과평가와 관련되며, 원가중심점의 성과평가와는 아무런 관련이 없다.

예제 15-1 변동예산차이 (17CPA)

㈜한국연수원은 다양한 강좌를 개설하여 운영하고 있다. 이와 관련하여 연수원 관리자는 연수원 운영에 대한 월별 예산편성과 성과보고서 작성을 위해 ① 매월 개설된 강좌 수와 ② 매월 개설된 모든 강좌에 등록된 학생의 수 등 두 가지 원가동인을 식별하였다.
㈜한국연수원에서 매월 예상하는 원가 및 비용 관련 자료는 다음과 같다.

구분	강좌당 변동비	학생당 변동비	월 고정비
강사료	₩3,000	−	−
강의실 소모품비	−	₩260	−
임차료와 보험료	−	−	₩6,300
기타일반관리비	₩145	₩4	₩4,100

20×1년 2월초 3개의 강좌가 개설되며 총 45명의 학생이 등록할 것으로 예상된다. 또한 각 강좌에 등록한 학생 1인당 평균 ₩800의 수익이 예상된다. 20×1년 2월에 실제로 3개의 강좌가 개설되었으나, 3개의 강좌에 실제로 등록한 학생 수는 총 42명이었다. ㈜한국연수원의 20×1년 2월 실제 운영결과는 총수익 ₩32,400, 강사료 ₩9,000, 강의실 소모품비 ₩8,500, 임차료와 보험료 ₩6,000, 기타일반관리비 ₩5,300이었다. ㈜한국연수원 관리자가 20×1년 2월말 작성한 성과보고서에 포함되는 영업이익 변동예산차이는?

해답

구분	실제결과	변동예산
총수익	₩32,400	42명 × ₩800 = ₩33,600
강사료	9,000	3,000 × 3강좌 = 9,000
강의실 소모품비	8,500	260 × 42명 = 10,920
임차료와 보험료	6,000	6,300
기타일반관리비	5,300	145 × 3강좌 + 4 × 42명 + 4,100 = 4,703
영업이익	₩3,600	₩2,677

변동예산차이 923 F

예제 15-2 변동예산차이 (18CPA변형)

㈜대한은 20×1년도 고정예산과 실제결과를 비교하기 위해 다음과 같은 손익계산서를 작성하였다.

구분	고정예산	실제결과
판매량	10,000단위	12,000단위
매출액	₩500,000	₩624,000
변동제조원가	250,000	360,000
변동판매관리비	50,000	84,000
공헌이익	₩200,000	₩180,000
고정제조원가	15,000	19,000
고정판매관리비	25,000	25,000
영업이익	₩160,000	₩136,000

㈜대한의 경영자는 20×1년도 실제판매량이 고정예산판매량보다 20% 증가하였으나, 영업이익은 오히려 15% 감소한 원인을 파악하고자 한다. ㈜대한은 20×1년도에 12,000단위를 생산·판매할 수 있는 용량(capacity)을 확보하고 있다. 변동예산차이(flexible-budget variance), 매출조업도차이(sales-volume variance), 매출가격차이(selling-price variance)는 각각 얼마인가?

해답

구분	실제결과		변동예산		고정예산
판매량	12,000단위		12,000단위		10,000단위
매출액	₩624,000	매출가격차이 24,000 F	600,000		₩500,000
변동제조원가	360,000		300,000		250,000
변동판매관리비	84,000		60,000		50,000
공헌이익	₩180,000		₩240,000	매출조업도차이 40,000 F	₩200,000
고정제조원가	19,000		15,000		15,000
고정판매관리비	25,000		25,000		25,000
영업이익	₩136,000	변동예산차이 64,000 U	₩200,000		₩160,000

혹시 변동예산상의 변동제조원가와 고정예산상의 변동제조원가와의 차이를 왜 원가중심점이 아닌 이익중심점에서 책임지는가에 대해 의아해할 수 있다. 그 이유를 살펴보자.

매출조업도차이의 의미

변동예산이나 고정예산상의 금액은 모두 예산상의 금액(표준원가)이기 때문에 제품판매가격이나 제조원가의 변화에 의해 영향받지 않는다. 즉 매출액, 변동제조원가, 변동판매관리비, 고정원가 등은 모두 예산상의 금액으로 기록된다. 변동예산상의 공헌이익과 고정예산상의 공헌이익은 다음과 같이 표현할 수 있다.

변동예산상의 공헌이익 = 변동예산상의 판매량 × 단위당 예산공헌이익
고정예산상의 공헌이익 = 고정예산상의 판매량 × 단위당 예산공헌이익

따라서, 다음 식이 성립한다.

변동예산상의 공헌이익 − 고정예산상의 공헌이익
= (변동예산상의 판매량 − 고정예산상의 판매량) × 단위당 예산공헌이익

위 식에서 보듯이 변동예산상의 금액과 고정예산상의 금액의 차이는 변동예산상의 판매량(실제 판매량)과 고정예산상의 판매량(예상 판매량)이 다르기 때문에 발생한 것이다. 판매량의 차이로 인한 차이이므로 이를 매출조업도차이라 하며, 이는 판매담당자가 예상판매량을 달성했느냐를 나타내는 하나의 지표로서 이익중심점의 성과평가와 밀접하게 관련된다.

효과성, 효율성

변동예산차이와 매출조업도차이는 효과성, 효율성과 관련되기도 한다. 효과성(effectiveness)이란 사전에 설정한 목표를 어느 정도 달성하였는가를 뜻하며, 효율성(efficiency)이란 특정산출물과 이를 얻기 위해 사용한 투입물 사이의 관계를 뜻한다. 위의 두 개념 차이를 다음과 같이 비유하기도 한다.

"효과성은 올바른 일을 수행하는 것(doing the right thing)이며,
효율성은 일을 올바르게 하는 것(doing things right)이다."

앞에서 살펴본 차이분석 중 변동예산차이는 효율성을 나타내는 하나의 척도로서, 그리고 매출조업도차이는 효과성을 나타내는 하나의 척도로서 사용될 수 있다.

④ 판매부문의 성과평가

이익중심점인 판매부서의 경영자는 매출수익 및 이를 달성하기 위한 원가의 발생에 대해 책임진다. 판매부서의 성과보고서는 공헌접근법에 의해 작성하며 부문의 통제가능원가를 수익에 대응시킨다.

판매부서의 성과보고서를 작성할 때 유의할 점은 다음과 같다.

① 판매부서의 성과보고서는 실제성과와 최초 예산편성시의 고정예산을 비교하는 형식으로 작성한다.

② 제조부서의 능률 또는 비능률에 의한 원가차이를 배제하기 위하여 판매부서의 성과보고서에 나타난 변동제조원가는 표준원가로 기록한다.

③ 실제성과와 고정예산과의 비교는 매출액과 변동원가가 모두 반영된 공헌이익의 비교에서부터 시작한다. 실제성과와 고정예산에 대해 매출액과 변동원가를 개별적으로 비교하면 그 차이를 해석하기 곤란하다. 공헌이익의 차이에는 판매량, 단위당 판매가격, 변동판매관리비의 변화가 종합적으로 포함되게 된다.

(1) 매출총차이의 분석

판매부서의 성과는 매출액, 변동판매관리비, 고정판매관리비에 의해 결정된다. 이 가운데 매출액이 공헌이익에 미치는 영향을 살펴보자.

실제매출액이 예상매출액과 다름으로 인한 공헌이익의 차이를 **매출총차이**(total sales variance)라 한다. 이를 식으로 나타내면 다음과 같다.

$$\text{매출총차이} = (AP - BVC) \times AQ - (BP - BVC) \times BQ$$

단, AP : 제품 단위당 실제판매가격　　BP : 제품 단위당 예상판매가격
BVC : 예산상 표준변동원가
AQ : 실제판매량　　BQ : 예상판매량

위의 식에서 공헌이익을 구할 때 표준변동원가를 차감하였음에 유의하기 바란다. 표준변동원가를 사용한 이유는 ① 생산부분의 원가차이를 배제하기 위해 표준변동제조원가를 사용하였으며, ② 판매관리비의 차이를 배제하기 위해 표준판매관리비를 사용하였다.

| 표 15-2 | 매출총차이 분석

$(AP - BVC) \times AQ$ | $(BP - BVC) \times AQ$ | $(BP - BVC) \times BQ$

매출가격차이 매출조업도차이

매출총차이

매출총차이는 제품 단위당 판매가격의 차이로 인한 부분과 제품판매량의 차이로 인한 부분으로 구분할 수 있다.

매출가격차이(sales price variance)는 실제판매량하에서 제품 단위당 판매가격의 변화가 공헌이익에 미치는 영향을 뜻한다.

$$\text{매출가격차이} = (AP - BVC) \times AQ - (BP - BVC) \times AQ$$
$$= AP \times AQ - BP \times AQ$$

이는 〈표 15-1〉에서 실제 매출액(②)과 변동예산에서의 매출액(⑨)의 차이와 같다.

매출조업도차이란 제품 단위당 판매가격이나 단위당 변동원가가 예산상의 금액과 동일하다고 가정할 때 제품판매량의 변화가 공헌이익에 미치는 영향을 뜻한다.

$$\text{매출조업도차이} = (BP - BVC) \times AQ - (BP - BVC) \times BQ$$

이는 〈표 15-1〉에서 변동예산상의 공헌이익(⑫)과 고정예산상의 공헌이익(⑳)의 차이와 같다.

〈표 15-2〉에서 매출총차이가 기업의 이익에 긍정적 영향을 미칠 때 유리한 차이(favorable variance)라 하며, 반대로 기업의 이익에 부정적 영향을 미칠 때 불리한 차이(unfavorable variance)라 한다. 따라서 매출가격차이, 매출조업도차이 또는 매출총차이를 구하기 위해 대비하는 두 난(column) 중 왼쪽 금액이 오른쪽 금액보다 크면 유리한 차이이며, 반대로 왼쪽 금액이 오른쪽 금액보다 적으면 불리한 차이임을 알 수 있다.

예제 15-3 매출가격차이와 매출조업도차이 (16CPA)

㈜한국이 판매부문의 20×1년도 성과평가 목적으로 작성한 예산과 실적치를 대비한 자료는 다음과 같다.

구 분	고정예산	실적치
판매량	25,000단위	27,500단위
매출액	₩250,000	₩253,000
변동원가		
제조원가	148,500	153,450
판매관리비	39,000	44,550
공헌이익	₩62,500	₩55,000
고정원가		
제조원가	12,500	15,000
판매관리비	27,500	30,000
영업이익	₩22,500	₩10,000

㈜한국의 CEO는 20×1년도 실제판매량이 목표판매량보다 10% 증가하였는데도 불구하고 영업이익은 오히려 감소한 원인을 파악하고자 한다. 이를 위해 매출가격차이(sales price variance)와 매출조업도차이(sales volume variance)를 계산하면 각각 얼마인가?

해답

AP = ₩9.2 BP = ₩10 BVC = ₩7.5 AQ = 27,500개 BQ = 25,000개

$(AP-BVC)\times AQ$	$(BP-BVC)\times AQ$	$(BP-BVC)\times BQ$
(₩9.2 − 7.5) × 27,500개 = ₩46,750	(₩10 − 7.5) × 27,500개 = ₩68,750	(₩10 − 7.5) × 25,000개 = ₩62,500

매출가격차이 ₩22,000U　　매출조업도차이 ₩6,250F

예제 15-4 매출조업도차이 (03CPA)

㈜세광의 3월 예산 대비 실적자료는 다음과 같다. 동 자료를 토대로 당초 예상보다 영업이익이 ₩200만큼 줄어든 원인을 (i) 판매가격차이, (ii) 변동원가차이, (iii) 고정원가차이 이외에 중요한 차이항목인 매출조업도차이(net sales volume variance)를 추가하여 경영진에게 의미 있게 요약·보고하고자 한다. 매출조업도차이는 얼마인가?

	3월 실적	3월 예산
판매수량	400개	300개
매 출 액	₩7,200	₩6,000
변동원가	4,800	3,000
고정원가	1,400	1,800
영업이익	₩1,000	₩1,200

해답

AP : 실제판매가격 = ₩7,200 ÷ 400개 = ₩18　BVC : 예산상 단위당 변동원가 = ₩3,000 ÷ 300개 = ₩10

AQ : 실제판매량 = 400개　BP : 예산판매가격 = ₩6,000 ÷ 300개 = ₩20

BQ : 고정예산판매량 = 300개

$(AP - BVC) \times AQ$	$(BP - BVC) \times AQ$	$(BP - BVC) \times BQ$
(₩18 − 10) × 400개 = ₩3,200	(₩20 − 10) × 400개 = ₩4,000	(₩20 − 10) × 300개 = ₩3,000

매출가격차이 800 U　　매출조업도차이 1,000 F

(2) 복수제품의 매출조업도차이 분석

일반적으로 기업은 한 가지 제품만을 판매하기보다는 복수의 제품을 판매한다. 경영자들은 기업의 매출액이 당초예산에 비해 달라졌을 경우 그 원인을 구체적으로 알고자 한다. 각 제품의 판매가격이 동일하고 총판매량이 예산판매량과 동일할지라도 각 제품의 상대적 판매비율이 당초 계획에 비해 달라질 경우 매출총차이가 발생할 수 있다.

복수제품의 매출조업도차이는 판매량의 차이가 공헌이익에 미치는 영향을 말한다. 이를 세분화하기 위해 수식을 변형시키면 다음과 같다.

$$\text{복수제품의 매출조업도차이} = \sum(BP_i - BVC_i) \times (AQ_i - BQ_i)$$

$$\text{그런데, } AQ_i = \sum AQ_i \times AM_i, \quad BQ_i = \sum BQ_i \times BM_i$$

단, AM_i : 실제판매량 비율　BM_i : 예산판매량 비율

즉 판매량의 차이는 〈표 15-3〉과 같이 ① 판매량의 배합차이라는 요인과 ② 총판매량의 차이라는 두 가지 요인으로 분해할 수 있다.

매출배합차이(sales mix variance)란 실제총판매량 하에서 실제매출배합과 예산매출배합의 차이가 변동예산상의 공헌이익에 미치는 영향이다. 실제총판매량이 동일할지라도 공헌이익이 높은 제품을 더 많이 판매하는 것이 기업에 유리하게 된다.

매출수량차이((sales quantity variance)란 예상매출배합하에서 예상총판매량과 실제총판매량의 차이가 변동예산상의 공헌이익에 미치는 영향이다. 즉, 판매가격이나 매출배합의 변화가 이루어지지 않았다는 가정 하에 전체 판매수량의 차이가 공헌이익에 미치는 영향을 뜻한다. 예상총판매량보다 실제총판매량이 많을수록 기업에 유리하게 된다.

| 표 15-3 | 복수제품의 매출총차이 분석

$(AP-BVC)\times AQ$	$(BP-BVC)\times AM_i \times \sum AQ$	$(BP-BVC)\times BM_i \times \sum AQ$	$(BP-BVC)\times BM_i \times \sum BQ$

매출가격차이 (첫째 − 둘째)　매출배합차이 (둘째 − 셋째)　매출수량차이 (셋째 − 넷째)

매출조업도차이 (매출배합차이 + 매출수량차이)

단, AM_i : 실제판매량 비율　　BM_i : 예산판매량 비율

$\sum AQ$: 실제 총판매량　　$\sum BQ$: 예산 총판매량

예제 15-5 매출배합차이 – 매출수량차이 (08CTA)

대한회사는 A와 B의 두 제품을 생산·판매하고 있다. 예산에 의하면 제품 A의 단위당 공헌이익은 ₩20이고, 제품 B의 공헌이익은 ₩4이다. 20×7년의 예산매출수량은 제품 A가 800단위, 제품 B는 1,200단위로 총 2,000단위였다. 그러나 실제매출수량은 제품 A가 500단위, 제품 B가 2,000단위로 총 2,500단위였다. 대한회사의 20×7년 매출배합차이와 매출수량차이를 계산하면 각각 얼마인가?

해답

실제매출배합 : 제품 A 500단위(20%), 제품 B 2,000단위(80%)

예산매출배합 : 제품 A 800단위(40%), 제품 B 1,200단위(60%)

	$(BP-BVC)\times AM_i\times\Sigma AQ$	$(BP-BVC)\times BM_i\times\Sigma AQ$	$(BP-BVC)\times BM_i\times\Sigma BQ$
제품 A	₩20 × 500개 = ₩10,000	₩20 × 2,500개 × 40% = ₩20,000	₩20 × 800개 = ₩16,000
제품 B	₩4 × 2,000개 = 8,000	₩4 × 2,500개 × 60% = 6,000	₩4 × 1,200개 = 4,800
합계	2,500개 ₩18,000	₩26,000	₩20,800

매출배합차이 ₩8,000 U　　매출수량차이 ₩5,200 F

(3) 시장점유율차이와 시장규모차이

앞에서 매출수량차이는 실제총판매량과 예산총판매량과의 차이로 인한 영향이라 하였다. 판매량은 기업내부의 제품 품질, 납기, 마케팅전략, 가격전략 등에 의해서 시장점유율이 변화함에 따라 영향을 받는다. 또한 경제성장이나 이자율 하락 등 경제환경 변화에 의해 기업에서 생산하는 제품에 대한 시장의 전반적 수요가 증가하거나 경제적 충격에 의해 시장의 전반적 수요가 감소할 수 있다. 이러한 시장규모와 같은 외부요인은 기업 내부에서 통제하기 힘들다. 이에 따라 매출수량차이는 시장점유율차이와 시장규모차이로 세분할 수 있다.

시장점유율차이(market-share variance)는 실제 시장규모하에서 실제 시장점유율 AS_i와 예산상 시장점유율 BS_i의 차이가 예산공헌이익에 미치는 영향이다.

시장규모차이(market-size variance)는 예산 시장점유율하에서 시장규모의 확대(또는 축소)가 예산공헌이익에 미치는 영향이다.

이러한 세분화된 차이분석은 자동차, 컴퓨터, 휴대폰 제품과 같이 전체시장규모와 시장점유율에 대한 정보의 신뢰성이 있을 때에만 가능하다.

| 그림 15-1 | 매출조업도차이의 세분화

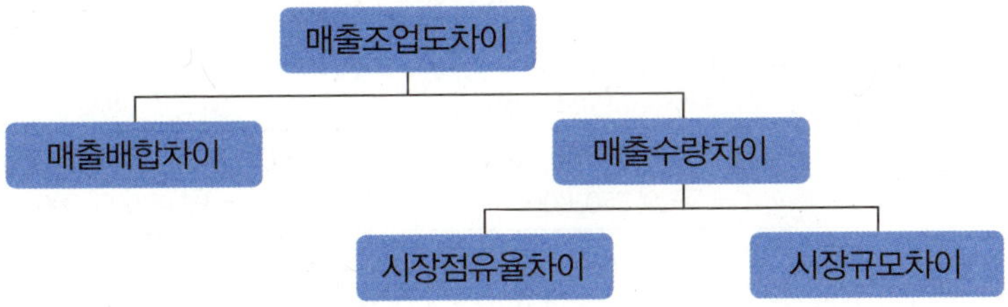

| 표 15-4 | 시장점유율차이와 시장규모차이

$(AP-BVC)\times AQ$	$(BP-BVC)\times AS_i\times\sum AQ$	$(BP-BVC)\times BS_i\times\sum AQ$	$(BP-BVC)\times BS_i\times\sum BQ$

매출가격차이 (1열–2열) 시장점유율차이 (2열–3열) 시장규모차이 (3열–4열)

단, AS_i : 실제 시장점유율 　 BS_i : 예산 시장점유율

$\sum AQ$: 실제 시장규모 　 $\sum BQ$: 예산 시장규모

예제 15-6 시장점유율차이 (11CTA)

㈜국세는 사무용과 가정용 복사기를 판매한다. ㈜국세는 20×1년 복사기 시장 규모가 800,000대일 것으로 예측했으나, 실제 시장규모는 700,000대로 집계되었다. 20×1년 예산과 실제 결과에 대한 자료가 다음과 같을 때, ㈜국세의 시장점유율 차이는 얼마인가?

〈20×1년도 예산〉

제품종류	판매단가	단위당 변동원가	판매수량 및 비율	
			수량	비율
사무용	₩1,200	₩700	20,000대	25%
가정용	₩900	₩500	60,000대	75%
합 계			80,000대	100%

〈20×1년도 실제 결과〉

제품종류	판매단가	단위당 변동원가	판매수량 및 비율	
			수량	비율
사무용	₩1,100	₩625	25,200대	30%
가정용	₩820	₩400	58,800대	70%
합 계			84,000대	100%

해답

예산평균공헌이익 = ₩500 × 0.25 + 400 × 0.75 = ₩425

실제시장점유율 = $\frac{84,000대}{700,000대}$ = 12%, 예산시장점유율 = $\frac{80,000대}{800,000대}$ = 10%

$(BP-BVC)\times AS_i\times \Sigma AQ$	$(BP-BVC)\times BS_i\times \Sigma AQ$	$(BP-BVC)\times BS_i\times \Sigma BQ$
₩425 × 12% × 700,000대 = ₩35,700,000	₩425 × 10% × 700,000대 = ₩29,750,000	₩425 × 10% × 800,000대 = ₩34,000,000

시장점유율차이 ₩5,950,000 F　　시장규모차이 ₩4,250,000 U

예제 15-7 시장점유율차이, 시장규모차이 (20CTA)

㈜세무는 사무실용과 가정용 공기청정기를 판매한다. 다음은 ㈜세무의 20×1년 예산과 실제결과에 대한 자료이다.

(20×1년 예산)

제품	단위당 판매가격	단위당 변동원가	판매수량
사무실용 공기청정기	₩180	₩120	30,000대
가정용 공기청정기	₩135	₩90	90,000대

(20×1년 실제결과)

제품	단위당 판매가격	단위당 변동원가	판매수량
사무실용 공기청정기	₩165	₩112.5	37,800대
가정용 공기청정기	₩120	₩82.5	88,200대

20×1년도 공기 청정기의 전체 실제시장규모는 1,050,000대이며, ㈜세무의 시장점유율차이는 ₩1,023,750(유리)이다. ㈜세무가 예상한 20×1년도 전체 공기청정기의 시장규모는?

해답

예산평균공헌이익 = ₩60 × 0.25 + 45 × 0.75 = ₩48.75　　실제시장점유율 $AS_i = \frac{126,000대}{1,050,000대} = 12\%$

$(BP-BVC)\times AS_i\times \Sigma AQ$	$(BP-BVC)\times BS_i\times \Sigma AQ$	$(BP-BVC)\times BS_i\times \Sigma BQ$
₩48.75 × 12% × 1,050,000 = ₩6,142,500	₩48.75 × BS(? = 10%) × 1,050,000 = ₩5,118,750	₩48.75 × 10% × ΣBQ

시장점유율차이 ₩1,023,750 F　　시장규모차이

예상시장점유율 $BS_i = \frac{120,000대}{?(=1,200,000대)} = 10\%$

5 원가중심점의 성과평가

원가중심점은 제품생산에 따른 제조원가의 발생에 대해 권한을 지닌 책임중심점이다. 원가중심점의 성과보고서는 이익중심점의 성과보고서에 비하여 다음과 같은 두 가지 특징이 있다.

첫째, 이익중심점의 성과평가정보에는 매출액, 판매관리비가 포함되는 반면에 원가중심점의 성과평가정보는 제조원가뿐이다.

둘째, 이익중심점은 실제성과와 종합예산과의 비교를 통하여 성과를 평가하는 반면에, 원가중심점은 실제성과와 변동예산과의 비교를 통하여 성과를 평가한다. 원가중심점의 원가차이는 원가요소의 가격, 능률의 변화에 의하여 발생한다.

복수생산요소의 원가차이분석

단일 생산요소에 대한 원가차이분석은 표준원가계산에서 다루었다. 이하에서는 단일 재료, 단일 노동력이라는 생산요소를 확장하여 복수 재료, 복수 노동력을 투입하고, 각각의 원가요소 내에서 대체성이 존재하는 경우 원가차이를 살펴보자.

경영자들은 생산요소의 제조원가가 당초예산원가에 비해 달라졌을 경우 그 원인을 구체적으로 알고자 한다. 각 생산요소의 가격이 동일하고 총투입량이 예산총투입량과 동일할지라도 각 생산요소의 상대적 판매비율이 당초 계획에 비해 달라질 경우 원가차이가 발생할 수 있다. 복수 생산요소의 원가차이는 가격차이와 수량차이로 대별하고, 수량차이는 배합차이와 수율차이로 세분화할 수 있다.

가격차이(price variance)는 개별 투입요소별로 실제투입량 하에서 단위당 가격 변화가 원가에 미치는 영향을 분석한 후, 이들을 합계한 금액이다. 즉 개별 투입요소의 가격차이를 합한 금액이다. 따라서 단일 투입요소의 가격차이 분석과 동일하게 이루어진다.

수량차이(quantity variance)는 개별 투입요소의 수량차이를 합한 금액이다. 이를 세분화하기 위해 수식을 변형시키면 다음과 같다.

$$\text{복수 생산요소의 수량차이} = SP \times \sum(AQ_i - SQ_i)$$

$$\text{그런데, } AQ_i = AM_i \times \sum AQ_i, \quad SQ_i = BM_i \times \sum SQ_i$$

단, AM_i : 실제투입량 비율 BM_i : 표준투입량 비율

| 표 15-5 | 복수생산요소의 수량차이

$AP \times AQ$	$SP \times AM_i \times \sum AQ$	$SP \times BM_i \times \sum AQ$	$SP \times BM_i \times \sum SQ$

가격차이 (첫째와 둘째 사이) / 배합차이 (둘째와 셋째 사이) / 수율차이 (셋째와 넷째 사이)

수량차이 (배합차이 + 수율차이)

단, AM_i : 실제투입량 비율　　BM_i : 표준투입량 비율
　$\sum AQ$: 실제 총투입량　　$\sum SQ$: 표준 총투입량

즉 복수투입요소의 수량차이는 〈표 15-5〉와 같이 ① 투입비율의 차이로 인한 부분과, ② 총투입량의 차이로 인한 부분으로 구분할 수 있다.

배합차이(mix variance)는 실제투입비율과 표준투입비율과의 차이로 인한 수량차이를 뜻한다. 배합차이가 나타나는 근본적 이유는 투입요소 사이의 대체성 때문이다. 즉 원재료 A, B를 투입하여 제품을 생산하는 경우 예상보다 원재료 A를 적게, 원재료 B를 많게 투입할 수도 있으며 그 반대의 경우도 있을 수 있다. 또 다른 예로서 숙련공와 미숙련공의 직접노무원가도 대체관계를 띤다. 물론 기술여건상 원재료의 배합비율을 절대로 변경할 수 없는 화학제품의 경우에는 그 정의상 배합차이는 나타나지 않는다.

수율차이(yield variance)는 실제총투입량과 표준총투입량의 차이로 인한 수량차이를 뜻한다. 원래 수율(yield)이란 투입과 산출의 비율이다. 이를 원가차이에 적용하여 제품을 생산(산출)하기 위한 생산요소가 표준에 비해 실제로 얼마나 투입되었는지를 나타낸다.

배합차이는 투입량이 어떻게 결합되어 있는가에 초점을 둔 것이며, 수율차이는 총투입량에 초점을 둔 것이다.

한편, 복수투입요소의 원가차이는 복수제품의 매출총차이 분석과 거의 유사함을 알 수 있다. 복수투입요소의 가격차이, 수량차이, 배합차이, 수율차이는 각각 복수제품 매출총차이의 매출가격차이, 매출조업도차이, 매출배합차이, 매출수량차이에 해당한다.

예제 15-8 배합차이와 수율차이 (85CPA)

다음은 ㈜미라의 제품 한 단위를 생산하는 데 필요한 원재료에 관한 표준원가이다.

원재료 A : 2kg, ₩20　　　　원재료 B : 3kg, ₩10

당기 중 8,000개의 제품이 완성되었고, 기초재공품과 기말재공품은 없었다. 원재료의 실제 사용량은 A가 14,000kg(kg당 ₩22)이고, B가 28,000kg(kg당 ₩9)이었다. 재료배합차이와 수율차이는 각각 얼마인가?

해답

	$SP \times \Sigma AQ \times AM_i$	$SP \times \Sigma AQ \times BM_i$	$SP \times \Sigma SQ \times BM_i$
원재료A	₩20×14,000kg=₩280,000	₩20×42,000kg×2/5=₩336,000	₩20×8,000개×2kg=₩320,000
원재료B	10×28,000 = 280,000	10×42,000×3/5= 252,000	10×8,000×3kg= 240,000
합계	42,000kg ₩560,000	₩588,000	₩560,000

배합차이 ₩28,000 F　　　수율차이 ₩28,000 U

예제 15-9 배합차이 – 수율차이 (03CTA, 87CPA유사, 86CPA유사)

대한공업은 재료 A, 재료 B, 재료 C를 배합하여 단일제품을 생산하고 있으며, 표준원가계산을 채택하고 있다. 다음 자료를 이용하여 재료수량차이를 배합차이와 수율차이로 구분하면 각각 얼마인가?

가. 제품 1단위를 생산하기 위한 원가표준 :

	가격표준	물량표준(표준소비량)
재료 A	₩200/재료1단위	25단위/제품1개
재료 B	₩100/재료1단위	15단위/제품1개
재료 C	₩300/재료1단위	10단위/제품1개

나. 당기제품생산량 : 100개(기초와 기말의 재공품은 없다고 가정)

다. 당기재료실제소비량(구입량과 실제소비량이 동일하다고 가정)과 실제구입가격 :

구 분	실제소비량	실제구입가격	실제구입액(소비액)
재료 A	2,800단위	₩220/단위	₩616,000
재료 B	1,600단위	₩90/단위	144,000
재료 C	900단위	₩330/단위	297,000
합 계	5,300단위		₩1,057,000

해답

예산배합비율 : A 25개(50%), B 15개(30%), C 10개(20%)

	$SP \times \Sigma AQ \times AM_i$	$SP \times \Sigma AQ \times BM_i$	$SP \times \Sigma SQ \times BM_i$
재료 A	@200×2,800개=₩560,000	@200×5,300개×0.5=₩530,000	@200×100개×50개×0.5=₩500,000
재료 B	100×1,600개= 160,000	100×5,300개×0.3= 159,000	100×100개×50개×0.3= 150,000
재료 C	300×900개= 270,000	300×5,300개×0.2= 318,000	300×100개×50개×0.2= 300,000
	5,300개 ₩990,000	₩1,007,000	₩950,000

배합차이 ₩17,000 F　　수율차이 ₩57,000 U

예제 15-10 배합차이 – 수율차이 (14CPA, 09CPA유사)

㈜한국은 상호대체가 가능한 두 종류의 노무등급인 고임금노무인력과 저임금노무인력을 제조공정에 투입하여 제품을 생산한다. 이 회사는 표준원가계산제도를 사용하여 직접노무원가에 대해 매월 실제원가와 표준원가의 차이를 분석하고자 한다. 이를 위한 2월의 각 노무등급별 직접노무원가에 관한 자료는 다음과 같다.

	표준임률	실제임률	실제생산량에 허용된 표준노무시간	실제 직접노무시간
고임금노무인력	₩20	₩21	200시간	220시간
저임금노무인력	₩12	₩13	200시간	160시간

㈜한국의 2월 직접노무원가의 배합차이와 수율차이는 각각 얼마인가?

해답

	$SP \times \Sigma AQ \times AM_i$	$SP \times \Sigma AQ \times BM_i$	$SP \times \Sigma SQ \times BM_i$
고임금	₩20 × 220 = ₩4,400	₩20 × 380 × 0.5 = ₩3,800	₩20 × 200 = ₩4,000
저임금	12 × 160 = 1,920	12 × 380 × 0.5 = 2,280	12 × 200 = 2,400
Σ	380 ₩6,320	₩6,080	₩6,400

배합차이 ₩240 U　　수율차이 ₩320 F

제 3 절 투자중심점의 성과평가

제품라인을 확장하거나 신규 제품라인을 도입하기 위해서는 많은 자금이 소요된다. 최고경영자는 한정된 투자자금을 어떤 사업에 투자할 것인가 또는 어떤 사업이 가장 수익성이 높은가를 결정하여야 한다. 투자중심점의 성과평가기준으로 널리 활용되는 것은 투자이익률과 잔여이익, 경제적 부가가치 등이다.

❶ 투자이익률

(1) 투자이익률의 개념

투자이익률(return on investment : ROI)은 투자중심점의 영업이익과 투자자산과의 상대적 비율이다. 이를 식으로 표현하면 다음과 같다.

$$\text{투자이익률(ROI)} = \frac{\text{투자중심점의 영업이익}}{\text{투자중심점의 영업자산}}$$

이 투자이익률은 다음과 같이 매출액영업이익률(수익성 지표)과 자산회전율(활동성 지표)의 곱으로 표현할 수 있다.

$$\text{투자이익률} = \frac{\text{영업이익}}{\text{매출액}} \times \frac{\text{매출액}}{\text{영업자산}}$$

$$= \text{매출액영업이익률} \times \text{자산회전율}$$

매출액영업이익률(operating income as a percentage of sales)은 영업비용을 얼마나 효율적으로 투입하여 매출액을 창출하였는가를 나타내는 수익성 지표이며, 자산회전율(investment turnover)은 투자중심점에 투자된 영업자산 ₩1당 매출액을 나타내는 활동성지표이다.

매출액영업이익률은 투자중심점에 투자된 영업자산이 동일할 경우에는 부문경영자의 성과평가에 적합한 정보지만, 영업자산이 다를 경우에는 매출액영업이익률만으로 부문경영자의 성과를 평가해서는 안된다. 투자중심점은 이익뿐만 아니라 투자자산에 대해서도 권한을 지니므로 투자자산도 고려하여 성과평가를 하여야 한다.

가장 단순한 예로서 투자중심점 A에서는 1백만 원을 투자하여 영업이익 10만 원을 창출한 반면에, 투자중심점 B에서는 2백만 원을 투자하여 영업이익 11만 원을 창출하였다고 가정할 때, 영업이익의 크기만을 비교하여 투자중심점 B의 부문경영자가 투자중심점 A의 부문경영자보다 우월한 성과를 거두었다고 평가할 수 없다.

부문경영자의 성과평가시 매출액영업이익률뿐만 아니라 자산회전율의 중요성을 인식한 대표적 기업은 듀퐁(Du Pont)이다. 그 이후 많은 기업에서 이 기법을 발전시켜 오늘날에는 투자중심점의 부문경영자에 대한 성과평가기법으로 널리 활용하고 있다.

예제 15－11 투자수익률 (12CTA)

㈜국세는 분권화된 세 개의 사업부(X, Y, Z)를 운영하고 있다. 이들은 모두 투자중심점으로 설계되어 있으며, ㈜국세의 최저필수수익률은 20%이다. 각 사업부와 관련된 정보는 다음과 같다. 각 사업부의 투자수익률(ROI)은 얼마인가?

	X	Y	Z
자산회전율	4회	6회	5회
영업이익	₩400,000	₩200,000	₩210,000
매출액	₩4,000,000	₩2,000,000	₩3,000,000

해답

매출액이익률 × 자산회전율 = 투자수익률

사업부	매출액이익률		자산회전율		투자수익률
X사업부	10%	×	4회	=	40%
Y사업부	10%	×	6회	=	60%
Z사업부	7%	×	5회	=	35%

(2) 영업이익과 영업자산

투자이익률을 계산할 때 투자중심점의 순이익이 아닌 영업이익을 사용한다. 영업이익은 이자·법인세 차감전 이익(earnings before interest and taxes : EBIT)이다. 투자이익률 계산시 분자에 영업이익을 사용한 이유는 분모의 영업자산과 일관성을 유지하기 위함이다.

투자이익률을 계산할 때 분모의 영업자산(operating assets)은 현금, 외상매출금, 재고자산 등 유동자산과 건물, 기계 및 영업활동에 사용할 목적으로 보유하는 기타 자산을 포함한다. 따라서 미래에 사용할 목적으로 보유 중인 투자부동산, 타인에게 대여 중인 공장 등 비영업자산은 영업자산에 포함되지 않는다.

투자자산은 기초영업자산 또는 평균영업자산으로 측정할 수 있다. 그런데 평균영업자산을 널리 사용한다. 그 이유는 투자이익률 계산시 분자의 영업이익은 일정 기간 동안 계속적으로 창출된 금액이기 때문에, 분모에서도 일정 기간 동안의 자산인 평균영업자산을 사용함으로써 분자와 일관성을 유지할 수 있다.

(3) 투자이익률의 증대 방안

투자중심점에서 투자이익률을 증가시키기 위한 방안은 ① 매출액의 증가, ② 비용 또는 원가의 절감, ③ 영업자산의 축소 등 세 가지를 들 수 있다. 이하에서는 각 방안이 투자이익률에 미치는 영향을 살펴본다.

1) 매출액의 증가

투자이익률을 구하는 공식을 살펴보면, 매출액의 증가는 매출액영업이익률의 분모를 증가시키고 아울러 자산회전율의 분모를 증가시켜 투자이익률에 아무런 영향을 미치지 않는다고 판단하기 쉽다. 그러나 매출액을 증가시킬 경우 투자이익률이 증가한다. 그 이유는 다음과 같다.

첫째, 매출액이 증가할 경우 공헌이익률에 의하여 영업이익이 증가한다. 기업의 고정원가율이 높을수록 영업레버리지도가 증가하므로 매출액 증가율보다 영업이익 증가율이 더 크게 된다. 따라서 매출액이 증가할 경우 매출액영업이익률이 증가하게 된다.

둘째, 매출액이 증가할 경우 자산회전율이 증가한다. 매출액이 10% 증가하면 동일한 비율만큼 자산회전율이 증가한다.

결국, 매출액이 증가할 경우 매출액영업이익률과 자산회전율이 모두 증가하게 되며, 이에 따라 투자이익률도 증가하게 된다.

2) 비용 또는 원가의 절감

기업의 수익성을 증가시키기 위한 방법 가운데 가장 많이 사용하는 방법은 비용 또는 원가의 절감이다. 기업의 이익이 줄어들 때 경영자가 가장 먼저 강구하는 방안은 바로 비용의 절감이다. 그 가운데 경영자의 재량에 의해 발생하는 원가가 비용의 절감 대상으로 가장 먼저 검토된다. 이러한 비용의 절감은 다른 조건이 일정하다고 가정할 때 매출액영업이익률의 증가로 나타나며, 이에 따라 투자이익률이 증가하게 된다.

3) 영업자산의 축소

일반적으로 경영자들은 매출액, 영업비용, 영업이익에 많은 관심을 지니며, 영업자산의 통제에 대해서는 관심을 가지지 않는 경우가 많다. 그런데 투자이익률에 의해 경영자의 성과를 평가하게 되면, 경영자는 영업자산이 투자이익률에 영향을 미침을 인식하게 되며 이에 따라 경영자는 과도한 영업자산을 축소하게 된다. 과도한 영업자산은 자산회전율을 낮추며 이에 따라 투자이익률이 낮아지기 때문이다.

경영자가 영업자산을 감소시키기 위해 취할 수 있는 실행방안은 재고자산의 감소, 수취채권의 감소 등을 들 수 있다. 적시구매, 적시생산방식은 재고자산을 감소시키는 매우 유용한 방안이다. 과잉재고를 감소시킴으로써 자산회전율이 증가할 뿐만 아니라 재고유지비용의 감소로 인하여 영업이익도 증가하게 된다. 또한 수취채권을 조기에 회수하여 부채를 상환함으로써 영업자산을 감소시킬 수 있다.

(4) 투자이익률의 한계

투자이익률은 투자중심점의 경영자에 대한 성과평가방법으로 널리 사용되고 있지만, 이 역시 완벽한 방법은 아니다. 투자이익률의 한계점은 다음과 같다.

첫째, 투자이익률은 장기적 수익성보다는 단기적 수익성을 강조하는 경향이 있다. 어떤 투자안의 수익성이 높더라도 그 효과가 장기간 나타날 경우, 부문경영자는 그 투자안을 기각하는 경향이 있다. 왜냐하면 투자로 인해 현재의 투자이익률이 낮아지기 때문이다. 이러한 현상은 부문경영자의 인사 이동이 심할 경우 더욱 심화된다.

둘째, 투자이익률은 자본예산 의사결정에서 사용하는 현금흐름모형과 일관되지 않는다. 자본예산 의사결정에서는 주로 현금흐름을 대상으로 분석하는 반면에 투자이익률은 회계이익을 대상으로 하므로, 투자의사결정과 성과평가 사이에 일관성이 결여된다.

셋째, 부문경영자들은 자기부서의 투자이익률에만 관심을 가지기 때문에, 회사 전체적으로 볼 때 채택하는 것이 유리한 투자안을 부문에서 기각할 수 있다. 예컨

EBIT와 EBITDA

기업의 수익성을 나타내는 대표적 지표는 손익계산서의 당기순이익이나 영업이익이다. 이들 이외에 EBIT와 EBITDA도 많이 사용된다.

EBIT(Earnings before interest and taxes)는 매출액에서 영업비용을 차감한 이익이다. EBIT는 기업의 자본구조(capital structure, 이자비용)나 법인세의 차이가 이익에 미치는 영향을 배제하고 있다는 측면에서 유용하다.

한편, EBITDA(Earnings before interest, taxes, depreciation, and amortization)는 이자비용이나 법인세뿐만 아니라 현금유출이 없는 감가상각비나 무형자산상각비를 차감하기 이전의 이익(EBITDA = EBIT + depreciation, and amortization)이다. 이는 기업의 세전영업현금흐름(before-tax operating cash flow) 창출능력을 나타낸다.

대 현재 부문의 투자이익률이 25%이며, 회사 전체의 최저필수이익률이 15%라고 가정하자. 어떤 투자안의 투자이익률이 20%라면 회사 전체적으로 볼 때 그 투자안을 채택하는 것이 유리한데도 불구하고, 채택시 부문의 투자이익률은 현재의 25%보다 낮아지므로 부문에서는 그 투자안을 기각하게 된다. 이와 같이 부문의 최적의사결정과 조직 전체의 최적의사결정이 상이할 수 있다.

② 잔여이익

잔여이익(residual income : RI)은 투자중심점의 영업자산으로부터 최소한의 이익을 초과하여 달성한 영업이익을 뜻한다. 이 때 최소한의 이익이란 영업자산으로부터 최저필수이익률을 달성하는 영업이익이다.

잔여이익(RI) = 투자중심점의 영업이익 – (투자중심점의 영업자산 × 최저필수이익률)

투자중심점의 영업자산으로부터 달성하여야 하는 최소한의 이익은 장부상의 금액이 아니다.

잔여이익에 의해 투자중심점의 경영자를 성과평가하면 앞에서 지적한 투자이익률의 세 번째 문제점을 해결할 수 있다. 투자중심점의 경영자는 잔여이익을 극대화하고자 하기 때문에 최저필수이익률 이상의 이익률을 나타내는 투자안을 모두 채택하게 된다. 이에 따라 부문의 최적의사결정과 회사 전체의 최적의사결정이 일치하게 된다.

한편, 잔여이익법의 가장 큰 한계점은 투자중심점의 투자금액이 상이할 경우 이들 투자중심점의 성과 비교가 제대로 이루어지지 않는다는 점이다. 왜냐하면 잔여이익법은 잔여이익의 절대액으로 성과평가를 하며, 다른 조건이 일정하다면 일반적으로 투자액이 많을수록 잔여이익이 커지기 때문이다.

ROI와 RI를 비교하면 다음과 같다. ROI와 RI 비교

첫째, ROI는 상대적 평가지표(%)인 반면에, RI는 절대적 성과평가지표이다.

둘째, ROI를 계산하는 과정에서는 자본비용이 아무런 역할을 하지 않는 반면에, RI는 계산하는 과정에서 자본비용이 직접 활용된다.

예제 15-12 잔여이익

1. ㈜강릉은 다음과 같은 3개의 사업부(A, B, C)를 갖고 있다. 다음 자료를 이용하여 각 사업부의 잔여이익을 구하면 얼마인가? (10CTA)

구분	A	B	C
투자액	₩1,300,000	₩1,200,000	₩1,500,000
영업이익	300,000	330,000	350,000
최저필수수익률	15%	19%	16%

2. ㈜서울의 A부문의 20×1년도 잔여이익을 구하면 얼마인가? (01CTA)

매출	₩1,000,000	변동원가	₩600,000
고정원가(추적가능원가)	₩100,000	평균투자자본	200,000
최저필수수익률	6%		

3. 공주㈜의 A사업부의 작년도 ROI는 15%이었다. A사업부의 최저필수수익률은 10%이다. 만약 작년도 A사업부의 평균영업용자산이 ₩450,000이었다면 잔여이익은 얼마이었겠는가? (04CTA)

해답

1. 사업부A의 RI = ₩300,000 − 1,300,000 × 15% = ₩105,000
   사업부B의 RI = ₩330,000 − 1,200,000 × 19% = ₩102,000
   사업부C의 RI = ₩350,000 − 1,500,000 × 16% = ₩110,000

2. 영업이익 = ₩1,000,000 − 600,0000 − 100,000 = ₩300,000
   RI = ₩300,000 − 200,000 × 6% = ₩288,000

3. NI = 0.15 × 450,000 = ₩67,500　　RI = ₩67,500 − 450,000 × 0.1 = ₩22,500

3 경제적 부가이익

현행 손익계산서의 당기순이익은 자본비용 중 타인자본에 대한 이자비용만을 비용으로 인식하여 계산함으로써 자기자본의 기회원가를 공식적으로 반영하지 못한다. 또한 기업의 성과가 부채의 레버리지 효과의 영향을 받아 왜곡되어 나타난다. 따라서 회계상의 당기순이익 등은 진정한 경영성과라고 할 수 없는 문제점을 갖고 있는데 이를 보완하기 위해 자기자본비용도 차감한 수치로 최종경영성과를 파악하자는 것이다.

경제적 부가가치(EVA, Economic Value-Added)는 세후영업이익에서 타인자본에 대한 금융비용과 주주들에게 돌아가야 할 적정수준의 기대수익(자기자본비용)까지 차감한 금액으로서 한 기업이 일정기간 동안 어느 정도의 부가가치를 창출하였는가를 나타낸다. 즉, 경제적 부가가치는 자금조달방법과 무관하게 기업의 영업활동에 의한 가치창출을 나타내는 지표이다. 기업의 실질수익성을 측정하는 기업 또는 사업부의 평가지표라 할 수 있다.

$$\begin{aligned} EVA &= \text{세후영업이익} - \text{투하자본에 대한 자본비용} \\ &= \text{세후영업이익} - (\text{가중평균자본비용} \times \text{투하자본}) \end{aligned}$$

$$\begin{aligned} \text{단, 투하자본} &= \text{총자산} - \text{유동부채} \\ &= \text{비유동부채} + \text{자기자본} \\ &= \text{순운전자본} + \text{유형자산} \end{aligned}$$

$$\begin{aligned} &\text{가중평균자본비용} \\ &\quad = \text{타인자본 이자율} \times (1 - \text{법인세율}) \times \frac{\text{비유동부채}}{\text{비유동부채} + \text{자기자본}} \\ &\quad\quad + \text{자기자본 기대수익률} \times \frac{\text{자기자본}}{\text{비유동부채} + \text{자기자본}} \end{aligned}$$

식에서 세후영업이익은 이자비용차감전이익이다. 회계상 당기순이익은 자본주 관점에서 배당가능한 이익에 초점을 맞춘 것인데 반하여, 경제적 부가가치에서 세후영업이익은 기업실체의 관점에서 그 기업에 투하된 자본(타인자본과 자기자본)의 운영으로부터 얼마의 이익이 창출되었는가에 초점을 두고 있다. 식에서 유형자산은 시설투자 및 기타 투자 결과 보유하는 자산으로서 사업관련 유형자산만을 뜻한다. 즉, 비사업자산과 지배 목적의 투자유가증권은 제외된다.

경제적 부가가치를 사업부 책임자의 성과평가에 활용하면 사업부 책임자는 불필요한 투자를 억제해 가급적 투하자본의 규모를 줄이려고 노력할 것이다.

한편, 경제적 부가가치를 계산하는 데 있어서 분석자의 주관적 판단 가능성이 존재한다는 한계를 지닌다. 타인자본의 금융비용은 쉽게 산출이 가능하지만 자기자본에 대한 자본비용은 기회원가이기 때문에 주관적 판단이 개입될 가능성이 높다.

경제적 부가가치와 잔여이익은 기회원가를 고려하며 아울러 장부상의 금액이 아니라는 점에서 유사하다. 하지만, 잔여이익과 경제적 부가가치를 비교해 보면, ① 이익을 세후영업이익으로, ② 최저필수이익률을 가중평균자본비용으로, ③ 영업자산을 총자산에서 유동부채를 차감한 차액으로 대체하고 있다.

예제 15-13 EVA (21CTA)

㈜세무는 사업부의 성과를 평가하기 위해 각 사업부의 EVA(경제적부가가치)를 계산하려고 하는데, 사업부 중 한 곳인 남부사업부의 재무상황은 총자산 ₩2,000,000, 유동부채 ₩500,000, 영업이익 ₩400,000이다. ㈜세무의 두 가지 자금원천 중 하나인 타인자본의 시장가치는 ₩6,000,000이고, 그에 대한 이자율은 10%이다. 나머지 원천인 자기자본의 시장가치는 ₩9,000,000이고 그에 대한 자본비용은 15%이다. ㈜세무에게 적용되는 법인세율은 40%이다. 각 사업부의 EVA 계산은 기업전체의 가중평균자본비용을 적용한다. 이러한 상황에서 계산된 남부사업부의 EVA는?

해답

$$\text{가중평균자본비용} = 10\% \times (1-0.4) \times \frac{₩6,000,000}{₩6,000,000 + 9,000,000} + 15\% \times \frac{₩9,000,000}{₩6,000,000 + 9,000,000} = 11.4\%$$

EVA = 세후영업이익 − (총자산 − 유동부채) × 가중평균자본비용

EVA(남부) = ₩400,000 × (1 − 0.4) − (2,000,000 − 500,000) × 11.4% = ₩69,000

예제 15-14 RI, EVA (23CPA)

㈜대한의 A사업부는 단일제품을 생산 및 판매하는 투자중심점이다. A사업부에 대해 요구되는 최저필수수익률은 15%, 가중평균자본비용은 10%, 그리고 법인세율은 40%이다. 다음은 20×3년도 ㈜대한의 A사업부에 관한 예산자료이다.

- A사업부의 연간 총고정원가는 ₩400,000이다.
- 제품 단위당 판매가격은 ₩550이며, 제품 단위당 변동원가는 ₩200이다.
- 제품의 연간 생산 및 판매량은 각각 2,000단위이다.
- A사업부에 투자된 평균영업자산과 투하자본은 각각 ₩1,000,000이다.

A사업부의 잔여이익(RI)과 경제적 부가가치(EVA)는 각각 얼마인가?

해답

영업이익 = (₩550 − 200) × 2,000개 − 400,000 = ₩300,000

RI = ₩300,000 − 1,000,000 × 15% = ₩150,000

EVA = 세후영업이익 − 투하자본에 대한 자본비용

= ₩300,000 × (1 − 0.4) − 1,000,000 × 10% = ₩80,000

제 4 절 분권화조직의 성과평가

① 분권화

분권화조직(decentralized organization)은 의사결정권한이 최고경영자에 집중되지 않고 조직 전반에 분산되어, 여러 부문의 경영자에게 의사결정을 내릴 수 있도록 의사결정권한이 위양된 조직을 뜻한다.

모든 조직은 경제적 필요성에 따라 어느 정도 분권화되기 때문에, 분권화는 어느 정도로 의사결정권한이 위양되었느냐 하는 정도의 관점에서 살펴보아야 한다. 극단적으로 분권화가 매우 철저히 이루어진 경우에는 부문경영자의 의사결정권한에 대한 제약이 전혀 없을 수 있으며, 중앙집중식 조직에서는 최고경영자에 의해 모든 의사결정이 이루어지고 부문경영자에게는 의사결정의 재량권이 거의 없을 수 있다. 대부분의 조직은 이 양극단의 사이에 해당하지만, 분권화는 시대적 조류이다.

분권화조직과 이익중심점

분권화조직과 관련하여 흔히 생길 수 있는 오류는 분권화조직과 이익중심점을 동의어로, 집권화조직과 원가중심점을 동의어로 간주하는 것이다. 이익중심점의 경영자가 의사결정권한을 거의 갖지 못할 수도 있기 때문에 이익중심점은 집권화조직에서도 가능하다. 반면에 원가중심점의 경영자가 자본적 지출 의사결정, 재료 구입 의사결정 등에 대한 권한을 상당히 많이 지닐 수 있다. 따라서 이익중심점, 원가중심점은 조직의 분권화 정도와는 별개의 개념이다.

분권화의 효익

분권화로부터 얻을 수 있는 효익은 다음과 같다.

① 의사결정권한을 여러 경영자 계층에 분산함으로써, 최고경영자는 일상적 의사결정의 많은 부분에서 벗어나 장기 계획과 여러 경영자의 노력을 통합하는 데 집중할 수 있다.
② 경영자에게 의사결정권한을 위양함으로써 하위경영자를 훈련시킬 수 있다. 이러한 훈련으로 인해 하위경영자들이 진급하여 더 많은 책임을 가질 때 의사결정 능력을 제대로 발휘할 수 있게 된다.
③ 하위경영자에게 동기부여를 제공할 수 있다. 책임감과 의사결정권한이 늘어남에 따라 하위경영자는 자신의 노력을 더 많이 투입하고자 할 것이며, 아울러 더 많은 직무만족을 느낄 수 있다.
④ 의사결정의 질을 높일 수 있다. 의사결정문제가 발생한 부문에서 의사결정이 이루어질 때 가장 적절한 의사결정이 될 수 있다. 각 부문의 일상적 영업활동과 관련한 의사결정문제에 대해 최고경영자는 잘 알지도 못하며 부문경영자야말로 가장 많은 정보를 가진 의사결정자이다. 따라서 부문경영자가 부문의사결정을 내림으로써 가장 적절한 의사결정을 할 수 있다.
⑤ 분권화는 이익 또는 투자중심점으로 운영됨으로써 경영자의 성과평가를 위한 효율적 기반이 된다.

2 대리이론

소유와 경영이 분리된 오늘날의 기업 형태에서는 의사결정권한이 전문적 경영능력을 지닌 경영자에게 위양되는 경우가 많다. 이때 주주를 **위임자**(principal)라 하며, 전문경영인을 **대리인**(agent)이라 한다. 이러한 위임자-대리인 관계를 확장하면 최고경영자와 부문경영자, 보험회사와 보험가입자, 변호의뢰인과 변호사와의 관계 등에서 살펴볼 수 있다.

위임자-대리인 관계(principal-agent relationship)를 다루는 **대리이론**(agency theory)에서는 기업조직을 '조직구성원들이 각자 자신의 이익 극대화를 추구하며, 이에 의해 동기유발되는 생산요소들 간의 계약관계의 집합(nexus of contracts)'이라고 정의하고 있다.

(1) 대리문제

대리문제(agency problem)는 의사결정권한을 위양하여 대리인의 행동이 성과가 나타날 확률에 영향을 미치는 모든 관계에서 발생하며, 이러한 대리문제가 발생하는 근본적 이유는 위임자가 대리인의 노력을 관찰할 수 없기 때문이다. 이를 달리 표현하면 대리인은 자신의 행동이나 상황에 대한 정보를 가지는 반면에, 위임자는 이러한 정보가 없거나 부족하기 때문에 대리문제가 발생한다. 이를 **정보의 불균형**(information asymmetry)이라 한다.

대리문제의 구체적 형태는 다음과 같다.

첫째, 기업의 성과가 나쁠 경우 대리인은 '열심히 노력했지만 외부 상황이 나빠서 기업의 성과가 나쁘게 나타났다'라고 변명할 수 있다. 이 같은 현상이 나타날 수 있는 이유는 위임자가 대리인의 노력 수준을 관찰할 수 없거나, 외부 상황, 생산 여건 등에 대하여 위임자보다도 우월한 사적 정보(private information)를 대리인이 가지기 때문이다. 이러한 정보 불균형을 이용하여 대리인은 행동의 결과를 혼자서 떠맡을 때 투입할 노력 수준에 비하여 낮은 노력을 투입할 가능성이 존재한다. 이를 **도덕적 위해문제**(moral hazard problem)라 한다.

둘째, 대리인은 자신의 사적 정보를 자신에게 유리한 방향으로 보고하고자 할 것이다. 이러한 문제를 **역선택 문제**(adverse selection problem)라 한다.

회계학에서는 특히 도덕적 위해문제를 완화시키기 위해 많은 연구가 이루어지고 있다.

(2) 최선의 해와 차선의 해

[그림 15-2]와 같이 위임자, 대리인이 각각 1명인 간단한 모형을 살펴보자. 대리인은 자신의 인적 자본(전문적 관리능력을 포함한 노동력)을 제공하여 기업을 경영하기 위해서 위임자에게 고용된다. 기업의 성과는 대리인의 노력뿐만 아니라 기업 외부의 상황에 의해 좌우되며, 위임자와 대리인 사이에 사전에 체결된 보상계약함수에 따라 대리인에게 화폐적 보상이 지급되고, 위임자는 잔여지분을 가지게 된다.

| 그림 15-2 | 대리이론

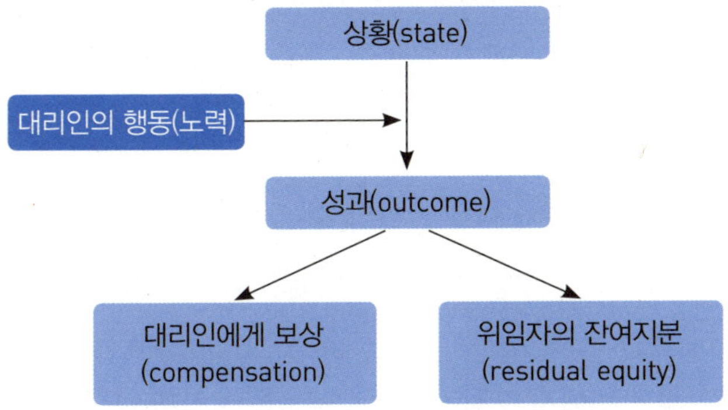

위임자의 효용은 잔여지분에 의해 결정되는 반면에, 대리인의 효용은 보상과 노력 두 가지 변수에 의해 결정된다. 위임자와 대리인은 모두 자신의 기대효용을 극대화하고자 한다고 가정한다. 한편, 이들의 위험에 대한 태도(attitude towards risk)는 동일하지 않다. 대리인은 위험회피형(risk-averser)이지만, 위임자는 분산투자 등을 통해 위험을 줄일 수 있으므로 대리인에 비하여 상대적으로 위험중립형(risk-neutral)이라 할 수 있다.

대리이론의 초점은 대리인이 열심히 일할 수 있도록 동기부여를 제공하기 위한 보상함수를 어떻게 설정하느냐이다. 대리인에게 보상하는 보상함수에는 ① 완전 고정급, ② 완전 성과급, ③ 기본급과 성과급의 혼합 방식 등 수많은 인센티브 시스템이 있는데, 이들이 대리인의 동기부여에 어떠한 영향을 미치는가를 분석하고 있다. 주요 연구 결과는 다음과 같다.

최선의 해

첫째, 위임자가 대리인의 노력을 관찰할 수 있는 경우를 살펴보자. 이러한 경우에는 대리인이 열심히 일하는지 여부를 위임자가 관찰할 수 있으므로 그 여부에 따라 고정급을 지급한다. 대리인은 자신의 이익을 극대화하기 위해 위임자가 사전에 설정한 노력 수준만큼 자신의 노력을 항상 투입할 것이고 이에 따라 고정급을 받게 된다. 그런데 대리인은 기본적으로 위험회피형(risk-averser)인데, 항상 고정급을 받게 되므로 급여의 위험(변동폭)은 전혀 없게 된다. 위험회피형인 대리인이 위험을 전혀 부담하지 않으므로 파레토 최적위험배분(pareto optimal risk-sharing)이 이루어지게 된다. 한편, 위임자의 관점에서 보면 자신이 바라는 노력 수준만큼 대리인이 노력하므로 위임자도 만족한다.

위임자가 대리인의 노력을 관찰할 수 있는 경우에는 고정급과 같은 보상함수에 대해 위임자, 대리인 모두가 만족하므로, 이 보상함수를 **최선의 해**(first-best solution)라 한다. 그러나, 위임자가 대리인의 노력을 관찰 가능한 경우는 현실적으로 없다.

차선의 해

둘째, 위임자가 대리인의 노력을 관찰할 수 없는 경우를 살펴보자. 만약 이 경우에 대리인에게 고정급을 지급한다면 어떤 현상이 발생할까? 대리인의 입장에서 보면 항상 고정급을 받으므로 열심히 일하지 않을 것이다. 따라서 고정급을 지급하는 방식은 동기부여의 측면에서 부적절하므로 새로운 보상함수를 고안하여야 한다.

[그림 15-2]에서 대리인의 노력을 반영할 수 있는 다른 변수는 성과이다. 따라서 대리인의 노력을 관찰할 수 없다면, 즉, 보상함수에 대리인의 노력을 사용할 수 없다면, 성과를 기준으로 한 보상함수를 고안할 수 있다. 대리인의 성과가 높으면 보상을 많이 주고, 성과가 낮으면 보상을 적게 주는 성과급의 보상함수를 살펴보자. 대리인이 보상을 많이 받기 위해서는 기업의 성과가 높아야 하며, 기업의 성과를 높이기 위해서 대리인은 보다 열심히 일하게 된다. 그러나, 기업의 성과가 높으면 보상액이 많고, 기업의 성과가 낮으면 보상액이 적어짐으로써 보상의 위험(변동폭)을 대리인이 일부 떠맡게 된다. 이로써 파레토 최적위험배분은 깨지게 된다. 이러한 보상함수를 **차선의 해**(second-best solution)라 한다. 결국 차선의 해는 동기부여를 위하여 파레토 최적위험배분을 이탈한 것이다.

(3) 대리비용

대리인이 자신의 이익 또는 효용을 극대화하는 방향으로만 행동함으로써 조직 전체의 목표가 희생되는 손실을 대리비용이라 한다. 즉 **대리비용**(agency costs)은 최선의 해와 차선의 해의 차이가 위임자의 부에 미치는 손실이라고 정의할 수 있다. 이는 다음과 같은 감시비용, 보증비용, 잔여손실의 합계이다.

① **감시비용**(monitoring costs)은 대리인이 위임자의 이해에 반하는 행동을 하는 것을 제한하는 데 드는 비용이다. 감사활동, 공식적 통제시스템의 수립, 예산 설정 등이 그 예이다.

② **보증비용**(bonding costs)은 대리인 스스로가 위임자에게 해를 끼치는 행동을 하지 않을 것을 보증하거나 만일 대리인이 위임자에게 해를 끼치는 행동을 한다면 그

대가를 지불하겠다는 약속을 하는 데 드는 비용이다. 외부공인회계사에 의한 감사, 경영자의 의사결정권한에 대한 제한(배당의 제한, 일정한 부채비율의 유지), 부정행위시의 벌칙규정 등이 그 예이다.

③ 감시비용, 보증비용이 발생하더라도 대리인의 의사결정과 위임자의 부를 극대화시키는 의사결정 사이에는 괴리가 있을 수 있다. 이러한 괴리에서 발생하는 손실을 **잔여손실**(residual loss)이라 한다.

3 대체가격

분권화조직에서 부문 사이에 재화나 용역의 이전이 발생할 경우, 이전되는 재화 또는 용역의 가격을 **대체가격** 또는 **이전가격**(transfer price)이라고 한다. 이 대체가격은 기업외부와의 거래에서 형성된 시장가격이 아니며, 기업 내부의 부문 거래에서 인위적으로 설정한 가격이다.

기업 전체적으로 볼 때 대체가격을 얼마로 설정할 것인가는 아무런 문제가 되지 않는다. 왜냐하면 이전되는 재화 또는 용역의 대체가격은 공급부서의 수익이지만 동시에 수요부서의 비용이므로 기업 전체적으로 볼 때 대체거래로 인한 손익은 전혀 발생하지 않는다.

그렇지만, 기업 내부의 각 부문경영자에게는 대체가격의 설정이 매우 중요한 문제이다. 각 부문이 투자중심점 또는 이익중심점으로 분권화된 경우, 부문의 이익정보에 의해 부문경영자의 성과가 평가되기 때문이다. 공급부서에서는 가능한 한 대체가격을 높게 설정하고자 하며, 반면에 수요부서에서는 가능한 한 대체가격을 낮게 설정하고자 할 것이다. 만약 공급부서에서 원하는 대체가격의 수준과 수요부서에서 원하는 대체가격의 수준이 서로 다르다면 내부대체가 이루어지지 않을 수 있다.

(1) 대체가격 설정의 일반공식

분권화조직 사이의 대체가격을 설정할 때 우선적으로 고려해야 할 사항은 분권화조직의 자율성(divisional autonomy)이다. 대체가격 설정과 관련한 의사결정의 핵심은 각 부문의 자율성을 유지하면서 서로 만족할 만한 대체가격을 설정하는 것이다.

| 그림 15-3 | 대체가격(TP) 설정

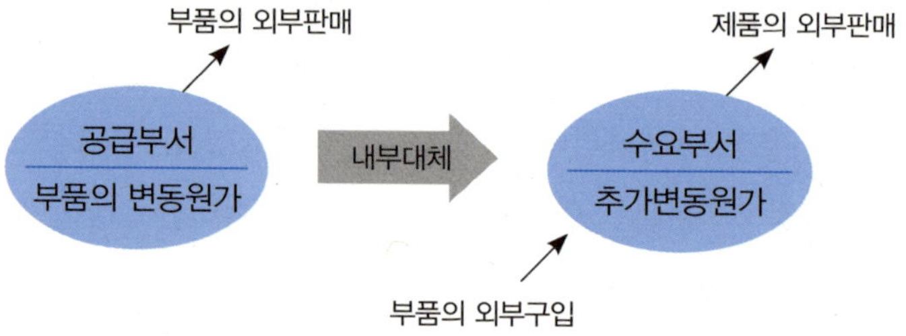

TR(공급) = 변동원가 + 기회원가 TP(수요) = Min(NRV, 외부구입가격)

수요부서의 대체가격

먼저, 수요부서에서 원하는 대체가격의 수준을 살펴보자. 수요부서에서는 필요한 재화나 용역을 내부대체에 의해 구할 수도 있으며, 내부대체가 아닌 기업외부의 공급업자로부터 구입할 수도 있다. 따라서 수요부서는 대체가격과 외부구입가격을 비교하여 재화나 용역을 구입한다. 또 다른 고려요인은 수요부서의 순실현가치이다. 구입한 중간재를 이용하여 추가적인 원가를 투입하여 완성하고 이를 외부에 판매한다면 수요부서에서는 순실현가치만큼의 부가가차를 창출한 것이다. 따라서 순실현가치 이상으로 중간재를 구입할 수 없다. 수요부서의 최대대체가격은 순실현가치와 외부구입가격 중 낮은 금액이다.

수요부서의 최대대체가격(TP) = Min (NRV, 외부구입가격)

단, NRV : 순실현가능가치

만약 대체가격이 수요부서의 최고대체가격보다 높게(낮게) 설정된다면, 수요부서에서는 내부대체를 거절(수락)한다.

공급부서의 대체가격

공급부서에서 원하는 대체가격의 수준을 살펴보자. 공급부서에서는 재화 또는 용역을 생산하여 내부대체하거나 외부판매한다. 공급부서에서 내부대체를 할 경우 ① 대체되는 재화 또는 용역의 변동원가뿐만 아니라 ② 기회원가가 발생할 수 있다. 내부대체로 인하여 공급부서에서 외부판매를 일부 또는 전부 포기하게 될 경우 외부판매로부터 얻을 수 있는 공헌이익이 상실된다. 따라서 공급부서의 입장에서 볼 때 최저대체가격은 변동원가와 기회원가의 합계액이다.

공급부서의 최소대체가격(TP) = 대체단위당 변동원가 + 대체단위당 기회원가

만약 대체가격이 최저대체가격보다 높게 설정된다면 공급부서에서는 내부대체를 선호할 것이며, 반대로 대체가격이 최저대체가격보다 낮게 설정된다면 공급부서에서는 내부대체를 반대할 것이다.

예제 15-15 대체가격결정 (98CTA변형)

백제㈜는 A, B 두 개의 사업부를 갖고 있다. 사업부 A는 부품을 생산하여 사업부 B에 대체하거나 외부에 판매할 수 있다. 완제품을 생산하는 사업부 B는 부품을 사업부 A에서 매입하거나 외부시장에서 매입할 수 있다. 사업부 A와 B의 제품 단위당 자료는 다음과 같다.

사업부 A	
부품의 외부판매가격	₩9,000
변동원가	6,000
고정원가	2,000

사업부 B	
최종제품의 외부판매가격	₩20,000
추가변동원가	3,000
고정원가	5,000
부품의 외부구입가격	9,000

물음

1. A사업부에 유휴생산능력이 있을 때 최소대체가격은 얼마인가?
2. A사업부에 유휴생산능력이 없을 때 최소대체가격은 얼마인가?
3. B사업부의 최대대체가격은 얼마인가?

해답

1. 유휴생산능력이 있으면 기회원가가 발생하지 않는다.
   TP(공급부서) = 대체단위당 변동원가 + 대체단위당 기회원가
   = ₩6,000 + 0 = ₩6,000

2. 내부대체가 이루어지면 부품을 외부에 판매하는 것을 포기해야 하므로 기회원가가 발생한다.
   TP(공급부서) = 대체단위당 변동원가 + 대체단위당 기회원가
   = ₩6,000 + (₩9,000 − 6,000) = ₩9,000

3. NRV = 최종판매가치 − 추가원가 = ₩20,000 − 3,000 = ₩17,000
   TP(수요부서) = Min(₩17,000, 외부구입가격 9,000) = ₩9,000

예제 15-16 공급사업부의 최소대체가격

1. 밸브 생산능력이 100,000개인 대망회사의 밸브당 시장가격은 ₩30이며, 단위당 변동원가는 ₩16, 생산능력을 기준으로 한 단위당 고정원가는 ₩9이다. 이 회사는 밸브를 이용한 펌프 제작공장을 보유하고 있다. 이 공장은 현재 연간 10,000단위의 밸브를 ₩29에 외부조달하고 있다. 대망회사가 생산하는 밸브 전량을 외부시장에 팔 수 있고 사내대체시 변동원가를 ₩3을 절감할 수 있는 경우, 대망회사의 이익극대화 입장에서 공급부문의 최소대체가격은? (94CPA)

2. ㈜세무는 분권화된 A사업부와 B사업부가 있다. A사업부는 반제품 M을 최대 3,000단위 생산할 수 있으며, 현재 단위당 판매가격 ₩600으로 2,850단위를 외부에 판매하고 있다. B사업부는 A사업부에 반제품 M 300단위를 요청하였다. A사업부 반제품 M의 단위당 변동원가는 ₩300(변동판매관리비는 ₩0)이며, 사내대체를 하여도 외부판매가격과 단위당 변동원가는 변하지 않는다. A사업부는 사내대체를 전량 수락하든지 기각하여야 하며, 사내대체 수락시 외부시장 판매를 일부 포기하여야 한다. A사업부가 사내대체 전 이익을 감소시키지 않기 위해 제시할 수 있는 최소 사내대체가격은? (16CTA)

해답

외부시장이 존재할 경우, 대체시 기회원가가 발생한다.

1. TP(공급부서) = 대체단위당 변동원가 + 대체단위당 기회원가
$= (₩16 - 3) + (₩30 - 16) = ₩27\ (= ₩30 - 3)$

2. 최소대체가격 $= ₩300 + \dfrac{(₩600 - 300) \times 150개}{300개} = ₩450$

(2) 대체가격 설정

분권화조직 내에서 대체가격 설정은 각 부문의 성과평가와 동기부여에 직접적인 영향을 미치게 된다. 앞에서 살펴본 공급부서와 수요부서 각각의 입장에서 대체가격 설정의 일반공식을 바탕으로 대체가격을 어떻게 설정할 것인지 분석해 보자.

1) TP(공급부서) > TP(수요부서)인 경우

공급부서의 최저대체가격이 수요부서의 최고대체가격보다 높으면, 기업 전체적으로 볼 때 내부대체를 하지 않는 것이 최적이다. 즉, 공급부서에서는 중간제품을 외부에 판매하고, 수요부서에서는 그 중간제품을 외부에서 구입하는 것이 최적이다. 따라서 이 경우에는 대체가격의 설정을 논할 필요도 없다.

2) TP(공급부서) < TP(수요부서)인 경우

TP(공급부서) < TP(수요부서)이면 기업 전체적으로 내부대체가 외부판매 – 외부

구입보다 더 유리하다. 기업 전체적으로 볼 때 대체가격을 얼마로 설정하든 관계없으나, 공급부서와 수요부서에서는 대체가격을 얼마로 설정하느냐는 매우 중요한 문제이다. 각 부문의 자율성을 존중하면서 내부대체가 이루어지기 위한 대체가격의 범위를 살펴보자. 다음의 각 경우는 회사 전체적으로 볼 때 내부대체가 유리하다.

① TP(공급부서) < 대체가격 < TP(수요부서)일 때 : 공급부서의 입장에서 살펴볼 때 대체가격이 최저대체가격보다 높게 설정되어 공급부서의 수익이 증가하므로 내부대체를 찬성한다. 수요부서의 입장에서 살펴볼 때 대체가격이 최고대체가격보다 낮게 설정되어 수요부서의 비용을 절감하므로 내부대체를 찬성한다. 따라서 대체가격이 공급부서의 최저대체가격과 수요부서의 최고대체가격 사이에서 결정될 경우, 공급부서와 수요부서의 의사결정(내부대체)이 조직 전체의 의사결정(내부대체)과 일치하게 된다. 이 때 **목표일치성**(goal congruence)을 이루게 된다.

② 대체가격 < TP(공급부서) < TP(수요부서)일 때 : 수요부서는 이 대체가격에 무척 흐뭇해하지만, 공급부서는 반대한다. 이 경우 공급부서의 반대로 인하여 내부대체가 이루어지지 않는다.

③ TP(공급부서) < TP(수요부서) < 대체가격일 때 : 앞의 ②와 반대되는 상황으로서, 공급부서는 이 대체가격에 무척 흐뭇해하지만, 수요부서는 반대한다. 이 경우 수요부서의 반대로 인하여 내부대체가 이루어지지 않는다.

위의 ②, ③의 경우에, 회사 전체적으로는 내부대체가 이루어지는 것이 유리한데도 불구하고, 특정부서의 반대로 인하여 내부대체가 이루어지지 않는다. 이와 같이 부문의 최적의사결정이 회사 전체의 최적의사결정과 다를 때 **준최적화**(sub-optimization)라 한다.

이를 해결하기 위하여 최고경영자가 직접 중재하는 방안을 강구할 수 있다. 그러나 최고경영자의 개입은 부문의 자율성을 저해하기 때문에 그리 바람직한 방안은 아니다. 부문의 자율성을 보장하기 위해서는 나쁜 의사결정을 내릴 수 있는 권한까지도 부문경영자에게 부여하여야 한다.

(3) 원가에 의한 대체가격설정

많은 기업에서는 대체되는 재화 또는 용역의 원가(변동원가 또는 전부원가)를 기준으로 대체가격을 설정하는 경우가 많다. 이 방법은 이해하기 쉽고 또한 적용이 편리하지만, 많은 한계점을 지닌다.

첫째, 원가기준 대체가격은 부문 사이의 내부대체 여부를 결정하는 기준이 아니므로, 역기능적 의사결정(dysfunctional decisions)이 이루어질 수 있다. 내부대체의 여부는 공급부서의 최저대체가격과 수요부서의 최고대체가격을 비교하여 이루어져야 하며, 단순히 공급부서의 변동원가와 수요부서의 외부구입가격을 비교해서는 안된다.

변동원가가 대체가격으로 적합한 경우는 공급부서의 기회원가가 ₩0인 경우이다. 예컨대 공급부서에 유휴설비가 충분하여 내부대체를 하더라도 외부판매를 전혀 포기할 필요가 없는 경우가 이에 해당한다. 이 때에는 공급부서의 최저대체가격이 바로 변동원가가 된다. 그러나 이 경우에도 아래의 두 번째 문제점은 여전히 발생한다.

둘째, 원가를 기준으로 대체가격을 설정할 경우 공급부서에서는 내부대체시 전혀 이익이 나타나지 않으며, 내부대체로 인한 모든 이익은 수요부서가 차지하게 된다. 따라서 각 책임중심점을 투자이익률이나 잔여이익 방법에 의해 평가할 수 없게 된다. 이 문제점을 해결할 수 있는 한 가지 방안은 공급부서의 변동원가에 일정한 금액을 가산하여 대체가격을 설정하는 것이다.

셋째, 원가를 기준으로 대체가격을 설정할 경우, 공급부서에서는 원가통제의 필요성을 못 느끼게 된다. 공급부서에서 발생한 원가가 모두 수요부서에 대체되면 공급부서에서는 원가통제의 인센티브(incentive)가 없으며, 수요부서에서는 공급부서의 비능률, 낭비 등을 떠맡게 된다. 이 문제점을 해결할 수 있는 한 가지 방안은 실제원가가 아닌 표준원가에 의거하여 대체가격을 설정하는 것이다.

(4) 시장가격에 의한 대체가격설정

공급부서에서 생산한 재화의 전부 또는 일부를 외부에 판매할 때 중간시장(intermediate market)이 존재할 수 있다. 중간시장이 존재한다는 의미는 공급부서에서 생산한 재화가 추가적 제조공정에 사용되기 위해 내부대체될 수도 있고, 그 상태로 외부에 판매될 수도 있다는 뜻이다. 중간시장이 존재하게 되면, 공급부서에서는 내부대체와 외부판매 여부에 대한 의사결정을 할 수 있으며, 수요부서에서는 내부대체와 외부구입 여부에 대한 의사결정을 할 수 있다.

대체가격설정과 관련하여 가장 좋은 방법은 시장가격을 기준으로 한 것이다. 시장가격은 이익중심점의 개념과 상통하며, 이익에 근거한 성과평가가 가능하게 된다. 시장가격을 기준으로 대체가격을 설정하면 내부대체로 인해 수요부서만 이익을 보는 것이 아니라 수요부서, 공급부서 모두 이익을 볼 수 있다. 분권화조직은 자신의 이익에 스스로 책임을 지는 의사결정의 자율권을 지니고 있으며, 이 때 시장가격은 각 부문의 성과평가를 위한 매우 좋은 기준이 된다. 또한 시장가격에 의해 대체가격을 설정하면 내부대체 여부를 결정하는 관련원가이므로 목표일치성을 이루게 된다.

(5) 협상가격에 의한 대체가격설정

중간시장이 존재하더라도 시장가격 이하에서 대체가격이 설정될 수 있다. 예컨대 공급부서에서 내부대체할 경우 변동판매관리비는 외부판매할 때보다 낮으며, 내부대체시 대량으로 거래가 이루어지기 때문에 수량할인을 할 수 있다. 또한 공급부서에 유휴설비가 있을 경우에는 시장가격 이하에서 대체가격이 설정될 수 있다. 이러한 상황을 고려하여 공급부서와 수요부서 사이에 합의한 대체가격을 협상대체가격(negotiated transfer price)이라 한다.

협상대체가격은 시장가격이 존재하지 않을 경우에 가장 널리 사용되는 방법이다. 수요부서에서 필요한 중간제품을 외부시장에서 구입할 수 없으며 내부에서만 구입할 수 있는 경우, 수요부서와 공급부서의 합의에 의해 대체가격을 설정한다. 물론 이 협상대체가격은 공급부서의 최저대체가격 이상의 수준을 유지하여야 한다.

(6) 다국적기업의 대체가격

국내기업의 부문간 대체가격 설정시 중점을 둔 사항은 목표일치성과 동기부여이다. 그런데 다국적기업에서는 이들 요인 이외에 법인세, 수입관세 등의 요인들도 고려하여 대체가격을 설정한다.

법인세율이 낮은 국가에서 생산한 부품을 법인세율이 높은 국가로 대체할 경우, 다국적기업의 법인세를 절감하기 위하여 대체가격을 높게 설정할 것이다. 때로는 수입관세를 낮추기 위해 대체가격을 낮게 설정할 수도 있다. 한편, 어떤 국가에서 외국지분에 대한 배당을 제한할 경우, 다국적기업에서는 현금배당보다는 대체되는 재화 또는 용역의 가격을 조작함으로써 현금을 유출시킬 수도 있다.

국내기업보다는 다국적기업에서 대체가격문제는 훨씬 복잡하다. 다국적기업은 성과평가, 동기부여, 법인세의 최소화, 수입관세, 인플레이션과 환율 변동의 위험, 자금의 이전 등 수많은 요인을 고려하며, 이들 요인은 한 가지 대체가격으로 모두 해결될 수는 없다. 특히 국가의 규제가 없다면, 다국적기업에서는 법인세를 절감하기 위해 고세율국가에서 저세율국가로 이익을 이전하도록 대체가격을 조작할 수 있다. 이러한 현상을 방지하기 위해 각국에서는 법률로써 대체가격 설정과 관련한 규제를 가하고 있다.

BEPS와 구글세

디지털경제는 ① 사업장 없이 수익실현이 가능하고, ② 무형자산 의존도가 높으며, ③ 데이터 및 사용자 참여가 가치창출에 기여한다는 특징을 가진다.

구글, 애플, 페이스북, 아마존 등 다국적기업들은 법인세율이 '0'에 가까운 조세 피난처에 서버를 설치하고서, 세계 각국의 해외법인에서 발생하는 수익을 지식재산권이나 로열티, 컨설팅비 등의 명목으로 조세피난처로 송금하거나, 이전가격을 조작하여 법인세를 줄이고 있다.

예컨대, 구글은 유럽 검색엔진 시장을 80~90% 점유하고 있다. 구글은 영국에서 엄청난 매출액을 올렸지만, 영국 정부에 세금을 거의 내지 않았다. 영국은 이에 대한 대응책으로 해외이전소득에 세금을 물리는 우회이익세법을 추진하였는데, 영국 언론에서는 이 법을 '구글세 또는 디지탈세'라는 별칭을 붙였다.

세계 각국은 다국적기업들의 이러한 역외 탈세를 막고 탈법적 소득이전 행위를 차단하기 위해 '세원 잠식과 소득 이전(BEPS : Base Erosion and Profit Shifting)' 방지 프로젝트를 진행 중이다. BEPS 협정에 따라 다국적기업은 국가별 보고서(CBCR; Country by Country Report)를 제출해야 하고 이 국가별 보고서는 BEPS 관련 다자간협정을 맺은 국가끼리 공유할 수 있기 때문에 어느 국가를 통해 조세를 회피했는지 등의 여부를 파악할 수 있게 된다.

연습문제 exercise

1. 판매부서의 성과평가 및 복수제품(생산요소)의 차이분석

01 매출조업도차이

신풍출판사의 6월 예산 및 실제성과는 다음과 같다. 매출조업도차이는 얼마인가?

	실제	예산
판매량	2,000권	2,200권
단위당 판매가격	₩90	₩88
단위당 변동제조원가	36	35
고정제조간접원가	50,000	48,000
고정판매관리비	15,000	18,000

02 매출배합차이 (13CTA)

㈜세무는 제품 A와 B를 생산·판매하고 있다. 20×1년 1월 관련 자료가 다음과 같을 때 매출배합차이는?

	제품 A	제품 B
실제 단위당 판매가격	₩7	₩12
예산 단위당 판매가격	6	10
예산 단위당 변동원가	4	6
예산판매량	144개	36개
실제판매량	126개	84개

03 매출배합차이와 매출수량차이 (15CPA)

상호 대체가능한 제품 P와 제품 Q 두 가지 종류만을 판매하는 ㈜한국에 대한 20×1 회계연도 자료는 다음과 같다.

구 분	제품 P	제품 Q
예산판매수량	800단위	1,200단위
실제판매수량	500단위	2,000단위
단위당 예산판매가격	₩50	₩20
단위당 실제판매가격	₩55	₩18
단위당 표준변동원가	₩30	₩16
단위당 실제변동원가	₩32	₩15

㈜한국의 20×1 회계연도 매출배합차이와 매출수량차이를 계산하면 각각 얼마인가?

04 매출배합차이 (11CPA)

동남컨설팅의 모든 컨설팅용역은 책임연구원 1명과 보조연구원 2명이 수행하고 있다. 동남컨설팅의 컨설팅용역 수행에 관한 1월과 2월의 예산과 실제 자료는 다음과 같다.

구분	책임연구원 1명당	보조연구원 1명당
시간당 예산공헌이익	₩100,000	₩50,000
매월 예산투입시간	140시간	180시간
1월 실제투입시간	?	171시간
2월 실제투입시간	?	153시간

동남컨설팅의 모든 연구원이 컨설팅용역을 수행하는 데 실제 투입한 총시간은 1월과 2월에 각각 450시간씩이었다. 컨설팅용역 수행에 투입된 시간에 의할 경우, 공헌이익을 기준으로 계산한 1월과 2월 매출배합차이는 각각 얼마인가?

05 매출배합차이 (04CPA유사)

인천기업에서는 표준형 가구와 고급형 가구를 판매하고 있다. 10월의 판매 관련정보는 다음과 같다. 실제판매량의 비율과 예산상의 비율의 차이가 이익에 미치는 영향은 얼마인가?

가. 고정예산상의 총공헌이익 ₩280,000
나. 총예상판매량 2,000개
다. 제품 단위당 예상공헌이익 : 표준형 ₩100, 고급형 ₩300
라. 총매출수량차이 : ₩70,000불리
마. 실제판매량의 비율 : 표준형 40%, 고급형 60%

06 배합차이 - 수율차이 (22CTA변형)

㈜세무는 표준원가계산제도를 채택하고 있으며, 상호 대체가능한 원재료 A와 B를 이용하여 제품을 생산한다. 원재료 투입량과 표준가격은 다음과 같다. 재료원가 배합차이와 수율차이는 각각 얼마인가? (단, 표준투입량은 실제생산량에 허용된 원재료 투입량을 의미함)

원재료	실제투입량	표준투입량	kg당 표준가격
A	150kg	120kg	₩30
B	150kg	180kg	₩20

07 배합차이 - 수율차이 (02CPA)

마리아벤처기업은 인터넷서비스업을 제공함에 있어서 전문가와 비전문 주부사원을 함께 채용하고 있다. 이들에 대한 1분당 표준임금과 그에 따른 서비스 1회의 표준원가는 다음과 같다.

	표준시간	표준임률	표준원가
표준임금 - 전문가	3분	1분당 ₩300	₩900
비전문가	7분	1분당 ₩100	700
서비스 단위당 표준원가			₩1,600

이 회사는 지난 1주일 간 500회의 서비스를 제공하였으며, 이에 따라 실제로 발생된 임금은 다음과 같았다.

	실제시간	실제임률	실제원가
실제임금 - 전문가	1,200분	1분당 ₩400	₩480,000
비전문가	4,000분	1분당 ₩130	520,000
실제원가총액			₩1,000,000

표준원가를 기초로 변동예산과 실제원가의 차이를 임률차이와 능률차이로 분해하고, 능률차이를 다시 배합차이와 수율차이로 분해할 때, 수율차이(yield variance)는 얼마인가?

08 배합차이

하남기업에서는 비료 1톤을 생산하기 위한 표준직접재료원가를 다음과 같이 설정하였다.

재료 A	0.9톤 × 톤당 ₩400 =	₩360
재료 B	0.3톤 × 톤당 ₩200 =	60
합계	1.2톤	₩420

재료의 재고는 없으며, 필요할 때마다 즉시 매입한다. 3월 한 달 동안 비료 생산량은 100톤이며, 직접재료원가 총수율차이는 ₩3,500 불리하였다. 그 기간 동안에 재료 A, B의 실제 투입비율은 각각 50%, 50%이었다. 직접재료원가의 배합차이는 얼마인가?

09 매출가격차이, 시장점유율차이, 시장규모차이 (22CPA)

㈜대한은 20×1년 실제결과와 고정예산을 비교하기 위해 다음과 같은 자료를 작성하였다.

구분	실제결과	고정예산
판매량	30,000단위	25,000단위
매출액	₩1,560,000	₩1,250,000
변동원가		
제조원가	900,000	625,000
판매관리비	210,000	125,000
공헌이익	₩450,000	₩500,000
고정원가		
제조원가	47,500	37,500
판매관리비	62,500	62,500
영업이익	₩340,000	₩400,000

㈜대한은 20×1년 시장규모를 250,000단위로 예측했으나, 실제 시장규모는 400,000단위로 집계되었다. ㈜대한은 20×1년도 실제 판매량이 고정예산 판매량보다 증가하였으나, 영업이익은 오히려 감소한 원인을 파악하고자 한다. 이를 위해 매출가격차이(sales price variance), 시장점유율차이, 시장규모차이를 계산하면 각각 얼마인가?

2. 투자중심점의 성과평가

10 투자수익률 (07CTA)

대한전자의 제1사업부는 에어컨을 생산·판매하고 있다. 대한전자의 제1사업부는 투자중심점으로 운영되며, 사업부장의 성과는 투자수익률(ROI)에 근거하여 평가한다. 제1사업부의 목표 투자수익률은 15%이다. 1년 동안 대한전자의 제1사업부 연간 총고정원가는 ₩2,000,000,000이며, 제1사업부 평균 총자산은 ₩3,000,000,000이다. 에어컨의 단위당 변동원가는 ₩300,000, 에어컨 연간 판매대수는 5,000대이다. 제1사업부의 사업부장이 목표 투자수익률을 달성하기 위한 에어컨의 단위당 최소판매가격은 얼마인가?

11 잔여이익 (16CPA)

㈜한국의 투자중심점인 A사업부의 지난해 평균영업자산은 ₩625,000이었으며, 매출액 ₩1,000,000, 총변동원가 ₩300,000, 총고정원가 ₩500,000이었다. A사업부가 새로운 투자기회를 고려하지 않는다면, A사업부의 당기 성과와 평균영업자산은 지난해와 동일한 수준을 유지할 것이다. 그러나 당기에 A사업부가 고려중인 투자안에 연간 평균 ₩120,000만큼 투자하게 되면, 이 새로운 투자안으로부터 예상되는 연간 매출액은 ₩200,000, 총고정원가는 ₩90,000, 공헌이익률은 60%이다. 투자안의 채택 여부를 결정할 때 회사전체와 각 사업부에 적용되는 최저필수수익률은 15%이다. 만약 A사업부가 새로운 투자안을 채택한다면, A사업부의 올해 예상되는 잔여이익(residual income)은 얼마인가?

12 투자수익률과 잔여이익 (15CPA)

㈜한국의 엔진사업부는 단일의 제품을 생산·판매하는 투자중심점이다. ㈜한국의 최근 몇 해 동안의 투자수익률(ROI)은 평균 20%이며, 자본비용(즉, 최저필수수익률)은 15%이다. 다음은 20×1 회계연도 ㈜한국의 엔진사업부에 관한 예산자료이다.

엔진사업부의 연간 총고정원가	₩200,000
제품 단위당 변동원가	₩100
제품의 연간 생산·판매량	1,000단위
엔진사업부에 투자된 평균영업자산	₩500,000

㈜한국의 CEO는 엔진사업부 경영자의 성과평가측정치로 투자수익률 혹은 잔여이익(residual income)을 고려 중이다. 만약 투자수익률이 채택되는 경우, 엔진사업부 경영자가 불리한 평가를 받지 않기 위해서는 20×1 회계연도에 20% 이상의 투자수익률을 달성하여야 한다. 만약 잔여이익이 채택되는 경우, 20×1 회계연도에 엔진사업부가 음(−)의 잔여이익을 창출하게 되면 유리한 성과평가를 받을 수 없게 된다. ㈜한국이 엔진사업부의 성과평가측정치로 투자수익률 혹은 잔여이익을 사용하게 되는 각각의 경우에 대해, 엔진사업부 경영자가 20×1 회계연도에 불리한 평가를 받지 않기 위해 책정하여야 하는 제품 단위당 최소평균판매가격은 얼마인가?

13 EVA (06CPA)

다음은 ㈜누리의 남부사업부와 중부사업부의 재무상태표와 손익계산서 자료의 일부이다.

	남부 사업부	중부 사업부
총자산	₩2,000,000	₩10,000,000
유동부채	500,000	3,000,000
세전영업이익	250,000	2,000,000

㈜누리의 가중평균자본비용 계산에 관련된 자료는 다음과 같다.

장기부채 :	시장가치 ₩7,000,000	이자율 10%
자기자본 :	시장가치 7,000,000	자본비용 14%

법인세율은 40%이다. 남부사업부와 중부사업부의 경제적 부가가치(EVA)는 각각 얼마인가? (단, 각 사업부에는 동일한 가중평균자본비용을 적용한다.)

3. 대체가격결정

14 대체가격결정 (12CPA)

㈜갑은 분권화된 사업부 1과 사업부 2를 이익중심점(이익책임단위)으로 설정하고 있다. 사업부 1은 반제품 A를 생산하여 사업부 2에 이전(대체)하거나 외부시장에 판매할 수 있다. 사업부 2가 제품 B를 생산하려면, 반제품 A를 사업부 1로부터 구입하여야 하며 외부시장에서 구입할 수는 없다.
반제품 A와 제품 B에 관한 단위당 자료는 다음과 같다.

사업부 1 : 반제품 A의 생산·판매	
• 외부판매가격	₩25
• 변동원가	₩10

사업부 2 : 제품 B의 생산·판매	
• 외부판매가격	₩80
• 변동가공원가	₩30
• 변동판매관리비	₩5

만약 사업부 1이 유휴생산능력을 보유하고 있지 않다면, 두 사업부간 이전거래(대체거래)가 이루어지는 반제품 A의 단위당 사내이전가격(사내대체가격)은 얼마인가?

15 대체가격결정 (06CPA)

㈜대덕은 A사업부와 B사업부를 운영하고 있다. A사업부는 매년 B사업부가 필요로 하는 부품 1,000개를 단위당 ₩2,000에 공급한다. 동 부품의 단위당 변동원가는 ₩1,900이며 단위당 고정원가는 ₩200이다. 다음 연도부터 A사업부가 부품 단위당 공급가격을 ₩2,200으로 인상할 계획을 발표함에 따라, B사업부도 동 부품을 외부업체로부터 단위당 ₩2,000에 구매하는 것을 고려하고 있다. B사업부가 외부업체로부터 부품을 단위당 ₩2,000에 공급받는 경우 A사업부가 생산설비를 다른 생산활동에 사용하면 연간 ₩150,000의 현금운영원가가 절감된다.

물음

1. A사업부가 부품을 B사업부에 공급하는 경우, 대체가격(transfer price)은 얼마인가? (단, 대체가격은 대체시점에서 발생한 단위당 증분원가와 공급사업부의 단위당 기회원가의 합계로 결정한다.)
2. B사업부가 부품을 외부업체로부터 공급받는 경우, ㈜대덕의 연간 영업이익 증가(감소)는 얼마인가?

16 공급사업부의 최소대체가격 (08CTA)

대한회사의 부품 생산부문은 최대생산량인 360,000단위를 생산하여 외부시장에 전량 판매하고 있다. 부품생산 부문의 관련정보는 다음과 같다.

단위당 외부판매가격	₩100	단위당 변동제조원가	₩58
단위당 변동판매비	8	단위당 고정제조원가	14
단위당 고정관리비	10		

단위당 고정원가는 최대생산량 360,000단위 기준의 수치이다. 부품 생산부문의 이익을 극대화시키기 위해 사내대체를 허용할 수 있는 단위당 최소 사내대체가격은 얼마인가? (단, 사내대체물에 대해서는 변동판매비가 발생하지 않는다.)

17 공급사업부의 최소대체가격 (01CTA)

㈜동양은 분권화된 사업부 X과 Y를 이익중심점으로 설정하고 있다. 사업부 X에서 생산되는 제품 A는 사업부 Y에 대체하거나 외부시장에 판매할 수 있으며, 관련원가자료가 다음과 같다.

단위당 외부 판매가격	₩45	단위당 변동원가	₩30(변동판매관리비 포함)
연간 고정원가	₩1,000,000	연간 최대생산능력	100,000단위

사업부 Y는 제품 A를 주요부품으로 사용하여 완제품을 생산하고 있으며, 공급처는 자유로이 선택할 수 있다. 현재 사업부 X는 100,000단위의 제품 A를 생산하여 전부 외부시장에 판매하고 있으며, 사업부 Y에서는 연간 50,000단위의 제품 A를 단위당 ₩42의 가격으로 외부공급업자로부터 구입하고 있다. 만일 사업부 X가 제품 A를 사업부 Y에 사내대체한다면 단위당 ₩8의 판매관리비를 절감할 수 있다고 할 때, 제품 A의 사내대체가격은 어느 가격 범위에서 결정되어야 하겠는가?

18 공급사업부의 최소대체가격 (14CTA)

㈜세무는 사업부 A와 사업부 B를 이익중심점으로 운영하고 있다. 사업부 B는 사업부 A에 고급형 제품 X를 매월 10,000단위 공급해 줄 것을 요청하였다. 사업부 A는 현재 일반형 제품 X를 매월

50,000단위를 생산·판매하고 있으나, 고급형 제품 X를 생산하고 있지 않다. 회계부서의 원가분석에 의하면 고급형 제품 X의 단위당 변동제조원가는 ₩120, 단위당 포장 및 배송비는 ₩10으로 예상된다. 사업부 A가 고급형 제품 X 한 단위를 생산하기 위해서는 일반형 제품 X 1.5단위의 생산을 포기하여야 한다. 일반형 제품 X는 현재 단위당 ₩400에 판매되고 있으며, 단위당 변동제조원가와 단위당 포장 및 배송비는 각각 ₩180과 ₩60이다. 사업부 A의 월 고정원가 총액은 사업부 B의 요청을 수락하더라도 변동이 없을 것으로 예상된다. 사업부 A가 현재와 동일한 월간 영업이익을 유지하기 위해서는 사업부 B에 부과해야 할 고급형 제품 X 한 단위당 최소판매가격은 얼마인가? (단, 사업부 A의 월초 재고 및 월말 재고는 없다.)

19 대체가격의 설정

서귀포기업의 부문 A에서는 자전거부품(단위당 변동원가 : ₩24,000)을 생산하며, 부문 B에서는 단위당 추가변동원가 ₩30,000를 투입하여 부품을 조립하고 자전거를 완성하여 ₩60,000에 판매하고 있다. 자전거부품과 완성된 자전거 모두 시장이 존재하며, 각 부문은 이익중심점으로 운영되고 있다. 부문 A의 경영자는 부품 1,000개를 단위당 ₩37,600에 외부시장에 팔 수 있으며, 또는 부품 800개를 단위당 ₩40,000에 외부시장에 팔고 나머지 200개를 내부대체할 수 있다고 가정하자. 각각의 대안에 따른 부문 A의 이익이 동일하게 되는 대체가격은?

20 대체가격결정과 특별주문 의사결정 (08CPA)

㈜한구의 분권화된 사업부 A와 사업부 B는 이익중심점으로 설정되어 있다. 사업부 A는 중간제품 P를 생산하고 있다. 사업부 B는 ㈜한구의 전략적 고려에 따라 지역적으로 접근이 어려운 고립지에서 중간제품 P를 이용하여 완제품 Q를 생산하며, 생산한 모든 완제품 Q를 고립지의 도매상에 납품하고 있다. 사업부 A와 사업부 B의 생산 관련 자료는 다음과 같다.

구분	사업부 A	사업부 B
단위당 변동제조원가	₩20	₩70
총고정제조원가	₩36,000	₩50,000
연간 시장판매량	12,000개	2,000개
연간 생산 가능량	12,000개	3,000개

사업부 A가 생산·판매하는 중간제품 P의 시장가격은 ₩30이다. 그러나 사업부 B는 지역적으로 고립된 곳에 위치하여 중간제품 P를 지역내 생산업자로부터 1개당 ₩50에 구매하고 있으며, 이 구매가격은 사업부 B의 단위당 변동제조원가 ₩70에 포함되어 있다. 완제품 Q를 1개 생산하기 위하여 중간제품 P는 1개가 사용되며, 두 사업부의 연간 시장판매량은 항상 달성 가능한 것으로 가정한다.

물음

1. 최근 ㈜한구는 사업부 B가 위치한 고립지로의 교통이 개선됨에 따라서 중간제품 P의 사내대체를 검토하기 시작하였다. 사업부 A가 사내대체를 위하여 사업부 B로 중간제품 P를 배송할 경우, 중간제품 1개당 ₩8의 변동배송원가를 사업부 A가 추가로 부담하게 된다. 사업부 B가 생산에 필요한 2,000개의 중간제품 P 전량을 사업부 A에서 구매한다고 할 때, 사내대체와 관련된 사업부 A의 기회원가와 사업부 A가 사내대체를 수락할 수 있는 최소대체가격은 각각 얼마인가?

2. 사업부 B는 사업부간의 협의 끝에 개당 ₩39의 가격으로 최대 3,000개까지 중간제품 P를 사업부 A에서 공급받게 되었다. 이에 따라 지역 내 생산업자로부터의 구매는 중단되었다. 사업부 B가 생산하여 판매하는 완제품 Q의 시장가격은 현재 ₩120이다. 최근 사업부 B는 인근지역의 지방정부로부터 완제품 Q를 ₩100의 가격에 1,000개 구매하고 싶다는 제안을 받았다. 이 특별주문을 수락할 경우, 사업부 B의 영업이익에 미치는 영향과 사업부 B의 기회원가는 각각 얼마인가?

CHAPTER

16

불확실성하에서 의사결정

Decision Making under Uncertainty

학습목표

1. 불확실성하에서 의사결정하기 위한 모형의 구성요소들을 살펴본다.
2. 의사결정기준으로서 기대화폐가치기준과 기대효용기준의 차이를 비교한다.
3. 불확실성하에서 다양한 CVP분석방법을 살펴보고 각 방법의 유용성과 한계를 이해한다.
4. 불확실성하에서 완전정보와 불완전정보의 의미를 정확히 숙지하고, 각 정보하에서 의사결정이 이루어지는 절차를 살펴본다.
5. 정보가 의사결정과정에서 어떤 역할을 수행하며, 그 가치는 어떻게 계산하는지를 알아본다.

제1절 불확실성하에서 의사결정이론

❶ 불확실성하에서 의사결정모형

의사결정(decision-making)이란 목적을 달성하기 위하여 여러 가지 선택가능한 행동 가운데 하나를 선택하는 것이다. 이러한 의사결정에는 확실성하에서의 의사결정과 불확실성하에서의 의사결정이 있다.

확실성하에서 의사결정(decision-making under certainty)은 의사결정에 필요한 요인(상황, 성과)들을 확실히 알 수 있는 경우이다. 예컨대 1백만 원을 투자하여 주식 A, B, C 중 하나를 구입하고 1년 후에 판다고 가정하자. 1년 후 주식 A, B, C의 주가를 확실히 알 수 있다면 가장 높은 이익을 보장하는 주식을 선택하는 것이 가장 합리적일 것이다. 그러나, 1년 후의 주가를 확실히 안다는 것은 비현실적이다. 경기지표, 주식시장에 대한 전문가의 분석자료 등 여러 가지 자료를 통해 1년 후의 주가를 전망할 수는 있지만 결코 확실하지는 않다. 일반적 경제현상에는 불확실성이 개재되며, 불확실성하의 의사결정은 확실성하의 의사결정보다 훨씬 복잡하고 어렵다.

불확실성하에서 의사결정(decision-making under uncertainty)은 의사결정에 필요한 어떤 요인들에 불확실성이 개재된 경우이며, 일반적으로 상황의 불확실성만을 다룬다. 성과에도 불확실성이 개재될 수 있으나, 성과의 불확실성은 계량화할 수 없기 때문에 성과 자체는 확실하다고 가정한다. 예컨대 주식 A의 1년 후 주가가 상황이 좋으면 ₩20,000, 상황이 보통이면 ₩12,000, 상황이 나쁘면 ₩8,000이라고 하자. 1년 후 상황이 좋을지, 보통일지, 나쁠지 모르기 때문에 불확실성이 개재된 것이며, 만약 상황이 좋으면 1년 후 주가가 ₩20,000이라는 것은 확실하다고 가정한다.

의사결정이론은 의사결정이 어떻게 이루어져야 하는가 그리고 어떤 변수들이 선택에 영향을 미치는가를 체계적으로 서술하기 위하여 통계학, 수학, 경제학, 심리학 등에서 개발된 지식체계이다. 의사결정이론을 이루는 구성요소들은 다음과 같다.

① **목적의 설정** : 의사결정을 하고자 하는 목적을 구체적으로 계량화할 수 있어야 한다. 이러한 목적에는 이익의 극대화, 효용의 극대화, 손실의 극소화 등이 있다. 목적을 계량화한 것을 목적함수(objective function)라 한다. 이 목적함수는 여러 가지 선택가능한 행동들을 평가하고 그중 최선의 행동을 선택하는 기준이 된다.

② **선택가능한 행동대안** : 의사결정자가 통제가능한 변수로서, 적어도 두 가지 이상의 행동대안이 존재해야 한다. 이들 행동은 포괄적(exhaustive)이며 상호 배타적이어야 한다. 한편, 특정 행동의 성과가 다른 행동의 성과에 비하여 어떤 상황에서도 항상 우월하다면, 그러한 특정 행동을 **지배적 행동**(dominant action)이라 하며, 다른 행동은 선택대안에서 제외된다.

③ **상황** : 의사결정자가 통제불가능한 변수로서, 적어도 두 가지 이상의 상황이 존재해야 한다. 이들 상황은 포괄적이며 상호 배타적이어야 한다.

④ **확률** : 각 상황이 발생할 가능성이다. 확률의 합계는 항상 1이다. 각각의 상황이 발생할 확률은 객관성의 정도에 따라 객관적 확률과 주관적 확률로 구분할 수 있다. 만약 의사결정자가 수학적 증명이나 누적적 경험에 의해 각 상황이 발생할 확률을 안다면, 그때의 확률은 객관적 확률(objective probability)이다. 예컨대 동전을 던져서 앞면이 나올 확률은 0.5이며, 카드를 잘 섞어서 그중 특정 카드가 뽑힐 확률은 1/52이다. 공장에서 특정 공손율이 나타날 확률은 수많은 제품을 생산한 경험으로부터 알 수 있기 때문에 객관적이다. 그러나, 의사결정자가 과거의 경험이나 수학적 증명에 근거하지 않을 경우에는 주관적 확률(subjective probability)에 의존해야 한다.

⑤ **성과** : 의사결정자의 행동과 상황에 따라 결정되는 경제적 결과치이다. 이를 나타내는 표를 **성과표**(payoff table)라 한다.

2 기대화폐가치기준

기대화폐가치기준은 의사결정자의 행동 각각에 대하여 성과(x)와 상황이 발생할 확률 $p(s_i)$을 곱하여 **기대화폐가치**(expected monetary value)를 구하고, 그중 가장 큰 기대화폐가치를 갖는 행동을 선택하는 방법이다.

의사결정이 이루어지는 절차는 다음과 같다.

단계 1 : 각 행동마다 특정 상황이 발생하였을 때 성과를 나타낸다.

단계 2 : 각 행동마다 기댓값을 산출한다. 이 때의 기댓값은 모든 상황을 고려한 것이다.

단계 3 : 기대이익이 가장 크거나 기대비용이 가장 적은 최적행동을 선택한다.

예제 16-1 기대화폐가치기준에 의한 의사결정 (99CPA유사, 03CTA유사, 98CPA유사)

강남회사에서는 설비 A나 B를 구입하여 게임기를 개발하려고 한다. 경기가 호황이냐 불황이냐에 따라 다음과 같이 기대이익이 결정된다.

행동	호황(s_1)	불황(s_2)
설비 A 구입(a_1)	₩100	₩20
설비 B 구입(a_2)	60	40

한편, 강남회사에서는 내년에 제품 수요가 많을 확률을 60%, 제품 수요가 적을 확률을 40%로 예상하고 있다.

물음

1. 각 행동대안에 대한 기댓값을 구하라.
2. 기댓값을 극대화하는 최적행동방안을 결정하라.

해답

1. $E(a_1)$ = ₩100 × 60% + ₩20 × 40% = ₩68
   $E(a_2)$ = ₩60 × 60% + ₩40 × 40% = ₩52
2. 기댓값을 극대화하기 위한 최적행동방안은 a_1이며, 이 때의 기댓값은 ₩68이다.

예제 16-2 차이조사 의사결정

용접공정의 책임자는 공정의 정상 여부를 조사할 것인가에 대해 결정하고자 한다. 관련정보는 다음과 같다.

① 공정의 정상 여부에 대한 조사 비용은 ₩30,000이다.
② 공정을 조사하여 비정상임을 발견하였을 때, 이의 수리원가는 ₩70,000이다.
③ 공정이 비정상이고 이를 수리하지 않았을 때의 손실은 ₩300,000이다.

물음

1. 용접공정의 책임자가 용접공정이 정상 상태일 가능성을 0.8이라고 판단할 경우, 공정의 조사 여부를 결정하라.
2. 용접공정이 정상상태일 가능성이 얼마일 때, 공정을 조사하는 것과 조사하지 않는 것이 무차별하게 되는가?

해답

1. 차이조사 실시 여부와 공정상태에 따라 성과표를 작성하면 다음과 같다.

대안 \ 상황	s_1 (공정이 정상) $p(s_1) = p$	s_2 (공정이 비정상) $p(s_2) = 1 - p$
a_1(차이조사 실시)	₩30,000 + 0 = ₩30,000	₩30,000 + 70,000 = ₩100,000
a_2(차이조사를 미실시)	₩0 + 0 = ₩0	₩0 + 300,000 = ₩300,000

$E(a_1)$ = ₩30,000 × 0.8 + ₩100,000 × 0.2 = ₩44,000 : 채택

$E(a_2)$ = ₩0 × 0.8 + ₩300,000 × 0.2 = ₩60,000

2. 용접공정이 정상일 가능성을 p라 하면,

₩30,000 × p + ₩100,000 × (1 − p) = ₩0 × p + ₩300,000 × (1 − p) ∴ p = 0.87

예제 16-3 불확실성에서의 기댓값 (21CPA)

㈜대한은 월드컵에서 한국 축구팀이 우승하면, 10억 원 상당의 경품을 증정하는 이벤트를 실시할 예정이다. 동 경품 이벤트의 홍보효과로 인해 ㈜대한의 기대현금유입액은 한국 축구팀의 우승 여부에 관계없이 3억 원이 증가할 것으로 예상된다. ㈜대한은 경품 이벤트에 대비하는 보험상품에 가입할 것을 고려하고 있다. 동 보험상품 가입 시 한국 축구팀이 월드컵에서 우승하는 경우, 보험사가 10억 원의 경품을 대신 지급하게 된다. 동 상품의 보험료는 1억 원이며, 각 상황에 따른 기대현금흐름은 다음과 같다.

	기대현금흐름(보험료 제외)	
	월드컵 우승 성공	월드컵 우승 실패
보험 가입	3억 원	3억 원
보험 미가입	(−) 7억 원	3억 원

한국 축구팀이 월드컵에서 우승할 가능성이 최소한 몇 퍼센트(%)를 초과하면 ㈜대한이 보험상품에 가입하는 것이 유리한가? 단, 화폐의 시간가치는 고려하지 않는다.

해답

보험가입 시 기대현금흐름 = 3억 원 − 보험료 1억 원 = 2억 원

보험 미가입 시 기대현금흐름 = − 7억 원 × p + 3억 원 × (1 − p)

2억 원 > [− 7억 원 × p + 3억 원 × (1 − p)] ∴ p > 10%

예제 16-4 불확실성에서의 기댓값 (10CTA)

㈜목포는 갑회사로부터 유휴설비를 1년간 임대해 달라는 요청을 받았다. ㈜목포는 설비 임대료와 관련하여 다음과 같이 두 가지 대안을 제시받았다.

- 대안 1 : 갑회사의 연간 제품판매량 × ₩40 + ₩50,000
- 대안 2 : 갑회사의 연간 제품판매량 × ₩70

갑회사의 1년간 판매량이 1,000단위일 확률은 40%이며, 2,000단위일 확률은 60%라고 한다. ㈜목포의 입장에서 기대이익을 극대화하려면 어느 대안을 선택해야 하며, 그 기대임대료는 얼마인가?

해답

행동(대안)	상황(확률)	
	판매량이 1,000개(0.4)	판매량이 2,000개(0.6)
대안1	₩90,000	₩130,000
대안2	70,000	140,000

E(대안1) = ₩90,000 × 0.4 + 130,000 × 0.6 = 114,000 (*)

E(대안2) = ₩70,000 × 0.4 + 140,000 × 0.6 = 112,000

(별해) 대안1의 기댓값 = 기대판매량 × ₩40 + ₩50,000

= 1,600개 × ₩40 + ₩50,000 = 114,000 (*)

대안2의 기댓값 = 1,600개 × ₩70 = 112,000

❸ 기대효용기준

앞에서 살펴본 기대화폐기준은 변수의 특성치 중 평균만을 고려한 방법이다. 그런데 의사결정자들은 기대이익뿐만 아니라 위험 부담도 고려하여 의사결정을 한다. 여기에서 위험(risk)이란 기대이익이 예상을 벗어날 수 있는 정도를 뜻하며, 이는 분산 또는 표준편차로 나타낸다.

평균이익과 위험을 동시에 고려하는 이론으로는 **효용이론**(utility theory)을 들 수 있다. **효용**(utility)은 재화나 용역을 획득함으로써 얻는 정신적 만족도를 계량적으로 표현한 것이다. 재화나 용역의 양과 효용의 수준 사이에 존재하는 관계를 수학적 모델로 표현한 것을 **효용함수**(utility function)라 한다.

기대효용기준이란 기대효용을 극대화하는 행동을 선택하는 방법이다. 이를 위해서는 다음과 같은 절차를 따른다.

단계 1 : 각각의 성과에 대해 효용을 대응시킨다.

단계 2 : 의사결정자가 선택가능한 행동별로 기대효용을 구한다. 이 때 기대효용은 앞의 효용과 상황이 발생할 확률을 곱한 값이다.

단계 3 : 기대효용이 가장 큰 행동을 선택한다.

의사결정자의 위험에 대한 태도에 따라 효용함수는 위험선호형 효용함수, 위험중립형 효용함수, 위험회피형 효용함수로 구분할 수 있다. 그런데 의사결정자가 위험을 선호하는 경우는 거의 없기 때문에 여기에서는 생략하기로 한다.

위험중립형 효용함수

위험중립형 효용함수(risk - neutral utility function)는 의사결정자가 위험에 대해 특별한 성향을 갖지 않는 경우로서, [그림 16 - 1]의 (a)와 같이 선형함수의 형태이다. 이 경우 의사결정자의 기대효용을 극대화하기 위한 행동은 기대화폐액을 극대화하기 위한 행동과 항상 같다. 왜냐하면,

$$U(x) = a + b \times x \quad (\text{단, } a, b\text{는 상수, } b > 0)$$
$$EU(x) = E(a) + E(b \times x) = a + b \times E(x)$$

이므로 기대효용을 극대화하는 것과 기대화폐액을 극대화하는 것은 동일한 의미를 지닌다.

| 그림 16 - 1 | 효용함수

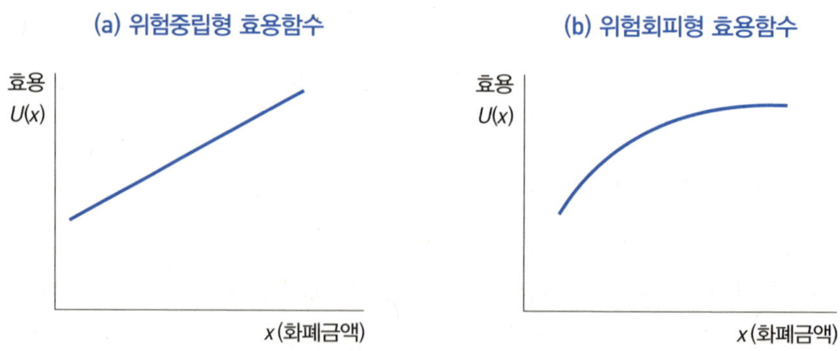

위험회피형 효용함수(risk－averse utility function)는 의사결정자가 위험회피자인 경우로서, [그림 16－1]의 (b)와 같이 오목함수(concave function)의 형태로 나타난다. 대부분의 경우 의사결정자는 위험회피형이다. 그런데 위험회피형 의사결정자의 기대효용을 극대화하기 위한 행동은 기대화폐액을 극대화하기 위한 행동과 상이할 수 있음에 유의하여야 한다.

위험회피형 효용함수

예제 16－5 기대효용기준에 의한 의사결정

강남회사에서는 설비 A나 B를 구입하여 게임기를 개발하려고 한다. 경기가 호황이냐 불황이냐에 따라 다음과 같이 기대이익이 결정된다.

행동	호황(s_1)	불황(s_2)
설비 A 구입(a_1)	₩100	₩20
설비 B 구입(a_2)	60	40

한편, 강남회사에서는 내년에 제품 수요가 많을 확률을 60%, 제품 수요가 적을 확률을 40%로 예상하고 있다.

물음

1. 강남회사의 경영자가 위험중립형이라면 최적행동방안은 무엇인가?
2. 강남회사 경영자의 효용함수가 다음과 같다면 최적행동방안은 무엇인가?

$U(x) = \sqrt{x}$ (단, x : 순성과)

해답

1. 위험중립형 의사결정자인 경우에는 기대화폐가치를 극대화하는 행동과 기대효용을 극대화하는 행동은 항상 동일하다. 즉 최적행동은 a_1이다.

2. 각각의 성과에 대해 효용을 대응시키면 다음과 같다.

행동	호황(s_1)	불황(s_2)
설비 A 구입(a_1)	10.000	4.472
설비 B 구입(a_2)	7.746	6.325

$EU(a_1) = 10.000 \times 0.6 + 4.472 \times 0.4 = 7.789$

$EU(a_2) = 7.746 \times 0.6 + 6.325 \times 0.4 = 7.177$

따라서 기대효용을 극대화하는 최적행동은 a_1이다.

예제 16-6 위험 선호도에 따른 의사결정

경남상사의 최고경영자는 신제품의 경제성을 분석하고자 한다. 신제품을 생산할 경우 이익 ₩10,000이 나타날 확률은 0.6, 손실 ₩8,000이 나타날 확률이 0.4이다.

물음

1. 경남상사의 최고경영자가 위험중립형이라면, 신제품을 생산하겠는가 아니면 생산하지 않겠는가?
2. 경남상사의 최고경영자가 위험회피형이며 효용함수는 $U(x) = \log\left(\frac{x + 10,000}{10,000}\right)$(단, x : 신제품 생산 시 순손익)이라고 가정할 때 경영자는 어떤 의사결정을 내리겠는가?

해답

1. 신제품의 기대이익 = ₩10,000 × 0.6 − ₩8,000 × 0.4 = ₩2,800
   신제품의 기대이익이 양(+)이므로, 신제품을 생산하는 것이 유리하다.
   위험중립형 의사결정자인 경우, 기대효용을 기준으로 한 의사결정과 기대화폐액을 기준으로 한 의사결정은 항상 동일하다.
2. 신제품을 생산하지 않을 경우, 즉 x = 0일 때 효용 $U(0) = \log\left(\frac{10,000}{10,000}\right) = 0$이다.
   신제품을 생산하는 경우 기대효용은 다음과 같다.

효용	확률	기대효용
$U(10,000) = \log\left(\frac{10,000 + 10,000}{10,000}\right) = 0.3010$	0.6	0.1806
$U(-8,000) = \log\left(\frac{-8,000 + 10,000}{10,000}\right) = -0.6990$	0.4	−0.2796
합계		−0.0990

신제품을 생산할 때의 기대효용이 생산하지 않을 때의 기대효용보다 낮으므로 신제품을 생산하지 않는다. 즉 순이익의 크기가 순손실의 크기보다 많고 또한 그 가능성이 높을지라도 의사결정자가 순손실을 기피하고자 하는 정도가 매우 크기 때문에 신제품을 생산하지 않는다.
이와 같이 위험회피형 의사결정자인 경우, 기대효용을 극대화하기 위한 의사결정과 기대화폐액을 극대화하기 위한 의사결정은 달라질 수 있다.

제 2 절 불확실성하에서 CVP분석

원가-조업도-이익 모형은 단기의사결정 과정에서 많이 사용된다. 이 모형에서 이익은 판매가격(p), 변동원가(v), 판매량(q), 고정원가(F)의 함수로 나타난다. 그런데, 이익을 결정하는 변수 중 하나 또는 그 이상의 변수가 불확실하다면, 경영자는 그 불확실성의 영향을 분석하여야 한다. 이러한 추가적 분석은 여러 가지 행동대안을 평가할 때 유용하다. 만약 두 가지 상호 배타적(mutually exclusive)인 제품 가운데 하나를 선택한다면, 기대수익 및 위험을 동시에 고려하여 기대수익이 높고 또한 위험이 낮은 대안을 선택해야 한다. 또한 불확실성의 분석을 통하여 자금 조달처, 재료의 대체적 구입처와 같은 우발적 상황에 대처할 수 있다.

불확실성하에서 의사결정을 다루는 모델로는 민감도 분석방법, 통계적 분석방법, 확률분기도표법, 시뮬레이션 등을 들 수 있다.

1 민감도 분석방법

민감도 분석(sensitivity analysis)은 독립변수의 하나 또는 그 이상의 변수가 변화할 때 종속변수의 반응도를 분석하는 방법이다. 회계학에서 흔히 거론되는 종속변수에는 이익 또는 현금흐름을 들 수 있다. 원가-조업도-이익 분석에서 다루었던 공헌이익, 공헌이익률, 영업레버리지도라는 기본 개념을 활용하여 변화 이전과 변화 이후를 대비한다.

이 방법은 '만약 …이라면'이라는 물음을 해결하는데 유용하며, 이러한 물음을 해결하는 과정에서 경영자는 불확실성의 잠재적 영향도를 파악하게 된다. 또한 이 방법을 이용하여 특정 제안을 수락할 것인가 또는 거절할 것인가를 결정할 수 있으며 의사결정을 내리기 이전에 추가적 정보를 얻을 것인가의 여부를 결정할 수 있다. 아울러 특정 제안을 수락할 경우, 민감도 분석을 통하여 경영자가 면밀히 검토해야 할 사항, 즉 주요한 종속변수에 많은 영향을 미칠 수 있는 사항을 미리 파악할 수 있다.

민감도 분석은 경영의사결정에 매우 유용한 방법이지만, 여러 가지 상황이 발생할 가능성을 전혀 고려하지 않으며, 체계적 분석절차가 없다는 한계를 지닌다.

② 통계적 분석방법

정규분포를 따르는 독립변수가 불확실하고 그 불확실성의 정도를 사전에 알 수 있다면, **통계적 분석방법**(statistical analysis)을 통하여 그러한 불확실성이 종속변수에 미치는 영향을 분석할 수 있다.

예컨대 판매량이 정규분포(normal distribution)를 따른다면, 판매량의 불확실성은 공헌이익과 순이익에 영향을 미친다. 이 때의 기대공헌이익은 제품 단위당 공헌이익과 기대판매량을 곱한 금액이며, 기대이익은 기대공헌이익에서 고정원가를 차감한 금액이다. 이를 수식으로 표현하면 다음과 같다.

$$E(\pi) = (p - v) \times E(x) - F$$

단, $E(\pi)$: 기대이익　　$E(x)$: 기대판매량

한편, 기대이익의 표준편차는 제품 단위당 공헌이익과 판매량의 표준편차를 곱하여 산출한다. 이를 수식으로 표현하면 다음과 같다.

$$S_\pi = (p - v) \times S_x$$

단, S_π : 기대이익의 표준편차　　S_x : 판매량의 표준편차

이익의 평균과 표준편차를 이용하여 손익분기점 이상을 달성할 확률을 구하거나 특정 목표이익 이상을 달성할 확률을 구할 수 있다. 단일 독립변수가 정규분포를 따르는 경우에는 통계적 분석방법이 유용하지만, 여러 독립변수를 고려할 경우 모형은 매우 복잡하게 된다.

예제 16-7 통계적 분석방법 (21CTA변형)

㈜세무는 기존에 생산 중인 티셔츠 제품계열에 새로운 색상인 하늘색과 핑크색 중 한 가지 제품을 추가할 것을 고려중이다. 추가될 제품은 현재의 시설로 생산가능하지만, 각각 ₩200,000의 고정원가 증가가 요구된다. 두 제품의 판매단가는 ₩10, 단위당 변동원가는 ₩8으로 동일하다. 마케팅부서는 두 제품의 시장수요에 대해 다음과 같은 확률분포를 제공하였다.

수요량	기대확률	
	하늘색	핑크색
50,000단위	0.0	0.1
100,000	0.2	0.1
200,000	0.2	0.2
300,000	0.4	0.2
400,000	0.2	0.4

㈜세무의 기대영업이익을 최대화하는 관점에서 최적의사결정은 무엇인가?

해답

기대이익(하늘색) = 단위당 공헌이익 ₩2 × 기대수요량 260,000개 = ₩520,000
기대이익(핑크색) = 단위당 공헌이익 ₩2 × 기대수요량 275,000개 = ₩550,000 (*)

예제 16-8 불확실성 + CVP (19CTA)

㈜세무는 단일 제품을 생산 판매하는데 단위당 변동원가는 ₩225이고 공헌이익률은 40%이다. 당기 예상 판매량은 2,000단위부터 6,000단위 사이에서 균등분포(uniform distribution)를 이룬다. 당기 총고정원가가 ₩630,000일 때 ₩120,000 이상의 이익을 얻을 확률은?

해답

공헌이익률 $= 1 - \frac{225}{p} = 0.4$ $\quad \therefore p =$ ₩375

목표이익을 달성하기 위한 매출액 = (₩630,000 + 120,000) ÷ 0.4 = ₩1,875,000 (5,000개)
이익 ₩120,000 이상을 얻을 확률 = (₩6,000 − 5,000) ÷ (₩6,000 − 2,000) = 25%

예제 16-9 불확실성 + CVP (19CPA)

㈜대한은 단일제품을 생산하며 20×1년의 판매가격 및 원가자료는 다음과 같다.

항목	단위당 금액
판매가격	₩50
변동제조원가	20
변동판매비	5

고정제조원가와 고정판매비는 각각 ₩20,000과 ₩10,000이다. ㈜대한의 경영자는 판매촉진을 위해 인터넷 광고를 하려고 한다. 인터넷 광고물 제작에는 ₩5,000의 고정판매비가 추가로 지출된다. 인터넷 광고를 하지 않을 경우 판매량은 1,200단위와 1,800단위 사이에서 균등분포(uniform distribution)를 이루고, 인터넷 광고를 하면 판매량은 1,500단위와 2,000단위 사이에서 균등하게 분포한다. ㈜대한이 인터넷 광고를 함으로써 기대영업이익은 얼마나 증가 또는 감소하는가?

해답

광고시 평균판매량 증가로 인한 공헌이익 증가 : (1,750개 − 1,500개) × (₩50 − 20 − 5) = ₩6,250
기대영업이익 변화 = ₩6,250 − 고정판매비 증가 5,000 = ₩1,250 증가

예제 16-10 통계적 분석

금강상사에서 생산하는 제품의 단위당 판매가격은 ₩3,500이며, 단위당 변동원가는 ₩3,000이고, 월간 총고정원가는 ₩240,000이다. 그런데 제품의 월 판매량은 불확실하다. 과거의 경험에 의하면 월 판매량은 평균 600개, 표준편차 100개인 정규분포를 따르며, 앞으로도 계속 이 분포를 따르리라 예상된다.

물음

1. 월간 기대이익을 구하라.
2. 월간 이익의 표준편차를 구하라.
3. 월간 매출액이 최소한 손익분기점을 초과할 확률을 구하라.
4. 월간 이익이 ₩110,000 이상일 확률을 구하라.

해답

1. 기대공헌이익 = (₩3,500 − 3,000) × 600개 = ₩300,000
   $E(\pi)$ = ₩300,000 − 240,000 = ₩60,000
2. S_{π} = (₩3,500 − 3,000) × 100개 = ₩50,000
3. 손익분기점에서의 이익은 ₩0이다. 표준화하면,

   $$z = \frac{0 - 60,000}{50,000} = -1.2$$

   부록의 정규분포표를 이용하면 다음과 같다.
   $p(z \geq -1.2) = 0.5 + p(0 \leq z \leq 1.2) = 0.5 + 0.3849 = 0.8849$
4. $$z = \frac{110,000 - 60,000}{50,000} = 1.0$$

   부록의 정규분포표를 이용하면 다음과 같다.
   $p(z \geq 1.0) = 0.5 - p(0 \leq z \leq 1.0) = 0.5 - 0.3413 = 0.1587$

③ 확률분기도표법

불확실한 변수가 소수이고 이들 변수가 나타날 상황이 적은 경우, 독립변수와 종속변수가 지닐 변수값과 이들 값이 나타날 확률을 모두 나타내는 표를 **확률분기도표**(probability tree diagram)라 한다. 이 때 여러 개의 독립변수가 독립적이라면, 이들이 동시에 나타날 결합확률(joint probability)은 각각의 독립변수가 나타날 확률을 곱하여 구한다.

예제 16－11 확률분기도표

소백상사에서는 신제품의 경제성을 분석하고자 한다. 신제품의 수명주기는 1년이며, 고정원가는 ₩100,000으로 확실하다. 그러나 신제품의 연간 판매량과 제품 단위당 공헌이익은 불확실하다. 소백상사의 마케팅부서와 회계부서의 의견에 따르면 이들에 대한 주관적 확률은 다음과 같다.

연간 판매량	확률
200개	0.3
100개	0.7

제품 단위당 공헌이익	확률
₩1,000	0.4
900	0.6

물음

1. 신제품의 연간 기대공헌이익을 구하라.
2. 신제품 생산시 이익이 나타날 확률을 구하라.

해답

1. 연간 판매량의 확률과 제품 단위당 공헌이익의 확률로부터 결합확률을 구한 후, 결합확률과 공헌이익을 곱하여 기대공헌이익 ₩122,200을 구한다.

〈확률분기도표〉

판매량	제품단위당 공헌이익	공헌이익	결합확률	기대공헌이익
200개	₩1,000	₩200,000	0.3 × 0.4	₩24,000
	900	180,000	0.3 × 0.6	32,400
100개	1,000	100,000	0.7 × 0.4	28,000
	900	90,000	0.7 × 0.6	37,800
합계				₩122,200

2. 물음 1에서 공헌이익이 고정원가보다 많을 때 이익이 발생한다. 이 때의 결합확률을 가산하면 0.3(= 0.12 + 0.18)이다.

확률분기도표를 이용하면 특정 사업의 경제성 분석을 가시적으로 살펴볼 수 있다는 장점이 있는 반면에, 불확실한 독립변수의 개수가 증가하거나 이들 변수가 나타날 상황이 많은 경우에는 확률분기가 기하급수적으로 커지기 때문에 이 방법을 사용하기 힘들다.

4 시뮬레이션

모델이란 현상에 대한 추상적 표현이다. 모델의 독립변수에 특정값을 할당하여 모델의 종속변수값을 계산할 수 있을 때, 모델은 실제현상을 나타낸다고 말한다. **통계적 시뮬레이션**(stochastic simulation)은 모델의 독립변수값에 무작위로 반복 할당하여 이에 따라 모델의 종속변수값을 계산하는 방법이다. 이를 통하여 종속변수의 확률분포를 알 수 있다. 이 방법은 모델의 독립변수와 종속변수의 관계가 매우 복잡하여 분석적 방법으로 종속변수의 확률분포를 알 수 없는 경우에 매우 유용하다.

앞의 [예제 16-6]에서는 연간 고정원가가 ₩100,000으로 확실하였으나, 이를 확장하여 ₩110,000, ₩100,000, ₩90,000으로 불확실하며, 각각의 확률은 0.2, 0.5, 0.3이라고 가정하고서 연간 기대이익을 구하여 보자. 확률분기도표법을 이용하여 분석한다면 12(= 2 × 2 × 3)가지가 파생한다. 불확실한 독립변수의 개수가 추가되고, 또한 독립변수가 나타날 상황이 더 많아진다면 더 이상 확률분기도표를 이용하여 분석할 수 없다.

고정원가까지 불확실한 경우에 시뮬레이션을 이용해서 분석하여 보자. 각각의 독립변수값을 무작위로 추출하여 종속변수값을 계산한다. 독립변수값을 선택할 때는 그 값이 나타날 확률에 근거하여야 한다. 예컨대 무작위로 고정원가값을 100번 추출한다면 ₩110,000이 20회, ₩100,000이 50회, ₩90,000이 30회 추출되도록 한다. 이 때 무작위 추출은 흔히 난수표(random number table)를 이용한다.

연간 판매량, 제품 단위당 공헌이익, 고정원가 각각의 값에 난수를 부여한 이후에, 난수표에서 난수를 추출하여 그 난수에 해당하는 독립변수값을 대응시킨다. 독립변수의 개수가 세 개이므로 난수 세 개를 독립변수에 할당한다. 각 시행별로 난수에 대응되는 독립변수값을 파악하여 이로부터 종속변수(연간이익)값을 구한다. 이 과정을 상당히 많이 반복적으로 시행하여 종속변수값을 평균하면 종속변수의 기댓값이 산출된다.

제 3 절 불확실성하에서 의사결정과 회계정보

경영자들은 의사결정을 내리기 이전에 많은 정보를 얻고자 한다. 이러한 현실은 추가적 정보를 통해 미래의 불확실성을 감소시킬 수 있기 때문이다. 그러나 추가적 정보를 얻기 위해서는 의사결정자가 일정한 금액을 지불하여야 하기 때문에, 추가적 정보로부터 얻을 수 있는 효익과 원가를 비교·평가하여야 한다.

1 완전정보의 가치

완전정보(perfect information)란 의사결정에 있어 모든 불확실성을 완전히 제거시킬 수 있는 정보이다. 불확실성은 상황에 개재된다고 하였으므로 만약 특정 상황이 발생한다는 것을 확실히 알려주는 정보는 완전정보이다. 그런데 실제로 완전정보를 얻기 이전에는 의사결정자가 상황에 대한 주관적 확률만을 가지고 있기 때문에 사전적(ex-ante) 의미에서 완전정보의 가치를 분석한다.

완전정보의 가치는 다음과 같은 절차로 구한다.

단계 1 : 정보가 없을 때의 기대가치(expected value without information)를 계산한다.

단계 2 : 각 상황에 대한 완전정보를 가질 때 최적행동과 성과를 결정한다.

단계 3 : **완전정보에서의 기대가치**(expected value with perfect information)를 계산한다. 이는 단계 2에서의 성과와 각 상황의 주관적 확률을 곱하여 구한다.

단계 4 : **완전정보의 기대가치**(expected value of perfect information : EVPI)를 구한다. 이는 단계 3의 완전정보에서의 기대가치에서 단계 1의 정보가 없을 때의 기대가치를 차감한 값이다.

> 완전정보의 기대가치(EVPI)
> = 완전정보에서의 기대가치 − 정보가 없을 때의 기대가치

완전정보의 기대가치는 예측오류의 원가를 이용하여 구할 수도 있다. **예측오류의 원가**(cost of prediction error)란 특정 상황이 발생할 경우 사전에 선택한 최적행동(사전적 최적의사결정)으로부터 기대되는 성과와 동 상황에서의 최선의 대안(사후적 최적의사결정)으로부터 실현할 수 있었던 성과와의 차이를 의미한다. 예측오류의 원 예측오류의 원가

가는 조건부 손실(conditional loss)이라고도 한다. 사전적 최적의사결정과 사후적 최적의사결정이 일치하면 예측오류의 원가는 발생하지 않는다. 만약 이들이 일치하지 않으면 예측오류의 원가가 발생한다. 이를 이용하여 완전정보의 기대가치를 다음과 같은 절차로 구할 수 있다.

단계 1 : 정보가 없을 때 기대가치를 극대화하기 위한 최적행동(사전적 최적의사결정)을 결정한다.

단계 2 : 각 상황하에서 성과가 가장 높게 나타나는 행동(사후적 최적의사결정)을 결정한다.

단계 3 : 각 상황에서 단계 1의 성과와 단계 2의 성과와의 차이인 예측오류의 원가를 구한다.

단계 4 : 단계 3의 예측오류의 원가와 각 상황의 확률을 곱하여 예측오류의 기대가치(expected cost of prediction error)를 구한다. 이것이 바로 완전정보의 가치이다. 왜냐하면 완전정보하에서는 예측오류를 완전히 제거할 수 있기 때문이다.

의사결정자가 위험중립형 의사결정자라면 자신의 기대효용을 극대화하는 의사결정과 기대가치를 극대화하는 의사결정이 동일하므로, 완전정보를 이용함으로써 증가되는 기대성과가 바로 완전정보의 가치이며 또한 의사결정자가 완전정보를 얻기 위해 지불할 수 있는 최대금액이 된다.

그러나 의사결정자가 위험회피형 의사결정자라면, 완전정보의 가치를 위와 같이 구할 수 없다. 왜냐하면 위험회피형 의사결정자는 자신의 기대효용을 극대화하고자 하며, 결코 기대가치를 극대화하고자 하지 않기 때문이다. 완전정보의 가치는 완전정보를 얻기 위해 지불할 수 있는 최대금액을 뜻하므로, 이를 이용하여 위험회피형 의사결정자의 완전정보가치를 다음과 같은 절차로 구한다.

단계 1 : 정보가 없을 때의 최적행동과 이 때의 기대효용을 구한다.

단계 2 : 성과표의 모든 성과에서 완전정보의 가치(C)를 차감한다.

단계 3 : 단계 2를 바탕으로 완전정보에서의 기대효용을 구한다.

단계 4 : 단계 1에서의 기대효용과 단계 3에서의 기대효용을 일치시키는 C를 구한다. 이 C가 바로 완전정보의 가치이며, 또한 위험회피형 의사결정자가 완전정보를 얻기 위해 지불할 수 있는 최대금액이다.

일반적으로 위험회피형 의사결정자의 완전정보가치는 위험중립형 의사결정자의 완전정보가치보다 크다. 왜냐하면 불확실성을 상대적으로 더 싫어하는 위험회피형 의사결정자는 불확실성을 감소시켜 주는 정보에 대해 더 많은 금액을 지불하고자 하기 때문이다.

완전정보의 가치에서 유의할 사항은 다음과 같다.

첫째, 완전정보의 가치는 사전적(ex-ante) 개념으로 계산한 값이다.

둘째, 완전정보의 가치는 어떤 정보가 가질 수 있는 최대의 가치이며 이러한 의미에서 정보가치의 상한값(upper bound of information value)이다. 즉 어떠한 정보의 가치도 완전정보의 가치보다는 못하다.

셋째, 정보가 없을 때의 최적행동은 기대가치 또는 기대효용을 극대화하는 행동이지만, 완전정보에서의 최적행동은 정보에 따라 달라질 수 있다.

예제 16-12 완전정보에서의 기대가치 (86CPA)

다음은 심산회사의 여러 행동과 상황에 대한 성과표이다. 완전정보하의 기댓값은 얼마인가?

사상(events)	A	B	C	D
발생확률	0.1	0.4	0.3	0.2
행동 Ⅰ	₩10,000	₩5,000	₩0	−₩10,000
행동 Ⅱ	15,000	10,000	5,000	−5,000
행동 Ⅲ	20,000	15,000	0	0
행동 Ⅳ	30,000	10,000	0	−15,000

해답

완전정보에서의 기대가치 = ₩30,000 × 0.1 + 15,000 × 0.4 + 5,000 × 0.3 + 0 × 0.2 = ₩10,500

예제 16-13 완전정보의 기대가치

생선가게를 운영하는 김할머니는 신선한 생선을 팔기 위해 농수산물 도매센타에서 매일 생선을 구입하고 있다. 저녁까지 팔지 못한 생선은 폐기처분해야 한다. 생선의 원가는 ₩400이며, 판매가격은 ₩1,000이다. 김할머니가 예상하는 일일 수요량(확률)은 10마리(0.1), 20마리(0.4), 30마리(0.4), 40마리(0.1)이다.

물음

1. 김할머니는 매일 농수산물도매센타에서 생선 몇 마리를 구입해야 하는가?
2. 완전정보의 가치는 얼마인가?
3. 김할머니가 30마리를 구입하였는데, 실제로 생선의 수요가 20마리였다면 예측오류의 원가는 얼마인가?
4. 예측오류의 기댓값은 얼마인가?

해답

1. 구입량과 수요량에 따른 성과표는 다음과 같다.

구입량 \ 수요량	10 (0.1)	20 (0.4)	30 (0.4)	40 (0.1)
a_1 : 10마리	₩6,000	₩6,000	₩6,000	₩6,000
a_2 : 20마리	2,000*	12,000	12,000	12,000
a_3 : 30마리	−2,000	8,000	18,000	18,000
a_4 : 40마리	−6,000	4,000	14,000	24,000

* 매출액 − 원가 = ₩1,000 × 10 − ₩400 × 20 = ₩2,000

▸ 정보가 없을 때

$E(a_1)$ = ₩6,000

$E(a_2)$ = ₩2,000 × 0.1 + ₩12,000 × (0.4 + 0.4 + 0.1) = ₩11,000

$E(a_3)$ = − ₩2,000 × 0.1 + ₩8,000 × 0.4 + ₩18,000 × (0.4 + 0.1) = ₩12,000

$E(a_4)$ = − ₩6,000 × 0.1 + ₩4,000 × 0.4 + ₩14,000 × 0.4 + ₩24,000 × 0.1 = ₩9,000

따라서 기대가치가 가장 큰 30마리를 구입하여야 한다.

2. 완전정보에서의 기대가치 = ₩6,000 × 0.1 + ₩12,000 × 0.4 + ₩18,000 × 0.4 + ₩24,000 × 0.1
= ₩15,000

EVPI = 완전정보에서의 기대가치 − 정보가 없을 때의 기대가치
= ₩15,000 − 12,000 = ₩3,000

3. 30마리를 선택하였는데 실제수요가 20마리이라면 예측오차는 ₩12,000 − 8,000 = ₩4,000이다.

4. 정보가 없을 때의 최적행동은 30마리 구입이다. 여러 행동에서의 예측오류의 원가를 구하면 다음과 같다.

실제수요	예측오류의 원가	확률	기댓값
10마리	₩6,000 − (− 2,000) = 8,000	0.1	₩800
20마리	₩12,000 − 8,000 = 4,000	0.4	1,600
30마리	₩18,000 − 18,000 = 0	0.4	0
40마리	₩24,000 − 18,000 = 6,000	0.1	600
합계			₩3,000

예측오류의 기댓값은 완전정보의 기대가치와 동일함을 확인할 수 있다.

예제 16-14 예측오차 (23CPA변형)

㈜대한은 제품 A를 생산하여 판매하려고 한다. 제품 A의 단위당 제조원가는 ₩200이며, 단위당 판매가격은 ₩500이다. 제품 A는 판매되지 못하면 전량 폐기처분해야 하며, 미리 생산한 제품 A가 전량 판매된 후에는 추가로 생산하여 판매할 수 없다. ㈜대한이 예상한 제품 A의 판매량(확률)은 500개(0.4), 600개(0.3), 700개(0.3)이다. 제품 A의 판매량에 관하여 완전한 예측을 해주는 완전정보시스템이 있다면, 기존 정보하에서 기대가치가 가장 큰 대안을 선택하였고 실제로 제품 A가 500개 판매된 경우 예측오차의 원가는?

해답

생산 및 판매에 따른 성과표는 다음과 같다.

생산 수요	500개	600개	700개
500개	₩150,000	₩150,000	₩150,000
600개	130,000	180,000	180,000
700개	110,000	160,000	210,000

EV(500개) = ₩150,000 EV(600개) = ₩160,000 (*) EV(700개) = ₩155,000

EV with PI = ₩177,000

EVPI = ₩177,000 − 160,000 = ₩17,000

기존정보하에서 기대가치가 가장 큰 대안은 600개이다. 실제판매량이 500개이면 이때 실제이익은 ₩130,000이다. 예측오차가 없었다면 즉 (500개 생산, 500개 판매)하였다면 이때 이익은 ₩150,000이다.

예측오차 = ₩150,000 − 130,000 = ₩20,000

예제 16-15 위험회피형 의사결정자의 완전정보가치

강남회사에서는 설비 A나 B를 구입하여 게임기를 개발하려고 한다. 경기가 호황이냐 불황이냐에 따라 다음과 같이 기대이익이 결정된다.

행동	호황(s_1)	불황(s_2)
설비 A 구입(a_1)	₩100	₩20
설비 B 구입(a_2)	60	40

한편, 강남회사에서는 내년에 제품 수요가 많을 확률을 60%, 제품 수요가 적을 확률을 40%로 예상하고 있다.

물음

1. 완전정보의 가치를 구하라.
2. 예측오류의 원가를 구하라.
3. 강남회사 경영자의 효용함수가 다음과 같을 때, 완전정보의 가치를 구하는 식을 유도하라. 아울러 완전정보의 가치가 물음 2의 답보다 큰가 또는 작은가를 밝히시오.

   $U(x) = \sqrt{x}$ (단, x : 순성과)

해답

1. 완전정보에서의 기대가치

완전정보	최적행동	성과	확률	기댓값
s_1	a_1	₩100	0.6	₩60
s_2	a_2	40	0.4	16
합계				₩76

여기에서 정보가 없을 경우의 최적행동(a_1)과 완전정보에서의 최적행동이 달라질 수 있음을 유의하여야 한다. 완전정보 s_1하에서의 최적행동은 a_1이지만, 완전정보 s_2하에서의 최적행동은 a_2이다.

완전정보의 가치(EVPI) = 완전정보에서의 기대가치 − 정보가 없을 때의 기대가치
= ₩76 − 68 = ₩8

2. a_1을 선택하였는데 실제상황이 s_1이라면 예측오류의 원가는 ₩0이다. 반면에 a_1을 선택하였는데 실제상황이 s_2라면 예측오류의 원가는 ₩40 − 20 = ₩20이다. 완전정보의 가치는 예측오류의 원가를 이용하여 다음과 같이 구할 수도 있다.

실제상황	예측오류의 원가	확률	기댓값
s_1	₩0	0.6	₩0
s_2	20	0.4	8
합계			₩8

3. 완전정보의 가치를 C라 하고서, 완전정보하의 기대효용을 구하면 다음과 같다.

완전정보	최적행동	성과	효용	확률
s_1	a_1	₩100 − C	$\sqrt{100-C}$	0.6
s_2	a_2	40 − C	$\sqrt{40-C}$	0.4

완전정보에서의 기대효용 $=\sqrt{100-C}\times0.6+\sqrt{40-C}\times0.4$

정보가 없을 때의 기대효용 = 7.789([예제 16 − 5]의 답)

따라서 완전정보의 가치를 구하는 식은 다음과 같다.

$$\sqrt{100-C}\times0.6+\sqrt{40-C}\times0.4=7.789$$

물음 2에서 구한 완전정보의 가치 ₩8을 좌변에 대입하면 좌변값은 8.018이므로 C는 ₩8보다 크다.
즉 위험회피형 의사결정자는 위험중립형 의사결정자보다도 정보의 가치를 더 높게 평가한다.

예제 16 − 16 EVPI (19CTA)

㈜세무는 공정이 정상인지에 대해 조사 여부를 결정하고자 한다. 공정 조사비용은 ₩20,000이며, 조사 후 공정이 비정상 상태일 때 교정비용은 ₩30,000이다. 공정이 비정상인데 조사하지 않으면 손실 ₩90,000이 발생한다. 공정이 정상일 확률은 60%, 비정상일 확률은 40%이다. 공정 상태에 대해 완전한 예측을 해주는 완전정보시스템이 있다면 그 완전정보를 얻기 위해 지불가능한 최대금액은?

해답

행동 대안	상황	
	공정이 정상(0.6)	공정이 비정상(0.4)
조사	₩20,000	₩20,000 + 30,000 = ₩50,000
비조사	0	90,000

▸ 정보가 없을 때

E(조사) = ₩20,000 × 0.6 + 50,000 × 0.4 = ₩32,000 (*)

E(비조사) = ₩36,000

▸ 완전정보하의 기댓값 = 0 + 50,000 × 0.4 = ₩20,000

▸ EVPI = ₩32,000 − 20,000 = ₩12,000

예제 16-17 EVPI (23CTA)

㈜세무는 기계 A, B 중 하나를 구입하고, 이를 사용하여 신제품을 생산하려 한다. 관련자료를 근거로 작성한 성과표(payoff table)는 다음과 같다. 성과표에서 $P(S_i)$는 확률을 의미하고, 금액은 이익을 의미한다.

대안 \ 상황	s_1 = 호황 $p(s_1) = 0.4$	s_2 = 불황 $p(s_2) = 0.6$
기계 A	₩9,000	₩1,000
기계 B	7,000	K

기계 A의 기대이익이 기계B의 기대이익보다 더 크며, 호황일 때는 기계 A의 이익이 더 크고 불황일 때는 기계 B의 이익이 더 크다. 완전정보의 기대가치(EVPI)가 ₩600인 경우, 성과표에서 K는 얼마인가?

해답

EV(A) = ₩4,200　　EV(B) = ₩2,800 + 0.6K

₩4,200 > [2,800 + 0.6K]　　∴ K > ₩1,000

EVPI = (3,600 + 0.6K) − 4,200 = ₩600　　∴ K = ₩2,000

❷ 불완전정보의 가치

의사결정자는 완전정보를 획득함으로써 의사결정의 기대가치 또는 기대효용을 증가하고자 하지만, 대부분의 경우 완전정보란 존재하지 않는다. 현실적으로 의사결정자는 불완전한 정보를 통하여 자신의 기대가치 또는 기대효용을 증가시킬 수 있는지의 여부와 그 추가적 정보를 얻기 위해 얼마만한 금액을 지불해야 하는지를 결정하여야 한다. 불완전정보를 통하여 기대가치 또는 기대효용을 증가시킬 수 있을 때 또는 기대손실을 감소시킬 때 불완전정보는 가치가 있다고 표현한다. 즉 정보를 통하여 잘못된 의사결정이 내려질 가능성이 감소할 때 그 정보는 가치가 있다. 정보가 의사결정과정에 어떤 역할을 수행하는지를 분석하는 이론을 정보경제학(information economics)이라 한다.

사후적 확률

불완전정보(imperfect information)란 실제상황이 정보를 통하여 알게 된 상황과 다를 수 있을 때 그러한 정보를 뜻한다. 이는 마치 통계학에서 표본이 모집단을 완전하게 대변하지 않는 것과 유사하기 때문에, 불완전정보를 **표본정보**(sample information)라고도 한다. 대개 불완전정보는 정보의 신뢰성(reliability of information)을 나타내는 조건부 확률(conditional probability), 즉 특정상황에서 정보가 나타날 확률로 표현된다. 의사결정자가 어떠한 정보를 사용하기 이전에 과거의 경험이나 일반적 지식에 의하여 주관적으로 가진 확률을 사전적 확률(prior probability)이라 하는 반면에, 특정한 정보를 사용하여 사전적 확률을 수정함으로써 얻는 확률을 사후적 확률(posterior probability)이라 한다.

| 그림 16-2 | 사전적 확률과 사후적 확률

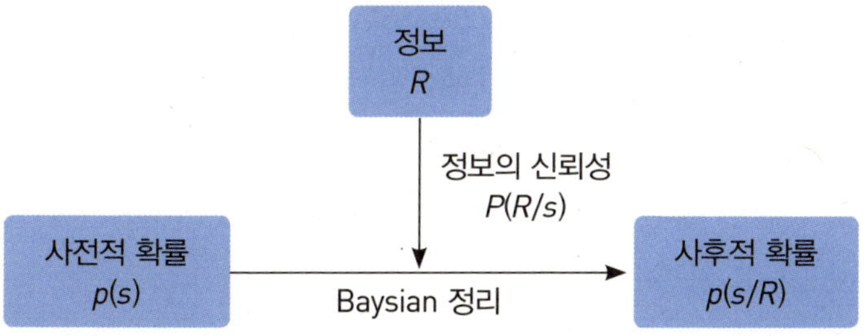

의사결정자는 자신의 주관적 확률과 조건부 확률을 가지고서 **베이지안 정리**(Baysian theorem)를 이용해 다음과 같이 **사후적 확률**(posterior probability)을 구한다.

$$p(s_i / R_j) = \frac{p(R_j / s_i) \times p(s_i)}{p(R_j)}$$

위 식에서 $p(s_i)$는 사전적 확률이고, $p(R_j / s_i)$는 정보의 신뢰성에 대한 확률이다. $p(R_j)$는 사전적 확률과 정보 신뢰성의 확률로부터 구한다.

사후적 확률은 사전적 확률과 정보 신뢰성에 대한 확률을 가지고서 통계적 지식을 이용하여 구한다.

사전적 확률 $p(s_i)$과 사후적 확률 $p(s_i / R_j)$을 직관적으로 비교하면, 사전적 확률은 아무런 정보도 없을 때 의사결정자의 주관적 판단인데 반하여 사후적 확률은 정보(회계정보 또는 일기예보 등)를 얻은 후 의사결정자의 판단이라 할 수 있다. 둘다 의사결정자의 판단이라는 측면에서는 같지만 정보를 얻기 이전 또는 이후의 확률이라는 측면에서 사전적, 사후적 확률이라는 용어를 사용한다.

의사결정에 있어서 정보의 역할은 각 상황에 대한 사전적 확률을 사후적 확률로 수정하는데 있다. 만약 사전적 확률과 사후적 확률이 동일하다면 정보는 전혀 의미

없게 된다. 의사결정자는 정보를 통하여 미래의 불확실성을 감소시킴으로써 자신의 기대가치 또는 기대효용을 증가시킨다.

불완전정보의 가치를 구하는 절차를 단계적으로 설명하면 다음과 같다.

단계 1 : 각 행동과 각 상황에 따른 순성과(net payoff)를 기록한다.

단계 2 : 베이지안 정리를 이용하여 사후적 확률 $p(s/R)$을 구한다.

단계 3 : 순성과와 사후적 확률을 곱하여 기대가치를 구한다.

단계 4 : 각 행동대안에 따른 기대가치를 구한다.

단계 5 : 각 정보에서 기대가치가 가장 큰 행동대안을 구한다.

단계 6 : 각 정보가 나타날 확률 $p(R)$과 각 정보하에서의 최적행동대안의 기댓값을 곱하여 **불완전정보에서의 기대가치**(expected value with sample information)를 산출한다.

단계 7 : 불완전정보에서의 기대가치와 정보가 없을 때의 기대가치의 차이를 구하여 **불완전정보의 기대가치**(expected value of sample information ; EVSI)를 산출한다.

> 불완전정보의 기대가치(EVSI)
> = 불완전정보에서의 기대가치 − 정보가 없을 때의 기대가치

불완전정보의 가치에서 유의할 사항은 다음과 같다.

첫째, 의사결정자의 최적행동은 정보에 따라 달라질 수 있다.

둘째, 불확실성에서 정보의 역할은 상황에 대한 확률을 수정시키는데 있다. 즉 정보는 미래의 불확실성을 감소시켜 준다.

셋째, 불완전정보의 가치는 의사결정자가 그 정보에 대해 지불할 수 있는 최대금액이다. 불완전정보의 가치의 상한값은 완전정보의 가치이며, 하한선은 영(0)이다.

지금까지는 정보의 생산이나 가공 또는 분석에 소요되는 원가 즉 정보비용(cost of information)을 고려하지 않았다. 정보비용까지 고려한 정보의 가치는 정보비용을 고려하지 않는 정보의 가치에서 정보비용을 차감한 금액이다. 어떤 경우에는 정보비용이 정보비용을 고려하지 않은 정보의 가치보다 많을 수 있다. 따라서 정보를 이용하는 경우 미래의 불확실성은 감소하지만 이에 따른 비용도 아울러 고려하여야 한다.

예제 16-18 EVSI (18CPA)

㈜대한은 제품 A와 제품 B 중 어느 것을 생산·판매할 것인지 결정하기 위해 외부경제연구소로부터 시장상황에 대한 예측정보를 얻으려고 한다.

(1) ㈜대한은 미래의 시장 상황을 호황과 불황으로 나누고, 외부경제연구소의 예측정보를 얻기 전에 각 상황에 대한 확률과 영업이익을 다음과 같이 예상하였다.

대안	시장상황	
	호황(확률 : 60%)	불황(확률 : 40%)
제품 A	₩1,200	₩900
제품 B	₩850	₩1,100

(2) 외부경제연구소는 시장상황에 대해 호황이라고 예측하는 정보(R_1) 또는 불황이라고 예측하는 정보(R_2)를 제공한다.

(3) ㈜대한은 시장상황에 대해 사전에 예상한 확률과 외부경제연구소의 예측정확도를 고려하여 각 정보(R_1과 R_2)가 제공될 확률을 계산하였다. 각각의 정보가 제공될 확률, 정보가 주어졌을 때의 최적대안 및 최적대안의 기대영업이익은 다음과 같다.

구분	R_1	R_2
정보가 제공될 확률	56%	44%
최적대안	제품 A	제품 B
최적대안의 기대영업이익	₩1,157	₩1,032

㈜대한이 외부경제연구소의 예측정보에 대해 지불할 수 있는 최대금액은 얼마인가?

해답

▸ 정보가 없을 때

EV(A) = 0.6 × ₩1,200 + 0.4 × 900 = ₩1,080(*)

EV(B) = 0.6 × ₩850 + 0.4 × 1,100 = ₩950

▸ 불완전정보하의 기댓값 = 0.56 × 1,157 + 0.44 × 1,032 = ₩1,102

▸ EVSI = ₩1,102 − 1,080 = ₩22

예제 16-19 사후적 확률

부산제조기업의 하루 동안 불량률에 대한 확률은 다음과 같다.

공정이 정상일 때(S_1)		공정이 비정상일 때(S_2)	
불량률	확률	불량률	확률
2.0%	0.15	3.5%	0.10
2.5	0.20	4.0	0.25
3.0	0.30	5.0	0.30
3.5	0.20	6.0	0.25
4.0	0.15	6.5	0.10

부산기업의 경영자는 과거 경험에 비추어 볼 때 공정이 정상일 확률을 70%라고 판단하고 있다.

물음

1. 특정일의 불량률이 3.5%일 경우, 공정이 정상일 확률을 계산하라.
2. 특정일의 불량률이 4.0%일 경우, 공정이 비정상일 확률을 계산하라.

해답

베이지안 정리는 통계적 기호로 이해하기가 쉽지 않을 뿐만 아니라 계산과정에서 오류를 범하기 쉬우므로 예제를 통해 그림 방법으로 설명하기로 한다.
공정이 정상이라 생각하는 사전적 확률 $P(S_1)$은 0.7이다. 그런데 불량률에 대한 추가정보가 주어지면 의사결정자의 생각(사후적 확률)은 달라질 수 있다. 사후적 확률을 구하는 과정을 통계적으로 접근하지 않고 그림에 의해 설명한다. 결국은 동일한 내용이지만 이해도 측면에서 훨씬 유용하다.

1. 공정이 정상일 때도 불량률이 3.5%로 나타날 수 있으며($P(Y_1 \mid S_1) = 0.2$), 공정이 비정상일 때도 불량률이 3.5%로 나타날 수 있다($P(Y_1 \mid S_2) = 0.1$). 사전적 확률과 정보 신뢰성의 확률을 곱하면 아래 표의 빗금친 두 군데 면적을 구할 수 있다. 불량률에 대한 정보가 주어지면 이제는 가로 축을 중심으로 살펴보자. 특정일의 불량률이 3.5%일 경우 공정이 정상일 확률이란 가로 축 전체 면적(0.17) 중 공정정상의 면적(0.14)이 차지하는 비율이라 할 수 있다.

상황 / 정보	$P(S_1) = 0.7$		$P(S_2) = 0.3$		
Y_1 : 3.5%	$P(Y_1 \mid S_1) = 0.2$	$0.2 \times 0.7 = 0.14$	$P(Y_1 \mid S_2) = 0.1$	0.03	$P(Y_1) = 0.17$

P(정상/불량률 3.5%) = 0.14 ÷ 0.17 = 0.82

2.

상황 / 정보	$P(S_1) = 0.7$		$P(S_2) = 0.3$		
Y_1 : 4.0%	$P(Y_1 \mid S_1) = 0.15$	$0.15 \times 0.7 = 0.105$	$P(Y_1 \mid S_2) = 0.25$	0.075	$P(Y_1) = 0.18$

P(비정상/불량률 4.0%) = 0.075 ÷ 0.18 ≒ 0.42

예제 16-20 불완전정보의 가치

강남회사에서는 설비 A나 B를 구입하여 게임기를 개발하려고 한다. 경기가 호황이냐 불황이냐에 따라 다음과 같이 기대이익이 결정된다.

행동	호황(s_1)	불황(s_2)
설비 A 구입(a_1)	₩100	₩20
설비 B 구입(a_2)	60	40

강남회사에서는 내년에 제품 수요가 많을 확률을 60%, 제품 수요가 적을 확률을 40%로 예상하고 있다. 강남회사에서는 내년도 경기에 대하여 마케팅전문가에게 자문을 구하고자 한다. 마케팅전문가는 내년도 경기를 분석하여 다음과 같은 보고서 중 하나를 강남회사에 제출한다.

R_1 : 내년도 경기가 호황이다. R_2 : 내년도 경기가 불황이다.

지금까지 경험에 의하면 마케팅전문가의 예측 신뢰도는 80%이다. 즉 실제로 다음 연도 경기가 호황인데 마케팅전문가가 R_1이라고 예측한 확률이 80%이며, R_2라고 예측한 확률은 20%이다. 강남회사에서 마케팅전문가의 자문을 받을 경우 최적행동방안과 마케팅전문가에게 지불할 수 있는 최대금액을 구하라.

해답

강남회사의 사전적 확률 p(s)와 정보의 신뢰도 p(R/s)를 이용하여 사후적 확률을 구한다.

정보 \ 상황	$p(s_1)=0.6$		$p(s_2)=0.4$		
R_1	$p(R_1 \mid s_1)=0.8$	$0.8\times0.6=0.48$	$p(R_1 \mid s_2)=0.2$	0.08	$p(R_1)=0.56$
R_2	$p(R_2 \mid s_1)=0.2$	$0.2\times0.6=0.12$	$p(R_2 \mid s_2)=0.8$	0.32	$p(R_2)=0.44$

본문의 단계1~4를 분석하면 다음과 같다.

정보	행동	상황	성과	사후적 확률	기댓값	
R_1	a_1	s_1	100	$\frac{0.48}{0.56}$	85.7	
		s_2	20	$\frac{0.08}{0.56}$	2.9	88.6
	a_2	s_1	60	$\frac{0.48}{0.56}$	51.4	
		s_2	40	$\frac{0.08}{0.56}$	5.7	57.1

R_2	a_1	s_1	100	$\frac{0.12}{0.44}$	27.3	
		s_2	20	$\frac{0.32}{0.44}$	14.5	41.8
	a_2	s_1	60	$\frac{0.12}{0.44}$	16.4	
		s_2	40	$\frac{0.32}{0.44}$	29.1	45.5

단계 5 : 정보 R_1에서의 최적행동은 a_1이며, 정보 R_2에서의 최적행동은 a_2이다.

단계 6 : 불완전정보에서의 기대가치

정보	최적행동	기댓값	$p(R)$	기댓값
R_1	a_1	88.6	0.56	49.6
R_2	a_2	45.5	0.44	20.0
합계				69.6

단계 7 : 불완전정보의 기대가치(EVSI)

= 불완전정보에서의 기댓값 − 정보가 없을 때의 기댓값

= 69.6 (단계6의 답) − 68.0 (예제 16 − 1의 답) = 1.6

불완전정보의 가치가 바로 마케팅전문가에게 지불할 수 있는 최대금액이다.

연 | 습 | 문 | 제 exercise

01 불확실성에서의 기댓값 (06CPA)

㈜싸이언은 게임용 소프트웨어를 개발하여 판매하고 있다. 제품의 단위당 변동원가는 ₩30,000이며 단위당 판매가격은 ₩40,000이다. 이 회사는 곧 개최되는 컴퓨터박람회에 참가하려고 하는데 박람회 주관기관에서 부스(booth) 임차료와 관련하여 다음의 2가지 지급방안을 제안하였다.

- 방안1 : 고정임차료 ₩8,000,000 지급
- 방안2 : 고정임차료 ₩2,000,000과 매출액의 10% 지급

이 회사는 과거 경험자료에 기초하여 소프트웨어 1,000단위와 2,000단위를 판매할 확률을 각각 40%와 60%로 평가하였다. 기대영업이익을 극대화하려면 어느 방안을 선택해야 하며 그 기대영업이익은 얼마인가?

02 기대이익의 계산 (01CTA)

딸기작물은 서리에 노출되면 그렇지 않은 경우보다 가격이 대폭 하락한다. 딸기작물을 재배하는 어떤 농부가 딸기를 서리로부터 전문적으로 보호해 주는 A회사에게 서리보호용역을 맡기고자 한다. 서리(보호)의 유무에 따라 딸기 재배로 인한 이익이 다음과 같이 예상되는 상황에서, A회사는 최소한 ₩1,000,000을 서리 보호 대가로서 수취하고자 한다. 농부는 서리가 내릴 확률이 최소한 몇 % 이상일 때 A회사에게 용역을 맡길 가치가 있겠는가?

	딸기 재배로 인한 이익의 예상액	
	서리가 있는 상황	서리가 없는 상황
a_1 : 서리보호가 있는 경우	₩9,000,000	₩6,000,000
a_2 : 서리보호가 없는 경우	4,000,000	6,000,000

03 완전정보의 기대가치 (00CTA, 94CPA유사, 92CTA유사)

㈜한국공업사는 최근 개발에 성공한 신제품을 생산하기 위해서, 제조기계 X, Y 중 하나를 구입하려고 한다. X, Y 기계는 그 성능에 있어 약간의 차이가 있으며, 따라서 기업이익에 기여하는 정도도 다소의 차이가 있다. 아래의 자료는 X, Y 기계의 구입시에 수요량(생산량)에 따른 예상이익의 성과표이다.

대안	수요량	
	1,000단위(0.4)	2,000단위(0.6)
a_1 : X 기계구입	₩9,000	₩20,000
a_2 : Y 기계구입	8,000	22,000

만일, ㈜한국공업사가 생산제품의 수요량 변동을 정확히 예측할 수 있도록 하는 완전정보를 얻을 수 있다면, 이 정보의 대가로서 지급할 수 있는 최대금액은 얼마가 되겠는가?

04 완전정보의 기대가치 (05CPA)

㈜전략은 새로운 생산설비를 도입하면서 자본집약적인 경우와 노동집약적인 경우의 두 가지 대안을 생각하고 있다. 각 대안의 원가구조는 다음과 같다.

원 가	자본집약적 설비	노동집약적 설비
고정원가	₩1,000,000	₩200,000
단위당 변동원가	₩4,000	₩7,000

설비를 도입한 후 월 예상생산량과 그 확률이 다음과 같다고 할 때 원가최소화를 목표로 하는 ㈜전략이 월 예상판매량에 관한 불확실한 정보 때문에 입게 될 경제적 손실은 얼마인가?

생산량(단위)	100	200	300	400
확률(%)	40	30	20	10

05 성과표의 작성 + 완전정보의 기대가치 (02CPA)

김밥을 말아서 판매하는 경숙이는 한국시리즈가 진행되는 야구장에서 김밥을 판매하려고 한다. 김밥의 단위당 제조원가는 ₩400이며, 판매가격은 ₩1,000이다. 야구는 야간경기이기 때문에 야구장에서 팔고 남은 김밥은 쉬게 되어 폐기처분해야 하며, 미리 만들어 간 김밥이 다 팔린 후에는 추가로 김밥을 만들어 팔 수 없다. 경숙이가 예상한 김밥의 판매량은 다음과 같다.

판매량	2,500개	3,000개	3,500개
확 률	0.4	0.3	0.3

김밥의 판매량에 관하여 완전한 예측을 해주는 완전정보가 있다면 그러한 완전정보의 기대가치는 얼마인가?

06 불확실성에서의 CVP (09CTA)

다음은 ㈜대한의 매출관련 예상 자료이다.

매출액	₩240,000	총변동원가	₩135,000
총고정원가	₩40,000	판매량	3,000단위

추가판촉행사에 ₩10,000을 투입한다면, 예상 판매량이 400단위 증가할 확률이 60%, 200단위 증가할 확률이 40%이다. 이 판촉행사를 실시하면 영업이익의 기대치가 어떻게 변하는가?

07 불확실성에서의 CVP분석

가나회사에서 생산하는 제품의 단위당 판매가격은 ₩4,000, 단위당 변동원가는 ₩3,000이며, 총고정원가는 ₩8,000,000이다. 한편, 수요는 평균 10,000개, 표준편차 1,000개인 정규분포를 따른다.

물음

1. 기대이익을 계산하라.
2. 기대이익의 표준편차를 계산하라.
3. 이익이 손익분기점 이상일 확률을 계산하라.
4. 이익이 ₩500,000보다 적을 확률을 계산하라.
5. 이익이 ₩1,000,000보다 많을 확률을 계산하라.

08 불확실성에서의 CVP분석 (06CTA)

설악물산은 김밥 도시락을 단위당 ₩1,000에 판매하려 한다. 단위당 변동원가는 ₩500이며, 월간 고정원가는 ₩750,000이다. 도시락의 수요량은 불확실하지만 정규분포를 이룰 것으로 보이며 월간 기대판매량은 2,100개, 표준편차는 400개로 예상한다. 도시락 판매로 인해 이익이 발생할 확률은? (단, 아래의 표준정규분포표를 이용하여 계산하시오.)

Z	$p(Z<)$	Z	$p(Z<)$	Z	$p(Z<)$
0.5	0.69	1.0	0.84	1.5	0.93
2.0	0.98	2.5	0.994	3.0	0.999

09 불확실성에서의 CVP분석 (02CTA, 99CTA유사)

H회사는 제품 A를 현행 생산라인에 추가하려고 한다. 제품 A의 판매가격은 ₩10으로 예측되며, 이 제품을 제조하는데 연간 총고정제조비는 ₩900,000, 그리고 단위당 변동제조원가는 ₩7이 소요될 것으로 추정된다. 과거 경험을 기초로 제품 A에 대한 수요와 각각의 수요에 대한 확률은 다음과 같이 예상된다.

수요(수량)	예상확률
100,000 이상 200,000 미만	0.1
200,000 이상 300,000 미만	0.2
300,000 이상 400,000 미만	0.4
400,000 이상 500,000 미만	0.2
500,000 이상	0.1

제품 A가 추가되는 경우 제품 A로부터 손익분기점 이상의 매출을 달성할 확률은 얼마인가?

10 불확실성에서의 CVP분석 (05CTA)

우진산업은 제품 X, Y 중 하나를 생산하려 한다. 각 제품의 관련 자료는 다음과 같다.

	X	Y
단위당 예상 판매가격 범위	₩50 ~ 150	₩50 ~ 100
단위당 변동원가	₩20	₩30
총고정원가	₩16,000	₩24,000
예상 판매량(= 생산량)	200개	400개

판매가격이 예상범위 내에서 균일분포(uniform distribution)로 발생한다면 어느 제품이 이익을 발생시킬 확률이 얼마나 더 큰가?

11 불확실성에서의 CVP분석 (00CPA)

㈜새천년은 기념품을 생산한다. 1억 원의 고정원가로 100만 개를 생산·판매하는데 판매가격은 단위당 ₩100에서 ₩500 사이로 결정될 것이고, 단위당 변동원가는 ₩100에서 ₩200 사이에서 결정될 것인데 불확실하다. 단위당 판매가격과 변동원가는 균일분포(uniform distribution)를 가지는데 서로 독립적으로 결정된다. 이익이 발생할 확률은 얼마인가?

12 불확실성에서의 CVP분석 : 결합확률

신흥상사는 신제품 생산에 따른 경제성을 분석하고자 한다. 신제품과 관련된 고정원가는 ₩450,000으로 확실하지만, 판매량과 제품 단위당 공헌이익은 불확실하다. 판매량과 제품 단위당 공헌이익에 대한 정보 및 주관적 확률은 다음과 같다.

판매량	확률
150,000개	0.3
100,000개	0.5
60,000개	0.2

단위당 공헌이익	확률
₩5.0	0.4
4.5	0.6

물음

1. 신제품 생산시 이익이 나타날 가능성은 얼마인가?
2. 신제품 생산시 이익이나 손실이 나타나지 않을 가능성은 얼마인가?
3. 신제품 생산시 손실이 나타날 가능성은 얼마인가?

13 불확실성에서의 특별주문 의사결정 (02CTA)

백제회사는 기념품을 생산·판매하는 유망 중소업체이다. 기념품의 판매가격은 단위당 ₩100이며 회사의 현재 설비의 최대생산능력은 150,000단위이다. 100,000개를 생산하는 경우 기념품의 단위당 원가구조는 다음과 같다.

직접재료원가	₩20
직접노무원가	30
변동제조간접원가	10
고정제조간접원가	15

백제회사는 위의 원가구조가 미래에도 동일할 것으로 보며 올해의 판매량도 100,000개일 것으로 예측하고 있다. 최근에 미국의 한 기업이 기념품을 개당 ₩70에 구입할 수 있는지를 문의해왔다. 백제회사의 예측에 따르면 미국회사가 50,000개를 구입할 확률은 20%이고 40,000개를 구입할 확률이 40%이고 30,000개를 구입할 확률은 40%이다. 미국에 대한 수출은 신규판매로서 기존의 국내시장에는 영향이 없을 것으로 기대된다. 만일 백제회사가 미국회사의 제의를 거절하면 유휴설비를 이용하여 ₩350,000의 이익을 올릴 수 있다. 백제회사가 미국회사의 제의를 받아들이는 경우 기대이익의 증감은?

14 원가차이분석 (95CPA, 94CTA유사)

A부문의 공정조사비용은 ₩50,000이고 비정상일 때 공정을 정상으로 회복시키기 위한 교정비용은 ₩75,000이다. 교정을 하지 않으면 ₩200,000의 손실이 발생한다. 공정을 조사하는 것이 유리하기 위해서는 공정이 정상일 확률이 몇 % 이하이어야 하는가?

15 사후적 확률

어떤 우편분류기계가 정상적으로 가동할 때와 비정상적으로 가동할 때의 분류에 대한 오류율은 다음과 같다.

공정이 정상일 때	
오류율	확률
0.0010	0.2
0.0008	0.3
0.0005	0.3
0.0003	0.2

공정이 비정상일 때	
오류율	확률
0.0020	0.1
0.0015	0.4
0.0010	0.4
0.0008	0.1

이 기계가 정상적으로 가동할 사전적 확률은 80%이다. 특정일의 분류 오류율이 0.0010이라면, 이 기계가 비정상일 확률은 얼마인가?

16 원가차이분석 : 사후확률의 계산 (87CPA)

어떤 생산공정의 상태를 단순히 정상적인 상태와 비정상적인 상태로 구분할 수 있다고 가정하자. 공정이 정상적인 상태에 있으면 비정상적인 상태에 있을 경우에 비해서 평균생산원가가 낮아진다. 각 상태에서의 평균생산원가의 확률분포는 다음과 같다.

평균생산원가	평균생산원가의 확률분포	
	정상적인 상태	비정상적인 상태
₩2,000	10%	–
4,000	20	–
6,000	40	10%
8,000	20	20
10,000	10	40
12,000	–	20
14,000	–	10
합계	100%	100%

물음

1. 생산 착수전에 예상한 바에 의하면, 공정이 정상적인 상태에 있을 사전확률은 80%이었다. 생산활동 개시후 평균생산원가가 ₩6,000으로 보고되었다면 이 때 공정이 정상적인 상태에 있을 사후확률은 얼마이겠는가?
2. 일정금액의 조사비를 투입하여 공정상태에 관한 조사를 실시하면 공정이 어떤 상태에 처해 있는지를 정확히 파악할 수 있다고 가정하자. 또한 조사를 실시한 결과 비정상적인 상태에 있는 것이 확인되면 ₩2,000,000의 비용을 절감시킬 수 있다고 가정하자.
   공정이 정상적인 상태에 있을 사전확률은 역시 80%이었는데, 생산활동의 결과 평균원가가 ₩10,000으로 보고되었다. 회사가 취할 수 있는 선택은 조사를 실시하거나 조사를 포기하는 것이다. 경영자가 경제적 이유에서 조사를 포기하기로 결정하였다면 이 의사결정이 합리적이기 위한 최소한도의 추정조사비는 얼마이었겠는가?

17 EVSI (23CTA2차일부)

㈜세무는 제품 A에 대한 월간 수요가 불확실하여 이에 합리적으로 대처하고자 한다. ㈜세무는 제품 A의 월간 수요량이 5,000개(불황) 또는 15,000개(호황)이며, 그 가능성이 각각 40%, 60%라고 생각하고 있다. ㈜세무는 제품 A를 자동화 생산방식으로 생산할 수 있으며, 반자동화 생산방식, 수작업 생산방식으로도 생산할 수 있다. 제품 A에 대한 생산방식과 월간 수요에 따른 기업전체의 이익은 다음과 같다.

	월간 수요 5,000개(불황)	월간 수요 15,000개(호황)
자동화 생산방식	₩65,000	₩160,000
반자동화 생산방식	90,000	100,000
수작업 생산방식	75,000	80,000

㈜세무는 미래의 불확실성을 줄이고자 외부의 마케팅 전문컨설팅사에 의뢰하여 제품 A에 대한 수요를 파악하고자 한다. 외부 전문컨설팅사에서는 마케팅 전문지식을 활용하여 불황(R_1) 또는 호황(R_2)이라는 예측자료를 제공한다.

물음

1. ㈜세무가 선택할 수 있는 제품 A의 생산방식 중 고려대상에서 제외해도 되는 생산방식은 무엇인가? 그리고 그 판단의 근거를 서술하시오.
2. 외부의 전문컨설팅사에서 제공하는 정보가 완전정보라면, 완전정보의 기대가치를 계산하시오.
3. 과거의 자료에 의하면 이 외부 전문컨설팅사에서 제공하는 정보의 신뢰도는 80%이었다. ㈜세무가 외부 전문컨설팅사로부터 불황(R_1) 예측자료를 받을 경우 제품 A의 최적생산방식은 반자동화 생산방식이며, 이 때의 기대이익은 ₩92,727인 것으로 분석되었다. 다음 물음 ①과 ②에 답하시오.
   ① ㈜세무가 외부 전문컨설팅사로부터 호황(R_2) 예측자료를 받을 경우 제품 A의 최적생산방식을 기술하고, 기대이익을 계산하시오.
   ② ㈜세무가 외부 전문컨설팅사로부터 이 정보를 구입하기 위해 지불할 수 있는 최대금액, 즉 불완전정보의 기대가치를 계산하시오.

CHAPTER

17

전략적 관리회계

Strategic Management Accounting

학습목표

1. 전략적 관리회계가 기존의 원가관리에 비해 어떤 특징이 있는지를 살펴본다.
2. 전략에 대해 정의하고 기업의 경쟁력을 좌우하는 제품차별화 전략과 원가우위 전략을 살펴본다.
3. 균형성과표가 나타난 배경을 이해하고 균형성과표의 핵심 요소인 네 가지 관점, 핵심성과지표, 전략지도 등을 알아본다. 이들을 바탕으로 전략적 성과관리방안인 균형성과표의 특징을 살펴본다.
4. 수명주기원가계산이 전략적 원가관리에 어떤 영향을 미치는지를 살펴보며, 품질을 향상하기 위한 노력의 일환으로 등장한 품질원가를 보다 세분화하여 본다.
5. 적시생산방식이 등장한 배경을 이해하고 이 방식이 성공적으로 정착하기 위한 요인들을 살펴본다. 아울러 이 생산방식이 회계에 미치는 영향을 분석한다.

제1절 전략적 성과관리 : 균형성과표

1 가치 사슬

기업 성공의 열쇠는 경쟁업체와 차별화하면서 고객을 위한 가치 창출에 있다. 가치란 고객이 기업의 제품이나 서비스로부터 얻게 되는 유용성을 뜻한다. 기업이 가치를 창출하는 사업기능들의 연속적인 배열을 **가치 사슬**(value chain)이라 한다. 전략을 연구한 Porter가 제시한 가치 사슬 개념은 원가관리의 초점을 어디에 맞추어야 하는가에 많은 시사를 하고 있다. 가치 사슬은 일반적으로 다음과 같다.

① 연구개발(research and development) : 새로운 제품, 서비스, 공정 등과 관련한 아이디어의 창출과 실험
② 디자인(design) : 제품, 서비스 또는 공정에 대한 상세한 계획과 엔지니어링
③ 구매 (purchase) : 제품이나 서비스를 생산하기 위한 기업 외부자원 조달
④ 생산(production) : 제품을 생산하거나 서비스를 제공하기 위한 자원의 구입, 조정 및 가공
⑤ 마케팅(marketing) : 생산된 제품이나 서비스를 현재의 고객 혹은 미래의 잠재적 고객에게 광고선전하고 판매하는 과정
⑥ 유통(distribution) : 제품이나 서비스를 고객에게 전달하는 과정
⑦ 고객서비스(customer service) : 고객에게 제공되는 판매후 지원활동

종전의 의사결정은 기업 내부의 부가가치활동을 담당하는 생산부문 중심의 효율성 여부에 대한 판단인 반면에, 전략적 관리회계에서는 제품개발에서부터 고객에게 전달되고 고객서비스가 이루어지는 모든 가치창출활동과 연계되는 원가분석 및 관리를 강조한다. 가치 사슬 분석은 어떤 활동을 핵심활동으로 삼아 경쟁우위를 가

| 그림 17-1 | 가치 사슬

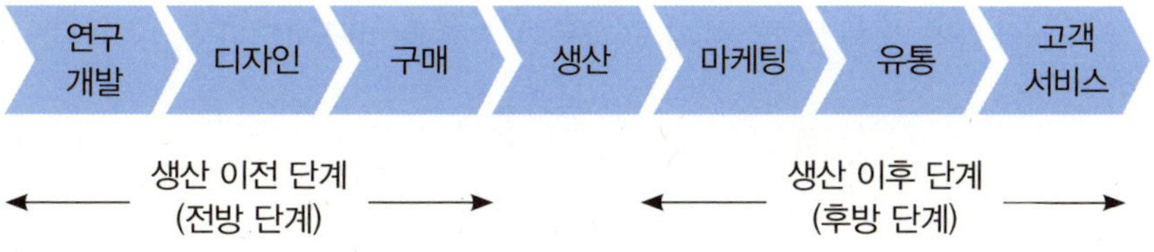

질 것인가를 분석함에 핵심적인 개념으로서 기업들의 경쟁력 제고 목적으로 활용하는 전략경영의 핵심기법이라 할 수 있다.

❷ 미션, 비전, 전략

어떤 조직이든 미션과 비전을 가지고 있다. **미션**(mission)은 조직의 존재 이유(why)로서 추구하는 가치와 이상을 명시화한 것이다. 즉, "우리는 누구를(주요 고객) 위해 무엇을(핵심서비스) 제공하기 위해 존재하는가?" 하는 근본적 물음에 대한 대답이라 할 수 있다.

비전(vision)은 조직이 추구하는 바람직한 미래상이라 할 수 있다. 일반적으로 조직의 5년~10년 후의 미래에 대한 꿈을 표현한 것이다.

조직의 성공 여부는 전적으로 그 조직의 전략에 달려 있다. **전략**(strategy)이란 특정 조직이 미션과 비전을 달성하기 위하여 조직 역량을 시장에서의 기회에 어떻게 대응시키는가를 상술한 것이다. 전략을 수립함에 있어서 기업은 자신이 사업을 영위하는 산업을 철저히 이해하여야 한다. 산업분석은 시장에 참여하는 현재 및 잠재적 경쟁자, 소비자, 공급업체 등에 대한 이해가 있어야 한다.

기업은 산업분석을 바탕으로 고객을 위한 가치를 창출하기 위해 제품차별화 또는 원가우위라는 두 가지 전략 중 하나를 선택하게 된다.

제품차별화 전략

제품차별화(product differentiation)는 경쟁회사들의 제품이나 서비스보다 독특하고 우월하다고 인지하는 제품과 서비스를 제공하는 기업의 능력이다. 제품차별화 전략을 선택하는 기업은 혁신적인 제품을 연구개발하고, 독창적인 브랜드를 개발 홍보하며 그리고 신속하게 제품을 출시한다. 차별화는 상표충성도와 고객이 더 높은 가격을 기꺼이 지불하고자 하는 마음을 증가시킨다.

원가우위 전략

원가우위(cost leadership)는 생산성과 효율성 증대, 원가의 엄격한 통제를 통하여 경쟁회사들에 비해 더 낮은 원가를 유지할 수 있는 조직의 능력이다. 경쟁회사의 제품과 차별화되지 않는 유사한 제품이나 서비스를 공급하지만, 원가우위를 바탕으로 낮은 제품가격을 책정함으로써 고객들의 수요를 자극시킨다.

3 균형성과표

(1) 균형성과표의 의의와 배경

조직이 선택한 전략은 그 전략의 실행(execution)에 의해서만 그 의미가 있다. 경영자가 전략을 행동으로 전환함으로써 전략 수행이 이루어진다.

균형성과표(balanced scorecard : BSC)는 조직 전 계층에 걸쳐 전략 일체화를 꾀하고 다양한 전략이 구체적이고 수미일관된 운영지표로 전환되어 구성원의 행동이 바람직한 성과를 실현할 수 있도록 하는 전략적 통제시스템이다.

1990년대 초 Kaplan 교수와 Norton 박사가 제안한 균형성과표는 단일 또는 소수의 재무적 지표에 의존하는 기존의 성과측정시스템이 변화하는 환경을 제대로 측정하지 못하는 문제를 극복하기 위한 방안으로 제안되었다. 초기에는 재무적 지표와 비재무적 지표의 적절한 통합·활용을 강조하는 소위 전통적인 성과평가시스템을 보완하는 일종의 개선된 평가시스템이었다. 이후 기업들의 실패 이유가 주로 전략의 질보다는 수립된 전략을 제대로 실행하지 못함에 기인함을 인식한 후 커뮤니케이션을 통한 전략 일체화와 전략적 통제를 강조하는 도구로 활용되고 있다.

균형성과표에서는 '균형(balance)'을 강조한다. 여기서 균형(balance)이란 장기적 목표와 단기적 목표, 재무적 측정치와 비재무적 측정치, 선행지표와 후행지표, 그리고 성과에 대한 내부적 시각과 외부적 시각 간의 균형을 의미한다.

(2) 네 가지 관점과 핵심성과지표

균형성과표에서는 다양한 관점(perspective)에서 측정치를 활용하며 대표적인 네 가지 관점과 각 관점에서의 핵심성과지표의 예는 다음과 같다.

① **재무적 관점**(financial perspective) : 이 관점은 전략의 수익성을 평가한다. 경쟁회사에 비하여 원가경쟁력이 얼마나 있으며, 매출액은 얼마나 되는지를 평가한다. 주주들 입장에서는 기업의 성적이 반영되는 주가에 많은 관심을 갖는다.

〈핵심성과지표의 예〉 투자수익률(ROI), 매출총이익률, 매출액, 경제적 부가가치, 주가 등

② **고객 관점**(customer perspective) : 이 관점은 목표 고객과 시장 세그먼트를 규명하고, 이러한 목표 세그먼트에서 회사의 성공을 측정한다.

| 그림 17-2 | 균형성과표의 네 가지 관점

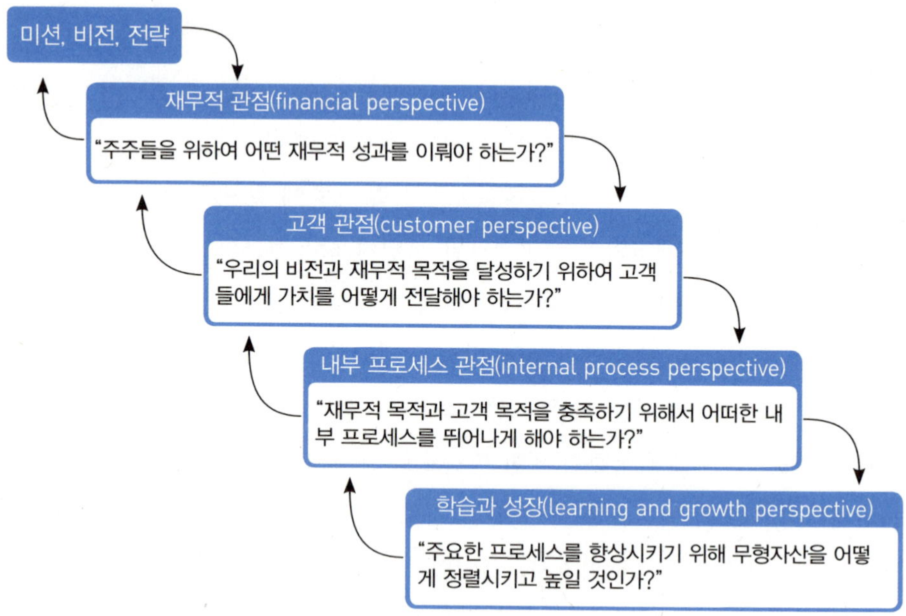

〈핵심성과지표의 예〉 시장점유율, 고객 만족도, 브랜드 인지도, 신규고객 확보율, 기존고객 유지율 등

③ **내부 프로세스 관점**(internal process perspective) : 이 관점은 원가를 낮은 수준에서 유지하여 제품을 저렴한 가격으로 고객에게 제공할 수 있도록 기업 내부의 업무가 효율적으로 수행되는지를 평가한다.

〈핵심성과지표의 예〉 신제품 개발건수, 신제품 출시기간, 품질원가, 불량률, 수율, 납기, 정시인도율 등

④ **학습과 성장 관점**(learning and growth perspective) : 이 관점은 고객과 주주를 위한 가치를 창출하는 우수한 내부공정을 달성하기 위해 조직이 탁월해야 할 능력을 식별한다. 이러한 능력은 종업원의 능력에 반영된다. 조직이 장기적으로 발전하기 위해서는 종업원들이 그 조직에 만족하고서 지속적으로 학습함으로써 스스로의 역량을 키워야 한다.

〈핵심성과지표의 예〉 종업원 만족도, 생산성, 종업원 제안건수, 이직률, 교육 및 훈련시간 등

위의 네 가지 관점은 절대적인 것은 아니다. 기업이나 조직에 따라 상기 네 가지

관점 이외의 다른 관점(가령, 환경, 공급자 등)을 추가하거나 줄여도 그 본질에서 벗어나지 않는다. [그림 17-2]는 조직의 미션, 비전 그리고 전략에 따라 조직의 성과를 네 가지 관점에서 측정하며 이들이 상호 연계되어 있음을 보여 준다.

핵심성과지표

현실적으로 구성원의 입장에서는 조직 전체보다는 자신의 성과평가에 영향을 미치는 **핵심성과지표**(KPI, key performance index)에 더 많은 관심을 가지게 된다. 전통적인 성과관리에 비해 균형성과표의 핵심성과지표는 훨씬 많다. 따라서 성과지표를 몇 개로 할 것인가에 대해 BSC담당자들은 많은 관심을 갖는다. BSC를 성공적으로 운영하여 명예의 전당(Hall of Fame)에 올라간 조직들 대부분은 일반적으로 핵심성과지표의 수를 제한한다. 너무 많은 성과지표는 경영자의 관심을 분산시킬 수 있기 때문이다. 핵심성과지표는 전략과 정렬(alignment)되어야 한다. 그리고 그 지표들은 SMART하여야 한다. 즉 구체적이고(Specific), 측정가능하고(Measurable), 달성가능하고(Achievable), 현실적이고(Realistic), 기간(Time-bound)을 명확하게 하여야 한다.

또한 각 지표의 가중치를 얼마나 부여할 것인가에 대한 고민이 뒤따라야 한다. 측정지표에 대한 가중치는 전략실행상의 중요도를 알리는 목적과 동시에 평가결과를 좌우하게 되는바 조심스럽게 다루어야 한다. 가중치는 전략이 바뀌면 달라져야 하며, 동일한 지표 간의 상대적 가중치도 사업부에 따라 달라질 수 있다.

(3) 균형성과표의 특징

전략적 성과관리방안인 균형성과표는 몇 가지 특징이 있다.

첫째, 균형성과표는 전략을 이해가능하고 측정가능한 운영목표들로 이루어진 일관성 있고 연계된 집합으로 전환시켜서 조직의 모든 구성원에게 전략을 전달하는 것을 돕는다. 네 가지 관점은 서로 밀접한 관계를 지닌다. **전략 지도**(또는 전략 체계도, strategy map)는 각 관점들의 인과관계를 도시화한 것이다. 예컨대, 종업원 교육(학습과 성장 관점)이 불량률(내부 프로세스 관점)을 낮추고 이는 고객 만족도(고객 관점)와 매출액(재무적 관점)을 높이게 된다. 균형성과표를 지침으로 하여 관리자와 종업원은 회사의 전략을 달성하기 위한 조치를 취하고 의사결정을 하게 된다. 흔히 균형성과표를 성과평가의 수단으로만 사용하는 경우 균형성과표의 원래의 의도를 상실하기 쉽다. 일부에서는 BSC를 balance of strategy and communication이라 할 정도로 균형성과표는 성과평가보다는 전략, 커뮤니케이션 등을 더 강조한다.

둘째, 인과관계를 명료하게 연결해서 회사의 전략에 대한 이해를 높인다. 균형성과표를 통해 구성원들 각자가 해야 할 일들이 어떤 핵심성과지표에 반영되고 그 지표들이 기업 전체의 비전과 목표에 연계되는지를 이해할 수 있게 된다.

셋째, 균형 있는 성과관리를 추구한다. '균형'이라는 용어에서 설명하였듯이 장기적 목표와 단기적 목표, 재무적 측정치와 비재무적 측정치, 선행지표(학습성장, 내부프로세스)와 후행지표(재무, 고객), 그리고 성과에 대한 내부적 시각(내부프로세스, 학습성장)과 외부적 시각(재무, 고객) 간의 균형 있는 성과관리를 추구한다.

제 2 절 전략적 원가관리

글로벌 경영환경하에서 무한경쟁이 가속화됨에 따라 시장의 기회요인과 위협요인이 많아졌다. 기업에서는 환경변화에 능동적으로 대처하기 위하여 적시생산방식(JIT : just-in-time), 유연생산방식(flexible manufacturing system) 등 새로운 생산방식이 등장하였으며, 제조기업의 환경이 변화함에 따라 기업의 최대 목적은 이익의 극대화 또는 원가의 최소화가 아닌 품질 향상과 이를 통한 고객 만족(consumer satisfaction)으로 바뀌고 있다. 제품의 수명이 2~3년에서 1년 또는 몇 개월로 단축되고, 기업 간의 경쟁이 치열해지면서 새로운 제품이 계속적으로 개발되고 있기 때문에 품질 향상 없이는 기업의 생존, 발전이 힘들게 되었다. 또한 고객의 욕구가 다양화됨에 따라 다품종 소량생산방식이 보편화되었다.

기업이 환경에 능동적으로 대처하면서 고객의 가치를 창출하여 성공하기 위한 핵심성공요인은 다음과 같다.

① **원가와 효율성**(cost and efficiency) : 원가와 효율성은 기업의 수익성을 결정하는 대표적인 내부 요인이다. 원가가 높거나 효율성이 낮으면 기업의 수익성이 낮아지게 되고 기업의 지속성에 부정적 영향을 미치게 된다.

② **품질**(quality) : 고객들은 높은 수준의 품질을 기대한다. 기업은 시장의 기회요인을 포착하기 위해서 전사적 품질관리활동을 수행한다. 품질을 높이기 위한 활동에는 당연히 원가가 발생하게 된다. 고객들이 원하는 품질을 갖추지 못하면 그

에 따른 실패원가가 뒤따르게 된다.

③ **시간**(time) : 고객들은 원하는 시기에 제품을 인도받기를 원한다. 이를 위해서는 기업은 고객의 요구에 부응하는 속도를 높여야 한다. 아울러 신제품을 개발해서 시장에 출시하는 데 걸리는 시간을 단축하여야 하며, 제품 생산과정에서 병목공정이 발생하지 않도록 하여야 한다.

④ **혁신**(innovation) : 창조적 아이디어의 성공적 실행이다. 즉, 혁신이란 계속적으로 가치를 창출하기 위한 전사적 노력으로 창조적 파괴(creative destruction) 활동이다.

전통적인 원가관리가 단기적 관점에서 제조부문 중심으로 이루어져 온 반면에 전략적 원가관리(strategic cost management)는 장기적 관점에서 가치사슬 전반에 걸친 원가절감을 중심으로 한 전사적 원가관리를 강조한다. 또한 전통적 원가관리가 제품, 고객, 기능 등 주로 내부적 요인을 주요분석 대상으로 하는 반면에, 전략적 원가관리는 가치사슬 관점에서 원가를 분석한다.

❶ 수명주기원가계산

오늘날 급격한 제조기술의 변화 및 국제경쟁의 심화로 인하여 제품의 수명이 짧아지고 있다. 기업들은 이러한 환경에 능동적으로 대처하기 위하여 짧은 기간 내에 신제품을 개발하여 시장에 판매해야 하며, 이에 따라 제품의 수명(라이프 사이클)을 관리하는 것이 중요해졌다.

수명주기원가계산(Life-cycle costing : LCC)은 최초의 연구개발에서부터 최종 고객서비스와 지원을 제공할 때까지 제품수명주기의 각 단계별 수익과 비용을 추정함과 동시에 각 단계별로 수익창출 및 원가절감을 위해 취해진 제반 활동의 결과를 평가하기 위한 장기적 관점의 원가계산제도이다. 따라서 수명주기원가계산은 여러 회계연도를 걸치게 된다.

수명주기를 개괄하면 초기 단계에서는 연구개발, 설계활동이 수행된다. 제품생산과 판매가 가능하면 제조활동, 마케팅활동, 유통활동, 고객서비스활동이 이루어진다. 수명주기의 판매부분은 제품의 시장 출시, 매출이 성장하는 단계, 제품이 성숙하면서 매출이 안정되는 단계, 그리고 제품이 시장의 호응을 잃어 매출이 감소하는 단계를 거친다.

| 그림 17-3 | 제품수명주기에 따른 매출액/손익 변화

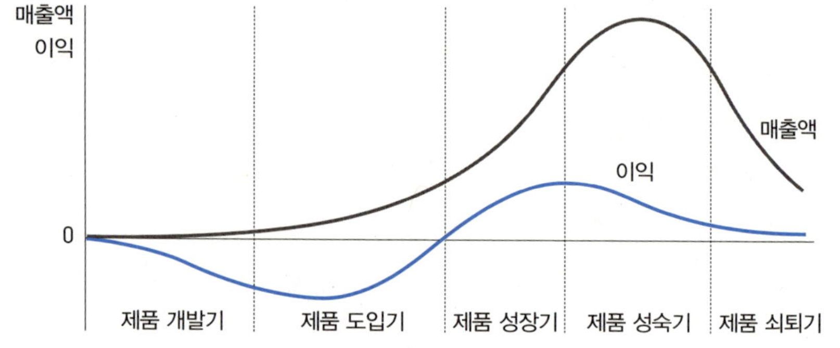

제품 개발기 : 매출액은 없으며 제품개발을 위한 투자가 이루어짐
제품 도입기 : 매출이 서서히 나타나기 시작하며, 아직까지는 이익이 나타나지 않음
제품 성장기 : 매출이 급격하게 증가하며, 이익도 함께 증가함
제품 성숙기 : 매출 증가가 둔화되기 시작하며, 이익도 감소하기 시작함
제품 쇠퇴기 : 매출이 급격하게 줄어들고 이익도 급감함

이러한 수명주기가 원가관리 및 가격결정에 미치는 중요한 몇 가지 사항은 다음과 같다.

첫째, 비제조원가가 상당한 비중을 차지한다는 것이다. 제조원가는 대부분 회계시스템에서 일반적으로 제품별로 파악이 가능하지만, 연구개발, 설계, 마케팅, 유통, 고객서비스 등과 관련한 원가들은 제품별로 파악하기가 어렵다.

둘째, 연구개발과 설계에 소요되는 기간이 길고 많은 금액이 투자된다는 것이다. 기존시장과 차별화될 수 있는 신제품을 연구개발하기 위해서는 많은 시간과 노력, 기술, 아이디어가 필요하며, 이와 같이 제조가 시작되거나 수익을 얻기 전에 발생하는 원가가 수명주기원가에서 차지하는 비율이 높은 경우에는 제조원가만을 고려한 가격결정을 해서는 안된다.

셋째, 많은 원가가 연구개발과 설계단계에서 내정된다는 것이다. 즉, 수명주기 초기단계(제조 이전의 전방단계; up-stream)에서의 의사결정이 후방단계(down-stream)에서의 원가발생을 결정짓는다는 것이다. 통계에 의하면 제조단계 이전까지의 현금지출액은 단지 10%에 불과한 반면, 수명주기 동안 발생하는 총원가의 80~85%가 제조 이전의 단계에서 이미 확정(committed)된다.

수명주기원가계산은 제조 이전의 전방단계에서 대부분의 제품원가가 결정된다

| 그림 17-4 | 수명주기원가계산과 제품 사이클

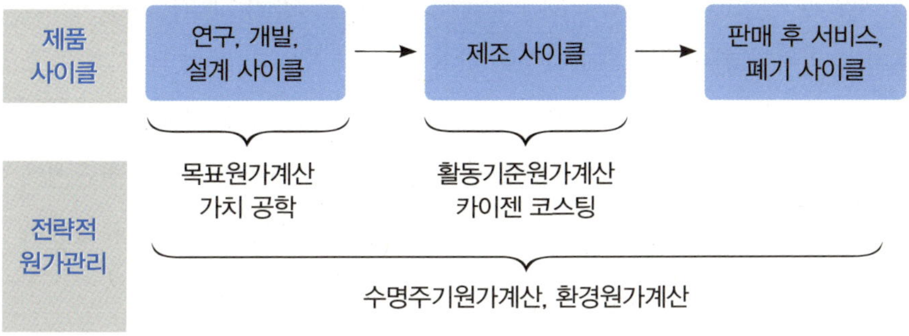

는 인식을 토대로 연구개발, 제품설계단계에서부터 원가절감을 위한 노력을 기울여야 한다는 것을 강조한다. 수명주기원가계산은 목표가격결정, 원가가 고착되기 전에 설계단계에서 가치공학을 실행하는 것을 용이하게 한다.

또한, 수명주기원가계산은 제품 또는 서비스의 수명주기 매 단계마다 모든 가치사슬단계에서 발생하는 수익과 비용에 대한 집계를 가능하게 하여 프로젝트 전체에 대한 이해를 높인다는 측면에서 가격결정을 포함한 제품수익성 분석을 전략적으로 평가하는 데 필요한 정보를 제공할 수 있다. 가령, 연구개발에 대한 투자 증가가 성숙기에서 얼마만큼의 판매 및 애프터서비스 원가감소를 가져오는지와 같은 가치사슬의 연계성을 분석할 수 있게 된다. 제품개발 초기에는 전략적으로 시장에 침투하기 위해 제품의 가격을 낮게 책정하고 제품이 성숙해짐에 따라 제품가격을 높게 설정하는 등 가격 전략이 수명주기 동안 제품수익성이 미치는 영향을 분석할 수 있게 된다.

수명주기원가계산 (Life-cycle costing)

- 제품의 기획 및 개발·설계에서 고객서비스와 제품 폐기까지의 모든 단계에서 발생하는 원가
- 제조 이전단계(up-stream)에서 대부분의 제품원가가 결정된다는 인식을 토대로 연구개발, 제품설계단계에서부터 원가절감을 위한 노력을 기울여야 한다는 것을 강조함.

환경원가

최근에는 **환경원가**(environmental cost)의 관리가 중요해지고 있다. 각국에서는 지속적 개발과 성장(sustainable development)을 위해 물, 공기, 토지, 자원 등 환경을 보호하고 엄격한 환경정화 요구사항을 강요하며, 대기오염, 토양 및 지하수 오염에 대한 무거운 벌칙을 도입하고 있다. 이러한 환경원가는 종종 제품 및 공정의 설계단계에서 고착된다. 비록 제조단계에서 제조원가가 증가할지라도 후방단계에서의 환경원가를 줄이도록 오염을 예방하고 감소시키게끔 제품 및 공정을 설계하기도 한다.

환경원가는 명시적 환경원가와 내재적 환경원가로 구분할 수 있다. **명시적 환경원가**(explicit environmental cost)에는 기술이나 프로세스를 바꾸는 데 드는 직접원가, 청소와 폐기에 드는 원가, 설비를 운영하기 위한 허가를 받기 위한 원가, 정부기관 등에 의해 부과되는 벌금, 소송비용 등이 포함된다. **내재적 환경원가**(implicit environmental cost)는 환경이슈들을 관리하기 위해 요구되는 하부구조와 밀접하게 관련되며, 이에는 관리 및 법적 상담, 종업원 교육 및 의식, 환경재난이 발생할 경우 이미지 상실 등이 포함된다.

경영자와 엔지니어들이 고객들의 욕구를 충족하면서 수명주기 동안에 원가를 통제하고 절감할 수 있도록 하기 위해서는 연구개발 및 설계 단계에서 환경원가를 고려하여야 한다.

❷ 품질원가

오늘날 기업들은 국경 없는 무한경쟁시대에 능동적으로 대처하고자 제품 품질을 향상시키기 위해 연구개발활동 등 많은 노력을 기울이고 있다. 이러한 움직임이 확대되어 표준화를 위한 국제기구 ISO(the International Organization for Standardization)가 만들어졌고, 여기에서는 1987년에 표준에 관한 ISO 시리즈를 처음으로 개발하기 시작한 이후, 1994년과 2000년(ISO 9000)에 개정하는 등, 국제적으로 인정되는 독립적 품질시스템 인증을 개발하고자 노력하고 있다.

품질과 관련된 새로운 재무적 지표로서 등장한 개념은 **품질원가**(cost of quality)이다. 이는 소비자가 요구하는 품질을 실현시키기 위해 발생하는 모든 원가이다. 품질원가는 크게 통제원가(예방원가, 평가원가)와 실패원가(내부실패원가, 외부실패원가)로 구분할 수 있다. 통제원가는 불량품의 발생률과 역의 관계를 갖는다.

품질원가의 유형을 세부화하면 다음과 같다.

① **예방원가**(prevention cost) : 재화나 서비스에 불량품질이 포함되는 것을 방지하기 위한 원가와 설계시방에의 불일치제품이 생산되는 것을 방지하는 데 소요된 원가이다. 이에는 제조공정을 단순화하거나 더 나은 생산계획을 수립하기 위해 노력하고, 종업원을 교육·훈련시키고, 품질관리서클을 운영하고, 공급업체로 하여금 공인인증을 받도록 하는 데 드는 원가가 이에 속한다.

② **평가원가**(appraisal cost) : 설계시방과 일치되지 못하는 불합격품이 고객에게 공급되지 않도록 하기 위한 재화나 서비스의 측정·평가 검사, 검사기기의 유지보수활동 등과 관련된 원가이다.

③ **내부실패원가**(internal failure cost) : 고객에게 인도하기 전에 생산공정에서 발생하는 불량품과 관련되는 원가이다. 이에는 불량품원가, 재작업원가 및 재작업품의 검사비용에서 하위등급으로 평가됨에 따른 기회원가까지 다양한 원가가 포함된다.

④ **외부실패원가**(external failure cost) : 불량품을 소비자에게 판매함으로써 나타나는 매출환입 및 에누리, 보증수리 및 교환에 따른 원가, 클레임원가 등이며, 불량품질로 인한 기업 이미지 실추로 야기되는 미래 판매상실분(즉, 기회원가)도 포함된다.

| 표 17-1 | 품질원가

예방원가(prevention cost)	평가원가(appraisal cost)
종업원 교육·훈련 예방적 수선활동 제품 또는 공정의 리디자인 공급업체의 인증	납품되는 원재료의 검사 생산공정상의 검사 제품 테스트 검사기기 유지보수원가
내부실패원가(internal failure cost)	**외부실패원가(external failure cost)**
가동중지로 인한 손실 불량품원가 재작업원가	품질 하자로 인한 매출환입 및 에누리 보증수리 및 교환에 따른 원가 클레임원가 불량품질로 인한 기업 이미지 실추

기업의 경쟁력의 원천이 원가와 품질이라 할 때, 그동안 원가는 측정가능한 요소인 반면에 품질은 측정하기 곤란한 정성적 요인으로 치부해 왔었다. 그런데, 품질원가의 체계적인 기록과 보고를 통해 품질개선활동의 우선순위를 식별하고 품질프로그램의 전반적 유효성을 평가하며, 다양한 품질활동 간의 가용자원의 최적배분을 결정할 수 있게 되었다.

반면에, 품질원가 정보는 경영자로 하여금 단기적 품질원가의 절감이라는 그릇된 목표를 세우게 할 우려가 있다. 또한 품질을 높이기 위한 노력과 그 성과가 동일 기간 내에 대응되기 어렵다. 품질원가의 측정 및 보고 그 자체가 품질문제를 해결해 주지는 않는다.

예제 17 – 1 품질원가 (01CTA)

농업용 양수기를 제조하여 판매하는 ㈜대풍의 20×1년도 품질과 관련된 재무적 자료가 아래와 같다. 품질예방원가를 계산하면 얼마인가?

과목	금액	과목	금액
설계엔지니어링	₩240	재작업품	₩300
품질훈련교육	100	운송비	110
검사	200	손해배상	220
제품시험	150	재수리보장비용	120
공손품	80	품질엔지니어링	130

해답

품질예방원가란 품질을 좋게 하기 위하여 설계, 교육훈련, 엔지니어링 등에 투하된 원가를 뜻한다.

품질예방원가 = 설계엔지니어링 ₩240 + 품질훈련교육 100 + 품질엔지니어링 130 = ₩470

평가원가 : 제품시험, 검사

내부실패원가 : 공손품, 재작업품

외부실패원가 : 운송비, 손해배상, 재수리보장비용

예제 17 - 2 품질원가 (20CPA)

㈜대한은 자동차를 생산하여 판매한다. ㈜대한의 원가관리 담당자는 효율적으로 원가를 관리하기 위해 다음과 같이 제품의 품질원가(예방원가, 평가원가, 내부실패원가, 외부실패원가로 구성)를 측정하였다.

① 불량률을 낮추기 위한 생산직원들의 교육훈련비	₩5,400
② 제조단계에서 발생한 불량품을 폐기하기 위해 지불한 비용	₩6,100
③ 공정별 품질검사를 진행하는 직원들의 관리비	₩3,200
④ 완성품을 검사하는 기계의 수선유지비	₩10,200
⑤ 고객 제품보증수리센터에서 근무하는 직원의 인건비	₩24,700
⑥ 높은 품질의 부품조달을 위한 우수협력 업체 조달 비용	₩2,300
⑦ 품질검사 과정에서 발견한 불량품 재작업으로 인해 발생한 생산직원의 특근수당	₩7,400
⑧ 제품 리콜로 인해 발생한 미래매출감소의 기회원가	₩9,300

㈜대한이 지금보다 예방원가를 50% 확대하면 내부실패원가와 외부실패원가를 각각 20%와 10% 절감할 수 있다고 한다. ㈜대한이 지금보다 예방원가를 50% 확대할 때 품질원가의 총합계는 얼마인가?

해답

예방원가 ① ⑥, 평가원가 ③ ④, 내부실패원가 ② ⑦, 외부실패원가 ⑤ ⑧

품질원가 = ₩7,700 × 1.5 + 13,400 + 13,500 × 80% + 34,000 × 90% = ₩66,350

3 JIT

(1) 적시생산방식의 의의와 배경

그동안 많은 기업에서는 어느 정도의 재고자산이 재고 부족에 대비한 완충작용을 한다고 생각하였다. 그런데 오늘날 많은 경영자들은 재고자산을 유지하는 데 드는 원가가 재고 부족으로 인한 기회원가보다 훨씬 크다는 것을 인식하게 되었다. 이에 따라 재료의 주문이 소액으로 빈번하게 이루어지고 있다.

재고자산을 최대한으로 줄이고자 하는 새로운 생산방식으로는 **적시생산방식**(just-in-time production)을 들 수 있다. 이는 제품에 대한 수요에 따라 최종공정의 작업이 이루어지고, 최종공정의 작업을 위해 바로 직전 공정의 재공품에 대한 인출이 이루어지며, 최종적으로 재료에 대한 매입 청구가 이루어지는 수요 견인(demand-pull) 시스템에 의한 생산방식이다. 즉, 생산공정의 마지막 단계인 제품에 대한 고객수요로부터 시작하여 거꾸로 올라가며 마지막으로 생산공정의 첫 단계인 원재료에 대한 수요를 유발시킨다. 적시생산시스템은 가능한 한 낮은 총원가로 고품질의 제품을 제공하여 고객수요를 적시에 충족시키는 것을 동시에 이루려는 것을 목표로 한다.

이 생산방식은 일본의 토요타 자동차회사가 생산현장에서의 낭비적 요소를 제거하기 위해 무재고 시스템 정착을 목적으로 도입했던 간판시스템이 그 효시이다. 과거 대량생산방식 하에서는 당연한 것으로 받아들여졌던 일정 수량의 재고가 자금을 묶이게 하거나 진부화의 위험 등 비부가가치적인 것임에 착안한 토요타는 필요한 만큼의 재고를 적시에 공급받아 제품생산에 투입한다면 재고의 보유는 불필요하다고 판단하였다. 재고가 줄어들 경우 나타나는 경제적 효익은 ① 재고유지비용 및 진부화 위험의 감소, ② 창고 및 생산공정 등 재고저장공간의 절약, ③ 생산준비시간의 단축, ④ 재고자산에 소요되는 자금의 절약 등을 들 수 있다. 반면에 재고부족에 따른 위험을 피할 수 없다.

(2) 적시생산방식의 특징

과거에는 기업에서 원재료를 구입하여 제품을 생산하고 생산된 제품을 고객에게 판매하는 방식이었다. 판매되지 않은 제품은 언젠가 판매될 것이라 믿고서 재고자산으로 회계처리하였다. 공급자 위주의 사고라 할 수 있다. 반면에, 토요타 회사에서 제안한 적시생산방식은 그 이전의 패러다임을 완전히 뒤집는 파격적인 발상으로서, 고객의 수요에 따라 생산하자는 것이다. 판매되지 않는 것은 자산이 아니라 비용 내지 손실로 보아야 한다는 것이다. 수요자 위주의 사고라 할 수 있다. 이러한 패러다임 전환(paradigm shift)을 통하여 토요타 자동차는 시장에서 경쟁력을 갖게 되었으며, 세계적으로 퍼져 많은 기업들이 이 방식을 채택하고 있다.

적시생산방식의 특징 또는 적시생산방식이 성공적으로 정착하기 위한 요인들은 다음과 같다.

① 상품이나 서비스에 가치를 더하지 않는 모든 비부가가치적 활동을 제거한다. 재료나 제품의 보관활동, 대기시간, 이동시간, 검사시간 등을 최소화하고자 한다. 재고는 없어져야 할 '악'(evil) 또는 '암'(cancer)으로 간주한다. 고객들이 기꺼이 지불하고자 하는 가치를 창출하지 못하는 자원 소비는 낭비이며 따라서 제거하

| 표 17-2 | JIT생산방식의 특징

구분	전통적 생산방식	JIT생산방식
기계 배치	동일한 기계들을 일정 구획에 함께 배치	제조 셀 내에 여러 종류의 기계들을 연속적으로 배치
가동준비시간	가동준비시간이 많이 소요	가동준비시간이 짧아짐
배치 수	대량	수요에 따라 생산이 이루어지므로 소량
재고	재고가 많음	재고가 매우 적음
근로자들의 과업범위	개별 근로자들은 좁은 범위의 업무를 수행	개별 근로자들은 보다 넓은 업무를 수행
제조사이클 타임	제조사이클 타임이 길다	제조사이클 타임이 짧다
품질검사	특정 검사시점에서 표본검사	모든 생산품에 대한 품질검사가 현장에서 이루어짐
공급업자의 관리	많은 공급업자	잘 협조되는 소수의 공급업자

여야 한다는 경영철학에 의해 이루어지는 생산활동을 '린 제조활동'(lean manufacturing)이라 한다.

② 생산은 제조 셀(manufacturing cell)에서 이루어지게 조직된다. 제조 셀이란 특정 제품을 생산하는 데 사용되는 여러 가지 종류의 기계설비 그룹이다. 근로자는 다양한 작업과 과업을 수행할 수 있게 고용되고 훈련받는다.

③ 생산과정에서 발생하는 불량품은 적극적으로 제거된다. 불량품이 발견되거나 공정의 문제점이 발견되면 즉시 생산을 멈춘다. 품질관리를 특정 부서 내지 특정 공정에서만 실시하는 것이 아니라 전사적인 품질관리가 상시적으로 이루어지며, 또한 생산공정을 단순화한다.

④ 수요 견인에 즉각적으로 대응할 수 있도록 작업준비시간을 단축한다. 작업준비시간의 단축은 다품종 소량생산의 경제성을 높이게 한다. 따라서 소롯트 생산이 일반적이며 이를 지원하는 유연생산방식 및 자동화 그리고 작업준비단축이 뒷받침되어야 한다.

⑤ 생산소요시간의 단축을 위해 간반 시스템을 도입한다. 간반 시스템(kanban system)은 길거리의 간판처럼 각 공정 간의 의사소통을 위한 수단을 말하는데 공정에 투입되어야 할 원재료의 종류, 수량, 부품번호 등이 기록된 작업지시카드가 일례이다. 생산소요시간의 단축은 고객주문의 변동에 더 신속하게 대응할 수 있게 한다.

⑥ 공급업체와의 유기적 공급망관리(SCM, supply chain management) 시스템을 구축하여 공급자가 적시에 원재료를 납품하여야 한다. JIT에서는 적시에 필요한 고품질의 부품을 소량으로 자주 공급해 줄 수 있는 신뢰할 만한 공급업자가 필요하다.

(3) JIT 원가계산

JIT 시스템은 재고를 감소시킴으로써 원재료 취급, 창고보관, 검사 등과 관련한 원가가 줄어들게 되어 결국 간접원가도 감소하게 된다. 또한 JIT 시스템은 원가의 추적 가능성을 높인다. 제조 셀에서 제품을 생산하면 원재료 취급원가와 기계작업원가를 그 제조 셀에서 생산된 특정 제품이나 제품라인으로 배부할 수 있게 된다. 그렇게 되면 이러한 원가는 그 제품의 직접원가가 된다.

재고가 줄어들면 평균법이나 선입선출법 같은 원가흐름의 가정이 그 차이를 보이지 않게 되며, 전부원가계산이나 변동원가계산과 같은 재고평가방법의 선택이 중요해지지 않게 된다. 회계기간의 모든 제조원가는 직접 매출원가로 흘러 들어간다. 직접재료가 신속하게 제품으로 가공되고 또 제품은 즉시 판매되므로 원가시스템은 크게 단순화된다.

전통적 원가계산에서는 재료의 매입, 제조활동, 제품완성, 판매 등 물리적 흐름에 따라 원재료계정에서 재공품을 거쳐 제품에 이르는 순차적인 방식을 따랐다. 그러나 표준화가 웬만큼 이루어진 JIT에서는 판매량은 곧 생산량과 동일하고 그만큼의 재공품이 곧 제품계정으로 대체되고 또 필요한 만큼의 원재료가 투입되고 그만큼이 구입되었다는 가정을 쉽게 할 수 있다. 이 경우 단순성을 추구하는 JIT에서는 과거처럼 원가를 순차적으로 추적하는 대신에 판매시점부터 역으로 거슬러 올라가면서 제조원가를 제품과 매출원가에 배분하는 방식을 택할 수 있는데 이를 **역류원가계산**(backflush costing)이라고 한다. 역류원가계산에서는 직접재료의 구입에서부터 제품 판매까지의 단계들과 연관된 일부 분개를 기록하는 것을 생략한다. 하나 또는 그 이상의 단계들에 대한 분개가 생략될 경우, 다음 단계의 분개는 정상원가 또는 표준원가를 이용하여 분개를 하지 않은 단계의 원가를 정산하기 위해 역산한다. 재고가 최소인 경우 역류원가계산으로 인해 정보가 많이 상실되지 않으면서 원가계산시스템은 매우 단순화된다.

❹ 시간관리

소비자들은 높은 품질의 제품을 가능한 빨리 갖고자 한다. 만약 소비자가 제품을 주문하고서 몇 개월 또는 몇 주를 기다려야 한다면, 그 사이에 경쟁업체에서 더 나은 성능을 가진 제품이 개발될 것이고 결국 소비자들은 그 기업을 외면하게 된다.

기업들은 점차 시간(time)을 전략의 주요동인으로 간주하고 있다. 업무를 빨리 수행하면 수익을 증가시키고 원가를 감소시키는 데 도움이 된다. 고객주문에 신속하게 대응할 능력을 갖추면 재고를 유지할 필요도 없게 된다. 이에 따라 기업에서는 효과적인 경영을 위하여 시간을 관리할 필요가 있다.

(1) 손익분기시간

손익분기시간(break-even time : BET)은 신제품 개발에 행해진 투자액을 회수하는 데 걸리는 기간이다. 즉, 신제품에 대한 최초의 개념이 경영자에 의해 승인된 때부터 프로젝트로부터의 순현금유입액의 현재가치 누적액이 순투자지출의 현재가치 누적액과 같아질 때까지의 걸리는 시간이다. 앞에서 손익분기점이 판매량 또는 매출액을 중심으로 분석한 반면에, 손익분기시간은 시간을 중심으로 분석한다는 측면에서 차이를 보인다. 또한 손익분기점은 프로젝트 수행 기간 전체를 대상으로 분석한다.

첨단기술 사업분야에서는 신제품 출시기간이 제품 수익성에 가장 커다란 영향을 미친다. 경쟁사보다 신속하게 신제품을 시장에 출시함으로써 시장 선점 효과와 관련 지식재산권(intellectual property right : IP)을 이용한 후발주자 견제가 가능해진다. 이의 중요성을 인식한 HP(휴렛팩커드)가 이러한 기술과 제품들이 얼마나 빨리 시장에 출시되는지를 측정하고 동시에 이를 강조하기 위해 손익분기시간을 핵심적인 제품개발기법으로 개발하였다.

손익분기시간은 자본예산에서 등장하는 회수기간과는 다르다. 손익분기시간은 신제품 아이디어가 승인된 시점부터 계산하는 반면에, 회수기간은 투자가 이루어지는 시점부터 계산한다.

(2) 고객대응시간

고객대응시간(customer-response time)은 소비자로부터 제품주문을 받은 시점과 소비자에게 제품을 인도한 시점과의 차이라고 정의할 수 있으며, 기업에서는 이 시간을 단축시켜야 한다. 고객의 주문으로부터 제품의 인도까지 걸리는 총시간을 보

| 그림 17-5 | 고객대응시간

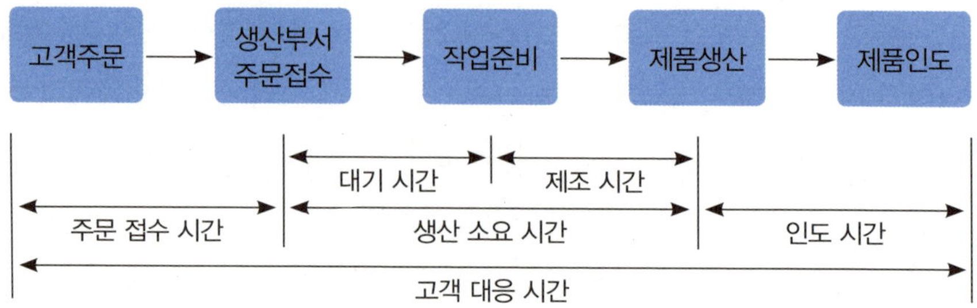

다 세분화하면 [그림 17-5]와 같다.

생산소요시간 또는 제조리드타임(manufacturing lead time or manufacturing cycle time)은 생산부서가 주문을 접수한 시간부터 제품을 완성할 때까지 소요된 시간이다. 적시생산방식을 적용하는 기업에서는 가능한 한 이 시간을 단축시키고자 한다. 고객대응시간이나 생산소요시간을 단축함으로써 얻을 수 있는 이점은 제품을 생산해 신속하게 고객에게 배달할 수 있으며, 아울러 원자재가 재고 상태로 남아 있는 시간을 단축해 재고 회전을 증가시킬 수 있다는 점이다.

제조사이클 효율(manufacturing cycle efficiency)은 생산소요시간 중 부가가치창출시간이 차지하는 비율이다. 제품생산시간은 크게 부가가치창출시간(제품제조시간)과 부가가치가 없는 시간(검사, 이동, 대기로 인한 시간)으로 구분할 수 있다. 제조사이클 효율을 높이기 위해서는 부가가치가 없는 활동을 합리적으로 단축시켜야 한다.

(3) 제품인도

정시납품 또는 정시인도는 배달하기로 계획된 시간에 제품이나 서비스를 실제로 배달되는 상황을 의미한다. 항공회사에서 비행기가 정시에 목적지에 도착하느냐 여부는 매우 중요한 요소이다. 비슷한 예로 음식물 배달회사에서 고객에게 정시에 배달하느냐 여부는 고객들의 의사결정에 많은 영향을 미친다.

제품인도와 관련하여 정시인도율(percentage of on-time delivery)은 소비자가 제품주문을 할 때 제품인도가 배달하기로 계획된 시간에 이루어지는 비율이다. 정시인도는 고객의 만족도를 증가시킨다. 그러나 정시인도는 고객대응시간과 생산소요시간 등에 의해 영향받는다. 생산소요시간이 길어질수록 정시인도는 어려워지는 상충관계에 있다.

연 습 문 제 exercise

01 품질원가 (01CPA)

㈜시그마는 품질원가의 측정을 위해 품질관련 활동원가를 계산하고 있다. 다음 나열된 품질관련 활동원가 중 예방원가(prevention cost of quality)에 포함되어야 할 금액은?

활동	활동원가(또는 비용)
품질방침기획 및 선포활동	₩10
선적 전에 발견된 부적합품 재작업활동	20
반품 재작업활동	30
예방적 설비보수 및 유지활동	40
미래 판매기회상실에 따른 기회원가	50
제품품질검사 및 시험활동	60
원부자재 공급사 평가활동	70
반품 재검사활동	80
품질교육 및 훈련활동	90

02 품질원가 (11CTA)

㈜국세는 김치냉장고를 생산·판매한다. ㈜국세의 원가관리담당자는 20×1년에 생산한 김치냉장고 2,000대의 품질원가를 분석하여, 다음과 같은 품질원가 보고서를 작성하였다.

구 분		품질원가
내부실패원가	반품재작업	₩40,000
	불량품재작업	20,000
예방원가	보증수리원가	100,000
	설계엔지니어링	20,000
평가원가	예방설비점검	20,000
	재공품검사	20,000
외부실패원가	제품검사	30,000
	클레임 제기로 인한 추정 손해배상액	200,000
계		₩450,000

그런데 원가관리담당자가 작성한 품질원가보고서를 검토하던 ㈜국세의 경영자는 보고서에 품질원가 구분상 오류가 있음을 발견하였다. ㈜국세의 경영자는 원가관리담당자에게 보고서의 오류를 수

정하도록 지시하였다. 오류가 수정된 품질원가보고서에 근거하여 실패원가 대비 통제원가(예방 및 평가원가) 비율을 구하면 몇 %인가?

03 품질원가 (10CTA)

㈜대전은 20×1년 품질과 관련된 원가를 분류한 결과 다음과 같은 항목을 파악하였다.

항목	금액	항목	금액
• 반품재작업	₩100억	• 설계개선작업	₩200억
• 사후수리(A/S)	150억	• 완성품검사	50억
• 불량재공품재작업	100억	• 고객 불량품 피해 손해배상	150억
• 품질교육	100억		

㈜대전의 원가담당자는 위의 항목들을 예방원가, 평가원가, 내부실패원가, 외부실패원가로 재분류한 후 구체적으로 분석한 결과, 현재 예방원가에 사용된 자원의 50%만큼을 추가로 투입하는 경우 내부실패원가를 50%, 외부실패원가를 40%씩 절감할 수 있다고 주장하였다. 원가담당자의 주장을 수용하는 경우 이익은 얼마나 증가하는가?

04 품질원가 (23CTA)

㈜세무의 품질관리활동원가는 다음과 같다.

활동	원가(또는 비용)	활동	원가(또는 비용)
공손품 재작업	₩400	보증수리원가	₩2,000
납품업체 평가	500	반품 재작업	1,000
불량품 폐기	600	품질교육훈련	1,000
완제품 검사	700	재공품 검사	300

위 원가(비용)를 다양한 유형별로 구분하여 자세히 분석한 결과, 예방원가(prevention cost)를 현재보다 50% 증가시키면 외부실패원가(external failure cost)를 현재보다 40% 절감할 수 있을 것으로 예상하였다. 이를 실행할 경우, 회사의 이익은 얼마나 증가하는가?

부록 및 연습문제 해답

현가표

$$P = \frac{1}{(1+r)^n}$$

n	4%	5%	6%	8%	10%	12%	14%	16%	18%	20%
1	0.962	0.952	0.943	0.926	0.909	0.893	0.877	0.862	0.847	0.833
2	0.925	0.907	0.890	0.857	0.826	0.797	0.769	0.743	0.718	0.694
3	0.889	0.864	0.840	0.794	0.751	0.712	0.675	0.641	0.609	0.579
4	0.855	0.823	0.792	0.735	0.683	0.636	0.592	0.552	0.516	0.482
5	0.822	0.784	0.747	0.681	0.621	0.567	0.519	0.476	0.437	0.402
6	0.790	0.746	0.705	0.630	0.564	0.507	0.456	0.410	0.370	0.335
7	0.760	0.711	0.665	0.583	0.513	0.452	0.400	0.354	0.314	0.279
8	0.731	0.677	0.627	0.540	0.467	0.404	0.351	0.305	0.266	0.233
9	0.703	0.645	0.592	0.500	0.424	0.361	0.308	0.263	0.225	0.194
10	0.676	0.614	0.558	0.463	0.386	0.322	0.270	0.227	0.191	0.162
11	0.650	0.585	0.527	0.429	0.350	0.287	0.237	0.195	0.162	0.135
12	0.625	0.557	0.497	0.397	0.319	0.257	0.208	0.168	0.137	0.112
13	0.601	0.530	0.469	0.368	0.290	0.229	0.182	0.145	0.116	0.093
14	0.577	0.505	0.442	0.340	0.263	0.205	0.160	0.125	0.099	0.078
15	0.555	0.481	0.417	0.315	0.239	0.183	0.140	0.108	0.084	0.065
16	0.534	0.458	0.394	0.292	0.218	0.163	0.123	0.093	0.071	0.054
17	0.513	0.436	0.371	0.270	0.198	0.146	0.108	0.080	0.060	0.045
18	0.494	0.416	0.350	0.250	0.180	0.130	0.095	0.069	0.051	0.038
19	0.475	0.396	0.331	0.232	0.164	0.116	0.083	0.060	0.043	0.031
20	0.456	0.377	0.312	0.215	0.149	0.104	0.073	0.051	0.037	0.026
21	0.439	0.359	0.294	0.199	0.135	0.093	0.064	0.044	0.031	0.022
22	0.422	0.342	0.278	0.184	0.123	0.083	0.056	0.038	0.026	0.018
23	0.406	0.326	0.262	0.170	0.112	0.074	0.049	0.033	0.022	0.015
24	0.390	0.310	0.247	0.158	0.102	0.066	0.043	0.028	0.019	0.013
25	0.375	0.295	0.233	0.146	0.092	0.059	0.038	0.024	0.016	0.010
26	0.361	0.281	0.220	0.135	0.084	0.053	0.033	0.021	0.014	0.009
27	0.347	0.268	0.207	0.125	0.076	0.047	0.029	0.018	0.011	0.007
28	0.333	0.255	0.196	0.116	0.069	0.042	0.026	0.016	0.010	0.006
29	0.321	0.243	0.185	0.107	0.063	0.037	0.022	0.014	0.008	0.005
30	0.308	0.231	0.174	0.099	0.057	0.033	0.020	0.012	0.007	0.004

연금의 현가표

$$P_n = \frac{1}{r}\left[1 - \frac{1}{(1+r)^n}\right]$$

n	4%	5%	6%	8%	10%	12%	14%	16%	18%	20%
1	0.962	0.952	0.943	0.926	0.909	0.893	0.877	0.862	0.847	0.833
2	1.886	1.859	1.833	1.783	1.736	1.690	1.647	1.605	1.566	1.528
3	2.775	2.723	2.673	2.577	2.487	2.402	2.322	2.246	2.174	2.106
4	3.630	3.546	3.465	3.312	3.170	3.037	2.914	2.798	2.690	2.589
5	4.452	4.330	4.212	3.993	3.791	3.605	3.433	3.274	3.127	2.991
6	5.242	5.076	4.917	4.623	4.355	4.111	3.889	3.685	3.498	3.326
7	6.002	5.786	5.582	5.206	4.868	4.564	4.288	4.039	3.812	3.605
8	6.733	6.463	6.210	5.747	5.335	4.968	4.639	4.344	4.078	3.837
9	7.435	7.108	6.802	6.247	5.759	5.328	4.946	4.607	4.303	4.031
10	8.111	7.722	7.360	6.710	6.145	5.650	5.216	4.833	4.494	4.192
11	8.760	8.306	7.887	7.139	6.495	5.988	5.453	5.029	4.656	4.327
12	9.385	8.863	8.384	7.536	6.814	6.194	5.660	5.197	4.793	4.439
13	9.986	9.394	8.853	7.904	7.103	6.424	5.842	5.342	4.910	4.533
14	10.563	9.899	9.295	8.244	7.367	6.628	6.002	5.468	5.008	4.611
15	11.118	10.380	9.712	8.559	7.606	6.811	6.142	5.575	5.092	4.675
16	11.652	10.838	10.106	8.851	7.824	6.974	6.265	5.669	5.162	4.730
17	12.166	11.274	10.477	9.122	8.022	7.120	6.373	5.749	5.222	4.775
18	12.659	11.690	10.828	9.372	8.201	7.250	6.467	5.818	5.273	4.812
19	13.134	12.085	11.158	9.604	8.365	7.366	6.550	5.877	5.316	4.844
20	13.590	12.462	11.470	9.818	8.514	7.469	6.623	5.929	5.353	4.870
21	14.029	12.821	11.764	10.017	8.649	7.562	6.687	5.973	5.384	4.891
22	14.451	13.163	12.042	10.201	8.772	7.645	6.743	6.011	5.410	4.909
23	14.857	13.489	12.303	10.371	8.883	7.718	6.792	6.044	5.432	4.925
24	15.247	13.799	12.550	10.529	8.985	7.784	6.835	6.073	5.451	4.937
25	15.622	14.094	12.783	10.675	9.077	7.843	6.873	6.097	5.467	4.948
26	15.983	14.375	13.003	10.810	9.161	7.896	6.906	6.118	5.480	4.956
27	16.330	14.643	13.211	10.935	9.237	7.943	6.935	6.936	5.492	4.964
28	16.663	14.898	13.406	11.051	9.307	7.984	6.961	6.152	5.502	4.970
29	16.984	15.141	13.591	11.158	9.370	8.022	6.983	6.166	5.510	4.975
30	17.292	15.373	13.765	11.258	9.427	8.055	7.003	6.177	5.517	4.979

정규분포표

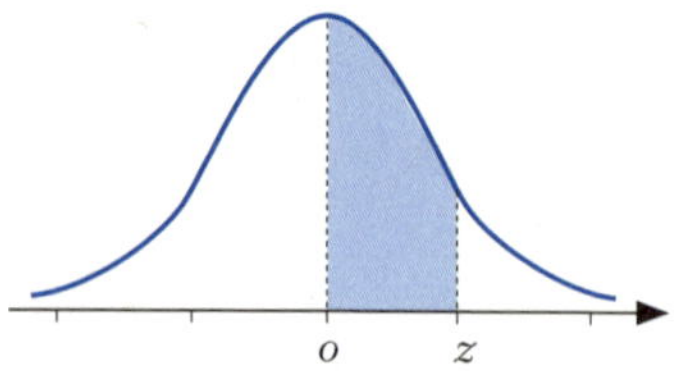

z	0.00	0.01	0.02	0.03	0.04	0.05	0.06	0.07	0.08	0.09
0.0	.0000	.0040	.0080	.0120	.0160	.0199	.0239	.0279	.0319	.0359
0.1	.0398	.0438	.0478	.0517	.0557	.0596	.0636	.0675	.0714	.0753
0.2	.0793	.0832	.0871	.0910	.0948	.0987	.1026	.1064	.1103	.1141
0.3	.1179	.1217	.1255	.1293	.1331	.1368	.1406	.1443	.1480	.1517
0.4	.1554	.1591	.1628	.1664	.1700	.1736	.1772	.1808	.1844	.1879
0.5	.1915	.1950	.1985	.2019	.2054	.2088	.2123	.2157	.2190	.2224
0.6	.2257	.2291	.2324	.2357	.2389	.2422	.2454	.2486	.2517	.2549
0.7	.2580	.2611	.2642	.2673	.2704	.2734	.2764	.2794	.2823	.2852
0.8	.2881	.2910	.2939	.2967	.2995	.3023	.3051	.3078	.3106	.3133
0.9	.3159	.3186	.3212	.3238	.3264	.3289	.3315	.3340	.3365	.3389
1.0	.3413	.3438	.3461	.3485	.3508	.3531	.3554	.3577	.3599	.3621
1.1	.3643	.3665	.3686	.3708	.3729	.3749	.3770	.3790	.3810	.3830
1.2	.3849	.3869	.3888	.3907	.3925	.3944	.3962	.3980	.3997	.4015
1.3	.4032	.4049	.4066	.4082	.4099	.4115	.4131	.4147	.4162	.4177
1.4	.4192	.4207	.4222	.4236	.4251	.4265	.4729	.4292	.4306	.4319
1.5	.4332	.4345	.4357	.4370	.4382	.4394	.4406	.4418	.4429	.4441
1.6	.4452	.4463	.4474	.4484	.4495	.4505	.4515	.4525	.4535	.4545
1.7	.4554	.4564	.4573	.4582	.4591	.4599	.4608	.4616	.4625	.4633
1.8	.4641	.4649	.4656	.4664	.4671	.4678	.4686	.4693	.4699	.4706
1.9	.4713	.4719	.4726	.4732	.4738	.4744	.4750	.4756	.4761	.4767
2.0	.4772	.4778	.4783	.4788	.4793	.4798	.4803	.4808	.4812	.4817
2.1	.4821	.4826	.4830	.4834	.4838	.4842	.4846	.4850	.4854	.4857
2.2	.4861	.4864	.4868	.4871	.4875	.4878	.4881	.4884	.4887	.4890
2.3	.4893	.4896	.4898	.4901	.4904	.4906	.4909	.4911	.4913	.4916
2.4	.4918	.4920	.4922	.4925	.4927	.4929	.4931	.4932	.4934	.4936
2.5	.4938	.4940	.4941	.4943	.4945	.4946	.4948	.4949	.4951	.4952
2.6	.4953	.4955	.4956	.4957	.4959	.4960	.4961	.4962	.4963	.4964
2.7	.4965	.4966	.4967	.4968	.4969	.4970	.4971	.4972	.4973	.4974
2.8	.4974	.4975	.4976	.4977	.4977	.4978	.4979	.4979	.4980	.4981
2.9	.4981	.4982	.4982	.4983	.4984	.4984	.4985	.4985	.4986	.4986
3.0	.4987	.4987	.4987	.4988	.4988	.4989	.4989	.4989	.4990	.4990

제2장 원가의 개념 및 흐름

01 당기 판매량 = 7,500개 × 90% × 40% = 2,700개
매출원가에 포함된 직접재료원가 = 당기 판매량 × 단위당 원가 = 2,700개 × ₩100 = ₩270,000

02 5명

03 ₩20,000, ₩8,000

04 ₩230,000

05 ₩1,050

06 당기제품제조원가 ₩15,000, 기초재공품원가 ₩5,000

07 직접노무원가 ₩150,000, 기본원가 ₩270,000

08 ₩42,000

09 직접재료원가 ₩100,000, 직접노무원가 ₩80,000, 제조간접원가 ₩120,000, 당기매입액 ₩106,000

10 ₩26,000

11 당기총제조원가 ₩500,000, 직접노무원가 ₩100,000

12 ₩1,600,000

13 ₩3,000

14 1. ₩365,000 2. ₩149,000

15 ₩15,960

16 매출원가 = 매출액 × (1 − 매출총이익률) = ₩1,250,000 × (1 − 0.2) = ₩1,000,000
기말제품재고액 = ₩1,000,000 ÷ 8개월 = ₩125,000
또는 ₩1,250,000 ÷ 8개월 × 80% = ₩125,000
9월 1일에 소실된 재고자산은 재료 ₩75,000, 재공품 ₩225,000, 제품 ₩125,000이다.
한편, 판매비, 사무실 감가상각비, 사무직 급여는 제품원가와는 관련없는 자료이다.

17 원재료 투입액 : 16,000 + 330,000 − 26,000 = ₩320,000
당기총제조원가 : 24,000 + 18,000* + 140,000 + 42,000 + 320,000 + 6,000* + 80,000* = ₩630,000
　*수도광열비 : 30,000 × 60%　　*보험료 : 8,000 × 75%　　*임차료 : 100,000 × 80%
당기제품제조원가 : 32,000 + 630,000 − 42,000 = ₩620,000
판매비와관리비 : 36,000 + 64,000 + 150,000 + 12,000* + 2,000* + 20,000* = ₩284,000
　*수도광열비 : 30,000 × 40%　　*보험료 : 8,000 × 25%　　*임차료 : 100,000 × 20%
영업이익 : 900,000 − (80,000 + 620,000 − 120,000) − 284,000 = ₩36,000

제3장 작업별원가계산

01 ₩882,000, 1,911,000

02 ₩480,000

03 ₩5,200

04 ₩155,400

05 제조간접원가 실제발생액 = 간접재료원가 20 + 간접노무원가 40 + 제조경비 560 = ₩620
제조간접원가 배부차이 = 실제발생액 620 − 배부액 180시간 × 3/시간 = ₩80 과소배부
따라서, 매출원가 = 770 + 80 = ₩850
매출총이익 = 1,100 − 850 = ₩250

06 제조간접원가 배부차이 ₩100,000(과소배부)
작업 #2에 대한 제조간접원가 예정배부액 = 600시간 × ₩500 = ₩300,000
∴ 재무제표상 매출원가 = 배부차이 조정전 작업 #2의 원가 + 배부차이
= (150,00 + 150,000 + 300,000) + 100,000 = ₩700,000

07 ₩2,000

08 제조간접원가 배부액 = 787,500 + 37,500 = ₩825,000
= 기계시간당 25 × 실제조업도　　∴ 실제조업도 = 33,000기계시간
예정조업도 = 33,000기계시간/1.1 = 30,000기계시간
제조간접원가 예산 = 기계시간당 25 × 예정조업도 30,000시간 = ₩750,000

09 제조간접원가 예정배부율 = ₩448,000 ÷ 80,000기계시간 = 기계시간당 ₩5.6
제조간접원가 배부액 = ₩5.6 × 79,000기계시간 = ₩442,400
제조간접원가 배부차이 = ₩462,000 − 442,400 = ₩19,600 과소배부

10 ₩160/시간

11 고정제조간접원가 배부율 = 690,000 ÷ 27,600 = 기계작업시간당 ₩25
제조간접원가 배부액 = $PR \times AQ$ = (변동제조간접원가 배부율 + 25) × 28,800시간 = ₩1,728,000
∴ 변동제조간접원가 배부율 = 기계작업시간당 ₩35

12 제조간접원가 배부액 = 1,780,000 − 100,000 = ₩1,680,000
= (30 + 고제간 배부율) × 24,000시간 = ₩1,680,000
∴ 고제간 배부율 = 기계작업시간당 ₩40
고정제조간접원가 예산 = 40 × 기준조업도 25,000시간 = ₩1,000,000

13 당기제품제조원가 = 90,000(매출원가) + 60,000(기말제품) − 70,000(기초제품) = ₩80,000
직접재료원가 = 3,000(기초원재료) + 21,000(당기매입액) − 4,000(기말원재료) = ₩20,000
직접노무원가(?) = [20,000 + 직접노무원가(?)] × 60%　　∴ 직접노무원가 = ₩30,000

제조간접원가배부액 = 80,000(당기제품제조원가) + 45,000(기말재공품) − [50,000(기초재공품) + 20,000(직접재료원가) + 30,000(직접노무원가)] = ₩25,000

실제제조간접원가발생액 = 25,000(제조간접원가배부액) + 7,000(과소배부액) = ₩32,000

14 ₩11,400 증가

15 제조간접원가 배부차이 = 1,987,000 − 200 × 실제기계시간 9,500 = ₩87,000 과소배부

	#1	#2	#3
직접재료원가	₩150,000	₩100,000	₩600,000
직접노무원가	300,000	?	1,000,000
제조간접원가 배부액	400,000	600,000	900,000
계	₩850,000	x	₩2,500,000
	매출원가	기말제품	기말재공품

총원가비례법에 의한 매출원가 조정액 ₩17,000 = ₩87,000 × $\frac{850,000}{850,000 + x + 2,500,000}$

$\therefore x$ = ₩1,000,000

기말제품(#2)에 포함된 직접노무원가 = ₩300,000

16 제조간접원가 예정배부율 = 640,000 / 80,000시간 = ₩8/시간

제조간접원가 배부차이 = 51,600 − 6,950 × 8 = ₩4,000 과대배부

	#101	#102	#103	합계
직접재료원가	₩34,000	₩39,000	₩13,000	
직접노무원가	₩16,000	₩20,600	₩1,800	
제조간접원가	2,750 × 8 = 22,000	30,400	3,200	
합계	72,000(매출원가)	90,000(기말제품)	18,000(기말재공품)	₩180,000
제조간접원가 배부차이	4,000 × 72,000/180,000 = (1,600)	(2,000)	(400)	
합계	₩70,400	₩88,000	₩17,600	

17 배부차이 조정 후 매출원가 = ₩800,000

제조원가 실제발생액 = 기말재공품 120,000 + 기말제품 180,000 + 매출원가 800,000 = ₩1,100,000

제조원가 배부액 = 기본원가 750,000 + 제조간접원가예정배부액 375,000 = ₩1,125,000

제조간접원가 배부차이 = 1,100,000 − 1,125,000 = ₩25,000 과대배부

18

	#101	#102	#103
기초재공품		₩6,000	₩5,250
기본원가		1,500	1,000
제조간접원가 배부액		600	400
	판매	완성, 판매	완성

제조간접원가 배부차이 = 1,250 − (600 + 400) = ₩250 과소배부

	기말재공품	기말제품(103)	매출원가(#101, #102)
제조간접원가 배부액	₩0	₩400	₩600
제조간접원가 배부차이		100(40%)	150(60%)

매출총이익(#101) = 8,300 − 7,500 = ₩800

매출총이익(#102) = 10,000 − (6,000 + 1,500 + 600 + 150) = ₩1,750

제4장 공정별원가계산

01 123,500개

02 13,875개

03 ₩2,352

04 ₩99,000

05 ₩500,000

06 1. ₩44,000

2. 기말재공품(전환) = 당기전환원가(? = 3,040,000) × $\frac{800}{8,000 + 800 - 1,200}$ = ₩320,000

07 ₩140,000

08 ₩16,200

09 (차) 제품 377,400 (대) 재공품 377,400

10 ₩558,000

11 기말재공품원가 = ₩590,000

완성품원가 = 기초 700,000 + 당기(500,000 + 600,000 + 1,170,000) − 기말 590,000 = ₩2,380,000

12 @410

13 1. 기말재공품(직재, 평균법) = (1,000 + 당기투입 직접재료원가) × $\frac{400}{600 + 400}$

기말재공품(직재, 선입선출법) = 당기투입 직접재료원가 × $\frac{400}{600 + 400 - 200}$

이들의 차이가 ₩2,100이므로, 당기투입 직접재료원가 = ₩25,000

2. 기초 직접재료원가 = ₩5,000

14 ₩3,666

15 ₩495,000

16 ₩66,150

17 ₩16,200

18 1. ₩213,900　　2. 완성품 단위당 원가 = ₩3,433,600 ÷ 4,000개 = ₩858.4

19 완성품환산량 단위당 원가(직접재료원가) = $\frac{(₩500,000 + 4,500,000)}{3,700 + 250 + 250 + 800}$ = ₩1,000

완성품환산량 단위당 원가(전환원가) = $\frac{(₩375,000 + 3,376,800)}{3,700 + 250 + 250 + 240}$ = ₩845

20 1.

	전공정원가	직접재료원가	전환원가
당기완성품	10,000개	10,000개	10,000개
공손품	1,000	1,000	500
기말재공품 완성품환산량	4,000	4,000	2,400
완성품환산량	15,000개	15,000개	12,900개

2. 검사를 통과한 합격품 = 10,000 + 4,000 = 14,000개

비정상공손품 = 1,000 − 700 = 300개

비정상공손원가(전공정원가) = (₩14,750 + 56,500) × $\frac{300}{10,000 + 700 + 300 + 4,000}$ = ₩1,425

비정상공손원가(직접재료원가) = (₩2,000 + 58,000) × $\frac{300}{10,000 + 700 + 300 + 4,000}$ = ₩1,200

비정상공손원가(전환원가) = (₩10,250 + 92,950) × $\frac{300 \times 50\%}{10,000 + 700 \times 50\% + 300 \times 50\% + 4,000 \times 60\%}$ = ₩1,200

∴ 비정상공손원가 = ₩3,825

21 월말재공품의 완성도를 x라 하고, 월초재공품의 완성도를 y라 하면,

완성품(전환, 평균) = (₩190,000 + 960,000) × $\frac{800}{800 + 160 \times 80\% + 240 \times x}$ = ₩920,000　　∴ $x = 30\%$

완성품(전환, FIFO) = ₩190,000 + 960,000 × $\frac{800 - 500 \times y}{800 + 160 \times 80\% + 240 \times 30\% - 500 \times y}$ = ₩910,000　∴ $y = 40\%$

공손품(전환, FIFO) = ₩960,000 × $\frac{128}{800 + 128 + 72 - 200}$ = ₩153,600

22 기말재공품이 검사를 통과하였으므로 정상공손원가를 완성품과 기말재공품에 배분하여야 한다.

1. 평균법에서는 기초의 정상공손원가와 당기의 정상공손원가를 합친 총공손원가를 완성품과 기말재공품 물량비율로 배분한다.

당기 정상공손원가 = 100개 × @15 + 50개 × @25 = ₩2,750

완성품에 포함될 정상공손의 원가(평균법) = (₩400 + 2,750) × $\frac{5,000}{5,000 + 2,000}$ = ₩2,250

2. 선입선출법에서는 기초의 정상공손원가는 완성품에 배부하고, 당기의 정상공손원가를 완성품과 기말 재공품에 배분한다.

$$완성품에 포함될 정상공손의 원가(선입선출법) = ₩400 + ₩2,750 \times \frac{5,000-1,000}{5,000 + 2,000-1,000} = ₩2,233$$

23 정상공손수량 = (1,500 + 400) × 0.02 = 38개　　비정상공손수량 = 100개 − 38개 = 62개

$$비정상공손원가(직재) = ₩500,000 \times \frac{비정공62개}{완1,500개 + 정공38개 + 비정공62개 + 말400개} = ₩15,500$$

비정상공손원가(전환)

$$= ₩1,740,000 \times \frac{비정공62개 \times 40\%}{완1,500개 + 정공38개 \times 40\% + 비정공62개 \times 40\% + 말400개 \times 50\%} = ₩24,800$$

비정상공손원가 = ₩15,500 + 24,800 − 62개 × @100 = ₩34,100

24 감손후 산출량(Output) = 감손전 투입량(Input) × (1 − 감손율 × 완성도)

완성품 : 3,000 = X × (1 − 0.4 × 1)　　∴ X = 5,000

기말재공품의 전환원가 완성도를 Y라 하면, 800 = 1,000 × (1 − 0.4 × Y)　　∴ Y = 50%

25 기초재공품 : 75kg = X × (1 − 0.5 × 0.5)　　∴ X = 100kg

기말재공품 : 150kg = Y × (1 − 0.5 × 0.5)　　∴ Y = 200kg

$$기말재공품(전환원가) = \frac{₩300 + 3,110}{900kg + 200 \times 0.5} \times 200 \times 0.5 = ₩341$$

26 1. 75%　　2. ₩11,200

제5장 표준원가계산

01 ₩400 유리

02 ₩840 유리

03

(차) 재 공 품	22,000	(대) 직 접 재 료	21,850
직접재료수량차이	1,000	직접재료가격차이	1,150

04 360개

05 직접재료원가 실제발생액 ₩49,000, 직접노무원가 실제발생액 ₩101,000

06 제조간접원가차이 = 제조간접원가 실제발생액 − 제조간접원가 배부액($SP \times SQ$)

= ₩756,000 − 3,500시간 × @240 = ₩84,000 유리

07 ₩950 유리

08 ₩10,000 불리

09 AQ = 12,050시간, SQ = 11,750시간

변동제조간접원가 표준배부율 = ₩640,000 ÷ 8,000시간 = ₩80/시간

변동제조간접원가 능률차이 = $SP \times AQ - SP \times SQ$

= ₩80 × 12,050시간 − ₩80 × 11,750시간 = ₩24,000 불리

10 ₩750 유리

11 SP = 600,000 ÷ (20,000개 × 5시간) = ₩6/시간

고정제조간접원가 예산액 ₩582,000 = SP ₩6 × 기준조업도(? = 97,000시간)

12 ₩3,000

13 ₩439,200 유리

14 변동제조간접원가 표준배부율 = ₩3,000,000 ÷ 1,000시간 = ₩3,000/시간

변동제조간접원가 능률차이 = 표준배부율 × (실제시간 − 표준시간)

= ₩3,000/시간 × (800시간 − 표준시간) = ₩150,000 ∴ 표준시간 = 750시간

고정제조간접원가 표준배부율 = ₩8,000,000 ÷ 1,000시간 = ₩8,000/시간

고정제조간접원가 조업도차이 = 예산 − 배부액

= ₩8,000,000 − 750시간 × ₩8,000/시간 = ₩2,000,000 불리

15 2월 : SP × 기준조업도 − SP × 1,000개 = ₩750

3월 : SP × 기준조업도 − SP × 1,250개 = −₩500 ∴ SP = ₩5/개

3월 고정제조간접원가 실제발생액 = 5 × 1,250 − 500 − 300 = ₩5,450

16

변제간 $AR \times AH$	$SR \times AH$	$SR \times SH$
₩110,000	₩6 × 22,500시간 = ₩135,000	₩6 × (?)23,000시간 = ₩138,000
고제간 $AR \times AH$	FOH 예산	$SR \times SH$
	? × 20,000시간	? × 23,000시간

소비차이 ₩30,000 U　　조업도차이 ₩27,000 F

고제간 배부율 × (20,000시간 − 23,000시간) = ₩27,000 유리 ∴ 고제간 배부율 = ₩9

고제간 실제발생액 = 예산(9 × 20,000) + 30,000 = ₩210,000

17 소비차이(₩100,000), 조업도차이(₩1,800,000)

18 고정제조간접원가 표준배부율 = ₩800,000 / 1,000시간 = ₩800/시간

고정제조간접원가 조업도차이 = 예산 − 배부액

= ₩800,000 − 표준시간(? = 900시간) × ₩800/시간 = ₩80,000 불리

변동제조간접원가 표준배부율 = ₩300,000 / 1,000시간 = ₩300/시간

변동제조간접원가 능률차이 = 표준배부율 × (실제시간 − 표준시간)

= ₩300/시간 × (850시간 − 900시간) = ₩15,000 유리

19 고정제조간접원가 표준배부율 = ₩30,000 ÷ 150 = ₩200

고정제조간접원가 조업도차이 = 고제간 배부율 × (기준조업도 − 표준조업도)

₩2,000 유리 = ₩200 × (표준조업도 − 150개)　∴ 표준조업도 = 160개

변동제조간접원가 능률차이 = 직접노무원가 능률차이 × $\frac{\text{시간당 변제간 배부율}}{\text{시간당 임률}}$

₩6,000 불리 = 직접노무원가 능률차이 × 600/1,000

∴ 직접노무원가 능률차이 = ₩10,000 불리

직접노무원가 차이분석

$AP \times AQ$	$SP \times AQ$	$SP \times SQ$
	1,000 × AQ	1,000 × (160개 × 0.5시간) = ₩80,000

임률차이 ₩4,500 불리　　능률차이 ₩10,000 불리

$SP \times AQ$ = 80,000 + 10,000 = ₩90,000　∴ AQ = 90

$AP \times AQ$ = 90,000 + 4,500 = ₩94,500　∴ AP = ₩1,050

20 고정제조간접원가 표준배부율 = ₩200,000 ÷ 1,000단위 = ₩200/단위

실제	제조간접원가 총예산	$SP \times SQ$
₩355,000	125 × 1,100단위 + 200,000 = ₩337,500	(125 + 200) × 1,100단위 = ₩357,500

통제가능차이 ₩17,500 불리　　조업도차이 ₩20,000 유리

21 ₩9,700

22 1. 조업도차이 ₩1,600 F　2. ₩51,600

제6장 활동기준원가계산

01 갑의 단위당 제조간접원가 = (100 × 40 + 800 × 37 + 800 × 24) ÷ 8,000개 = @6.6

02 제품 단위당 원가 = 단위당 직접재료원가 + 단위당 전환원가

₩20,000 = 단위당 직접재료원가 + (200개 × @10 + 10시간 × @120 + 20시간 × @75 + 5시간 × @100)

∴ 단위당 직접재료원가 = ₩14,800

03 ₩780

04 95회

05 ₩4,400 과소배부

06 ₩400 이익

07 고객 A = 매출액 1,400 − 재료원가 700 − 정규주문 25건 × 5 − 긴급주문 10건 × 15
− 특별서비스 4건 × 50 − 고객관계 100 = 이익 ₩125

고객 B : 손실 ₩235

08

활동	급여	판매비	합계	원가동인당 배부율
고객주문처리	₩1,200,000 × 20%	₩800,000 × 40%	₩560,000	560,000 ÷ 500회 = ₩1,120
고객관계관리	₩1,200,000 × 80%	₩800,000 × 60%	₩1,440,000	1,440,000 ÷ 50명 = ₩28,800

이익 : 20,000 × 20 × (1 − 0.75) − 1,120 × 20 − 28,800 = ₩48,800

09 전통적 방법 ₩24,000, ABC ₩29,400

10 ₩325 감소

11 고정제조간접원가 표준배부율 = 3,600,000 ÷ (120배치 × 5시간) = ₩6,000/시간

변제간 *AP* × *AQ*	*SP* × *AQ*	*SP* × *SQ*
4,000 × (100배치 × 5.5) = ₩2,200,000	5,000 × (100배치 × 5.5) = ₩2,750,000	5,000 × (23,000개/250 × 5시간) = ₩2,300,000

소비차이 ₩550,000 F　　능률차이 ₩450,000 U

고제간 *AP* × *AQ*	예산	*SP* × *SQ*
₩3,190,000	₩3,600,000	6,000 × (23,000개/250 × 5시간) = ₩2,760,000

예산차이 ₩410,000 F　　조업도차이 ₩840,000 U

12

	실제액	*SR* × *AH*	실제산출량에 대한 배부액
재료처리활동	₩50,000	10/m × 6,000m = ₩60,000	10/m × (1,000개 × 5m) = ₩50,000
품질검사활동	450,000	200/회 × 2,200회 = 440,000	200/회 × (1,000개 × 2회) = 400,000
합계	₩500,000	₩500,000	₩450,000

총가격차이 ₩0　　수량(능률)차이 ₩50,000 불리

제7장 부문별 원가계산

01 ₩600,000

02 ₩450 크다

03 ₩411 공장전체 제조간접원가배부율은 공장의 모든 부문에서 발생한 제조간접원가를 합계하여 배부기준(직접작업시간)으로 나누면 된다.

04 현재 A제조부문에 배부되는 보조부문원가 = (₩300 + 600) × 5/9 = 500만 원
단계배부법에 의해 A생산부문에 배부되는 보조부문원가 = 330만 원

05 ₩404,800

06 1. 제조부문에 배부되지 않은 보조부문원가(= 보조부문에 배부된 타보조부문원가)
= ₩1,500 + 1,000 + 2,500 = ₩5,000

2. 보조부문 A2가 제조부문 M1, M2에 배부된 금액(또는 비율)이 동일하며, 또한 보조부문 A1이 제조부문 M1, M2에 배부된 금액도 동일하다. 따라서 다음과 같이 간단히 수정 후 각 제조부문의 제조간접원가를 구할 수 있다.
M1 = ₩26,500 + 5,000 × 0.5 = ₩29,000　　M2 = ₩33,500 + 5,000 × 0.5 = ₩36,000

3. 보조부문 A2가 제조부문 M1, M2에 배부된 금액(또는 비율)이 다르므로 위와 같이 분석해서는 안된다. 순차적으로 단계배부법을 적용하면 제조부문 M1의 배부후 원가는 ₩29,880이다.

07 1. 생산부문 A에 배부액 = 255,319 × 0.4 + 251,064 × 0.3 = ₩177,447

2. 외부 구입량 = 현재의 생산량 − (S2 → S1 → S2으로 제공한 서비스량)
= 20,000 − 1,200 = 14,000 + 4,800 = 18,800

3. 원가 절감액 = S2부문의 자체부문원가 + (S1 → S2로 제공한 비율) × S1부문의 변동원가
= ₩200,000 + 180,000 × 0.2 = ₩236,000

4. 지불 최대금액 = 원가 절감액 ÷ 외부 구입량 = $\frac{₩236,000}{18,800단위}$ = ₩12.55

08 갑의 단위당 제조간접원가 = $\frac{₩51,250}{50개}$ = ₩1,025
갑의 단위당 판매가격 = (₩500 + 1,025) × 1.2 = ₩1,830

09 A, B를 보조부문 S1, S2를 거쳐가는 총원가(flow − through costs)라 하면
0.5A + 0.4B = ₩50,000　　0.3A + 0.4B = ₩40,000　　∴ A = ₩50,000　　B = ₩62,500
A = X + 0.2B이므로　　50,000 = X + 0.2 × 62,500　　∴ X = ₩37,500

10 X = ₩300,000 + 0.4 × Y　　Y = ₩200,000 + 0.5 × X
∴ X = ₩475,000　Y = ₩437,500
도색부문 배부액 = ₩475,000 × 45/150 + 437,500 × 100/500 = ₩230,000

조립부문 배부액 = ₩270,000

B 배부액 = ₩230,000 × 13회/23회 + 270,000 × 100시간/300시간 = ₩220,000

11 외부 구입량 = 400단위 − 40단위 − 400단위 × 40% × 20% = 328단위

외부 구입액 = ₩400 × 328단위 = ₩131,200

원가 절감액 및 증분수익

= S2변동원가 + S1의 S2용역제공에 대한 변동원가 절감액 + S2고정원가의 50% + S2설비임대수익

= ₩40,000 + ₩260,000/400단위 × 80단위 + ₩40,000 × 50% + ₩20,000 = ₩132,000

증분손익 = ₩132,000 − ₩131,200 = 증분이익 ₩800

12 1. 외부구입량 = 10,000 − (10,000 × 15% × 10% + 10,000 × 15% × 10%) = 9,700단위

2. 원가절감액 = S1부서 원가절감액 + S2부서 원가절감액 + S3부서 원가절감액

= (₩300,000 + 50,000) + (200,000 × 10% + 5,000) + (100,000 × 10% + 10,000) = ₩395,000

13 S2 구입량 = 200 − 200 × 50% × 20% = 180개

cost		benefit	
구입원가	₩1,400 × 180 = ₩252,000	S2 원가 감소	80,000 + 80,000 × 50% + 24,000 = ₩144,000
		S1 변동원가 감소	560,000 × 20% = 112,000

따라서 이익이 ₩4,000 증가한다.

14 ₩111,250

15 ₩95,000

16 ₩7,600

제8장 결합원가계산

01 Y에 배분되는 공통원가 = (₩150,000,000 + 130,000,000) × 32% = ₩89,600,000

02 ₩10,000

03 ₩8,000

04 ₩550,000

05 P제품에 배분되는 결합원가 ₩9,600, K제품에 배분되는 결합원가 ₩20,400

06 C제품 기말재고 = ₩937,500 × $\frac{1}{5}$ = ₩187,500

07 54.29%, 45.60%

08 ₩43,750

09 ₩30,000

10 C에 배부될 결합원가 = ₩360,000 − 180,000 − 126,000 = ₩54,000
C의 매출총이익 = 400개 × @500 − (54,000 + 14,000) = ₩132,000

11 ₩12,000

12 추가가공하여 제품 D, E, F의 형태로 판매하는 것이 ₩35,000만큼 유리하다.

13 ₩25,000

14 ₩65,000

15 결합원가를 구하는 것이 핵심이다.
결합공정의 완성품환산량 − 직접재료원가 : 700톤 + 100톤 = 800
− 전환원가 : 700 + 100 × 40% = 740
결합원가에서 완성품원가(배분할 결합원가임) = ₩8,000 × 700/800 + 2,220 × 700/740 = ₩9,100

제품	최종판매가치 −	추가비용	= 순실현가치	배분 비율	결합원가 배부액
A	₩100 × 300톤	₩60 × 300톤	₩12,000		₩9,100 × 12,000/32,000 = ₩3,412.5
B	50 × 400톤		20,000		

A의 영업이익 = 매출액 30,000 − 추가가공원가 18,000 − 결합원가 배분액 3,412.5 = ₩8,587.5

16 결합공정의 완성품환산량 − 직접재료원가 : 8,000 + 1,000 = 9,000
− 전환원가 : 8,000 + 1,000 × 40% = 8,400

결합원가에서 완성품원가(배분할 결합원가) $= ₩72{,}000 \times \frac{8{,}000}{9{,}000} + ₩33{,}600 \times \frac{8{,}000}{8{,}400} = ₩96{,}000$

제품	최종판매가치 −	추가비용 =	NRV	배분 비율	결합원가 배부액
A	₩50×4,000개	₩20,000	₩180,000	60%	₩57,600
B	80×2,000개	40,000	120,000	40%	38,400

* 기초제품, 기말제품은 결합원가 배분 후에 판매/재고와 관련한 사항이다.

17 분리점에서 부산물의 순실현가치 = 50리터 × (3 − 1) = ₩100
결합원가 배분대상액 = ₩2,100 − 100 = ₩2,000

C에 배분되는 결합원가 $= ₩2{,}000 \times \frac{(200 \times 10 - 1{,}000)}{100 \times 10 + 200 \times 10 + (200 \times 10 - 1{,}000)} = ₩500$

C 기말재고 $= (₩500 + 1{,}000) \times \frac{\text{재고량 150개}}{\text{생산량 200개}} = ₩1{,}125$

18 부산품의 NRV = 100개 × ₩15 − 500 = ₩1,000
** NRV는 판매량이 아닌 생산량을 기준으로 계산한다.
결합원가 배분대상 = ₩9,500 − 1,000 = ₩8,500

제품	최종판매가치	− 추가가공원가	= NRV	배분비율	결합원가배분액	추가가공원가	총원가
A	200개 × ₩40	₩2,000	₩6,000	60%	₩5,100	₩2,000	₩7,100
B	250개 × 20	1,000	4,000	40%	3,400	1,000	4,400
합계					₩8,500		

B의 제품단위당 원가 = ₩4,400 / 250개 = ₩17.6

B의 매출총이익 = 200개 × (₩20 − 17.6) = ₩480

19 생산기준법(원가차감법)에서 주산품에 배부할 결합원가 = ₩31,960 − 부산물의 NRV

제품	NRV	배분비율	결합원가배분액
A	1,350kg × ₩100 = 135,000	45%	₩13,950
B	550kg × 320 − 11,000 = 165,000	55%	? = 17,050
합계			₩31,000

부산물의 NRV = ₩31,960 − 31,000 = ₩960

부산물의 단위당 판매가격 = ₩960 / 300kg = ₩3.2 / kg

제9장 원가의 추정 및 학습효과

01 ₩20,200

02 1. ₩60,000　　2. ₩129,000　　3. ₩180,000　　4. ₩30,000　　5. ₩210,000

03 $\hat{y}$ = ₩13,000 + ₩40x (단, x : 직접노무시간)

제품 단위당 공헌이익 = 제품 단위당 판매가격 − 단위당 변동제조원가 − 단위당 변동판매관리비

= ₩500 − ₩40 × 10시간 − ₩30 = ₩70

7월의 공헌이익 = 30단위 × ₩70 = ₩2,100

04 ₩348

05 555시간

06 25단위의 평균노무시간 = 20시간　　100단위의 평균노무시간 = 20시간 × 90% × 90% = 16.2시간

증분원가 = 직접재료원가 + 직접노무원가 + 변동제조간접원가

= ₩40,000 × 75개 + (16.2 × 100시간 − 500시간) × ₩5,000 + 직접노무원가의 20%

= ₩3,000,000 + 5,600,000 + 1,120,000 = ₩9,720,000

07 ₩6,832,000

08 ₩193,080

09 ₩3,878,400

10 4월 제품의 단위당 평균제조원가는 3월 제품보다 ₩349,920만큼 더 적다.

제10장 변동원가계산

01 1. 변동원가계산의 순손익 : 4월 ₩(250,000), 5월 ₩(50,000), 6월 ₩150,000

2. 전부원가계산하의 이익은 판매량뿐만 아니라 생산량에 의해서도 영향을 받는다. 만약 특정기간의 생산량이 판매량을 초과하는 경우(4월) 고정제조간접원가의 일부가 차기 이후로 이월됨으로써 이익이 높게 계상되며, 반대로 판매량이 생산량을 초과하는 경우(6월) 기초재고자산에 포함된 고정제조간접원가가 비용으로 나타나게 되어 이익이 낮게 계상된다. 한편, 변동원가계산의 이익은 판매량에 의해 영향을 받을 뿐 생산량에 의해서는 영향을 받지 않는다.

02 ₩1,000,000

03 ₩5,850,000

04 ₩38,000

05 기말재고자산에 포함된 고정제조간접원가 = ₩20,000

고정제조간접원가 단위당 배부율 = ₩20

고정제조간접원가 발생액 = ₩20 × 생산량 = ₩20 × 14,000개 = ₩280,000

06 100개 증가

07 당기에 영업을 시작하였기 때문에 기초재고는 없고, 따라서 전부원가계산의 영업이익이 ₩75,000만큼 크다면 이는 전액 기말재고자산에 포함된 고정제조간접원가 영향 때문이다.

₩75,000 = 고정제조간접원가 배부율($\frac{₩300,000}{2,000개}$) × 기말재고수량

기말재고수량은 500개, 판매량은 1,500개

08 순이익 차이 조정시 기초 및 기말재고자산에는 제품뿐만 아니라 재공품도 포함되며 재공품에 포함된 고정제조간접원가를 계산할 때에는 물량이 아닌 완성품환산량에 단위당 고정제조간접원가를 곱한다는 사실에 주의하자.

변동원가계산의 영업이익		x
+ 기말재고에 포함된 고정제조간접원가	(1,400 + 800) × (12 × 60%)	15,840
− 기초재고에 포함된 고정제조간접원가	(2,000 + 1,000) × (10 × 50%)	(15,000)
전부원가계산의 영업이익		$x + 840$

09 ₩840,000

10 ₩110,000 적다

변동원가계산의 영업이익		x
+ 기말재고에 포함된 고정제조간접원가	기말재공품 750개 × 0.4 × 550 = ₩165,000 기말제품 600개 × 550 = 330,000	495,000
− 기초재고에 포함된 고정제조간접원가	기초재공품 500개 × 0.5 × 550 = ₩137,500 기초제품 850개 × 550 = 467,500	(605,000)
전부원가계산의 영업이익		x − 110,000

11 고정제조간접원가 조업도차이 = 예산 − 배부액 = ₩40 × 1,500개 − ₩40 × 1,450개 = ₩2,000 불리
전부원가계산의 표준매출원가 = (₩120 + 40) × 판매량 1,000개 = ₩160,000
전부원가계산의 매출원가 = ₩160,000 + 조업도차이 2,000 = ₩162,000

12 기말재고량 = 150개
초변동원가계산의 영업이익과 전부원가계산의 영업이익 차이는 기말재고에 포함된 전환원가 때문이다.
₩500,000 − 125,000 = 기말재고에 포함된 단위당 전환원가(x) × 재고량 150개 ∴ x = 2,500
초변동영업이익 ₩125,000 = 300개 × 7,000 − 300개 × 단위당 직재(DM) − 450개 × 2,500 − 100,000
∴ DM = ₩2,500
당월 총제조원가 = 450개 × (2,500 + 2,500) = ₩2,250,000

13 당기에 발생한 총비용은 제조원가(₩3,000,000) + 판매관리비(₩200,000) = ₩3,200,000
초변동원가계산 : 매출액(₩3,000,000) − 총비용(? = 2,600,00) = ₩400,000
초변동원가계산하에서 당기에 발생한 총비용 중 비용화 되지 않는 부분은 기말재고에 포함된 직접재료원가이므로 이를 이용하여 물음에 답하면 다음과 같이 쉽게 구할 수 있다.
₩600,000 = 직접재료원가발생액(? = 1,500,000) × 기말재고수량(200개)/당기총생산량(500개)

14

초변동원가계산의 영업이익		x
+ 기말재고에 포함된 전환원가	기말재공품 800개 × 50% × ₩30 = ₩12,000 기말제품 1,000개 × 100% × ₩30 = 30,000	₩42,000
− 기초재고에 포함된 전환원가	기초재공품 1,500개 × 0.4 × ₩30 = ₩18,000 기초제품 800개 × ₩30 = ₩24,000	(42,000)
전부원가계산의 영업이익		₩315,000

15 1. 전부원가계산의 영업이익은 변동원가계산의 영업이익보다 기말재고자산에 포함된 고정제조간접원가 $\frac{2,400,000}{20,000}$ × 4,000개 = ₩480,000만큼 크다.
2. 변동원가계산의 영업이익과 초변동원가계산의 영업이익은 재고자산에 포함된 직접노무원가(DL)와 변동제조간접원가(VOH)만큼 차이가 난다.

초변동원가계산의 영업이익		x
+ 기말재고에 포함된 (DL + VOH)	4,000개 × (@60 + @80)	560,000
− 기초재고에 포함된 (DL + VOH)	0	(0)
변동원가계산의 영업이익		x + 560,000

따라서, 20×1년 변동원가계산의 영업이익은 초변동원가계산의 영업이익보다 ₩560,000만큼 크다

3. 생산량과 판매량이 일치하는 경우에는 변동원가계산의 영업이익과 초변동원가계산의 영업이익은 같다.
4. 3년 동안 판매량이 동일하므로, 변동원가계산의 영업이익은 3년 동안 동일하다.
5. 3년 동안 판매량이 동일하더라도 초변동원가계산의 영업이익은 3년 동안 동일하지 않으며, 매년 증가한다.

제11장 원가 – 조업도 – 이익 분석

01 1. 750개 2. 1,150개 3. ₩750,000 4. ₩625,000

02 1. 손익분기점 $= \frac{1,370,000+\text{관리보조원급여 } 2,500\times 20\text{주}+\text{보수유지}125\times 100\text{개}\times 20\text{주}\times 7\text{일}}{400-\text{청소및소모품비 } 30} = 8,568$실

2. 손익분기점 임대일수 = ₩120,000,000 ÷ (₩50,000 − 10,000) = 3,000일

03 20,000개

04 단위당 변동제조원가 $b = \frac{₩980,000 - 791,000}{1,125,000 - 855,000}$ = 매출액의 70%

총고정원가 a = 980,000 − 1,125,000 × 70% = ₩192,500

목표매출액(S) − 0.7S − 192,500 = ₩167,500 ∴ S = ₩1,200,000

05 1. 1월 매출액 ₩1,500,000, 2월 매출액 ₩1,800,000 2. 38%

06 60%

07 20×1년 BEP 매출액 = 1,000,000 ÷ 0.5 = ₩2,000,000

20×2년 매출액 = 4,800,000 20×2년 BEP 매출액 = ₩2,500,000

20×2년 BEP 매출액 = 1,000,000 ÷ 공헌이익률 = ₩2,500,000

∴ 20×2년 공헌이익률은 0.4(20×1년 공헌이익률을 그대로 이용하면 안됨.)

20×2년 DOL = 공헌이익 ÷ 영업이익

= 4,800,000 × 0.4 ÷ (4,800,000 × 0.4 − 1,000,000) = 2.09

08 안전한계율 $= \frac{3,000\text{개}\times 10 + 5,000\text{개}\times 12 - 54,000}{3,000\text{개}\times 10 + 5,000\text{개}\times 12}$ = 40%

09 ₩10,400

10 변화 이전 BEP 판매량 = 69,000 ÷ (20 − 8) = 5,750개

변화 이전 이익 = (20 − 8) X − 69,000

변화 이후 BEP 판매량 = 55,000 ÷ (20 − 8 − 1) = 5,000개

변화 이후 이익 = (20 − 8 − 1) X − 55,000

(20 − 8) X − 69,000 = (20 − 8 − 1) X − 55,000 ∴ X = 14,000개

11 투입량 1톤당 공헌이익 :

판매가격(톤당)	₩4,200(= 3,000 × 0.4 + 5,000 × 0.6)
변동원가(톤당)	2,920(= 2,000 + 200 + 1,200 × 0.6)
공헌이익(톤당)	₩1,280

∴ BEP 판매량 = 총고정원가 ÷ 톤당 공헌이익 = (70,000 + 58,000) ÷ 1,280 = 100톤(A 40톤, B 60톤)

12 제품 C의 손익분기점 = 200개 × 14 = ₩2,800

13 A = ₩1,750,000 B = ₩5,250,000

14 X 120,000개, Y 240,000개, Z 40,000개

15 내년도 손익분기점에서 과자의 매출액을 S라 하면, 초콜릿의 매출액은 $\frac{3}{2}$S이다. 한편, 과자의 공헌이익률은 50%, 초콜릿의 공헌이익률은 50%이다. 손익분기점에서는 다음 식이 성립한다.

과자의 공헌이익 + 초콜릿의 공헌이익 − 고정원가 = ₩0

$0.5S + 0.5 \times \frac{3}{2}S -$ ₩1,650,000 = 0 ∴ S = ₩1,320,000(또는 1,650개)

16 내년도의 손익분기매출액을 S라 하면 과자, 초콜릿, 아이스크림의 매출액은 각각 0.5S, 0.4S, 0.1S이다. 한편, 과자, 초콜릿, 아이스크림의 공헌이익률은 각각 10%, 7.5%, 12.5%이다.

과자의 공헌이익 + 초콜릿의 공헌이익 + 아이스크림의 공헌이익 − 고정원가 = ₩0

0.1 × 0.5S + 0.075 × 0.4S + 0.125 × 0.1S − (₩120,000 + 65,000) = ₩0 ∴ S = ₩2,000,000

17 가중평균공헌이익률 = 0.2 × 0.4 + 0.2 × 0.3 + 0.2 × 0.2 + 0.2 × 0.1 = 0.2

매출액 S(A + B + C) = (고정원가 + 목표이익) ÷ 가중평균공헌이익률

= (₩1,000 + 500) ÷ 0.2 = ₩7,500

18 공헌이익 = 2,500개 × 40 + 5,000개 × 75 + 2,500개 × 70 = ₩650,000

영업이익 = 공헌이익 650,000 − 고정원가(K)

영업레버리지도 5 = 공헌이익 650,000 / 영업이익(650,000 − K) ∴ K = ₩520,000

손익분기점에서의 C의 매출액을 C라 하면, A의 매출액은 C, B의 매출액은 3C

손익분기점에서는 C × 40% + 3C × 50% + C × 70% − 520,000 = 0 ∴ C = ₩200,000

19 1. 세후현금흐름분기점 = $\dfrac{242,000 + 206,800 - \dfrac{72,000 + 64,800}{1 - 0.25}}{6,000 - 3,200 - 1,600}$ = 222개

2. 세후영업이익 = ((6,000 − 3,200 − 1,600) × 1,000개 − (242,000 + 206,800)) × (1 − 0.25) = ₩563,400

20 안전한계율 = (3,000,000 − BEP 매출액) / 3,000,000 = 0.4 ∴ BEP 매출액 = 1,800,000

BEP 매출액 1,800,000 = F / cm% ∴ F = 1,800,000 × cm%

세전이익 = 360,000 /(1 − 0.25) = ₩480,000

세전이익 480,000 = 3,000,000 × cm% − F(= 1,800,000 × cm%)

∴ cm% = 40%, F = ₩720,000, 감가 = ₩216,000

현금흐름분기점 : 매출액 × 40% = (720,000 − 216,000) + (매출액 × 40% − 720,000) × 0.25

∴ 현금흐름분기매출액 = ₩1,080,000

21 판매량 0~50,000개 $Q = \frac{₩3,000,000 + 9,000,000}{₩400 - 280} = 100,000(\times)$

판매량 50,000~90,000개 $Q = \frac{₩4,500,000 + 9,000,000}{₩400 - 280} = 112,500(\times)$

판매량 90,000~130,000개 $Q = \frac{₩6,000,000 + 9,000,000}{₩400 - 280} = 125,000(\circ)$

22

구간	BEP	회수된 고정원가	미회수 고정원가
$0 \le q < 300$	$Q = \frac{₩15,000}{₩100 - 60} = 375개(\times)$	(₩100 − 60) × 300개 = ₩12,000	₩15,000 − 12,000 = ₩3,000
$300 \le q \le 400$	미회수 고정원가를 회수하기 위한 $Q = \frac{₩3,000}{₩80 - 60} = 150개$ 총생산량 = 300개 + 150개 = 450개(×)	(₩80 − 60) × (400개 − 300개) = ₩2,000	₩3,000 − 2,000 = ₩1,000
$400 \le q$	미회수 고정원가를 회수하기 위한 $Q = \frac{₩1,000}{₩80 - 55} = 40개$ 총생산량 = 400개 + 40개 = 440개(○)		

제12장 종합예산

01 ₩2,817,500

02 ₩70,000 증가

03 ₩85,600

04 10%

05 25,200kg

06 6,360kg

07 ₩2,480

08 1. 2월 매출액 = ₩45,000 ÷ 10% = ₩450,000　　3월 매출액 = ₩150,000 ÷ 30% = ₩500,000

2. 4월의 현금수입예산 = 2월 매출액 회수 + 3월 매출액 회수 + 4월 매출액 회수
= ₩450,000 × 8% + ₩500,000 × 20% + ₩600,000 × 70% × 98% = ₩547,600

09 5월의 현금지급액 = 7월의 매출원가 중 지급액 + 6월의 매출원가 중 지급액
= ₩8,000 × 0.75 + ₩7,000 × 0.25 = ₩7,750

10 2월의 현금 지급액 = ₩1,040,000 × 0.3 + ₩1,260,000 × 0.7 = ₩1,194,000

11 ₩6,080,000

12 4월의 매입액 = ₩277,200　5월의 매입액 = ₩314,600
5월의 현금지출액 = ₩277,200 × 70% + ₩314,600 × 30% = ₩288,420

13 ₩20,100

14 1. 6월의 현금 수입 = 6월 매출액 중 현금수입 + 5월 매출액 중 현금수입
= ₩600,000 × 0.8 + ₩500,000 × 0.18 = ₩570,000

2. 6월의 현금지출예산 = 6월 매입 중 현금지출 + 5월 매입 중 현금지출
= ₩500,000 × 0.5 + ₩420,000 × 0.5 = ₩460,000

제13장 단기 의사결정

01 특별주문 수락시 영업이익이 ₩100,000 증가

02 특별주문 수락시 영업이익이 ₩1,500,000 증가

03 특별주문 수락시 영업이익이 ₩500,000 증가

Cost	Benefit
특별주문 변동원가 (7,000 + 500) × 3,000개 = ₩22,500,000 특별 주문 판매관리비 300,000 국내 판매량 감소로 인한 공헌이익 감소액 (₩10,000 − 7,000 − 1,000) × 350개 = 700,000	특별주문 수락시 매출액 증가 ₩8,000 × 3,000개 = ₩24,000,000

04 최소판매가격 = 단위당 변동원가 + 단위당 기회원가 = ₩370 + $\frac{₩150,000}{3,000개}$ = ₩420

05 최대생산능력이 6,000개이므로 현재 유휴생산능력은 1,000개이다. 따라서 특별주문제품 1,500개를 모두 생산하기에는 생산능력이 500개가 부족하므로 기존판매분 500개를 감소시켜야 한다.

Cost		Benefit
특별생산의 변동원가	1,500개 × (₩30 + 12) = ₩63,000	특별판매 매출액
기회원가(기존제품의 공헌이익)	500개 × (₩60 − 30 − 12) = 9,000	1,500개 × ₩50 = ₩75,000

특별주문 수락시 영업이익이 ₩3,000 증가

06 특별주문 수락시 포기하는 정상판매분 = 5,000 − 2,600 = 2,400부
특별주문 수락시 영업이익이 ₩22,400 증가

07 특별주문 수락시 영업이익이 ₩120,000 증가

Cost	Benefit
특별생산의 변동원가 여유분 500개 × (₩2,000 + 0.8 × 800 + 2시간 × 180) = ₩1,500,000 부족분 1,000개 × ₩3,600 = 3,600,000 회피가능고정원가 ₩30,000 기회원가 ₩0	특별판매 매출액 1,500개 × ₩3,500 = ₩5,250,000

08 1. 기회원가 = 1,000개 × (@1,000 − 200 − 300 − 240 × 0.5) = ₩380,000
2. 특별주문 수락시 영업이익이 ₩20,000 증가

Cost	Benefit
특별생산의 변동원가 5,000개 × (₩200 + 300 + 0.5시간 × 240) = ₩3,100,000 기회원가(기존제품의 공헌이익) 1,000개 × (₩1,000 − 200 − 300 − 120) = 380,000	특별판매 매출액 5,000개 × ₩700 = ₩3,500,000

09 외부구입시 영업이익 ₩2,000 감소

10 외부구입시 영업이익 ₩32,000 감소

11 회피가능고정원가 ₩300,000

12 외부구입원가 ₩157

13 폐지시 영업이익 1,400만 원 감소

14 변화 후 영업이익 ₩3,200

15 폐지시 영업이익 ₩50 감소

16 폐지시 영업이익 ₩180,000 감소

Cost		Benefit	
매출액 감소	₩2,000,000	변동원가	₩1,800,000
타제품에 미치는 영향(공헌이익 감소)		회피가능고정원가	₩800,000 × 0.1 = 80,000
₩1,000,000 × 0.2 × 공헌이익률 0.3 = 60,000		기회원가(임대수익)	0

17 이익 ₩165,000 증가

Cost	Benefit
매출액 감소 80 × 60,000개 = ₩4,800,000	변동원가 (12 + 15 + 5 + 8) × 60,000개 = ₩2,400,000 회피가능고정원가 ₩18 × 100,000개 = ₩1,800,000 A제품에 미치는 영향(공헌이익 증가) (₩120 − 69) × 15,000개 = ₩765,000

18 1순위 : 제품 B(3,000상자, 6,000kg) 2순위 : 제품 C(3,000상자, 7,200kg)
3순위 : 제품 A(1,600상자, 4,800kg)

19 영업이익 ₩440,000

20 1순위 : 제품 A 1,000개(1,250시간) 2순위 : 제품 C 3,000개(5,400시간)
3순위 : 제품 B(13,650시간 − 1,250 − 5,400) ÷ 2.5시간 = 2,800개

21 A제품 2,000개, B제품 1,400개, C제품 2,000개

22 제약조건 단위당 공헌이익이 가장 높은 제품 A를 최대 400단위 생산하고(재료 1,600kg 사용), 다음으로 남은 재료(4,000 − 1,600 = 2,400kg)를 사용하여 제품 C를 400단위 생산하고(재료 2,000kg 사용), 남은 재료(4,000 − 1,600 − 2,000 = 400kg)를 사용하여 제품 B를 50단위 생산한다.

23 제약조건 단위당 공헌이익이 가장 높은 제품 A를 최대 700단위 생산하고(기계시간 2,800시간 사용), 다음으로 남은 기계시간(3,700 − 2,800 = 900시간)을 사용하여 제품 B를 150단위 생산한다.

24 명주 단위당 공헌이익이 높은 제품은 한복 A이다. 또한, 염료 단위당 공헌이익이 높은 제품은 한복 A이다. 따라서 한복 A를 75개 최대생산. 최대공헌이익 = 75개 × ₩3,000 = ₩225,000

25 1. 변동판매관리비 ₩95
2. 일반필터 : 최소생산량 1,500개(3,000시간)
특수필터 : (21,000시간 − 3,000시간) ÷ 3시간 = 6,000개 생산

26 특별주문 B 500단위를 수락하려면, 여유시간 1,000시간을 1차로 활용해서 특별주문 250개 생산하고, 아울러 정상판매 B 250개가 줄어들어야 함

Cost		Benefit
특별생산 변동원가	500개 × ₩800 = ₩400,000	특별판매 500개 × p(? = ₩1,400)
기회원가(정상판매 B의 공헌이익 상실)	250개 × 480 = 120,000	

27 1. 3월 생산계획은 곧 H기준 400개로서 여유시설이 없다. 따라서 특별주문 L제품 100개 수락하기 위해서는 우선적으로 기계시간당 공헌이익이 적은 H제품을 50개 감소해야 한다.

	H제품	L제품
정규판매가격	₩100	₩60
직접재료원가	₩40	₩20
직접노무원가(변동원가)	20	15
변동제조간접원가	10	5
단위당 공헌이익	30	20
기계시간	÷ 2시간	÷ 1시간
기계시간당 공헌이익	15	20

특별주문 수락시, 영업이익 ₩500 감소

증분수익: L제품 특별주문으로 인한 공헌이익의 증가 : 100개 × (₩50 − 40) =	₩1,000
증분비용: H제품 판매감소로 인한 공헌이익의 감소 : 50개 × (₩100 − 70) =	1,500
증분이익 :	₩(500)

2. H제품 특별주문을 수락하면 H제품 정상판매 50개 감소해야 한다. 특별주문 수락시 영업이익 ₩250 감소

28 현재 여유시간은 500시간이다. 특별주문을 수락하기 위해서는 1,000시간이 필요하며 기계시간당 공헌이익이 적은 고급형 일반판매를 250개 감소해야 한다. 특별주문 수락시,

증분수익 : 고급형 특별주문으로 인한 공헌이익의 증가 : 500개 × (₩74 − 40) =	₩17,000
증분비용 : 고급형 일반판매 감소로 인한 공헌이익의 감소 : 250개 × (₩64 − 40) =	6,000
증분이익 :	₩11,000

29 1. A제품 생산량 = 800개(800개 × 4시간 = 3,200시간)
B제품 생산량 = (6,000시간 − 3,200시간) ÷ 8시간 = 350개

2. 특별주문 A 200개(200개 × 4시간 = 800시간)를 수락하려면 기계시간당 공헌이익이 적은 B의 제조시간을 800시간(800시간 ÷ 8시간 = 100개)만큼 감소시켜야 한다.
특별주문의 최저판매가격 ₩500,000

30 1.

	제품 A	제품 B	제품 C
단위당 판매가격	₩100	₩150	₩200
단위당 직접재료원가	15	42	54
직접노무원가	25	15	30
변동제조간접원가	30	18	36
변동판매관리비	10	15	20
단위당 공헌이익 (1)번 답	₩20	₩60	₩60

단위당 기계시간	1/100	1/20	1/15
공헌이익 / 기계시간	2,000	1,200	900
생산우선순위	1순위	2순위	3순위
최적 생산량 (2)번 답	15,000개(150시간)	(500시간 − 150) × 20 = 7,000개	0개

2. 특별주문 B 8,000개를 생산하기 위해서는 400기계시간이 필요함. 이를 위해서는 정상판매 B 포기(350시간)하여야 하며, 나머지 50시간은 정상판매 A를 포기하여야 한다.
기회원가 = 정상판매 B 포기(350시간)로 인한 공헌이익 상실액 1,200 × 350시간 + 정상판매 A를 포기(50시간)로 인한 공헌이익 상실액 2,000 × 50시간 = ₩520,000

Cost		Benefit
변동제조원가 8,000개 × ₩75 = ₩600,000		8,000개 × p(? = ₩145)
추가 고정판매관리비	40,000	
기회원가	520,000	

제14장 자본예산

01 ₩112,484

02 매년 감가상각비 = ₩240,000 ÷ 3년 = ₩80,000
현금흐름 = $(S-O)(1-t)+D \cdot t$ = ₩140,000 × (1 − 0.4) + ₩80,000 × 0.4 = ₩116,000
NPV = −₩240,000 + ₩116,000 × 2.1 = ₩3,600

03 $NPV = -X + 30{,}000 \times 1.65 + 20{,}000 \times (2.32 - 1.65) > 0$ ∴ $X <$ ₩62,900

04

항목	연도	금액	세후 현금흐름	현가요소	현가
신기계 취득원가	0	₩(150,000)	₩(150,000)		₩(150,000)
구기계 처분금액	0	30,000	30,000		30,000
현금운영원가 절감액	1~3	66,000	39,600	2.49	98,604
구기계 처분손실의 감세효과	0		42,000 × 0.4 = 16,800		16,800
감가상각비 절세효과	1~3		26,000 × 0.4 = 10,400	2.49	25,896
순현가					₩21,300

05 9.70%

06 매년 감가상각비 = (₩100,000 − 0) ÷ 10년 = ₩10,000 매년 현금흐름 = ₩2,000 + 10,000 = ₩12,000
현금현가계수를 F라 하면 ₩12,000 × F = ₩100,000 ∴ F = 8.33
연금현가계수 8.33은 내부이익률이 3%와 5% 사이라는 뜻이다. 보간법에 의하여 내부이익률을 구하면,

$$내부이익률 = 3\% + \frac{(8.530 - 8.33)}{(8.530 - 7.721)} \times 2\% = 3.49\%$$

07 ₩58,047,753

08 1. 4.44년　2. 0.25　3. ₩15,305,000　4. 4.44

제15장 책임회계와 성과평가

01 매출조업도차이 ₩10,600 U

02 매출배합차이 ₩84 F

03 매출배합차이 ₩8,000 U　매출수량차이 ₩5,200 F

04 1월 매출배합차이 ₩900,000 U　2월 매출배합차이 ₩900,000 F

05 표준형 가구의 예산상 판매량 비율을 x%라 하면,

2,000개 × x% × ₩100 + 2,000개 × (1 − x)% × ₩300 = ₩280,000　∴ $x = 80\%$

아래의 표에서 두 번째 난의 총합계액 = 고정예산상 총공헌이익 − 총매출수량차이

= ₩280,000 − 70,000 = ₩210,000

실제 총판매량을 y개라 하면,

y × 80% × ₩100 + y × 20% × ₩300 = ₩210,000　∴ y = 1,500개

	$(BP-BVC)\times\Sigma AQ\times AM_i$	$(BP-BVC)\times\Sigma AQ\times BM_i$	$(BP-BVC)\times\Sigma BQ\times BM_i$
표준형	₩100 × 1,500개 × 0.4 = ₩60,000	₩100 × 1,500개 × 80% = ₩120,000	₩100 × 2,000개 × 80% = ₩160,000
고급형	₩300 × 1,500개 × 0.6 = 270,000	₩300 × 1,500개 × 20% = 90,000	₩300 × 2,000개 × 20% = 120,000
	₩330,000	₩210,000	₩280,000

매출배합차이 ₩120,000 F　매출수량차이 ₩70,000 U

06 배합차이 ₩300 U　수율차이 ₩0

07 배합차이 ₩72,000 F, 수율차이 ₩32,000 U

08 BM(A) = 0.9톤 ÷ 1.2톤 = 75%, BM(B) = 0.3톤 ÷ 1.2톤 = 25%

	$SP\times\Sigma AQ\times AM_i$	$SP\times\Sigma AQ\times BM_i$	$SP\times\Sigma SQ\times BM_i$
재료A	₩400 × 130톤 × 50% = ₩26,000	₩400 × 130톤 × 75% = ₩39,000	₩400 × 120톤 × 75% = ₩36,000
재료B	₩200 × 130톤 × 50% = 13,000	₩200 × 130톤 × 25% = 6,500	₩200 × 120톤 × 25% = 6,000
Σ	₩39,000	₩45,500	₩42,000

배합차이 ₩6,500 F　수율차이 ₩3,500 U

09 예산평균공헌이익 = ₩750,000/25,000단위 = ₩30　　실제시장점유율 7.5%, 예산시장점유율 10%

$(AP-BVC)\times AS_i \times \sum AQ$	$(BP-BVC)\times AS_i \times \sum AQ$	$(BP-BVC)\times BS_i \times \sum AQ$	$(BP-BVC)\times BS_i \times \sum BQ$
(52 − 30) × 30,000개 = ₩660,000	(50 − 30) × 30,000개 = ₩600,000	(50 − 30) × 10% × 400,000개 = ₩800,000	(50 − 30) × 25,000개 = ₩500,000

매출가격차이 ₩60,000 F　시장점유율차이 ₩200,000 U　시장규모차이 ₩300,000 F

10 $ROI = \dfrac{5{,}000\times(p-300{,}000)-2{,}000{,}000{,}000}{3{,}000{,}000{,}000} = 0.15$　　$\therefore p =$ ₩790,000

11 새로운 투자안의 영업이익 = ₩200,000 × 60% − 90,000 = ₩30,000

RI = (₩200,000 + 30,000) − (625,000 + 120,000) × 15% = ₩118,250

12 판매가격을 p라 하면

ROI 기준 : $\dfrac{(p-100)\times 1{,}000-200{,}000}{500{,}000} \ge 20\%$　　$\therefore p \ge 400$

RI 기준 : $(p-100)\times 1{,}000 - 200{,}000 - 500{,}000 \times 15\% \ge 0$　　$\therefore p \ge 375$

13 가중평균자본비용 $= 10\% \times (1-0.4) \times \dfrac{7{,}000{,}000}{7{,}000{,}000+7{,}000{,}000} + 14\% \times \dfrac{7{,}000{,}000}{7{,}000{,}000+7{,}000{,}000} = 10\%$

EVA = 세후영업이익 − (총자산 − 유동부채) × 가중평균자본비용

EVA(남부) = ₩250,000 × (1 − 0.4) − (2,000,000 − 500,000) × 10% = ₩0

EVA(중부) = ₩2,000,000 × (1 − 0.4) − (10,000,000 − 3,000,000) × 10% = ₩500,000

14 TP(공급부서) = ₩25　　TP(수요부서) = ₩80 − 30 − 5 = ₩45

15 1. TP(공급부서) = 단위당 변동원가 + 기회원가 = ₩1,900 + $\dfrac{₩150{,}000}{1{,}000개}$ = ₩2,050

2. TP(공급부서, 2,050) > TP(수요부서, 2000)이므로 내부대체를 하지 않는 것이 더 유리하다.
외부구입시 이익 변화액 = (₩2,050 − 2,000) × 1,000개 = ₩50,000 이익 증가

16 TP(공급부서) = 변동원가 + 기회원가 = ₩58 + (₩100 − 58 − 8) = ₩92 (또는 100 − 8)

17 TP(공급부서) = 대체단위당 변동원가 + 대체단위당 기회원가
= (₩30 − 8) + (₩45 − 30) = ₩37 (= ₩45 − 8)

TP(수요부서) = Min(NRV, 외부구입가격 ₩42) = ₩42

18 TP(공급부서) = 변동원가 + 기회원가
= (₩120 + 10) + 1.5단위 × (400 − (180 + 60)) = ₩370

19 1,000개 외부판매시 이익 = (₩37,600 − 24,000) × 1,000개 = ₩13,600,000

800개 외부판매, 200개 내부대체시 이익 = (₩40,000 − 24,000) × 800개 + (대체가격 − 24,000) × 200개

₩13,600,000 = (₩40,000 − 24,000) × 800개 + (대체가격 − 24,000) × 200개　　∴ 대체가격 = ₩28,000

20 1. 기회원가 = 외부판매 포기로 인한 단위당 공헌이익 상실액 = ₩30 − 20 = ₩10
TP(공급부서) = 변동원가 + 추가 변동배송원가 + 기회원가 = ₩20 + 8 + 10 = ₩38
2. 사업부 B의 단위당 추가변동원가 = ₩70 − 50 = ₩20
특별주문을 수락하더라도 사업부 B의 추가생산능력 이내이므로 기회원가는 ₩0
사업부 B의 영업이익 증가액 = (₩100 − 20 − 39) × 1,000개 = ₩41,000

제16장 불확실성하에서 의사결정

01 $E(a_1)$ = ₩2,000,000 × 0.4 + 12,000,000 × 0.6 = ₩8,000,000 : 채택
$E(a_2)$ = ₩4,000,000 × 0.4 + 10,000,000 × 0.6 = ₩7,600,000

02 20%

03 ₩400

04 완전정보하의 기댓값 = ₩900,000 × 0.4 + 1,600,000 × 0.3 + 2,200,000 × 0.2 + 2,600,000 × 0.1
= ₩1,540,000
EVPI = ₩1,600,000 − 1,540,000 = ₩60,000

05 ▶ 성과표의 작성 및 기대가치

행동	상황(확률)		
	2,500개(0.4)	3,000개(0.3)	3,500개(0.3)
2,500개 생산	₩1,500,000	₩1,500,000	₩1,500,000
3,000개 생산	1,300,000	1,800,000	1,800,000
3,500개 생산	1,100,000	1,600,000	2,100,000

▶ 완전정보하의 기대가치 = ₩1,500,000 × 0.4 + 1,800,000 × 0.3 + 2,100,000 × 0.3 = ₩1,770,000
EVPI = ₩1,770,000 − 1,600,000 = ₩170,000

06 이익 증가 = 320개 × ₩35 − 10,000 = ₩1,200 증가

07 1. 10,000개 × (₩4,000 − 3,000) − 8,000,000 = ₩2,000,000
2. 1,000개 × (₩4,000 − 3,000) = 1,000,000
3. $Z = \dfrac{0 - 2,000,000}{1,000,000} = -2$ $\quad P(Z \geq -2) = 0.5 + P(0 \leq Z \leq 2) = 0.9772$
4. $Z = \dfrac{500,000 - 2,000,000}{1,000,000} = -1.5$ $\quad P(Z \leq -1.5) = 0.5 - P(0 \leq Z \leq 1.5) = 0.0668$
5. $Z = \dfrac{1,000,000 - 2,000,000}{1,000,000} = -1.0$ $\quad P(Z \geq -1.0) = 0.5 + P(0 \leq Z \leq 1.0) = 0.8413$

08 $BEQ = \frac{₩750,000}{₩1,000 - 500} = 1,500$개

$P(Q \geq 1,500개) = P(Z \geq \frac{1,500개 - 2,100개}{400개}) = P(Z \geq -1.5) = P(Z \leq 1.5) = 93\%$

09 BEQ = ₩900,000 ÷ (₩10 − 7) = 300,000

손익분기점이 300,000개 이상일 확률은 0.4 + 0.2 + 0.1 = 0.7

10 X제품 : $(p - 20) \times 200개 - 16,000 > 0$ $\therefore p > 100$

이익 확률 = (150 − 100) ÷ (150 − 50) = 50%

Y제품 : $(p - 30) \times 400개 - 24,000 > 0$ $\therefore p > 90$

이익 확률 = (100 − 90) ÷ (100 − 50) = 20%

11 X축을 단위당 변동원가로, Y축을 단위당 판매가격으로 2차원 좌표를 그려서 영업이익(π)이 0보다 클 확률을 구하면 62.5%이다.

12 1. 공헌이익이 고정원가 ₩450,000보다 클 확률 : 0.12 + 0.18 + 0.2 = 0.5

2. 공헌이익이 고정원가 ₩450,000과 동일할 확률 : 0.3

3. 공헌이익이 고정원가 ₩450,000보다 작을 확률 : 0.2

13 기대판매수량 = 50,000 × 0.2 + 40,000 × 0.4 + 30,000 × 0.4 = 38,000개

기대공헌이익 = 기대판매량 × 단위당 공헌이익 = 38,000개 × (70 − 60) = ₩380,000

기대공헌이익이 기회원가(유휴설비 활용) ₩350,000보다 ₩30,000 더 크다.

14 조사를 하게 되면 공정의 정상 여부와는 관계없이 조사비용이 무조건 발생하고 수정비용은 조사를 한 후 공정이 비정상일 경우만 발생한다. 공정이 정상인 확률을 P라 하면

대안 \ 상황	S_1(공정이 정상) $P(S_1) = P$	S_2(공정이 비정상) $P(S_2) = 1 - P$
a_1(차이조사 실시)	₩50,000 + 0 = ₩50,000	₩50,000 + 75,000 = ₩125,000
a_2(차이조사를 미실시)	₩0 + 0 = ₩0	₩0 + 200,000 = ₩200,000

$E(a_1) < E(a_2)$ 이므로

$[50,000 \times p + 125,000 \times (1 - p)] < [0 \times p + 200,000 \times (1 - p)]$ $\therefore p < 0.6$

15

정보 \ 상황	$P(S_1) = 0.8$		$P(S_2) = 0.2$		
Y_1 : 0.0010	$P(Y_1 \mid S_1) = 0.2$	$0.2 \times 0.8 = 0.16$	$P(Y_1 \mid S_2) = 0.4$	0.08	$P(Y_1) = 0.24$

P(비정상/오류율 0.0010) = 0.08 ÷ 0.24 = 0.333

16 1.

정보 \ 상황	공정이 정상 $P(S_1) = 0.8$		공정이 비정상 $P(S_2) = 0.2$		
Y_1 : 평균생산원가 ₩6,000	$P(Y_1 \mid S_1) = 0.4$	$0.4 \times 0.8 = 0.32$	$P(Y_1 \mid S_2) = 0.1$	0.02	$P(Y_1) = 0.34$

$P(정상/Y_1\ 6{,}000) = 0.32 \div 0.34 = 0.941$

2.

정보 \ 상황	공정이 정상 $P(S_1) = 0.8$		공정이 비정상 $P(S_2) = 0.2$		
Y_1 : 평균생산원가 ₩10,000	$P(Y_1 \mid S_1) = 0.1$	$0.1 \times 0.8 = 0.08$	$P(Y_1 \mid S_2) = 0.4$	0.08	$P(Y_1) = 0.16$

사후확률의 계산 : $P(S_1 \mid Y_1) = 0.08 \div 0.16 = 0.5$ $P(S_2 \mid Y_1) = 0.08 \div 0.16 = 0.5$

공정의 조사비용을 C라 하면,

대안 \ 상황	S_1(공정이 정상) $P(S_1 \mid Y_1) = 0.5$	S_2(공정이 비정상) $P(S_2 \mid Y_1) = 0.5 \Rightarrow$ 사후확률
a_1(차이조사 실시)	C	C
a_2(차이조사를 미실시)	₩0	₩2,000,000

공정을 조사할 경우와 조사하지 않을 경우의 기댓값을 구하면,

$E(a_1) = C$

$E(a_2) = ₩0 \times 0.5 + ₩2{,}000{,}000 \times 0.5 = ₩1{,}000{,}000$

경영자가 조사를 경제적 이유에서 포기하기로 결정(a_2 선택)하였으므로 $C >$ ₩1,000,000, 즉 추정조사비용은 적어도 ₩1,000,000을 초과하였을 것이다.

17 1. 반자동화와 수작업을 비교해 보자. 불황이면 반자동화가 유리하고, 호황이면 역시 반자동화가 유리하다. 즉 어떤 상황에서도 반자동화가 수작업보다는 항상 좋다고 말할 수 있다. 이를 일반화하면, 어떤 상황에서도 어떤 행동(A1, 여기서는 반자동화)이 다른 행동(A2, 여기서는 수작업)보다 항상 유리하면 그 행동(반자동화)이 다른 행동(수작업)을 지배한다(A1 is dominant over A2.). 즉, 수작업은 고려대상에서 제외해도 된다. 이는 각 상황의 확률에 관계없이 성립한다. 현실적으로 수많은 고려대상인 행동을 좁혀줄 수 있다는 측면에서 매우 유익하다.

2. EV(자동화) = ₩65,000 × 0.4 + 160,000 × 0.6 = ₩122,000(*)

EV(반자동화) = ₩90,000 × 0.4 + 100,000 × 0.6 = ₩96,000

EV with PI = ₩90,000 × 0.4 + 160,000 × 0.6 = ₩132,000

EVPI = ₩132,000 − 122,000 = ₩10,000

3.

정보 \ 상황	불황 $P(S1) = 0.4$		호황 $P(S2) = 0.6$		
R_1(불황 예측)	$P(R_1 \mid S_1) = 0.8$	$0.4 \times 0.8 = 0.32$	$P(R_1 \mid S_2) = 0.2$	$0.6 \times 0.2 = 0.12$	$P(R_1) = 0.44$
R_2(호황 예측)	$P(R_2 \mid S_1) = 0.2$	$0.4 \times 0.2 = 0.08$	$P(R_2 \mid S_2) = 0.8$	$0.6 \times 0.8 = 0.48$	$P(R_2) = 0.56$

E(자동화/R_2) = ₩65,000 × 0.08/0.56 + 160,000 × 0.48/0.56 = ₩146,429(*) (①번 답)

E(반자동화/R_2) = ₩90,000 × 0.08/0.56 + 100,000 × 0.48/0.56 = ₩98,571

EV with SI = ₩92,727 × 0.44 + 146,429 × 0.56 = ₩122,800

EVSI = ₩122,800 − 122,000 = ₩800

제17장 전략적 관리회계

01 예방원가 : 품질방침기획 및 선포활동 10 + 예방적 설비보수 및 유지활동 40
+ 원부자재 공급사 평가활동 70 + 품질교육 및 훈련활동 90 = ₩210

02 실패원가 대비 통제원가 비율 = $\frac{\text{예방원가 } 40,000 + \text{평가원가 } 50,000}{\text{내부실패원가 } 20,000 + \text{외부실패원가 } 340,000}$ = 25%

03 이익 변화액 = 100억 × 50% + 400억 × 40% − 300억 × 50% = 60억 증가

04 품질예방원가 : 납품업체평가 500 + 품질훈련교육 1,000 = ₩1,500
평가원가 : 완제품검사 700 + 재공품검사 300 = ₩1,000
내부실패원가 : 공손품 재작업 400 + 불량품폐기 600 = ₩1,000
외부실패원가 : 보증수리 2,000 + 반품재작업 1,000 = ₩3,000

찾아보기

저자 약력

신영직(辛榮直)

Mays Business School, Texas A&M University 회계학 석사
성균관대학교 경영대학 경영학 박사
현, 전남대학교 경영대학 부교수

최웅용(崔雄龍)

서울대학교 경영대학 학사, 석사, 박사
전남대학교 경영전문대학원장
공인회계사/세무사 출제위원
현, 전남대학교 명예교수

알기 쉽게 배우는 **원가관리회계**

초판 발행 2024년 7월 20일

지은이 신영직 · 최웅용
펴낸이 김중용
편 집 심성보
펴낸곳 도서출판 **정독**
경기도 고양시 일산서구 하이파크로 113, 102-204
등록 제406-2014-000093호

전 화 031)924-7203 **팩 스** 031)935-0345
홈페이지 www.jeongdok.co.kr **이메일** admin@jeongdok.co.kr
ISBN 979-11-6858-281-1 93320

정 가 29,000원